Hand- und Lehrbücher der Sozialwissenschaften

Herausgegeben von
Dr. Arno Mohr

Bisher erschienene Werke:

Güttler, Statistik – Basic Statistics für
Sozialwissenschaftler, 3. Auflage
Mohr, Sozialwissenschaftliches Wörterbuch,
Englisch - Deutsch · Deutsch – Englisch

Sozial-
wissenschaftliches
Wörterbuch

Englisch – Deutsch · Deutsch – Englisch

Von
Dr. Arno Mohr

R. Oldenbourg Verlag München Wien

Die Deutsche Bibliothek - CIP-Einheitsaufnahme

Mohr, Arno:
Sozialwissenschaftliches Wörterbuch : englisch-deutsch,
deutsch-englisch / von Arno Mohr. – München ; Wien : Oldenbourg, 2001
  (Hand- und Lehrbücher der Sozialwissenschaften)
  ISBN 3-486-24769-7

© 2001 Oldenbourg Wissenschaftsverlag GmbH
Rosenheimer Straße 145, D-81671 München
Telefon: (089) 45051-0
www.oldenbourg-verlag.de

Gedruckt auf säure- und chlorfreiem Papier
Gesamtherstellung: Druckhaus „Thomas Müntzer" GmbH, Bad Langensalza

ISBN 3-486-24769-7

Vorwort

Bedingt durch die überragende Vormachtstellung der US-amerikanischen *scientific community* ist spätestens seit den 60er Jahren des vorigen Jahrhunderts die englische Sprache zur *lingua franca* der Sozialwissenschaften geworden. Die Amerikaner setzen den Maßstab, und wer dem nicht zu folgen vermag, der ist — will er ein erfolgreiches sozialwissenschaftliches Studium absolvieren und womöglich in den Sozialwissenschaften eine akademische Karriere anpeilen — auf verlorenem Posten. Die Beherrschung der englischen Sprache ist also ein *must*.

Zweifelsohne ist nicht alles, was über den großen Teich am europäischen Gestade anstrandet, von erlesener Güte, und auch abgesehen davon, daß vieles von Europäern vorgedacht worden ist — man denke etwa an die Spieltheorie, die Theorie der rationalen Wahl, diverse Theorien aus Psychologie oder Soziologie — und durch zurückkehrende Emigranten nach dem Zweiten Weltkrieg amerikanisiert in Europa wieder Eingang gefunden hat, so bleibt doch der nichtamerikanische Gelehrte und Student angehalten, die amerikanischen Theorien und Forschungsergebnisse zu rezipieren und für seine eigenen Zwecke produktiv zu verarbeiten.

Vor allem der Anfänger hat erhebliche Schwierigkeiten, sich in dem Gestrüpp der Fachausdrücke und der Jargonsprache zurechtzufinden und — als zwangsläufige Folge ungenügender sprachlicher Kenntnisse — die relevanten Texte angemessen zu verstehen. Dem will das vorliegende Wörterbuch abhelfen. Es soll als nützlicher Begleiter durch Studium und Forschungspraxis dienen. Obwohl vieles nicht übersetzt werden kann, und auch nicht übersetzt werden muß, muß doch die gängige Fachterminologie bekannt sein.

Der Begriff „Sozialwissenschaften" umfaßt in diesem Wörterbuch die Disziplinen Soziologie, empirische Sozialforschung, Statistik (soweit für sozialwissenschaftliche Fragestellungen relevant), Politikwissenschaft, Pädagogik, Psychologie, Kommunikations- und Medienwissenschaft, Ethnologie sowie Demographie. Aus diesen Bereichen kommen die ca. 14.000 Ausdrücke. Die Wirtschaftswissenschaften — eigentlich auch eine Sozialwissenschaft — sind aus Platzgründen nur insoweit berücksichtigt worden, wie ein spezifischer Bezug zu den angeführten Disziplinen angenommen werden konnte. Darüber hinaus sind Begriffe aus benachbarten Wissenschaften, wie Geschichte, Staats- und Völkerrecht und Philosophie, in Auswahl berücksichtigt worden.

Das Wörterbuch listet in der Hauptsache Substantive auf. Bei zusammengesetzten Ausdrücken wird einem Substantiv die Beifügung nicht nachgestellt (*confidential report* nicht *report, confidential* bzw. *vertraulicher Bericht* nicht *Bericht, vertraulicher*). Auf die Verzeichnung aller Übersetzungsmöglichkeiten eines Ausdrucks wurde aus Platzgründen verzichtet. Meist sind nur eine oder zwei treffende Übersetzungen gewählt worden. Nur dort, wo sich ein gravierender Bedeutungswandel zeigt, sind weitere Übersetzungsmöglichkeiten angeführt worden. Die Rechtschreibung des Deutschen folgt den alten Regeln, die des Englischen im allgemeinen der US-amerikanischen Schreibweise. Bei manchen Ausdrücken mußte die Übersetzung durch Hinweise in Klammern näher umschrieben werden, da eine direkte Übertragung nicht möglich ist. Vieles ist hier Auslegungssache. Bei einigen Einträgen wurden Hinweise auf die Herkunftsdisziplin gegeben. Bei den meisten Ausdrücken verstand sich ihre Zuordnung von selbst, so daß darauf verzichtet werden konnte.

Es liegt auf der Hand, daß gerade in den sogenannten „weichen Wissenschaften" wie den Sozialwissenschaften — von wenigen „harten" Bereichen wie der Statistik abgesehen — die Umschlagsgeschwindigkeit der Fachterminologie rapide zugenommen hat. Wörter, die heute in Gebrauch sind, werden wohl in zehn Jahren nur noch antiquarischen Wert besitzen. In dieser Dynamik bewahrheitet sich wohl das Anliegen von Charles S. Peirce: *„Ich bin der Überzeugung, daß man neue philosophische Wörter erfinden sollte, um die Zweideutigkeiten der vertrauten Wörter zu vermeiden."* So dürfen wir gespannt sein, welches Aussehen ein sozialwissenschaftliches zweisprachiges Wörterbuch nach Ablauf einer Dekade haben wird, was sich erhalten hat und was abgestorben sein wird. Der Autor hofft, daß seine Auswahl von der Zwangsläufigkeit dieser Entwicklung nur in Maßen betroffen sein wird, seine Entscheidungen also den Tendenzen der Zeit entsprochen haben.

Die Herstellung des Manuskripts erfolgte mit Hilfe der neuen informationsverarbeitenden Technologie. Das ist heute eine Selbstverständlichkeit. Da nicht jeder — wie der Verfasser — in die tiefen Geheimnisse dieser Technologie einzudringen in der Lage ist, war er auf Hilfe angewiesen. Dieses Projekt hätte ohne das über ein normales Maß hinausgehende Engagement von Bernd Platzdasch in einem Fiasko geendet. Nicht nur hat er die Datenbank eingerichtet, hilfreiche *Tcl/Tk*-Skripte geschrieben und im Verlaufe der Erfassung der Wörter manchen Ratschlag erteilt; er hat auch die schwierige Arbeit der Herstellung der Druckvorlage auf sich genommen, hat Korrektur gelesen und viele beherzigenswerte Verbesserungsvorschläge gemacht. Für seinen selbstlosen Einsatz sage ich ihm herzlichen Dank. Dank sage ich auch Stephan Müller, der den Autor zeitweise bei der Eingabe der Datensätze freundlicherweise entlastet hat. Mein Dank geht auch an Neil Solomon, der mir wertvolle Hinweise zur amerikanischen Schreibweise an die Hand gegeben hat. Dank zu sagen habe ich schließlich Martin Weigert vom Verlag, ging doch von ihm die Initiative für dieses Werk aus.

Abkürzungen:

adj.	*adjektivisch*
am.	*amerikanisch*
brit.	*britisch*
bzw.	*beziehungsweise*
dt.	*deutsch*
jmd.	*jemanden*
ök.	*ökonomisch*
pol.	*politikwissenschaftlich/politisch*
ps.	*psychologisch*
resp.	*respective*
stat.	*statistisch*

Heidelberg, im Februar 2001

Arno Mohr

Englisch-Deutsch

English-German

A

abandon - aufgeben, verzichten,
Hemmungslosigkeit
abandon a motion - Antrag
zurückziehen
abandoned child - ausgesetztes Kind
abandonment - Vernachlässigung
ABC-weapons - ABC-Waffen
abdicate - abdanken
abdication - Abdankung
abducation - Abduktion
aberrant - abweichend
aberrant behavior - abweichendes
Verhalten
aberrant decoding - abweichendes
Dekodieren
ability - Fähigkeit, Vermögen
ability identification -
Begabungsidentifikation
ability of criticism - Kritikfähigkeit
ability test - Eignungstest
ability to communicate -
Kommunikationsfähigkeit
ability to learn - Lernfähigkeit
ability to study - Studierfähigkeit
ability to think critically -
Kritikfähigkeit
ablineal - verwandt in direkter Linie
ablineality - Verwandtschaftsverhältnis
in indirekter Linie
abnormal - abnorm
abnormal frequency curve - anormale
Häufigkeitskurve
abnormality - Abnormalität,
Nicht-Normalität
abnormal psychology -
Psychopathologie, klinische Psychologie
abnormity - Abnormität -
Normabweichung
abolish - abschaffen, beseitigen
abolition - Abschaffung, Beseitigung
abolition of restriction - Aufhebung
von Beschränkungen
abortion - Abtreibung
abreact - abreagieren
abreaction - Abreaktion
abridged edition - gekürzte Auflage
abrogate a statute - Gesetz aufheben
abrogation - Abschaffung

abrogation of a law - Aufhebung eines
Gesetzes
abrupt - unvermittelt
abscissa - Abszisse
absence of quorum -
Beschlußunfähigkeit
absence of violence - Gewaltlosigkeit
absentee diagnosis - Ferndiagnose
absenteeism - Absentismus
absentee voter - Briefwähler
absentee voting *am.* - Briefwahl
absentmindedness - Geistesabwesenheit
absolute - absolut, Absolute (das)
absolute concentration - absolute
Konzentration
absolute deprivation - absolute
Deprivation
absolute error - absoluter Fehler
absolute frequency - absolute
Häufigkeit
absolute judgment - Absoluteindruck
absolute majority - absolute Mehrheit
absolute majority system - absolutes
Mehrheitswahlsystem
absolute monarchy - absolute
Monarchie
absolute power - absolute Macht
absolute ruler - absoluter Herrscher
absolute scale - Absolutskala
absolute threshold - absolute
Reizschwelle
absolute veto - absolutes Veto
absolutism - Absolutismus
absolutization - Verabsolutierung
absorption - Abschöpfung
abstain from voting - sich der Stimme
enthalten
abstention from voting -
Stimmenthaltung
abstinence - Abstinenz, Enthaltsamkeit
abstract - abstrakt, Abstrakte (das),
Zusammenfassung
abstract art - abstrakte Kunst
abstract collectivity - abstrakte
Gesamtheit
abstract concept - abstrakter Begriff
abstract from - abstrahieren von
abstraction - Abstraktion
abstractionism - Abstraktionismus
abstract judicial review - abstrakte
Normenkontrolle
abstract reasoning - abstraktes Denken

abstract social class - abstrakte
Sozialkategorie
abstract system - abstraktes System
abstract thinking - abstraktes Denken
absurd - absurd
absurdity - Absurdität
abundance - Überfluß
abuse - Abusus
abuse of authority - Amtsmißbrauch
abuse of power - Machtmißbrauch
abuse of right - Rechtsmißbrauch
academic - Akademiker
academic autonomy -
Hochschulautonomie
academic degrees - akademische Grade
academic examination -
Hochschulprüfung
academic freedom - akademische
Freiheit
academic profession - akademischer
Beruf, freier Beruf
academic self government -
akademische Selbstverwaltung
acausal - nichtkausal
accede - beitreten
accede to an agreement - einem
Abkommen beitreten
accede to an office - ein Amt antreten
acceding countries - Beitrittsländer
acceding country - Beitrittsland
accelerate - beschleunigen
accelerate a decision - eine
Entscheidung beschleunigen
acceleration - Beschleunigung
acceleration principle -
Akzelerationsprinzip
accelerator - Akzelerator
accentuation - Akzentuierung
acceptance - Akzeptanz,
Übereinstimmung
acceptance crisis - Akzeptanzkrise
acceptance in social relations -
Akzeptanz in Sozialbeziehungen
acceptance number - Abnahmezahl,
Annahmezahl
accepted - anerkannt, allgemein
anerkannt
access - Zugang, Zugriff, Zutritt
accessibility - Zugänglichkeit
accessible - zugänglich
accessing - Zugreifen
accession - Beitritt (zu einem Vertrag)
accession of power - Machtübernahme

accession talks - Beitrittsverhandlungen
access to higher education -
Hochschulzugang
access to politics - Zugang zur Politik
accident - Zufall, Unglück
accidental - unbeabsichtigt, akzidentiell,
zufällig
accidental error - Zufallsfehler
accident insurance - Unfallversicherung
acclamation - Akklamation
acclimatization - Akklimatisierung
accommodation - Akkommodation,
Annäherung (wechselseitige)
accommodation of conflicting
interests - Interessenausgleich
accompanying measure - flankierende
Maßnahme
accomplish - schaffen, erreichen
accomplishment - Durchsetzung,
Leistung
accomplishment quotient -
Leistungsquotient
accord - Abkommen
accordance - Übereinstimmung,
Vereinbarung
accorded status - zuerkannter Status,
eingeräumter Status
according to the prevailing view -
herrschende Meinung
account - Darstellung, praktische
Erklärung
accountability - Zurechenbarkeit,
Zurechnungsfähigkeit, Verantwortlichkeit
accredit - akkreditieren
accreditation - Berechtigungsnachweis
accretion - Zunahme
acculturation - Akkulturation,
Kulturanpassung, Kulturübertragung
acculturative process -
Akkulturationsprozeß
accumulation - Akkumulation
accuracy - Genauigkeit, Exaktheit
accuracy of communication -
Kommunikationsgenauigkeit
accuracy table - Fehlertabelle
accusation - Anklage
acephalous - akephal - ohne Zentrum
acephalous society - akephale
Gesellschaft
acephaly - Akephalie
achieve - erreichen
achieved - erworben, angeeignet
achieved position - erworbene Position

achieved role - erworbene Rolle
achieved status - erworbener Status
achievement - Leistung
achievement motivation -
Leistungsmotivation
achievement need - Leistungsbedürfnis
achievement-oriented society -
Leistungsgesellschaft
achievement pressure - Leistungsdruck
achievement principle -
Leistungsprinzip
achievement readiness -
Leistungsbereitschaft
achievement report -
Leistungsbeurteilung
achievement test(ing) - Leistungstest
acid rain - saurer Regen
acknowledge - anerkennen
acknowledgement - Bestätigung,
Anerkennung
acquaintance - Kenntnis
acquiescence - Zustimmungstendenz
acquire - aneignen, erarbeiten
acquired - erworben, angeeignet
acquired drive - erworbener Trieb
acquired need - erworbenes Bedürfnis
acquirement - Kenntnis
acquisition of language - Spracherwerb
acquisition of territory - Gebietserwerb
across party lines - parteiübergreifend
across the national borders -
grenzüberschreitend
act - Gesetz
acting - amtierend
acting minister - amtierender Minister
acting out - Ausagieren
acting under binding orders -
Befehlsnotstand
action - Handlung, Tat, Vorgehen
action ability - Handlungsfähigkeit
action approach - Aktionsansatz
action committee - Aktionskomitee,
Bürgerinitiative
action context -
Handlungszusammenhang
action frame of reference -
Bezugsrahmen des Handelns
action guiding - handlungsleitend
action meaning - Handlungsbedeutung
action orientation -
Handlungsorientierung
action pattern - Handlungsmuster

action perspective -
Handlungsperspektive
action program - Aktionsprogramm
action readiness -
Handlungsbereitschaft
action research - Aktionsforschung
action scheme - Bezugsrahmen
action-set - Handlungsmenge,
Aktionsmenge
action space - Handlungsspielraum
action system - Handlungssystem
action theory - Handlungstheorie
activation - Aktivierung
active interview - Aktivinterview
active population - Aktivbürger
active resistance - aktiver Widerstand
activism - Aktivismus
activist - Aktivist
activity - Aktivität, Tätigkeit,
Maßnahme
activity cycles - Aktivitätsperiodik
act of aggression - Angriffshandlung
act of cognition - Erkenntnisakt
act of God - höhere Gewalt
act of state - Hoheitsakt, Staatsakt
act of volition - Willensakt
actor - Akteur, Aktor
actor-centered - akteurzentriert
actor-observer effect -
Akteur-Beobachter-Effekt
act psychology - Aktpsychologie
actual behavior - tatsächliches
Verhalten - gegenwärtiges Verhalten
actual figure - Istwert
actual genesis - Aktualgenese
actualization - Aktualisierung
actually - tatsächlich, eigentlich,
wirklich
actually existing socialism - real
existierender Sozialismus
actual self - tatsächliches Selbst
actual wage - Reallohn
adapt - sich anpassen
adaptability - Anpassungsfähigkeit
adaptation - Anpassung
adaptation-level-theory -
Adaptions-Niveau-Theorie
adaptation pressure - Anpassungsdruck
adaption-goal attainment-integration-
latency-scheme (AGIL-scheme) -
AGIL-Schema (Talcott Parsons)
adaptive behavior - angepaßtes
Verhalten

adaptive test - Anpassungstest
addicted - süchtig, abhängig
addiction - Sucht
addition - Addition
addition theorem - Additionstheorem
additive model - additives Modell
address - Rede
adequacy - Adäquanz, Angemessenheit
adherence - Zugehörigkeit, Einhaltung
adherence to an agreement -
Einhaltung eines Abkommens
adhesion - Beitritt
ad hoc group - Ad-hoc-Gruppe
ad hoc hypothesis - Ad-hoc-Hypothese
adhocracy - Adhokratie (begrenzte
Organisation)
ad hoc survey - Ad-hoc-Befragung
adjourn - vertagen
adjourn a meeting - eine Sitzung
vertagen
adjournement - Vertagung
adjudication - Rechtsprechung
adjudicator - Schiedsrichter
adjust - angleichen, - anpassen, sich
anpassen
adjustment - Bereinigung, Angleichung,
Anpassung
adjustment levy - Abschöpfung
adjustment method -
Herstellungsmethode
adjustment policy - Strukturpolitik
adjustment process -
Anpassungsprozess
administrate - verwalten
administration - Verwaltung, Regierung
am.
administration action - Verwaltungsakt
administration discretion -
Verwaltungsermessen
administration of the finances -
Finanzverwaltung
administration procedure acts -
Verwaltungsverfahrensgesetze
administration work -
Verwaltungshandeln
administrative act - Verwaltungsakt
administrative agency -
Verwaltungsorgan, Verwaltungsbehörde
administrative agreement -
Verwaltungsabkommen
administrative area - Verwaltungsgebiet
administrative assistance - Amtshilfe

administrative authority -
Verwaltungsbehörde
administrative behavior -
Verwaltungsverhalten
administrative culture -
Verwaltungskultur
administrative decree -
Verwaltungsverordnung
administrative discretion -
Ermessensspielraum der Verwaltung
administrative district -
Regierungsbezirk
administrative elite - Verwaltungselite
administrative expense -
Verwaltungsaufwand
administrative jurisdiction -
Verwaltungsgerichtsbarkeit
administrative law - Verwaltungsrecht
administrative legislation -
Verwaltungsgesetzgebung
administrative machinery -
Verwaltungsapparat
administrative matter -
Verwaltungsangelegenheit
administrative policy -
Verwaltungsgrundsätze
administrative procedure -
Verwaltungsverfahren
administrative process -
Verwaltungsverfahren
administrative provisions -
Verwaltungsbestimmungen
administrative science -
Verwaltungswissenschaft
administrative state - Verwaltungsstaat
administrative system -
Verwaltungssystem
administrative tasks -
Verwaltungsaufgaben
administrator - Verwalter
admissibility - Zulässigkeit
admissible hypothesis - zulässige
Hypothese
admissible test - zulässiger Test
admission - Zulassung, Zutritt,
Anerkennung, Zugeständnis
admission criteria - Zutrittskriterium
admission test - Zugangstest
admit - zugeben, einräumen, zulassen
admit of different interpretations -
verschiedene Auslegungen zulassen
admittance - Zulassung
adolescence - Adoleszenz, Jugend

adolescent psychology - Jugendpsychologie
adolescent subculture - Jugendsubkultur
adoption - Adoption
adoption of a bill (law) - Gesetzesannahme
adult - Erwachsener
adult education - Erwachsenenbildung
adult education center - Volkshochschule
adultery - Ehebruch
adulthood - Erwachsenenalter
adult learning - Erwachsenenbildung
adult psychology - Erwachsenenpsychologie
adult socialization - Erwachsenensozialisation
adult vocational education - berufliche Erwachsenenbildung
advance - Kredit, Verbesserung, Fortschritt
advance a theory - eine Theorie aufstellen
advance copy - Vorausexemplar
advanced - fortgeschritten
advanced technical college - Fachhochschule
advanced training - Fortbildung
advance in knowledge - Wissensvorsprung
advancement - Wachstum, Förderung
advantage - Überlegenheit, Vorteil
advantage enjoyed by the chancellor in office - Kanzlerbonus
adventure society - Erlebnisgesellschaft
adversary politics - adversative Politik
adverse vote - Gegenstimme
advertising - Werbung
advertising appeal - werbewirksam
advertising media - Werbeträger
advertising revenue - Werbeeinnahmen
advice - Beratung
advise - beraten
adviser - Berater, Ratgeber
advisory board - beratendes Gremium, Beirat
advisory committee - Beratungsausschuß, Beraterkommission
advocacy planning - Anwaltsplanung
aerosol propellant - Treibgas
aesthetic education - ästhetische Erziehung

aestheticism - Ästhetizismus
aesthetics - Ästhetik
aetiology - Ätiologie
affair - Angelegenheit
affair of state - Staatsangelegenheit
affect - Affekt
affectation - Affektiertheit, Verstellung
affection - Affektion
affective - affektiv, emotional
affective accumulation - Affektstau
affective act - Affekthandlung
affective behavior - affektives Verhalten
affective block - Affektsperre
affective discharge - Gefühlsausbruch
affective education - gefühlsbetonte Erziehung
affective inhibition - affektive Hemmung
affective neutrality - affektive Neutralität
affective nonrationality - affektive Nichtrationalität
affective objectives - affektive Lernziele
affective value - affektiver Wert
affectivity - Affektivität, Reizbarkeit
affectladen - affektbesetzt
afference - Afferenz
afferent - afferent, hinführend
affiliate with - angliedern
affiliation - Affiliation, Verbindung, Zugehörigkeit
affiliation need - Affiliationsbedürfnis
affiliation want - Abhängigkeitsbedürfnis
affinal kinship - Verschwägerung
affine - affin, ähnlich
affinity - Affinität, Ähnlichkeit
affinity of souls - Seelenverwandtschaft
affinity to life - Lebensbezug
affirm - behaupten, bekräftigen
affirmation - Affirmation, Bejahung, Bekräftigung, Behauptung
affirmative action - Quotensystem
affluence - Überfluß, Reichtum, Fülle
affluent citizen - Wohlstandsbürger
affluent society - Überflußgesellschaft
affluent worker - affluenter Arbeiter
Africa-Caribbean-Pacific-states (ACP-states) - Afrika-Karibik-Pazifik-Staaten (AKP-Staaten)
African studies - Afrikanistik
aftereffect - Nachwirkung

aftersensation - Nachempfindung
afterthought - Nachbemerkung
agamy - Agamie, Ehelosigkeit
age - Alter, Lebensalter
age at marriage - Heiratsalter
age category - Alterskategorie
age class - Altersklasse
aged - betagt
age distribution - Altersgliederung
age grade - Altersstufe
age-grade placement - altersmäßige
Einstufung
age group - Altersgruppe
age limit - Altersgrenze
age-mate - Altersgenosse
age median - Altersmedian
agencies of socialization -
Sozialisationsagenturen
agency - Instanz, Agent, Behörde
agency of social control - Instanz
sozialer Kontrolle
agency of socialization -
Sozialisationsträger,
Sozialisationsagentur
agenda - Tagesordnung, Agenda
agenda setting - Festlegung der
Tagesordnung
age norm - Altersnorm, Altersklasse
agent - Vertreter
agent of a government - Beauftragter
einer Regierung
age of computers - Computerzeitalter
age of consent - Mündigkeitsalter,
sexuelle Reife
Age of Enlightenment - Aufklärung
age of majority - Volljährigkeit,
Mündigkeit
age pyramid - Bevölkerungspyramide
age role - Altersrolle
age-sex structure -
Bevölkerungsstruktur
age status - Altersstatus
age structure - Altersstruktur
agglomerate - Agglomerat
agglomeration - Ballungsraum
aggravation - Verschärfung
aggregate - Aggregat, Anhäufung
aggregate analysis - Aggregatanalyse
aggregate data - Aggregatdaten
aggregate development -
gesamtwirtschaftliche Entwicklung
aggregate group - Aggregatgruppe
aggregate income - Volkseinkommen

aggregation - Aggregat,
Aggregatbildung, Anhäufung,
Ansammlung
aggression - Aggression
aggression drive - Aggressionstrieb
aggressive - aggressiv
aggressive behavior - aggressives
Verhalten
aggressive drive - Aggressionstrieb
aggressivity - Aggressivität
aggressor - Aggressor
aging - Altern, Überalterung
agitated depression - agitierte
Depression
agitation - Agitation, - Gemütserregung
agitator - Agitator, Aufwiegler
agnation - Agnation, Verwandtschaft
väterlicherseits
agnostic behavior - agnostisches
Verhalten
agnosticism - Agnostizismus
agonistic behavior - agonistisches
Verhalten
agrammatism - Agrammatismus
agrarian - agrarisch, Landwirtschafts-
agrarian capitalism - Agrarkapitalismus
agrarian culture - Agrarkultur
agrarian democracy - Agrardemokratie
agrarianism - Agrarbewegung
agrarian movement -
Landreformbewegung, Agrarsozialismus
agrarian party - Bauernpartei
agrarian society - Agrargesellschaft
agrarian state - Agrarstaat
agrarian structure - Agrarstruktur
agree - vereinbaren, - zustimmen
agreement - Übereinkunft,
Vereinbarung, Abkommen, Vertrag
agreement between the (Protestant)
church and the State - Kirchenvertrag
agree upon a motion - einen Antrag
annehmen
agricultural aid - Agrarsubvention
agricultural area - Nutzfläche
agricultural commodities market -
Agrarmarkt
agricultural development -
landwirtschaftliche Entwicklung
agriculturalist - Landwirt
agricultural market organization -
Agrarmarktordnung
agricultural policy - Agrarpolitik
agricultural state - Agrarstaat

agricultural worker - Landarbeiter
agriculture - Landwirtschaft
agrocity - Agrostadt
agronomy - Agrarwissenschaft
aha experience - Aha-Erlebnis
ahistorical - ahistorisch
aid - Hilfe, Mittel
aide - Berater
aided recall - Erinnerung mit
Gedächtnisstütze
aided recall interview - Interview mit
Gedächtnisstütze
aim - Ziel, Zielsetzung, Zweck
aim at - abzielen auf
air pollution - Luftverschmutzung
alcohol abuse - Alkoholmißbrauch
alcohol dependence -
Alkoholabhängigkeit
alcoholism - Alkoholismus
algebraic matrix - algebraische Matrix
algorithm - Algorithmus
alien - Fremder, Ausländer
alienated labor - entfremdete Arbeit
alienated youth - entfremdete Jugend
alienation - Entfremdung, Entäußerung,
Veräußerung
alienative involvement -
fremdbestimmte Bindung
align - angleichen
alignment - Ausrichtung, Orientierung,
Gruppierung, Blockbildung, Angleichung
all-day school - Ganztagsschule
allegation - Behauptung
allege - behaupten, vorgeben
allegiance - Bündnistreue
alliance - Bündnis
alliance commitment -
Bündnisverpflichtung
alliance theory - Bündnistheorie
allied - verbündet
allies - Verbündete
allocating resources -
Ressourcenallokation
allocation - Allokation, Zuteilung,
Bewilligung, Kontingent
allocation base - Verteilungsschlüssel
allocation formula - Verteilungsschlüssel
allocation of funds - Mittelverwendung
allocation of resources -
Ressourcenzuweisung, Aufmerksamkeit
allocation of seats - Mandatsverteilung
allocation problem -
Zuordnungsproblem

all-or-none learning -
Alles-oder-nichts-Lernen
all-or-none-reaction -
Alles-oder-nichts-Reaktion
allotment - Teilstück, Anteil
allowance - Erlaubnis, Berechtigung,
Zuschuß, Anerkennung
all-party - Allparteien-, überparteilich
allusion - Anspielung
all-volunteer army - Freiwilligenarmee
ally - sich verbünden, Verbündeter
aloof - distanziert
aloofness - Distanziertheit
alphabet - Alphabet
alphabetism - Alphabetismus,
Schreibfähigkeit
alter - abändern, verändern
alteration - Veränderung
alternate generations - alternierende
Generationen
alternation - Wechseln, Alternieren
alternation education - abwechselnder
Unterricht
alternative - Alternative
alternative concept - Gegenentwurf
alternative culture - Alternativkultur
alternative hypothesis -
Alternativhypothese
alternative press - Alternativpresse
alternative question - Alternativfrage,
Ja-Nein-Frage
alternative schools - Alternativschulen
alternative society - Alternativszene
altruism - Altruismus
altruistic motivation -
Hilfeleistungs-Motiv
amalgamation - Verschmelzung,
Amalgamierung
amateur performance - Laienspiel
ambassador - Botschafter
ambassador-at-large -
Sonderbotschafter
ambiguity - Mehrdeutigkeit,
Ambiguität, Unklarheit
ambiguity tolerance -
Ambiguitätstoleranz
ambiguous question - mehrdeutige
Frage
ambit - Geltungsbereich
ambivalence - Ambivalenz,
Doppeldeutigkeit
amend - ergänzen, ändern, novellieren

amend a decision - einen Beschluß
abändern
amend a law - ein Gesetz abändern
amended version - Neufassung (eines
Gesetzes)
amendment - Zusatzartikel,
Verfassungszusatz, Änderungsantrag,
Novelle
amendment of a law -
Gesetzesänderung
amend the constitution - die
Verfassung ergänzen, die Verfassung
ändern
americanization - Amerikanisierung
amnesty - Amnestie
amoral - amoralisch, moralisch
indifferent
amorality - Amoralität, moralische
Indifferenz
amount - Betrag, Menge
amount of inspection - Prüfmenge
amplitude - Amplitude, Ausschlagsweite
anachronism - Anachronismus
anal - anal
analogical inference - Analogieschluß
analogical reasoning - analoges
Schließen
analogies test - Analogientest
analogue - analog, Analogon
analogue reasoning - Analogieschluß
analogy - Analogie
anal stage - anale Phase
anal type - analer Charakter
analysand - Analysand
analysis - Analyse, Untersuchung
analysis of causes - Ursachenanalyse
analysis of dispersion -
Dispersionsanalyse
analysis of meaning -
Bedeutungsanalyse
analysis of time series -
Zeitreihenanalyse
analysis of variance - Varianzanalyse
analysis unit - Analyseeinheit
analyst - Analytiker
analytic - analytisch
analytical definition - analytische
Definition
analytical thinking - analytisches
Denken
analytic model - analytisches Modell
analytic(al) philosophy - analytische
Philosophie

analytic psychology - analytische
Psychologie
analytic structure - analytische Struktur
analytic survey - analytische Befragung
analytic theory of science - analytische
Wissenschaftstheorie
analyze - analysieren
anamnesis - Anamnesis
anancastia - Anankasmus
anarchic - anarchisch
anarchism - Anarchismus
anarchist - Anarchist
anarchistic epistemology -
anarchistische Erkenntnistheorie
anarcho-syndicalism -
Anarchosyndikalismus
anarchy - Anarchie
ancestor - Ahn, Vorfahr
ancestor worship - Ahnenkult
ancestry - Ahnen, Vorfahren,
Abstammung
anchor - Ankerreiz
anchoring of attitudes - Verankerung
von Attitüden
ancient - antik
ancient history - Alte Geschichte
ancillary information -
Zusatzinformation
angle - Gesichtspunkt
Anglicism - Anglizismus
anhedonism - Affektverflachung
animal herding - Viehzucht,
Weidewirtschaft
animal protection - Tierschutz
animated discussion - lebhafte
Diskussion
animation - Animation
animism - Animismus
annex - annektieren, angliedern
annexation - Annexion, Annektierung
annotated edition - kommentierte
Ausgabe
annotation - Annotierung, Anmerkung
announcement - Ankündigung
annual economic report -
Jahreswirtschaftsbericht
annuitant - Rentenempfänger
annul - annullieren
annulment - Annullierung
anocracy - Anokratie pol. (Mischung
aus Autokratie und Demokratie)
anomaly - Anomalie, Abweichung
anomic - anomisch

anomic division - anomische
Arbeitsteilung
anomic group - anomische Gruppe
anomic personality - anomische
Personalität
anomic suicide - anomischer Selbstmord
anomie - Anomie
anonymity - Anonymität
anonymous - anonym
anonymous questionnaire - anonymer
Fragebogen
anorgasmy - Anorgasmie
answer - Antwort
answer error - Antwortfehler
antagonism - Antagonismus
antecedent - Antezedens, Prämisse
antecedent condition - Prämisse,
Vordersatz
antedating reaction - antizipatorische
Reaktion
anthology - Anthologie
anthropocentrism -
Anthropozentrismus
anthropogeography -
Anthropogeographie
anthropological linguistics -
anthropologische Linguistik
anthropology - Anthropologie
anthropology of education -
Anthropologie der Erziehung
anthropomorphism -
Anthropomorphismus
anti-abortionist - Abtreibungsgegner
anti atomic movement -
Anti-Atom-Bewegung
antiauthoritarian - antiautoritär
antiauthoritarian play-group -
Kinderladen
anti-authoritarian upbringing -
antiautoritäre Erziehung
Anti-Ballistic-Missile (ABM) -
Abwehrsystem gegen ballistische Raketen
anticipate - antizipieren
anticipation - Antizipation
anticipatory - antizipatorisch,
antizipierend
anticipatory group -
Antizipationsgruppe
anticipatory socialization -
antiziaptorische Sozialisation
anticlerical - kirchenfeindlich
anticlericalism - Antiklerikalismus
anti-colonialism - Antikolonialismus

anti-Communism - Antikommunismus
anti-Communist - Antikommunist
anticonstitutional - verfassungsfeindlich
anti-cultural - kulturfeindlich
anticyclical budgetary policy -
antizyklische Haushaltspolitik
anticyclical economic policy -
antizyklische Wirtschaftspolitik
anti-Fascism - Antifaschismus
antimarket - wirtschaftsfeindlich
antinomy - Antinomie
anti-nuclear power movement -
Antiatomkraftbewegung
antipathy - Antipathie
anti-pedagogics - Anti-Pädagogik
antiplanning biases -
Planungswiderstand
antiquity - Altertum, Antike
anti-Semitism - Antisemitismus
antisocial - antisozial,
gesellschaftsfeindlich
antisocial behavior -
gesellschaftsfeindliches Verhalten
anti-social conduct - unsoziales
Verhalten
antisocial personality disorder -
antisoziale Persönlichkeitsstörung
antithesis - Antithese
antithetic - antithetisch
antitrust law - Kartellrecht
antitrust legislation -
Antitrustgesetzgebung
anti-union - gewerkschaftsfeindlich
anxiety - Angst
anxiety attacks - Angstanfälle
anxiety coping - Angstbewältigung
anxiety disorder - Angststörung
anxiety drive - Angsttrieb
anxiety hierarchy - Angsthierarchie
anxiety management training -
Angstbewältigungstraining
anxiety neurosis - Angstneurose
anxiety response - Angstreaktion
Apartheid - Apartheid-Politik
apathetic majority - apathische
Mehrheit
apathy - Apathie, Teilnahmslosigkeit,
Gleichgültigkeit
aphasia - Aphasie, Sprachstörung
aphorism - Aphorismus
apocalyptic mood - Endzeitstimmung
apolitical - apolitisch
apolitical attitude - apolitische Haltung

apologetics - Apologetik
apologist - Apologet
aporia - Aporie, Ausweglosigkeit
apostasy - Apostasie, Abtrünnigkeit
vom Glauben
apparant motion - Scheinbewegung
apparatchik - Apparatschick
apparent structure - erscheinende
Struktur
appeal - Aufforderungscharakter,
Einspruch erheben, Berufung einlegen,
Rechtsmittel, Rechtsbehelf
appearance - Anschein
appease - abwiegeln, beruhigen,
beschwichtigen
appeasement - Beschwichtigung
appeasement behavior -
Befriedungsverhalten, Demutsgebärde
appeasement gesture -
Beschwichtigungsgebärde
appendix - Appendix, Zusatz
apperception - Apperzeption
appetence behavior -
Appetenzverhalten
appetitive behavior - appetitives
Verhalten
applicability - Anwendbarkeit, Eignung
applicable - anwendbar
applicable law - geltendes Recht
application - Bewerbung, Verwendung,
Nutzanwendung
application for funds - Beantragung
von Mitteln
application of statutory provisions -
Anwendung gesetzlicher Vorschriften
application of the law -
Rechtsanwendung
application-oriented pedagogical
research - anwendungsorientierte
Erziehungsforschung
applied - angewandt
applied anthropology - angewandte
Anthropologie
applied psychology - angewandte
Psychologie
applied research - angewandte
Forschung
applied science - angewandte
Wissenschaft
applied social research - angewandte
Sozialforschung
applied sociology - angewandte
Soziologie

apply a law - Gesetz anwenden
appoint - berufen, ernennen
appointment - Ernennung, Einsetzung,
Berufung, Bestellung
apportionment of funds -
Mittelzuweisung
apportoinment - gleichmäßige
Verteilung
appraisal - Auswertung, Bewertung,
Schätzung
appraisal factor - Beurteilungskriterium
appreciate - würdigen
appreciation - Würdigung
apprehension - Auffassung, Begreifen
apprentice - Auszubildender
apprenticeship proposals -
Lehrstellenangebote
approach - Ansatz, Auffassung
approach-approach conflict -
Appetenz-Konflikt
approach-avoidance conflict -
Appetenz-Aversions-Konflikt
appropriate - zweckdienlich
appropriate funds - Mittel bereitstellen
appropriate literature - einschlägige
Literatur
appropriateness of means -
Angemessenheit der Mittel
appropriation - Zuteilung, Bewilligung,
Bereitstellung
appropriation of funds -
Zweckbestimmung von Geldern
approval - Billigung, Zustimmung,
Bewilligung
approve - billigen, genehmigen
approved school - Erziehungsanstalt
approximate hypothesis -
Näherungshypothese
approximation - Näherung,
Approximation
approximation conditioning -
sukzessive Annäherung
approximation errors - Näherungsfehler
approximation method -
Näherungsmethode
approximation value - Näherungswert
apraisal interview -
Bewertungsinterview,
Einschätzungsinterview
apriorism - Apriorismus
aptitude - Eignung
aptitude control - Leistungskontrolle

aptitude measurement -
Begabungsnachweis, Eignungstest
aptitude test - Eignungstest
arbiter - Schlichter, Schiedsrichter
arbitral commission -
Schiedskommission
arbitral jurisdiction -
Schiedsgerichtsbarkeit
arbitrament - Schiedsspruch
arbitrariness - Willkür
arbitrary act - Willkürakt
arbitrary government -
Willkürherrschaft
arbitrary rule - Willkürherrschaft
arbitration - Schlichtung, Schiedsspruch
arbitrator - Schiedsrichter
arcanum policy - Arkanumpolitik
archaeology - Archäologie
archaic term - veralteter Begriff
archaism - Archaismus
archetypal image - archetypisches Bild
archetype - Archetyp
architecture - Architektur
archive material - Archivmaterial
archives - Archiv
area - Gebiet, Region, Bereich
area diagram - Flächendiagramm
area histogram - Flächenhistogramm
area of discretion - Ermessensspielraum
area of responsibility -
Verantwortungsbereich,
Zuständigkeitsbereich
area of tension - Spannungsgebiet
area sample - Flächen-Stichprobe
area sampling -
Flächenstichprobenverfahren
area study - Regionalstudie
area under investigation -
Untersuchungsgegenstand
arena - Arena
argue - argumentieren, schlußfolgern
argument - Argument, Behauptung
argumentation - Argumentation,
Beweisführung
aristocracy - Aristokratie, Adel
arithmetic - Arithmetik
arithmetic distribution - arithmetische
Verteilung
arithmetic mean - arithmetisches Mittel
armament - Aufrüstung
armchair culprit - Schreibtischtäter

armed conflict - bewaffnete
Auseinandersetzung, kriegerischer
Konflikt
armed forces - Streitkräfte, Militär
armed raid - bewaffneter Überfall
armed resistance - bewaffneter
Widerstand
arms - Waffen
arms control - Rüstungskontrolle
arms embargo - Waffenembargo
arms export - Waffenexport
arms limitation - Rüstungsbegrenzung
arms race - Rüstungswettlauf,
Wettrüsten
arousal - Erregung
arousal function - Erregungsfunktion
arousal pattern - Erregungsmuster
arrangement - Absprache, Vereinbarung
array - Anordnung, Schema, Aufreihung
arrears - Schulden
arrival - Zustrom, Zudrang, Ankunft
arrogance - Arroganz, Anmaßung
art - Kunst
art academy - Kunsthochschulen
art education - Kunsterziehung
art expression - künstlerischer Ausdruck
art forgery - Kunstfälschung
article - Artikel
articulation - Artikulation
articulation disturbances -
Artikulationsstörungen
artifact - Artefakt
artificial intelligence - künstliche
Intelligenz
artisan - Handwerker, Kunsthandwerker
art psychology - Kunstpsychologie
art teacher - Kunstlehrer
art therapy - Kunsttherapie
ascendancy - Überlegenheit,
Übergewicht
ascending generation - Generation der
Verwandten in aufsteigender Linie
ascending line - aufsteigende Linie (bei
Verwandtschaften)
ascent - sozialer Aufstieg
ascertain - feststellen
ascertainment - Ermittlung,
Feststellung
ascertainment error - Ermittlungsfehler,
Erhebungsfehler
ascetism - Asketismus
ascribed group - zugewiesene Gruppe
ascribed position - zugewiesene Position

ascribed role - zugewiesene Rolle
ascribed status - zugewiesener Status
ascription-achievement -
Zuschreibung-Leistung
as expected - erwartungsgemäß
asker - Fragesteller
asocial - ungesellig
asociality - Asozialität
aspiration - Anspruchsniveau,
Selbstbeanspruchung
aspiration level - Anspruchsniveau
assassination - Attentat
assault - Angriff
assemblage - Ansammlung,
Versammlung
assembly - Versammlung, Körperschaft,
Zusammenkunft
assembly of delegates -
Delegiertenversammlung
assent - zustimmen
assertion - Behauptung
assertion of reality -
Wirklichkeitsaussage
assertions analysis - Inhaltsanalyse,
Aussagenanalyse, Bedeutungsanalyse
assertiveness - Durchsetzung,
Geltendmachung
assert oneself - sich durchsetzen
assess - einschätzen, - beurteilen,
ermessen
assessment - Einschätzung,
Abschätzung, Bewertung
assessment of environmental effects -
Umweltverträglichkeitsprüfung
assessment of the situation -
Lagebeurteilung
assignable - zuschreibbar
assignment - Aufgabe, Weisung,
Zuweisung
assignment of duties -
Aufgabenzuweisung
assignment problem -
Zuordnungsproblem
assignment rule - Zuordnungsregel
assimilation - assimilation, Angleichung,
Verschmelzung
assimilation-contrast theory -
Assimilations-Kontrast-Theorie
assimilation of emotional experience -
Erlebnisverarbeitung
assimilation pressure -
Assimilationsdruck
assist - unterstützen

assistance - Hilfe, Fürsorge, Förderung,
Unterstützung
assistance for the aged - Altenhilfe
assistance policy - Förderungspolitik
assistance program -
Unterstützungsprogramm
associate - assoziieren,
zusammenschließen
associated - assoziiert
association - Assoziation,
Zusammenschluß, Verband, Verein,
Vereinigung, Zusammenhang (von Ideen)
associationism -
Assoziationspsychologie
association model - Assoziationsmodell
association of ideas - Ideenassoziation
association of local government -
Gemeindeverband
association scheme -
Assoziationsschema
associative attitude - gesellige Haltung,
- gesellige Einstellung
associative conditioning - assoziative
Konditionierung
associative thinking - assoziatives
Denken
assume - unterstellen, annehmen
assumed - erworben, angeeignet
assume office - ein Amt annehmen
assume responsibility - Verantwortung
übernehmen
assumption - Annahme, - Vermutung,
Unterstellung
assumption of authority -
Amtsanmaßung
assumption of power -
Machtübernahme
assurance - Versicherung
assurance game - Versicherungsspiel
assure - zusichern
astronautics - Raumfahrt
asylum - Asyl
asylum seeker - Asylbewerber
asymptotically normal distribution -
asymptotisch normalverteilt
asymptotically unbiased - asymptotisch
erwartungstreu
atavism - Atavismus
at diplomatic level - auf diplomatischer
Ebene
at government level - auf
Regierungsebene
atheism - Atheismus

atmosphere of negotiation -
Verhandlungsklima
atomic age - Atomzeitalter
atomic energy - Atomenergie
atomic stalemate - atomares Patt
atomic test - Atomversuch
atomised society - atomisierte
Gesellschaft
atomism - Atomismus
atomistic family - atomistische Familie
atomistic society - atomistische
Gesellschaft
atrocity propaganda -
Greuelpropaganda
attachment - Bindung, Verbindung
attachment to the ego -
Ichverhaftetheit
attack - Anfall, Angriff
attainments - Kenntnis
attempt - Versuch
attempt at a bribery -
Bestechungsversuch
attempt at explanation -
Erklärungsansatz
attempt at interpretation -
Deutungsversuch
attempt at justification -
Rechtfertigungsversuch
attend - besuchen, eine Schule
besuchen, teilnehmen an
attendance - Teilnahme
attendant circumstances -
Begleitumstände
attention - Aufmerksamkeit
attentional training -
Aufmerksamkeitsschulung
attention control -
Aufmerksamkeitskontrolle
attention deficit disorders -
Aufmerksamkeitsstörungen
attention fluctuations -
Aufmerksamkeitsschwankungen
attention span -
Aufmerksamkeitsumfang
attention tests - Konzentrationstests
attentism - Attentismus
attentuation theory -
Dämpfungstheorie
attitude - Einstellung, Haltung
attitude change - Einstellungswandel,
Einstellungsänderung
attitude-changes theory - Theorie des
Einstellungwandels

attitude conditioning -
Einstellungskonditionierung,
Haltungskonditionierung
attitude constellation -
Einstellungskonstellation
attitude dissonance -
Einstellungsdissonanz
attitude dynamics -
Einstellungsdynamik
attitude formation - Einstellungsbildung
attitude investigation -
Einstellungsuntersuchung
attitude measurement -
Einstellungsmessung
attitude perception -
Einstellungswahrnehmung
attitude research -
Einstellungsforschung
attitude scale - Einstellungsskala
attraction - Anziehung
attribute - zuschreiben,
Merkmalsausprägung
attribution - Zuschreibung,
Attribuierung
attribution theory - Attributionstheorie
atypical - untypisch
audience - Publikum, Hörerschaft,
Leserschaft
audience survey - Zuschauerumfrage
audio-visual library - Mediothek
audio-visual media - audiovisuelle
Medien
Audit Office - Rechnungshof
augmentation - Vergrößerung,
Wachstum
auspices - Schirmherrschaft
austerity - Austerität, Strenge
austerity measure - Notmaßnahme
autarchy - Autarkie
authentic - authentisch
authenticity - Authentizität
author - Autor
authoritarian - autoritär
authoritarianism - Autoritarismus
authoritarian leader - autoritärer Führer
authoritarian leadership - autoritäre
Führung
authoritarian personality - autoritäre
Persönlichkeit
authoritarian regime - autoritäres
Regime
authoritarian state - Obrigkeitsstaat
authoritative - autoritativ

authoritative style of leadership -
autoritärer Führungsstil
authority - Autorität, Einfluß,
Ermächtigung, Vollmacht,
Weisungsbefugnis, Behörde, Instanz
authority guardianship -
Amtsvormundschaft
authority structure - Autoritätsstruktur
authority to negotiate -
Verhandlungsmandat
authorization - Autorisierung,
Bevollmächtigung, Genehmigung
authorization of expenditures -
Ausgabenbewilligung
authorize - autorisieren, bevollmächtigen
authorship - Autorschaft
author's right - Autorenrechte
autism - Autismus
autistic thinking - autistisches Denken
autobiography - Autobiographie
autocentered development -
autozentrierte Entwicklung
autocephaly - Autokephalie
autochthonous behavior -
autochthones Verhalten
autocorrelated - autokorreliert
autocorrelation - Autokorrelation
autocovariance - Autokovarianz
autocracy - Autokratie, Alleinherrschaft
autodidactically - autodidaktisch
auto-eroticism - Autoerotik
autogenic training - autogenes Training
autohypnosis - Selbsthypnose
autokinetic effect - Autokinese
automatic processing - automatische
Informationsverarbeitung
automation - Automation
automatization - Automatisierung
autonomous - autonom
autonomous change - autonomer
Wandel, endogener Wandel
autonomous thinking - eigenständiges
Denken
autonomy - Autonomie,
Handlungsspielraum
autonomy of conscience - Autonomie
des Gewissens
autonomy of science - Autonomie der
Wissenschaft
autopoetic law - autopoietisches Gesetz
autopoiesis - Autopoiesis
autopoiesis theory - autopoietische
Theorie

autoregression - Autoregression
**Autoregressive Integrated Moving
Average (ARIMA)** - autoregressiver
integrierter gleitender Durchschnitt
autoregressive model - autoregressives
Modell
**autoregressive moving average
(ARMA)** - autoregressiver gleitender
Durchschnitt
autoshaping - Selbstformung
auto-stimulation - Selbstreizung
autosuggestion - Autosuggestion
auxiliary science - Hilfswissenschaft
availability - Verfügbarkeit
avantgarde - Avantgarde
average - Durchschnitt, Mittelwert
average density - durchschnittliche
Bevölkerungsdichte
average deviation - mittlere
Abweichung
average family - Durchschnittsfamilie
average of relatives - Mittelwert von
Meßziffern
average period of study -
Regelstudienzeit
aversion - Aversion, Vermeidung
aversion therapy - Aversionstherapie
aversive behavior - aversives Verhalten
aversive stimulus - aversiver Reiz
avert a danger - Gefahr abwenden
avocation - Nebenbeschäftigung
avoid - vermeiden
avoidance - Vermeidung, Anfechtung,
Aufhebung
avoidance behavior -
Vermeidungsverhalten
avoidance-learning - Vermeidungslernen
avoidance response -
Vermeidungsreaktion
avoidant personality disorder -
selbstunsichere Persönlichkeitsstörung
avunculate - Avunkulat,
Schwesternsohnsrecht
awakening - Erweckung
award - Schiedsspruch, Entscheidung,
Urteil
aware - bewußt
awareness - Bewußtheit,
Bewußtwerdung
awareness context -
Bewußtseinskontext
awareness of crisis - Krisenbewußtsein

awareness of injustice -
Unrechtsbewußtsein
awareness of norms - Normbewußtsein
awareness of politics - politisches
Bewußtsein
awareness of time - Zeitbewußtsein
awareness rating - Bekanntheitsgrad

axiology - Axiologie, Wertlehre
axiom - Axiom
axiomatic system - axiomatisches
System
axiomatic theory - axiomatische Theorie
axiomatization - Axiomatisierung
axis - Achse

B

babyhood - Kleinkindalter
back - unterstützen
backbencher - Hinterbänkler
background - Hintergrund
background assumption - Hintergrundannahme
background description - Milieuschilderung
background knowledge - Hintergrundwissen
background variable - Hintergrundvariable
backing - Rückendeckung, Unterstützung
backlash - Gegenreaktion
backward conditioning - rückwirkende Konditionierung
backwardness - Rückständigkeit
backward society - rückständige Gesellschaft
bad conscience - schlechtes Gewissen
bad mark - Tadel
badness - Schlechtigkeit
balance - Ausgeglichenheit, Gleichgewicht, Ausgewogenheit
balanced - ausgeglichen, ausgewogen
balanced budget - ausgeglichener Haushalt
balanced sample - ausgewogene Stichprobe
balance of power - Gleichgewicht der Kräfte
balance the budget - den Haushalt ausgleichen
balancing - Balancierung
balancing act - Balanceakt
balancing identity - balancierte Identität
balancing of interests - Interessenausgleich
ballot - Stimmzettel, Wahlgang, Wahl, Abstimmung
ballotage - Stichwahl
ballot box - Wahlurne
ballot box technique - Meinungsumfrage mit Wahlurne
ballot system - Wahlsystem, Abstimmungsverfahren

ballot vote - Urabstimmung
ban - Verbot
band - Horde
banditry - Banditentum
bandwagon effect - Mitläufereffekt
bank rate policy - Diskontpolitik
ban of a party - Parteiverbot
ban on publication - Publikationsverbot
barbarian - barbarisch, Barbar
bar chart - Stabdiagramm
bar diagram - Stabdiagramm
bare necessities - Grundbedürfnisse
bargain - Verhandlung, Verhandeln, Aushandeln
bargaining - Verhandeln, Aushandeln
bargaining offer - Verhandlungsangebot
bargaining partner - Verhandlungspartner (bei Tarifverhandlungen)
bargaining position - Verhandlungsposition
bargaining power - Verhandlungsmacht
bargaining room - Verhandlungsspielraum
barrier - Sperre
barrier-pressure-situation - Barriere-Druck-Situation
barriers - Hemmnisse
barter economy - Naturalwirtschaft
barter society - Tauschgesellschaft
barter transaction - Kompensationsgeschäft
basal reading - elementares Lesen
base - Basis, Bezugswert
base employment - exportabhängige Beschäftigung
baseline - Ausgangswert
baseline model - Basislinienmodell
base period - Basiszeitraum
base value - Basiswert, Grundwert
basic agreement *am.* - Manteltarifvertrag
basic and extension courses - Grund- und Leistungskurse
basic anxiety - Grundangst
basic belief - Grundüberzeugung
basic idea - Grundidee
basic industry - Schlüsselindustrie, Grundstoffindustrie
basic knowledge - Basiswissen
Basic Law - Grundgesetz
basic liberties - Grundfreiheiten
basic mood - Grundstimmung

basic needs - Grundbedürfnisse
basic orientations - Grundorientierungen
basic problem - Grundproblem
basic requirement - Grundvoraussetzung
basic research - Grundlagenforschung, Quellenforschung
basic rights - Grundrechte
basics - ABC, Alphabet, Basiswissen
basic sentence - Protokollsatz
basic skills - Grundfähigkeiten
basic supply - Grundversorgung
basic training courses - Grundausbildungslehrgänge
basic variables - Basisvariablen
basis - Basis, Bezugswert
basis for assessment - Bemessungsgrundlage
basis for discussion - Diskussionsgrundlage
basis for negotiations - Verhandlungsbasis
basis of existence - Existenzgrundlage
battle - Kampf, Schlacht
battle of the sexes - Geschlechterkrieg
be a quorum - beschlußfähig
bear responsibility - Verantwortung tragen
be authorized - befugt sein
be based upon reciprocity - auf Gegenseitigkeit beruhend
become independent - Unabhängigkeit erlangen
become obsolete - veralten
becoming aware - Bewußtwerdung
be composed - sich zusammensetzen
be constrained by circumstances - Sachzwängen unterliegen
be eligible for benefits - anspruchsberechtigt sein
be equal to a task - einer Aufgabe gewachsen sein
beggar - Bettler
Beggar-my-neighbor-Policy - Beggar-my-neighbor-Politik ök.
beginner - Anfänger
behavior - Verhalten, Verhaltensweise
behavioral conformity - Verhaltenskonformität
behavioral control - Verhaltenskontrolle
behavioral differential - Verhaltensdifferential
behavioral disorder - Verhaltensstörung

behavioral disposition - Verhaltensdisposition
behavioral ecology - Verhaltensökologie
behavioral equation - Verhaltensformel
behavioral habituation - Verhaltenshabituation
behavioral inhibition system - Verhaltens-Hemmungs-System
behavioral modification - Verhaltensmodifikation
behavioral psychology - Verhaltenspsychologie
behavioral repertoire - Verhaltensrepertoire
behavioral research - Verhaltensforschung
behavioral response - Verhaltensreaktion
behavioral science - Verhaltenswissenschaft(en), Verhaltensforschung
behavioral therapy - Verhaltenstherapie
behavior analysis - Verhaltensanalyse
behavior change - Verhaltensänderung
behavior contagion - Verhaltensansteckung
behavior criterion - Verhaltenskriterium
behavior dynamics - Verhaltensdynamik
behaviorism - Behaviorismus
behavioristic - behavioristisch
behavior method - Verhaltensmethode
behavior observation - Verhaltensbeobachtung
behavior pattern - Verhaltensmuster
behavior patterning - Prägung von Verhaltensmustern
behavior problems - Verhaltensprobleme
behavior set - Verhaltenskonstellation
behavior shaping - Verhaltensformung
behavior theory - Verhaltenstheorie
being - Sein, Lebewesen
be in office - an der Macht sein
be in power - an der Macht sein
be kept in - Nachsitzen
be liable for tax - steuerpflichtig sein
belief - Glaube, religiöse Überzeugung
belief in a just world - Glaube in eine gerechte Welt
belief in authority - Autoritätsgläubigkeit
belief in feasibility - Machbarkeitsglaube
belief system - Glaubenssystem

believe - glauben, meinen
belligerency - Kriegszustand
belongingness - Zusammengehörigkeit,
Geborgenheit, Zugehörigkeitsgefühl
below the line - unterm Strich
belt-tightening policies - Sparpolitik
be marked by - charakterisiert durch
beneath human dignity -
menschenunwürdig
beneficial to the environment -
umweltfreundlich
benefit - begünstigen, Vergünstigung,
Nutzen
benefits - Leistungen
Benelux countries - Beneluxländer
beta-coefficient - Beta-Koeffizient
beta-distribution - Beta-Verteilung
betterment - Verbesserung
be under fire - unter Beschuß stehen
be well-informed - unterrichtet sein
be willing to negotiate - dialogbereit
sein
bias - Verzerrung, Voreingenommenheit
biased - verzerrt, mit systematischen
Fehlern behaftet, voreingenommen
biased attitude - Voreingenommenheit
biased sample - verzerrte Stichprobe
biased sampling - verzerrtes
Stichprobenverfahren
biased test - nicht überall wirksamer
Test
biased-viewpoint effect - verzerrende
Wirkung des Standpunktes
bias public opinion - öffentliche
Meinung beeinflussen
bibliographical reference -
Literaturangabe
bibliography - Bibliographie,
Literaturverzeichnis
bicameralism - Zweikammersystem
bicameral legislature -
Zweikammergesetzgebung
bicameral system - Zweikammersystem
biculturalism - Bikulturismus
biculturism - Bikulturismus
bifurcation - Bifurkation, Gabelung
bigamy - Bigamie
bilateral - bilateral
bilateral agreement - bilaterales
Abkommen
bilaterality - Bilinealität
bilateral kin - bilateraler Verwandter

bilateral kinship - bilaterale
Verwandtschaft
bilateral power relationship -
bilaterales Machtverhältnis
bilineal family - bilaterale Familie,
doppelinige Familie
bilingual - zweisprachig
bilingual education - zweisprachige
Erziehung
bilingualism - Zweisprachigkeit
bill - Gesetzentwurf, Gesetzesvorlage
bill requiring approval -
zustimmungsbedürftiges Gesetz
bimodal - bimodal, zweigipflig
bimodal frequency distribution -
zweigipflige Häufigkeitsverteilung
binary - binär
binary sequence - binäre Folge
binary system - Binärsystem
binding mandate - imperatives Mandat
binomial coefficient -
Binomialkoeffizient
binomial distribution -
Binomialverteilung
binomial probability distribution -
binomiale Wahrscheinlichkeitsverteilung
binomial variable - binomiale Variable
biodegradable - biologisch abbaubar
bioethics - Bioethik
biogenetic law - biogenetisches
Grundgesetz
biogenic motive - biogenes Motiv
biographer - Biograph
biographical - biographisch
biographical method - biographische
Methode
biography - Biographie
biological - biologisch
biological anthropology - biologische
Anthropologie
biological determinism - biologischer
Determinismus
biological heritage - biologisches Erbgut
biological paternity - leibliche
Vaterschaft
biological reductionism - biologischer
Reduktionismus
biological warfare - biologische
Kriegsführung
biological weapons - biologische Waffen
biologism - Biologismus
biology - Biologie
biometrics - Biometrik, Biometrie

bionomics - Biologie des sozialen
Verhaltens
biopsychology - Biopsychologie
biorhythm - Biorhythmus
biosociology - Biosoziologie
biotechnology - Biotechnologie
bipartisan policy - Zweiparteienpolitik
bipolar - bipolar
bipolar disorder - bipolare Störung
bipolarity - Bipolarität
bipolar scale question - bipolare
Skalafrage
bipolar sexuality - Bisexualität
bipolar system - bipolares System
bird's eye view - Vogelperspektive
birth - Geburt
birth cohorte - Geburtenkohorte
birth control - Geburtenkontrolle
birth élite - Geburtselite
birth order - Geburtenfolge
birth rate - Geburtenziffer
birth rite - Geburtsritus
birth trauma - Geburtstrauma
biserial - biseriell
biserial correlation - biserielle
Korrelation
bisexuality - Bisexualität
bishop - Bischof
bivariate - bivariat
bivariate data - bivariate Daten
bivariate distribution - bivariate
Verteilung
bivariate frequency distribution -
bivariate Häufigkeitsverteilung
bivariate multinomial distribution -
bivariate Polynomialverteilung
bivariate table - bivariate Tabelle
black-and-white-thinking -
Schwarz-Weiß-Denken
blackboard - Schultafel
black box method - Black-Box-Methode
black-collar worker - Büroangestellter,
Bürokraft
black economy - Schattenwirtschaft
black market - Schwarzmarkt
black-out on information -
Nachrichtensperre
black propaganda - indirekte
Beeinflussung, Suggestion
blank - leerer Raum, Lücke
blending of concepts -
Begriffsvermengung
blind analysis - Blindversuch

blind faith in science -
Wissenschaftsgläubigkeit
blind obedience - blinder Gehorsam
blind spot - Blinder Fleck
blind test - Blindversuch, Blindtest
blinkered thinking -
Scheuklappendenken
bloc - Block
blockade - Blockade
block diagram - Blockdiagramm,
Säulendiagramm
block electoral system -
Blockwahlsystem
blocking - Blockierung
blocking of response -
Reaktionsblockierung
blocking period - Sperrfrist
block sample - Blockstichprobe
block sampling -
Blockstichprobenverfahren
blood and soil ideology - Blut- und
Bodenideologie
blood brotherhood - Blutsbrüderschaft
blood relative - Blutsverwandter
blood sacrifice - Blutopfer
blood vengeance - Blutrache
blue berets - Blauhelme
blue collar worker - Fabrikarbeiter,
Industriearbeiter
blunted affect - Lustlosigkeit,
Stumpfheit
board - Vorstand, Kommission,
Ausschuß
boarding school - Internat
boarding schools - Heimschulen
board interviews - Anhörungsinterview
body - Körper
body and mind - Leib und Seele
body corporate under public law -
Körperschaft des öffentlichen Rechts
body image - Körperschema
body language - Körpersprache
body politic - juristische Person,
Körperschaft, Staat
body responsible for schools -
Schulträger
body scheme - Körperschema
bohemia - Boheme
Bolshevik - Bolschewist
Bolshevism - Bolschewismus
bonapartism - Bonapartismus
bond - Anleihe, Zusammenhalt
bonding ability - Bindungsfähigkeit

bone of contention - Zankapfel
bool learning - Schulgelehrsamkeit
boom - Hochkonjunktur
boomerang effect - Bumerangeffekt,
negative Einstellungsänderung
boomlet - Propaganda
boost to exports - Exportförderung
border - Grenze
borderline personality disorder -
Borderline-Persönlichkeitsstörung
borderline syndrome -
Borderline-Syndrom
border region - Randgebiet
born leader - Führerpersönlichkeit
borrowing - Mittelbeschaffung
borrowing policy - Kreditpolitik
bottom-up processing -
Informationsverarbeitung von unten nach
oben
boundary - Grenze, Grenzlinie
boundary concept - Grenzbegriff
boundary condition - Randbedingung
boundary experience - Grenzerfahrung
boundary maintenance -
Aufrechterhaltung von Grenzen
boundary situation - Grenzsituation
bounded - geschlossen
bounded rationality - begrenzte
Rationalität
boundlessness - Grenzenlosigkeit,
Endlosigkeit
bounds of knowledge - Grenzen der
Erkenntnis
bounty - Subvention
bourgeois - bourgeois, bürgerlich,
Bourgeois, Bürger
bourgeoisie - Bourgeoisie, Bürgertum
boycott - Boykott
braille - Blindenschrift
brain - Gehirn
brain drain - Abzug von Intelligenz (aus
Entwicklungsländern)
brainstorming - Brainstorming
brainwashing - Gehirnwäsche
brainwashing of the public -
Volksverdummung
branch diagram -
Kontrastgruppendiagramm,
Baumdiagramm
branched program - verzweigtes
Programm
branch of industry - Gewerbezweig

breaching experiment - Experiment der
Übertretung
breach of confidence - Vertrauensbruch
breach of contract - Vertragsbruch
breach of faith - Vertrauensbruch
breach of law - Rechtsbruch
breach of neutrality - Neutralitätsbruch
breach of the constitution -
Verfassungswidrigkeit
breach of the public peace -
Landfriedensbruch
breakdown - zusammenbrechen,
Zusammenbruch, Versagen,
Aufgliederung
breakdown of negotiations - Scheitern
der Verhandlungen
breaking off - Abbruch
break off - abbrechen
break off relations - Beziehungen
abbrechen
break the law - Gesetzesbruch
break the peace - Frieden brechen
break-up of a coalition - Auflösung
einer Koalition
breath therapy - Atemtherapie
brevity - Knappheit
bribe - bestechen
bribery - Bestechung
briefing - Instruktion, Anweisung,
Unterrichtung
brigandage - Brigantentum,
Räuberunwesen
bring about - veranlassen
bring up - aufziehen, erziehen, zur
Sprache bringen
broadcasting - Rundfunk
broadcasting area - Verbreitungsgebiet
broadcasting avertising - Radiowerbung
broadcasting company -
Rundfunkanstalt
broadcasting under public law -
öffentlich-rechtlicher Rundfunk
broadsheet - Flugblatt
broad theory - Theorie großer
Reichweite
broken marriage - zerrüttete Ehe
Buddhism - Buddhismus
budget - Budget, Haushaltsplan,
Finanzplan
budgetary accounting - Finanzplanung
budgetary control - Etatkontrolle,
Finanzkontrolle

budgetary economies - Haushaltseinsparungen
budgetary funds - Haushaltsmittel
budgetary law - Haushaltsrecht
budgetary means - Haushaltsmittel
budgetary planning - Finanzplanung
budgetary policy - Haushaltspolitik
budgetary receipt - Finanzaufkommen
budgetary resources - Haushaltsmittel
budget consolidation - Haushaltskonsolidierung
budget constraint - Budgetbeschränkung
budget cut - Haushaltskürzung
budget deficit - Haushaltsdefizit
budget funds - Haushaltsmittel
budgeting - Budgetierung
budget item - Haushaltstitel
budget proposal - Haushaltsentwurf
budget reform - Haushaltsreform
budget slash - Etatkürzung
buffer state - Pufferstaat
buffer zone - Pufferzone
building density - Bebauungsdichte
bulk sample - Stichprobenverfahren aus der Masse
bulk sampling - Auswahl aus der Masse
bullion reserve - Goldreserve
burden - Last
burden of the debt - Last der Staatsschuld
burden of the past - Last der Vergangenheit
burden-sharing - Lastenaufteilung
burdens of the past - Altlasten
bureau - Behörde, Amt
bureaucracy - Bürokratie
bureaucrat - Bürokrat
bureaucratic - bürokratisch
bureaucratic authoritarianism - bürokratischer Autoritarismus

bureaucratic career - bürokratisches Laufbahnmuster
bureaucratic family - bürokratische Familie
bureaucratic leader - bürokratischer Führer
bureaucratic personality - bürokratische Persönlichkeit
bureaucratic succession - bürokratische Nachfolge
bureaucratic type - bürokratischer Persönlichkeitstyp
bureaucratism - Bürokratismus
bureaucratization - Bürokratisierung
buried knowledge - verschüttetes Wissen
burn-out - Motivationserschöpfung, Ausgebranntsein
business - Geschäft, Unternehmen, Gewerbe, Geschäftätigkeit
business cycle - Konjunkturzyklus
business cycle situation - Konjunkturlage
business ethics - Wirtschaftsethik
business finance - Finanzwirtschaft
business forecast - Konjunkturprognose
business struggle - Konkurrenzkampf
butskellism - Butskellismus brit. pol. (Übereinstimmung konservativer und linker Wirtschaftspolitik)
buying of votes - Stimmenkauf
buying power - Kaufkraft
by-election - Nachwahl
by law - gesetzlich
by mutual agreement - einvernehmlich
by satellite - über Satellit
bystander intervention - Zuschauerintervention
by the weight of authority - herrschende Meinung

C

cabal - Kabbala, Geheimlehre
cabinet - Kabinett
cabinet bill - Kabinettsvorlage
cabinet crisis - Regierungskrise
cabinet dictatorship - Kabinettsdiktatur
cabinet government - Kabinettsregierung
cabinet meeting - Kabinettssitzung
cabinet meets - Kabinett tritt zusammen
cabinet member - Kabinettsmitglied
cabinet question - Vertrauensfrage
cabinet reshuffle - Kabinettsumbildung
cable - Kabel
cable connection - Kabelanschluß
cable TV - Kabelfernsehen
cable TV channel - Kabel-TV-Kanal
cadre - Kader, Kadereinheit, Kaderorganisation
cadre party - Rahmenpartei
calamity - Notlage, Unglück
calculated optimism - Zweckoptimismus
calculated pessimism - Zweckpessimismus
calculation of probabilities - Wahrscheinlichkeitsrechnung
calculative involvement - rechenhafte Bindung
calculus - Rechnen, Infinitesimalrechnung
calculus of variations - Variationsrechnung
calendar - Kalender
calibration of methods - Methodeneichung
call - Ernennung
call a meeting - eine Sitzung einberufen
callback - Wiederholungsbesuch, Nachfaßinterview
call for action - Handlungsbedarf
call in - zuziehen
call in an expert - einen Experten zuziehen
calling - Einberufung
call off a boycott - Boycott aufheben
calls - Zahl der Besuche pro Interview
call to order - Ordnungsruf

calming - Dämpfen
Calvinism - Calvinismus
camarilla - Kamarilla
camouflage tactics - Verschleierungstaktik
campaign - Wahlkampf, Feldzug
campaign expenses - Wahlkampfkosten
campaign goodie - Wahlgeschenk
campaign issue - Wahlkampfthema
campaign pledge - Wahlversprechen
campaign promise - Wahlversprechen
campaign slogan - Wahlparole
canalization - Kanalisation
canard - Zeitungsente
cancel - annullieren
cancellation - Annullierung
candidate - Kandidat
candidate awareness - Bekanntheitsgrad von Kandidaten
candidate for the chancellorship - Kanzlerkandidat
candidate preference - Wunschkandidat
candidate ticket - Wahlkandidatenliste
candidate with good prospects of success - aussichtsreicher Kandidat
candidature - Kandidatur
cannibalism - Kannibalismus
canon - Kanon, Kriterium, Prinzip, Regel
canonical correlation - kanonische Korrelation
canonization - Kanonisierung
canon law - kanonisches Recht, Kirchenrecht
canton - Kanton
canvas - Wahlbefragung durch eine politische Partei
canvassing am. - Wahlprüfung
capability - Fähigkeit, Leistungsfähigkeit - Kapazität, Vermögen
capable of gaining majority support - mehrheitsfähig
capacity - Kapazität, Fähigkeit
capacity for abstract thinking - Abstraktionsvermögen
capacity of judgment - Urteilsfähigkeit
capacity to think - Denkfähigkeit
capital - Kapital, Hauptstadt
capital crime - Kapitalverbrechen
capital expenditure - Investition
capitalism - Kapitalismus
capitalist - kapitalistisch, Kapitalist

capitalist economy - kapitalistisches
Wirtschaftssystem
capitalistic - kapitalistisch
capitalist society - kapitalistische
Gesellschaft
capital punishment - Todesstrafe
capital stock tax - Vermögenssteuer
capitulation - Kapitulation
caption - Titel, Bildunterschrift
capture - Gefangennahme
care - Fürsorge
career - Karriere, Laufbahn
career choice - Karrierewahl
career counseling - Karriereberatung
career decision making - Berufswahl
career development -
Karriereentwicklung
career executive - Karrierebeamter
career ladder - Karriereleiter
career-limiter - Karriereknick
career pattern - Karrieremuster
career planning - Karriereplanung
career politician - Berufspolitiker
career system - Karrieresystem
caretaker government -
geschäftsführende Regierung
cargo cult - Cargokult
caricature - Karikatur
Carpenter Effect - Carpenter-Effekt,
Ideomotorik, Psychomotorik
carry a motion - einen Antrag
durchbringen
carrying out - Durchführung
carry out a decision - einen Beschluß
durchführen
carryover effect - Übertragungseffekt,
Nachwirkung der Experimentalhandlung
cartel - Kartell
cartelising policy - Kartellpolitik
cartogram - Kartogramm, statistische
Karte
cartoon - Karikatur
case - Fall, Einzelfall
case history - Fallgeschichte
case study - Einzelfallstudie
cash tenant - Landpächter
caste - Kaste
caste culture - Kastenkultur
caste hierarchy - Kastenhierarchie
caste society - Kastengesellschaft
caste system - Kastensystem
castration anxiety - Kastrationsangst
Castroism - Kastrismus

casual crowd - Zufallsmenge
casuistry - Kasuistik
catalog am. - Vorlesungsverzeichnis
catalytic convertor - Katalysator
catastrophe - Katastrophe
catastrophe theory -
Katastrophentheorie
catathymia - Katathymie
catatonic behavior - katatones
Verhalten
catatonic type - katatoner Typ
catchall category - Restkategorie
catch-all-party - Volkspartei
catchall union - Einheitsgewerkschaft
catchphrase - Schlagwort
catch question - Fangfrage
categoric - kategorisch
categorical imperative - kategorischer
Imperativ
categorical judgment - Kategorienurteil
categorical perception -
Wahrnehmungskategorien
categorization - Kategorisierung
category - Kategorie
category system - Kategorienschema
catharsis - Katharsis
cathartic method - kathartische
Methode
cathexis - Besetzung ps.
Catholicism - Katholizismus
catholicity - Katholizität
cattle herding - Herdenhaltung,
Viehwirtschaft, Weidewirtschaft
caucus - Parteiversammlung
caudillismo - Caudillismus
causal - kausal
causal analysis - Kausalanalyse
causal attribution of behavior -
Verhaltenszuschreibung
causal chain - Kausalkette
causal connection - Kausalnexus
causal explanation - Kausalerklärung
causal factor - Kausalfaktor
causal fallacy - kausaler Trugschluß
causal hypothesis - Kausalhypothese
causal inference - kausale
Schlußfolgerung
causality - Kausalität
causal model - Kausalmodell
causal relationship - Kausalbeziehung
causal research - experimentelle
Forschung
causal system - Kausalsystem

causation - Verursachung, Kausalnexus, Kausalzusammenhang
cause - veranlassen, Grund, Ursache
cause obligation - Garantieverpflichtung
cause of death - Todesursache
causing pollution - umweltschädigend
causing social change - gesellschaftsverändernd
ceasefire - Waffenstillstand
ceiling effect - Deckeneffekt
celibacy - Zölibat
cellular organization - Zellenorganisation
censorship - Zensur
census - Erhebung, Volkszählung
census area - Erhebungsgebiet
census distribution - Zensusverteilung
census of opinion - Meinungsumfrage
census of population - Volkszählung
center - Zentrum, Mitte, Mittelpunkt
center-left - Mitte-Links-
center of power - Machtzentrum
center-party - Mitte-Partei
center-right - Mitte-Rechts-
centile - Perzentile, Zentile
centile rank - Zentilrang
central bank - Zentralbank
central birth rate - Geburtenrate
central city - Zentrum (eines Ballungsgebietes)
central conflict - zentraler Konflikt
central death rate - Sterbeziffer
central factor - Zentralfaktor
centralism - Zentralismus
centrality - Zentralität
centralization - Zentralisierung, Zentralisation
centralization process - Zentralisierungsprozeß
centralized communication - zentralisierte Kommunikation
centralized planning - zentralisierte Planung
centralized state - Einheitsstaat
central limit theorem - zentraler Grenzwertsatz
centrally administered economy - Zentralverwaltungswirtschaft
centrally planned economy - Zentralverwaltungswirtschaft
central person - zentrale Person, Mittelpunktperson

central place theory - Theorie der zentralen Orte
central planning - zentrale Planung
central traits - zentrale Charakterzüge
centrifugal - zentrifugal
centrifugality - Zentrifugalität
centripetal - zentripetal
centripetality - Zentripetalität
ceremony - Zeremonie
certainty of the law - Rechtssicherheit
certificate - Urkunde, Zertifikat
certification - Bescheinigung
cessation of hostilities - Einstellung der Feindseligkeiten
cession - Zession, Rechtsübertragung
chain - Kette
chaining - Verkettung, Verknüpfung
chaining effect - Verkettungseffekt
chain of causation - Kausalzusammenhang
chain of communication - Kommunikationskette
chain reflex - Kettenreflex
chain relative - Kettenziffer
chair - Lehrstuhl
chairman - Vorsitzender
chairman of a committee - Ausschußvorsitzender
chairmanship - Vorsitz
chairperson - Vorsitzender
challenge - Herausforderung
challenger - Herausforderer
chamber - Kammer
Chamber of Industry and Commerce - Industrie- und Handelskammer
chance - Zufall
chance error - Zufallsfehler
chance factor - Zufallsfaktor
chancellor - Kanzler
chancellor democracy - Kanzlerdemokratie
chance test - freies Assoziieren
change - Wandel, Wechsel, Veränderung
change agents - Agenten des Handelns
change in leadership - Führungswechsel
change in trend - Tendenzwende
change in values - Wertewandel
change of attitude - Einstellungsänderung
change of behavior - Verhaltensänderung
change of consciousness - Bewußtseinswandel

change of course - Richtungswechsel
change of government - Regierungswechsel
change of meaning - Bedeutungswandel
change of mind - Sinnesänderung, Sinneswandel
change of policy - Kurskorrektur
change of the state of mind - Bewußtseinsveränderung
changeover of power - Machtwechsel
changing pattern - Strukturveränderung
channel - Kanal
channel capacity - Kanalkapazität
channel of communication - Kommunikationskanal
channel of control - Kontrollkanal
chaos theory - Chaostheorie
character - Persönlichkeitscharakter
character assassination - Rufmord
character development - Charakterbildung
character formation - Persönlichkeitsbildung
characteristic - charakteristisch, Charakteristikum
characterization - Charakterisierung
characterology - Charakterologie
character structure - Charakterstruktur
charge - anklagen, Anklage, Gebühr
charges - Kosten
charisma - Charisma
charismatic - charismatisch
charismatic action - charismatisches Handeln
charismatic authority - charismatische Autorität
charismatic leadership - charismatische Führung
charismatic personality - charismatische Persönlichkeit
charitable - gemeinnützig, karitativ
charitable organization - Wohlfahrtsorganisation
charity - Wohltätigkeit
chart - Tafel, Tabelle, Diagramm, Schaubild
chart a course - Kurs festlegen
charter - Charta, Urkunde, Verfassungsurkunde, Satzung, Statut
chartered right - verbrieftes Recht
Charter of the United Nations - Charta der Vereinten Nationen
chauvinism - Chauvinismus

chauvinistic - chauvinistisch
check - Überprüfung
check interview - Kontrollinterview
check interviewer - Kontrollinterviewer
checks and balances - Gewaltenteilung, Gewaltentrennung
check test - Gegenprobe
chief adviser - Chefberater
chief of staff - Generalstabschef
chief of state - Staatsoberhaupt
chieftain - Häuptling, Anführer
child - Kind
child abuse - Kindesmißhandlung
child advocacy - Kinderfürsprache
child and adolescent psychotherapy - Kinder- und Jugendpsychotherapie
child and youth welfare - Jugendhilfe
child benefit - Erziehungsgeld, Kindergeld
child care - Kinderfürsorge
child centered education - Pädagogik vom Kinde aus
child-directed speech - kindbezogene Rede
childhood - Kindheit
childhood experience - Kindheitserlebnisse
child labor - Kinderarbeit
childlessness - Kinderlosigkeit
child-minder - Tagesmutter
child neglect - Kinderablehnung
child-oriented - Kindgemäßheit
child psychiatry - Kinderpsychiatrie
child psychology - Kinderpsychologie
children's allowance - Kindergeld
children's play ground - Kinderspielplätze
children's song - Kinderlied
children's villages - Kinderdörfer
child socialization - Kindersozialisation
chiliasm - Chiliasmus
chiliastic - chiliastisch
chi-squared - Chi-Quadrat
chi-squared distribution - Chi-Quadrat-Verteilung
chi-squared test - Chi-Quadrat-Test
choice - Auswahl, Wahl, Wahlhandlung
choice behavior - Auswahlverhalten, Wählerverhalten
choice reaction - Auswählmethode
choice status - Wahlstatus
choleric - cholerisch
choose - auserwählen

Christendom - Christenheit
Christian Democrat - Christdemokrat
Christian education - christliche
Erziehung
Christianism - Christlichkeit
Christianity - Christentum
christianization - Christianisierung
chronicle - Chronik
chronological - chronologisch
chronological age - Lebensalter
chronology - Chronologie
chunk - Haufen, große Menge,
Untersuchungsspot
chunking - Prozeß der leichteren
Informationsverarbeitung
church - Kirche, Kirchengemeinde
church attendance - Kirchenbesuch
church doctrine - Kirchenlehre
churchgoer - Kirchgänger
church history - Kirchengeschichte
church policy - Kirchenpolitik
church sociology - Kirchensoziologie
church tax - Kirchensteuer
cinema - Filmtheater
cipher text - verschlüsselter Text
circle of readers - Leserkreis
circle of virtuosity - Circulus vitiosus
circuit court - ordentliches Gericht
circular - Rundschreiben
circular argument - Zirkelschluß
circular chart - Kreisdiagramm,
Tortendiagramm
circular definition - Zirkeldefinition
circular discussions - Kreisgespräch
circular proof - Zirkelbeweis
circular psychosis - zirkuläres Irresein
circular reasoning - zirkuläres Denken
circulate - verbreiten
circulation - Auflage, Verbreitung
circulation area - Verbreitungsgebiet
circulation of élites - Elitenzirkulation
circumstance - Sachverhalt
cite - zitieren
citizen - Staatsbürger, Bürger
citizen action groups - Bürgerinitiativen
citizen participation - politische
Mitwirkung
citizenry - Bürgerschaft
citizens - Bürgerschaft
citizenship - Bürgerrecht,
Staatsbürgerrecht, Staatsangehörigkeit
citizen's initiative - Bürgerinitiative
city - Stadt, Großstadt

city-dweller - Stadtbewohner
city government - Stadtverwaltung,
Munizipalverwaltung, Magistrat
city hall - Rathaus
city planning - urbane Planung
city-state - Stadtstaat
cityward migration - Landflucht
civic assimilation - staatsbürgerliche
Assimilation
civic culture - Bürgerkultur
civic duty - Staatsbürgerpflicht
civic education - Staatsbürgerkunde,
Gemeinschaftskunde
civic rights movement -
Bürgerrechtsbewegung
civic virtue - bürgerliche Tugend
civil action - Zivilprozeß
Civil Alternative Service - Zivildienst
civil courage - Zivilcourage
civil disobedience - ziviler Ungehorsam
civil district - Verwaltungsbezirk
civilian population - Zivilbevölkerung
civilians - Zivilbevölkerung
civilian state - ziviler Staat
civil inattention - zivile Gleichgültigkeit
civility - Bürgerschaftlichkeit
civilization - Zivilisation, Zivilisierung
civil law - Zivilrecht, Privatrecht,
bürgerliches Recht
civil liberties - bürgerliche Freiheiten,
Bürgerfreiheiten
civil list - Zivilliste
civil-military relations -
Zivil-Militär-Beziehungen
civil population - Zivilbevölkerung
civil registration - standesamtliche
Erfassung
civil religion - Zivilreligion
civil rights - Bürgerrechte, bürgerliche
Ehrenrechte
civil rights movement -
Bürgerrechtsbewegung
civil servant - Regierungsbeamter,
Beamter
civil service - öffentlicher Dienst,
Berufsbeamtentum
civil society - Zivilgesellschaft
civil war - Bürgerkrieg
claim - beanspruchen, Anspruch,
Forderung, Behauptung
claim of objectivity -
Objektivitätsanspruch

claim to absoluteness - Absolutheitsanspruch
claim to leadership - Führungsanspruch
claim to maintenance - Versorgungsanspruch
claim to power - Machtanspruch, Herrschaftsanspruch
claim to sole representation - Alleinvertretungsanspruch
claim to truth - Wahrheitsanspruch
clan - Klan, Sippengemeinschaft
clan community - Sippengemeinde
clan law - Sippenrecht
clarification - Aufhellung eines Problems
clarity - Klarheit, Anschaulichkeit
clash - Kollision, Zusammenprall
clash of interest - Interessenskonflikt
clash of power - Kompetenzstreitigkeiten
class - Klasse
class antagonism - Klassenantagonismus
class barrier - Klassenschranke
class bias - Klassenvorurteil
class conflict - Klassenkonflikt
class conscious - klassenbewußt
class consciousness - Klassenbewußtsein
class dictatorship - Klassendiktatur, Diktatur einer Klasse
class frequency - Klassenhäufigkeit
classical - antik
classical conditioning - klassische Konditionierung, reflexive Konditionierung
classical philology - klassische Philologie
classicism - Klassizismus
classics (the) - Klassiker (die), Altphilologie
class identification - Klassenidentifizierung
classification - Klassifikation, Klassifizierung, Anordnung
classification system - Ordnungssystem
classificatory concept - Klassifikationskonzept
classified advertising - Kleinanzeige
classified information - Geheimsache
class interaction - Klasseninteraktion
class interest - Klasseninteresse
class interval - Klassen-Intervall
class justice - Klassenjustiz
classless - klassenlos

classlessness - Klassenlosigkeit
classless society - klassenlose Gesellschaft
class mid-point - Klassenmitte
class morality - Klassenmoral
class movement - Klassenbewegung
class party - Klassenpartei
class peer - Klassenangehöriger
class prejudice - Klassenvorurteil
class segregation - Klassentrennung
class society - Klassengesellschaft
class-specific goal - klassenspezifisches Ziel
class structure - Klassenstruktur
class-structure hypothesis - Klassenstrukturhypothese
class struggle - Klassenkampf
class system - Klassensystem
class teacher - Klassenlehrer
class teaching - Frontalunterricht, Klassenunterricht
class war - Klassenkampf
clause - Klausel
clean - unbelastet
clean air policy - Luftreinhaltepolitik
cleaning of data - Datenbereinigung
clean up - sanieren
clear conscience - reines Gewissen
cleavage - Konfliktlinie
clergy - Klerus, Geistlichkeit
clerical - klerikal
clericalism - Klerikalismus
cleverness - Klugheit
client - Klient, Auftraggeber, Patient
client-centered psychotherapy - patientenorientierte Psychotherapie
client-centered therapy - Gesprächstherapie
clientele - Klientel
clientelism - Klientelismus
climate convention - Klimakonvention
climate of opinion - Meinungsklima
climatic determinism - Klimatheorie
climax - Höhepunkt
clinical - klinisch
clinical diagnostics - klinische Diagnostik
clinical method - klinische Methode, Einzelfallmethode
clinical psychology - klinische Psychologie
cliometrics - Kliometrie
clique - Clique, Klüngel

closed - nicht-öffentlich
closed class - geschlossene Klasse
closed-class system - geschlossenes
Klassensystem
closed conference - Klausurtagung
closed-ended - geschlossen
closed-ended question - geschlossene
Frage
closed group - geschlossene Gruppe
closed marriage system - geschlossenes
Heiratssystem
closed mind - geschlossene
Persönlichkeit, dogmatische
Persönlichkeitsstruktur
closed-mindedness - Engstirnigkeit,
Unbelehrbarkeit
closed procedure - abgeschlossenes
Verfahren
closed question - geschlossene Frage
closed shop - gewerkschaftlich
geschlossener Betrieb
closed society - geschlossene
Gesellschaft
closed system - geschlossenes System
close investigation - eingehende
Untersuchung
closeness in estimation - Güte einer
Schätzung
closeness of the family - Familiennähe
closure - Geschlossenheit, Definität
clothing - Kleidung
club - Klub, Verein
club mania - Vereinsmeierei
clubs - Vereinswesen
cluster - Klumpen, geschlossene
Erfassungsgruppe, Anhäufung
cluster analysis - Clusteranalyse
cluster effect - Klustereffekt
clustering - Klumpenbildung
cluster sample - Klumpenauswahl,
Klumpenstichprobe
cluster sampling -
Klumpenauswahlverfahren
coach - Trainer
coaching - Führungstraining
co-adaptation - wechselseitige
Anpassung
coalition - Koalition, Bündnis
coalition government -
Koalitionsregierung
coalition parties - Koalitionsparteien
coalition theory - Koalitionstheorie
co-archy - Ko-Archie

cocurricular activities -
unterrichtsbegleitende Aktivitäten
codability - Verschlüsselbarkeit
code - Code, Schlüssel
code law - bürgerliches Recht
code-law system - Zivilrechtssystem
code of conduct - Verhaltenskode
codetermination - Mitbestimmung
codification - Kodifikation
coding - Kodierung, Verschlüsselung
coding key - Code-Schlüssel
coeducation - Koedukation,
Gemeinschaftserziehung (von Mädchen
und Jungen)
coefficient - Koeffizient
coefficient of consistency -
Konsistenzkoeffizient
coefficient of correlation -
Korrelationskoeffizient
coefficient of determination -
Bestimmtheitsmaß
coefficient of generalizability -
Verallgemeinerungskoeffizient
coefficient of variation -
Variationskoeffizient
coercion - Zwang, Gewalt
coercive persuasion - Überzeugung
durch Zwang
coercive power - Zwangsgewalt
coercive thinking - Zwangsdenken
coexistence - Koexistenz
cogency - Beweiskraft
cogitation - Denken
cognation - Abstammung,
Verwandtschaft in der mütterlichen Linie
cognition - Kognition, Erkennen,
Erkenntnis
cognitive - kognitiv, Erkenntnis-
cognitive ability - Erkenntnisfähigkeit,
Erkenntnisvermögen
cognitive act - Erkenntnisakt
cognitive anthropology -
Erkenntnisanthropologie
cognitive behavior - kognitives
Verhalten
cognitive behavior therapy -
kognitiv-behaviorale Therapie
cognitive complexity - kognitive
Komplexität
cognitive control - kognitive Kontrolle
cognitive dissonance - kognitive
Dissonanz

cognitive dissonance hypothesis - Theorie der kognitiven Dissonanz
cognitive elements - kognitive Elemente
cognitive faculty - Erkenntnisfähigkeit
cognitive interest - Erkenntnisinteresse
cognitive judgment - kognitives Urteil
cognitive map - kognitive Landkarte, Orientierungskarte, Lebensraum
cognitive mode - kognitiver Modus
cognitive objectives - kognitive Lernziele
cognitive operations - kognitive Operationen
cognitive processes - kognitive Prozesse
cognitive psychology - Psychologie der Wahrnehmung
cognitive schemes - kognitives Schema
cognitive science - Kognitionswissenschaft
cognitive socialization - kognitive Sozialisation
cognitive structure - kognitive Struktur
cognitive style - kognitiver Stil
cognitive system - kognitives System
cognitive theory of learning - kognitive Lernmethode
cognitive therapy - kognitive Therapie
cognitive unit - kognitive Einheit
cognitivism - Kognitivismus
cohabitation - eheähnliches Zusammenleben
coherence - Kohärenz
coherence criterion - Kohärenzkriterium
coherence factors - Kohärenzfaktoren
cohesion - Kohäsion, Zusammenhalt
cohesiveness - Kohäsion
cohort - Kohorte
cohort analysis - Kohortenanalyse
cohort effect - Kohorteneffekt
coincide - zusammenfallen, zusammentreffen
coincidence - Koinzidenz, Zusammentreffen
coincidental interview - Koinzidenzinterview
coincidental survey technique - Koinzidenzumfrage, Methode der Koinzidenzbefragung
coincidental telephone interview - telefonisches Koinzidenzinterview
cold war - Kalter Krieg
collaboration - Kollaboration, Zusammenarbeit

collapse - zusammenbrechen, Zusammenbruch
colleague - Kollege
collect data - Daten erfassen
collecting - Sammeltätigkeit, Sammeln
collecting society - Sammlergesellschaft
collection - Sammlung
collection culture - Sammlerkultur
collection of essays - Sammelband (wissenschaftliche Prosa)
collective - kollektiv, Kollektiv
collective action - Gemeinschaftshandeln, kollektives Handeln
collective agitation - kollektive Agitation
collective attitude - Gemeinschaftshaltung, Kollektiveinstellung
collective authority - Gruppenautorität
collective bargaining - Tarifautonomie, Kollektivverhandlungen, Tarifverhandlungen
collective behavior - Kollektivverhalten
collective conscience - kollektives Bewußtsein, kollektive Mentalität
collective conscious - kollektives Bewußtsein
collective consciousness - Kollektivbewußtsein
collective decision - Kollektiventscheidung
collective goal - Gemeinschaftsziel
collective goods - Kollektivgüter, öffentliches Gut
collective guilt - Kollektivschuld
collective interview - Kollektivinterview
collective memory - Kollektivgedächtnis
collective opinion - Kollektivmeinung
collective psychology - Psychologie des Kollektivverhaltens
collective security - kollektive Sicherheit
collective sentiment - Kollektivempfinden, Volksseele
collective spirit - Kollektivgeist
collective unconsciousness - kollektives Unbewußtes
collectivism - Kollektivismus
collectivity - Kollektivität
collectivization - Kollektivierung
collector - Sammler
college - Kolleg

college of education - Pädagogische
Hochschule
collegiality - Kollegialität
collegial system - Kollegialsystem
colligation - Verbundenheit
collinearity - Kollinearität
collision - Kollision
colloquial - umgangssprachlich
colloquial language - Umgangssprache
colloquial speech - Umgangssprache
colonialism - Kolonialismus
colonization - Kolonisierung,
Besiedelung
colony - Kolonie
colored - farbig
colored person - Farbiger
column - Rubrik, Spalte
column caption - Spaltenüberschrift
column chart - Säulendiagramm
column heading - Spaltenüberschrift
column title - Spaltentitel
column totals - Spaltensumme
combatant - Kriegsteilnehmer
combat inflation - Inflationsbekämpfung
combination - Kombination
combination of circumstances -
Konstellation
combination of studies -
Fächerkombination
combination test - Ergänzungstest
combinatorics - Kombinatorik
combined Federal and Laender taxes -
Gemeinschaftssteuern
comedy - Komödie
come to power - an die Regierung
kommen, an die Macht gelangen
come up - auftauchen (eine Frage)
comics - Comics
coming into effect - Inkrafttreten
command - Kommando, Befehl
command authority - Befehlsgewalt
commander-in-chief -
Oberkommandierender
command group - Kommandogruppe
command hierarchy -
Kommandohierarchie
commensurability - Verhältnismäßigkeit
comment - Stellungnahme
commentary - Kommentar, Bericht
commerce - Handel
commercial - gewerblich
commercial appeal - werbewirksam
commercial city - Handelszentrum

commercialization - Kommerzialisierung
commercial policy - Handelspolitik
commercial program - Werbesendung
commercials - Werbespot
commercial television - Werbefernsehen
commercial treaty - Handelsabkommen
commercial vocational training -
gewerbliche Berufsbildung
commission - Kommission
commissionary government -
geschäftsführende Regierung
commissioned research -
Auftragsforschung
commissioner am. -
Datenschutzbeauftragter
commission of inquiry -
Untersuchungsausschuß,
Enquetekommission
commitment - Bindung, Verpflichtung,
Festlegung, Verbindlichkeit, Zusage
committal order - Jugendstrafe
committee - Ausschuß, Komitee
committee meeting - Ausschußsitzung
committee of experts - Fachausschuß
committee on petitions -
Petitionsausschuß
committee report - Ausschußbericht
common good - Gemeinwohl
common law - Gewohnheitsrecht,
ungeschriebenes Recht
common man - Durchschnittsmensch
common market commission -
EU-Kommission
common notions - Allgemeinbegriffe
common parlance - Volksmund
commonplace - Allgemeinplatz
common sense - gesunder
Menschenverstand
common trait - allgemeiner
Charakterzug
commonweal - Gemeinwohl
Commonwealth of Independent States
- Gemeinschaft unabhängiger Staaten
(GUS)
communal - kommunal
communal conflict -
Gemeinschaftskonflikt, interner Konflikt
communalism - Kommunalismus,
Gemeineigentum
communality - Interessenkreis,
Kommunalität
communal tenure - gemeinschaftlicher
Grundbesitz, kommunaler Grundbesitz

commune - Dorfgemeinschaft
communicability - Kommunizierbarkeit, Mitteilbarkeit
communicand - Kommunikand, Empfänger
communication - Kommunikation, Mitteilung
communication accuracy - Kommunikationsgenauigkeit
communication act - Kommunikationsakt
communication barrier - Kommunikationsbarriere
communication density - Kommunikationsdichte
communication disturbance - Kommunikationsstörung
communication effect - Kommunikationswirkung
communication flow - Kommunikationsfluß
communication grid - Kommunikationsnetz
communication matrix - Kommunikationsmatrix
communication medium - Kommunikationsmittel
communication model - Kommunikationsmodell
communication need - Kommunikationsbedürfnis
communication network - Kommunikationsnetz
communication of data - Datenübertragung
communication pattern - Kommunikationsmuster
communication problems - Verständigungsschwierigkeiten
communication process - Kommunikationsprozeß
communication research - Kommunikationsforschung
communications effectiveness - Kommunikationserfolg
communications industry - Nachrichtenindustrie
communications network - Kommunikationsnetz
communications satellite - Nachrichtensatellit
communications system - Kommunikationssystem

communication structure - Kommunikationsstruktur
communication studies - Kommunikationswissenschaft
communication system - Kommunikationssystem
communication theory - Kommunikationstheorie
communicative - kommunikativ
communicative action - kommunikatives Handeln
communicative competence - kommunikative Kompetenz
communicative educational research - kommunikative Bildungsforschung
communicative integration - kommunikative Integration
communicative sociation - kommunikative Vergesellschaftung
communicative speech act - kommunikativer Sprechakt
communicator - Kommunikator, Adressant
communicator research - Kommunikatorforschung
communiqué - Kommuniqué, Bericht
communism - Kommunismus
communist - kommunistisch, Kommunist
Communist Manifesto - Kommunistisches Manifest
communitarianism - Kommunitarismus
communitarian philosophy - kommunitaristische Philosophie
community - Kommune, Gemeinde, politische Gemeinde, Gemeinschaft
community action - Gemeindearbeit, kommunale Aktivitäten
community bound by law - Rechtsgemeinschaft
community bound by solidarity - Solidargemeinschaft
community chest - Wohlfahrtsfond
community democracy - Gemeindedemokratie
community ecology - kommunale Ökologie
community facility - kommunale Einrichtung
community government - Kommunalverwaltung
community integration - Gemeindeintegration

community of fate - Schickalsgemeinchaft
community of fellow believers - Glaubensgemeinschaft
community of interest - Interessengemeinschaft
community of life - Lebensgemeinschaft
community of nations - Staatengemeinschaft
community of property - Gütergemeinschaft
community organization - kommunale Organisation
community politics - Kommunalpolitik
community power - kommunale Machtstruktur
community property - Gütergemeinschaft
community psychiatry - Gemeindepsychiatrie
community service - kommunale Dienstleistungen
community structure - Gemeindestruktur
community study - Gemeindestudie
community work - Gemeinwesenarbeit
communocracy - Gemeindedemokratie
commutative justice - ausgleichende Gerechtigkeit
comorbidity - Komorbidität
companionship - Zusammenleben
companionship family - Gefährtenfamilie
company - Betrieb
company union - Betriebsgewerkschaft
comparability - Vergleichbarkeit
comparable - vergleichbar
comparative - vergleichend
comparative administration - vergleichende Verwaltungswissenschaft
comparative advantage - komparativer Vorteil
comparative analysis - vergleichende Analyse
comparative community research - vergleichende Gemeindeforschung
comparative education - vergleichende Erziehungswissenschaft
comparative government - vergleichende Regierungslehre
comparative law - vergleichende Rechtswissenschaft

comparative method - vergleichende Methode
comparative politics - vergleichende Politikwissenschaft
comparative psychology - vergleichende Psychologie
comparative public law - vergleichendes öffentliches Recht
comparative rating scale - vergleichende Rangskala
comparative reference group - komparative Bezugsgruppe
comparative research - vergleichende Forschung
comparative response method - Methode der Vergleichsantwort
comparative social research - vergleichende Sozialforschung
comparative study - vergleichende Studie
comparative survey research - vergleichende Umfrageforschung
comparative urban sociology - vergleichende Stadtsoziologie
compare - vergleichen
comparison - Vergleich
comparison level - Vergleichsniveau
comparison of texts - Textvergleich
comparison stimulus - Vergleichsreiz
comparison test - Vergleichstest
compartementalization - Parzellierung
compassion - Mitleid
compatibility - Kompatibilität, Vereinbarkeit
compel - zwingen
compelling reason - zwingender Grund
compensation - Kompensierung, Wiedergutmachung
compensatory - kompensatorisch
compensatory education - kompensatorische Erziehung
compensatory measures - ausgleichende Maßnahmen
competence - Kompetenz, Entscheidungsbefugnis
competence competence - Kompetenzkompetenz
competence conflict - Kompetenzkonflikt
competency-based education - kompetenzbezogene Bildung
competency testing - Kompetenztest
competent - zuständig

competent to pass a resolution -
beschlußfähig
competition - Wettbewerb, Konkurrenz
competitive - wettbewerbsfähig
competitive federalism -
konkurrierender Föderalismus
competitive policy - Wettbewerbspolitik
competitive politics - Politik des
Wettbewerbs
competitor - Konkurrent
compilation - Sammelwerk,
Zusammenstellung
complacency - Selbstgefälligkeit
complain - sich beschweren
complaint - Beschwerde
complementarity - Komplementarität
complementary - komplementär
(ergänzend)
complementary education -
komplementäre Bildung
complementary event -
komplementäres Ereignis
complementary need - komplementäres
Bedürfnis
complete census - Vollerhebung
complete induction - vollständige
Induktion
complete learning method -
Erlernungsmethode
completely randomized experimental
design - vollkommen randomisierte
Versuchsanlage
completeness - Vollständigkeit
complete one's training - Ausbildung
abschließen
complete works - sämtliche Werke
completion - Vollendung
complex - komplex, Komplex,
Vielschichtigkeit - Gesamtheit, fixe Idee
complex indicator - komplexer Indikator
complex interdependence - komplexe
Interdependenz
complexity - Vielfalt, Komplexität
complexity reduction - Reduktion von
Komplexität
complex of meaning -
Bedeutungszusammenhang
complex of problems - Problemkomplex
complex organization - komplexe
Organisation
complex proposition - komplexe
Aussage

complex psychology - komplexe
Psychologie
complex society - komplexe Gesellschaft
complex statement - komplexe Aussage
complex system - komplexes System
complex theory - komplexe Theorie
compliance - Gehorsam, Folgsamkeit
compliance with a law - Beachtung
eines Gesetzes
compliance with rules - Einhalten der
Vorschriften, Einhalten der Regeln
complication - Verwicklung
complication experiment -
Komplikationsexperiment
comply with the laws - Gesetze
beachten
component - Komponente, Bestandteil
component bar chart - unterteiltes
Stab- bzw. Säulendiagramm
component drive - Partialtrieb
componential intelligence -
zusammengefügtes Wissen
component of a convention -
Bestandteil eines Abkommens
component of an agreement -
Bestandteil eines Abkommens
composite decision - zusammengesetzte
Entscheidung
composite theory - zusammengesetzte
Theorie
composition - Zusammensetzung,
Aufsatz
compound-group integration -
Integration zusammengesetzter Gruppen
compound model - Verbundmodell
comprehension test - Verständnistest
comprehensive - umfassend
comprehensive school - Gesamtschule,
Einheitsschule
comprehensive university -
Gesamthochschule
comprise - umfassen
compromise - Kompromiß, Übereinkunft
compromise formula -
Kompromißformel
compromise proposal -
Kompromißvorschlag
compromise solution -
Kompromißlösung, Verlegenheitslösung
compromise strategy -
Kompromißstrategie
compulsary education - Schulpflicht

compulsary membership - Zwangsmitgliedschaft
compulsary military service - allgemeine Wehrpflicht
compulsary retirement age - gesetzliches Rentenalter
compulsary school age - schulpflichtiges Alter
compulsary subjects - Pflichtfächer
compulsion - Zwang, Druck
compulsive alienation - zwanghafte Entfremdung
compulsive character - Zwangscharakter
compulsive idea - Zwangsvorstellung
compulsive personality disorder - zwanghafte Persönlichkeitsstörung
compulsive reaction - Zwangsreaktion, Zwangsneurose
compulsive thinking - Zwangsdenken
computaholic - Computerfreak
computational table - Rechentabelle
computer - Computer
computer aided - computergestützt
computer-assisted - computergestützt
computer-assisted instruction - computerunterstützter Unterricht
computer-assisted telephone interviewing - computergestützte Telefonbefragung
computer crime - Computerkriminalität
computer criminality - Computerkriminalität
computer forecast - Hochrechnung
computer generation - Computergeneration
computerized data analysis - computergestützte Datenanalyse
computer linguistics - Computerlinguistik
computer program - Computerprogramm
computer projection - Hochrechnung
computer science - Computerwissenschaft
computer simulation - Computersimulation
conation - Begehren, Willensantrieb
conceal - verschleiern
concealment - Geheimhaltung
concede - zugeben
concede defeat - Niederlage eingestehen

concentration - Konzentration (von wirtschaftlicher Macht), Konzentrationsvermögen
concentration camp - Konzentrationslager
concentration of power - Machtkonzentration
concentration of the press - Pressekonzentration
concentric circle hypothesis - Hypothese der konzentrischen Kreise
concept - Konzept, - Begriff, Auffassung
concept formation - Begriffsbildung
conception - Empfängnis
conception control - Empfängnisverhütung, Kontrazeption
concept of formation - Bildung
concept of history - Geschichtsauffassung
concept of law - Rechtsbegriff
concept of man - Menschenbild
concept of reality - Realitätsbegriff
concept of society - Gesellschaftsbegriff
concept of the enemy - Feindbild
concept of truth - Wahrheitsbegriff
conceptual analysis - Begriffsanalyse
conceptual approach - Begriffsansatz
conceptual confusion - Begriffsverwirrung
conceptual definition - Begriffsdefinition
conceptualism - Konzeptualismus
conceptual model - Begriffsmodell
conceptual pattern - Begriffsmuster, konzeptionelles Muster
conceptual realism - Begriffsrealismus
concept vector - Inhaltsvektor
concern - Belang
concerning the history of ideas - ideengeschichtlich
concertation - Konzertierung
concession - Zugeständnis, Vergünstigung
conciliation - Schlichtung, Vergleich, Vermittlung
conciliatory - vermittelnd
conclude - folgern
conclusion - Folgerung
conclusive - konkludent, beweiskräftig
conclusive force - Beweiskraft
conclusiveness - Schlüssigkeit, Beweiskraft

concomitance - Konkomitanz
(Zusammenvorkommen von Elementen
verschiedener Klassen)
concomitant symptom -
Begleiterscheinung
concordance - Konkordanz
concordat - Konkordat
concrete - konkret
concreteness - Konkretheit, konkreter
Zustand, Körperlichkeit
concrete operational stage - konkrete
operationale Periode
concretization - Vergegenständlichung -
Konkretisierung
concubinage - Konkubinat
concurrence - Zusammentreffen
concurrent change - gleichläufiger
Wandel, gleichzeitiger Wandel
concurrent change analysis - Analyse
gleichläufigen Wandels
concurrent legislative powers -
konkurrierende Gesetzgebung
concurrent powers - gemeinsame
Befugnisse
concurring opinion - übereinstimmende
Meinung
condensation - Verdichtung
condensation of data - Datenstraffung
condition - Bedingung
conditionability - Konditionierbarkeit
conditional - konditioniert, bedingt
conditional distribution - bedingte
Verteilung
conditional expectation - bedingte
Erwartung
conditionality - Bedingtheit,
Konditionalität
conditional probability - bedingte
Wahrscheinlichkeit
conditional probability distribution -
bedingte Wahrscheinlichkeitsverteilung
conditional probability function -
bedingte Wahrscheinlichkeitsfunktion
conditional relationship - bedingter
Zusammenhang
conditional response - konditionierte
Reaktion
conditional stimulus - konditioneller
Reiz
conditioned - bedingt, konditioniert
conditioned emotional response -
konditionierte emotionale Reaktion

conditioned flavor-aversion learning -
bedingtes Abneigungslernen aufgrund
des Geschmacks einer Substanz
conditioned reactive inhibition -
konditionierte reaktive Hemmung
conditioned reinforcer - konditionierter
Verstärker, bedingter Verstärker
conditioned response - konditionierte
Reaktion, bedingter Reflex
conditioned stimulus - konditionierter
Reiz
conditioned suppression -
konditionierte Unterdrückung
conditioning - Konditionierung
conditioning bias -
Konditionierungsverzerrung
conditioning of attitudes -
Konditionierung von Einstellungen
conditioning therapy -
Verhaltenstherapie
conditions of peace -
Friedensbedingungen
conditions of worth - Wertbedingungen
condominium - Kondominium,
Mitbesitz
conduct - Betragen, Benehmen,
Umgangsformen, Verhalten
conduct norm - Verhaltensnorm
conduct of negotiation -
Verhandlungsführung
conduct of negotiations - Führung von
Verhandlungen
conduct of war - Kriegführung
confederation - Konföderation,
Staatenbund, Eidgenossenschaft
conference - Konferenz, Tagung
Conference on Security and
Cooperation in Europe - Konferenz
über Sicherheit und Zusammenarbeit in
Europa (KSZE)
conference paper - Tagungsbericht
conference participant -
Konferenzteilnehmer
confessional party - Konfessionspartei
confessional school - Konfessionsschule
confidence - Konfidenz, Vertrauen
confidence coefficient -
Konfidenzkoeffizient
confidence interval - Konfidenzintervall
confidence limit - Konfidenzgrenze
confidence region - Konfidenzbereich
confidential - vertraulich

confidential report - vertraulicher
Bericht
configuration - Gestalt, Konfiguration,
Struktur
configurational psychology -
Gestaltpsychologie
configurational sampling -
Gitterauswahlverfahren,
Stichprobenverfahren im Gittermuster
configurative analysis - konfigurative
Analyse
confinement - Einschränkung
confirm - bestätigen
confirmation - Bestätigung
confiscation - Konfiskation,
Beschlagnahme
conflict - Konflikt
conflict area - Krisengebiet
conflict avoidance - Konfliktvermeidung
conflict group - Konfliktgruppe
conflict management -
Konfliktmanagement
conflict model - Konfliktmodell
conflict of competence -
Kompetenzkonflikt
conflict of interest - Interessenskonflikt
conflict of jurisdiction -
Kompetenzkonflikt
conflict of powers - Kompetenzkonflikt
conflict potential - Konfliktpotential
conflict resolution - Konfliktlösung
conflict situation - Konfliktsituation
conflict studies - Konfliktforschung
conflict system - Konfliktsystem
conflict theory - Konflikttheorie
conformism - Konformismus
conformity - Konformität,
Übereinstimmung
conformity behavior - konformes
Verhalten
confounded - vermengt
confounding - Vermengung
confrontation - Konfrontation, Eklat,
Gegenüberstellung
confrontation strategy -
Konfrontationsstrategie
confusion - Verwechslung
congenital impairments - angeborene
Beeinträchtigungen
congeries - zusammengewürfelte
Anhäufung von Kulturzügen
congested area - Ballungsraum,
Agglomeration

congested district - übervölkertes
Gebiet
congested urban area - Ballungsgebiet
congestion - Ansammlung
congestion model -
Warteschlangemodell
congestion theory -
Warteschlangentheorie
conglomerate - Zusammenballung
conglomeration - Konglomeration,
Ballung
congregationalism -
Kongregationalismus (Lehre von der
Selbstverwaltung der Kirche)
congress - Kongreß
congressional government -
Vorrangstellung des Kongresses im
amerikanischen Regierungssystem
congruity - Kongruität, Kongruenz,
Folgerichtigkeit, Widerspruchsfreiheit
conjoint measurement - verbundene
Messung
conjugal community am. - eheliche
Lebensgemeinschaft
conjunction - Verbindung
connaissance d'autrui -
Personenwahrnehmung
connate - angeboren, ererbt, erblich
connection - Zusammenhang,
Verbindung, Beziehung
connectionism - Zusammenhangstheorie
des Lernens
connectivity - Konnektivität,
Verbundenheit, Verknüpftheit
connexion - Zusammenhang
connotation - Konnotation,
Nebenbedeutung, Beiklang
connotative meaning - konnotative
Bedeutung
connubium - Konnubium,
Verwandtschaft, Verschwägerung
conotion - Affekt
conquer - erobern
conquest - Eroberung
consanguine - blutsverwandt
consanguine endogamy - Endogamie
consanguinity - Blutsverwandtschaft
conscience - Gewissen
conscientious objection -
Wehrdienstverweigerung
conscientious objector -
Kriegsdienstverweigerer
conscious - bewußt

conscious attitude - Bewußtseinslage
consciousness field - Bewußtseinsfeld
consciousness industry - Bewußtseinsindustrie
consciousness of kind - Artbewußtsein, Gattungsbewußtsein
consciousness-raising - Bewußtseinsbildung
conscription - Einberufung, Wehrpflicht
consensual behavior - konsensorientiertes Verhalten
consensual decision - Konsensentscheidung
consensual decision-making - Entscheidung durch Konsens
consensual integration - Integration durch Konsens
consensual validation - Übereinstimmungsvalidierung
consensus - Konsens, Übereinstimmung
consensus democracy - Konsensdemokratie
consensus theory - Konsensustheorie
consent - zustimmen, Zustimmung, Einverständnis
consequence - Konsequenz, Bedeutung, Resultat, Folge
conservation - Naturschutz
conservation area - Naturschutzgebiet
conservation movement - Naturschutzbewegung
conservatism - Konservatismus
conservative - konservativ, Konservativer
conserving the species - Arterhaltung
consider - bedenken, berücksichtigen, ermessen
considerateness - Rücksichtnahme, Fürsorglichkeit
consideration - Berücksichtigung, Überlegung, Rücksicht
consistency - Konsistenz, Stimmigkeit, Folgerichtigkeit, Beständigkeit
consistency checking - Konsistenzprüfung, Prüfung der logischen Widerspruchsfreiheit
consistency coefficient - Konsistenzkoeffizient
consistency effect - Konsistenzeffekt
consistency index - Konsistenzindex
consistency research - Konsistenzforschung
consistent - konsistent

consistent estimator - konsistente Schätzfunktion
consistent mapping - Übereinstimmungsverfahren
consociation - Bund, Vereinigung
consociational democracy - Proporzdemokratie
consolidate - konsolidieren, aufarbeiten
consolidation - Konsolidierung, Überführung vom Kurz- zum Langzeitgedächtnis
consolidation processes - Einprägungsprozesse
consonance - Konsonanz
conspiracy - Verschwörung, Komplott
conspiracy theory - Verschwörungstheorie
constancy - Konstanz, Beharrlichkeit, Beständigkeit
constancy hypothesis - Konstanzhypothese
constant - Konstante
constant error - konstanter Fehler
constant method - Konstanzmethode
constant qualifier - konstanter Einflußfaktor
constellation - Konstellation, Konfiguration
constituency - Wählerschaft, Wähler, Wahlkreis
constituency seat - Direktmandat
constituent - Wähler
constituent assembly - Konstituante, verfassunggebende Versammlung
constituent state - Gliedstaat
constitute - konstituieren, begründen
constitute a quorum - beschlußfähig sein
constitute a right - Recht begründen
constitution - Verfassung, Grundgesetz, Konstitution, Grundstruktur, Grundordnung
constitutional - verfassungsmäßig
constitutional amendment - Verfassungsänderung
constitutional challenge - Verfassungsklage
constitutional complaint - Verfassungsbeschwerde
constitutional conflict - Verfassungskonflikt
constitutional dictatorship - konstitutionelle Diktatur

constitutional disputes -
Verfassungsstreitigkeiten
constitutionalism - Konstitutionalismus
constitutional jurisdiction -
Verfassungsgerichtsbarkeit
constitutional law - Verfassungsrecht
constitutional limitations -
verfassungsrechtliche Beschränkungen
constitutional monarchy -
konstitutionelle Monarchie
constitutional organ - Verfassungsorgan
constitutional patriotism -
Verfassungspatriotismus
constitutional reality -
Verfassungswirklichkeit
constitutional state - Rechtsstaat,
Verfassungsstaat
constitution analysis -
Konstitutionsanalyse
constitution of the court -
Gerichtsverfassung
constitution of the Magistrat -
Magistratsverfassung
constitutive meaning - konstitutive
Bedeutung
constitutive process - konstitutiver
Prozeß
constraint - Einschränkung, Zwang,
Nebenbedingung
construct - hypothetisches Konstrukt,
theoretisches Konstrukt, heuristische
Annahme
construction - Konstruktion
constructive vote of no-confidence -
konstruktives Mißtrauensvotum
constructivism - Konstruktivismus
construct validity - Konstruktvalidität
construe broadly - extensiv auslegen
consultant - Berater
consultation - Rücksprache,
Konsultation, Beratung
consultative assembly - beratende
Versammlung
consulting psychology - beratende
Psychologie
consumer - Konsument, Verbraucher
consumer association -
Verbraucherberatung
consumer cooperative -
Konsumgenossenschaft
consumer counseling -
Verbraucherberatung

consumer economics education -
Verbrauchererziehung
consumer inquiry -
Verbraucherbefragung
consumerism - Verbraucherbewegung,
Konsumerismus
consumer protection -
Verbraucherschutz
consumer research - Konsumforschung
consumer survey -
Verbraucherbefragung
consummatory action -
Vollzugshandlung
consummatory behavior -
Vollzugsverhalten
consumption - Verbrauch, Konsum
consumption research -
Konsumforschung
contact - Kontakt, Verbindung
contact ability - Kontaktfähigkeit
contact anxiety - Berührungsangst
contact person - Kontaktperson
contact sensation -
Berührungsempfindung
contagion - Ansteckung
contagious bias - Ansteckungsfehler
contain - umfassen
containment - Eindämmung
containment policy - Politik der
Eindämmung (des Kommunismus)
contaminate - kontaminieren,
verunreinigen
contamination - Kontaminierung, -
Ansteckung, Verschmutzung
contemporary - zeitgenössisch,
Zeitgenosse
contemporary history - Zeitgeschichte
contemporary relevance -
Zeitbezogenheit
contemporary witness - Zeitzeuge
contempt - Geringschätzung,
Mißachtung
contempt of court - Mißachtung des
Gerichts
content - Gehalt, - Substanz, Inhalt
content analysis - Inhaltsanalyse,
Bedeutungsanalyse, Textanalyse,
Dokumentenanalyse
contention - Behauptung
contentious issue - kontroverse Frage
content of communication(s) -
Kommunikationsinhalt
content of policy - Politikinhalt

content validity - Inhaltsvalidität
content word - Wort mit Inhalt, Wort mit Gehalt
contest - anfechten, Wettbewerb
contesting an election - Wahlanfechtung
context - Kontext, Zusammenhang
context of action - Handlungszusammenhang
context of discovery - Entdeckungszusammenhang
context of justification - Begründungszusammenhang
context of meaning - Sinnzusammenhang
context of reference - Verweisungszusammenhang
context of use - Nutzungszusammenhang (der Medien)
contextual analysis - Kontextanalyse
contextual group - Kontextgruppe
contextual intelligence - kontextbezogenes Wissen
contiguity - Kontiguität (zeitliches Zusammentreffen von Reiz und Reaktion)
contiguity theory - Kontiguitätstheorie
continence - Kontinenz
contingency - Kontingenz
contingency table - Kontingenztabelle
contingent decision - Eventualentscheidung
continuation - Fortsetzung
continuation students - Fortbildungsschüler
continued payment of wages - Lohnfortzahlung
continue in office - im Amt verbleiben
continuing education - berufliche Fortbildung
continuity - Kontinuität, Stetigkeit, Zusammenhang (der Fragenfolge)
continuity measure - Kontinuitätsmaß
continuous process - kontinuierlicher Prozeß
continuous random variable - kontinuierliche Zufallsvariable
contra-acculturative movement - nativistische Bewegung
contraception - Empfängnisverhütung
contract - Kontrakt, privatrechtlicher Vertrag

contract between the generations - Generationenvertrag
contracting party - Vertragspartei
contracting state - Vertragsstaat
contraction - Kontraktion
contract theory - Vertragstheorie
contractualism - Kontraktualismus
contradiction - Widerspruch
contra movement - gegenläufige Entwicklung
contrast - Kontrast
contrast with - kontrastieren mit
contra trend - gegenläufige Entwicklung
contravention - Zuwiderhandlung
contribute to - Beitrag leisten
contribution - Beitrag, Spende
control - Kontrolle, Steuerung, Herrschaft
control action - Kontrollhandlung
control analysis - Kontroll-Analyse
control belief - Kontrollüberzeugung
control chart - Abnahmekontrollkarte
control culture - Herrschaftskultur
control function - Kontrollfunktion
control group - Kontrollgruppe
control interview - Kontrollinterview
controlled economy - gelenkte Wirtschaft, Dirigismus
controlled variable - Regelgröße
control motivation - Kontrollmotivation
control of reinforcement - Kontrollüberzeugung
control question - Kontrollfrage
control system - Herrschaftssystem, System der sozialen Kontrolle
controversial - strittig
controversy - Kontroverse
conurbation - Ballungsraum, Agglomeration
convene parliament - Parlament einberufen
convenience sample - Gelegenheitsstichprobe
convention - Konvention, Übereinkommen, Parteitag am.
conventional behavior - konventionelles Verhalten
conventional conflict - konventioneller Konflikt
conventional imitation - konventionelle Nachahmung
conventional instruction - herkömmliche Ausbildung

conventionalism - Konventionalismus
conventionalized crowd - konventionelle Maske
conventional level - konventionelle Ebene
conventional weapons - konventionelle Waffen
convention government - legislative Regierung
convergence - Konvergenz
convergence theory - Konvergenztheorie
convergent thinking - konvergentes Denken
convergent validity - Konvergenzvalidität
conversation - Konversation
conversation analysis - Konversationsanalyse
conversion - Konversion, Bekehrung, Umwandlung, Umfunktionierung
conversion neurosis - Konversionsneurose
convert - Konvertit
converter - Wechselwähler, Parteiwechsler
convertibility - Konvertierbarkeit
convertible - konvertibel
conveyance - Zuleitung
conviction - Überzeugung
convocation - Einberufung
convoke parliament - Parlament einberufen
convolution - Faltung *stat.*
convoy - Geleit
convulsion - Konvulsion
cooperation - Kooperation, Mitwirkung
cooperative - genossenschaftlich, kooperativ, Genossenschaft, Kooperative
cooperative education - kooperativer Unterricht
cooperative federalism - kooperativer Föderalismus
cooperative federal state - kooperativer Bundesstaat
cooperative leadership - kooperative Führung
cooperative learning - kooperatives Lernen
cooperative movement - Genossenschaftsbewegung
cooperative stage - kooperative Phase

co-operative therapy - kooperative Therapie
co-opt - zuwählen
cooptation - Kooptation, Zuwahl, Selbstergänzung
coordinate axis - Koordinatenachse
coordinated policy - aufeinander abgestimmte Politik
coordinate federalism - gleichrangiger Föderalismus
coordination - Koordinierung
coordination decision - Koordinierungsentscheidung
coorientation - Koorientierung
cope with - meistern
coping behavior - Bewältigungsverhalten
coping with - es aufnehmen mit, fertig werden mit
coping with stress - Streßbewältigung
coping with the past - Vergangenheitsbewältigung
copy - Kopie
copy deadline - Redaktionsschluß
copyright - Urheberrecht
copy test - Copy-test
core - Kern
core area - Kerngebiet, Kernbereich
core culture - Kernkultur
core curriculum - Kernlehrplan
co-related activity - Handlungszusammenhang
corollary - Zusatz, Corollar, Folgesatz
corporate action - Gemeinschaftsaktion, gemeinschaftliches Handeln
corporate body - Körperschaft
corporate capitalism - organisierter Kapitalismus
corporate pluralism - Verbandspluralismus
corporate society - Ständegesellschaft
corporate state - Ständestaat, korporativer Staat
corporation - Vereinigung, Verbindung, Interessengemeinschaft, Verband, Zunft, Gilde, Innung
corporation under public law - Körperschaft des öffentlichen Rechts
corporatism - Korporatismus
corporatist state - korporatistischer Staat
corporative system - Ständeordnung
correction - Gegendarstellung

correctional education -
Rehabilitationsunterricht
correctional psychology -
Rehabilitationspsychologie
correctional treatment - Zuchtmittel
correction for continuity -
Kontinuitätsanpassung
corrective - Korrektiv
corrective justice - ausgleichende
Gerechtigkeit
corrective measures - Erziehungsmittel
correlate - Korrelat, Entsprechung
correlation - Korrelation
correlation analysis -
Korrelationsanalyse
correlation coefficient -
Korrelationskoeffizient
correlation matrix - Korrelationsmatrix
correlation measure - Korrelationsmaß
correlation ratio - Korrelationsverhältnis
correlation table - Korrelationstabelle
correspondence courses -
Fernunterricht
correspondent - Korrespondent
corroborate - bekräftigen
corroboration - Erhärtung,
Bekräftigung, Bestätigung
corruptibility - Bestechlichkeit
corruption - Korruption
corruption scandal - Bestechungsaffäre
cosmology - Kosmologie
cosmopolitan - kosmopolitisch,
Kosmopolit
cosmopolitan influential -
kosmopolitischer Führer
cosmopolitism - Kosmopolitismus
cost - Kosten
cost analysis - Kostenanalyse
cost-benefit-analysis -
Kosten-Nutzen-Analyse
cost effectiveness analysis -
Kosten-Wirksamkeitsanalyse
cost of living - Lebenshaltungskosten
cost of living index -
Lebenshaltungsindex
cost of studying - Ausbildungskosten
council - Rat
council flat - Sozialwohnung
Council of Elders - Ältestenrat
Council of Europe - Europarat
council of ministers - Ministerrat
counseling - beratende Tätigkeit
counted data - ausgezählte Daten

counteraction - Gegenaktion
counterconditioning -
Gegenkonditionierung, negative
Konditionierung
counterculture - Gegenkultur,
Alternativkultur
countercyclical - antizyklisch
counterdemonstration -
Gegendemonstration
counter-elite - Gegenelite
counter evidence - Gegenbeweis
counterformity - Nonkonformität
counterinsurgency - Bekämpfung von
Rebellen
counter-measure - Gegenmaßnahme
counter mobilization -
Gegenmobilisierung
counter-motion - Gegenantrag
counterpart - Gegenstück
counterproof - Gegenbeweis
counterpropaganda - Gegenpropaganda
counterrevolution - Konterrevolution
countersignature - Gegenzeichnung
counter-statement - Gegendarstellung
countervailing power - ausgleichende
Gewalt
counting of votes - Stimmenauszählung
country - Land
country hostel - Schullandheim
county - Bezirk, Landkreis
coup - Coup
coup d'état - Staatsstreich
couple - Ehepaar
couple therapy - Partnertherapie
course - Kurs
course correction - Kurskorrektur
course of study - Studiengang
course of training - Schulungskurs
court - Gericht, Gerichtshof
courtesy - Prinzip der gegenseitigen
Rücksichtnahme
courtesy bias - Gefälligkeitsverzerrung,
Verzerrung durch Gefälligkeitsantworten
courtesy reply - Gefälligkeitsantwort
court of arbitration - Schiedsgerichtshof
court of justice - Gerichtshof
Court of Justice of the European
Community - Europäischer Gerichtshof
covariance - Kovarianz
covariance matrix - Kovarianzmatrix
coverage - Presseberichterstattung
coverage area - Bestrahlungsgebiet
eines Satelliten

coverage rate - Ausschöpfungsquote
covered sector - Verbreitungsgebiet
covert - verborgen
covert aggression - passive Aggression
covert motive - verborgenes Motiv
craft - Handwerk
craft certificate - Facharbeiterbrief
craft guild - Handwerkerinnung
cranial index - Schädelindex
craniometry - Schädelmessung
crash - Zusammenbruch, Zusammenstoß
crash course - Intensivkurs
craving for admiration -
Geltungsstreben, Geltungstrieb
craving for recognition -
Geltungsbedürfnis
create jobs - Arbeitsplätze schaffen
creation - Schöpfung
creation of myths - Mythenbildung
creative imagination - kreative
Vorstellungen
creative learning - kreatives Lernen
creative thinking - schöpferisches
Denken
creativity - Kreativität
creativity test - Kreativitätstest
credentials - Leumundszeugnis
credibility - Glaubwürdigkeit
credit - Kredit
credit policy - Kreditpolitik
credit requirement - Kreditbedarf
creed - Kredo, Glaubensbekenntnis
cretinism - Kretinismus
crime - Verbrechen
crime against humanity - Verbrechen
gegen die Menschlichkeit
crime control - Verbrechensbekämpfung
criminal - kriminell, Kriminal-,
Krimineller
criminal act - kriminelle Handlung
criminal association - kriminelle
Vereinigung
criminalistics - Kriminalistik
criminal justice - Strafjustiz,
Kriminaljustiz
criminal law - Strafrecht
criminal psychology -
Kriminalpsychologie
criminal sociology - Kriminalsoziologie
criminal statistics - Kriminalstatistik
crisis - Krise
crisis area - Krisengebiet
crisis cycle - Krisenzyklus

crisis government - Krisenmanagement
crisis intervention - Krisenbekämpfung,
Konfliktmanagement
crisis management - Krisenmanagement
crisis management group - Krisenstab
crisis of acceptance - Akzeptanzkrise
crisis of leadership - Führungskrise
crisis-ridden - krisengeschüttelt
crisis tendencies - Krisentendenzen
criterion - Kriterium
criterion analysis - Kriteriumsanalyse
criterion oriented validity -
Kriteriumsvalidität
criterion referenced test -
lehrzielorientierter Test
critical apparatus - kritischer Apparat
critical election - kritische Wahl
critical experiment -
Entscheidungsexperiment
critical path method - Methode des
kritischen Pfades
critical rationalism - Kritischer
Rationalismus
critical region - kritischer Bereich
critical theory - Kritische Theorie
critical thinking - kritisches Denken
critical value - kritischer Wert
criticism - Kritik
criticism of science -
Wissenschaftskritik
criticism of sources - Quellenkritik
critique - Kritik, Rezension
critique of civilization - Kulturkritik
critique of ideology - Ideologiekritik
cross-classification -
Kreuzklassifizierung
cross-correlation - Kreuzkorrelation
cross correlation function -
Kreuzkorrelationsfunktion
cross-cultural - kulturvergleichend,
interkulturell
cross-cultural comparison -
vergleichende Methode
cross-cultural method - Kulturvergleich
cross-cultural research - international
vergleichende Forschung
cross-cultural social research -
vergleichende Sozialforschung
cross-cultural survey - vergleichende
Umfrage
cross-disciplinary - interdisziplinär
cross-Europe - europaweit

cross-lagged correlation -
kreuzverzögerte Korrelation
cross-motion - Gegenantrag
cross-national - übernational,
international
cross-party - parteiübergreifend *adj.*
cross product - Kreuzprodukt
cross-sectional - Querschnitts-
cross-sectional comparison -
Querschnittsvergleich
cross-sectional study -
Querschnittstudie
cross-sectional survey -
Querschnittbefragung
cross-section(al) analysis -
Querschnittanalyse
cross tabulation - Kreuztabulierung
cross validation - Kreuzvalidierung
cross-vote - panaschieren
crowd - Masse, Menge
crowd behavior - Massenverhalten
crowded area - übervölkertes Gebiet
crowding - Übervölkerung
crowding out competition -
Verdrängungswettbewerb
crowding-out effect - Verdrängung
privatwirtschaftlicher durch staatliche
Tätigkeit
crowd suggestion - Massensuggestion
crucial experiment - entscheidendes
Experiment, experimentum crucis
crucial factor - entscheidender Faktor
crude birth rate - rohe Geburtsrate
cruelty - Grausamkeit
cruelty to children - Kindesmißhandlung
crushing defeat - vernichtende
Niederlage
crystallization - Kristallisation
cue - Schlüsselreiz
cueing - Kommunikation durch
Schlüsselreiz
cult - Kult, Verehrung, Kultus
cultic community - Kultgemeinschaft
cultivation - Ackerbau, Landbebauung,
Kultivierung
cultivation theory - Kultivierungstheorie
cult of personality - Personenkult
cult of the dead - Totenkult
cultural - kulturell, Kultur-
cultural and educational policy -
Kulturpolitik
cultural anthropology -
Kulturanthropologie

cultural assimilation - kulturelle
Assimilation
cultural change - kultureller Wandel
cultural crisis - Kulturkrise
cultural development -
Kulturentwicklung
cultural diffusion - Kulturdiffusion
cultural ethos - Kulturethos
cultural geography - Kulturgeographie
cultural heritage - Kulturerbe
cultural history - Kulturgeschichte
cultural imperialism -
Kulturimperialismus
cultural impoverishment - kulturelle
Verarmung
culturalization - Enkulturation
cultural lag - Entwicklungsrückstand
cultural landscape - Kulturlandschaft
cultural level - Kulturniveau
cultural lost - Kulturverlust
cultural mobility - kulturelle Mobilität
cultural parallelism -
Kulturparallelismus
cultural relativism - Kulturrelativismus
cultural relativity - kulturelle
Bedingtheit
cultural residue - Kulturüberbleibsel
cultural revolution - Kulturrevolution
cultural science psychology -
geisteswissenschaftliche Psychologie
cultural segregation -
Kultursegregation, kulturelle Segregation
cultural sociology - Kultursoziologie
cultural speciality - Kulturspezifikum
cultural studies - Kulturwissenschaft
cultural system - kulturelles System
cultural theory - Kulturtheorie
cultural value - kulturell determinierter
Wert
culture - Kultur
culture areas - Kulturkreise,
Kulturräume
culture-bearing group -
Kulturträgergruppe
culture-bounded - kulturbedingt
culture circle - Kulturkreis
culture complex - Kulturkreis
culture conflict - Kulturkonflikt
culture contact - Kulturkontakt
cultured - kultiviert
culture epoch - Kulturepoche
culture-historical method -
Kulturkreislehre

culture history - Kulturgeschichte
culture industry - Kulturindustrie
culture language - Kultursprache
culture people - Kulturvolk
culture shock - Kulturschock
cumulate - kumulieren
cumulation - Kumulation
cumulative distribution - kumulative Verteilung
cumulative distribution function - kumulative Verteilungsfunktion
cumulative frequency - Summenhäufigkeit
cumulative process - kumulativer Prozeß
cumulative record - Kumulativaufzeichnung
cure - heilen
curiosity - Neugier
currency - Währung
currency devaluation - Abwertung
currency rate - Wechselkurs
currency reform - Währungsreform
currency regime - Währungssystem
currency union - Währungsunion
current - zeitgemäß, aktuell
curricular validity - curriculare Validität
curriculum - Curriculum
curriculum adaptation - Lehrplananpassung, Lehrplananwendung
curriculum alignment - Lehrplanangleichung
curriculum design - Lehrplangestaltung
curriculum evaluation - Lehrplanbewertung
curriculum implementation - Lehrplaneinführung

curriculum planning - Curriculumplanung
curriculum research - Curriculumforschung
curve - Kurve
curvilinear correlation - nichtlineare Korrelation
curvilinear program - kurvilineares Programm
custody - Schutz
custom - Brauch, Sitte
customary law - Gewohnheitsrecht, ungeschriebenes Recht
customs - Zoll, Brauchtum
customs union - Zollunion
cutback - Kürzung, Senkung
cutback in the social welfare system - Sozialabbau
cut down on manpower - Arbeitskräfteabbau
cutoff - Abbruch
cuts - Kürzungen
cutting score - kritischer Wert
cybernetic model - kybernetisches Modell
cybernetic pedagogics - kybernetische Pädagogik
cybernetics - Kybernetik
cybernetic system - kybernetisches System
cycle - Zyklus, Kreislauf, Periode
cyclical - zyklisch
cyclical fluctuation - Konjunkturschwankung
cyclic(al) equlibrium - zyklisches Gleichgewicht
cynic - Zyniker
cynicism - Zynismus

D

daily allowance - Diäten
daily newspaper - Tageszeitung
daily press - Tagespresse
dance - Tanz
dark figure - Dunkelziffer
data - Daten, Zahlenmaterial,
Unterlagen
data abuse - Datenmißbrauch
data acquisition - Datenerfassung
data analysis - Datenanalyse
data archive - Datenarchiv, Datenbank
data bank - Datenbank
data base - Datenbasis
data check - Datenprüfung
data cleaning - Datenbereinigung
data collection - Datenübertragung,
Erhebung
data communication -
Datenübertragung
data condensation - Datenstraffung
data editing - Datenaufbereitung
data file - Datei
data flow - Datenfluß
data input - Dateneingabe
data management - Datenverwaltung
data mangement program -
Datenverwaltungsprogramm
data medium - Informationsträger,
Datenträger
data privacy protection - Datenschutz
data processing - Datenverarbeitung
data protection - Datensicherung,
Datenschutz
data protection registrar -
Datenschutzbeauftragter
data recall - Datenabfrage
data retrieval - Datenabruf
data set - Datenübermittlungselement,
Datenmenge
data storage - Datenspeicherung
data systems technology -
Datentechnik
data transfer - Datenübertragung
data transmission - Datenübertragung
date - Datum, Zeitpunkt
date capture - Datenerfassung
dated - altmodisch
date-line - Datumszeile

dating - Datieren
datum - Datum, Einzelwert
day care - Kindertagesstätte
day care center - Hort
daydream - Tagtraum
day nursery - Kinderkrippe
day-to-day politics - Tagespolitik
deadline - Frist, Anzeigenschluß
deadlock - Pattsituation, Sackgasse,
Reformstau
dealignment - Entgruppierung pol.
(Schwächung oder Auflösung stabiler
Parteipräferenzen)
deal with a problem - Problem
behandeln
death instinct - Todestrieb
death penalty - Todesstrafe
death rate - Sterbeziffer
death wish - Todessehnsucht
debasement - Erniedrigung
debatable - strittig
debate - beraten, Debatte, Beratung
debate a bill - Gesetzesvorlage beraten
debility - Debilität, Schwachsinn
debriefing - Aufklärung der Teilnehmer
über den Forschungszweck
debt assumption - Verschuldung
debts - Schulden
debt service - Schuldendienst
debts management - Schuldenpolitik
debureaucratization -
Entbürokratisierung
decade - Dekade
decadence - Zerfall, Dekadenz
decay - Zerfall
deceive - täuschen, irreführen
decentralization - Dezentralisierung
deception - Betrug, Täuschung,
Irreführung
deceptive practices - irreführende
Praktiken
decerebration - Dezerebration
decide - beschließen, entscheiden
decide by a majority of votes - mit
Stimmenmehrheit beschließen
decider - Entscheidungsträger
decide unanimously - einstimmig
beschließen
decile - Dezile
decimal numeric - Dezimalzahl
decipherment - Entzifferung
decision - Entscheidung, Beschluß
decision-aid - Entscheidungshilfe

47

decision behavior - Entscheidungsverhalten

decision by the supreme court - höchstrichterliche Entscheidung

decision gap - Entscheidungslücke

decision implementation - Durchführung einer Entscheidung

decisionism - Dezisionismus

decision level - Entscheidungsebene

decision maker - Entscheidungsträger

decision making - Entscheiden, Treffen von Entscheidungen

decision making powers - Entscheidungsbefugnisse

decision making process - Entscheidungsprozeß

decision model - Entscheidungsmodell

decision on a matter of conscience - Gewissensentscheidung

decision oriented education - entscheidungsorientierter Unterricht

decision phase - Entscheidungsphase

decision pressure - Entscheidungsdruck

decision problem - Entscheidungsproblem

decision process - Entscheidungsprozess

decision rule - Entscheidungsregel

decisions as to values - Wertentscheidung

decision theory - Entscheidungstheorie

decision tree - Entscheidungsbaum

decision under certainty - Wahl unter Sicherheit

decisive defeat - entscheidende Niederlage

decisive factor - Entscheidungsgrund

decisive reason - entscheidender Grund

declaration of intention - Absichtserklärung

declaration of neutrality - Neutralitätserklärung

declaration of renunciation of force - Gewaltverzichtserklärung

declaration of war - Kriegserklärung

declarative knowledge - deklaratives Wissen

declare a state of emergency - Ausnahmezustand verhängen

declared aim - erklärte Zielsetzung

declare martial law - Kriegsrecht verhängen

decline - Verschlechterung, Zerfall

decline an office - Amt ausschlagen

decline in population - Bevölkerungsabnahme

decline of values - Werteverfall

decoding - Entschlüsselung, Dekodierung

decolonization - Entkolonisation

decommodification - Dekommodifizierung

decomposition - Zerlegung, Zergliederung

deconstruct - dekonstruieren

deconstruction - Dekonstruktion

deconstructionism - Dekonstruktivismus

decrease - Minderung

decree - Anordnung, Dekret, Verfügung, Verordnung, Erlaß

decrement - Abnahme, Dekrement

deculturation - Dekulturation, Dekulturierung

de-differentiation - Entdifferenzierung

deduce - deduzieren

deduction - Deduktion, Ableitung, Schlußfolgerung

deductive explanation - deduktive Erklärung

deductive inference - deduktiver Schluß

deductive logic - deduktive Logik

deductive method - deduktive Methode

deductive-nomological explanation - deduktiv-nomologische Erklärung

deductive system - Deduktionssystem

deed - Urkunde

deep acting - inneres Handeln

deep processing - tiefergehende Informationsverarbeitung

deep psychology - Tiefenpsychologie

deep structure - Tiefenstruktur

defamation - Verleumdung, Diffamierung

defamatory - diffamierend

default - Pflichtversäumnis

defeat - Niederlage

defeat a bill - Gesetzentwurf ablehnen

defeat a motion - Antrag ablehnen

defeat at the election - Wahlniederlage

defect - Fehler, Defekt

defective democracy - defekte Demokratie

defective sample - unvollständige Stichprobe

defence - Verteidigung, Abwehrmechanismus

defend democracy - Demokratie
verteidigen
defense alliance - Verteidigungsbündnis
defense expenditure -
Verteidigungsausgaben
defense mechanism -
Abwehrmechanismus *ps.*
defense policy - Verteidigungspolitik
defense reflex - Abwehrreflex
defensive - Defensive
defensive behavior - defensives
Verhalten
defensiveness - Abwehrhaltung,
Überempfindlichkeit (gegenüber Kritik)
defensive system - Verteidigungssystem
defensive war - Verteidigungskrieg
deferential nation - unterworfene
Nation
defer making a decision - Entscheidung
aufschieben
deferred gratification - aufgeschobene
Belohnung
deferred gratification pattern - Prinzip
der aufgeschobenen Belohnung
deferred imitation - aufgeschobene
Nachahmung
defiance - Trotz
deficiency - Unzulänglichkeit
deficiency motivation -
Defizitmotivation
deficiency symptom -
Mangelerscheinung
deficit - Defizit, Fehlbetrag
deficit financing - Staatsverschuldung
definability - Definierbarkeit
define - definieren
defined goals and objectives -
Zielvorgaben
defining characteristic - entscheidendes
Merkmal
definite - konkret, eindeutig, bestimmt
definiteness - Eindeutigkeit,
Bestimmtheit
definition - Definition
definitional schema - Definitionsschema
definition of the problem -
Problemdefinition
deflation - Deflation
deflection - Verdrängung, Verschiebung
deforestation - Abholzung
degeneracy - Degeneration
degenerate - degeneriert

degenerate distribution - entartete
Verteilung
degeneration - Degenerierung
degradation - Degradierung,
Statusverlust
degradation law - Degradationsgesetz
degree - Rang, Stand
degree of abstraction -
Abstraktionsgrad
degree of difficulty - Schwierigkeitsgrad
degree of formalization -
Formalisierungsgrad
degree of freedom - Freiheitsgrad
degree of ignorance - Ungewißheitsgrad
degree of randomness -
Zufälligkeitsgrad
degrouping - Entgruppung
dehumanization - Entmenschlichung
deictic - deiktisch, direkt beweisend
deideologization - Entideologisierung
deindividuation - Deindividuierung
deism - Deismus
deity - Gottheit
delay - Verspätung, Verzögerung
delayed behavior - verzögertes
Verhalten
delayed gratification - verzögerte
Belohnung
delayed nation - verspätete Nation
delayed reinforcement -
Verstärkungsverzögerung
delaying tactics - Verzögerungspolitik
delegate - delegieren, Abgeordneter,
Wahlmann, Deputierter
delegated authority - delegierte
Autorität
delegated legislation - delegierte
Gesetzgebung
delegate functions - Aufgaben
übertragen
delegation - Delegation, Abordnung
delegation of authority -
Kompetenzübertragung
delegation of power -
Machtdelegierung, Delegierung von
Entscheidungsbefugnissen
deliberate - beraten
deliberation - Überlegung, Beratung,
Erwägung
deliberative assembly - beratende
Versammlung
deliberative function - beratende
Funktion

delict - Delikt
delineation of power - Kompetenzabgrenzung
delinquency - Delinquenz, Kriminalität
delinquency rate - Kriminalitätsrate
delinquent behavior - delinquentes Verhalten
deliver an expert - begutachten
deliver an opinion - begutachten
Delphi survey - Delphibefragung, Expertenbefragung
delusion - Wahn
delusional idea - Wahnidee
delusion de grandeur - Größenwahn, Megalomanie
delusion of persecution - Verfolgungswahn
demagog - Demagoge
demagogy - Demagogie
demand - Nachfrage, Bedarf
demand-characteristic - Aufforderungscharakter
demand management - Globalsteuerung
demands - Inanspruchnahme
dementi - Dementi
dementia - Demenz
demilitarization - Demilitarisierung
demobilize - demobilisieren
democracy - Demokratie
democracy deficit - Demokratiedefizit
democratic leader - demokratischer Führer
democratic leadership - demokratische Führung
democratic mind - demokratisches Denken, demokratischer Gedanke
democratic process - Demokratisierungsprozeß
democratization - Demokratisierung
democratize - demokratisieren
demographic analysis - demographische Analyse
demographic gap - demographische Lücke
demographic policy - Bevölkerungspolitik
demographic revolution - demographische Revolution
demographic statistics - Bevölkerungsstatistik
demographic stratum - Bevölkerungsschicht

demographic structure - demographische Struktur
demographic transition - demographische Transition
demography - Demographie
demology - Demologie
demonization - Verteufelung (eines Gegners)
demonstration - Demonstration, Kundgebung
demonstration interview - Demonstrationsinterview
demoralization - Demoralisierung
demotic - volkstümlich
demotic quality - Volkstümlichkeit
demotivate - demotivieren
demystification - Entmystifizierung
denationalization - Reprivatisierung
denaturalization - Denaturalisierung, Ausbürgerung
denazification - Entnazifizierung
dendrogram - Dendrogramm
denial - Verleugnung, Leugnung der Realität, Dementi
denigration - Verunglimpfung
denomination - Denomination
denominational school - Bekenntnisschule, Konfessionsschule
denotation - Denotation, Begriffsumfang, Begriffsbedeutung, Kennzeichnung
denotative - denotative
denotative meaning - denotative Bedeutung
denote - bezeichnen
densely populated - dicht bevölkert
density - Dichte, Konzentration
density function - Dichtefunktion
density of communication - Kommunikationsdichte
density of population - Bevölkerungsdichte
density of settlement - Siedlungsdichte
deny - dementieren
deny officially - dementieren
deparliamentization - Entparlamentarisierung
department - Abteilung, Sektion, Ressort, Fachbereich, Ministerium am.
departmentalization - Aufteilung von Abteilungen, Parzellierung
departmental red tape - Ministerialbürokratie

departure - Abwanderung, Verlust
dependence - Abhängigkeit
dependency culture - Anspruchsdenken
dependency need -
Abhängigkeitsbedürfnis
dependent - abhängig
dependent class - abhängige
Bevölkerungsschicht
dependent event - abhängiges Ereignis
dependent on each other - gegenseitig
bedingend
dependent state - abhängiger Staat
dependent variable - abhängige
Variable
depersonalization - Depersonalisation
depiction - Abbildung
depillarisation - Entsäulung *pol.*
deployment - Aufstellung, Stationierung
deploy troops - Truppen bereitstellen
depolarisation - Depolarisation
depoliticization - Entpolitisierung
depopulation - Entvölkerung
deport - abschieben
deportation - Ausweisung, Deportation
deportation of aliens - Abschiebung
von Ausländern
depravation - Depravation
depravity - Schlechtigkeit, Verderbtheit
depreciation - Abwertung
depressed - deprimiert
depressed region - Notstandsgebiet
depression - Depression, wirtschaftlicher
Stillstand
depressive disorder - depressive Störung
deprivation - Deprivation (Entzug an
Liebe, Mangel an Umweltreizen),
Ausbürgerung
deprived minority - entrechtete
Minderheit
deprive of power - entmachten
depth interview - Tiefeninterview,
Tiefenbefragung
depth perception - perspektivische
Wahrnehmung, Tiefenwahrnehmung
depth psychology - Tiefenpsychologie
deputation - Deputation
deputizing - Stellvertretung
deputy - Abgeordneter, Stellvertreter,
Deputierter
deregulation - Deregulierung,
Wettbewerbsfreiheit
derivability - Ableitbarkeit,
Beweisbarkeit

derivated statistic - abgeleitete
Maßzahl
derivation - Derivat, Derivation
derive - herleiten, ableiten
descending line - absteigende
Herkunftslinie
descent - Abstammung
descent system - Abstammungssystem
descent theory - Abstammungstheorie
deschooling - Entschulung
descretionary economic policy -
diskretionäre Wirtschaftspolitik
description - Deskription, Beschreibung
description of a situation -
Zustandsbeschreibung
descriptive concept - deskriptiver
Begriff
descriptive hypothesis - deskriptive
Hypothese
descriptiveness - Anschaulichkeit,
Deskriptivität
descriptive sentence - deskriptiver Satz
descriptive statistics - deskriptive
Statistik
descriptive survey - deskriptive Umfrage
descriptive term - deskriptiver Begriff
descriptive theory - deskriptive Theorie
deseasonalized - saisonbereinigt
desecration - Entweihung
desegregation - Desegregation
desensitization - Desensibilisierung,
Desensitivierung
deserts - Verdienste
deserving promotion - förderungswürdig
desideratum - Desiderat
design - Gestaltung, Konstruktion
designate - bezeichnen, benennen
designation - Designation, Bestimmung,
Bezeichnung
designation analysis - Inhaltsanalyse,
Aussagenanalyse
desinterestedness - Uneigennützigkeit
desirability - Erwünschtheit
desire - Begehren, Wunsch, Verlangen
desired goal question - Suggestivfrage
desire for education - Bildungsdrang
desire to change - Leidensdruck
desire to communicate -
Kommunikationswille
desire to dominate -
Herrschaftsbedürfnis
desk research - Sekundärforschung
desk study - Sekundärstudie

desperation - Verzweiflung
despise - geringschätzen
despotism - Despotismus
destalinization - Entstalinisierung
destination - Ziel (von Kommunikation)
destitution - Mittellosigkeit
destroy - vernichten
destruction - Zerstörung, Vernichtung
destruction of the environment -
Umweltzerstörung
destructive inspection - destruktive
Prüfung
detachment - Ablösung,
Unvoreingenommenheit, Urteilsdistanz,
Unparteilichkeit
detachment conflict - Ablösungskonflikt
detachment of libido - Libidoablösung
detail - Detail
detailed - eingehend
detailed interview - qualitatives
Interview
detailed knowledge - Detailkenntnis(se)
details - Einzelheiten
détente - Entspannung
detention - Arrest
deterioration - Abbau, Zerfall,
Verschlechterung
determinability - Bestimmbarkeit,
Entscheidbarkeit
determinacy - Determiniertheit
determinant - Determinante
determinateness - Determiniertheit
determination - Determinierung,
Begriffsbestimmung, Entschlußkraft
determination by inherent laws -
Eigengesetzlichkeit
determination coefficient -
Bestimmtheitskoeffizient
determination of aims - Zwecksetzung
determination of a position -
Standortbestimmung
determination of purpose -
Zweckbestimmung
determine - bestimmen, festsetzen
determined by the system -
systembedingt
determining factor -
Bestimmungsfaktor
determinism - Determinismus
deterministic decision-making -
Entscheidung unter Sicherheit
deterministic law - deterministisches
Gesetz

deterministic model - deterministisches
Modell
deterrence - Abschreckung, Prävention
deterrent capability -
Abschreckungspotential
dethronement - Entmachtung (eines
Monarchen)
detour behavior - Umwegverhalten
detour problem - Umwegproblem
detribalization - Stammesentfremdung
devastation - Zerstörung
developing country - Entwicklungsland
developing nation - Entwicklungsland
development - Entwicklung
development aid - Entwicklungshilfe
developmental age - Entwicklungsalter
developmental approach -
Entwicklungsansatz
developmental disorders -
Entwicklungsstörungen
developmental levels -
Entwicklungsstufen
developmental psychology -
Entwicklungspsychologie
developmental sequence -
Entwicklungsreihe
developmental sociogram -
Entwicklungssoziogramm
developmental stages -
Entwicklungsstadien
developmental tasks -
Entwicklungsaufgaben
developmental theories -
Entwicklungstheorien
development assistance -
Entwicklungshilfe
development of moral -
Moralentwicklung
development of personality -
Persönlichkeitsentwicklung
development of relations (with a
country) - Ausbau der Beziehungen (zu
einem Land)
development policy - Strukturpolitik
development politics -
Entwicklungspolitik
development project -
Entwicklungsprojekt
develop relations - Beziehungen
ausbauen
deviance - abweichendes Verhalten
deviant - abweichend, Deviant

deviant behavior - abweichendes
Verhalten
deviant case - abweichender Fall
deviant norm - abweichende Norm
deviation - Abweichung
deviation from the mean - Abweichung
vom Mittelwert
deviation from the party line -
Abweichen von der Parteilinie
deviationism - Abweichlertum
deviationist - Abweichler
devolution - Devolution, Übertragung
von Befugnissen der Zentralgewalt auf
regionale Gewalten
devote - sich einer Sache zuwenden, sich
einer Sache widmen
diachronic analysis - diachrone Analyse
diachronic process - diachroner Prozeß
diagnosis - Diagnose
diagnosis of creativity -
Kreativitätsdiagnostik
diagnosis of death - Todesfeststellung
diagnosis of the time(s) - Zeitdiagnose
diagnostics - Diagnostik
diagnostics for advancement -
förderorientierte Diagnostik
diagram - Diagramm
dialect - Dialekt
dialectical logic - dialektische Logik
dialectical materialism - Dialektischer
Materialismus
dialectical method - dialektische
Methode
dialectic play - Lehrstück
dialectics - Dialektik
dialectic thinking - dialektisches Denken
dialog - Dialog
dialog principle - dialogisches Prinzip
dialog question - Dialogfrage
diarchy - Diarchie
diary - Tagebuch
diaspora - Diaspora
dichotic listening - geteiltes Zuhören
dichotomization - Dichotomisierung
dichotomous - dichotom
dichotomy - Dichotomie
dictatorship - Diktatur
dictatorship of the proletariat -
Diktatur des Proletariats
dictionary - Wörterbuch
didactic activity - didaktisches Handeln
didactical analysis - didaktische Analyse

didactical reduction - didaktische
Reduktion
didactical triangle - didaktisches
Dreieck
didactic behavior - didaktisches
Handeln, didaktisches Verhalten
didactics of science -
Wissenschaftsdidaktik
dieback - Waldsterben
diet - Abgeordnetenversammlung
diet parliament - Parlament
difference - Differenz, Abweichung,
Unterschied
difference method - Differenzmethode
difference threshold - gerade noch
bemerkbarer Unterschied
differential approach -
Differentialansatz
differential inhibition - differenzierende
Hemmung
differential psychology - differentielle
Psychologie
differential sensibility -
Unterschiedsempfindlichkeit
differential threshold -
Unterschiedsschwelle, Schwelle
differential validity - differentielle
Validität
differentiated view - differenzierte
Betrachtung
differentiation - Differenzierung,
Unterscheidung
differentiation of society -
Ausdifferenzierung der Gesellschaft
differentiation of the sciences -
Wissenschaftsdifferenzierung
differ from - sich unterscheiden von
difficulties with learning -
Lernschwierigkeiten
difficulty - Schwierigkeit
difficulty level - Schwierigkeitsgrad
diffuseness - Diffusität
diffuse socialization - diffuse
Sozialisation
diffuse solidarity - diffuse Solidarität
diffusion - Diffusion
diffusion of responsibility - Diffusion
der Verantwortlichkeit
digital communication - digitale
Kommunikation
digitalization - Digitalisierung
digital technology - digitale Technik
digitization - Digitalisierung

dignitary - Würdenträger
dignity - Würde
dimension - Dimension, Umfang
diminution - Kürzung, Verminderung
diploma - Diplom, Abschlußzeugnis
diplomacy - Diplomatie
diplomat - Diplomat
diplomatic - diplomatisch
diplomatic body - diplomatisches Korps
diplomatic relations - diplomatische
Beziehungen
diplomatic service - diplomatischer
Dienst
direct - anordnen, direkt, unmittelbar
direct action - direkte Aktion
direct candidate -
Wahlkreisabgeordneter
direct conflict - direkter Konflikt
direct contact group - Gruppe mit
direktem Kontakt
direct democracy - direkte Demokratie
directedness - Zielgerichtetheit
direct election - unmittelbare Wahl
direction - Richtung, Verordnung,
Anordnung, Weisung
directive - Direktive, Anweisung,
Richtlinie, Vorschrift, Weisung
directive interview - direktives Interview
direct line - direkte Linie
direct lineage - direkte Abstammung
director - Regisseur, Versuchsleiter,
Leiter, Intendant
directorate - Direktorium
directorial government -
Direktorialregierung
directorship - Leitung
direct question - direkte Frage
direct seat - Direktmandat
disability - Unvermögen, Unfähigkeit,
Arbeitsunfähigkeit, Behinderung
disadvantage - Benachteiligung
disadvantaged - benachteiligt
disaggregation - Disaggregation,
Auflösung (in seine Bestandteile)
disagreement -
Meinungsverschiedenheit, Unstimmigkeit
disappearing differences method -
Methode der verschwindenden
Unterschiede
disapproval - Mißbilligung
disarmament - Abrüstung
disarmament agreement -
Abrüstungsabkommen

disaster - Desaster, Katastrophe
disastrous - verheerend
discarded standpoint - überwundener
Standpunkt
discharge - Triebentladung
disciplinary matrix - disziplinäre Matrix
discipline - Disziplin, Fachgebiet
disclosure - Enthüllung, Aufdeckung
discontent - Unzufriedenheit
discontinuity - Diskontinuität,
Unstetigkeit
discord - Zwistigkeiten
discordance - Diskordanz
discordant value - Ausreißer
discount rate policy - Diskontpolitik
discourse - Diskurs, Abhandlung
discourse analysis - Diskursanalyse
discourse ethics - Diskursethik
discourse of modernity - Diskurs der
Moderne
discovery - Entdeckung
discovery learning - Entdeckungslernen
discrepancy - Abweichung, Diskrepanz,
Unstimmigkeit, Widerspruch
discrepancy of expectations -
Erwartungsdiskrepanz
discrete probability distribution -
diskrete Wahrscheinlichkeitsverteilung
discrete random variable - unstetige
Zufallsvariable
discretion - Ermessen
discretionary decision -
Ermessensentscheidung
discretionary powers -
Ermessensspielraum
discretion clause - Kannvorschrift
discriminant anaylsis -
Diskriminanzanalyse, - Trennanalyse
discriminate validation - diskriminante
Validierung
discrimination -
Unterscheidungsvermögen, -
Diskriminierung
discrimination at work -
Diskriminierung am Arbeitsplatz
discriminative stimulus -
diskriminierender Reiz,
Unterscheidungsreiz
discursive - diskursiv
discursive reflection - diskursive
Reflexion
discursive thinking - diskursives Denken
discursivity - Diskursivität

discussion - Diskussion
discussion groups - Diskussionsgruppen
discussion of general principles -
Grundsatzdiskussion
diseconomies - Unwirtschaftlichkeit
disenchantment - Entzauberung,
Ernüchterung
disenchantment with politics -
Politikverdrossenheit
disengagement - Disengagement
disengagement theory -
Disengagementtheorie
disequilibrium - Ungleichgewicht
disguise - verschleiern
disguising - Verschleierung
disgust - Ekel
dishabituation - Entwöhnung
disinformation - Desinformation
disinhibition - Enthemmung
disintegration - Desintegration, Zerfall,
Auflösung
disinterestedness - Desinteresse,
Gleichgültigkeit
disjunct events - disjunkte Ereignisse
disjunction - Disjunktion
dislike - Abneigung
dismay - Betroffenheit
dismemberment - Zerstückelung,
Dismembration
dismissal - Abberufung
dismissal from office - Amtsenthebung
disorganization - Desorganisation
disorientation - Orientierungslosigkeit
disparity - Disparität, Ungleichheit,
Unvereinbarkeit
dispassion - Objektivität
dispassionate - objektiv
dispersion - Streuung, Dispersion
displaced person - Heimatvertriebener
displacement - Vertreibung,
Verschleppung, Zwangsumsiedlung
displacement activity -
Übersprunghandlung
displacement of a theory -
Theorieverdrängung
display behavior - Imponiergehabe
display of power - Machtentfaltung
display pattern - Imponiergehabe
disposable income - Nettoeinkommen
disposal - Verwendung, Beseitigung,
Entsorgung
disposition - Disposition, Anlage,
Verfügung

dispositional factors - individuell
bestimmte Faktoren
dispossession - Enteignung
disproof - Widerlegung
disproportion - Mißverhältnis
disproportionate - unverhältnismäßig
disproportionate stratified sample -
disproportional geschichtetes
Auswahlverfahren
disprove - widerlegen
dispute - Konflikt
dispute between theories -
Theorienstreit
disputed question - Streitfrage
dispute over methodology -
Methodenstreit
disqualification from public service -
Berufsverbot
disregard - Vernachlässigung
disruption - Spaltung, Zerfall
dissecting - Zergliedern
dissemination - Dissemination,
Verbreitung
dissension - Dissens, Uneinigkeit
dissent - Dissens
dissenter - Dissident
dissenting opinion - abweichende
Meinung, Minderheitsvotum
dissenting vote - Sondervotum
dissertation - Abhandlung, Dissertation
dissimilarity - Unähnlichkeit
dissimulation - Dissimulation, bewußte
Verheimlichung (von Krankheiten)
dissociate oneself - sich distanzieren
dissociation - Dissoziierung, Spaltung
dissociative disorder - dissoziative
Störung
dissolution of parliament -
Parlamentsauflösung
dissolve parliament - Parlament
auflösen
dissolving - Auflösung
dissonance - Dissonanz
dissonance theory - Dissonanztheorie
dissuasion - Abraten, Abbringen (von)
distance - Distanz, Abstand
distance-cluster analysis -
Distanz-Cluster-Analyse
distanced from the grass-roots -
bürgerfern
distance education - zurückhaltende
Erziehung
distance learning - Fernstudium

distance model - Distanzmodell
distant goal - Fernziel
distinction - Unterscheidung,
Unterschied
distinctive feature - unterscheidbares
Merkmal
distinctive mark -
Unterscheidungsmerkmal
distinguish - unterscheiden
distinguishing feature -
Unterscheidungsmerkmal
distort - verdrehen
distortion - Verzerrung
distortion of history -
Geschichtsfälschung
distraction - Ablenkung
distress - Notlage
distributed lag - verteilte Nachwirkung
distribution - Verteilung
distributional coalition -
Verteilungskoalition
distributional conflict -
Verteilungskonflikt
distribution battle - Verteilungskampf
distribution curve - Verteilungskurve
distribution function - Verteilungskurve
distribution law of a random variable -
Verteilungsgesetz einer Zufallsvariablen
distribution of functions -
Aufgabenverteilung
distribution of power - Machtverteilung
distribution of seats -
Mandatsverteilung
distributive margin -
Verteilungsspielraum
district - Bezirk, Gebiet
districting - Einteilung in Wahlbezirke
disturbance of communication -
Kommunikationsstörung
disturbances - Störungen
disturbances of concentration -
Konzentrationsstörungen
disturber of the peace - Friedensstörer
disutility - Nutzlosigkeit
divergence - Divergenz
divergence of interest -
Interessengegensatz
divergence theorem - Divergenztheorem
divergent thinking - divergentes Denken
diversification - Diversifikation,
Diversifizierung
diversionary maneuver -
Ablenkungsmanöver

diversity - Ungleichheit
diversity of opinions - Meinungsvielfalt
divination - Vorahnung, Wahrsagung,
Prophezeiung
divine kingship - Gottkönigtum
divine revelation - göttliche
Offenbarung
divine service - Gottesdienst
division - Abteilung, Dienststelle,
namentliche Abstimmung
(Hammelsprung), Teilung, - Sektor
division into periods - Periodisierung
division of labor - Arbeitsteilung
divorce - Ehescheidung
divorce rate - Scheidungsrate
doctorate - Promotion
doctor-patient-relationship -
Arzt-Patient-Verhältnis
doctor's duty for information -
Aufklärungspflicht des Arztes
doctrine - Doktrin, Lehre, Lehrmeinung
doctrine of divine right -
Gottesgnadentum
doctrine of forms - Ideenlehre
doctrine of methods - Methodenlehre
doctrine of natural law -
Naturrechtslehre
document - Dokument, Urkunde
documentation - Dokumentation,
Dokumentierung
documents - Unterlagen
dogma - Dogma
dogmatic science - dogmatische
Wissenschaft
dogmatism - Dogmatismus
doing things for the sake of doing
things - Aktionismus
do-it-your-self - Heimwerken
domain - Bereich, Wissensgebiet,
Arbeitsgebiet, Domäne, Sphäre
domain of definition -
Definitionsbereich
domain of knowledge - Wissensbereich
domain of life - Lebensbereich
domestic affairs - innere
Angelegenheiten
domestic currency - Binnenwährung
domestic economy - heimische
Wirtschaft
domestic industry - heimische Industrie
domestic market - Binnenmarkt
domestic policy - Innenpolitik
domestic press - Inlandspresse

domestic rights - Rechte einer Frau als Hausfrau
domestic science - Hauswirtschaftslehre
domiciled in - beheimatet in
dominance - Dominanz, Vorherrschaft
dominant ideology - herrschende Ideologie
dominant party system - Dominanzparteisystem
dominate - beherrschen
domination - Herrschaft, Vorherrschaft, Beherrschung
domination knowledge - Herrschaftswissen
domination of a market - Marktbeherrschung
dominion - Herrschaft
donation - Spende
donation to political parties - Parteispenden
donor country - Geberland
doomsday atmosphere - Endzeitstimmung
do one's doctorate - promovieren
door-to-door-survey - persönliche Befragung
dot diagram - Punktdiagramm
dot frequency diagram - Punktdiagramm
double approach-avoidance conflict - doppelter Appetenz-Aversions-Konflikt
double bind - Doppelbindung
double blind control - Doppelblindkontrolle
double standard - Doppelmoral, Messen mit zweierlei Maßstäben
downgrade - zurückstufen
downgrading - Herunterstufung, Degradierung
downswing - Konjunkturabschwung
Down syndrome - Mongolismus
downtrend - Abwärtstrend
downward business trend - Konjunkturrückgang
downward mobility - Abwärtsmobilität
downward social mobility - sozialer Abstieg
downward tendency - fallende Tendenz
draft - Entwurf, Erstfassung, Gesetzentwurf
draft a bill - Gesetzesvorlage ausarbeiten
draft budget - Haushaltsentwurf
drafting - Abfassung (eines Entwurfes)

drama critics - Theaterkritik
dramatization - Dramatisierung
drastic measure - einschneidende Maßnahme
draw up - ausarbeiten
dream - Traum
dream ego - Traum-Ego
dreaming - Träumen
dream interpretation - Traumdeutung
dream symbolism - Traumsymbolik
dreamwork - Traumarbeit
drinking - Trinken
drive - Trieb, Antrieb
drive arousal - Antriebserregung
drive discharge - Triebentladung
drive displacement - Triebverdrängung
drive reduction - Triebreduktion
drive reduction hypothesis - Triebreduktionshypothese
drive stimulus - Triebreiz
drive structure - Triebstruktur
driving force - treibende Kraft
driving impulses - Triebkräfte
drop in standards - Werteverfall
dropout - Abbrecher, Studienabbrecher, Aussteiger
drop out of university - Studium abbrechen
drug abuse education - Drogenmißbrauchserziehung
drug addict - Drogenabhängiger
drug addiction - Drogensucht
drug dependence - Drogenabhängigkeit
drug traffic - Drogenhandel
dual citizenship - doppelte Staatsbürgerschaft
dual economy - Dualwirtschaft
dual federalism - gleichrangiger Föderalismus
dualism - Dualismus
dual society - duale Gesellschaft
dual state - Doppelstaat
dual system - duales System
dubbing - Synchronisation
due process - Rechtsstaatlichkeit, Gesetzesherrschaft
due process of law - ordentliches Gerichtsverfahren
due to the war - kriegsbedingt
dullness - Beschränktheit
dummy variable - Scheinvariable
duty - Zoll, Abgabe, Pflicht, Verpflichtung, zugewiesene Aufgabe

duty to give assistance -
Fürsorgepflicht
duty to maintain confidentiality -
Schweigepflicht
dyad - Dyade
dyadic group - dyadische Gruppe
dynamic - Dynamik
dynamic civilization - dynamische
Zivilisation
dynamic model - dynamisches Modell
dynamic pension - dynamische Rente
dynamic psychology - Psychodynamik
dynamics of theories -
Theoriendynamik
dynamic structure - dynamische
Struktur
dynamic system - dynamisches System
dynasty - Dynastie
dysfunction - Dysfunktion
dysfunctional - dysfunktional
dysfunctional system - dysfunktionales
System
dyslexia - Legasthenie
dysmnesia - Gedächtnisstörungen
dysphoria - Dysphorie
dysstructure - Dysstruktur

E

early capitalism - Frühkapitalismus
early childhood - frühe Kindheit
early childhood education - frühkindliche Erziehung
early childhood special education - Frühförderung
early infancy - Säuglingsalter
early warning-system - Frühwarnsystem
early writings - Frühschriften
earmark - Kennzeichen
earmarked - zweckbestimmt
earnings - Lohn
easing of cyclical strains - Konjunkturberuhigung
Eastern Block - Ostblock
East-West conflict - Ost-West-Konflikt
eating disorders - Eßstörungen
ecclesia - Kirche
ecclesiastical law - Kirchenrecht
EC-directive - EU-Richtlinie
echelon - Rangstufe, Rang
echoic memory - geräuschbezogenes Gedächtnis
eclecticism - Eklektizismus
ecological correlation - ökologische Korrelation
ecological dominance - ökologische Dominanz
ecological factor - ökologischer Faktor
ecological fallacy - ökologischer Fehlschluß
ecologically harmful - umweltfeindlich
ecological psychology - Umweltpsychologie
ecological structure - ökologische Struktur
ecological system - ökologisches System
ecological tax reform - ökologische Steuerreform
ecological theory - ökologische Theorie
ecology - Ökologie
ecology-minded - umweltbewußt
economic efficiency - Wirtschaftlichkeit
Economic Miracle - Wirtschaftswunder
economic outlook - Konjunkturaussichten
economic policy - Wirtschaftspolitik

economic relations - Wirtschaftsbeziehungen
economic research - Wirtschaftsforschung
economic revival - wirtschaftlicher Aufschwung
economics - Arbeitslehre
economics of education - Bildungsökonomie
economic summit - Wirtschaftsgipfel
economic upswing - Konjunkturaufschwung
economist - Nationalökonom
economy - Volkswirtschaft
ecopolitics - Ökopolitik
eco-sensitive - umweltbewußt
ecosystem - Ökosystem
EC standard - EU-Norm
ecstasy - Ekstase
EC subsidy - EU-Beihilfe
EC summit - EU-Gipfel
ecumene - Ökumene
ecumenicalism - Ökumene
edge - Vorteil
edifice of ideas - Ideengebäude
edit - bearbeiten, aufbereiten
editing - Bereinigung (von Daten)
editing of data - Datenaufbereitung
edition - Auflage
edition published under licence - Lizenzausgabe
editor - Redakteur
editorial department - Redaktion
editor in chief - Chefredakteur
educability - Erziehbarkeit, Bildungsfähigkeit, Lernfähigkeit
educable - erziehbar
educate - bilden
educated - gebildet
educated classes - Bildungsbürgertum
education - Erziehung, Bildung, Ausbildung, Test
education act - Schulgesetz
educational administration - Kultusverwaltung, Schulverwaltung
educational assessment - Unterrichtsbewertung
educational background - Vorbildung
educational benefits - Unterrichtsbeihilfe
educational career - Bildungsgang
educational consultation - Erziehungsberatung

educational content - Unterrichtsstoff
educational counseling -
Unterrichtsberatung
educational diagnostics - pädagogische
Diagnostik
educational effectiveness -
erzieherische Wirksamkeit
educational establishment -
Bildungsanstalt
educational experiment - Schulversuch
educational facilities -
Bildungseinrichtungen
educational guidance -
Erziehungsberatung
educational improvement -
Lernverbesserung
educational institution -
Bildungsinstitution,
Ausbildungsinstitution
educationalist - Erzieher
educationally handicap -
Lernbehinderung
educationally retrogressive -
bildungsfeindlich
educational methods - Erziehungsmittel
educational opportunities -
Bildungschancen
educational planning - Bildungsplanung
educational policy - Bildungspolitik
educational principles -
Bildungsprinzipien
educational psychology - pädagogische
Psychologie
educational publisher(s) -
Schulbuchverlag
educational quality - Unterrichtsqualität
educational reform - Bildungsreform
educational responsibility -
Bildungsverantwortlichkeit
educational sociology -
Bildungssoziologie
educational strategies -
Bildungsstrategien
educational system - Schulsystem,
Bildungssytem
educational technology -
Bildungstechnologie
educational theory - Pädagogik,
Erziehungswissenschaft
educational trends - Bildunstendenzen
educational wasteland -
Bildungsnotstand
educational work - Erziehungsarbeit

education campaign -
Aufklärungskampagne
education crisis - Bildungsnotstand
education for all - Volksbildung
education grants -
Ausbildungsförderung
education leave - Bildungsurlaub
education level - Bildungsniveau
education misery - Bildungsnotstand
education of leisure - Freizeitpädagogik
education of the deaf -
Gehörlosenpädagogik
education research on the basis of
developmental logic -
entwicklungslogische
Erziehungsforschung
educator - Erzieher
effect - Effekt, Wirkung, Auswirkung
effective - wirksam
effective excitatory potential -
Reaktionspotential
effective habit strength -
Gewohnheitsstärke
effective in the media - medienwirksam
effectiveness - Effektivität, Wirksamkeit
effectiveness model - Erfolgsmodell
effect of interaction - Interaktionseffekt
effects research - Wirkungsforschung
efficacy - Wirksamkeit, Effektivität
efficiency - Effizienz, Wirksamkeit,
Leistung, Leistungsfähigkeit
efficient estimator - effektive
Schätzfunktion
effort - Anstrengung, Mühe, Bemühung
efforts towards political union -
Einheitsbestrebungen
egalitarian family - egalitaristische
Familie
egalitarianism - Egalitarismus
ego - Ego
egocentricity - Egozentrismus
egocentrism - Egozentrismus
ego control - Ichkontrolle
ego-ideal - Ich-Ideal
ego identity - Ego-Identität
ego-involvement - Ich-Beteiligung
egoism - Egoismus
ego psychology - Ich-Psychologie
ego structure - Ego-Struktur
egotic - ichbezogen
egotism - Egoismus, Selbstsucht
eidetic - Eidetiker
eidetic imagery - Eidetik

eidos - Eidos
eigenvalue - Eigenwert
eight-hour day - Achtstundentag
eight-hour working day -
Achtstundentag
elaborate - ausarbeiten
elaborated code - elaborierter Code
elaboration - Elaboration, Ausarbeitung
elaborative rehearsal - elaborierte
Wiederholung, Wiederholung gegründet
auf Überlegung
elasticity - Elastizität
elastic term - dehnbarer Begriff
election - Wahl
election by proportional representation
- Verhältniswahl
election campaign - Wahlkampf,
Wahlkampagne
election day - Wahltag
election day poll - Meinungsumfrage
am Wahltag
election defeat - Wahlniederlage
election district - Wahlbezirk
election forecast - Wahlprognose
election platform - Wahlprogramm
election pledge - Wahlversprechen
election program - Wahlprogramm
election promise - Wahlversprechen
election propaganda - Wahlpropaganda
election proposal - Wahlvorschlag
election research - Wahlforschung
election results - Wahlergebnis
election statistics - Wahlstatistik
election turnout - Wahlbeteiligung
election victory - Abstimmungssieg
elective am. - Wahlfach
elective affinity - Wahlverwandtschaft
elector - Wahlmann, Wahlberechtigter
electoral chances - Wahlaussichten
electoral coalition - Wahlbündnis
electoral decision - Wahlentscheidung
(des einzelnen Wählers)
electoral fraud - Wahlfälschung
electoral law - Wahlgesetz
electoral list - Wählerverzeichnis
electoral ratio - Wahlquotient
electoral slogan - Wahlparole
electoral sociology - Wahlsoziologie
electoral statistics - Wahlstatistik
electoral system - Wahlsystem,
Abstimmungsverfahren
electoral victory - Wahlsieg
electorate - Wählerschaft

electors - Wahlleute
electronic - elektronisch
electronic data processing -
elektronische Datenverarbeitung
electronic media - elektronische Medien
electronic publishing - elektronisches
Veröffentlichen
element - Element
elementarism - Elementarismus
elementary education -
Grundschulausbildung
elementary element - Grundelement,
Elementareinheit
elementary event - Elementarereignis
elementary family - Kernfamilie
elementary form - Elementarbegriff
elementary grade - Elementarstufe
elementary group - Elementargruppe
elementary instruction -
Schuleingangsphase, Anfangsunterricht
elementary sentence of renewal theory
- elementarer Satz der
Erneuerungstheorie
elicited response - ausgelöste Reaktion
eligibility - Annehmbarkeit,
Qualifikation, Wählbarkeit,
Wahlwürdigkeit
eligibility for aid - Förderungswürdigkeit
eligibility for election - Wählbarkeit
eligibility for office - passives Wahlrecht
eligible - wählbar
eligible respondent - geeigneter
Befragter
eligible to vote - wahlberechtigt
eliminate - eliminieren, beseitigen,
ausschalten
elimination - Eliminierung, Ausschaltung
elite - Elite
elite cartel - Elitenkartell
elite formation - Elitenbildung
elite of adaptation - Anpassungselite
elite recruitment - Elitenrekrutierung
elitism - Elitedenken
eloquence - Eloquenz, Beredsamkeit
emancipation - Emanzipation
emancipatory interest -
emanzipatorisches Interesse
embargo - Embargo
embark on a reform - Reform in die
Wege leiten
embarrassment - Verwirrung
embassy - Botschaft
embeddedness - Eingebettetsein

embezzle - unterschlagen
embezzlement - Unterschlagung, Veruntreuung
embodiment - Verkörperung
embourgoisement - Verbürgerlichung
emergence - Emergenz, Auftauchen, Vorkommen
emergence myth - Ursprungsmythos
emergency - Notlage, Ernstfall
emergency constitution - Notstandsverfassung
emergency decree - Notverordnung
emergency decree legislation - Notstandsgesetzgebung
emergency government - Notstandsregierung
emergency legislation - Notstandsgesetzgebung
emergency measures - Notstandsmaßnahmen
emergency reaction - Notfall-Reaktion
emergent evolution - Entwicklungsschub, Entwicklungsantrieb
emergentism - Emergenzlehre
emergent properties - Aggregateigenschaften
emigrant - Emigrant
emigration - Emigration
eminence - Vorrang
eminent domain - staatliches Enteignungsrecht
emissary - Abgesandter
emitted behavior - operantes Verhalten
emoluments - Diäten
emotion - Emotion, Gefühl, Gefühlsbewegung, Erregung
emotional behavior - emotionales Verhalten
emotional contagion - emotionale Ansteckung
emotional exhaustion - emotionale Erschöpfung
emotional experience of success - Erfolgserleben
emotional impression - Gefühlseindruck
emotional intelligence - emotionale Intelligenz
emotionality - emotionale Erregung
emotional stability - emotionale Stabilität
emotional state - Lagebefindlichkeit
emotive - emotiv, emotional, gefühlsmäßig

empathetic behavior - einfühlsames Verhalten
empathetic learning - empathisches Lernen, einfühlendes Verstehen
empathetic understanding - einfühlendes Verstehen
empathy - Empathie, Einfühlung, Einfühlungsvermögen
emphasis - Nachdruck, Akzentsetzung
emphasize - betonen, hervorheben
emphatic - emphatisch
empirical - empirisch, Erfahrungs-
empirical concept - empirischer Begriff
empirical content - empirischer Gehalt
empirical correlation coefficient - empirischer Korrelationskoeffizient
empirical corroboration - empirische Bestätigung
empirical covariance - empirische Kovarianz
empirical data - empirische Daten
empirical dispersion - empirische Streuung
empirical distribution - empirische Verteilung
empirical educational science - empirische Erziehungswissenschaft
empirical investigation - empirische Untersuchung
empirical knowledge - empirische Erkenntnis, Erfahrungswissen
empirical law - empirisches Gesetz
empirical method - empirische Methode
empirical observation - empirische Beobachtung
empirical sampling - empirische Auswahl
empirical science - empirische Wissenschaft
empirical social research - empirische Sozialforschung
empirical test - empirischer Test
empirical theory - empirische Theorie
empiricism - Empirismus
empiriocriticism - Empiriokritizismus
employed person - Arbeitnehmer
employee - Angestellter, Arbeitnehmer
employee participation - betriebliche Mitbestimmung
employees - Personal, Belegschaft
employee turnover - Fluktuation
employer - Arbeitgeber, Dienstherr

employer's association - Arbeitgeberverband
employment - Anstellung, Beschäftigung, Arbeitsverhältnis, Beschäftigungsverhältnis
employment exchange - Arbeitsvermittlung
employment market - Stellenmarkt, Arbeitsmarkt
employment policy - Beschäftigungspolitik
employment protection - Arbeitsschutz
employment service - Stellenvermittlung
employment situation - Beschäftigungslage
employment trend - Beschäftigungsentwicklung
empower - berechtigen, bevollmächtigen, ermächtigen
empty formula - Leerformel
empty of meaning - bedeutungsleer
empty phrase - Leerformel
emulation - Nacheifern
enabling act - Ermächtigungsgesetz
enacted social institution - soziale Einrichtung
enclave - Enklave
enclosure - Einhegung
encoding - Verschlüsselung
encoding specificity - Verschlüsselungsspezifizität
encounter - Begegnung, persönlicher Kontakt
encounter group - Encountergruppe
encourage - ermutigen
encouragement - Unterstützung
encouraging result - ermutigendes Ergebnis
encroachment - Übergriff
enculturation - Enkulturation
encyclical - Enzyklika
encyclopedia - Enzyklopädie
end - Resultat, Zweck
end in itself - Selbstzweck
end of an era - Abgesang einer Epoche, Ende einer Ära
endogamy - Endogamie
endogenous - endogen
endogenous change - endogener Wandel
endomorphic - endomorph

endorsement - Unterstützung der Partei, Zusatz, - Billigung (einer Meinung), Vermerk
endowment - Begabung, Dotation
enduring values - bleibende Werte
enemy - Feind
enemy action - Feindeinwirkung
enemy state clause - Feindstaatenklausel
energy - Energie
energy crisis - Energiekrise
energy crunch - Energiekrise
energy demand - Energiebedarf
energy policy - Energiepolitik
energy requirement - Energiebedarf
energy supply - Energieversorgung
energy-tight system - geschlossenes System
enforce - durchsetzen
enforcement - Durchsetzung (eines Gesetzes), Durchführung (einer Politik)
enfranchisement - Einbürgerung, Naturalisierung
engineering - Technik
engram - Engramm, Gedächtnisspur
enhance - steigern, zur Geltung bringen
enhancement - Steigerung, Vergrößerung
enjoy an international reputation - internationales Ansehen genießen
enjoy immunity - Immunität genießen
enjoyment - Nutznießung
enlargement - Vergrößerung
enquiry - Enquete
enrolment - Immatrikulation
entail - zur Folge haben
entanglement - Verwicklung
entelechy - Entelechie
enter data - Daten eingeben
enter into diplomatic relations - diplomatische Beziehungen aufnehmen
enter into negotiations - in Verhandlungen eintreten
enter into office - Amt antreten
enterprise - Unternehmen
entertainment - Unterhaltung
entertainment industry - Unterhaltungsindustrie
entertainment program - Unterhaltungssendung
enter unknown territory - Neuland betreten
enthusiasm - Enthusiasmus

entirety - Totalität
entitle - berechtigen
entitled to apply - antragsberechtigt
entitled to claim - anspruchsberechtigt
entitled to maintenance -
versorgungsberechtigt
entitled to relief -
unterstützungsberechtigt
entitled to vote -
abstimmungsberechtigt
entitlement - Berechtigung, Anrecht,
Anspruch
entity - Entität, Wesenheit, Gebilde,
Element
entrepreneur - Unternehmer
entrepreneurship - Unternehmensgeist,
unternehmerische Initiative
entrepreuneurialism - Unternehmertum
entropy - Entropie
entry negotiations -
Beitrittsverhandlungen
entry unemployment -
Jugendarbeitslosigkeit
enumeration - Zählvorgang, Zählung
enumerator - Volkszähler, Zähler
envious comparison - neidischer
Vergleich
environment - Umwelt, Außenwelt,
Umgebung, Milieu
environmental assessment -
Umweltfolgenschätzung
environmental conditions -
Umweltbedingungen
Environmental Criminal Act -
Umweltschutzgesetz
environmental damage -
Umweltschaden
environmental design -
Umweltgestaltung
environmental destruction -
Umweltzerstörung
environmental economics -
Umweltökonomie
environmental education -
Umwelterziehung
environmental factor - Umweltfaktor
environmental impact -
Umweltverträglichkeit
environmental influences -
Umwelteinflüsse
environmentalism - Environmentalismus
environmentally deprived -
milieugeschädigt

environmentally friendly -
umweltfreundlich
environmentally sound -
umweltverträglich
environmental policy - Umweltpolitik
environmental pollution -
Unweltverschmutzung
environmental protection -
Umweltschutz
environmental protection movement -
Umweltschutzbewegung
environmental psychology -
Umweltpsychologie
environmental sociology -
Umweltsoziologie
environmental soundness -
Umweltverträglichkeit
environmental sustainability -
Umwelterhaltung
environmental thinking -
umweltbewußtes Denken
environment-conscious - umweltbewußt
envoy - Abgesandter
envy - Neid
ephemeral status - ephemerer Status
epidemiology - Epidemiologie
epigenesis - Epigenesis (Entwicklung
eines Organismus durch
aufeinanderfolgende Neubildungen)
epilogue - Nachwort (eines Autors)
epiphenomenon - Epiphänomen
episcopal church - Episkopalkirche
(Kirche mit bischöflicher Verfassung)
episodic memory - episodisches
Erinnern
epistemological program -
Erkenntnisprogramm
epistemology - Epistemologie,
Wissenschaftstheorie
epoch-making - epochemachend,
epochal
equality - Gleichheit, Gleichberechtigung
equality in vote - Stimmengleichheit
equality of educational opportunity -
Gleichheit der Bildungschancen
equality of rights - Gleichberechtigung
equalization - Gleichstellung
equalization levy - Ausgleichsabgabe
equalization of burdens -
Lastenausgleich
equalization tax - Ausgleichsabgabe
equally entitled - gleichberechtigt
equally privileged - gleichberechtigt

equal opportunities - Chancengleichheit
equal probability selection method -
Wahrscheinlichkeitsauswahlverfahren
equal rights of men and women -
Gleichberechtigung von Mann und Frau
equal treatment - Gleichbehandlung
equation - Gleichung
equilibrium - Gleichgewicht
equity - Billigkeit, Gerechtigkeit,
Unparteilichkeit
equivalence - Äquivalenz
equivalent deviate - äquivalente
Abweichung
equivalent form of tests - Paralleltest
equivalent forms test - Paralleltest
equivalent measure - äquivalentes Maß
equivocation - Äquivokation
ergonomics - Ergonomie
ergotherapy - Arbeitstherapie
erratic movements - erratische
Bewegungen
erronous inference - Fehlschluß
error - Fehler, Irrtum, Versehen
error band - Fehlerbereich
error elimination - Irrtumsbeseitigung
error in measurement - Meßfehler
error in survey - Erhebungsfehler
error in thought - Denkfehler
error of estimation - Schätzfehler
error of methods - Methodenfehler
error of observation -
Beobachtungsfehler
error rate - Fehlerrate
error reducing power - Vermögen,
Fehler zu verringern
error variance - Fehlervarianz
erudition - Gelehrsamkeit
escalation - Eskalierung
escalation of a conflict -
Konfliktverschärfung
escape behavior - Fluchtverhalten
escape conditioning - negative
Verstärkung
escape learning - Fluchtlernen
escape mechanism -
Fluchtmechanismus
escape response - Fluchtreaktion
escapism - Eskapismus
eschatology - Eschatologie
espionage - Spionage
esprit de corps - Korpsgeist
essay - Essay, Erörterung, Abhandlung,
Versuch

essence - Substanz, Essenz, Wesen
essential - unverzichtbar
essentialism - Essentialismus
establish - begründen, errichten
establish a committee - Ausschuß
bilden
establish diplomatic relations -
diplomatische Beziehungen aufnehmen
established fact - anerkannte Tatsache
establishing diplomatic relations -
Aufnahme diplomatischer Beziehungen
establishment - Establishment
estate - Landsitz, Gut, Stand
estate economy - Gutswirtschaft,
Gutsherrenwirtschaft
estate society - Ständegesellschaft
estate system - Ständesystem,
Ständestaat
esteem - Wertschätzung, Achtung
esteem need - Achtungsbedürfnis,
Bedürfnis nach Wertschätzung
estimate - schätzen, Schätzung,
Schätzwert
estimation - Schätzung, Schätzen
estimation method - Schätzverfahren
estimation technique - Schätzverfahren
estimation theory - Schätztheorie
estrangement - Entfremdung,
Entäußerung
etatism - Etatismus
eternal - ewig
eternalism - Eternalismus
eternity - Ewigkeit
ethical - ethisch
ethical duty - ethische Pflicht
ethical relativism - ethischer
Relativismus
ethics - Ethik
ethics commission - Ethikkommission
ethics of attitude - Gesinnungsethik
ethics of conviction - Gesinnungsethik
ethics of duty - Pflichtenethik
ethics of responsibility -
Verantwortungsethik
ethnic - ethnisch
ethnical purge - ethnische Säuberung
ethnic attitude - Einstellung gegenüber
ethnischen Minderheiten
ethnic cleansing - ethnische Säuberung
ethnic conflict - Nationalitätenkonflikt
ethnic culture - ethnische Kultur,
Kultur einer ethnischen Gruppe

ethnic discrimination - ethnische
Diskriminierung
ethnic German children -
Aussiedlerkinder
ethnicity - ethnische Identität,
Ethnizität
ethnic minority - ethnische Minderheit
ethnic peer - Angehöriger der eigenen
Volksgruppe
ethnic prejudice - ethnisches Vorurteil
ethnic segregation - ethnische
Segregation
ethnocentrism - Ethnozentrismus
ethnocracy - Ethnokratie, Herrschaft
einer Volksgruppe
ethnogeny - Ethnogenesis (Lehre von
der Entstehung der Völker)
ethnogeography - Ethnogeographie
ethnography - Ethnographie
ethnography of speaking -
Ethnographie des Sprechens
ethnolinguistics - Ethnolinguistik
ethnology - Ethnologie
ethnomethodology -
Ethnomethodologie
ethnopsychiatry - Ethnopsychiatrie
ethology - Ethologie,
Verhaltensforschung
ethos - Ethos, sittlicher Gehalt,
ethischer Grundsatz
ethosociology - Ethnosoziologie
etiology - Ätiologie
etiquette - Etikette
Euclidian distance - euklidische Distanz
eudaemonics - Eudämonie
eugenic - eugenisch
eugenic policy - eugenische Politik
eugenics - Eugenik
eunomia - Eunomie
euphemism - Euphemismus
euphoria - Euphorie
Eurocentrism - Eurozentrismus
Eurocommunism - Eurokommunismus
Eurocrat - Eurokrat
European Central Bank - Europäische
Zentralbank
European Commission - Europäische
Kommission
European Commissioner - Europäischer
Kommissar
**European Commission on Human
Rights** - Europäische
Menschenrechtskommission

European Community - Europäische
Gemeinschaft
European Council - Europäischer Rat
European Court of Justice -
Europäischer Gerichtshof
European Currency Unit - Europäische
Währungseinheit
European Economic Community -
Europäische Wirtschaftsgemeinschaft
**European Free Trade Association
(EFTA)** - Europäische Freihandelszone
Europeanization - Europäisierung
European Monetary System -
Europäisches Währungssystem
European Parliament - Europäisches
Parlament
European Political Co-operation -
Europäische Politische Zusammenarbeit
European Regional Development Fund
- Europäischer Regionalfond
European Social Charter - Europäische
Sozialcharta
European unity - europäische Einheit
Europe of the regions - Europa der
Regionen
Europe-wide - europaweit
Europolitics - Europapolitik
Eurosceptic - Euroskeptiker
euthanasia - Euthanasie
evacuation - Evakuierung
evacuee - Aussiedler
evaluate - evaluieren, bewerten
evaluation - Evaluierung, Bewertung,
Beurteilung, Auswertung
evaluation criterion -
Bewertungskriterium
evaluation pattern - Bewertungsmuster
evaluation research -
Evaluationsforschung
evaluative assertion analysis -
Bewertungsanalyse
evangelism - Evangelismus,
Bekehrungseifer
evening classes - zweiter Bildungsweg,
Abendschule
evening news - Abendnachrichten
evening paper - Abendausgabe
event - Ereignis
event analysis - Ereignisanalyse
event-correlated potentials -
ereigniskorrelierte Potentiale
event data - Ereignisdaten

event-related potentials -
ereignisbezogene Potentiale
event space - Ereignisraum
eventuality - Eventualität
everyday communication -
Alltagskommunikation
everyday experience - Alltagserfahrung
everyday practice - Alltagspraxis
evidence - Beweis, Nachweis
evidential support - empirische
Bestätigung
evolution - Evolution
evolutionary - evolutionär
evolutionary change - evolutionärer
Wandel
evolutionary theory - Evolutionstheorie
evolutionism - Evolutionismus
exacerbation - Verschärfung
exact sciences - exakte Wissenschaften
exaggerate - übertreiben
exaggeration - Übertreibung
examination - Prüfung, Untersuchung
examination anxiety - Prüfungsangst
examination for the title of the master
- Meisterprüfung
examination phobia - Prüfungsangst
examination regulation -
Prüfungsordnung
examination situation -
Prüfungssituation
examine - untersuchen, prüfen,
beleuchten
exceeding one's power -
Kompetenzüberschreitung
excerpt - exzerpieren
excess - Exzeß, Steilheit, Wölbung,
Überschuß
excess mandate - Überhangmandat
exchange - Austausch, Tausch,
Umtausch, Vermittlung
exchange of experience -
Erfahrungsaustausch
exchange of information -
Informationsaustausch
exchange of views - Gedankenaustausch
exchange rate - Wechselkurs
exchange rate stability -
Wechselkursstabilität
exchange theory - Austauschtheorie
exchequer - Fiskus
excise - indirekte Steuern
excitability - Erregbarkeit
excitation - Erregung

excitatory potential -
Reaktionspotential
excitement phase - Erregungsphase
exclave - Exklave
exclude - ausschließen
exclusion - Ausschluß
exclusionary conduct -
Verdrängungswettbewerb
exclusive democracy - exklusive
Demokratie
exclusive interview - Exklusivinterview
exclusive legislative power -
ausschließliche Gesetzgebung
exclusive scoop - Exklusivbericht
excommunication - Exkommunizierung
exculpatory statement -
Schutzbehauptung
execution - Durchführung,
Vollstreckung
execution of Federal Laws by Laender
or Gemeinden - Auftragsverwaltung
executive - exekutiv, Exekutive
executive agreement -
Regierungsabkommen
executive authority - Amtsautorität
executive body - Exekutivorgan
executive branch lobbying -
Lobbyismus, Interessenvertretung
executive policy - Leitungspolitik,
Leitungsgrundsätze
executive power - Exekutive,
vollziehende Gewalt
executive privilege am. - Vorrecht der
Exekutive
exemplarity - Beispielhaftigkeit
exemption - Exemtion, Befreiung,
Ausnahmeregelung
exercise - ausüben, Übung
exercise book - Schulheft
exercise duties - Aufgaben wahrnehmen
exercise jurisdiction - hoheitliche
Gewalt ausüben
exercise of official authority -
Ausübung öffentlicher Gewalt
exercise power - Macht ausüben
exercise pressure - Druck ausüben
exert pressure - Druck ausüben
exhausted edition - vergriffene Auflage
exhaustion - Erschöpfung,
Ausschöpfung
exhaustive sample - Vollerhebung,
Volkszählung
exile - Exil, Exilant

existential analysis - Daseinsanalyse
existential determination -
Seinsverbundenheit,
Standortgebundenheit des Denkens
existentialism - Existentialismus
existential psychology -
Existenzpsychologie
exit - abbrechen
exit polling - Sofortbefragung
exodus - Exodus,
Bevölkerungsabwanderung
ex officio - von Amts wegen
exogamy - Exogamie
exogeneous - exogen
exogeneous change - exogener Wandel
expansion - Expansion,
Gebietsvergrößerung, Ausweitung
expansion in education -
Bildungsexpansion
expatriation - Ausbürgerung,
Ausweisung, Expatriierung
expectancy - Erwartung
expectation - Erwartung
expected frequency -
Erwartungshäufigkeit
expected value - Erwartungswert
expediency - Zweckdienlichkeit
expedient - zweckdienlich
expelled persons - Vertriebene
expendiency - Opportunität
expenditure - Ausgaben
expenditure appropriation -
Ausgabenansätze
expenditure cut - Ausgabenkürzung
expenditure policy - Ausgabenpolitik
expenditures - Ausgaben
expenses - Kosten, Ausgaben
experience - Erfahrung, Erfahrungs-,
Erlebnis
experience of life - Lebenserfahrung
experience of oneself - Selbsterfahrung
experience psychology -
Erfahrungsseelenkunde
experiential intelligence - auf
Erfahrung gestütztes Wissen
experiment - Experiment, Versuch
experimental condition - experimentelle
Bedingung
experimental control - experimentelle
Kontrolle
experimental design -
Versuchsanordnung
experimental error - Versuchsfehler

experimental group -
Experimentalgruppe, Versuchsgruppe
experimental method - experimentelle
Methode
experimental mortality - experimentelle
Mortalität
experimental phase -
Experimentierphase
experimental psychology -
experimentelle Psychologie
experimental stage - Versuchsstadium
experimental unit - Experimentaleinheit
experimentation - Experimentieren
experimenter effect -
Versuchsleiter-Effekt
experimentum crucis - entscheidendes
Experiment
expert - fachmännisch, Experte,
Sachverständiger - Fachgelehrter
expert knowledge - Expertenbefragung
expertness - Fachkundigkeit
expert opinion -
Sachverständigengutachten
expert power - Fachautorität
expert's survey - Expertenbefragung
expiration of a law - Aufhebung eines
Gesetzes
expiration of a truce - Ablauf eines
Waffenstillstandes
expiration of the term of office -
Ablauf der Amtszeit
explanandum - Explanandum
explanans - Explanans
explanatary variable - unabhängige
Variable
explanatory - erklärend, erläuternd
explanatory power - Erklärungskraft
explanatory psychology - erklärende
Psychologie
explication - Explikation, Begriffs-
explicit memory - explizites Gedächtnis
exploitation - Ausbeutung, Verwertung
exploration - Erkundung, Exploration
exploratory study - exploratorische
Studie, Vorstudie, Vorerhebung
exploratory talk - Sondierungsgespräch
exploratory trip - Erkundung
explore - sondieren
explosiveness - Brisanz
exponential curve - Exponentialkurve
exponential density function -
exponentielle Dichtefunktion

exponential distribution - Exponentialverteilung
exponential function - Exponentialfunktion
exponential smoothing - exponentielle Glättung
exponential trend - exponentieller Trend
export - Export
export promotions - Exportförderung
export restrictions - Exportbeschränkungen
ex post facto explanation - Ex-post-facto-Erklärung
exposure - Kontakt, sozialer Kontakt
expression - Terminus, Ausdruck
expression control - Ausdruckskontrolle
expression of opinion - Meinungsäußerung
expression therapy - Ausdruckstherapie
expressive behavior - expressives Verhalten, Ausdrucksverhalten
expressive communication - expressive Kommunikation
expressiveness - Aussagekraft
expropriation - Enteignung
expulsion - Ausweisung, Vertreibung
extension - Vergrößerung, Verlängerung
extension of a conflict - Ausweitung eines Konflikts
extensive party - nationale Partei
extent - Ausmaß
exteriorization - Externalisierung
external condition - äußere Bedingung
external control - externe Kontrolle
external effects - externe Effekte
external entanglements - außenpolitische Verwicklungen
external environment - äußere Umwelt
externalization - Objektivierung, Objektivation, Externalisierung
externally regulation - Fremdsteuerung
external observer - nichtteilnehmender Beobachter

external relations - Außenbeziehungen
external training - außerbetriebliche Ausbildung
exterritoriality - Exterritorialität
extinction - Löschung
extra - Extrablatt (einer Zeitung)
extract - Exzerpt
extracts from the press - Pressestimmen
extradition - Auslieferung (von Personen)
extramarital - außerehelich
extraneous influence - äußerer Einfluß
extraordinary budget - außerordentlicher Haushalt
extraparliamentary opposition - außerparlamentarische Opposition
extrapolate - extrapolieren
extrapolation - Extrapolation
extra-scholastic field - außerschulischer Bereich
extrasensory perception - außersinnliche Wahrnehmung
extraversion - Extraversion, Weltzugewandtheit
extravert - extra(o)vertiert, Extra(o)vertierter
extreme case - Extremfall
extreme left-wing - linksradikal
extreme mean - extremer Mittelwert
extreme right-winger - Rechtsradikaler
extreme value - Extremwert
extremism - Extremismus
extrinsic control - Fremdkontrolle, extrinsische Kontrolle
extrinsic gratification - extrinsische Gratifikation
extrinsic motivation - extrinsische Motivation
extrovert personality - extrovertierte Persönlichkeit
eye-witness report - Augenzeugenbericht

F

fabianism - Fabianismus
face-to-face association -
Primärgruppe, primärer Verband
face-to-face communication -
persönliche Kommunikation
face-to-face contact - direkter
persönlicher Kontakt
face-to-face group - Primärgruppe
face-to-face interviewing - persönliches
Interview
facet theory - Aspekttheorie
face validity - augenscheinliche Validität
facial expression - Gesichtsausdruck
fact - Sachverhalt, Tatsache
fact finding - Tatsachenermittlung
fact-finding committee -
Ermittlungsausschuß
facticity - Faktizität
faction - Parteiung, Partei, kleine
Oppositionsgruppe
factional fighting - Flügelkämpfe
factionalism - Aufwieglertum,
spalterische Haltung
fact of experience - Erfahrungstatsache
factor - Faktor
factor analysis - Faktorenanalyse
fact-oriented - tatsachenorientiert
factor loading - Faktorenladung
factor theory - Faktorentheorie
factory committee works council -
Betriebsrat
factual - sachlich
factuality - Faktizität
factual judgment - Tatsachenaussage,
Tatsachenurteil
factual science - Erfahrungswissenschaft
facultative subject - Wahlfach
faculty - Vermögen, Fähigkeit
faculty of critical thought -
Kritikfähigkeit
fail - durchfallen, nicht bestehen
failure - Fehlschlag, Mißerfolg,
Unterlassung, Versagen
failure in academic achievement -
Leistungsversagen
failure of a policy - Scheitern der Politik
failure of the state - Staatsversagen
failure rate - Fehlerrate

fair copy - druckfertiges Manuskript
fairness - Gerechtigkeit
faith - Glaube
falangism - Falangismus
fall - Untergang
fallacy - Trugschluß, Fehlschluß
fallibilism - Fallibilismus
false consciousness - falsches
Bewußtsein
false consensus - falsche
Übereinstimmung
false report - Falschmeldung
falsibiability - Falsifizierbarkeit
falsification - Falsifizierung,
Falsifikation, Fälschung
fame - Ruhm
familialism - Familialismus
familialization - Gewöhnung,
Familialisation
familistic structure - Familienstruktur
family - Familie
family allowance - Famlienbeihilfe
family behavior - Familienverhalten
family conditions - Familienverhältnisse
family constellation -
Familienkonstellation
family counseling - Familienberatung
family cycle - Familienzyklus
family desorganization -
Familiendesorganisation
family dissolution - Familienauflösung
family formation - Familiengründung
family head - Familienoberhaupt
family-home location - Rückzug ins
Private
family household - Familienhaushalt
family law - Familienrecht
family of nations - Völkerfamilie,
Länderfamilie
family organization -
Familienorganisation
family pattern - Familienmuster
family planning - Familienplanung
family policy - Familienpolitik
family reunification -
Familienzusammenführung
family therapy - Familientherapie
fanatic - fanatisch, Fanatiker
fanaticism - Fanatismus
fantasy - Phantasie, Einfallsreichtum,
Ideenreichtum, Imagination,
Einbildungskraft
Far East - Ferner Osten

farm - landwirtschaftliches Gut, landwirtschaftlicher Betrieb
farm crisis - Agrarkrise
farmer - Farmer, Landwirt
farming - Landwirtschaft, Ackerbau und Viehzucht
far-sighted policy - weitsichtige Politik
fascism - Faschismus
fashion - Mode
fashion magazine - Modezeitschrift
fatalism - Fatalismus
fate - Schicksal
fateful issue - Schicksalsfrage
father-absent family - vaterlose Familie
fatigue - Ermüdung
favor - begünstigen, Wohlwollen
favoritism - Günstlingswirtschaft
favouring - Begünstigung
fear - Furcht
feasibility - Ausführbarkeit
feasibility analysis - Durchführbarkeitsanalyse
feasibility study - Durchführbarkeitsstudie
feature - Kennzeichen, Feuilleton
feature section - Feuilletonteil
fecond - reproduktionsfähig
fecundity - Fekundidät, Reproduktionsfähigkeit
federal administration - Bundesverwaltung
Federal Armed Forces - Bundeswehr
Federal Assembly - Bundesversammlung
Federal Audit Office - Bundesrechnungshof
Federal authorities - Bundesbehörden
federal budget - Bundeshaushalt
Federal Cartel Office - Kartellamt
Federal Chancellor - Bundeskanzler
Federal Constitutional Court - Bundesverfassungsgericht
Federal Convention - Bundesversammlung
Federal Council - Bundesrat
Federal Court of Justice - Bundesgerichtshof
Federal enforcement - Bundeszwang
Federal Fiscal Court - Bundesfinanzhof
Federal Government - Bundesregierung
Federal government supervision - Bundesaufsicht
federal grant - Bundeszuschuß

Federal Information Service - Bundesnachrichtendienst
federalism - Föderalismus
federal law - Bundesrecht
Federal Law Gazette - Bundesgesetzblatt
federal laws - Bundesgesetze
federal level - Bundesebene
Federal Minister - Bundesminister
Federal Ministry - Bundesministerium
Federal Office - Bundesamt
Federal Parliament - Bundestag
Federal President - Bundespräsident
federal state - Bundesstaat
Federal supreme courts - Bundesgerichte
federal tax - Bundessteuer
Federal territory - Bundesgebiet
federation - Föderation, Staatenbund, Vereinigung, Verband
fee - Gebühr
feedback - Rückkopplung, Feedback
feedback control circuit - Regelkreis
feedback system - Regelkreis
feeling - Empfinden, Empfindung, Gefühl
feeling-into - Einfühlungsvermögen, Empathie
feeling of inferiority - Minderwertigkeitsgefühl
feeling of omnipotence - Allmachtsgefühl
feeling of self-value - Selbstwertgefühl
feeling of solidarity - Zusammengehörigkeitsgefühl
feeling of superiority - Überlegenheitsgefühl
feeling-oriented - gefühlsorientiert
feeling state - Befinden, Befindlichkeit
fee scale - Gebührenordnung
fellowship - Gemeinschaft
fellow student - Kommilitone
fellow traveler - kommunistischer Mitläufer
female education - Frauenbildung
female fertility rate - weibliche Fruchtbarkeitsziffer
female role - Frauenrolle
femininity - Weiblichkeit, Fraulichkeit
feminism - Feminismus
fertility - Fruchtbarkeit (einer Frau)
fertility expectation - Fruchtbarkeitserwartung

fertility rate - Fruchtbarkeitsziffer
fetish - Fetisch
fetishism - Fetischismus
fetishism of commodities -
Warenfetischismus
fetishization - Fetischisierung
feud - Fehde
feudalism - Feudalismus, Lehnssystem
feudalization - Feudalisierung
feudal society - Feudalgesellschaft,
Lehnsgesellschaft
fiction - Fiktion
field - Feld, Gebiet
field administration -
Gebietsverwaltung, Distriktverwaltung
field coding - Fehlverschlüsselung,
Fehlkodierung
field experiment - Feldexperiment
field investigation - Primärerhebung
field observation - Feldbeobachtung
field of activity - Betätigungsfeld
field of application - Anwendungsgebiet
field of interest - Interessensgebiet
field of knowledge - Wissensgebiet
field of study - Fachrichtung
field research - Feldforschung
field survey - Felderhebung,
Feldbefragung
fight against - bekämpfen
fight over fundamental issues -
Prinzipienstreit
fight over principles - Prinzipienstreit
figuration - Figuration
figure - Figur, Diagramm, Zeichnung,
Zahl, Ziffer
figure of thought - Gedankenfigur
file - Datei, zu den Akten nehmen
file number - Aktenzeichen
files - Vorgang (aktenmäßiger)
filiation - Filiation, Kindschaft
filibuster - Marathonredner,
Obstruktionist
filibustering - Obstruktionspolitik
fill a chair - Lehrstuhl besetzen
film assessment board -
Filmbewertungsstelle
film censorship board - Filmprüfstelle
film clip - Filmausschnitt
film critic - Filmkritiker
film distribution - Filmverleih
film music - Filmmusik
film production - Filmproduktion
film report - Filmbericht

film review - Filmkritik
film theory - Filmtheorie
filter theory - Filtertheorie
final ballot - Stichwahl
final communiqué -
Abschlußkommuniqué
final disposal - Endlagerung
final examination - Abschlußprüfung
finality - Finalität
final result - Endergebnis, Endeffekt
final state - Endzustand
final-year class - Abschlußklasse
finance - Finanzwesen
finances - Finanzen
financial affairs - Finanzwesen
financial aid - Finanzhilfe
financial basis - Finanzierungsgrundlage
financial control - Finanzkontrolle
financial empire - Finanzimperium
financial equalization - Finanzausgleich
financial policy - Finanzpolitik
financial program - Finanzplan
financial reform - Finanzreform
financial squeeze - finanzieller Engpaß
financial support - Finanzhilfe
financial system - Finanzverfassung
financing - Finanzierung
financing instrument -
Finanzierungsinstrument
financing plan - Finanzierungsplan
financing program -
Finanzierungsprogramm
findings - Resultate, Beweise
fine arts - die schönen Künste, musische
Fächer
finish one's training - auslernen
finite - endlich, finit
finite population - endliche
Grundgesamtheit
finite population correction -
Endlichkeitskorrektur
Finlandization - Finnlandisierung
first broadcast - Erstausstrahlung (TV)
first-hand data - Primärdaten
first impression - erster Eindruck
first language acquisition -
Erstspracherwerb
first publication - Erstveröffentlichung
first strike - Erstschlag
first strike capability -
Erstschlagkapazität
first vote - Erststimme

first years of teaching - Anfangsunterricht
fiscal - steuerlich
fiscal administration - Finanzverwaltung
fiscal authority - Finanzbehörde
fiscal crisis - Finanzkrise
fiscalism - Fiskalismus
fiscalization - Besteuerung
fiscal monopoly - Finanzmonopol
fiscal planning - Finanzplanung
fiscal policy - Steuerpolitik, Finanzpolitik
fiscal sovereignty - Finanzhoheit
fiscal system - Steuersystem
fission - Aufspaltung
fixation - Fixierung, Prägung
fixation of affect - Affektfixierung
fixed-interval schedule - festes Intervallschema
fixed-ratio schedule - fester Quotenverstärkungsplan
fixed-target policy model - Konsistenzmodell
fix the budget - Etat aufstellen
flagellation - Flagellation (Geißelung)
flashbulb memory - Gedankenblitz
flash survey - Blitzbefragung
flat - Wohnung
flexibility - Flexibilität, Anpassungsfähigkeit
flexible response - flexible Reaktion
flexible working hours - flexible Arbeitszeit
flimsy - Kopie
floating exchange rate - flexibler Wechselkurs
floating voter - Wechselwähler
flooding - Reizüberflutung
flop - Versager
flow - Fluß, Strömung
flow of communication - Kommunikationsfluß
flow of information - Informationsfluß
flow of news - Nachrichtenfluß
fluctuation - Fluktuation
focal person - Rolleninhaber
focal problem - Kernproblem
focus - Brennpunkt, Fokus
focus group - Fokusgruppe, Interviewgruppe
focus of conflict - Konfliktherd
folding - Faltung
folk - volkstümlich, Volks-

folk education - volkstümliche Bildung
folk high schools - Volkshochschulen
folklore - Folklore, Volkskultur, Brauchtum
folk music - Volksmusik
folk psychology - Völkerpsychologie
folk society - Volksgemeinschaft
folktale - Volksmärchen
folkways - Brauch, Brauchtum
follow a course - Kurs verfolgen
follower - Gefolgsmann, Anhänger
followers - Gefolgschaft, Anhängerschaft
follow-up - Nachfassen bei Nichtbeantwortung, Nachuntersuchung
follow-up control - Erfolgskontrolle
follow-up study - Anschlußstudie
Food and Agriculture Organization of the UN (FAO) - Ernährungs- und Landwirtschaftsorganisation der UNO
food-gathering culture - Sammlerkultur
food-gathering society - Sammlergesellschaft
forbear - unterlassen
forbidden zone - Sperrgebiet
force - zwingen, Macht, Gewalt
forced compliance - erzwungene Einwilligung
forced labor - Zwangsarbeit
forced sterilization - Zwangssterilisierung
force modernization - Nachrüstung
forces - Streitkräfte
fordism - Fordismus
forecast - vorhersagen, Prognose
forecasting error - Prognosefehler
foregrounding - Im-Vordergrundsein,
foreign affairs - Außenpolitik
foreign aid - Auslandshilfe
foreign children - Ausländerkinder
foreign connection - Auslandsbeziehungen
foreign correspondent - Auslandskorrespondent
foreign cultural and educational policy - auswärtige Kulturpolitik
foreign currency - Devisen
foreign economic policy - Außenwirtschaftspolitik
foreigner's right to vote - Ausländerwahlrecht
foreign exchange - Devisen
foreign exchange control - Devisenbewirtschaftung

foreign infiltration - Überfremdung
foreign language education -
Fremdsprachenerziehung
foreign language teaching -
Fremdsprachenunterricht
foreign news - Auslandsnachrichten
foreign policy - Außenpolitik
foreign press - Auslandspresse
foreign relations - auswärtige
Angelegenheiten
foreign rule - Fremdherrschaft
foreign trade - Außenhandel
foreign trade policy -
Außenhandelspolitik
foreign worker - Gastarbeiter
forensic psychiatry - Gerichtspsychiatrie
forensic psychology -
Gerichtspsychologie, forensische
Psychologie
foreseeable - vorhersehbar
foresight - Vorsorge
forfeiture of fundamental rights -
Verwirkung von Grundrechten
forgetting - Vergessen
form - Gestalt, Form
form a committee - Ausschuß bilden
form a government - Regierung bilden
form a judgment - sich ein Urteil bilden
formal - formal
formal communication - formale
Kommunikation
formal condition - formale Bedingung
formal control - formale Kontrolle
formal denial - Dementi
formal education - Schulbildung,
Schulabschluß, formelle Bildung
formal group - formale Gruppe
formalism - Formalismus
formality - Förmlichkeit, Formsache
formalization - Formalisierung
formalized theory - formalisierte
Theorie
formal language - formale Sprache
formal leader - formeller Führer
formal logic - formale Logik
formally democratic -
formaldemokratisch
formal mode of speech - formale
Sprache
formal organization - formale
Organisation
formal relationship - formale Beziehung
formal sociology - formale Soziologie

formal status - formaler Status
formal structure - formale Struktur
formal system - formales System
formal theory - formale Theorie
formation of a coalition -
Koalitionsbildung
formation of a fraction -
Fraktionsbildung
formation of a government -
Regierungsbildung
formation of a political group -
Fraktionsbildung
formation of blocs - Blockbildung
formation of identity - Identitätsbildung
formation of indexes (indices) -
Indexbildung
formation of the cabinet -
Kabinettsbildung
formation of will - Willensbildung
formative education - gestaltender
Unterricht
form constancy - Formkonstanz
forming a bloc - Blockbildung
form of government - Regierungsform,
Staatsform
form of settlement - Siedlungsform
form of sociation - Form der
Vergesellschaftung
form teacher - Klassenlehrer
formula - Formel, Schema, Vorschrift
formulate policy - Politik formulieren
fortuitous error - Zufallsfehler
forward-looking - zukunftsgerichtet
foster-child - Pflegekind
foster-parents - Pflegeeltern
foul copy - Rohentwurf
foundation - Grundlage, Basis,
Fundament, Gründung, Errichtung,
Stiftung
foundational crisis - Grundlagenkrise
foundation of action -
Handlungsgrundlage
founding fathers - Gründerväter
fourfold table - Vierfelder-Tafel
fractile - fraktil
fraction - Fraktion
fractionalization - Fraktionalisierung
fractionation - Fraktionierung
fragmentation - Fragmentierung,
Spaltung, Zersplitterung
frame - Rahmen, situationaler Rahmen
frame analysis - Rahmenanalyse
frame bias - Erhebungsfehler

frame of reference - Bezugsrahmen, Bezugssystem, Bezugspunkt
frame of reference of the theory of action - handlungstheoretischer Bezugsrahmen
framework - System
franchise - Stimmrecht, Wahlrecht
frankness - Offenheit, Freimütigkeit
fraternity - Burschenschaft, Brüderlichkeit, Fraternität
fraternization - Fraternisierung, Verbrüderung
fraud - Betrug
fraudulent labeling - Etikettenschwindel
free association - freies Assoziieren
free collective - Tarifautonomie
free competition - freier Wettbewerb
free democratic basic order - freiheitlich-demokratische Grundordnung
Free Democratic Basis Order - Freiheitlich-demokratische Grundordnung
freedom - Freiheit
freedom from value judgment - Werturteilsfreiheit
freedom of assembly - Versammlungsfreiheit
freedom of association - Koalitionsfreiheit, Vereinsfreiheit
freedom of belief - Bekenntnisfreiheit
freedom of choice - Entscheidungsfreiheit
freedom of conscience - Gewissensfreiheit
freedom of expression - Meinungsfreiheit
freedom of faith - Glaubensfreiheit
freedom of information - Informationsfreiheit
freedom of instruction - Lehrfreiheit
freedom of movement - Freizügigkeit
freedom of opinion - Meinungsfreiheit
freedom of opportunity to study - Studierfreiheit
freedom of religion - Glaubensfreiheit
freedom of science and art - Freiheit von Wissenschaft und Kunst
freedom of speech - Redefreiheit, Meinungsfreiheit
freedom of teaching - Lehrfreiheit
freedom of the press - Pressefreiheit
freedom of thought - Gedankenfreiheit
freedom of trade - Gewerbefreiheit
freedom of worship - Bekenntnisfreiheit

free enterprise - freies Unternehmertum
free enterprise economy - freie Marktwirtschaft
free floating affect - freibeweglicher Affekt
free-floating aggression - freibewegliche Aggression
free flow of information - freier Informationsfluß
free interchange - Durchlässigkeit
freelance - freischaffend
freelancer - freier Mitarbeiter
free mandate - freies Mandat
free market economy - freie Marktwirtschaft
free market equilibrium - marktwirtschaftliches Gleichgewicht
free market system - marktwirtschaftliche Ordnung
freemasons - Freimaurer
free of charge - gebührenfrei
free of doubt - zweifelsfrei
free paper - Anzeigenblatt
free press - freie Presse
free provision of teaching materials - Lernmittelfreiheit
free recall - freie Erinnerung
free-response interview - Tiefeninterview, Intensivinterview
free rider - Trittbrettfahrer
Free State - Freistaat
free trade - Freihandel
free trade treaty - Freihandelsabkommen
free vote - Abstimmung ohne Fraktionszwang
free voting - Wahlfreiheit
free will - freier Wille
free will theory - Theorie des freien Willens
frequency - Häufigkeit, Frequenz
frequency comparison - Häufigkeitsvergleich
frequency count - Häufigkeitsauszählung
frequency distribution - Häufigkeitsverteilung
frequency function - Häufigkeitsfunktion
frequency polygon - Häufigkeitspolygon
frequency table - Häufigkeitstabelle
Freudian slip - Freudsche Fehlleistung
friendly nation - befreundete Nation

friendship - Freundschaft
fringe benefits - Sozialleistungen
fringe group - Randgruppe
fringe population - Randbevölkerung
fringes of society - gesellschaftlicher
Außenseiter
frontal teaching - Frontalunterricht
frontier - Grenze
front-line-states - Frontstaaten
frustration - Frustration, Entsagung,
Versagung
frustration tolerance -
Frustrationstoleranz
F scale - Faschismus-Skala (F-Skala)
fugitive - Flüchtling
fulfillment of duty - Pflichterfüllung
full employment - Vollbeschäftigung
full session - Plenum
full-time work - Ganztagsarbeit
function - Funktion
functional - funktional
functional analysis - funktionale Analyse
functional circuit model -
Funktionskreis-Modell
functional disorders -
Funktionsstörungen
functional disturbance -
Funktionsstörung
functional education - funktionelle
Erziehung
functional elite - Funktionselite
functional equivalence - funktionale
Äquivalenz
functional equivalent -
funktionaläquivalent
functional group - funktionale Gruppe
functional integration - funktionale
Integration
functionalism - Funktionalismus
functional relation - funktionale
Beziehung
functional salience - funktionale
Bedeutung

functional significance - funktionale
Bedeutung
functional subsystem - funktionales
Subsystem
functional theory of social
stratification - funktionale Theorie der
sozialen Schichtung
functionary - Funktionär
functioning - handlungsfähig
function word - Funktionswort
fundamental attribution error -
grundsätzlicher Zuweisungsfehler
fundamental contradiction -
Grundwiderspruch
fundamental decision -
Grundsatzentscheidung
fundamental freedoms -
Grundfreiheiten
fundamentalism - Fundamentalismus
fundamental issue - Grundproblem
fundamental rights - Grundrechte
fundamental trust - Urvertrauen
funding - Fond, Finanzierung
funding of political parties -
Parteienfinanzierung
fund raising - Mittelbeschaffung
funds - Gelder, Mittel
funnel - Trichter
funnel technique - Trichtertechnik
further education - Weiterbildung,
Fortbildung
further reading - Literaturhinweise
further training - Fortbildung,
Weiterbildung
fusion - Fusion, Zusammenlegung
future - zukünftig, Zukunft
future-oriented - zukunftsorientiert
future prospects - Zukunftsaussichten
future technology -
Zukunftstechnologie
fuzzy logic - Fuzzy-Logik, unscharfe
Logik

G

gagging of the press - Presseknebelung
gain - Nutzen, Profit
gain a victory at the election - Wahlsieg erringen
gainfully employed - Erwerbstätige
galley - Druckfahne
game - Spiel
game theory - Spieltheorie
gap - Lücke
gap in one's knowledge - Wissenslücke
gap in the law - Gesetzeslücke
garnish - verbrämen
garrison state - Garnisonsstaat
gatekeeper - Türhüter, Informationsselekteur
gather - erarbeiten (Wissen)
gathering - Sammeln, Sammeltätigkeit
gathering culture - Sammlerkultur
gathering society - Sammlergesellschaft
Gaullism - Gaullismus
gender - Geschlecht
gender identity - Geschlechtsidentität
gender role - Geschlechterrolle
gene - Gen
genealogical method - genealogische Methode
genealogy - Genealogie
General Agreement on Tariffs and Trade (GATT) - Allgemeines Zoll- und Handelsabkommen
general application - Allgemeinverbindlichkeit
general assembly - Vollversammlung, Generalversammlung
general clause - Generalklausel
general disillusionment with politics - Politikverdrossenheit
general education - Allgemeinbildung
general election - allgemeine Wahl, Wahl auf nationaler Ebene
general factor - genereller Faktor
generality - Allgemeinheit
generalizability - Verallgemeinerungsfähigkeit, Generalisierbarkeit
generalizability theory - Theorie der Verallgemeinerungsfähigkeit

generalization - Generalisierung, Verallgemeinerung
generalized anxiety disorder - generalisierte Angststörung
general knowledge - Allgemeinwissen
general law - universales Gesetz
generally comprehensable - allgemeinverständlich
general norm - allgemeine Norm
general pardon - Amnestie
general psychology - allgemeine Psychologie
general public - Öffentlichkeit
general schooling - allgemeine Schulpflicht
general settings - Rahmenbedingungen
general sociology - allgemeine Soziologie
general strike - Generalstreik
general systems theory - allgemeine Systemtheorie
general theory - allgemeine Theorie
general theory of action - allgemeine Theorie des Handelns
general theory of the state - Staatslehre
general will - Gemeinwille, volonté générale
generate jobs - Arbeitsplätze schaffen
generation - Generation
generational mobility - Generationenmobilität
generation gap - Generationenkonflikt
generation life table - Generations-Sterbetafel
generative grammar - Transformationsgrammatik
generic characteristic - Gattungsmerkmal
generic term - Gattungsbegriff
genesis - Genese
genetic epistemology - genetische Erkenntnistheorie
genetic heredity - Anlage
genetic heritage - biologische Abstammung
genetic method - genetische Methode
genetic predispositions - Erbanlagen
genetic psychology - Entwicklungspsychologie
genetics - Genetik
genetic sociology - Entwicklungssoziologie

genetrix - leibliche Mutter
Geneva Conventions - Genfer
Konventionen
genital character - genitaler Charakter
genital phase - genitale Phase
genital stage - Genitalphase
genitor - leiblicher Vater
genius - Genie
genocide - Genozid, Völkermord
genotype - Genotyp, Gattungstyp
genre - Genre, Gattung
gens - Sippe mit Vaterfolge
gentrified - verbürgerlicht
gentry - Gentry, niederer Adel
genuineness - Unverfälschtheit,
Wahrheit
geography - Geographie
geometric mean - geometrisches Mittel
geometry of social relations -
Geometrie des Sozialen
geopolitics - Geopolitik
gerontocracy - Gerontokratie,
Greisenherrschaft
gerontology - Gerontologie,
Altersforschung
gerrymandering - manipulative
Wahlkreiseinteilung
gestalt - Gestalt
gestalt laws - Gestaltgesetz
gestalt psychology - Gestaltpsychologie
gesture - Gebärde, Geste
get rid of - ausbooten *jmd.*
ghetto - Ghetto
ghostwriter - anonymer Autor
gift - Geschenk, Begabung
gifted - begabt
giftedness - Begabung
gift exchange - Geschenkaustausch
give an account - berichten
give a narrow interpretation - eng
auslegen
give an expert - begutachten
give an opinion - begutachten
give full reasons - eingehend begründen
givenness - Gegebenheit
given period - Berichtszeitraum
give reasons - begründen
give rise to - Veranlassung geben
giving meaning - Sinngebung,
Sinnstiftung
global - global
global economy - Weltwirtschaft

global interdependence - globale
Interdependenz
globalization - Globalisierung
global market - Weltmarkt
glorification of violence -
Gewaltverherrlichung
glottopolitics - Sprachenpolitik
gnosticism - Gnostizismus
goal - Ziel
goal achievement - Zielerreichung
goal adjustment - Zielanpassung
goal attainment - Zielfestlegung
goal conflict - Zielkonflikt
goaldirected behavior - zielorientiertes
Verhalten
goal directedness - Zielgerichtetheit
goal direction - Zielrichtung
goal finding - Zielfindung
goal formation process -
Zielentscheidungsprozeß
goal-means relationship -
Ziel-Mittel-Verhältnis
goal orientation - Zielorientierung
goal setting - Zielsetzung
go-between - Mittelsmann
goldbricking - Drückebergerei
Golden Rule - Goldene Regel
golden section - Goldener Schnitt
good mark - Lob
goodwill - Wohlwollen
go-slow - Bummelstreik
gossip - Klatsch
gossip column - Klatschspalte
go to school - zur Schule gehen
go to the polls - zur Wahl gehen
governability - Regierbarkeit
governance - Regieren (Form, Art und
Weise)
governing elite - politische Elite
government - Regierung -
Regierungssystem
governmentality - Gouvernementalität
(Mentalität und Praxis des Regierens)
governmental power - Regierungsmacht
government body - Regierungsorgan
government bonds - Staatsanleihen
government control - staatliche
Kontrolle
government crisis - Regierungskrise
government declaration -
Regierungserklärung
government employee -
Regierungsangestellter

government expenditures - Staatsausgaben
government form - Regierungsform
government guarantee - staatliche Garantie
government in exile - Exilregierung
government institution - Regierungsbehörde
government interests - staatliche Beteiligungen
government interference - staatlicher Eingriff
government intervention - Staatsintervention
government interventionism - staatlicher Interventionismus
government loan - Staatsanleihe
government monopoly - Staatsmonopol
government planning - staatliche Planung
government regulatory commission - staatliche Aufsichtsbehörde
government spending - Staatsausgaben
government sponsored - staatlich gefördert
government supervision - Staatsaufsicht
governor - Gouverneur
gracefulness - Anmut
grade - Grad, Rangordnungsgrad
gradient - Gradient, Gefälle, Neigung
grading - Reihung, Stufung
gradualism - Gradualismus
graduate - Hochschulabsolvent am.
graduate unemployment - Akademikerarbeitslosigkeit
graft - Schmiergeld, Bestechungsgeld
grammar - Grammatik
grammar school education brit. - Gymnasialbildung
grand bourgeoisie - Großbürgertum
Grand Coalition - Große Koalition
grand family - Großfamilie
grand jury - großes Geschworenengericht
grand mean - Gesamtmittelwert
grand theory - universale Theorie, Theorie großer Reichweite
grant - bewilligen, Bewilligung, Zuschuß
grant aid - Beihilfe gewähren
grant an application - Antrag stattgeben
grant benefits - Leistungen gewähren

grant-in-aid - Subvention, Unterstützungszahlung
granting - Bewilligung
graph - Graph, Graphik
graphic presentation - graphische Darstellung
graphic representation - graphische Darstellung
graphics - Graphik
graphology - Graphologie
grasp - begreifen, Verständnis
grassroots - Basis
grassroots democracy - Basisdemokratie
gratification - Gratifikation, Belohnung
gray area - Grauzone
Great Depression - Weltwirtschaftskrise
great feat - Kraftakt
great power - Großmacht
green-conscious - ökobewußt
greenhouse effect - Treibhauseffekt
green revolution - Grüne Revolution
Greens - Grüne pol.
green tax - Ökosteuer
gregariousness - Herdeninstinkt
grid - Gitter, Gitternetz, Raster
grid technique - Gitter-Technik
grief work - Trauerarbeit
grieving - Trauerarbeit
gross national product - Bruttosozialprodukt
groundwork - Grundlage
group - Gruppe
group absolutism - Gruppenabsolutismus
group attitude - Gruppeneinstellung
group behavior - Gruppenverhalten
group centred instruction - Gruppenarbeit
group cohesiveness - Gruppenkohäsion, Gruppenzusammenhalt
group conflict - Gruppenkonflikt
group culture - Gruppenkultur
group decision - Gruppenentscheidung
group density - Gruppenentscheidung
group dynamics - Gruppendynamik
group effect - Gruppeneffekt
group expectation - Gruppenerwartung
group experiment - Gruppenexperiment
group feeling - Gruppengefühl
group formation - Gruppenbildung
group goal - Gruppenziel

group homogenity -
Gruppenhomogenität
group identity - Gruppenidentität
group ideology - Gruppenideologie
grouping - Gruppierung, Gruppieren,
Klasseneinteilung
group integration - Gruppenintegration
group interaction - Gruppeninteraktion
group interview - Gruppendiskussion
group interviewing - Gruppenbefragung
group marriage - Gruppenheirat
group mind - Gruppengeist, Korpsgeist
group morale - Gruppenmoral
group norm - Gruppennorm
group polarization -
Gruppenpolarisierung
group pressure - Gruppendruck,
Gruppenzwang
group process - Gruppenprozeß
group profile - Gruppenprofil
group psychology - Gruppenpsychologie
group size - Gruppengröße
group solidarity - Gruppensolidarität
group structure - Gruppenstruktur
group synergy - Gruppensynergie
group teaching - Gruppenunterricht
group test - Gruppentest

group theory - Gruppentheorie
group therapy - Gruppentherapie
groupthink - Gruppendenken
group work - Gruppenarbeit
growth - Wachstum
growth policy - Wachstumspolitik
growth rate - Zuwachsrate
grow up - aufwachsen, erwachsen
werden
guarantee - garantieren, Garantie
guarantor power - Garantiemacht
guardian - Vormund
guardianship - Pflegschaft,
Vormundschaft
guerilla - Guerilla
guerilla warfare - Guerillakrieg
guidance - Anleitung
guide - Leitfaden, Führer
guidelines - Leitlinien, Richtlinien
guild - Innung, Gilde, Zunft
guild socialism - Gildensozialismus
guilt - Schuld, Schuldgefühl
gustation - Geschmackssinn
gut issue - Reizthema
gutter press - Sensationspresse
gypsy - Zigeuner

H

habilitation - Habilitation
habit - Gewohnheit, Habitus
habitability - Bewohnbarkeit
habitat - Lebensraum, Wohngebiet
habit strength - Gewohnheitsstärke
habituation - Habituation, Gewöhnung
Hague Convention on the Laws and
Customs of War on Land - Haager
Landkriegsordnung
half-day school - Halbtagsschule
half-truth - Halbwahrheit
hallucination - Halluzination
halo effect - Halo-Effekt,
Ausstrahlungseffekt (Beurteilung einer
Person durch den ersten
Gesamteindruck)
hamlet - Marktflecken, Weiler, kleines
Dorf
handbook - Handbuch, Leitfaden
hand counting - manuelle Auszählung
handicap - Behinderung,
Benachteiligung
handicraft - Handwerk, Kunst-
handle - umgehen, fertig werden mit,
abwickeln
hands-on economic policy -
interventionistische Wirtschaftspolitik
haphazard sample -
Gelegenheitsstichprobe, Zufallsstichprobe
happiness - Glück, seelisches
Wohlbefinden
hard data - harte Daten
hard-liner - Falke
harmful (to youth) - jugendgefährdend
harmonic distribution - harmonische
Verteilung
harmonic mean - harmonisches Mittel
harmonization of legislation -
Rechtsangleichung (EU)
hate children - kinderfeindlich sein
have access to data - Zugang zu Daten
haben
have an effect on - einwirken auf
have failed - abgewirtschaftet haben
have power - Macht besitzen
have to repeat a year - Sitzenbleiben
having priority - vorrangig
hazardous waste - Sondermüll

head - Oberhaupt, Haupt, Leiter
headline - Schlagzeile
head of delegation - Delegationsleiter
head of department - Ressortleiter
head of family - Familienoberhaupt
head of government - Regierungschef
head of state - Staatsoberhaupt
head of the delegation -
Chefunterhändler, Delegationsleiter
head of the government -
Regierungschef
head of the state - Staatsoberhaupt
health care - Gesundheitswesen
health education - Gesundheitsbildung
health insurance - Krankenversicherung
health policy - Gesundheitspolitik
health psychology -
Gesundheitspsychologie
health statistic - Krankenstatistik,
Gesundheitsstatistik
hearing - Anhörung, Untersuchung
heavy industry - Schwerindustrie
hedonism - Hedonismus
hedonistic - hedonistisch
hegemony - Hegemonie
heighten - zuspitzen
heir - Erbe
helotism - Helotentum
help for probation - Bewährungshilfe
helping behavior - Hilfeleistungs-Motiv
Helsinki Final Act - Schlußakte von
Helsinki
heraldry - Heraldik
herd - Herde, Schar, Rudel
herding - Weidewirtschaft, Viehzucht
herd instinct - Herdeninstinkt
herd of voters - Stimmvieh
hereditary - Erbmasse, Anlagen,
Erblichkeit
hereditary elite - erbliche Elite
hereditary monarchy - Erbmonarchie
hereditary-nurture controversy -
Anlage-Umwelt-Kontroverse
hereditary tenure - erblicher
Grundbesitz, erblicher Besitztitel
heretical - ketzerisch
heritability - Vererbbarkeit
heritage - Erbschaft
hermeneutic circle - hermeneutischer
Zirkel
hermeneutics - Hermeneutik
hero cult - Heldenkult, Heldenverehrung
heroism - Heroismus

heterodoxy - Heterodoxie, Andersgläubigkeit
heterogamy - Heterogamie
heterogeneity - Heterogenität
heteroscedasticity - Heteroskedastizität, inhomogene Streuung
heterosexuality - Heterosexualität
heuristic - heuristisch
heuristic assumption - heuristische Annahme
heuristic hypothesis - heuristische Hypothese
heuristic model - heuristisches Modell
heuristics - Heuristik
heuristic value - heuristischer Wert
hidden curriculum - heimlicher Lehrplan
hidden economy - Schattenwirtschaft
hidden motive - verborgenes Motiv
hierarchical system - hierarchisches System
hierarchization - Hierarchiebildung, Hierarchisierung
hierarchy - Hierarchie
hierarchy of control - Kontrollhierarchie
hierarchy of means and ends - Hierarchie der Mittel und Ziele
hierarchy of needs - Bedürfnishierarchie, Präferenzordnung
hierocracy - Hierokratie, Priesterherrschaft
high achievement motive subject - hochleistungsmotivierter Mensch
higher authority - übergeordnete Behörde
higher education - höhere Ausbildung, Hochschulausbildung
higher educational didactics - Hochschuldidaktik
higher service - höherer Dienst
highly gifted - hochbegabt
high-risk group - Risikogruppe
high school - Gymnasium
high school education am. - Gymnasialbildung
high technology - Hochtechnologie
high treason - Hochverrat
hijack - entführen, Entführung
hindrance - Hindernis
Hinduism - Hinduismus
hinge - Wendepunkt
hinterland - Hinterland, Umland
histogram - Histogramm, Blockdiagramm

historicality - Geschichtlichkeit
historical knowledge - historische Erkenntnis
historical materialism - Historischer Materialismus
historical method - historische Methode
historical optimism - Geschichtsoptimismus
historical school - Historische Schule
historical sociology - Historische Soziologie
historical understanding - geschichtliches Verstehen
historicism - Historizismus
historicity - Geschichtlichkeit, Historizität
historiography - Geschichtsschreibung, Historiographie
historism - Historismus
history - Geschichte
history classes - Geschichtsunterricht
history of a problem - Problemgeschichte
history of a work's effect - Wirkungsgeschichte eines Werkes
history of concepts - Begriffsgeschichte
history of doctrine - Dogmengeschichte
history of education - Bildungsgeschichte
history of ideas - Geistesgeschichte, Ideengeschichte
history of law - Rechtsgeschichte
history of mankind - Menschheitsgeschichte
history of political ideas - Politische Ideengeschichte
history of science - Wissenschaftsgeschichte
history of the press - Pressegeschichte
hoax - Zeitungsente
hobo - Wanderarbeiter
hobohemia - Slum- und Kneipenviertel, Vergnügungsviertel
hold an election - Wahlen abhalten
hold an office - Amt bekleiden
holder - Besitzer
holding - Besitz
holding elections - Abhaltung von Wahlen
hold office - ein Amt innehaben
holidays - Ferien
holism - Holismus

holistic pedagogics -
Ganzheitspädagogik
holistic psychology -
Ganzheitspsychologie
holistic thinking - holistisches Denken
holy - Heiligtum, heiliger Ort
home - Heim, Elternhaus, Wohnung,
Zuhause
home country - Heimatstaat
home economics -
Hauswirtschaftsschule
homeless - Obdachlose
homeless children - obdachlose Kinder
homelessness - Heimatlosigkeit
homeless persons - Obdachlose
home market - Binnenmarkt
homeostasis - Homöostase,
Gleichgewichtsfähigkeit
homeostatic model - homöostatisches
Modell
home relief - Armenfürsorge
home rule - Selbstregierung
homework - Hausaufgaben
homogamy - Homogamie
homogeneity - Homogenität
homogeneity test - Homogenitätstest
homogeneous field - Ganzfeld
homological proposition - homologische
Aussage
homologous - homolog,
übereinstimmend
homology - Homologie
homoscadasticy - Homoskadistizität
homosexuality - Homosexualität
honorary - ehrenamtlich
honorary post - Ehrenamt
horde - Mob, Pöbel
horizon - Horizont
horizon of expectation -
Erwartungshorizont
horizontal division of power -
horizontale Gewaltenteilung
horse trading - Kuhhandel
hospitalism - Hospitalismus
hostile - feindlich
hostile act - feindselige Handlung
hostile to reform - reformfeindlich
hostility - Feindseligkeit, Feindschaft
hostility to science -
Wissenschaftsfeindlichkeit
host society - Gastgeberland
hot line - heißer Draht
household - Haushalt, Familienhaushalt

household survey - Haushaltsbefragung
House of Commons - Unterhaus
House of Lords - Oberhaus
House of Representative -
Repräsentantenhaus
housing - Unterkunft, Wohnung,
Wohnungswesen
housing development scheme -
Wohnungsbauprojekt
housing estate - Wohnsiedlung
housing shortage - Wohnungsmangel,
Wohnungsnot
housing situation - Lage auf dem
Wohnungsmarkt
human behavior - menschliches
Verhalten
human being - menschliches Wesen
human capital - Humankapital
Human Development Index -
Humanentwicklungs-Index
human dignity - Menschenwürde
human ecology - Humanökologie
humane educational science -
geisteswissenschaftliche Pädagogik
human engineering - Arbeitspsychologie
human error - menschliches Versagen
human factor - menschlicher Faktor
human genetics - Humangenetik
humanism - Humanismus
humanistic education - humanistische
Bildung
humanitarian aid - humanitäre Hilfe
humanities - humanistische Bildung,
Geisteswissenschaften
humanity - Humanität
humanization of work - Humanisierung
der Arbeit
humanized landscape -
Kulturlandschaft
human nature - menschliche Natur
human relations - zwischenmenschliche
Beziehungen
human resources - Personal
human rights - Menschenrechte
humility - Bescheidenheit
hunting and gathering - Jagen und
Sammeln
hunting and gathering society - Jäger-
und Sammlergesellschaft
hush money - Schweigegeld
hybrid - hybrid, Hybride, Mischling
hydraulic civilization - hydraulische
Zivilisation

hydraulic despotism - hydraulischer Despotismus
hygiene - Hygiene
hyper activity - Hyperaktivität
hypergeometric distribution - hypergeometrische Verteilung
hypermorality - Hypermoral
hyphenated sociology - Bindestrichsoziologie
hypnosis - Hypnose
hypnosuggestion - hypnotische Suggestion
hypocritical - heuchlerisch

hypostasis - Hypostase
hypostatization - Hypostasierung
hypothesis - Hypothese
hypothesis of party difference - Parteidifferenzhypothese
hypothesis testing - Hypothesenprüfung
hypothesize - Hypothesenbildung
hypothetic-deductive method - hypothetisch-deduktive Methode
hypothetic-deductive theory - hypothetisch-deduktive Theorie
hysteria - Hysterie

I

icon - Piktogramm
iconic memory - visuelles
Sinnesgedächtnis
iconography - Ikonographie
id - Es
idea - Idee, Anschauung
ideal - Ideal, Vorbild
ideal communication community -
ideale Kommunikationsgemeinschaft
ideal ego - Idealbild
ideal factor - Idealfaktor
idealism - Idealismus
idealization - Idealisierung,
Vergeistigung
ideal leadership - charismatische
Führung, charismatische Führerschaft
ideally - idealtypisch
ideal observer - ideale Beobachter
ideal solution - Ideallösung
ideal speech situation - ideale
Sprechsituation
ideal state of affairs - Idealzustand
ideal structure - Idealstruktur
ideal type - Idealtypus
ideal-typical - idealtypisch
ideation - Ideation, ideierende
Abstraktion
ideationalism - Ideationalismus
identifiability - Identifizierbarkeit
identification - Identifizierung,
Identifikation
identify - bezeichnen, identifizieren,
Identität, Gleichheit
identity crisis - Identitätskrise
identity diffusion - Identitätsdiffussion
ideographical - ideographisch
ideographical psychology - verstehende
Psychologie
ideological distance - ideologische
Distanz
ideologically critical - ideologiekritisch
ideology - Ideologie
ideology of adaptation -
Anpassungsideologie
idiographic - idiographisch
idiographic method - idiographische
Methode

idiosyncrasy - Idiosynkrasie, krankhafte
Eigenart
Idol - Idol, Leitbild, Leitfigur, Götzenbild
if - wenn, genau dann wenn
if and only if - genau dann und nur dann
ignorance - Dummheit, Unkenntnis
ignore - ignorieren, außer Acht lassen,
ausklammern
illegal - illegal, gesetzwidrig, unerlaubt,
rechtswidrig
illegality - Gesetzwidrigkeit
illegitimacy - Illegitimität,
Unehelichkeit, Ungültigkeit
illegitimate - illegitim, außerehelich
ill-fated talks - erfolglose Verhandlung
ill-feeling - Verstimmung
illiberal democracy - illiberale
Demokratie
illiberality - Illiberalität
illicit - ungesetzlich
illicit work - Schwarzarbeit
illigitimate child - nichteheliches Kind
illigitimate descent - nichteheliche
Abstammung
illiteracy - Analphabetismus,
Analphabetentum
illiterate - ungebildet, Analphabet
illogical - unlogisch
illogicality - Unlogik, Vernunftwidrigkeit
illusion - Sinnestäuschung, Illusion,
Wahrnehmungstäuschung
illusory relationship -
Scheinzusammenhang, Scheinbeziehung
illustrate - erläutern
illustrated - illustriert
illustration - Abbildung, Illustration,
Veranschaulichung
illustrative material -
Anschauungsmaterial
ill-will - Böswilligkeit
image - Image, Bild, Vorstellung
image building - Imagepflege
image gain - Imagegewinn
image of men - Menschenbild
image research - Imageforschung
imagery - latenter Begriff, bildhafte
Darstellung, Vorstellungen
imagination - Imagination, Einbildung,
Vorstellung, Phantasie
imaginativeness - Einfallsreichtum
imago - Imago
imbalance - Unausgeglichenheit
imitate - imitieren, kopieren

imitates - Nachahmungsobjekt, Modell
imitation - Nachahmung
imitative learning - Imitationslernen
imitativeness - Imitationsfähigkeit
immanent - immanent
immanent interpretation - immanente
Interpretation
immature - unreif, kindisch
immediacy - Unmittelbarkeit
immediate - unmittelbar
immediate inference - direktes
Schließen
immediate interaction - direkte
persönliche Interaktion
immediate knowledge - unmittelbare
Erkenntnis
immigrant - Einwanderer, Immigrant
immigrant worker - Gastarbeiter
immigration - Einwanderung,
Immigration
immigration authorities -
Einwanderungsbehörden
immobility - Immobilismus
immoderacy - Maßlosigkeit
immoral - sittenwidrig
immortality - Unsterblichkeit
immortalization - Verewigung
immunity - Immunität
immunization - Immunisierung
immunization of theory -
Theorienimmunisierung
impact - Einfluß, Wirkung, Auswirkung
impact panel - Einfluß-Panel
impair - beeinträchtigen, verschlechtern
impartiality - Objektivität,
Unbefangenheit
imparting meaning - Sinngebung
impasse procedures - Herausführen aus
Sackgassen
impeachment - Amtsenthebung,
Amtsanklage
impeachment of a judge -
Richteranklage
impeachment of a minister -
Ministeranklage
impede - behindern
impediment - Verhinderung
impend - drohen
imperative - Imperativ, Erfordernis,
Notwendigkeit
imperative mandate - imperatives
Mandat
imperfection - Unvollkommenheit

imperialism - Imperialismus
imperial presidency - imperiale
Präsidentschaft
impersonal - unpersönlich
impersonal communication -
unpersönliche Kommunikation
impertability - Gelassenheit
impiety - Gottlosigkeit, Asebie
implausible - unglaubwürdig
implement - ausführen
implementation - Implementation,
Durchführung, Realisierung
implementation clauses -
Durchführungsbestimmungen
implementation of a law - Ausführung
eines Gesetzes
implementation research -
Implementationsforschung
implementing provisions -
Durchführungsbestimmungen
implementing regulations -
Durchführungsbestimmungen
implementing statute -
Ausführungsgesetz
implicate - folgern
implication - Implikation, Konsequenz
implicit - implizit
implicit assumption - implizierte
Annahme
implicit memory - implizites Gedächtnis
implicit personality theory - implizierte
Persönlichkeitstheorie
implicit understanding -
stillschweigende Übereinkunft
implied powers am. - implizite
Befugnisse
implosion - Implosion
imply - bedeuten
import - einführen, Import,
importance - Bedeutung, Wichtigkeit,
Erheblichkeit
imposed norm - auferlegte Norm,
vorgeschriebene Norm
imposed policy - auferlegte Politik,
auferlegte Vorgehensweise
imposition - Abgabe
impoverished - verarmt
impoverishment - Verarmung,
Verelendung
impress - beeindrucken
impression - Anmutung, Eindruck
impression formation -
Eindrucksbildung

impression-management - Eindrucksmanipulation
impression method - Eindrucksmethode
imprimatur - Druckerlaubnis
imprinting - Prägung, Prägungslernen
improbability - Unwahrscheinlichkeit
improve - verbessern
improvement - Fortschritt, Verbesserung
improve relations - Beziehungen verbessern
improvisation - Improvisation
impulse - Anreiz, Impuls, Antrieb
impulse control - Impulskontrolle
impulsive act - Impulshandlung
inability - Unvermögen
inaccessibility - Unzulänglichkeit, Unerreichbarkeit, Unnahbarkeit
in accordance with - in Übereinstimmung mit
inaccuracy - Ungenauigkeit
inadequacy - Unangemessenheit, Unzulänglichkeit
inadequate - unzureichend, unzulänglich
inalienable rights - unveräußerliche Rechte
inappropriate - unangemessen
inappropriateness - Unangemessenheit
inauguration - Amtseinführung
inbreeding - Inzucht
incapability - Unfähigkeit
incapacity - Unfähigkeit
in case of doubt - im Zweifelsfall
incentive - Anreiz
incentive to invest - Investitionsanreiz
incest - Inzest, Blutschande
incest taboo - Inzest-Tabu
incidence - Vorfall, Vorkommen, Auftreten
incidental education - beiläufige (inzidentelle) Bildung
incidental learning - inzidentelles Lernen, unbeabsichtigtes Lernen
incite - aufhetzen
incitement - Aufhetzung
inclination - Neigung, Zuneigung
inclined - wohlwollend
incline to - hinneigen zu
inclusion - Inklusion
incoherence - Inkohärenz, Zusammenhanglosigkeit
incoherent - unlogisch, zusammenhanglos

income - Einkommen, Einkünfte
income and expense - Aufwand und Ertrag
income limit for the assessment of contributions - Beitragsbemessungsgrenze
income tax - Einkommensteuer
income threshold - Beitragsbemessungsgrenze
incommensurable - inkommensurabel, unvergleichbar
incomparable - unvergleichbar
incompatibility - Inkompatibilität, Unvereinbarkeit
incompatible - unvereinbar
incompetence - Unfähigkeit, Inkompetenz, Unzuständigkeit
incomplete census - Teilerhebung, unvollständige Erhebung
incomplete induction - unvollständige Induktion, Induktion auf der Grundlage einer Stichprobe
incompleteness - Unvollständigkeit
incomplete proof - unvollständiger Beweis
inconceivability - Unfaßbarkeit, Undenkbarkeit
incongruity - Inkongruität, Inkongruenz
in conjunction with - in Verbindung mit
inconsistency - Inkonsistenz, innerer Widerspruch
inconsistent - widersprüchlich, inkonsistent
inconstancy - Wankelmütigkeit
in content - inhaltlich
incontestability - Unanfechtbarkeit
inconvenience - Unannehmlichkeit
incorporate - einbeziehen, einverleiben, zusammenschließen
incorporation - Einverleibung, Zusammenschluß, Eingemeindung, Verkörperung
increase - zunehmen, Anstieg, Wachstum, Zunahme
increase in population - Bevölkerungszunahme
increase of power - Machtzuwachs
increasing gravity of the political situation - Zuspitzung der politischen Lage
increasing knowledge gap - wachsende Wissenskluft, wachsende Informationslücke

increment - Zunahme, Zuwachs,
Inkrement, positives Differential
incremental learning - inkrementelles
Lernen
incrementialism - Inkrementialismus,
Gradualismus
incumbency advantage - Amtsbonus
incumbent - Amtsinhaber (jetziger)
indebtedness - Verschuldung
indefinability - Undefinierbarkeit
indefinite - unbegrenzt
indemnification - Wiedergutmachung
indemnify - entschädigen
indemnity - Indemnität
indemnity bond - Garantieerklärung
independence - Unabhängigkeit,
Selbständigkeit
independence movement -
Unabhängigkeitsbewegung
independent - unabhängig, parteilos
independent event - unabhängiges
Ereignis
independent variable - unabhängige
Variable
in-depth discussion - eingehende
Aussprache
indeterminability - Unbestimmbarkeit
indeterminism - Indeterminismus
index - Tabelle, Index
index function - Indexfunktion
indexing - Indexbildung, Indexierung
index-linked wage - Indexlohn
index number - Indexziffer
index of association - Assoziationsindex
indicant - Anzeichen, Symptom
indicate - anzeigen, bezeichnen,
angeben
indication - Indikation, Anzeichen,
Hinweis, Anhaltspunkt
indicator - Indikator
indicator function - Indikatorfunktion
indicator index - Indikator
indifference - Indifferenz,
Gleichgültigkeit, Desinteresse
indirect election - indirekte Wahl,
mittelbare Wahl
indirect question - indirekte Frage
indirect scaling - indirekte Skalierung
indirect tax - indirekte Steuer
indirect voting - indirekte Wahl
indiscriminate - undifferenziert
indispensable - unverzichtbar

individual - individuell, einzeln,
Einzelindividuum
individual attitude - individuelle
Haltung, individuelle Einstellung
individual behavior - individuelles
Verhalten
individualism - Individualismus
individualistic fallacy -
individualistischer Fehlschluß
individuality - Individualität
individualization - Individualisierung
individually fallacy - atomistischer
Fehlschluß, individualistischer Fehlschluß
individual psychology -
Individualpsychologie
individual rights - Individualrechte
individual therapy - Individualtherapie
individual work - Einzelarbeit
individuation - Individuation
indivisibility - Unteilbarkeit, Einfachheit
indivisible - unteilbar
indoctrinate - schulen, indoktrinieren
indoctrination - Indoktrinierung
induce - bewegen
induced movement - induzierte
Bewegung
inducement - Anlaß, Beweggrund
induction - Anlernen, Induktion
inductive explanation - induktive
Erklärung
inductive inferencing - induktives
Schlußfolgern
inductive method - induktive Methode,
Methode der Induktion
inductive model - induktives Modell
inductive-statistical explanation -
induktiv statistische Beweisführung
inductivistic - induktivistisch
in due course - fristgemäß
industrial - gewerblich, industriell
industrial action -
Arbeitskampfmaßnahme
industrial arbitration - Schlichtung bei
Arbeitskonflikten
industrial conflict - Arbeitskampf,
Arbeitskonflikt zwischen Arbeitern und
Betriebsleitung
industrial democracy -
Wirtschaftsdemokratie, industrielle
Demokratie
industrial development - industrielle
Entwicklung
industrialization - Industrialisierung

industrialize - industrialisieren
industrialized country - Industriestaat
industrial law - Arbeitsrecht
industrial legislation -
Wirtschaftsgesetzgebung
industrial location - Industriestandort,
Gewerbestandort
industrial peace - Arbeitsfrieden
industrial placement - Praktikum in der
Industrie
industrial policy - Industriepolitik
industrial power - Wirtschaftsmacht
industrial psychology -
Betriebspsychologie,
Organisationspsychologie,
Wirtschaftspsychologie
industrial relations -
Sozialpartnerschaft, industrielle
Beziehungen,
Arbeitgeber-Arbeitnehmer-Beziehungen
industrial revolution - industrielle
Revolution
industrial society - Industriegesellschaft
industrial sociology - Industriesoziologie
industrial state - Industriestaat
industrial trade union -
Industriegewerkschaft
industry - Industrie, Gewerbe
ineffective - unwirksam
inefficiency - Ineffizienz,
Wirkungslosigkeit
inefficient - unwirtschaftlich, ineffizient
ineligibility - Untauglichkeit, mangelnde
Eignung
inequality - Ungleichheit, Ungleichung,
inertia - Trägheit
inevitability - Unvermeidlichkeit
inevitable - unausweichlich, unweigerlich
infancy - Kleinkindalter, Säuglingsalter,
Kindesalter, Kindheit
infant - Kind, Säugling, Kleinkind
infanticide - Kindstötung
infantilism - Infantilismus
infant mortality - Kindersterblichkeit,
Säuglingssterblichkeit
infant pedagogics -
Kleinstkindpädagogik
infecund - reproduktionsunfähig,
unfruchtbar
infecundity - Unfruchtbarkeit
infer - folgern
inference - Inferenz, Schlußfolgerung

inferential statistics - Inferenzstatistik,
schließende Statistik, induktive Statistik
inferior - minderwertig, unterlegen
inferiority - Inferiorität, Unterlegenheit
inferiority complex -
Minderwertigkeitskomplex
infertility - Unempfänglichkeit,
Kinderlosigkeit
infiltration - Infiltration,
Unterwanderung
infinite - unendlich, infinit
infinite population - unendliche
Grundgesamtheit
inflation - Inflation, Geldentwertung
inflation adjusted - inflationsbereinigt
inflationary - inflationär
inflation relief - Inflationsausgleich
inflection - Wendepunkt, Umkehrpunkt
inflow of funds - Mittelzufluß
influence - beeinflussen, Einfluß, Macht
influential - einflußreich
influential person - maßgebliche
Persönlichkeit
inform - benachrichtigen
informal communication - informale
Kommunikation
informal conversation - informelles
Gespräch
informal economy - Schattenwirtschaft
informal education - informale Bildung
informal group - informale Gruppe,
informelle Gruppe
informal leader - informeller Führer
informal organization - informale
Organisation
informal power - informelle Macht
informal relations - informelle
Beziehungen
informal teaching - offener Unterricht
information - Information
information age - Informationszeitalter
informational content -
Informationsgehalt
informational explosion -
Informationsflut
informational program -
Informationsprogramm
informational service -
Informationsdienst
information channel -
Informationskanal, Nachrichtenkanal
information dissemination -
Informationsverbreitung

information flow - Informationsfluß
information gap - Informationslücke
information highway - Datenautobahn
information meeting - Informationsveranstaltung
information network - Informationsnetz
information policy - Informationspolitik
information process - Informationsprozeß
information processing - Informationsverarbeitung
information-processing approach - Informationsverarbeitungs-Ansatz
information procurement - Informationsbeschaffung
information psychology - Informationspsychologie, kybernetische Psychologie
information science - Informationswissenschaft
information society - Informtionsgesellschaft
information source - Informationsquelle, Nachrichtenquelle
information storage - Informationsspeicherung
information system - Informationssystem, Nachrichtensystem
information technology - Informationstechnik
information theory - Informationstheorie
information transfer - Informationsübertragung
information transmission - Informationsübermittlung
information value - Informationswert
informative - aufschlußreich
informative material - Informationsmaterial
informed circles - unterrichtete Kreise
informed society - Informationsgesellschaft
infract neutrality - Neutralität verletzen
infrastructure - Infrastruktur
infrastructure policy - Infrastrukturpolitik
infringement - Zuwiderhandlung
infringe upon a right - Recht verletzen
ingenious - geistreich
ingratiation - Ingratiation, Einschmeichelung
in-group - Eigengruppe, In-Gruppe

inhabitant - Einwohner
inherent - innewohnend, angeboren, ererbt, erblich
inherent bias - innewohnende Verzerrung
inherent conflict - inhärenter Konflikt
inherent endowment - angeborene Begabung, angeborenes Talent
inherent necessity - Sachzwang
inheritance - Vererbung, Erblichkeit, Heredität
inhibition - Hemmung
in-house training - betrieblicher Unterricht
initial abstractions - Ausgangsabstrakta
initializing - Paraphierung
initially - anfänglich
initial moment - Anfangsmoment, gewöhnliches Moment
initial vocational training - Erstausbildung
initiate - einleiten
initiate legislation - Gesetz einbringen
initiation - Initiation, Aufnahme
initiation rite - Initiationsritus, Initiationszeremonie
initiation ritual - Initiationsritual
initiative - Initiative
initiative referendum - Volksinitiative, Volksbegehren
initiator - Initiator, Urheber
injure - verletzen
injustice - Ungerechtigkeit
inland revenue - Steuereinnahmen
inland state - Binnenstaat
in line with - in Übereinstimmung mit
inmate culture - Insassenkultur
innate - angeboren, ererbt
innate behavior - angeborenes Verhalten, erbliches Verhalten
innate endowment - angeborene Begabung, angeborenes Talent
innate ideas - angeborene Ideen
in need of explanation - erklärungsbedürftig
in need of improvement - verbesserungsbedürftig
in need of reform - reformbedürftig
inner-directed man - innengeleitete Persönlichkeit, innengelenkte Persönlichkeit
inner-directedness - Innenlenkung, Innenleitung

inner-direct society - innengeleitete
Gesellschaft, innengelenkte Gesellschaft
inner-party - innerparteilich
inner party democracy -
innerparteiliche Demokratie
innovation - Innovation, Neuerung
innovation capability -
Innovationspotential
innovation process - Innovationsprozeß
innovator - Neuerer
inoculation - Inokulation, Beeinflussung
mit immunisierender Wirkung
in-person interview - persönliches
Interview
input - Input, Eingabe, zugeführte
Menge
input-output analysis -
Input-Output-Analyse
input-output-model -
Input-Output-Modell
inquire - untersuchen
inquiry - Erhebung, Untersuchung,
Forschung
inquiry commission -
Untersuchungsausschuß
insanity - Irresein, Wahnsinn,
Geisteskrankheit
inscrutability - Unergründlichkeit
insect society - Ameisenstaat
insecurity - Unsicherheit
insensitive - unempfindlich
insensitivity - Empfindungslosigkeit
inservice education - betriebliche
Fortbildung
in-service teacher education -
innerschulische Lehrerbildung
insight - Einsicht
insightful learning - Lernen durch
Einsicht
insignificance - Bedeutungslosigkeit
insignificant - geringfügig
insinuation - versteckte Andeutung,
Insinuation
insist - bestehen auf
insobriety - Maßlosigkeit, Unmäßigkeit
inspect - begutachten
inspection - Besichtigung, Kontrolle,
Prüfung, Untersuchung
inspection of records - Akteneinsicht
instability - Instabilität
install - installieren
instance - Instanz
instant - unmittelbar

instigate - aufhetzen
instinct - Instinkt, Trieb
instinct derivative - Triebabkömmling
instinctive act - Instinkthandlung
instinctive behavior - Instinktverhalten
instinct of self-preservation -
Selbsterhaltungstrieb
instinct theory - Instinkttheorie
instinctual drive - Trieb, Antrieb
instinctual drive theory - Triebtheorie,
Instinkttheorie
instinctual gratification -
Triebbefriedigung
institution - Institution, Anstalt,
Einrichtung
institutional behavior - institutionelles
Verhalten
institutional family - institutionelle
Familie
institutionalism - Institutionalismus
institutionalization -
Institutionalisierung
institutionalized conflict -
institutionalisierter Konflikt
institutional norm - institutionelle
Norm, Norm einer Institution
institutional pattern - institutionelles
Verhaltensmuster, institutionalisiertes
Verhaltensmuster
institutional power - institutionelle
Macht
institutional prerequisites -
institutionelle Voraussetzungen
institutional system - System von
Institutionen
institution children - Heimkinder
instruct - belehren, bilden
instruction - Belehrung, Unterweisung,
Vorschrift, Weisung, Unterricht
instructional design -
Unterrichtsgestaltung
instructional materials -
Unterrichtsmaterial
instructional validity - Lehrzielvalidität
instructor - Ausbilder
instrument - Mittel, Instrument
instrumental action - instrumentelle
Handlung
instrumental adapting - instrumentelle
Aktualisierung
instrumental behavior - instrumentelles
Verhalten, zweckgerichtetes Verhalten,
zielgerichtetes Verhalten

instrumentalism - Instrumentalismus
instrumentality - Instrumentalität,
Zweckdienlichkeit, Zielgerichtetheit,
Förderlichkeit
instrumental leadership -
instrumentelle Führung
instrumental rationality -
Zweckrationalität
instrumental reason - instrumentelle
Vernunft
instrumentation - Instrumentierung,
Meßmethodenausstattung
instrument of communication -
Kommunikationsinstrument
instrument of power - Machtinstrument
instrument of propaganda -
Propagandainstrument
insubordination - Ungehorsam
insufficience - Insuffizienz,
Unzulänglichkeit
insufficiency - Unzulänglichkeit
insufficient - unzulänglich
insulate - isolieren
insult - beleidigen, Beleidigung
insulting measure - Abwehrmaßnahme
insurance - Versicherung
insurrection - Aufruhr, Aufstand,
Insurrektion, Rebellion
intact world - heile Welt
intangible - unfaßbar, immateriell
integralism - Integralismus
integral nationalism - integraler
Nationalismus
integrate - eingliedern
integrated curriculum -
Ganzheitsmethode
integration - Integration,
Zusammenschluß
integration ability -
Integrationsfähigkeit
integration of personality -
Persönlichkeitsintegration, Integration
der Persönlichkeit
integration process - Integrationsprozeß
integrative action - integratives
Handeln, Integrationshandeln
integrative elite - Integrationselite
integrative function -
Integrationsfunktion, integrative
Funktion
integrity - Integrität, Unbescholtenheit
intellectual - intellektuell, Intellektueller

intellectual development - intellektuelle
Entwicklung
intellectual heritage - geistiges
Vermächtnis
intellectualism - Intellektualismus
intellectualization - Intellektualisierung
intellectual pioneer - Vordenker
intellectual property - geistiges
Eigentum
intellectual work - geistige Arbeit
intelligence - Intelligenz, Wissen,
Erkenntnis, nachrichtendienstliche
Erkenntnisse
intelligence measurement -
Intelligenzmessung
intelligence quotient -
Intelligenzquotient
intelligence service - Nachrichtendienst
intelligence test - Intelligenztest
intelligentsia - Intelligenz (als soziale
Schicht)
intemperance - Unmäßigkeit
intemperateness - Zügellosigkeit
intend - beabsichtigen
intended audience - Zielgruppe
intended investment - geplante
Investition
intensification - Intensivierung
intensify - verschärfen, verstärken
intensity - Intensität
intensive interview - Intensivbefragung
intensive sampling - intensive Auswahl
intention - Absicht, Wille
intentional learning - intentionales
Lernen
interact - interagieren
interactiogram - Interaktiogramm
interaction - Interaktion,
Wechselwirkung
interaction analysis -
Interaktionsanalyse,
Gruppenprozeßanalyse, Prozeßanalyse
sozialer Beziehungen
interactionism - Interaktionismus,
Interaktionalismus
interaction relationships -
Interaktionszusammenhänge
interaction ritual - Interaktionsritual
intercept interview - Sofortbefragung
interchange - Austausch
interchangeability - Austauschbarkeit,
Auswechselbarkeit

intercommunication - gegenseitige
Verständigung
interconnectedness - wechselseitige
Verbundenheit, gegenseitige
Verbundenheit
intercontinental - interkontinental
Intercontinental ballistic missile -
Interkontinentalrakete
intercorrelation - Interkorrelation,
wechselseitige Korrelation
intercourse - Verkehr, Umgang
interdenominational - interkonfessionell
interdenominational school -
Gemeinschaftsschule
interdependence - gegenseitige
Abhängigkeit, Verflechtung,
Interdependenz
interdisciplinary - fachübergreifend
interdisciplinary teaching -
Gesamtunterricht
interest - Interesse, Zins
interest aggregation -
Interessenaggregation
interest articulation -
Interessenartikulation
interest group - Interessengruppe,
Interessenverband
interest inventories - Interessentests
interest mediation -
Interessenvermittlung
interest party - Interessenpartei
interest politics - Interessenpolitik
interest rate policy - Zinspolitik
interests measurement -
Interessensmessung
interfere - eingreifen, intervenieren
interference - Interferenz, Störung,
Interessenkonflikt
interfunctionality - Interfunktionalität
intergovernmental - zwischenstaatlich
intergovernmental agreement -
Regierungsabkommen
intergovernmental relations -
intergouvernementale Beziehungen
interhuman relations -
zwischenmenschliche Beziehungen
interim examination - Zwischenprüfung
interim government -
Übergangsregierung, geschäftsführende
Regierung
interim report - Zwischenbericht
interim result - Zwischenergebnis
interim solution - Interimslösung

interior - Binnenland
interlock - Verschachteln,
Verschachtelung
interlocking - Verflechtung
intermarriage - Mischehe
intermediary - Vermittler
intermediary group - intermediäre
Gruppe
intermediate authority - sekundäre
Autorität
intermediate examination -
Zwischenprüfung
intermediate financing - mittelfristige
Finanzierung
intermediate group - Sekundärgruppe,
sekundäre Gruppe
Intermediate Nuclear Forces
modernization (INF modernization) -
Nachrüstung (des atomaren
Mittelstreckenarsenals)
intermediate service - mittlerer Dienst
intermediate stage - Zwischenstadium
intermittent qualifier - intermittierender
Einflußfaktor, intermittierende Variable
intermittent reinforcement -
intermittierende Verstärkung,
nichtperiodische Verstärkung,
gelegentliche Verstärkung
intermodale interference - intermodale
Interferenz
internal - innerstaatlich
internal condition - innere Bedingung
internal conflict - interner Konflikt,
Binnenkonflikt
internal consistency - interne
Konsistenz
internal control - innerer Kontrolle
internal inhibition - innere Hemmung
internalization - Internalisierung,
Interiorisation, Verinnerlichung
internalized role - internalisierte Rolle,
verinnerlichte Rolle
internal migration - Binnenwanderung
internal order - innere Ordnung
internal party conflict - parteiinterner
Konflikt
internal policy - Innenpolitik
internal security - innere Sicherheit
internal trade - Binnenhandel
international - international,
zwischenstaatlich
international acclaim - Weltgeltung,
internationale Anerkennung

93

international arbitration - internationale Schiedsgerichtsbarkeit

International Court of Justice - Internationaler Gerichtshof

International Governmental Organizations (IGO) - Internationale Regierungsorganisationen

internationalism - Internationalismus

internationalization - Internationalisierung

International Labor Organization (ILO) - Internationale Arbeitsorganisation

International Labour Office - Internationales Arbeitsamt

international law - Völkerrecht, internationales Recht

International Monetary Fund (IMF) - Weltwährungsfond

international monetary system - Weltwährungssystem

International Non-Governmental Organizations (INGO) - Internationale Nichtregierungsorganisationen

international organization - internationale Organisation

international politics - internationale Politik

international press - Weltpresse

international regime - internationales Regime

international regimes - internationale Regime

international relations - internationale Beziehungen, außenpolitische Beziehungen

international standing - Weltgeltung, internationales Ansehen

international system - internationales System

international understanding - Völkerverständigung

interparliamentary - interparlamentarisch

interpellation (major resp. minor) - große bzw. kleine Anfrage, Interpellation

interpenetration - Interpenetration, gegenseitige Durchdringung

interpersonal attraction - zwischenmenschliche Anziehung

interpersonal competence - interpersonelle Kompetenz

interpersonal contact - zwischenmenschlicher Kontakt

interpersonal influence - interpersonaler Einfluß

interpolate - interpolieren

interpolation - Interpolation

interpret - auslegen, interpretieren

interpretation - Interpretation, Deutung, Auslegung

interpretation clause - Auslegungsbestimmung

interpretation of a law - Gesetzesauslegung

interpretation of dreams - Traumdeutung

interpretation of history - Geschichtsdeutung

interpretative hermeneutics - interpretative Hermeneutik

interpretative paradigm - interpretatives Paradigma

interpretative scheme - Interpretationsschema

interpretative social science - interpretative Sozialwissenschaft

interpret by analogy - sinngemäß auslegen

interpretive sociology - interpretierende Soziologie, verstehende Soziologie

interpret the constitution - Verfassung auslegen

interquartile range - Quartilabstand

interrelation - Wechselseitigkeit, Wechselspiel

interrupt - unterbrechen

interruption - Unterbrechung

intersection - Schnittpunkt, Schnittlinie, Schnittfläche

intersocietal conflict - zwischengesellschaftlicher Konflikt

interstate - zwischenstaatlich (innerhalb eines Bundesstaates)

intersubjective recognition of validity claims - intersubjektive Anerkennung von Geltungsansprüchen

intersubjective testability - intersubjektive Überprüfbarkeit

intersubjectivity - Intersubjektivität

intertextuality - Intertextualität

interval - Intervall, Abstand

interval estimation - Intervallschätzung

interval scale - Intervallskala, Einheitsskala, Kardinalskala

intervene - eingreifen, intervenieren
intervening factor - intervenierende
Variable
intervening period - Übergangsperiode
intervening variable - intervenierende
Variable, intervenierende Zufallsgröße
interventiomnist economic policy -
interventionistische Wirtschaftspolitik
intervention - Intervention, Vermittlung
interventive educational research -
interventorische Erziehungsforschung
interview - Interview, Befragung
interviewer bias - Interviewer-Effekt
interviewer effect - Interviewereinfluß
interviewer-respondent interaction -
Interviewer-Befragten-Interaktion
interviewer supervision -
Interviewerkontrolle
interviewing - Befragen
interviewing at home - persönliche
Befragung zu Hause
interview schedule -
Interviewerfragebogen
interview technique -
Befragungstechnik
in the long run - langfristig
intimacy - Intimität
intimate group - Intimgruppe
intimate sphere - Intimsphäre
in time - fristgemäß
intimidation - Einschüchterung
intolerance - Intoleranz
intolerance of ambiguity - Intoleranz
gegen Mehrdeutigkeit
intracultural - intrakulturell, Intrakultur
intra-European trade -
innereuropäischer Handel
intransigance - Kompromißlosigkeit
intransigent policy - unnachgiebige
Politik
intransparency - Intransparenz
intraparty - innerparteilich
intrarole - inner Rollenkonflikt,
Intra-Rollenkonflikt
intrasocietal conflict -
innergesellschaftlicher Konflikt
intraspecific aggression -
intraspezifische Aggression
intrasystemic - systemimmanent
intrigues - Intrigen, Machenschaften
intrinsic - innerlich
intrinsic gratification - intrinsische
Gratifikation

intrinsic motivation - intrinsische
Motivation
introduce - einführen
introduce a bill - Gesetzesvorlage
einbringen
introduce democracy - Demokratie
einführen
introduction of measures - Einleitung
von Maßnahmen
introjection - Introjektion
introspection - Introspektion,
Selbstbeobachtung, Erlebnisbeobachtung
introversion - Intraversion,
Introvertiertheit
introvert - introvertiert, introvertierte
Persönlichkeit
intruder - Eindringling
intuition - Intuition
intuitionism - Intuitionismus
invader - Eindringling
invalid - ungültig
invalidation - Annullierung
invalid ballot - ungültiger Stimmzettel
invalidity - Ungültigkeit, Invalidität,
Arbeitsunfähigkeit, Dienstunfähigkeit
invalid votes - ungültige Stimmen
invariance - Invarianz
invariant - invariant, unverändert
invariant measure - invariantes Maß
invasion - Invasion, Eindringen
invention - Erfindung
inventiveness - Ideenreichtum,
Phantasie
inverse - invers
inverse correlation - negative
Korrelation
inverse cultural lag - umgekehrtes
Kulturgefälle
inverse function - Umkehrfunktion,
inverse Funktion
inverse proportion - umgekehrte
Proportion
inversion - Umkehrung, Inversion
inverted consciousness - verkehrtes
Bewußtsein
invest - investieren
investigate - untersuchen
investigation - Ermittlung,
Untersuchung, Studie
investigation committee -
Untersuchungsausschuß
investigative journalism -
Enthüllungsjournalismus

investment - Investition
investment climate - Investitionsklima
investment goods - Investitionsgüter
investment steering -
Investitionslenkung
investment upturn -
Investitionsbelebung
investor - Investor
inviolability of the home -
Unverletzlichkeit der Wohnung
invisible Hand - unsichtbare Hand
invoke the provisions of a statute -
sich auf eine Gesetzesbestimmung
berufen
involution - Involution, Rückentwicklung
involve - verwickeln
involvement - Verwicklung,
Einmischung, Beteiligung, Betroffenheit,
Anteilnahme
Iron Curtain - Eiserner Vorhang
iron law of oligarchy - ehernes Gesetz
der Oligarchie
irrational behavior - irrationales
Verhalten
irrationality - Irrationalität
irreconcilable - unvereinbar
irredentism - Irredentismus
irrefutability - Unwiderlegbarkeit
irrefutable - unwiderlegbar
irrefutable proof - unwiderlegbarer
Beweis
irregularity - Unregelmäßigkeit
irrelevant matter - Nebensächlichkeit
irresponsibility -
Verantwortungslosigkeit
irresponsible - verantwortungslos
irrevocable - unwiderruflich

irritability - Irritabilität, Reizbarkeit,
Empfindlichkeit
Islamic - islamisch
isolate - isolierte Person
isolated instance - Einzelerscheinung
isolated system - geschlossenes System
isolation - Isolierung, Isolation
isolationism - Isolationismus
isomorphism - Isomorphie,
Gestaltgleichheit
issue - Problem, - Thema, Streitfrage,
Angelegenheit, - Sachverhalt, politisches
Sachthema
issue competence - Sachkompetenz,
Issue-Kompetenz
issue orientation - Sachorientierung, -
Orientierung an politischen Sachfragen, -
Issue-Orientierung
issue voting - Issue-Wahlverhalten
italic(s) - kursiv
item - Item, Einzelaufgabe,
Einzelaussage (im Fragebogen), Artikel,
Tabellenpunkt, - Posten, einzelner Punkt
auf einer Skala
item analysis - Itemanalyse,
Aufgabenanalyse
item characteristic -
Item-Charakteristik
item difficulty - Itemschwierigkeit
item order - Reihenfolge der Items
item parameter - Itemparameter
item selection - Itemselektion
item validity - Itemvalidität,
Itemgültigkeit
item weighting - Itemgewichtung
iteration - Wiederholung, Iteration

J

jargon - Jargon, - Kauderwelsch
jeopardize - gefährden
jeopardy - Risiko
Jewish - jüdisch
Jewish people - Judentum
Jewry - Judentum
jingoism - Jingoismus, Chauvinismus, Hurrapatriotismus
job - Beruf, - Job, - Beschäftigung, - Arbeit, - Arbeitsplatz
job action - Arbeitskampfmaßnahme
job analysis - Berufsanalyse
jobbery - Korruption
job creation - Schaffung von Arbeitsplätzen
job creation measure - Arbeitsbeschaffungsmaßnahme
job creation program - Beschäftigungsprogramm
job creation scheme - Arbeitsbeschaffungsprogramm
job description - Arbeitsplatzbeschreibung
job enrichment - Arbeitsanreicherung
job fostering scheme - Arbeitsbeschaffungsprogramm
job hunting - Arbeitssuche
jobless - arbeitslos
joblessness - Arbeitslosigkeit
jobless person - Arbeitsloser
jobless rate am. - Arbeitslosenquote
job satisfaction - Arbeitszufriedenheit
job search - Arbeitssuche
job seeker - Arbeitssuchender
job situation - Arbeitsmarktlage
join - zusammenschließen
joiner - Vereinsmeier
joining a party - einer Partei beitreten
joint - gemeinsam
joint committee - Vermittlungsausschuß
joint-decision-trap - Verflechtungsfalle
Joint Mediation Committee - Vermittlungsausschuß
joint probability - gemeinsame Wahrscheinlichkeit
joint probability distribution - gemeinsame Wahrscheinlichkeitsverteilung
joint tasks - Gemeinschaftsaufgaben
joint training center - überbetriebliche Ausbildungsstätte
joking relationship - Neckbeziehung
journal - Zeitschrift, Fachzeitschrift
journalism - Journalismus, Publizistik, Zeitungswesen, Publizistikwissenschaft, Publizistikforschung, Zeitungswissenschaft
journalist - Journalist
Judaism - Judaismus
judge - beurteilen, Richter, Sachverständiger, Gutachter
judgeship - Richteramt
judgment - Beurteilung, Urteil, Schiedsspruch
judgment method - Beurteilungsmethode, Expertenmethode
judgment sample - Quotenauswahl
judgment sampling - bewußtes Auswahlverfahren
judical administration - Gerichtsverwaltung, Justizverwaltung
judicial branch of government - Judikative
judicial decision - Gerichtsentscheidung
judicial organization - Gerichtsverfassung
judicial power - rechtsprechende Gewalt
judicial review - richterliches Prüfungsrecht, Normenkontrolle
judiciary - gerichtlich, Gerichtswesen, richterliche Gewalt, Justizgewalt
junta - Junta
juridical sociology - Rechtssoziologie
jurisdiction - Rechtsprechung, Gerichtsbarkeit, Rechtsprechen, Jurisdiktion
jurisprudence - Rechtswissenschaft, Rechtskunde, Jurisprudenz
jurisprudence of concepts - Begriffsjurisprudenz
jurisprudence of interests - Interessenjurisprudenz
jury - Schöffen, Jury, Sachverständigenausschuß
just cause - gerechte Sache
justice - Gerechtigkeit, Recht
justice minister - Justizminister
justification - Begründung, Rechtfertigung
justified knowledge - begründetes Wissen

justify - begründen, rechtfertigen
justifying reason - rechtfertigender
Grund
just noticable difference - eben
merklicher Unterschied,
Unterschiedsschwelle

juvenile court - Jugendgericht
juvenile delinquency -
Jugendkriminalität
juxtaposition - Nebeneinanderstellung,
vergleichende Gegenüberstellung

K

keen interest - lebhaftes Interesse
keep records - Akten führen
key concept - Leitbegriff,
Schlüsselbegriff
key currency - Leitwährung
key figure - Schlüsselfigur
key function - Schlüsselfunktion
key goal - Hauptziel
key industry - Schlüsselindustrie
key interest rate - Leitzins
Keynesianism - Keynesianismus
key note - Grundgedanke
key note of a policy - Leitmotiv
key position - entscheidende Position
key qualifications -
Schlüsselqualifikationen
key question - Schlüsselfrage
key role - Schlüsselrolle
key status - Schlüsselstatus
key strike - Schwerpunktstreik
kibbutz - Kibbuz
kinaesthesis - Kinästhesie
kin community - Sippengemeinschaft,
Klangemeinde
kindergarten for handicapped children
- Sonderkindergärten
kindred - verwandt, Verwandtschafts-
kinfolk - Familie, Verwandte

kingdom - Königreich
kingship - Königtum, Königswürde
kin relationship -
Verwandtschaftsverhältnis
kinship behavior - Verhalten gegenüber
Verwandten
kinship category -
Verwandtschaftskategorie
kinship distance - genealogische Distanz
kinship group - Verwandtengruppe
kinship lineage - Verwandtschaftslinie
kinship structure -
Verwandtschaftsstruktur
kinship system - Verwandtschaftssystem
kitchen cabinet - Küchenkabinett
knock-on financing -
Anschubfinanzierung
knot - verwickeln
knowability - Erkennbarkeit
know-how - Erfahrungswissen
knowledge - Kenntnisse, Erkenntnis,
Wissen
knowledge acquisition -
Wissensaneignung
knowledge claim - Wissensanspruch
knowledge gap - Wissenskluft
knowledge of life - Lebenserfahrung
knowledge utilization -
Erkenntnisverwertung
kolkhozy - Kolchose
kurtic curve - gewölbte Kurve
kurtosis - Wölbung

L

laager mentality - Lagermentalität
label - Etikett, Benennung, Bezeichnung
lability - Labilität
labor - Arbeit, Arbeiterschaft,
Arbeitnehmerschaft
labor agreement - Tarifvertrag
laboratory experiment -
Laborexperiment
laboratory schools - Laborschulen
labor economics - Arbeitsökonomie
labor force - Erwerbspersonen
labor law - Arbeitsrecht
labor leader - Arbeiterführer
labor legislation - Arbeitsgesetzgebung
labor market - Arbeitsmarkt
labor market authorities -
Arbeitsverwaltung
labor market situation -
Arbeitsmarktlage
labor movement - Arbeiterbewegung
labor office - Arbeitsamt
labor policy - Arbeitsmarktpolitik
labor question - Arbeiterfrage
labor settlement - Tarifabschluß
labor standards - Arbeitsbedingungen
labor supply - Arbeitsangebot,
Arbeitskräfteangebot
labor turnover - Fluktuation
labor union - Gewerkschaft
lack of agreement - Dissens
lack of character - Charakterlosigkeit
lack of concepts - Begriffslosigkeit
lack of content - Inhaltslosigkeit
lack of culture - Niveaulosigkeit
lack of funds - Mittellosigkeit
lack of historical sense - Mangel an
historischem Wissen
lack of ideas - Ideenarmut
lack of jurisdiction - Unzuständigkeit
lack of knowledge - Unkenntnis
lack of prejudice - Vorurteilslosigkeit
lack of quorum - Beschlußunfähigkeit
lack of rights - Rechtlosigkeit
lack of willpower - Willenlosigkeit
lag - zurückbleiben, Verzögerung
lagged variable - verzögerte Variable
laissez faire - Laissez-faire
lame duck - Versager

land - Boden
landed estate - Grundeigentum
land grant - Landzuteilung
landholding - Landpacht,
landwirtschaftliche Pacht
Land legislation - Landesgesetzgebung
landlocked state - Binnenstaat
landlord - Grundeigentümer,
Hauseigentümer
landlordship - Grundherrschaft
Land Parliament - Landtag
Land party list - Landesliste
land reform - Bodenreform, Landreform
landscape conservation -
Landschaftspflege
landslide victory - überwältigender
Wahlsieg, erdrutschartiger Sieg
land tax - Grundsteuer
land tenure - Landbesitz, Grundbesitz
language - Sprache, Sprachvermögen,
Sprechvermögen
language acquisition - Spracherwerb
language barrier - Sprachbarriere
language behavior - Sprachverhalten
language community -
Sprachgemeinschaft
language competence -
Sprachkompetenz
language consciousness -
Sprachbewußtsein
language development -
Sprachentwicklung
language family - Sprachfamilie
language handicaps - Sprachfehler
language laboratory - Sprachlabor
language minority - Sprachminderheit
language philosophy -
Sprachphilosophie, Philosophie der
Sprache
language proficiency - Sprachfertigkeit
language skills - Sprachvermögen
language teaching - Sprachunterricht
language understanding -
Sprachverständnis
language universal - Universalsprache
lapse - Fehltritt
large majority - große Mehrheit
larithmic - bevölkerungsstatistisch
larithmics - Bevölkerungsstatistik,
Bevölkerungslehre
late capitalism - Spätkapitalismus
latecomer-nation - verspätete Nation
latency - Latenzzeit

latency function - Latenzfunktion
latency period - Latenzperiode
latent class analysis - latente
Klassenanalyse
latent distance analysis - latente
Distanzanalyse
latent function - latente Funktion
latent learning - latentes Lernen
latent pattern maintenance -
Aufrechterhaltung einer Grundstruktur
verinnerlichter Kulturelemente
latent profile analysis - latente
Profilanalyse
latent structure - latente Struktur
latent structures of attitude - latente
Struktur von Einstellungen
latent time - Latenzzeit
latent trait - latente Eigenschaft
latent trait theory - probabilistische
Testtheorie
lateral - lateral, horizontal
lateral inhibition - laterale Hemmung
laterality - Lateralität
lateral organization - laterale
Organisation
latitude - Ermessensspielraum
latitude of acceptance - Bereichs des
Akzeptierens
latitude of noncommitment - Bereich
der Indifferenz
law - Gesetz, Recht, Rechtswissenschaft,
Gesetzmäßigkeit
law and order - Recht und Ordnung
law enforcement - Rechtsdurchsetzung
lawful - rechtmäßig, rechtsgültig
lawfulness - Gesetzmäßigkeit,
Gesetzlichkeit
law in force - geltendes Recht
lawlessness - Gesetzwidrigkeit
lawmaker - Gesetzgeber
law-making - Rechtsetzung,
Rechtschöpfung
law of analogy - Analogiegesetz
law of categorical judgment - Gesetz
des kategorialen Urteils
law of closure - Gesetz der
Geschlossenheit
law of common fate - Gesetz des
gemeinsamen Schicksals
law of effect - Effektgesetz, Erfolggesetz
law of initial value -
Ausgangswertgesetz

law of large numbers - Gesetz der
großen Zahlen
law of learning - Lerngesetz
law of logistic surges - Gesetz der
logistischen Wellen
law of nature - Naturgesetz
law of orthogeny - orthogenetisches
Gesetz
law of proximity - Gesetz der Nähe
law of similarity - Gesetz der Ähnlichkeit
law of small numbers - Gesetz der
kleinen Zahlen
law of three stages - Dreistadiengesetz
law on codetermination -
Mitbestimmungsgesetz
law reform - Gesetzesreform
laws of connection -
Verknüpfungsregeln
lawyer - Anwalt, Jurist
lay down by law - gesetzlich regeln
layer - Schicht
layer theory - Schichttheorie,
Schichtenlehre der Persönlichkeit
layman - Laie, Nichtfachmann
layoff - Entlassung, vorübergehende
Arbeitslosigkeit
layout - Aufmachung
lay out a strategy - Strategie entwickeln
leader - Führer
leader of the opposition -
Oppositionsführer
leader of the parliamentary group -
Fraktionsführer
leadership - Führung, Leitung, Vorsitz,
Führerschaft
leadership behavior - Führungsverhalten
leadership effectiveness -
Führungseffektivität
leadership functions -
Führungsfunktionen
leadership structure - Führungsstruktur
leadership style - Führungsstil
leader state - Führerstaat
leading - Führen, Akt des Führens,
Führung
leading article - Leitartikel
leading power - Führungsmacht
leading question - Suggestivfrage
leading role - Führungsrolle
leaflet - Merkblatt, Flugblatt
League of Nations - Völkerbund
leakage - getarnter emotionaler
Ausdruck

leak out - durchsickern
leaning - Neigung, politische
Orientierung
learned helplessness - gelernte
Hilflosigkeit
learning - Lernen, Bildung
learning ability - Lernfähigkeit
learning activities - Lernaktivitäten
learning aids - Lernmittel
learning by discovery - entdeckendes
Lernen
learning by insight - Lernen durch
Einsicht
learning by trial and error - Lernen
durch Versuch und Irrtum
learning characteristics - Lernmerkmale
learning criterion - Lernkriterium
learning curve - Lernkurve
learning demands - Lernanforderungen
learning difficulties -
Lernschwierigkeiten
learning disabilities - Lernunvermögen
learning effect - Lernerfolg, Lerneffekt
learning experience - Lernerfahrung
learning from model - Modellernen
learning games - Lernspiele
learning groups - Lerngruppen
learning methods - Lernmethoden
learning model - Lernmodell
learning moduls - Lernmodule
learning motivation - Lernmotivation
learning objective - Lernziel, Lehrziel
learning problems - Lernprobleme
learning process - Lernprozeß
learning programs - Lehrprogramme
learning psychology - Lernpsychologie
learning scores - Lernmaße,
Gedächtnismaße
learning set - Lerneinstellung
learning situation - Lernsituation
learning strategies - Lernstrategien
learning theories - Lerntheorien
least-action principle - Prinzip des
geringsten Widerstands
least-squares estimator -
Schätzfunktion nach der Methode der
kleinsten Quadrate
least-squares method - Methode der
kleinsten Quadrate
leave a party - aus einer Partei
austreten
leave aside - ausklammern
leave office - ein Amt verlassen

leave school - aus der Schule entlassen
werden
leaving certificate - Abgangszeugnis
lecture - Vorlesung
left - links, linksorientiert, linksliberal
left-handedness - Linkshändigkeit
leftist - Linker, Linksradikaler
left orientation - Linksorientierung
left-right scale - Links-Rechts-Skala
left wing - linker Flügel
left-wing - links, linksliberal,
linksgerichtet
left-wing extremism - Linksextremismus
left-wing party - Linkspartei
legacy - Erbschaft
legal - legal, rechtlich zulässig
legal action taken by an association -
Verbandsklage
legal anthropology -
Rechtsanthropologie
legal authority - legale Autorität
legal basis - Rechtsbasis
legal certainty - Rechtssicherheit
legal claim - Rechtsanspruch
legal consciousness - Rechtsbewußtsein
legal consequences - Rechtsfolgen
legal development - Rechtsentwicklung
legal enactment - Rechtsetzung
legal ethics - Rechtsethik
legal force - Gesetzeskraft
legal form - Rechtsform
legal framework - Rechtsordnung
legal guaranty - Rechtssicherheit
legality - Legalität, Gesetzmäßigkeit
legalization - Legalisierung
legalize - legalisieren
legally binding - rechtsverbindlich
legally binding formula -
rechtsverbindliche Fassung
legally inoperative - rechtsunwirksam
legal norm - Rechtsnorm
legal opinion - Rechtsauffassung
legal order - Rechtsordnung
legal philosophy - Rechtsphilosophie
legal policy - Rechtspolitik
legal position - Rechtsposition
legal positivism - Rechtspositivismus
legal principle - Rechtsprinzip
legal protection - Rechtsschutz
legal recourse - Rechtsweg
legal regulation - Verrechtlichung
legal remedy - Rechtsmittel,
Rechtsbehelf

legal responsibility to care - Aufsichtspflicht
legal sanction - Rechtssanktion
legal security - Rechtssicherheit
legal status - Rechtslage, Rechtsstatus
legal system - Rechtsordnung, Rechtssystem
legal theory - Rechtstheorie
legal title - Rechtstitel
legal tradition - Rechtstradition
legal validity - Rechtswirksamkeit
legislate - Gesetz erlassen
legislation - Gesetzgebung
legislative - legislativ, gesetzgebend, Legislative
legislative branch - Legislative
legislative period - Legislaturperiode, Wahlperiode
legislative process - Gesetzgebungsprozeß
legislative sovereignty - Gesetzgebungssouveränität
legislative work - Gesetzgebungsarbeit
legislator - Gesetzgeber
legislature - gesetzgebende Versammlung, gesetzgebende Körperschaft, Legislative
legitimacy - Legitimität, Rechtmäßigkeit
legitimacy principle - Legitimitätsprinzip
legitimacy through procedure - Verfahrenslegitimität
legitimate - berechtigt
legitimate basis for society - Legitimitätsbasis der Gesellschaft
legitimate doubt - berechtigter Zweifel
legitimate interest - berechtigtes Interesse
legitimate ruler - legitimer Herrscher
legitimation - Legitimation, Rechtfertigung, Legitimierung
legitimation crisis - Legitimationskrise
legitimation deficit - Legitimationsdefizit
legitimizing - Legitimierung
leisure - Freizeit
leisure class - Museklasse, Schickeria
leisure research - Freizeitforschung
leisure time - Freizeit, Mußezeit
lengthy negotiations - langwierige Verhandlungen
Leninism - Leninismus
lesser evil - kleineres Übel

less of identity - Identitätsverlust
lesson structure - Unterrichtsstrukturierung
lethargy - Lethargie
letter to the editor - Leserbrief
level - Ebene, Niveau, Stand
leveling - Nivellierung, Gleichmacherei
level of abstraction - Abstraktionsebene
level of analysis - Analyseebene
level of aspiration - Anspruchsniveau
level of comparison - Vergleichsniveau
level of development - Entwicklungsstufe, Entwicklungsabschnitt
level of education - Bildungsniveau
level of interest rates - Zinsniveau
level of living - Lebenshaltung, Lebensführung, Lebenshaltungsniveau
level of measurement - Meßniveau
level of school education - Schulbildung, Schulausbildung, Schulabschluß, Ausbildung
level of significance - Signifikanzniveau
levels of development - Entwicklungsabschnitte
levy - Abgabe
liability for military service - Wehrpflicht
liable for social insurance - sozialversicherungspflichtig
libel - Verleumdung, üble Nachrede
liberal - liberal brit., links am., linksorientiert am., Liberaler am., Linker am.
liberal democracy - liberale Demokratie
liberalism - Liberalismus
liberalization - Liberalisierung
liberalize - liberalisieren
liberal party - liberale Partei
liberal trade policy - Freihandelspolitik
liberation movement - Befreiungsbewegung
liberation theology - Befreiungstheologie
libertarianism - Libertarianismus
liberty - Freiheit
liberty of trade - Gewerbefreiheit
libido - Libido
libido object - Libido-Objekt
libido withdrawal - Libido-Entzug
library - Bücherei, Bibliothek
licence - zulassen, Lizenz, Genehmigung

licence fee - Rundfunkgebühr,
Fernsehgebühr
licence to practice - Approbation
life - Lebensdauer
life age - Lebensalter
life career - Lebenschance
life content - Lebensinhalt
life counseling - Lebenshilfe,
Lebensberatung
life crisis - Lebenskrise
life cycle - Lebenszyklus, Familienzyklus
life-cycle analysis - Lebenslaufanalyse
life expectancy - Lebenserwartung
life forms - Lebensformen
life goal - Lebensziel
life history - Lebensgeschichte
life instinct - Lebenstrieb
life lie - Lebenslüge
lifelong learning - lebenslanges Lernen
life plan - Lebensplan
life situation - Lebenssituation
life-span development - lebenslange
Entwicklung
life style - Lebensstil
life table - Sterbetafel
life task - Lebensaufgabe
life-threatening - lebensbedrohend
life('s) work - Lebenswerk
life-world - Lebenswelt
lift the embargo - Embargo aufheben
likelihood - Mutmaßlichkeit,
Wahrscheinlichkeit
like-minded - gleichgesinnt
like mindedness - Gleichgesinntheit
limelight - Rampenlicht
limit - begrenzen
limit a law - Recht einschränken
limitation - Beschränkung
limited admission - Numerus clausus
limited war - begrenzter Krieg
limit of load - Belastungsgrenze
limit of performance - Leistungsgrenze
limits of experience - Grenzen der
Erfahrung
limits to growth - Grenzen des
Wachstums
limit university intakes -
Zulassungsbeschränkungen
line - Branche, Gebiet, Linie
lineage - Abstammungslinie,
Stammbaum, Verwandtschaftslinie
lineage gap - Abstammungslücke

lineality - Geradlinigkeit der
Verwandtschaft
lineal succession - geradlinige Nachfolge
linear - linear, linienförmig,
strichlinienförmig
linear function - lineare Funktion
linear programming - lineare
Programmierung, lineare
Planungsrechnung
linear regression - lineare
Programmierung
linear regression function - lineare
Regressionsfunktion
linear transformation - lineare
Transformation
linear trend - linearer Trend
line graph - Kurvendiagramm
line of argument - Argumentation,
Beweisführung
line of command - Befehlshierarchie,
Kommandohierarchie, Hierarchie der
Entscheidungsbefugnisse
line of demarcation - Demarkationslinie
line of descent - Abstammungslinie,
Linie, Familie, Stamm
line of reasoning - Argumentation
linguistic functions - Sprachfunktionen
linguistic minority - Sprachminderheit
linguistics - Linguistik,
Sprachwissenschaft(en)
link - verknüpfen
linkage - Verknüpfung, Verbindung,
Verkettung, Koppelung
linking - Junktim
link relative - Gliedziffer, Kettenziffer
links - Verknüpfung
liquidate - liquidieren
list election - Listenwahl
listener - Rundfunkhörer
listing - Eintragung (in einer Liste),
list of candidates - Kandidatenliste
list of delegates - Delegiertenliste
list of electors - Wählerverzeichnis
list of priorities - Prioritätenliste
list of sources - Quellennachweis,
Quellenverzeichnis
list sample - Listenauswahl
list system - Listenwahlsystem,
literacy - Alphabetismus - Bildung,
Belesenheit
literary criticism - Literaturkritik
literary culture - schriftsprachliche
Kultur, literarische Kultur

literate - Alphabet, Lesekundiger, Schreibkundiger
literature - Literatur
litigation - Prozeß, Rechtsstreit
littoral state - Anrainerstaat
lived world - Lebenswelt
live transmission - Live-Übertragung
living conditions - Lebensbedingungen
living constitution - lebendige Verfassung
load capacity - Belastbarkeit
loaded question - Suggestivfrage
loading - Ladung
loading capacity - Belastungsfähigkeit
loan - Anleihe, Kredit
lobby - beeinflussen, Lobby, Interessengruppe
lobbyism - Lobbyismus
local - örtlich, lokal, Lokalgruppe
local authorities - Gebietskörperschaften
local authority - Gemeindeverwaltung
local council - Gemeinderat
local council elections - Gemeinderatswahlen
local dignitaries - Honoratioren
local dispute - örtlicher Konflikt
local elite - örtliche Elite
local government - Kommunalverwaltung, kommunale Selbstverwaltung
local government finances - Gemeindefinanzen
localism - Lokalpatriotismus, Provinzialismus, - örtliche Eigenart
locality - Örtlichkeit, örtliche Lage, Schauplatz
localization - Lokalisierung
local law - Gemeindeordnung
local leader - lokaler Führer
local news - Lokalnachrichten
local news editor - Lokalredakteur
local news pages - Lokalteil
local paper - Lokalzeitung
local politics - Kommunalpolitik
local press - Lokalpresse
local rate - Gemeindesteuer
local studies - Heimatkunde
local taxes - Kommunalabgaben
local war - regional begrenzter Krieg
location - Standort
location factors - Standortfaktoren
location parameter - Lageparameter

lockout - Aussperrung
locus of control - persönlicher Ort der Kontrolle
lodge a protest - Protest einlegen
logarithmic normal distribution - logarithmische Normalverteilung
logic - Folgerichtigkeit, Logik
logical connective - logische Verknüpfung
logical content - logischer Gehalt
logical empirism - logischer Empirismus
logical error - logischer Fehler
logical positivism - logischer Positivismus
logical probability - logische Wahrscheinlichkeit
logistics - Logistik
logit models - Logitmodelle
loglinear analysis - loglineare Analyse
lognormed distribution - logarithmischer Normalwert
logocentrism - Logozentrismus
logotherapy - Logotherapie
logrolling - politischer Kuhhandel (im Abstimmungsverhalten)
loneliness - Vereinsamung, Einsamkeit
lonely crowd - einsame Masse
lone parent - Alleinerziehender
longevity - Langlebigkeit
longitudinal analysis - Längsschnittanalyse, Langzeitstudie
longitudinal method - Langzeitmethode
longitudinal section - Längsschnitt
longitudinal study - Längsschnittuntersuchung
long-period - langfristig
long-range research - langfristige Forschung, Erforschung langfristiger Wirkungen
long-term effect - Langzeitwirkung
long-term memory - Langzeitgedächtnis
long-term policy - langfristige Politik
loophole - Lücke
loophole in the law - Lücke im Gesetz
loose money policy - Politik des billigen Geldes
lose a right - Recht verlieren
loss of credibility - Glaubwürdigkeitsverlust
loss of identity - Identitätsverlust
loss of power - Machtverlust, Entmachtung
lost generation - verlorene Generation

lot - Prüflos, Partie
lottery sampling - Lotterieauswahlverfahren
love - Liebe
low achievement - geringe Leistung
lower - zurückschrauben von Ansprüchen
Lower Chamber of Parliament - Länderkammer
lower class - Unterschicht, untere Schicht, Unterklasse
lower control limit - untere Kontrollgrenze
lower-tail test - Test des linksseitigen Segments
lowest common denominator - kleinster gemeinsamer Nenner
low status - niedriger Status
loyalty - Loyalität
lust - Lust
luxury - Luxus
lynching - Lynchen
lynch law - Lynchjustiz

M

Machiavellism - Machiavellismus
machinations - Machenschaften
machine of government - Regierungsapparat
machine party - Parteimaschine, Maschinenpartei
machinery - Apparat
machinery of government - Regierungsmaschine
machinery of justice - Justizapparat
machine simulation - Computersimulation
machismo - Männlichkeitskult, Machismo
macro analysis - Makroanalyse
macro level - Makroebene
macro-politics - Makropolitik, makropolitische Analyse
macrostructure - Makrostruktur
macrotheory - Makrotheorie, Großtheorie
madness - Verrücktheit
magazine - Magazin, Zeitschrift, Illustrierte
magazine circle - Lesezirkel
magic - Magie
magic thinking - magische Phase, magisches Denken
magnitude - Ausmaß, Größenordnung
maiden speech - Jungfernrede
mail interview - briefliche Befragung
main consideration - Hauptpunkt
main effect - Haupteffekt
mainstream - Trend
main study - Hauptstudie
maintain - aufrechterhalten
maintain a neutral attitude - neutrale Haltung einnehmen
maintain a point of view - Position vertreten
maintain a standpoint - Position vertreten
maintain order - Ordnung aufrechterhalten
maintain peace - Frieden aufrechterhalten
maintenance - Erhaltung, Versorgung, Aliment

maintenance function - Aufrechterhaltungsfunktion, Stabilisierungsfunktion
maintenance of law and order - Aufrechterhaltung der öffentlichen Ordnung
maintenance rehearsal - Beibehaltung mechanischer Wiederholung
majoritarian democracy - Mehrheitsdemokratie
majority - Mehrheit, Stimmenmehrheit
majority decision - Mehrheitsentscheidung
majority group - Mehrheitsgruppe
majority party - Regierungspartei, Mehrheitsfraktion
majority rule - Mehrheitsregierung, Mehrheitsherrschaft
majority system - Mehrheitssystem, Mehrheitswahlsystem
majority vote - Mehrheitsbeschluß, Mehrheitswahl
majority vote system - Mehrheitswahlsystem
major lineage - Hauptlinie
make a career - Karriere machen
make a decision - Beschluß fassen
make a name for oneself - sich profilieren
make an application - Antrag einreichen
make a problem out of - problematisieren
make a report - Bericht erstellen
make a statement - Bericht erstellen
make concrete - konkretisieren
make one's career - Karriere machen
make public - bekanntgeben
make something an absolute - verabsolutieren
make something a subject of discussion - thematisieren
maladaption - Fehlanpassung
maladjustment - Fehlanpassung, Fehlverhalten
maldevelopment - Fehlentwicklung
male fertility rate - männliche Fruchtbarkeitsziffer
male oriented - männlich geprägt
male reproduction rate - männliche Reproduktionsziffer
malfunction - Funktionsstörung, Fehlfunktion
malingering - Krankfeiern

malintegration - Fehlintegration
malnutrition - Unterernährung
malversation - korruptes Verhalten
management - Management,
Betriebsführung, organisatorische
Leitung
management and labor - Sozialpartner
manager - Manager, Verwalter
managerial class - Managerschicht,
Managerklasse
managerialism - Managertum
managerial revolution -
Managerrevolution
mandate - Mandat, politischer Auftrag,
Vollmacht
mandate theory - Mandatstheorie
mandatory party vote - Fraktionszwang
maneuver - taktieren
mania - Manie
manic-depressive psychosis -
manisch-depressive Psychose
manifest - verkünden
manifest content - Trauminhalt
manifest function - manifeste Funktion
manifesto - Manifest, öffentliche
Erklärung
manifold classification -
Mehrfachklassifikation
man in the street - Durchschnittsbürger
manipulation - Manipulation
manipulation of public opinion -
Meinungsmache
manipulative politics - manipulative
Politik
mannerism - Manieriertheit
manners - Umgangsformen,
manoralism - Gutsherrschaft
manorial economy - Gutsherrensystem
manpower - menschliche Arbeitskraft,
Personalbestand, verfügbare
Arbeitskräfte
manpower approach -
Manpower-Ansatz,
Arbeitskräftebedarfsansatz
manpower policy -
Beschäftigungspolitik
manual - Leitfaden
manufacture - Fertigprodukt, Erzeugnis,
Manufakturbetrieb
manufactured majority - künstlich
hergestellte Mehrheit
manufacturer - Fabrikant, Industrieller
Maoism - Maoismus

map - Landkarte, Karte
mapping - Abbildung
Marcov process - Markov-Prozeß
marginal - marginal, geringfügig,
Marginal-
marginal area - Randgebiet, Randzone
marginal category - Randkategorie
marginal culture - Marginalkultur
marginal distribution - Randverteilung
marginal group - Randgruppe,
marginale Gruppe
marginality - Marginalität, marginale
Persönlichkeit
marginalization - Marginalisierung
marginal man - Außenseiter
marginal probability -
Randwahrscheinlichkeit
margin of negotiations -
Verhandlungsspielraum
margin of tolerance - Toleranzgrenze
marital continence - eheliche
Enthaltsamkeit
marital disruption - Ehepartnertrennung
marital dissolution - Eheauflösung
marital fertility - eheliche Fruchtbarkeit
marital fertility rate - eheliche
Fruchtbarkeitsrate
marital partner - Gatte, Gattin
marital status - Familienstand
mark - charakterisieren, Note, Zensur
market - Markt
market behavior - Marktverhalten
market control - Marktbeherrschung
market economy - Marktwirtschaft
market failure - Marktversagen
market power - Marktmacht
market sociology - Marktsoziologie
marriage - Ehe, Hochzeit
marriage contract - Ehevertrag
marriage counseling - Eheberatung
marriage market - Heiratsmarkt
marriage prohibition - Heiratsverbot
martial law - Kriegsrecht, Standrecht
Marxism - Marxismus
Marxism-Leninism -
Marxismus-Leninismus
masculinity - Maskulinität, Männlichkeit
mask - Maske
masking - Kaschierung, Maskierung
masochism - Masochismus
mass - Masse, Ansammlung, Menge
mass-based party - Massenpartei
mass behavior - Massenverhalten

mass-circulation paper - Massenblatt
mass communication - Massenkommunikation
mass communication research - Massenkommunikationsforschung
mass conversion - Massenbekehrung
mass culture - Massenkultur
mass democracy - Massendemokratie
mass extermination - Massenvernichtung
mass hypnosis - Massensuggestion
massive retaliation - massive Vergeltung
mass media - Massenmedien
mass media effects - Medienwirkungen
mass membership party - Massenpartei
mass migration - Völkerwanderung
mass movement - Massenbewegung
mass organization - Massenorganisation
mass phenomenon - Massenphänomen
mass propaganda - Massenpropaganda
mass psychology - Massenpsychologie
mass society - Massengesellschaft
mass unemployment - Massenarbeitslosigkeit
master agreement - Manteltarifabkommen
master race - Herrenrasse
mastery of nature - Naturbeherrschung
masthead - Impressum
matched groups design - Parallelisierung, Matching
matching - Parallelisierung, Gleichsetzung
mate - Ehegefährte, Lebenspartner
material - Unterrichtsstoff
materialism - Materialismus
materialistic - materialistisch
maternal mortality - Müttersterblichkeit
maternity - Mutterschaft
maternity question - Mutterschutz
mate selection - Gattenwahl, Partnerwahl
mathematical logic - mathematische Logik
mathematical model - mathematisches Modell
mathematical psychology - mathematische Psychologie
mathematics - Mathematik
mating behavior - Paarungsverhalten
matriarch - Matriarch, weibliches Familienoberhaupt

matriarchal - matriarchalisch, mutterrechtlich
matriarchate - Matriarchat, Mutterrecht
matriarchy - matriarchalisches System
matrifocality - Matrifokalität (Familienausrichtung)
matrilaterality - Matrilateralität (Verwandtschaft mütterlicherseits)
matrilineage - Abstammung in der mütterlichen Linie
matrilineal inheritance - Erbfolge in der weiblichen Erbfolge
matrilineality - Matrilinealität
matrilineal succession - matrilineale (weibliche) Nachfolge
matrilineal system - matrilineales System
matrimonial consortium - eheliche Lebensgemeinschaft
matrimony - Ehestand
matter - Gegenstand, Sache, Angelegenheit
matter in dispute - strittige Frage
matter of fact - Tatsache
matter-of-factness - Sachlichkeit
matter of negotiation - Verhandlungssache
matter of opinion - Anschauungssache
matter of prestige - Prestigefrage
Matthew-effect - Matthäus-Effekt
maturation - Reifung
mature - mündig, reif
maturity - Reife
maverick - Ausreißer
maximin decision - Maximin-Entscheidung
maximum - Maximum, Höchstwert
maximum likelihood estimator - maximum-likelihood-Schätzfunktion
maximum period of study - Regelstudienzeit
mayor - Bürgermeister
McDonaldization - McDonaldisierung
me - Mich
mean - Durchschnittswert, Mittelwert, Mittel
meaning - Bedeutung
meaningful - bedeutungsvoll
meaningfulness - Bedeutsamkeit
meaningful relationship - Sinnzusammenhang
meaning of words - Wortbedeutung
mean life - mittlere Lebensdauer

means - Mittel, Möglichkeit
means-end(s)-analysis -
Zweck-Mittel-Analyse
means-end rationality -
Zweckrationalität
means-end relation - Mittel
Zweck-Beziehung, Beziehung von
Mitteln und Zwecken
means-end schema -
Mittel-Ziel-Schema
means of communication -
Kommunikationsmittel
means of production -
Produktionsmittel
mean square - mittleres
Abweichungsquadrat
mean square deviation -
Standardabweichung
mean square error - mittleres
Fehlerquadrat
means to an end - Mittel zum Zweck
means to put pressure - Druckmittel
measure - messen, Maß, Maßstab
measurement - Messen, Messung
measurement data - Meßdaten
measurement error - Meßfehler
measurement of change -
Veränderungsmessung
measurement of learning achievement
- Lernerfolgsmessung
measurement process - Meßvorgang
measurement scale - Maßskala
measure of association -
Assoziationsmaß
measure of central tendency - Maß der
Lage, Maß der zentralen Tendenz
measure of correlation -
Korrelationsmaß
measure of dispersion - Streuungsmaß,
Dispersionsmaß
measure of value - Wertmaßstab
measure of variability - Streuungsmaß,
Schwankungsmaß
measures - Hilfsmaßnahmen, Nothilfe
measuring theory - Meßtheorie
mechanism - Mechanismus
mechanization - Mechanisierung
media - Medien
media circus - Medienrummel
media culture - Medienkultur
media influence - Medieneinfluß
media landscape - Medienlandschaft
median - Median, Zentralwert

media-oriented - medienorientiert
media politics - Medienpolitik
media saturation - Reizüberflutung
mediate - unterhandeln, vermitteln
mediating behavior - vermittelndes
Verhalten
mediation - Vermittlung
mediation attempt -
Vermittlungsversuch
mediation committee -
Vermittlungsausschuß
mediation theory - Theorie der
Vermittlung
mediator - Schlichter, Vermittler
medical associations - Ärzteverbände
medical sociology - Medizinsoziologie
mediocracy - Mittelmäßigkeit
mediocrity - Mediokrität,
Mittelmäßigkeit
meditation - Meditation, Versenkung
medium-term - mittelfristig
medium-term fiscal planning -
mittelfristige Finanzplanung
meeting - Sitzung, Zusammenkunft,
Tagung
meet with an election defeat -
Wahlniederlage erleiden
megalomania - Megalomanie,
Größenwahn
melancholic features - melancholischer
Typ
melting pot am. - Schmelztiegel
(Völkergemisch)
member - Mitglied, Angehöriger
member of a cooperative - Genosse
member of parliament -
Parlamentsmitglied
membership - Mitgliedschaft,
Zugehörigkeit
member state - Mitgliedstaat (EU)
memorandum - Memorandum
memorial - Denkmal, Denkschrift,
Gedenkstätte
memorization - Auswendiglernen,
Memorierung
memory - Gedächtnis
memory protocol - Gedächtnisprotokoll
memory trace - Engramm,
Gedächtnisspur
mensurable - meßbar
mental activity - geistige Tätigkeit
mental age - Intelligenzalter
mental confusion - Verworrenheit

mental content - Bewußtseinsinhalt, Erlebnisinhalt, Denkinhalt
mental devectiveness - Geistesschwäche, Schwachsinn
mental disability - geistige Behinderung
mental disease - Geisteskrankheit
mental disorder - Geistesstörung, leichte Geisteskrankheit
mental experiment - Gedankenexperiment
mental horizon - geistiger Horizont
mental illness - psychische Krankheit
mentalism - Mentalismus
mentality - Mentalität
mental model - operatives Abbildsystem, mentales Modell
mental retardation - geistige Zurückgebliebenheit
mental rotation - mentale Rotation
mental set - Einstellung
mental space - Arbeitsspeicher
mental test - Intelligenztest
mentation - Geistestätigkeit, Geisteszustand
mentor - Mentor
mercantilism - Merkantilismus
merger - Fusion, Vereinigung, Zusammenschluß
merger control - Fusionskontrolle
merit - Verdienst, Vorzug
merit bureaucracy - Leistungsverwaltung
merit goods - meritorische Güter
merit norm - Verdienstnorm, Leistungsnorm
meritocracy - Leistungsgesellschaft, Meritokratie
merit principle - Leistungsprinzip
merit system - Vergabe von Regierungsämtern nach Verdienst
message - Nachricht, Botschaft
messiah - Messias, Erlöser
messianic movement - messianische Bewegung, Erlösungsbewegung
metacognition - Metakognition (Wissen über Steuerung kognitiver Prozesse)
metahistory - Metageschichte, Geschichtsphilosophie
metalanguage - Metasprache
metaphor - Metapher
metaphysics - Metaphysik
metapolitics - Metapolitik
metascience - Metawissenschaft

metatheory - Metatheorie
method - Methode
method analysis - Methodenanalyse
methodic - Methodik
method of agreement - Methode der Übereinstimmung
method of data acquisition - Erhebungstechnik
method of difference - Methode des Unterschieds
method of estimation - Schätzverfahren
method of interpretation - Deutungsmethode
method of largest average - d'Hondtsches Verfahren der Mandatsberechnung
method of limits - Grenzmethode
method of multivariate data analysis - multivariate Methode, Mehrvariablenmethode
method of observation - Beobachtungsmethode
methodological - methodologisch
methodological collectivism - methodologischer Kollektivismus
methodological experiment - Methodenexperiment
methodological individualism - methodologischer Individualismus
methodological objection - methodischer Einwand
methodological pluralism - Methodenpluralismus
methodology - Methodologie
metonymy - Metonymie
metropolitan area - metropolitanes Gebiet
metropolitan development - Großstadtentwicklung
metropolitan government - metropolitane Stadtverwaltung
microanalysis - Mikroanalyse
microgenesis - Aktualgenese
micropolitics - Mikropolitik
microsociology - Mikrosoziologie
microstructure - Mikrostruktur, Kleinstruktur
middle class - Mittelstand
middle-class policy - Mittelstandspolitik
middle class society - Mittelstandsgesellschaft
Middle East - Mittlerer Osten
middleman - Mittelsmann

middle-of-the-road policy - Politik der Mitte
middle range - mittlere Reichweite
middle range theory - Theorie mittlerer Reichweite
Middle Way - Dritter Weg *pol.*
midlife - Lebensmitte
midlife crisis - Midlife-Krise
midpoint - Mittelpunkt
midterm election - Zwischenwahl
migrant - wandernd, Migrant
migration - Migration
migration of peoples - Völkerwanderung
milieu - Milieu
militancy - Militanz
militarism - Militarismus
militarization - Militarisierung
military - militärisch, Militär-, Militär, Truppen, Soldaten
military alliance - Militärbündnis
military dictatorship - Militärdiktatur
military government - Militärregierung
military-industrial complex - militärisch-industrieller Komplex
military jurisdiction - Militärgerichtsbarkeit
military policy - Militärpolitik
military psychology - Militärpsychologie
military putsch - Militärputsch
military service - Wehrdienst
militia - Miliz
millennarianism - Chiliasmus
mimesis - Mimesis, Nachahmung
mimicry - Mimikry, Nachahmung
mind - Gemüt, Geist, Denkrichtung, Verstand, Intelligenz
mind-body problem - Leib-Seele-Problem
miner's union - Knappschaftsverband
miniature state - Zwergstaat
minimal-winning-coalition - Minimal-winning-Koalition
minimax strategy - Minimax-Strategie
minimize - bagatellisieren
minim reserve policy - Mindestreservepolitik
minimum competence - Kompetenzmindestmaß
minimum reserve policy - Mindestreservepolitik
minimum wage - Mindestlohn

minimum-winning-coalition - Minimum-winning-Koalition
mining - Bergbau
minister - Minister
ministerial - amtlich
ministerial responsibility - Ministerverantwortlichkeit
Minister of a Land - Landesminister
minister of state - Staatsminister
ministry - Ministerium
minorities - Randgruppen
minority - Minorität, Minderheit
minority(-party)government - Minderheitsregierung
minority group - Minderheitsgruppe
minority leader - Oppositionsführer
minority party - Oppositionspartei, Minderheitsfraktion
minority rights - Minderheitenrechte
minutes - Sitzungsbericht
mirror metaphor - Spiegelmetapher
misapplication - Unterschlagung
misappropriate - zweckentfremdet
miscalculation - Fehleinschätzung
miscegenation - Rassenmischung
miscellaneous - Verschiedenes, Vermischtes
miscellanies - Verschiedenes, Vermischtes
misconception - Mißverständnis
misconduct - Fehlverhalten
miseducate - falsch erziehen
misinformed - falsch orientiert
misinterpret - mißdeuten
misinterpretation - Fehlinterpretation
mislead - irreführen
misleading information - Fehlinformation
misleading statements - irreführende Angaben
mismanage - herunterwirtschaften
mismanagement - Mißwirtschaft
misperception - Fehlwahrnehmung, Misperzeption
misprint - Druckfehler
misread - mißdeuten
missing data - fehlender Wert
missing value - fehlender Wert
mission - Gesandtschaft, Botschaft, ständige Vertretung, Mission, Sendung, Auftrag, Berufung
mistake - Versehen
misunderstanding - Mißverständnis

misuse of public funds -
Unterschlagung öffentlicher Gelder
mitigate - abschwächen, mildern
mixed constitution - gemischte
Verfassung
mixed distribution - Mischverteilung
mixed economy -
gemischtwirtschaftliches System
mixed financing - Mischfinanzierung
mixing-up - Verquickung
mnemotechnics - Mnemotechnik
mob - Mob, Pöbel
mobility - Mobilität
mobility rate - Mobilitätsrate
mobility table - Mobilitätstabelle
mobilization - Mobilisierung,
Mobilmachung
mobilization strategy -
Mobilisierungsstrategie
modal - modal, Modal-
modal class - häufigste Klasse
modalities of objects -
Objektmodalitäten
modality - Modalität
mode - Modus, Modalwert
model - Modell, Vorbild, Leitbild,
Muster
model act - Gesetzentwurf
model building - Modellbildung
model establishment -
Modelleinrichtung
modeling - Modellieren, Modelltraining,
Imitationslernen, Beobachtungslernen
model of communication -
Kommunikationsmodell
model of illness - Krankheitsmodell
model platonism - Modell-Platonismus
models of concept formation -
Begriffsbildungsmodelle
models of diagnosis - Diagnosemodelle
models of equilibrium -
Gleichgewichtsmodelle
model test - Modelltest
mode of acting - Handlungsweise
mode of expression - Ausdrucksweise
moderate - mäßigen, mildern
moderation - Mäßigung, Moderation
moderator - Moderator
modern authoritarian regime -
Entwicklungsdiktatur
modernity - Moderne, Modernität
modernization - Modernisierung

modernize - modernisieren,
rationalisieren
modern languages - Neuphilologie
modern language teaching -
neusprachlicher Unterricht
modesty - Bescheidenheit
modification - Abänderung,
Veränderung, Modifikation,
Modifizierung, Umwandlung,
Abwandlung
modify - abändern
modular system - Baukastensystem
modulation - Modulation
monarch - Monarch
monarchy - Monarchie
monasticism - Mönchtum
monetarism - Monetarismus
monetary - monetär
monetary policy - Geldpolitik,
Währungspolitik
monetary reform - Währungsreform
monetary system - Währungssystem
monetary union - Währungsunion
monism - Monismus
monitor - Monitor, Bildschirmgerät
monitoring - Steuerung
monocausal - monokausal
monocausality - Monokausalität
monocracy - Monokratie,
Alleinherrschaft
monoculture - Monokultur
monogamy - Monogamie, Einehe
monograph - Monographie
monography - Monographie
monopolist - Monopolist
monopolization - Monopolisierung
monopolize - monopolisieren
monopoly - Monopol
monopoly capitalism -
Monopolkapitalismus
monopoly on education -
Bildungsmonopol
monopoly power - Monopolmacht
monotheism - Monotheismus
monotony - Monotonie
montage - Montage (Film-)
monthly report - Monatsbericht
monument - Denkmal
mood - Stimmung
mood disorder - affektive Störung
mood state - Befinden, Befindlichkeit
moral anxiety - Gewissensangst
moral behavior - moralisches Verhalten

moral code - Moralkodex
moral conduct - moralische
Lebensführung
moral decline - Sittenverfall
moral development - Moralentwicklung
morale - geistige Verfassung, Moral
moral education - Moralerziehung
moral involvement - moralische
Bindung
morality - Moralität
moral majority *am.* - moralische
Mehrheit
moral obligation - moralische
Verpflichtung
moral order - Moralordnung
moral persuasion - moralische
Beeinflussung
moral philosophy - Moralphilosophie
moral pressure - moralischer Druck
moral realism - moralischer Realismus
moral reasoning - moralische
Urteilsfähigkeit
moral responsibility - moralische
Verantwortung
morals - Moralität
moral sentiment - Moralempfinden
moral standard - Moralstandard
moral statistics - Moralstatistik
moral suasion - moral suasion (gütliches
Zureden)
moratorium - Moratorium
morbidity - Morbidität
morbidity rate - Krankheitsrate
morbidity ratio - Krankenquote
mores - Sitte
morning paper - Morgenzeitung
morphology - Morphologie
mortality - Mortalität, Sterblichkeit
mortality rate - Sterbeziffer
mortality table - Sterbetafel
mortuary rite - Bestattungsritus
most dissimilar cases design -
Forschungsdesign der unähnlichsten Fälle
most-favored nation -
Meistbegünstigung
most-favored nation treatment -
Meistbegünstigung
most similar cases design -
Forschungsdesign der am meisten
ähnlichen Fälle
mothering - Bemutterung
mother-right - Mutterrecht
mother tongue - Muttersprache

motion - Antrag
motion for advancement -
Abänderungsantrag
motion for amendment -
Abänderungsantrag
motion of censure - Mißtrauensantrag
motion of no confidence -
Mißtrauensantrag
motion picture industry -
Filmwirtschaft
motivate - motivieren
motivation - Motivation
motivational orientation -
Motivorientierung
motivation(al) research -
Motivforschung
motivation test - Motivationstest
motive - Motiv, Beweggrund
motor behavior - Motorik, motorisches
Verhalten
motor functions - Motorik
motor learning - motorisches Lernen
mourning - Trauer
move an amendment -
Abänderungsantrag einbringen
move for - beantragen
movement-produced stimulus -
Bewegungsreiz
move someone down (a class) -
zurückversetzen (einen Schüler)
movieland - Filmwelt
moving average - gleitender
Durchschnitt
moving equilibrium - Fließgleichgewicht
moving up - Versetzung
much-cited - vielzitiert
muckraker - Enthüllungsjournalist,
Sensationsjournalist
muckraking - Sensationshascherei
muddling through - Politik des
Durchwurstelns
multicausal - multikausal
multicausality - Multikausalität
multicollinearity - Multikollinearität
multicultural - multikulturell
multicultural education -
multikulturelle Erziehung
multiculturalism - Multikulturalismus
multiculturality - Multikulturalität
multicultural society - multikulturelle
Gesellschaft
multidimensionality -
Multidimensionalität

multi-factor-approach -
Mehrfaktorenansatz
multifunctional - multifunktional
multihandicap - Mehrfachbehinderung
multilateral - multilateral
multilateralism - Multilateralismus
multi-layered system -
Mehrebenensystem
multilevel analysis - Mehrebenenanalyse
multimedia system -
Medienverbundsystem
multinational enterprise -
multinationales Unternehmen
multinational state -
Nationalitätenstaat, Vielvölkerstaat
multiparty government -
Allparteienregierung
multiparty system -
Mehrparteiensystem
multiple-choice-method -
Mehrstufenauswahl
multiple-choice question -
Auswahlfrage
multiple-choice-response-system -
Auswahl-Antwort-System
multiple correlation - multiple
Korrelation
multiple discoveries -
Mehrfachentdeckungen
multiple election - Mehrfachwahl,
Doppelwahl
multiple factor analysis - multiple
Faktorenanalyse
multiple handicap -
Mehrfachbehinderung
multiple party system -
Mehrparteiensystem
multiple regression - multiple
Regression
multiple regression analysis - multiple
Regressionsanalyse
multiple responses -
Mehrfachtrennungen
multiple-stage sample - mehrstufige
Auswahl
multiplication theorem -
Multiplikationstheorem
multiplier - Multiplikator
multiplier effect - Multiplikatorwirkung

multi-stage - mehrstufig
multi-stage sample -
Mehrstufenauswahl
multi-stage sampling -
Mehrstufenauswahlverfahren
multi-step flow - Mehrstufenfluß der
Kommunikation
multitrait-multimethod validation -
Multitrait-Multimethod-Validierung
multivariate - multivariat,
mehrdimensional, Mehrvariablen-
multivariate analysis - multivariate
Analyse, mehrdimensionale Analyse
multivariate data - multivariate Daten
multivariate probability distribution -
multivariate
Wahrscheinlichkeitsverteilung
multivariate statistics - multivariate
Statistik
municipal - städtisch
municipal authorities - Magistrat
municipal constitution -
Gemeindeverfassung
municipal corporation - Magistrat
municipality - Stadt (mit
Selbstverwaltung)
museum - Museum
musical education - Musikunterricht
music critics - Musikkritik
mutation - Mutation
mutual - gegenseitig
mutual aid - gegenseitige Hilfe
mutual assistance pact - Beistandspakt
mutual instruction - wechselseitiger
Unterricht (Bell-Lancaster-Methode)
mutuality - Gegenseitigkeit,
Wechselseitigkeit
mutual obligation - gegenseitige
Verpflichtung
mutual rejection - wechselseitige
Ablehnung
mutual relation - Wechselbeziehung
mystification - Mystifizierung,
Mystifikation
myth - Mythos
mythical - mythisch
mythicism - Mythizismus
mythology - Mythenforschung,
Mythologie

N

naderism - Konsumerismus,
Verbraucherbewegung
narcissism - Narzissmus
narcissistic fixation - narzißtische
Fixierung
narcotization - Narkotisierung
narration - Erzählung
narrative - erzählend, Erzählung
narrowing of meaning -
Bedeutungsverengung
narrow majority - knappe Mehrheit
narrow-minded - engstirnig
narrow-range theory - Theorie kürzerer
Reichweite
nation - Nation, Volk
national (EC) - einzelstaatlich (EU)
national anthem - Nationalhymne
national assembly -
Nationalversammlung
national bankruptcy - Staatsbankrott
national character - Nationalcharakter
national colours - Nationalfarben
national consciousness -
Nationalbewußtsein
national currency - Landeswährung
national debts - Staatsschulden
national emblem - Hoheitszeichen
national flag - Nationalflagge
national front - nationale Front
national holiday - Nationalfeiertag
national identity - Nationalbewußtsein
national income - Volkseinkommen
national interest - Nationalinteresse
nationalism - Nationalismus
nationalities problem -
Nationalitätenfrage
nationality - Nationalität,
Staatsangehörigkeit
nationality principle -
Nationalitätsprinzip
nationalization - Nationalisierung,
Verstaatlichung
nationalize - nationalisieren,
verstaatlichen
national jurisdiction - innerstaatliche
Gerichtsbarkeit
national law (EC) - Landesrecht (EU),
einzelstaatliches Recht (EU)

national liberation front - nationale
Befreiungsfront
national policy - Regierungspolitik
national product - Sozialprodukt
national security - nationale Sicherheit
national sentiment - Nationalgefühl,
Nationalbewußtsein
National Socialism -
Nationalsozialismus
national territory - Staatsgebiet
national unity - nationale Einheit
national wealth - Volksvermögen
nation building - Nationenbildung
nation(al) state - Nationalstaat
nationwide - bundesweit, landesweit
native country - Vaterland
native endowment - angeborene
Begabung, angeborenes Talent
native language - Muttersprache
nativism - Nativismus
natural areas - gewachsene Gebiete
natural concept - natürlicher Begriff
natural disaster - Naturkatastrophe
natural experiment - natürliches
Experiment
natural gift - Talent
naturalism - Naturalismus
naturalistic fallacy - naturalistischer
Fehlschluß
naturalization - Einbürgerung
naturalize - einbürgern
natural law - Naturrecht
natural leader - Führerpersönlichkeit
naturalness - Naturwüchsigkeit
natural religion - Naturreligion
natural rights - Menschenrechte
natural selection - natürliche Auswahl
nature conversation - Naturschutz
naval agreement - Flottenabkommen
navy - Flotte
nay-sayer - Neinsager
nay vote - Neinstimme
Near East - Naher Osten
necessary condition - notwendige
Bedingung
necessitate - bedingen
need - Bedürfnis, Bedürftigkeit,
Nachfrage
need for regulation -
Regulierungsbedarf
neediness - Bedürftigkeit
needle work - Handarbeiten
need of control - Kontrollbedürfnis

needs assessment - Bedürfnisabschätzung

needs dispositions - Bedürfnisdispositionen

negation - Negation, Verneinung

negative - Veto

negative advertising - Negativwerbung

negative example - Negativbeispiel

negative feedback - negatives Feedback

negatively skewed distribution - linksschiefe Verteilung

negative reference group - negative Bezugsgruppe

negative tax - Negativsteuer

negliense - Fahrlässigkeit

negligence - Versehen

negotiable - verhandelbar

negotiate - verhandeln

negotiated order approach - Theorie der ausgehandelten Ordnung

negotiating - Verhandeln, Unterhandeln

negotiating mandate - Verhandlungsauftrag

negotiating partner - Verhandlungspartner

negotiating party - Verhandlungspartner

negotiating position - Verhandlungsposition

negotiating tactics - Verhandlungtaktik

negotiation - Verhandlung, Unterhandlung

negotiations for accession - Beitrittsverhandlungen

negotiation skill - Verhandlungsgeschick

negotiation technique - Verhandlungtechnik

negotiator - Unterhändler

neighborhood - Nachbarschaft

neighboring - angrenzend

neighboring disciplines - Nachbardisziplinen

neo-classical - neoklassisch

neocolonialism - Neokolonialismus

neoconservatism - Neokonservatismus

neocorporatism - Neokorporatismus

neofascism - Neofaschismus

neofunctionalism - Neofunktionalismus

neoinstitutionalism - Neoinstitutionalismus

neoliberalism - Neoliberalismus

neonacism - Neonazismus

neopluralism - Neopluralismus

neopositivism - Neopositivismus, logischer Empirismus

neorealism - Neorealismus

nepotism - Nepotismus, Günstlingswirtschaft

nerve center - Nervenzentrum

nervous system - Nervensystem

net - netto, Netz

net credit intake - Nettoneuverschuldung

net external indebtedness - Nettoauslandsverschuldung

net national debt - Nettoverschuldung

net reproduction rate - Netto-Reproduktionsrate

network - Netz, Netzwerk, Verflechtung

network analysis - Netzwerkanalyse

network planning - Netzplan

neurosciences - Neurowissenschaften

neurosis - Neurose

neurotic anxiety - neurotische Angst

neuroticism - Neurotizismus, neurotische Tendenz

neutral - neutral

neutral countries - neutrales Ausland

neutralism - Neutralismus

neutrality - Neutralität

neutrality agreement - Neutralitätsabkommen

neutralization - Neutralisierung

neutral state - neutraler Staat

new borrowing - Neuverschuldung

new edition - Neuauflage

new election - Neuwahl

newfangled - neumodisch

new federalism am. - dezentralisierter Bundesstaat (mehr Mitsprache der Einzelstaaten)

New International Economic Order - Neue Internationale Wirtschaftsordnung

New Left - Neue Linke

newly industrialized country - Schwellenland

news - Nachrichten

news agency - Nachrichtenagentur

news ban - Nachrichtensperre

news blackout - Nachrichtensperre

news broadcast - Nachrichtensendung

newscast am. - Nachrichtensendung

news center - Nachrichtenzentrale

news editor - Nachrichtenredakteur

newsflash - Kurznachrichten

news item - Nachrichtenbeitrag

news magazine - Nachrichtenmagazin
newspaper - Zeitung
newspaper correspondent - Pressekorrespondent
newspaper publisher - Zeitungsverleger
newspaper supplement - Zeitungsbeilage
newsroom - Nachrichtenredaktion
news service - Nachrichtendienst
news source - Nachrichtenquelle
news transmission - Nachrichtenübermittlung
news values - Nachrichtenwert
new town - Retortenstadt
new world order - neue Weltordnung
nexus - Junktim
niche - Nische
night school - Abendschule
nightwatchman state - Nachtwächterstaat
nihilism - Nihilismus
nin-identity - Nichtidentität
ninsensicality - Bedeutungslosigkeit
nobility - Adel
nomadism - Nomadentum
no man's land - Niemandsland
nominal definition - Nominaldefinition
nominal fallacy - nominaler Fehlschluß
nominal income - Nominaleinkommen
nominalism - Nominalismus
nominal scale - Nominalskala
nominate - berufen, ernennen
nomination - Nominierung, Vorschlag, Berufung, Ernennung
nomological explanation - nomologische Begründung, nomologische Erklärung
nomological hypothesis - nomologische Hypothese
nomothetic - nomothetisch
nomothetic method - nomothetische Methode, nomothetische Orientierung
non-aggression pact - Nichtangriffspakt
nonaligned - ungebunden, blockfrei
nonalignment - Blockfreiheit, Bündnisfreiheit
non-alignment countries - Blockfreie
non-belligerent - nichtkriegführend
non-committed - ungebunden
non-compliance - Nichtbeachtung
nonconformism - Nonkonformismus
nonconformist - Nonkonformist, Widerspruchsgeist

nonconformity - Nonkonformität, Nonkonformismus
non-contradiction - Widerspruchsfreiheit
non-contradictory - widerspruchsfrei
non-decision - Nicht-Entscheidung
non-denominational - konfessionslos
non-denominational school - Gemeinschaftsschule
nondirective therapy - nichtdirektive Therapie
non-discrimination - Gleichbehandlung
non-fiction - Sachbücher
nonformal education - außerschulische Erziehung
non-identical - nichtidentisch
non-interference - Nichteinmischung
non-intervention - Nichteinmischung
non-intervention policy - Nichteinmischungspolitik
nonlinear regression - nichtlineare Regression
nonliterate - schriftlos
nonliterate culture - schriftlose Kultur
non-membership group - Nicht-Mitgliedschaftsgruppe
non-member state - Nicht-Mitgliedsstaat
nonparametric - nichtparametrisch, parameterfrei
nonparticipant observation - nichtteilnehmende Beobachtung
non-participating observer - nichtteilnehmender Beobachter
nonpartisan - überparteilich
nonpartisan election - nichtparteiliche Wahl, Wahl ohne Parteikandidaten
nonpartisanship - Unparteilichkeit, Unvoreingenommenheit, Urteilsdistanz, Distanz des Urteils, Überparteilichkeit
nonpartisan voter - parteiloser Wähler
nonperformance - Nichterfüllung
nonpolitical - nichtpolitisch
non-polluting - umweltfreundlich, umweltverträglich
non-professional educator - Laienpädagoge
non-professional helping group - Selbsthilfegruppe
non-professorial staff - akademischer Mittelbau

nonprofit entrepreneurship - nichtgewinn-orientiertes Unternehmertum

non-profit-making society - gemeinnütziger Verein

non-profit organization - gemeinnützige Organisation

non-profit status - Gemeinnützigkeit

Nonproliferation Treaty - Atomwaffensperrvertrag

non-recognition - Nichtanerkennung

nonrespondent - Antwortverweigerer

nonresponse - Nichtbeantwortung

nonresponse rate - Ausfallrate, - Verweigerungsrate

nonresponse weighting - Gewichtung der nichterreichten Personen, Redressment

nonsensical - widersinnig

non-standardized interview - nichtstandardisiertes Interview

non-sufficient condition - unzureichende Bedingung

non-tariff barriers to trade - nichttariffäre Handelshemmnisse

nonunionized - nicht organisiert

nonverbal communication - nonverbale Kommunikation

nonverbal education - nichtverbale Erziehung

nonviolent - gewaltlos

nonviolent action - gewaltloser Widerstand

nonvoter - Nichtwähler

nonvoting - Nichtwählen

non-zero-sum game - Nicht-Nullsummenspiel

Nordic Council - Nordischer Rat

norm - Norm

normal crime - Normalverbrechen

normal curve - Normalverteilungskurve

normal distribution - Normalverteilung

normality - Normalität

normalization - Normalisierung

normalization of relations - Normalisierung der Beziehungen

normalize - normalisieren

normal science - normale Wissenschaft

normal vote - Normalwahl

normative compliance - normativ-soziale Folgsamkeit

normative order - normative Ordnung, Normenordnung, Sittenordnung

normative pattern - normatives Muster

normative pedagogics - normative Pädagogik

normative power of the factual - normative Kraft des Faktischen

normative proposition - normative Aussage

normative system - Normensystem

normative thinking - normatives Denken

normative value - normativer Wert

norm conflict - Normenkonflikt

norm-conforming attitude - normenkonforme Einstellung

norm of conduct - Verhaltensnorm

North American Free Trade Area (NAFTA) - Nordamerikanische Freihandelszone

North Atlantic Treaty Organization (NATO) - Nordatlantikpakt

North-South-conflict - Nord-Süd-Konflikt

nosology - Nosologie

notability - bedeutende Persönlichkeit

notation - Anmerkung

note - feststellen, Note

notice - anzeigen, wahrnehmen, Mitteilung, Vermerk

notification - Meldung, Notifikation

notify - anzeigen, benachrichtigen

notion - Begriff, Anschauung

not worth considering - indiskutabel

novelty - Neuerung, Neuheit

nuclear attack - Atomangriff

nuclear disarmament - atomare Abrüstung

nuclear energy - Kernenergie

nuclear-free zone - atomwaffenfreie Zone

nuclear non-proliferation - Nichtweiterverbreitung von Atomwaffen

nuclear power - Atommacht

nuclear war - Atomkrieg

nuclear warhead - nuklearer Sprengkopf

nuclear weapons - Atomwaffen

nuisance variable - Störvariable

null and void - null und nichtig

null hypothesis - Nullhypothese

nullification - Nichtigkeitserklärung, Annullierung

nullify - annullieren

nullity - Ungültigkeit

number - Zahl

numeral - Ziffer, Quote, Gliederungszahl
numeral value - mathematischer Wert, rechnerischer Wert
numerical - numerisch
nuptial birth rate - eheliche Geburtenzahl
nuptiality - Zahl der Eheschließungen

nursery school - Vorschule, Kindergarten
nursing care insurance - Pflegeversicherung
nutrition - Ernährung
nutritional sufficiency - Unterernährung

O

oath - Eid, Schwur
oath formula - Eidesformel
oath of office - Amtseid
obedience - Gehorsam, Gehorsamkeit
object - Einwände erheben, Objekt,
Gegenstand
objectification - Versachlichung,
Objektivierung
objection - Einwand, Widerspruch
objectivation - Objektivation
objective - objektiv, Zweck, Zielsetzung
objective personality tests - objektive
Persönlichkeitstests
objective psychology - objektive
Psychologie
objectivism - Objektivismus
objectivity - Objektivität, Sachlichkeit
objectivize - versachlichen
object language - Objektsprache
object loss - Objektverlust
object perception -
Objektwahrnehmung
object relation - Objektbeziehung
obligation - Pflicht, Verpflichtung
obligatory - verbindlich
obliged - verpflichtet
oblique - schiefwinklig, schräg
obscenity - Obszönität
obscurantism - Obskurantismus,
Bildungsfeindlichkeit
obscure - obskur, unverständlich
obsequiousness - Unterwürfigkeit
observability - Beobachtbarkeit
observable characteristic -
Beobachtungsmerkmal
observable facts - beobachtbare
Tatsachen
observation - Beobachtung
observational learning -
Beobachtungslernen
observational unit -
Beobachtungseinheit
observation protocol -
Beobachtungsprotokoll
observed frequency - beobachtete
Häufigkeit
observed value - Beobachtungswert
observer - Beobachter

obsession - Besessenheit, Obsession,
Zwangsvorstellung
obsessional neurosis - Zwangsneurose
obsession with one's image -
Profilneurose
obsessive compulsive disorder -
zwangsneurotische Störung
obsessive idea - Zwangsvorstellung
obsessive thinking - Zwangsdenken
obsolescence - Überalterung
obstacle - Hindernis
obstruction - Obstruktion, Blockierung
obtain - erlangen
obtain authority - Befugnisse erhalten
obvious - evident
obviousness - Evidenz
occasionalism - Okkasionalismus
Occident - Abendland
occultism - Okkultismus
occupation - Besatzung, Besitznahme,
Besitz, Beschäftigung
occupational area - Berufsfeld
occupational classification -
Berufssystematik
occupational mobility - berufliche
Mobilität
occupational prestige - Berufsprestige
occupational prestige scale -
Prestigeskala
occupational psychology -
Berufspsychologie
occupational sociology -
Berufssoziologie
occupational stratum - Berufsschicht
occupational structure -
Beschäftigungsstruktur, Berufsstruktur
occupational therapy -
Beschäftigungstherapie
occupation area - Besatzungsgebiet
occupation statute - Besatzungsstatut
occupation zone - Besatzungszone
occupied territory - besetztes Gebiet
occupying power - Besatzungsmacht
occupy office - Amt bekleiden
occurrence - Vorfall, Vorkommnis,
Vorkommen, Auftreten
ochlocracy - Ochlokratie
(Pöbelherrschaft)
Oedipus complex - Ödipuskomplex
of age - mündig
offense - Vergehen, Straftat,
Beleidigung
offensive alliance - Offensivbündnis

offensive weapons - Offensivwaffen
office - Amt, Funktion, Behörde
office-bearer - Amtsinhaber
office copy - Ausfertigung
office group ballot - Blockwahlzettel
office of the Federal Chancellor -
Bundeskanzleramt
officer - Beamter
officer corps - Offizierskorps
office seeking party - machtversessene
Partei
official - amtlich, Beamter
official act - Amtshandlung
official business - Amtsgeschäfte
official copy - Ausfertigung
official decision - Erlaß
official denial - Dementi
officialdom - Beamtentum
official duties - Dienstpflichten
official journal - Amtsblatt
official language - Amtssprache
official notification - öffentliche
Bekanntmachung
official oath - Amtseid
official publication of the parliament -
Parlamentsdrucksache
official secrecy - Amtsgeheimnis
official statement - amtliche
Verlautbarung
officiate - amtieren
offset - aufrechnen
offset printing - Offsetdruck
offsetting agreement -
Kompensationsabkommen
off-the-job-training - Berufsausbildung
außerhalb des Arbeitsplatzes
off the record - inoffiziell, vertraulich
of minor interest - von
untergeordnetem Interesse
oil price shock - Ölpreisschock
oil producing countries - Ölförderländer
old-age pension - Altersruhegeld, Rente
old-age protection - Alterssicherung
old-fashioned - altmodisch
old politics - Alte Politik
old-spelling critical edition -
historisch-kritische Ausgabe
olfaction - Geruchssinn
oligarchy - Oligarchie
ombudsman - Ombudsmann
omission - Unterlassung
omnibus questionnaire -
Mehrthemenfragebogen

omnibus survey - Mehrthemenumfrage
one-ballot system - Wahlsystem mit
einem Wahlgang
one-corp culture - Monokultur
one-dimensional - eindimensional
one-party-system - Einparteiensystem
one-trial learning - Lernen nach einem
Versuchsdurchgang
only child - Einzelkind
on schedule - fristgerecht
on-the-job-training - Berufsausbildung
am Arbeitsplatz
on the premises - an Ort und Stelle
on the spot - an Ort und Stelle
ontology - Ontologie
open activities for young people -
offene Jugendarbeit
open ballot - offene Wahl
open class - offene Kategorie, offene
Gruppe
open curriculum - offenes Curriculum
open education - offener Unterricht
open-ended interview - offene
Befragung
open group - offene Gruppe
opening of a credit - Akkreditierung
opening of the debate - Debatte
eröffnen
open market - freier Markt
open market policy - Offenmarktpolitik
open negotiations - Verhandlungen
einleiten
open society - offene Gesellschaft
open voting - offene Stimmabgabe
operant - operant, Operant,
Wirkreaktion
operant behavior - operantes Verhalten,
emittiertes Verhalten
operant chamber - operanter Apparat
operant conditioning - operante
Konditionierung
operate policy - Politik durchsetzen
operating - Bedientätigkeit
operating effectiveness -
Leistungsfähigkeit (einer Institution)
operational definition - operationale
Definition
operational efficiency -
Wirtschaftlichkeit
operationalism - Operationalismus
operationalization - Operationalisierung
operations research - Operations
Research, Unternehmensforschung

opinion - Meinung, Votum,
Begutachtung
opinion former - Meinungsmacher
opinion-forming - Meinungsbildung
opinion-forming process -
Meinungsbildungsprozeß
opinion leader - Meinungsführer
opinion poll - Meinungsumfrage
opinion pollster - Meinungsforscher
opinion question - Meinungsfrage
opinion research - Demoskopie,
Meinungsforschung, Umfrageforschung
opinion survey - Meinungsumfrage
opponent - Gegenkandidat
opponent process - Gegenprozeß
opponents of nuclear power stations -
Atomkraftgegner
opponent to the regime -
Regimegegner
opportunism - Opportunismus
opportunity - Möglichkeit
opportunity costs - Opportunitätskosten
opportunity principle -
Opportunitätsprinzip
opportunity structure -
Gelegenheitsstruktur
oppose - bekämpfen
opposition - Opposition
opposition party - Oppositionspartei
oppress - unterdrücken
oppression - Unterdrückung
optimality - Optimalität
optimism - Optimismus
optimization - Optimierung
optimize - optimieren
optimum - Optimum
option - Option, Wahlfreiheit
optional provision - Kann-Bestimmung
optional subject - Wahlfach
option task - Mehrfachauswahl
oral culture - orale Kultur
oral examination - mündliche Prüfung
oral history - oral History
oral interview - mündliche Befragung
oral questioning - mündliche Befragung
oral stage - orale Phase
oral tradition - mündliche Überlieferung
ordeal - Nervenprobe
order - anordnen, Anordnung, - Auftrag,
Weisung
order of rank - Rangordnung
ordinal measure - Ordinalmaß

ordinal scale - Ordinalskala,
Rangordnungsskala
ordinance - Verordnung, Erlaß
ordinary - normal
ordinary language - Normalsprache
ordinary language expression -
umgangssprachlicher Ausdruck
ordinary service - einfacher Dienst
ordinate - Ordinate
ordoliberalism - Ordoliberalismus
organ - Sprachrohr, Organ, Presseorgan,
Institution
organ donation - Organspende
organ explantation - Organentnahme
organic - organisch
organic farmer - Ökobauer
organic farming - biologischer Anbau
organic gardening - biologischer Anbau
organicism - Organizismus
organic theory of state - organische
Staatstheorie
organic view - ganzheitliche
Betrachtung
organism - Organismus
organization - Organisation, Verband
organizational chart - Organigramm
organizational form - Organisationsform
organizational model -
Organisationsmodell
organizational psychology -
Organisationspsychologie
organizational research -
Organisationsforschung
organizational sociology -
Organisationssoziologie
organizational structure -
Organisationsstruktur
organizational theory -
Organisationstheorie
organization analysis -
Organisationsanalyse
**Organization for Economic
Cooperation and Development
(OECD)** - Organisation für
Zusammenarbeit und Entwicklung in
Europa
Organization of African Unity (OAU)
- Organisation der Afrikanischen Einheit
**Organization of American States
(OAS)** - Organisation Amerikanischer
Staaten
**Organization of the Petroleum
Exporting Countries (OPEC)** -

Organisation der erdölexportierenden
Länder
organ of power - Machtorgan
organ trade - Organhandel
oriental despotism - orientalischer
Despotismus
orientation - Orientierung
orientation reflex -
Orientierungsreaktion
orienting reaction -
Orientierungsreaktion
orienting response -
Orientierungsreaktion
orienting statements - orientierende
Feststellungen
origin - Ursprung
original - ursprünglich
originate - herrühren
originator - Urheber
origin myth - Ursprungsmythos
orthodoxy - Orthodoxie,
Rechtgläubigkeit
orthogenesis - Orthogenese,
Orthogenesis
orthography - Rechtschreibung,
Orthographie
ossified - verkrustet
ostensible - angeblich
ostracism - Ostrazismus, Verbannung
ostracize - ausgrenzen (von Personen)
Ostrogorski-paradox -
Ostrogorski-Paradox
other-directed man - außengeleite
Persönlichkeit
other-directedness - Außenlenkung
oust - ausbooten *jmd.*
ouster *am.* - Amtsenthebung
outbreak - Ausbruch
outbreak of hostilities - Ausbruch der
Feindseligkeiten
outbreak of war - Ausbruch eines
Krieges
outcome - Outcome (Ergebnisse
politischer Entscheidungen)
outfit - ausstatten
outflow of funds - Mittelabfluß
out-group - Außengruppe, Fremdgruppe
outlawing - Ächtung
outlawing of war - Kriegsächtung
outlay - Kosten
outlier - Ausreißer
outline - Abriß, kurze Abhandlung
outline agreement - Rahmenabkommen

outline collective agreement -
Manteltarifvertrag
outline conditions -
Rahmenbedingungen
outline directive - Rahmenrichtlinie
out of court - indiskutabel
out-of-line - abweichend
out of print - vergriffen
output - Leistung, Output
outsider - Außenseiter
outskirts - Randgebiet (einer Stadt)
overachievement - Leistung über dem
Niveau
over-arching theory - übergreifende
Theorie, überwölbende Theorie
overcharge - Überforderung
overcompensation - Überkompensation
overconformity - Überanpassung
overdetermination - Überdetermination
overdo - übertreiben
overevaluation - Überbewertung
overextension - Überdehnung
overflow - Überschuß
overinterpret - überinterpretieren
overlapping - Überschneidung,
Überlagerung
over-learning - Überlernen
overload - Überlastung, Überforderung
overlook - übersehen
overpopulation - Überbevölkerung
overproduction - Überproduktion
overqualified - überqualifiziert
overrate - überschätzen
overrepresented - überrepräsentiert
override - Entscheidung für ungültig
erklären
override a vote - überstimmen
overriding interests - ausschlaggebende
Interessen
overrule - Entscheidung aufheben
overseas trade - Überseehandel
overspill - Bevölkerungsüberschuß
overstate - überbewerten
overt - offen
overt behavior - offenes Verhalten
overt conflict - offener Konflikt
overt culture - offene Kultur
over the long term - langfristig
overthrow - Umsturz
overthrow a government - Regierung
stürzen
overtime - Überstunden
overturn a statute - ein Gesetz kippen

overvalue - überbewerten
overwhelming majority -
überwältigende Mehrheit
owner-occupied flat -

Eigentumswohnung

ownership - Eigentum, Eigentumsrecht

own resources - Eigenmittel

P

pacification - Befriedigung
pacifism - Pazifismus
package deal - Junktim
pact - Pakt
pagan - heidnisch
paid leave for new parent - Erziehungsurlaub
pain - Schmerz
pair associate learning - Paarassoziationen
paired associates - Paarassoziation
paired comparison - Paarvergleich
Palestinian - palästinensisch
palliate - beschönigen
palliative - beschönigend
pamphlet - Streitschrift, Pamphlet
panacea - Allheilmittel
panachage - Panaschieren
panel - Panel, Panelerhebung
panel analysis - Panelanalyse
panel-discussion - Podiumsgespräch
panel interview - Panelinterview
panel investigation - Panel-Untersuchung
panel method - Panelmethode
panel mortality - Panelsterblichkeit
panel questioning - Panelbefragung
panel survey - Panelbefragung
panic - Panik
panic act - Kurzschlußhandlung
panic disorder - Panikstörung
panicmongering - Panikmache
pan movement - Pan-Bewegung
pan nationalism - Pan-Nationalismus
papacy - Papsttum
papal - päpstlich
paper-war - Pressefehde
paradigm - Paradigma, Muster, Beispiel
paradigm shift - Paradigmenwechsel
paradoxical intention - paradoxe Intention
paragraph - Artikel
parallel evolution - Parallelentwicklung
parallelism - Parallelismus
parallel test - Paralleltest
paralysation - Paralysierung
parameter - Parameter

parameter of a distribution - Parameter einer Verteilung
parametric test - Parametertest
paramilitary - paramilitärisch
paramount - ausschlaggebend
parapsychology - Parapsychologie
parasitism - Parasitentum
pardon - Begnadigung
pare down - gesundschrumpfen
parentage - elterliche Sorge
parental family - Orientierungsfamlie, Abstammungsfamilie
parental fixation - elterliche Fixierung
parental right - Elternrecht
parental style of upbringing - elterlicher Erziehungsstil
parent aspiration - elterliche Erwartung
parent attitudes - elterliche Haltung
parent child relationship - Eltern-Kind-Beziehung
parent education - elterliche Erziehung
parent guardian - Erziehungsberechtigter
parenthood - Elternschaft
parent influence - elterlicher Einfluß
parents - Eltern
parent's action group - Elterninitiative
parents' council - Elternbeirat
parent-teacher meeting - Elternabend
Pareto criterion - Pareto-Kriterium
Pareto distribution - Paretoverteilung
Pareto optimum - Pareto-Optimum
parish - Kirchengemeinde
parish-pump politics - Kirchturmspolitik
parity - Parität
parity norm - Paritätsnorm, Gleichberechtigungsgrundsatz
parley - Verhandlung
parliament - Parlament
parliamentarianism - Parlamentarismus
parliamentarization - Parlamentarisierung
parliamentary committee - parlamentarischer Ausschuß
parliamentary debate - Parlamentsdebatte
parliamentary democracy - parlamentarische Demokratie
parliamentary election - Parlamentswahlen
parliamentary government - parlamentarische Regierung
parliamentary group - Fraktion

parliamentary inquiry - parlamentarische Untersuchung
parliamentary monarchy - parlamentarische Monarchie
parliamentary pay - Diäten
parliamentary procedure - parlamentarisches Verfahren
parliamentary republic - parlamentarische Republik
parliamentary secretary - Parlamentarischer Staatssekretär
parliamentary system - Parlamentarismus, parlamentarisches System
parochialism - Parochialismus, Engstirnigkeit, Provinzialismus
parsimony principle - Parsimonieprinzip
part - Teilaspekt
partial correlation - partielle Korrelation
partial correlation coefficient - partieller Korrelationskoeffizient
partiality - Voreingenommenheit
partial reinforcement - partielle Verstärkung
partial study - Teilstudie
partial success - Teilerfolg
participant - partizipierend, Teilnehmer
participant observation - teilnehmende Beobachtung
participate - beteiligen, teilhaben
participation - Partizipation, Mitwirkung, Teilnahme
participative work design - partizipative Arbeitsgestaltung
participatory revolution - partizipatorische Revolution
particularism - Partikularismus, Kleinstaaterei
particulars - Einzelheiten
partisan - parteiisch, parteilich, Partisan
partisanship - Parteilichkeit
partition - Zerlegung, Zergliederung
partnerbond - Partnerbindung
partnership - Partnerschaft
partner work - Partnerarbeit
part of evaluation - Bewertungsmodus
part-time job - Teilzeitarbeit
part-time lecturer - Lehrbeauftragter
part-time school - Teilzeitschule
part-time vocational school - Berufsschule
part-time work - Teilzeitarbeit
party - Partei

party bloc - Blockparteien
party chairman - Parteivorsitzender
party competition - Parteienwettbewerb
party conference - Parteitag
party democracy - Parteiendemokratie
party differential - Parteiendifferential
party discipline - Fraktionsdisziplin, Parteidisziplin
party donation - Parteispende
party élites - Parteieliten
party families - Parteifamilien
party follower - Parteianhänger
party hierarchy - Parteiherrschaft
party identification - Parteiidentifizierung
party in power - Regierungspartei
party leader - Parteiführer
party line - Parteilinie
party machine - Parteimaschine
party machinery - Parteiapparat
party member - Parteimitglied, Parteigenosse
party newspaper - Parteizeitung
party official - Parteifunktionär
party of notables - Honoratiorenpartei
party organization - Parteiorganisation
party patronage - Patronagepartei
party platform - Parteiprogramm
party political - parteipolitisch
party politics - Parteipolitik
party preference - Parteipräferenz, parteipolitische Orientierung
party privilege - Parteienprivileg
party program - Parteiprogramm
party scene - Parteienlandschaft
party split - Parteispaltung
party state - Parteienstaat
party stronghold - politische Hochburg
party system - Parteiensystem
party weariness - Parteienverdrossenheit
party with a majority bent - Mehrheitspartei
pass - abnehmen, freigeben
pass a bill - Gesetzesvorlage verabschieden
passage of a bill - Verabschiedung eines Gesetzes
pass a law - Gesetz verabschieden
pass a resolution - Beschluß fassen
passing - Vorgeben, Verbergen
pass into - übergehen in
passion - Leidenschaft
passiveness - Passivität

passive resistance - passiver Widerstand
pass over - übergehen
pastoralism - Weidewirtschaft,
Hirtenwirtschaft
patent solution - Patentlösung
paternalism - Paternalismus,
paternalistische Fürsorge
paternal reproduction - väterliche
Reproduktionsziffer
paternal sib - Nachkommenschaft
väterlicherseits
paternity - Urheberschaft
path activation - Pfadaktivierung
path analysis - Pfadanalyse,
Dependenzanalyse
path-dependency - Pfadabhängigkeit
pathfinding - bahnbrechend
pathology - Pathologie, Krankheitsbild
pathos - Pathos
patriarch - Stammesvater, Patriarch
patriarchal - patriarchalisch
patriarchal family - patriarchalische
Familie
patriarchalism - Patriarchalismus
patriarchal leadership - patriarchalische
Führung
patriarchal society - patriarchalische
Gesellschaft
patriarchate - Patriarchat
patriarchy - patriarchalisches System
patrilaterality - Patrilateralität
(Verwandtschaft väterlicherseits)
patriline - väterliche
Verwandtschaftslinie
patrilineage - Agnation, Verwandtschaft
väterlicherseits
patrilineal inheritance - Erbfolge in der
männlichen Linie
patrilineality - Patrilinealität
patrimonial society -
Patrimonialgesellschaft
patriot - Patriot
patriotism - Patriotismus
patron - Mäzen
patronage - Patronage, Ämterpatronage
patronage bureaucracy -
Patronagebürokratie, Ämterpatronage in
der Bürokratie
patronage system - Patronagesystem,
Ämterpatronagesystem
patronize - fördern
pattern - Muster, Beispiel, Modell,
Beziehungsgefüge, Schema

pattern maintenance -
Aufrechterhaltung der Grundstrukturen
pattern of behavior - Verhaltensmuster
pattern of leadership - Führungsstil
pauperism - Pauperismus, Verarmung
pauperization - Pauperisierung,
Verarmung
pause for reflection - Denkpause
pay benefits - Leistungen erbringen
pay deal - Lohnabschluß
payment - Zahlung
pay no attention - außer Acht lassen
pay policy - Lohnpolitik
pay TV - Abonnement-Fernsehen
peace - Frieden
peaceableness - Friedfertigkeit
peace bid - Friedensangebot
peace breaking - Friedensbruch
peace conference - Friedenskonferenz
peace dialog - Friedensdialog
peace education - Friedenserziehung
peace efforts - Friedensbemühungen
peace establishment - Friedensstärke
peaceful - friedlich
peaceful change - friedlicher Wandel
peaceful revolution - gewaltlose
Revolution
peaceful use of atomic energy -
friedliche Nutzung der Atomenergie
peacekeeping - friedenserhaltend,
Friedenswahrung
peace-keeping force -
Friedensstreitmacht
peace-loving - friedliebend
peacemaker - Friedensstifter
peace making - Friedensschaffung
peace march - Friedensmarsch
peace movement - Friedensbewegung
peace preliminaries - Präliminarfriede
peace research - Friedensforschung
peace settlement - Friedensschluß
peace studies - Friedensforschung
peace talks - Friedensgespräche
peace treaty - Friedensvertrag
peasant - Landwirt, Bauer, Farmer
peasant movement - Bauernbewegung
peasantry - Bauernschaft, Bauerntum
peasant society - bäuerliche
Gesellschaft
peculation - Veruntreuung
pedagogical code - pädagogischer Code
pedagogical principles - pädagogische
Prinzipien

pedagogical theory bewed on human studies - geisteswissenschaftliche Pädagogik
pedagogics in humanities - geisteswissenschaftliche Pädagogik
pedagogy - Pädagogik
pedigree - Stammbaum, Ahnentafel
peer - Ebenbürtiger, Gleichrangiger
peer culture - Gleichrangigenkultur, Peergruppenkultur
peer group - Peergruppe, - Gleichrangigengruppe
peer influence - Peergruppe-Einfluß
peg-word method - Stichwort-Methode
penalize - bestrafen
penal sanction - Strafsanktion
penalty - Bestrafung, Strafe
pending - anhängig
penetrate - durchdringen
penetration - Penetration, Durchdringung
penis envy - Penisneid
penny press - Groschenzeitung
pension - Rente
pension claim - Rentenanspruch
pensioner - Rentenempfänger
pension scheme - Rentenversicherung
pensions for war victims - Kriegsopferversorgung
people - Leute, Menschen, Bevölkerung
people's capitalism - Volkskapitalismus
people's democracy - Volksdemokratie
per capita income - Pro-Kopf-Einkommen
perceive - wahrnehmen
percentage distribution - Prozentverteilung
percentage point - Prozentpunkt
percept - Wahrnehmungsgegenstand
percept genesis - Aktualgenese
perception - Wahrnehmung, Perzeption
perception test - Wahrnehmungstest
perceptual constancy - Wahrnehmungskonstanz
perceptual defense - Wahrnehmungsabwehr
perceptual learning - perzeptives Lernen
perfectibility - Perfektibilität, Vervollkommnungsfähigkeit
perfection - Perfektion
perfectionism - Perfektionismus
perform - leisten
performability - Leistungsbereitschaft

performable - durchführbar
performance - Leistung, Ausführung, Durchführung, Bewerkstelligung
performance capability - Leistungspotential
performance codes - Ausdruckszeichen
performance of duty - Pflichterfüllung
performance-oriented society - Leistungsgesellschaft
performance principle - Leistungsprinzip
performer - Macher
perfunctoriness - Nachlässigkeit
perinatal mortality rate - perinatale Sterblichkeitsrate
period - Periode, Zeitraum
period effect - Periodeneffekt
periodical - Zeitschrift, Fachzeitschrift
periodicity - Periodisierung
period of appointment - Amtsdauer
period of concrete operations - Zeitraum konkreter Operationen
period of formal operations - Zeitraum formaler Operationen
peripheral - peripher
peripheralism - Peripheralismus
periphery - Peripherie
perjure - Meineid leisten
permanent advisory board - ständiger Beirat
permanent condition - Dauerzustand
permanent representation of Land - Landesvertretung
permanent revolution - permanente Revolution
permanent veto - endgültiges Veto, unaufschiebbares Veto
permeability - Durchlässigkeit, Offenheit
permission - Erlaubnis, Genehmigung
permission to print - Druckerlaubnis
permissiveness - Permissivität, Freizügigkeit
permit - genehmigen, zulassen, Genehmigung
permit of text books - Genehmigung von Schulbüchern
peronism - Peronismus
perpetual - unbefristet
perpetual peace - ewiger Friede
persecution - Verfolgung
perseverance - Ausdauer, Beharrlichkeit
perseveration - Perseveration, Wiederholungstendenzen

persistence - Persistenz, Beständigkeit, Beharrlichkeit
personal admiration - persönliche Bewunderung
personal assistant - persönlicher Referent
personal autonomy - persönliche Autonomie
personal contact - persönlicher Kontakt
personal data - personenbezogene Daten
personal equation - persönliche Gleichung
personal integrity - persönliche Integrität
personal interview - persönliches Interview
personalism - Personalismus, Charakter mit Persönlichkeitsstruktur
personality - Persönlichkeit, Persönlichkeitsstruktur
personality assessment - Persönlichkeitseinschätzung
personality cult - Personenkult
personality development - Persönlichkeitsentwicklung
personality disorganization - Persönlichkeitsabbau, Persönlichkeitsauflösung
personality inventory - Persönlichkeitsfragebogen
personality structure - Persönlichkeitsstruktur
personality system - Persönlichkeitssystem
personality traits - Persönlichkeitseigenschaften
personality type - Persönlichkeitstyp
personalization - Personalisation, Personalisierung
personal narratives - persönliche Geschichten
personal union - Personalunion
person eligible to vote - Wahlberechtigter
person entitled to vote - Wahlberechtigter
personification - Personifizierung, Vermenschlichung
personnel - Personal, Belegschaft, Mitarbeiter
personnel management - Personalwesen

persons of standing - Honoratioren
person under age - Minderjährige
perspective - Perspektive
persuade - überzeugen, überreden
persuasion - Überredung, Beeinflussung, Überzeugung
persuasive discourse - persuasiver Diskurs
persuasiveness - Überzeugungskraft
pertain - betreffen
pertinent literature - einschlägige Literatur
pervasive - allgegenwärtig
perversion - Perversion
pessimism - Pessimismus
pessimism about the future - Zukunftspessimismus
petition - Bittschrift, Petition, Antrag
petition for a referendum - Bürgerbegehren, Volksbegehren
petrification - Versteinerung
petroleum - Erdöl
petty bourgeois - Kleinbürger
petty bourgeoisie - Kleinbürgertum
petty dealer - Kleinhändler
phallic stage - phallische Phase
phantom limb - Phantomglied
pharmacopsychology - Pharmakopsychologie
phase - Phase, Entwicklungsphase
phase of sequence theory - Theorie der Phasenfolge
phenomenalism - Phänomenalismus
phenomenological psychology - phänomenologische Psychologie
phenomenology - Phänomenologie
phenomenon - Phänomen
phenotype - Phänotyp
philosemitism - Philosemitismus
philosophical anthropology - philosophische Anthropologie
philosophical doubt - philosophischer Zweifel
philosophy of education - Philosophie der Erziehung
philosophy of law - Rechtsphilosophie
philosophy of science - Wissenschaftsphilosophie, Wissenschaftstheorie
phobia - Phobie
phoneme - Phonem
phonetics - Phonetik
photo journalism - Bildjournalismus

phrasemongering - Phrasendrescherei
phraseology - Wortlaut
phylogenesis - Phylogenese
physical coercion - physischer Zwang
physical education - körperliche
Erziehung
physical environment - physische
Umwelt
physicalism - Physikalismus
physiological psychology -
physiologische Psychologie
picket - Streikposten
pickup in capital spending -
Investitionsbelebung
picture - Bild, Abbildung
picture book - Bilderbuch
picture documentary -
Bilddokumentation
picture of humanity - Menschenbild
picture of mankind - Menschenbild
picture story - Bildbericht
pidgin - Pidgin, Kauderwelsch
piecemeal social engineering -
Sozialtechnologie der kleinen Schritte
piece of legislation - Gesetzesvorlage,
Gesetzgebungswerk
piecework - Gelegenheitsarbeit,
Akkordarbeit
pietism - Pietismus
pillarization - Versäulung pol.
pilot project - Pilotprojekt,
Modellversuch
pilot study - Pilotstudie, Vorstudie
pinpoint - hervorheben
pioneer - Pionier, Wegbereiter
pioneering feat - Pionierleistung
pioneering spirit - Pioniergeist
piracy - Plagiat
placebo-effect - Placebo-Effekt
placement - Plazierung, Einstellung
(eines Arbeitnehmers), Vermittlung
place of publication - Erscheinungsort
place of residence - Wohnsitz
place of training - Ausbildungsstätten
place to live - Lebensraum
plagiarism - Plagiat
plan - Plan, Vorhaben, Skizze,
Diagramm
plan fulfillment - Planerfüllung
plan implementation -
Plandurchführung
planned - geplant
planned action - planmäßiges Handeln

planned economy - Planwirtschaft
planned target - Planungsziel
planning - Planung, Planen
planning costs - Planungskosten
planning goal - Planungsziel
planning period - Planungsperiode
planning-programming-budgeting
system am. pol. - Planungs-
Programmierungs-Budgetierungs-System
plantation - Plantage
plantation agriculture -
Plantagenwirtschaft
plant sociology - Betriebssoziologie,
Industriesoziologie
plasticity - Plastizität
platform - Programm, Plattform,
Grundsatzerklärung
platform party - Plattformpartei
platitude - Platitüde, Phrase
Platonic love - platonische Liebe
plausibility - Plausibilität
play - Spiel, Hörspiel
play down - bagatellisieren
play drive - Spieltrieb
playground - Spielplatz
play therapy - Spieltherapie
plaything - Spielzeug
plea - Plädoyer
pleasure - Lust, Sinnlichkeit
pleasure principle - Lustprinzip
plebiscitarian democracy - plebiszitäre
Demokratie, direkte Demokratie
plebiscite - Plebiszit, Volksabstimmung,
Volksentscheid
pledge - Sicherheit, feierliches
Versprechen
plenary assembly - Vollversammlung
plenary session - Plenum
plot - Komplott, Verschwörung,
Handlungsablauf
plug a gap - Lücke schließen
pluralism - Pluralismus
pluralism of theories -
Theorienpluralismus
pluralistic society - pluralistische
Gesellschaft
pluralist society - pluralistische
Gesellschaft
plurality - Mehrheit
plurality election - relative
Mehrheitswahl
plurality of offices - Ämterhäufung
plural vote - Mehrstimmenwahlrecht

plural voting - Abstimmung nach dem Mehrstimmenwahlrecht
plutocracy - Plutokratie, Geldherrschaft
poetry - Dichtkunst
poietic knowledge - poietisches Wissen
point at issue - strittiger Punkt
point biserial correlation - punktbiserielle Korrelation
point estimation - Punktschätzung
pointlessness - Sinnlosigkeit
point of attack - Angriffsfläche
point of reference - Bezugspunkt
point of view - Standpunkt
point sample - Punktauswahl
Poisson distribution - Poisson-Verteilung
polarity - Polarität
polarization - Polarisierung, Polarisation
polemic - Polemik
police - Polizei, Polizeibehörde
police state - Polizeistaat
police statistics - Kriminalstatistik
policies - materielle Politikbereiche
policy - materielle Politik
policy decision - politische Entscheidung
policy dilemma - politischer Zielkonflikt, Politikdilemma
policy disagreement - politische Unstimmigkeiten
policy driven party - politikorientierte Partei
policy formation - Formulierung von politischen Grundsätzen
policy functions - Policy-Funktionen
policy goals - Zielvorstellungen
policy guidelines - Richtlinien der Politik
policy-making - Politikgestaltung
policy-making power - Richtlinienkompetenz
policy-mix - Policy-Mix
policy network - Policy-Netzwerk
policy of aggression - Aggressionspolitik
policy of alliance - Bündnispolitik
policy of détente - Entspannungspolitik
policy of economic systems - Ordnungspolitik
policy of encirclement - Einkreisungspolitik
policy of expansion - Expansionspolitik
policy of going it alone - Politik des nationalen Alleingangs
policy of neutrality - Neutralitätspolitik

policy of non-intervention - Nichteinmischungspolitik
policy of restraint - zurückhaltende Politik
policy of settlement - Siedlungspolitik
policy of small steps - Politik der kleinen Schritte
policy pronouncement - Politikankündigung
policy regarding university education - Hochschulpolitik
policy sciences - Entscheidungswissenschaften, Problemlösungswissenschaften
policy style - Politikstil
polis - Polis
politcal awareness - politisches Bewußtsein, politische Kenntnis
political access - politischer Zugang, Zugang zur Politik
political action - politischen Handeln
political activity - politische Betätigung
political-administrative system - politisch-administratives System
political agenda - politisches Programm
political alliance - politisches Bündnis
political anthropology - politische Anthropologie
political apathy - politische Apathie, Politikverdrossenheit
political arithmetic - politische Arithmetik
political asylum - politisches Asyl
political behavior - politisches Verhalten
political business cycle - politischer Konjunkturzyklus
political cadre - Kader
political camp - politisches Lager
political catholicism - politischer Katholizismus
political character - politischer Charakter
political citizenship - politische Staatsbürgerrechte
political class - politische Klasse, herrschende Klasse
political coercion - politischer Zwang
political color - politische Tendenz
political communication - politische Kommunikation
political community - politische Gemeinde
political consultant - politischer Berater

political correctness - politische
Korrektheit
political crisis - politische Krise
political culture - politische Kultur,
politischer Stil, Bürgerkultur
political cybernetics - politische
Kybernetik
political development - politische
Entwicklung
political disturbances - politische
Unruhen
political domination - politische
Herrschaft
political economy - P(p)olitische
Ökonomie
political education - politische Bildung
political figures - führende Vertreter des
politischen Lebens
political geography - politische
Geographie
political goods - politische Güter
political gridlock - Stillstand in der
Politik
political group - Fraktion
political institutionalism - politischer
Institutionalismus
political issue - politisches Mandat,
politischer Auftrag, politisches
Sachthema, politisches Sachprogramm,
Politikum
political justice - politische Justiz
political leadership - politische Führung
political liability - politische Belastung
politically clear - politisch unbelastet
political machine - Parteimaschine,
Maschinenpartei
political mobilization - politische
Mobilisierung
political objectives - politische
Zielsetzungen
political opinion - politische Meinung
political orientation - politische
Ausrichtung
political outlook - politische Aussichten
political participation - politische
Beteiligung
political party - politische Partei
political patronage - Ämterpatronage,
politische Patronage
political performance - politische
Performanz
political persecution - politische
Verfolgung

political personality - politische
Persönlichkeit
political philosophy - politische
Philosophie
political planning - politische Planung
political power - politische Macht
political pressure - politischer Druck
political prisoner - politischer
Gefangener
political process - politischer Prozeß
political psychology - politische
Psychologie
political recruitment - politische
Rekrutierung
political responsibility - politische
Verantwortlichkeit
political science - Politikwissenschaft,
Politologie
political socialization - politische
Sozialisation
political sociology - politische
Soziologie
political structure - politische Struktur
political subdivision -
Gebietskörperschaft
political system - politisches System
political theory - politische Theorie,
Theorie der Politik
political unification of Europe -
politische Einigung Europas
political unrest - politische Unruhen
politician - Politiker
politicization - Politisierung
politicized academic studies -
politisierte Wissenschaft
politico-geographical - geopolitisch
politics - Politik (im Sinne von
Entscheidungs- und
Einflußzusammenhängen)
politics of the day - Tagespolitik
politometrics - Politometrie
polity - Gemeinwesen, Staatswesen,
politische Ordnung
poll - Meinungsumfrage, Abstimmung,
Wahl, - Wahlergebnis
polling - Abstimmen,
Meinungsforschung, Umfrageforschung,
Demoskopie
polling district - Wahlkreis
polling procedure -
Abstimmungsverfahren
polling station - Wahllokal
polls - Wahllokale

pollster - Meinungsforscher, Demoskop
poll tax - Gemeindesteuer, Kopfsteuer
pollute - verunreinigen
polluted size - Altlast
pollution - Verschmutzung
pollution-prone - umweltverschmutzend
polyandry - Polyandrie, Vielmännerei
polyarchy - Polyarchie
polycentrism - Polyzentrismus
polycracy - Polikratie
polygyny - Polygynie (Vielweiberei)
polytechnic education - polytechnische
Bildung
polytheism - Polytheismus
pool - Kartell
pooled
cross-section-cross-time-analysis -
gepoolte Quer- und Längsschnittanalyse
pooling - Datensammlung,
Zusammenfassung von Informationen
poor law - Armenrecht,
Armengesetzgebung
pope - Papst
Popper criterion - Popper-Kriterium
popular - beliebt, populär
popular assembly - Volksversammlung
popular consent - Zustimmung des
Volkes
popular culture - Alltagskultur,
Volkskultur, populäre Kultur
popular disenchantment with politics -
Politikverdrossenheit
popular front - Volksfront
popular government - Volksherrschaft
popular initiative - Initiative
popularity - Popularität
popular newspaper - Boulevardzeitung
popular opinion - Volksmeinung
popular rule - Volksherrschaft
popular sovereignty - Volkssouveränität
popular taste - Publikumsgeschmack
popular vote - Wählerstimme
population - Bevölkerung,
Grundgesamtheit
population aggregate -
Bevölkerungsaggregat
population change -
Bevölkerungswandel
population cycle - Bevölkerungszyklus
population density - Bevölkerungsdichte
population development -
Bevölkerungsentwicklung

population distribution -
Bevölkerungsverteilung
population dynamics -
Bevölkerungsdynamik
population explosion -
Bevölkerungsexplosion
population forecast -
Bevölkerungsprognose
population growth -
Bevölkerungswachstum
population mobility -
Bevölkerungsmobilität
population movement -
Bevölkerungsbewegung
population of point data -
Bestandsmasse
population policy - Bevölkerungspolitik
population pressure -
Bevölkerungsdruck
population projection -
Bevölkerungshochrechnung
population register -
Bevölkerungsregister
population stratum -
Bevölkerungsschicht
population structure -
Bevölkerungsstruktur
population surplus -
Bevölkerungsüberschuß
populism - Populismus
pork barrel am. - Pork-Barrel-Politik
(finanzielle Begünstigung durch die
Regierung aus politischen Gründen)
portfolio - Ressort
portrait - Porträt
portraiture - Portraitkunst
position - Position, Stellung, Standort,
Lage
position centrality - Positionszentralität
position issue - Positionsproblem,
Positionssachthema
position of constraint - Zwangslage
position paper - Positionspapier
positive law - positives Gesetz
positive reinforcement - positive
Verstärkung
positive science - positive Wissenschaft
positive sum game -
Positivsummenspiel
positivism - Positivismus
positivist dispute - Positivismusstreit
possession - Besitz
possibility - Möglichkeit

post - Amt, Posten
postal interview - briefliches Interview
postal vote - Briefwahl
post-colonialism - Postkolonialismus
postconventional level -
postkonventionelle Ebene
posterity - Nachwelt
post-graduate studies - Aufbaustudium
posthistoire - Posthistoire
post-industrial society - postindustrielle
Gesellschaft
post-materialism - Postmaterialismus
postmaterialist values -
postmaterialistische Werte
postmaterial values -
postmaterialistische Werte
postmodern era - postmodernes
Zeitalter
postmodernism - Postmodernismus
postmodern world - postmoderne Welt
post of authority - einflußreiches Amt
postpone - aufschieben, hinausschieben
postponement - Aufschiebung
postulate - Postulat, Voraussetzung,
Grundbedingung
posture - Körperstellung, Pose
post-war period - Nachkriegszeit
potency - Potenz
potential - potentiell - Potential
potentiality - Möglichkeit
potential trouble shot - Schwachstelle
poverty - Armut, Mittellosigkeit,
Bedürftigkeit
poverty line - Armutsgrenze
poverty trap - Armutsfalle
power - Befugnis, Autorität, Macht,
Gewalt, Kraft, Stärke, Einfluß
power authority - Machtbefugnis
power basis - Machtanspruch
power center - Machtzentrum
power claim - Machtanspruch
power conflict - Machtkonflikt
power distribution - Machtverteilung
power elite - Machtelite
power field - Einflußfeld
powerful - trennscharf stat.
power group - Machtgruppe,
organisiertes Machtaggregat
power hierarchy - Machthierarchie
powerlessness - Machtlosigkeit
power monopoly - Gewaltmonopol
power need - Machtbefugnis, Bedürfnis
nach Macht

power of demonstration - Beweiskraft
power of discernment -
Unterscheidungsvermögen
power of disposition -
Verfügungsgewalt
power of imagination - Einbildungskraft
power of judgment - Urteilskraft
power politics - Machtpolitik
power position - Machtstellung
power relations - Machtbeziehungen
power relationship - Machtbeziehung
power resources - Machtressourcen
power-sharing - Machtteilung
powers of articulation -
Artikulationsvermögen
powers of discretion - Ermessensfreiheit
powers that be - Obrigkeit
power structure - Machtstruktur
power-supply industry -
Energiewirtschaft
power to legislate -
Gesetzgebungskompetenz
power war - Machtkampf
practicability - Praktikabilität,
praktische Anwendbarkeit
practicable - praktikabel
practical anthropology - praktische
Anthropologie
practical constraint - Sachzwang
practical discourse - praktischer Diskurs
practical education - Erziehungspraxis
practical ethics - praktische Ethik
practical experience - praktische
Erfahrung
practicality - Durchführbarkeit,
Zweckmäßigkeit
practically oriented - praxisbezogen
practical person - Praktiker
practical philosophy - praktische
Philosophie
practical reason - praktische Vernunft
practical studies - Praktikum
practical training - Praktikum
practice - Übung, Handeln, Praxis
practice of science -
Wissenschaftspraxis
practice-oriented - praxisorientiert
practitioner - Pragmatiker
Praetorian state - Prätorianerstaat
(Herrschaft einer Militärkaste)
pragmatic - pragmatisch
pragmatics - Pragmatik
pragmatism - Pragmatismus

praise - Lob
praxiology - Praxeologie
praxis - Tun, Handeln,
Beispielsammlung, Praxis, Ausübung
preamble - Präambel
pre-apprenticeship courses -
Förderungslehrgänge
precaution - Vorsorge
precautionary measure -
Vorsichtsmaßnahme
precede - vorangehen
precedence - Vorrang
precedent - Präzedenzfall
preceding - vorhergehend
precision - Präzision, Exaktheit
preclude - ausschließen
precognition - Vorkenntnis
preconceived opinion - vorgefaßte
Meinung
preconception - vorgefaßte Meinung,
Vorurteil
preconscious - vorbewußt
preconsciousness - Vorbewußtes
preconventional level -
vorkonventionelle Ebene
predatory exploitation - Raubbau
predecessor - Vorgänger
predestination - Prädestination
predict - begründen, voraussagen,
vorhersagen
predictability - Voraussagbarkeit,
Vorhersehbarkeit, Prognostizierbarkeit
prediction - Vorhersage, Prognose
prediction error - Prognosefehler,
Vorausschätzungsfehler
prediction method - Prognoseverfahren
prediction technique - Prognosetechnik
predictive statement - Vorhersage,
Prognose
predictor - Prädiktor,
Voraussagenindikator
predisposition - Prädisposition
prefer - bevorzugen
preference - Präferenz, Vorzug,
Vorliebe, Bevorzugung
preference formation - Präferenzbildung
preference order - Präferenzordnung
preference structure - Präferenzstruktur
preferential arrangement -
Vorzugsbehandlung
preferential treatment -
Vorzugsbehandlung
prefiguration - Präfiguration

pregnancy - Schwangerschaft
pregnancy rate - Schwangerschaftsrate
pregnancy test - Schwangerschaftstest
prehistoric times - Vorzeit
prehistory - Vorgeschichte
prejudge - präjudizieren
prejudice - Vorurteil,
Voreingenommenheit
prejudiced - voreingenommen
prejudiced attitude -
Voreingenommenheit
preknowledge - Vorwissen
preliminaries - Präliminarien
preliminary - vorläufig
preliminary consideration -
Vorüberlegung
preliminary investigation -
Voruntersuchung
preliteracy - Fehlen schriftlicher
Überlieferung
preliterate culture - schriftlose Kultur
premise - Prämisse
preparation for further study -
Studienvorbereitung
preparatory response - vorbereitende
Reaktion
prepare - ausarbeiten, vorbereiten
prerequisite - Voraussetzung
prerogative - Prärogative
pre-school - Vorschule
pre-school education -
Vorschulerziehung
pre-school level - Elementarbereich
prescribe - vorschreiben
prescription - Verjährung, Präskription
prescriptive - präskriptiv
prescriptive expression - präskriptiver
Ausdruck
prescrition - Vorschrift
presence - Gegenwärtigkeit, Gegenwart
presence of a quorum -
Beschlußfähigkeit
present - gegenwärtig, Gegenwart
presentation - Präsentation, Vortrag
presentational effects -
Darstellungseffekt
presentational format -
Darstellungsformat
presentation of a problem -
Problemstellung
presentiment - Vorahnung
present the budget - Haushalt vorlegen

preservation of monuments - Denkmalspflege
preservation of peace - Friedenssicherung
preservation of public order - Aufrechterhaltung der öffentlichen Ordnung
preserve - bewahren
presidency - Präsidentschaft, Vorsitz
president - Präsident
president by seniority - Alterspräsident
presidential cabinet - Präsidialkabinett
presidential campaign - Präsidentschaftswahlkampf
presidential candidate - Präsidentschaftskandidat
presidential democracy - Präsidialdemokratie
presidential dictatorship - Präsidialdiktatur
presidential government - präsidentielles Regierungssystem, Präsidialregierung
presidentialism - Präsidentialismus, präsidentielles Regierungssystem
presidential race - Präsidentschaftswahl
presidential republic - präsidiale Republik
presidential system - Präsidialsystem
president of the state - Staatspräsident
press - Presse, Druck
press agency - Presseagentur
press archives - Pressearchiv
press campaign - Pressekampagne
press censorship - Pressezensur
press commentary - Pressestimmen
press comments - Pressestimmen
press conference - Pressekonferenz
press interview - Pressegespräch
press law - Presserecht
press notice - Presseankündigung
press office - Presseamt
press officer - Pressereferent
press release - Pressemitteilung, Verlautbarung
press report - Pressebericht
press spokesman - Pressesprecher
press statement - Presseerklärung
pressure - Druck
pressure group - Interessenverband, Interessengruppe
pressure of competition - Konkurrenzdruck

pressure politics - Interessenpolitik
pressure to adapt - Anpassungsdruck
pressure to innovate - Innovationsdruck
pressure to succeed - Erfolgszwang
prestige - Prestige
prestige object - Prestigeobjekt
presumable - vermutlich
presume - unterstellen, annehmen
presumption - Vermutung, Präsumption, Annahme, Anmaßung
presumptive - mutmaßlich
presupposition - Voraussetzung, Vorausschätzung, Vorhersage
presuppositionlessness - Voraussetzungslosigkeit
pretend - vorgeben
pretension - Prätention, Anspruch
pretest - Pretest, Voruntersuchung
pretext - Vorwand
prevail - durchdringen, vorherrschen
prevailing circumstances - Zeitumstände
prevailing law - geltendes Recht
prevalence - Vorherbestimmung, vorherbestimmtes Schicksal
prevaricate - Wahrheit verdrehen
prevent - verhindern, verhüten
prevention - Prävention, Vorbeugung
prevention of harm - Schadenverhütung
prevention of war - Kriegsverhütung
prevention of water pollution - Gewässerschutz
preventive - präventiv, Präventiv-
preventive measure - Abwehrmaßnahme
preventive war - Präventivkrieg
preview - Filmvorschau (für Kritiker)
previous - vorhergehend
previous knowledge - Vorkenntnisse
prevision - Vorahnung, Prophezeiung
price - Kurs, Preis
price index - Preisindex
price stability - Preisstabilität
priesthood - Priesteramt, Geistlichkeit
primacy - Primat, Vorrang
primacy effect - Vorrangeffekt
primacy of federal law - Vorrang des Bundesrechts
primal scream - Urschrei
primaries am. - Vorwahlen
primary conflict - Primärkonflikt
primary data - Primärdaten
primary deviation - Primärabweichung
primary education - Grundschulbildung

primary election *am.* - Vorwahl
primary experience - Primärerfahrung
primary goal - Primärziel
primary gratification - primäre
Gratifikation
primary group - Primärgruppe
primary process - Primärvorgang
primary production - Urproduktion
primary reinforcement - primäre
Verstärkung
primary reinforcer - Primärverstärker
primary sampling unit - primäre
Stichprobeneinheit
primary school - Grundschule
primary stage of education -
Primarbereich, Primarstufe
prime minister - Ministerpräsident,
Premierminister
primer - Fibel
primitive - primitiv, undifferenziert,
schriftlos
primitive communism -
Urkommunismus
primitive culture - primitive Kultur,
Kultur der Naturvölker
primitiveness - Primitivität
primitive people - Naturvolk
primitive society - primitive Gesellschaft
primitivism - Primitivismus
primogeniture - Primogenitur
(Erstgeburtsrecht)
principal-agent-relation -
Prinzipal-Agent-Beziehung *pol.*
principle - Prinzip
principle of behavior -
Verhaltensmaxime
principle of causation -
Verursacherprinzip
principle of classification -
Klassifizierungsprinzip
principle of coherence -
Kohärenzprinzip
principle of conformity with
development - Entwicklungsgemäßheit
principle of discretionary -
Opportunitätsprinzip
principle of equality -
Gleichheitsprinzip, Gleichheitsgrundsatz
principle of exclusion -
Ausschließlichkeitsprinzip
principle of induction -
Induktionsprinzip

principle of justice -
Gerechtigkeitsprinzip
principle of law - Rechtsgrundsatz
principle of legality - Legalitätsprinzip
principle of life - Lebensgrundsatz
principle of majority rule -
Mehrheitsprinzip
principle of non-intervention - Prinzip
der Nichteinmischung
principle of reasonableness - Grundsatz
der Verhältnismäßigkeit
principle of subsidiarity -
Subsidiaritätsprinzip
principle of territoriality -
Territorialitätsprinzip
principle of unity in feeling states -
Prinzip von der Einheit der Gemütslage
printable - druckreif
printed matter - Drucksache
printing - Buchdruck, Drucklegung
printing costs - Druckkosten
printing error - Druckfehler
printing process - Druckverfahren
print run - Auflagenziffer (eines Buches)
priority - Priorität, Vorzug
prior publication -
Vorabveröffentlichung
prisoner's dilemma - Gefangendilemma
privacy - Privatsphäre, Privatheit,
Intimsphäre
private - privat, nicht-öffentlich
private household - Privathaushalt
private interest government -
Private-Interessen-Regierung
private law - Zivilrecht, Privatrecht,
bürgerliches Recht
private lessons - Einzelunterricht,
Nachhilfeunterricht
private poll - unveröffentlichte
Meinungsumfrage
private property - Privateigentum
private schools - Privatschulen
private sector - Privatsektor
private sector of the economy -
Privatwirtschaft
private television - Privatfernsehen
private wants - individuelle Bedürfnisse
privation - Beraubung, Wegnahme,
Negation
privatization - Privatisierung
privilege - privilegieren, Privileg,
Vorrecht,
privileged - bevorrechtigt

privileged access - privilegierter Zugang
privileged communication - vertrauliche Mitteilung
privileged motion - Dringlichkeitsantrag
proactive inhibition - proaktive Hemmung
proactive interference - proaktive Hemmung
probabilism - Probabilismus
probabilistic explanation - probabilistische Erklärung
probabilistic hypothesis - probabilistische Hypothese
probabilistic model - probabilistisches Modell
probability - Wahrscheinlichkeit
probability sample - Wahrscheinlichkeitsstichprobe
probability sampling - Wahrscheinlichkeitsauswahl
probability theory - Wahrscheinlichkeitstheorie
probation - Bewährung, Probezeit
probation officer - Bewährungshelfer
probation service - Bewährungshilfe
probing - Nachfragen (bei Umfrageerhebungen)
problem - Problem
problem area - Problembereich
problematic - problematisch
problematize - problematisieren
problem cluster - Problemkreis
problem consciousness - Problembewußtsein
problem formulation - Problemstellung
problem-free - problemlos
problem group - Problemgruppe
problem of knowledge - Erkenntnisproblem
problem of legitimation - Legitimationsproblem
problem of national minorities - Nationalitätenfrage
problem of nutrition - Ernährungsproblem
problem-oriented - problemorientiert
problem perception - Problemperzeption
problem selection - Problemauswahl
problem solving - Problemlösen
problem-solving capacity - Problemlösungskapazität
problem types - Problemtypen

procedural law - Prozeßrecht
procedure - Verfahren, Handlungsweise
procedure on voting - Abstimmungsverfahren
proceed - fortschreiten, vorgehen
proceeding - Verfahren
proceedings - Sitzung, Verfahren, Verhandlung
proceed practically - taktieren
process - aufbereiten, Prozeß, Verlauf, Vorgang
process analysis - Verlaufsanalyse
process character - Prozeßcharakter
process data - Daten verarbeiten
process functions - Prozeßfunktionen pol.
processing - Verarbeitung, Aufbereitung
process of civilization - Zivilisationsprozeß
process of consensus building - Konsensbildungsprozeß
process of democratization - Demokratisierungsprozeß
process of détente - Entspannungsprozeß
process of integration - Integrationsprozeß
process of learning - Lernprozeß
process of understanding - Verständigungsprozeß
process study - Prozeß-Studie
proclaim a state of emergency - Ausnahmezustand verhängen
proclamation - Proklamation
producer's risk point - Punkt des Produzentenrisikos
product - Produkt
production - Produktion
production of energy - Energieerzeugung
productive resources - Produktivkräfte
productivity - Produktivität
profane - profan, weltlich
profession - akademischer Beruf, freier Beruf
professional - akademisch, professionell, Akademiker, beruflich, Berufs-
professional circles - Fachwelt
professional competence - Fachkompetenz
professional ethics - Berufsethos
professional guidance - Fachberatung

professionalism - Professionalität, Fachwissen
professionalization - Professionalisierung
professional knowledge - Fachwissen
professional politician - Berufspolitiker
professional practice - Berufspraxis
professional prospects - Berufsaussichten
professional recognition - professionelle Anerkennung
professor holding a chair - Ordinarius
professorial socialism - Kathedersozialismus
profile - Profil
profit - Profit
profound - tiefschürfend
profusion - Verschwendung
prognosis - Prognose, Vorausschätzung
prognostic error - Prognosefehler
prognostic test - Eignungstest
prognostignation - Prophezeiung
program - Programm
program evaluation - Programmbewertung
program implementation - Programmimplementation
program language - Programmiersprache
programmed instruction - programmierter Unterricht
programmed learning - programmiertes Lernen
programming - Programmieren
program of action - Aktionsprogramm
program of lectures - Vorlesungsverzeichnis
program planning - Programmplanung
progress - Fortschritt
progression - Steigerung
progressive - progressiv, fortschrittlich
progressive education - Reformpädagogik
progressivism - Progressivität, Progressivismus
prohibited area - Sperrgebiet
prohibition - Verbot
prohibition of a party - Verbot einer Partei
prohibition of assembly - Versammlungsverbot
prohibition of exercising a profession - Berufsverbot

project - Projekt, Plan
project control - Projektkontrolle
project evaluation - Projektbewertung
projection - Projektion, Hochrechnung
projective test - projektiver Test, Deutungstest
project management - Projektmanagement
project of modernism - Projekt der Moderne
proletarian - proletarisch, Proletarier
proletariat - Proletariat
proliferation - Proliferation, Weitergabe von Atomwaffen
promiscuity - Promiskuität
promise - zusagen, versprechen, Zusage, Versprechen
promising - vielversprechend
promote - befördern, fördern
promotion - Förderung
promotion ladder - Karriereleiter
promotion of education - Ausbildungsförderung
promotion of training - Ausbildungsförderung
promotion prospects - Aufstiegschancen
prompting method - Methode der systematischen Hilfen
promulgate - verkünden
promulgate a law - Gesetz verkünden
promulgation - Veröffentlichung eines Gesetzes
pro-nuclear power activist - Kernkraftbefürworter
proof - Beweis, Nachweis
proof to the contrary - Gegenbeweis
propaganda - Propaganda
propaganda campaign - Propagandafeldzug
propaganda machine - Propagandaapparat
propaganda war - Propagandakrieg
propagandist - propagandistisch, Propagandist
propagandist lie - Propagandalüge
propagation - Vermittlung (von Wissen)
propensity - Neigung, Hang, Verlangen, Wille
property - Besitz, Eigentum, Merkmalsausprägung
property rights - Eigentumsrecht
property-space - Eigenschaftsraum

prophecy - Prophetie, Prophezeiung
prophet - Prophet
propinquity - Nähe, nahe
Verwandtschaft
propitation - Sühne, Sühneopfer,
Aussöhnung
proportion - Ausmaß, Anteil, Verhältnis,
Proportion
proportional - verhältnismäßig
proportional representation -
Verhältniswahl
proportional representation election -
Proportionalwahl
proportional stratified sample -
proportional geschichtete Stichprobe
proposal - Vorschlag
propose - vorschlagen
proposed reforms - Reformvorhaben
proposition - Lehrsatz, Vorschlag,
Aussage, - Annahme, Hypothese,
Vermutung
propositional logic - Aussagelogik
proprietor - Besitzer
proprium - Proprium, Identität,
Selbstgefühl
proselyte - Proselyt, Neubekehrter
proselytism - Proselytentum,
Bekehrungsfeier
prosody - Prosodie, Silbenmessungslehre
prospect group - Zielgruppe
prospective - zukünftig, potentiell,
prospektiv
prospects of peace - Friedensaussichten
prosperity - Hochkonjunktur,
Prosperität, Wohlstand
prostitution - Prostitution
protection - Schutz
protectionism - Protektionismus,
Schutzzollpolitik
protection of children - Kinderschutz
protection of monuments -
Denkmalschutz
protection of nature - Naturschutz
protection of the constitution -
Verfassungsschutz
protection of the environment -
Umweltschutz
protective duty - Schutzzoll
protective legislation for working
mothers - Mutterschutz
protective response - Schutzreaktion
protective tariff - Schutzzoll
protectorate - Protektorat

protest - Protest, Widerspruch
Protestant - evangelisch, Protestant
Protestant church - evangelische Kirche
Protestant ethic - protestantische Ethik
protestantism - Protestantismus
protest movement - Protestbewegung
protest strike - Proteststreik
protest voter - Protestwähler
protocol - Protokoll, Sitzungsbericht
protocol sentence - Protokollsatz
prototype - Prototyp, Muster
protracted - langwierig
prove - beweisen, prüfen, erproben
provide - bestimmen (im Gesetz)
provided (that) - vorausgesetzt (daß),
vorbehaltlich
province - Provinz
provincialism - Provinzialismus
provision - Maßnahme, Versorgung,
Bestimmung, Vorschrift
provisional - vorläufig
provisional government -
geschäftsführende Regierung,
Übergangsregierung
provision for surviving dependants -
Hinterbliebenenversorgung
provision of the statute - gesetzliche
Bestimmung
proviso of legality - Gesetzesvorbehalt
proximity - Ähnlichkeit, Gleichartigkeit
proxy - Stellvertretung
prudence - Besonnenheit, Klugheit
pseudo conditioning -
Pseudokonditionierung, Sensitisierung
pseudo problem - Scheinproblem
pseudoscientific -
pseudowissenschaftlich
psyche - Psyche, Seele, Geist
psychiatry - Psychiatry
psychic - psychisch
psychic energy - psychische Energie
psychic function - psychische Funktion
psychic profile - Persönlichkeitsprofil
psychic relief - psychische Entlastung
psychic research - Parapsychologie
psychic strain - psychische Anspannung
psychoanalysis - Psychoanalyse
psychoanalytical theory -
psychoanalytische Theorie
psychobiology - Psychobiologie
psychodiagnostics - Psychodiagnostik
psychodrama - Psychodrama
psychodynamic - psychodynamisch

psychodynamics - Psychodynamik
psychogenesis - Psychogenese
psychogenetics - Psychogenetik
psychogenic disturbances - psychogene
Störungen
psychogenic drive - erworbener Trieb,
angeeigneter Trieb
psychograph - Psychogramm
psycholinguistics - Psycholinguistik
psychological - psychologisch
psychological aging research -
psychologische Altersforschung
psychological blackmail - Psychoterror
psychological climate - psychologisches
Klima
psychological coercion - psychischer
Zwang
psychological ecology -
Umweltpsychologie
psychological functionalism -
psychologischer Funktionalismus
psychological intervention -
psychologische Intervention
psychological parent - Bezugsperson
psychological reductionism -
psychologischer Reduktionismus
psychological repression - psychische
Repression
psychological stress - psychische
Beanspruchung
psychological test theory -
psychologische Testtheorie
psychological time - Zeiterleben
psychological warfare - psychologische
Kriegsführung
psychological well-being - psychisches
Wohlbefinden
psychologism - Psychologismus
psychology - Psychologie
psychology of adolescence -
Jugendpsychologie
psychology of aging - Alternsforschung
psychology of collective behavior -
Psychologie des Kollektivverhaltens
psychology of learning -
Lernpsychologie
psychology of perception -
Wahrnehmungspsychologie
psychology of personality -
Persönlichkeitspsychologie,
Charakterkunde
psychology of the arts -
Kunstpsychologie

psychology of thinking -
Denkpsychologie
psychometrics - Psychometrie
psychomotor excitement - motorische
Unruhe
psychomotoric - Psychomotorik
psychomotor learning objectives -
psychomotorische Lernziele
psychomotor test - psychomotorische
Tests
psychoneurosis - Psychoneurose,
Neurose
psychopath - Psychopath
psychopathic personality -
psychopathische Persönlichkeit
psychopathology - Psychopathologie,
klinische Psychologie
psychopathy - Psychopathie
psychopharmacology -
Psychopharmakologie
psychophysics - Psychophysik
psychophysiology - Psychophysiology
psychosis - Psychose
psychosomatic - psychosomatisch
psychosomatic illness -
psychosomatische Krankheit
psychosomatic medicine -
psychosomatische Medizin
psychosomatics - Psychosomatik
psychotechnology - Psychotechnik
psycho-terror - Psychoterror
psychotherapy - Psychotherapie
psychotic - psychotisch, Psychotiker
psychotic depression - psychotische
Depression
psychoticism - Psychotizismus
psychotic personality - psychotische
Persönlichkeit
puberty - Pubertät
public - öffentlich, staatlich, Publikum,
Öffentlichkeit
public address - öffentliche Rede
public administration - öffentliche
Verwaltung, öffentliche Hand
public affairs - öffentliche
Angelegenheiten
public announcement - Bekanntgabe
public assistance to young people -
Jugendhilfe
publication - Bekanntmachung
(öffentliche), Veröffentlichung
publications dates - Publikationsweise
public authority - Staatsgewalt

public body - öffentlich rechtliche
Körperschaft
public bureaucracy -
Regierungsbürokratie, Staatsbürokratie
public choice - soziales
Entscheidungsverhalten, kollektive
Entscheidung
public collective - öffentliches
Bewußtsein
public competition - Politik des
Wettbewerbs
public corporation - Körperschaft des
öffentlichen Rechts
public debt - öffentliche Verschuldung,
Staatsverschuldung
public economy - Staatswirtschaft
public enemy - Staatsfeind
public enterprise - staatlicher Betrieb,
öffentliches Unternehmen
public expenditure - öffentliche
Ausgaben
public feeling - Volksseele,
Volksempfinden
public finance - öffentliche
Finanzwissenschaft, öffentliche Finanzen
public fisc - öffentliche Hand
public good - öffentliches Gut
public health - Volksgesundheit
public health service - öffentliches
Gesundheitswesen
public hearing - öffentliche Anhörung
public inquiry - amtliche Untersuchung
public inspection - Einsichtnahme
durch die Öffentlichkeit
public interest - öffentliches Interesse,
öffentliches Wohl, öffentliche Wohlfahrt
public interest group - Bürgerinitiative
publicist - Publizist, Journalist
publicity - Werbung - Publizität,
Propaganda
publicity campaign - Werbekampagne
publicize - öffentlich bekanntgeben
public knowledge - Allgemeinwissen
public law - öffentliches Recht
publicly owned undertakings -
Unternehmen der öffentlichen Hand
public monopoly - staatliches Monopol
publicness - Öffentlichkeit
public office - Regierungsjob,
öffentliches Amt
public opinion - öffentliche Meinung
public opinion poll - Meinungsumfrage
public opinion research - Demoskopie

public order - öffentliche Ordnung
public ownership - Gemeineigentum
public peace - Rechtsfrieden
public policy - Regierungspolitik
public poll - veröffentlichte
Meinungsumfrage
public prosecutor - Staatsanwalt
public purse - öffentliche Hand
public relations - Öffentlichkeitsarbeit,
Public Relations
public relations officer - Pressechef
public relief work - Notstandsarbeiten
public school - öffentliche Schule am.,
Privatschule brit., Internat
public sector - öffentlicher Sektor
public servant - Beamter
public service - öffentliche Verwaltung
public session - öffentliche Sitzung
public spirit - Bürgersinn
public transportation - öffentliche
Verkehrsmittel, öffentlicher Nahverkehr
public utility - Versorgungsunternehmen
public welfare - öffentliche Wohlfahrt,
öffentliches Wohl
public works - öffentliche Anlagen,
öffentliche Bauten
public world - Öffentlichkeit, Publikum
publish - herausgeben
published by the author - im
Selbstverlag
publisher - Verleger
publisher's list - Verlagsprogramm
publishing - Verlagswesen
publishing business - Verlagsbuchhandel
publishing house - Verlag
publishing trade - Verlagsbuchhandel
pump priming - Ankurbelung
punish - bestrafen
punishment - Bestrafung, negative
Sanktion
pupil - Schüler
puppet government -
Marionettenregierung
puppet regime - Marionettenregime
puppet theater - Puppenspiel
purchasing power - Kaufkraft
pure experiment - Laborexperiment
pure love - reine Liebe
pure research - zweckfreie Forschung
pure science - reine Wissenschaft
pure sociology - reine Soziologie,
formale Soziologie
purge - Säuberung

purification - Katharsis, Reinigung
Puritanism - Puritanismus
purport - Tragweite
purpose - Zweck, Vorhaben, Ziel, Absicht, Entschluß
purposive behavior - zielorientiertes Verhalten, zweckgerichtetes Verhalten
purposive sample - bewußte Auswahl, bewußt ausgewählte Stichprobe, Stichprobe mit bewußter Auswahl

pursue a policy - Politik betreiben
put down an insurrection - Aufstand niederschlagen
put forward a theory - Theorie aufstellen
put into liquidation - liquidieren
put off - demotivieren
putsch - Putsch
put-up job - abgekartete Sache

Q

quadrant - Quadrant
qualification - Qualifikation
qualification requirement - Ausbildungsordnung
qualified majority - qualifizierte Mehrheit
qualified minority - qualifizierte Minderheit
qualified to be promoted - förderungswürdig
qualified veto - qualifiziertes Veto
qualifier - Einflußfaktor
qualify - qualifizieren
qualitative analysis - qualitative Analyse
qualitative characteristic - qualitatives Merkmal
qualitative data - qualitative Daten
qualitative interview - qualitatives Interview
qualitative method - qualitative Methode
qualitative research - qualitative Forschung
qualitative survey - qualitative Umfrage
qualitative variable - qualitative Variable, Attributvariable
quality - Qualität
quality control - Qualitätskontrolle
quality of achievement - Qualitätsleistung
quality of life - Lebensqualität
quantification - Quantifizierung
quantile - Quantil, Häufigkeitsstudie
quantitative - quantitativ
quantitative analysis - quantitative Analyse
quantitative characteristic - quantitatives Merkmal
quantitative data - quantitative Daten
quantitative index - Mengenindex
quantitative method - quantitative Methode

quantitative research - quantitative Forschung
quantitative survey - quantitative Befragung
quantitative variable - quantitative Variable
quantity - Menge, Quantität, Größe
quarrel - streiten, Streit
quartile - Quartil
quasi-experiment - Quasiexperiment
Quasi-governmental organization (Quago) - quasi-gouvernementale Organisation (Quago)
quasi-law - Quasigesetz
Quasi-non-governmental organization (Quango) - quasi-nichtgouvernementale Organisation (Quango)
quasi theory - Quasitheorie
query - Rückfrage
question - hinterfragen, Anfrage im Parlament
questionable - fraglich, problematisch
questionnaire - Fragebogen
questionnaire construction - Fragebogenentwicklung
questionnaire data - Fragebogendaten
question of guilt - Schuldfrage
question of interpretation - Auslegungsfrage
question of nerves - Nervensache
question of principle - Prinzipienfrage
question time - Fragestunde
queue - Warteschlange
quickie poll - Blitzumfrage
quintile - Quintil
quorate - beschlußfähig
quorum - Quorum, Beschlußfähigkeit
quota - Anteil, Kontingent, Quote, Verhältnis, Maßstab
quota arrangement - Quotenregelung
quota of women - Frauenquote
quota rule - Quotenregelung
quota sample - Quotenauswahl
quota system - Quotensystem, Einwandererquotensystem
quotation - Kurs, Zitat
quote - zitieren
quote literally - wörtlich zitieren

R

race - Rasse
race awareness - Rassenbewußtsein
race conflict - Rassenkonflikt
race consciousness - Rassenbewußtsein
race desegregation -
Rassendesegregation
race difference - Rassenunterschied
race discrimination -
Rassendiskriminierung
race hygiene - Eugenik, Rassenhygiene
race issue - Rassenfrage
race mixture - Rassenmischung
race prejudice - Rassenvorurteil
race riot - Rassenunruhe
racial integration - Rassenintegration
racial minority - rassische Minderheit
racial policy - Rassenpolitik
racial segregation - Rassentrennung
raciology - Rassenlehre
racism - Rassismus, Rassenpolitik
racket - organisiertes Verbrechen
radical - radikal
radicalism - Radikalismus
radio - Hörfunk
radio engineering - Hörfunktechnik
rage - Wut
raise a credit - Kredit aufnehmen
raise an issue - Thema zur Debatte
stellen
rally - sich sammeln
rallying point - Sammelbecken
ranch - Viehzucht, Ranch
random - zufällig, Zufalls-
random access - Direktzugriff
random assignment - Zufallszuweisung
random dialing - Zufallsauswahl, Wahl
zufälliger Telefonnummern
random digit - Zufallszahl
random digit sampling -
Stichprobenauswahl
random distribution - Zufallsverteilung,
Wahrscheinlichkeitsverteilung
random event - zufälliges Ereignis
random experiment - Zufallsexperiment
random fluctuation -
Zufallsschwankung, Zufallsvariation
randomization - Randomisierung,
Zufallsstreuung

randomness - Zufälligkeit, statistische
Zufälligkeit
random observation -
Zufallsbeobachtung
random process - Zufallsprozeß
random sample - Zufallsstichprobe
random sampling - Zufallsauswahl
random sampling error - Zufallsfehler,
Stichprobenfehler
random selection - Zufallsauswahl
random variable - Zufallsvariable
range - Streuungsbreite, Variationsbreite
range of acceptance -
Akzeptanzbereich
range of participants - Teilnehmerkreis
rank - Rang
rank correlation - Rangkorrelation,
Rangordnungskorrelation
rank correlation analysis -
Rangkorrelationsanalyse
rank correlation coefficient -
Rangkorrelationskoeffizient
ranking - Rangordnung
rank of a matrix - Rang einer Matrix
rank order - Rangordnung, Reihung
rank order scale - Rangordnungsskala
rank order system -
Rangordnungssystem, Rangsystem
rank structure - Rangordnung
rape - Vergewaltigung
rapporteur - Berichterstatter
rate - Gebühr, Quote, Verhältnis, -
Beziehungszahl, Kurs, Preis, Steuer,
Tarif, Zins
rate adjustment - Zinsanpassung
rate of clear-up - Aufklärungsquote
rate of recidivism - Rückfallrate
rate of response - Antwortquote,
Rücklaufquote, Reaktionshäufigkeit
rate-of-return-approach -
Ertragsratenansatz
rate of taxation - Steuersatz
rate of unemployment -
Arbeitslosenquote
rates - Kommunalabgaben
ratification - Ratifizierung, Ratifikation
ratify - ratifizieren, bestätigen
rating scale - Ratingskala,
Bewertungsskala
ratio - Relation, Quotient
rational - rational, vernünftig
rational behavior - vernünftiges Handeln

rational choice - Rational Choice, rationale Wahl
rational-choice behavior - rationales Wahlverhalten, rationale Entscheidung
rational expectations - rationale Erwartungen
rationalism - Rationalismus
rationality - Rationalität
rationality trap - Rationalitätsfalle
rationalization - Rationalisierung
rationalize - rationalisieren
rational science - rationale Wissenschaft
rational will - Kürwille
rationing - Zuteilung
ratio scale - Verhältnisskala
ratio scaling - Verhältnisskalierung
ratio test - Verhältnistest
reach - Geltungsbereich, Reichweite
reach a decision - Beschluß fassen
reach of a law - Geltungsbereich eines Gesetzes
reactance - Reaktanz
reaction - Reaktion
reactionary - reaktionär, Reaktionär
reactionary movement - reaktionäre Bewegung
reaction formation - Reaktionsbildung, Symptombildung
reaction potential - Reaktionspotential
reaction stereotypy - Reaktionsstereotypie
reaction time - Reaktionszeit
re-activation - Aktualisierung
reactive aggression - reaktive Aggression
reactive effect - reaktiver Effekt
reactive inhibition - reaktive Hemmung
reactive states - reaktive Zustände, abnorme Erlebnisreaktionen
reactivity - Reaktivität
reactor - reagierende Person
readability - Lesbarkeit, Verständlichkeit
reader - Lesebuch
reader frequency - Lesehäufigkeit
reader-interest - Leserinteresse
reader's expose - Leserecho
readership - Leserschaft
readership analysis - Leseranalyse
readiness for school - Schulreife
readiness to negotiate - Verhandlungsbereitschaft
reading - Lesung *pol.*
reading aids - Lesehilfen

reading book - Lesebuch
reading comprehension - Leseverständnis
reading difficulties - Leseschwierigkeiten
reading disorder - Lesestörung
reading interests - Leseinteressen
reading skills - Lesefertigkeiten
reafference principle - Reafferenzprinzip
real - wirklich, real
real definition - Realdefinition
real earning - Realeinkommen
realignment - Neuorientierung, Umorientierung
realignment of policy - Neuorientierung der Politik
real income - Realeinkommen
realism - Realismus
realistic - realistisch
realistic attitude - realistische Einstellung, realistische Haltung
reality - Realität, Tatsache
reality anxiety - Realangst
reality principle - Realitätsprinzip
reality statement - Wirklichkeitsaussage
reality testing - Realitätsprüfung
realization - Realisierung, Einsicht
realize - sich klar werden, sich bewußt werden, zu der Erkenntnis gelangen
realpolitik - Realpolitik
real population - reale Grundgesamtheit
real population density - Bevölkerungsdruck
real science - Realwissenschaft
real time - Istzeit
real wage - Reallohn
rearrange - ändern
rearrangement - Neuordnung
reason - Vernunft
reasonable - vernünftig, verstandesgemäß
reasonable compensation - angemessener Ausgleich
reasoning - Begründung, Schlußfolgern, Argumentation, Beweisführung
reason of state - Staatsräson
reasons - Begründung
reassess - umwerten
reassessment - Neubewertung
reassign - zurücktreten, abtreten
reassurance - Beruhigung
rebellion - Rebellion, Aufruhr, Empörung

recall - Reproduktion,
Erinnerungsstütze, Gedächtnishilfe
recall interview - Erinnerungsinterview
recapitulation - Rekapitulation
recapture - Enteignung
receipts - Einkommen
receive - rezipieren
recency effect - Rezenzeffekt (Wirkung
der letzten frischen Information)
reception - Rezeption
reception analysis - Rezeptionsanalyse
reception history - Rezeptionsgeschichte
receptive - aufnahmefähig
receptive to teaching -
Bildungsfähigkeit
receptivity - Ansprechbarkeit,
Rezeptivität
recession - Rezession
recidivism - Rückfälligkeit
recipient - Rezipient, Empfänger
recipient research -
Rezipientenforschung,
Publikumsforschung
reciprocal - gegenseitig, reziproker Wert
reciprocal aid - gegenseitige Hilfe
reciprocal altruism - gegenseitiger
Altruismus
reciprocal behavior - reziprokes
Verhalten
reciprocal determinism - reziproker
Determinismus
reciprocal value - reziproker Wert
reciprocation - Wechselwirkung
reciprocity - Reziprozität,
Wechselseitigkeit
reciprocity principle -
Reziprozitätsprinzip
recoding - Neukodierung, Umkodierung
recognition - Wiedererkennung, passiver
Bekanntheitsgrad, Anerkennung
recognition method - Wiedererkennen
recognition of a state - Anerkennung
eines Staates
recognize - erkennen, anerkennen
recommence - Wiederbeginn
reconcile - schlichten, vereinbaren
reconciliation - Schlichtung,
Aussöhnung
reconciliation of interests -
Interessenausgleich
reconsider - überdenken
reconstruction - Wiederaufbau
reconstruction work - Aufbauarbeit

record - beurkunden, Protokoll,
Niederschrift, Akte, Dokument,
Aufzeichnung
record check - Datenprüfung
recording - Protokollierung
recording method - Aufnahmetechnik
recording unit - Erfassungseinheit
records - Unterlagen
recourse - Zuflucht
recourse to the administrative courts -
Verwaltungsweg
recourse to the courts - Rechtsweg
recovery - Besserung
recovery measure -
Sanierungsmaßnahme
recreation - Erholung
recreation center - Erholungszentrum
recruit - anwerben, rekrutieren
recruitment - Rekrutierung
rectangular - rechtwinklig, rechteckig
rectangular distribution - flache
Verteilung, rechteckige Verteilung
rectangular graph - Kurvendiagramm
rectification - Richtigstellung
recurrence - Wiederkehr,
Wiederauftreten
recycling - Rückgewinnung (von
Rohstoffen)
redevelopment - Sanierung
redirection activity - Ersatzhandlung
redistribution - Umverteilung
redistributive policy - redistributive
Politik
red tape - Amtsschimmel
reduction - Reduzierung, Minderung,
Senkung, Verkleinerung, Reduktion,
Vereinfachung
reduction in appropriations -
Mittelkürzung
reductionism - Reduktionismus,
reduktionistische Theorie
reduction of barriers to trade - Abbau
von Handelshemmnissen
reduction of the interest rate -
Zinssenkung
redundancy - Redundanz
re-educate - umerziehen
re-education - Umerziehung
re-election - Wiederwahl
refer - zurückgreifen
reference - Quellenangabe
reference figure - Bezugsgröße
reference group - Bezugsgruppe

reference individual - Bezugsperson
reference number - Aktenzeichen
reference person - Bezugsperson
reference work - Nachschlagewerk
referendum - Referendum,
Volksentscheid
referent power - Bezugsmacht
refer to a committee - an einen
Ausschuß überweisen
refinement - Klüngelei, Verfeinerung
reflect - nachdenken, überlegen
reflection - Reflexion, Überlegung,
Wiederspiegelung
reflection theory - Reflektionstheorie
reflective teaching - reflektierendes
Lehren
reflex - Reflex
reflex action - Reflexbewegung
reflexivity - Reflexivität
reflex theory - Abbildtheorie,
Widerspiegelungstheorie
refloat - sanieren
reforge - sanieren
reform - Reform
reformation - Reformation,
Reformierung
reformatory efforts -
Reformbestrebungen
reformism - Reformismus
reform movement - Reformbewegung
reform of courses of study -
Studienreform
reform(atory) school am. -
Erziehungsanstalt
refractory period - Refraktärzeit
refrain - etwas unterlassen
refuge - Zuflucht, Asyl, Schutz
refugee - Flüchtling, Flüchtlings-
refundation - Widerlegung
refunding - Umfinanzierung,
Zurückerstattung
refusal - Ablehnung, Verweigerung
refusal to give evidence -
Zeugnisverweigerung
refuse to recognize a government -
Regierung nicht anerkennen
refutable - widerlegbar
refutation - Widerlegung
refute - widerlegen
regard - beachten, berücksichtigen
regency - Regentschaft
regime - Regime

regimentation - Reglementierung,
Reglement, administrative Kontrolle
regime of terror - Terrorregime
region - Region, Bereich, Gebiet, Zone,
Gegend
regional authorities -
Gebietskörperschaften
regional church - Landeskirche
regional development - regionale
Entwicklung, Raumplanung
regionalism - Regionalismus
regionalization - Regionalisierung
regional planning - Landesplanung,
Raumplanung
regional policy - Raumordnungspolitik,
Regionalpolitik
regional politics - Landespolitik
regional press - Lokalpresse
regional reorganization - Gebietsreform
region of rejection - Ablehnungsbereich
register - registrieren, Register,
Verzeichnis, Liste
registration - Registrierung,
Wählerregistrierung
regress - zurückgreifen, Regreß,
Rückgriff, Rückschritt
regression - Regression
regression analysis - Regressionsanalyse
regression coefficient -
Regressionskoeffizient
regression constant -
Regressionskonstante
regression equation -
Regressionsgleichung
regression function -
Regressionsfunktion
regression line - Regressionsgerade
regressive - regressiv
regrouping - Umgruppierung,
Umschichtung
regular occupation - hauptberuflich
regular readers - Leserstamm
regulate - regeln, regulieren
regulate by law - gesetzlich regeln
regulation - Verordnung, Vorschrift,
Regelung, Erlaß, Verfügung, Befehl
regulatory idea - regulative Idee
rehabilitation - Rehabilitation,
Resozialisierung, Wiederaufstellung,
Umschulung
reification - Reifikation
(Vergegenständlichung)
reify - reifizieren

reign - Regentschaft
reign of terror - Schreckensherrschaft
reimpression - Nachauflage
reincarnation - Reinkarnation,
Seelenwanderung
reinforce - verstärken
reinforcement - Bekräftigung,
Verstärkung
reinforcement mechanism -
Verstärkungsmechanismus
reintegration - Resozialisierung
reinterpretation - Umdeutung
reinterprete - umdeuten
reinterviewing - wiederholtes Befragen
reject - verwerfen, zurückweisen,
ablehnen
reject a bill - Gesetzentwurf ablehnen
reject an office - Amt ausschlagen
rejected person - zurückgewiesene
Person
rejection - Ablehnung, Zurückweisung
rejection number - Ablehnungszahl
rejection region - Ablehnungsbereich
relapse - Rückfall
related - verwandt
relating to international law -
völkerrechtlich
relation - Beziehung, Verhältnis,
Relation
relational characteristic -
Relationsmerkmal,
Relationscharakteristikum
relational communication - relationale
Kommunikation, relationale Theorie
relational concept - Relationsbegriff
relational hypothesis -
Relationshypothese
relational pattern - Relationsmuster
relational pattern measure -
Relationsmustermaß
relational survey - Relationsbefragung,
Relationsumfrage
relationism - Relationismus,
Beziehungslehre
relation of forces - Kräfteverhältnis
relations - Beziehungen
relationship - Verhältnis
relation to reality - Realitätsbezug
relative - verhältnismäßig,
Verhältniszahl, Verwandter
relative concentration - relative
Konzentration
relative deviation - relative Abweichung

relative efficiency - relative Effizienz
relative frequency - relative Häufigkeit,
Zahl der Fälle
relative majority - relative Mehrheit
relative majority election - relative
Mehrheitswahl
relative majority system - relatives
Mehrheitswahlsystem
relative variance - relative Varianz
relativism - Relativismus
relativity - Relativität
relativize - relativieren
relaxation - Entspannung
relaxation of tension - Entkrampfung
relearning - Wiedererlernung
release - bekanntgeben, freigeben
release a document - Dokument
übergeben
releaser - Auslöser, Auslösemechanismus
releasing mechanism -
Auslösemechanismus
releasing stimulus -
reaktionsauslösender Reiz
relentless - hartnäckig
relevance - Relevanz, Sachdienlichkeit,
Erheblichkeit
reliability - Reliabilität, Zuverlässigkeit,
Verläßlichkeit, Meßgenauigkeit
reliability function -
Reliabilitätsfunktion
reliable - zuverlässig, erprobt
reliance - Vertrauen
relief - Sozialhilfe, Unterstützung,
Hilfsleistung, Fürsorge
relief of the strain - Entlastung
religion - Religion
religiosity - Religiosität
religious belief - religiöser Glaube
religious community -
Glaubensgemeinschaft
religious education - Religionslehre
religious instruction -
Religionsunterricht
religious liberty - Religionsfreiheit
religious minority - religiöse Minderheit
religious sentiment - religiöses
Empfinden
religious sociology - Religionssoziologie
religious war - Religionskrieg
relinquish an office - Amt aufgeben
reluctant - unwillig
remain in power - an der Macht bleiben
remark - Anmerkung

remarkable - beachtlich
remedial education - Heilpädagogik, Sonderschulunterricht
remedial justice - ausgleichende Gerechtigkeit
remedy defects - Mängel beseitigen
reminiscence - Reminiszenz
remission - Remission, Besserung eines Erkrankungszustands, Straferlaß
remonstrance - Gegendarstellung
removal - Verdrängung, Abberufung
removal of aliens - Abschiebung von Ausländern
removal technics - Beseitigungstechniken
remove - abberufen
remove from office - aus dem Amt entfernen
remunerate - entschädigen
remuneration - Lohn
renaming - Umbenennung
renegade - Renegat, Abtrünniger, Verräter
renegotiate - neu verhandeln
renew - erneuern
renewal - Erneuerung
rent - Rente, Miete
rented flat - Mietwohnung
renunciation - Ablehnung, Verzicht, Zurückweisung
renunciation of violence - Gewaltverzicht
reorganization - Reorganisation, Umstrukturierung
reorganize - umstrukturieren
reparation - Reparation, Wiedergutmachung, Entschädigung
repatriate - Umsiedler, Heimkehrer
repatriation - Repatriierung, Wiedereinbürgerung
repeal - Aufhebung
repeal a law - Gesetz außer Kraft setzen
repeal of a law - Aufhebung eines Gesetzes
repeal of a statute - Außerkrafttreten eines Gesetzes
repeatability - Wiederholbarkeit
repercussion - Rückwirkung
repertory cinema - Filmkunsttheater
repetition - Wiederholung, Vergleichsversuch
repetition compulsion - Wiederholungszwang

replace - ersetzen
replaceable - auswechselbar
replacement education - schulische Erziehung ersetzende Bildung
replenish - ergänzen
replication - Wiederholung, Parallelversuch, Replikation
report - berichten, Bericht, Meldung, Referat
reporter - Reporter, Berichterstatter
reporting - Berichterstattung
represent - repräsentieren
representation - Repräsentation, Vertretung, Repräsentanz
representation of the people - Volksvertretung
representative - repräsentativ, Abgeordneter, Repräsentant, Deputierter, Beauftragter,
representative bureaucracy - repräsentative Bürokratie
representative cross-section - repräsentativer Querschnitt
representative democracy - repräsentative Demokratie
representative government - repräsentatives Regierungssystem
representativeness - Repräsentativität, Repräsentanz
representativeness heuristic - heuristische Repräsentativität
representative sample - repräsentative Auswahl, repräsentative Stichprobe
representativity - Repräsentativität
repression - Repression, Verdrängung, Unterdrückung
repressive tolerance - repressive Toleranz
reprint - Nachdruck
reprisals - Repressalien
reproduce - sich fortpflanzen
reproducibility - Reproduzierbarkeit
reproducibility coefficient - Reproduzierbarkeitskoeffizient
reproduction - Reproduktion
reproductive inhibition - reproduktive Hemmung
reproductive medicine - Reproduktionsmedizin
reproductive strategies - reproduktive Strategien
reproductive thinking - reproduktives Denken

republic - Republik
republicanism - Republikanismus
repudiation - Nichtanerkennung,
Zurückweisung
reputation - Reputation
require - benötigen, erfordern
required by law - gesetzlich
vorgeschrieben
required reading - Pflichtlektüre
requirement - Anforderung, Erfordernis
requirements specification -
Anforderungsprofil
require the approval - der Zustimmung
bedürfen
requisite - Erfordernis, Notwendigkeit
requisition - Requisition
rescind - rückgängig machen
research - Forschung, Forschungsarbeit,
Wissenschaft
research design - Untersuchungsplan
research finding policy -
Forschungsförderungspolitik
research funds - Forschungsmittel
research hypothesis -
Forschungshypothese, Arbeitshypothese
research into didactics and learning -
Lehr-Lern-Forschung
research into educational styles -
Erziehungsstilforschung
research objective - Forschungsziel
research on teaching - Lehrerforschung
research orientation -
Wissenschaftsorientierung
research personal - Forschungspersonal
research policy - Forschungspolitik
research practice - Forschungspraxis
research project - Forschungsprojekt
research promotion -
Forschungsförderung
research strategy - Forschungsstrategie
research subject -
Forschungsgegenstand
research tool - Erhebungsinstrument
research work - Forschungsarbeit
resentment - Ressentiment
reservation - Reservat, Vorbehalt,
Bedenken
reserve - Zurückhaltung
reserve ratio policy -
Mindestreservepolitik
resettlement - Wiedereingliederung
resettler - Aussiedler
reshaping - Umformung

reshuffle - Umstrukturierung
residence - Wohnort, Wohnsitz,
Wohngemeinschaft
resident - ortsansässig, Einwohner
residential care - Heimerziehung
residential community - Wohngemeinde
residential district - Wohnviertel
residential pattern - Siedlungsform
residual - übrigbleibend, zurückbleibend,
Restgröße, Residuum
residual category - Restkategorie,
Residualkategorie
residual pollution - Altlasten
residue - Residuum
resign - demissionieren, zurücktreten
resignation - Resignation, Rücktritt,
Amtsniederlegung, Demission
resignation of one's mandate -
Mandatsniederlegung
resignation of the government -
Rücktritt der Regierung
resign from office - Amt niederlegen
resign from the cabinet - Ausscheiden
aus der Regierung
resign from the government -
Ausscheiden aus der Regierung
resilience - Spannkraft
resistance - Widerstand
resistance movement -
Widerstandsbewegung
resistance to extinction -
Löschungswiderstand
resocialization - Resozialisierung
resolution - Resolution, Beschluß
resource - Ressource, Hilfsquelle,
Hilfsmittel, Reichtümer
resource acquisition - Mittelbeschaffung
resource allocation -
Ressourcenzuweisung
resource mobilization theory -
Ressourcenmobilisierungstheorie
resource planning - Ressourcenplanung
respect - Rücksicht
respite - aufschieben
respondent - Befragter, Informant
response - Antwort, Reaktion
response blocking -
Reaktionsblockierung
response-centered approach -
reaktionsorientiertes Messen
response cost - Abnahme in der
Häufigkeit einer Reaktion
response function - Reaktionsfunktion

response generalization - Reaktionsgeneralisierung
response rate - Reaktionsrate
response set - Reaktionseinstellung
response surface - Wirkungsfläche
response variance - Reaktionsschwankung
responsibility - Verantwortlichkeit, Funktion, Zurechnungsfähigkeit
responsible - federführend, verantwortlich
responsiveness - Empfänglichkeit, Empfindlichkeit
responsivity - Responsivität, Empfänglichkeit
ressentiment - Ressentiment
restauration - Restauration
restitution - Restitution, Wiederherstellung, Entschädigung, Wiedergutmachung
restitution of law - Wiederherstellung des Rechts
restlessness - Unruhe
rest on - beruhen auf
restoration - Restauration, Wiederherstellung
restore - wiederherstellen
restore democracy - Demokratie wiederherstellen
restraint - Verhinderung
restrict - begrenzen, beschränken
restrict a law - Recht einschränken
restricted admission - Zulassungsbeschränkung
restricted code - restringierter Kode
restricted question - geschlossene Frage, strukturierte Frage
restricted random sampling - eingeschränkte Zufallsauswahl
restriction - Einschränkung, Restriktion
restriction of speaking time - Begrenzung der Redezeit
restrictive - restriktiv
restrictive admission - Numerus clausus
restrictive clause - Sperrklausel
restructure - umstrukturieren
restructuring - Umstrukturierung
restructuring aid - Strukturhilfe
result - resultieren, Erfolg, Leistung, Resultat, Wirkung
result in - hinauslaufen, zur Folge haben
resumption - Wiederaufnahme
resurgence - Wiederaufleben

retain - behalten, zurückhalten
retained members method - Methode der behaltenen Glieder
retaliation - Vergeltung
retaliatory action - Gegenmaßnahme
retaliatory measure - Vergeltungsmaßnahme
retardation - Retardation, Zurückgebliebenheit
retention - Behalten, Selbstbeteiligung, Gedächtnis, Retention
retention method - Behaltensprüfung
retentiveness - Merkfähigkeit
rethink - Umdenken
retification - Korrektur
retire - in den Ruhestand treten, ausscheiden
retired - im Ruhestand
retire from office - vom Amt zurücktreten
retirement - Ruhestand, Pensionierung
retirement age - Altersgrenze
retirement insurance - Rentenversicherung
retraining - Umschulung
retreatism - Rückzugsverhalten
retrieval - Abruf (von Informationen)
retrieval cues - Abrufreize
retrieve data - Daten abfragen
retroactive inhibition - retroaktive Hemmung
retroactive interference - retroaktive (rückwirkende) Hemmung
retrogression - Rückentwicklung
retrospection - Retrospektion, Erinnerung
retrospective - rückblickend
returns to scale - Skalenerträge
reunification - Wiedervereinigung
revaluation - Umwertung
revalue - umwerten
revanchism - Revanchismus
reveal - enthüllen, offenbaren
revealed faith - Offenbarungsglaube
revealing - aufschlußreich
revelation - Entdeckung, Offenbarung, Enthüllung
revenge - Rache
revenue - Staatseinkünfte, öffentliche Einnahmen
revenue equalization - Finanzausgleich
reverbaration - Reverberation (Widerhall, Zurückstrahlen)

reversal - Wende, Umschwung
reverse logistics - Entsorgungswirtschaft
reversibility - Reversibilität,
Umkehrbarkeit
reversion - Rückschritt, Atavismus
revert to a matter - auf eine Sache
zurückkommen
review - überblicken, Überprüfung,
Rezension, Kritik
revised edition - bearbeitete Auflage
revised version - Neufassung (eines
Gesetzes)
revision - Revision, Überprüfung
revisionism - Revisionismus
revoke an order - Beschluß aufheben
revolt - Revolte, Aufruhr
revolution - Revolution
revolutionary conflict - revolutionärer
Konflikt
revolutionary movement - revolutionäre
Bewegung
revolutionary potential - revolutionäres
Potential
revolution from above - Revolution von
oben
revulsion - Ekel
reward - Belohnung
reward expectancy -
Belohnungserwartung,
Verstärkungserwartung
reward power - Belohnungsmacht
reward-punishment-mechanisms -
Belohnung-Bestrafungs-Mechanismus
rhetoric - Rhetorik
rhythm - Rhythmus
rich imagery - Bildhaftigkeit
ridicule - Spott, Verspottung
Right - Rechte (die) pol.
right - richtig
right associates procedure -
Treffermethode
rightful use - rechtmäßiger Gebrauch
rightist - Rechter, Rechtsradikaler
rightlessness - Rechtlosigkeit
right of assembly - Versammlungsrecht
right of association - Koalitionsrecht
right of asylum - Asylrecht
right of choice - Option
right of combination - Koalitionsrecht
right of election - Wahlrecht
right of immunity - Immunitätsrecht
right of participation in decisions -
Mitbestimmungsrecht

right of proposal - Vorschlagsrecht
right of resistance - Widerstandsrecht
right of say - Mitspracherecht
right of self-defense -
Selbstverteidigungsrecht
right of self-determination -
Selbstbestimmungsrecht
right of veto - Vetorecht
right orientation - Rechtsorientierung
rights - Rechte
right to be heard - Mitspracherecht
right to demonstrate -
Demonstrationsrecht
right to exist - Recht auf Leben,
Daseinsberechtigung
right to initiate legislation -
Gesetzesinitiativrecht
right to liberty - Recht auf Freiheit
right to live - Recht auf Leben
right to obtain information -
Informationsrecht
right to participate - Mitwirkungsrecht
right to resist - Widerstandsrecht
right to seek asylum - Asylrecht
right to strike - Streikrecht
right to vote - Wahlrecht, Stimmrecht
right to work - Recht auf Arbeit
right wing - rechter Flügel (einer Partei)
right-wing extremism -
Rechtsextremismus
right-wing radicalism -
Rechtsradikalismus
rigidity - Rigidität, Strenge
rigor - Unnachgiebigkeit
riot - Auflauf, Krawall,
Zusammenrottung
rise - Anstieg
rise and fall - Aufstieg und Niedergang
rising generation - Heranwachsende
rising tendency - Aufwärtstrend
risk - Risiko
risk assessment - Risikoschätzung
risk factors - Risikofaktoren
risk shift - Risikoschub
risk society - Risikogesellschaft
risky shift - Risikoschub
rite - Ritus, Zeremoniell
rite of initiation - Initiationsritus
ritual - Ritual, rituelle Handlung
ritual condensation - rituelle
Verdichtung
ritualization - Ritualisierung
ritual kinship - rituelle Verwandtschaft

ritual language - rituelle Sprache
ritual marriage - rituelle Heirat
ritual pollution - rituelle Verunreinigung
rival candidacy - Gegenkandidatur
rival candidate - Gegenkandidat
rivalry - Rivalität, Wettbewerb
road safety training - Verkehrserziehung
robustness - Robustheit
role - Rolle
role accretion - Rollenzuwachs
role acting - Rollenhandeln
role actor - Rolleninhaber, Rollenträger
role adequacy - Rollenadäquanz
role allocation - Rollenzuweisung
role ascription - Rollenzuschreibung
role bargain - Rollenaustausch
role behavior - Rollenverhalten,
Rollenhandeln
role coercion - Rollenzwang
role concept - Rollenbegriff
role conflict - Rollenkonflikt
role differentiation -
Rollendifferenzierung
role disposition - Rollendisposition
role-distance - Rollendistanz
role expectation - Rollenerwartung
role image - Rollenbild
role incompatibility -
Rolleninkompatibilität
role inconsistency - Rolleninkonsistenz
role model - Bezugsperson
role partner - Rollenpartner
role playing - Rollenspiel
role relationship - Rollenbeziehung
role strain - Rollendruck
role structure - Rollenstruktur
role theory - Rollentheorie
roll back pol. - roll back
(Zurückdrängen des politischen Gegners)
roll call - namentliche Abstimmung
roll-call vote - namentliche Abstimmung
Roman Catholicism - Katholizismus
Roman Catholic social doctrine -
Katholische Soziallehre
Roman law - römisches Recht
romanticism - Romantik
room for maneuver -
Handlungsspielraum
root - Wurzel
root and branch reform - Reform an
Haupt und Gliedern
rootedness - Verwurzelung
root idea - Grundgedanke

rotation - Rotation
rote learning - mechanisches Lernen,
assoziatives Lernen
rotten - abgewirtschaftet, korrupt
rottenness - Korruptheit
rough copy - Rohentwurf
rough sketch - grobe Skizze
round of negotiations -
Verhandlungsrunde
round-table discussion - Rundgespräch
routine - Routine
routine decision - Routineentscheidung
routine matter - Routineangelegenheit
routinization - Routinisierung
rubber stamp - Jasager, Handlanger,
Strohmann
rudiments - Elementarkenntnisse
rugged individualism - krasser
Individualismus
ruin - Untergang
rule - Regel, Vorschrift, Bestimmung,
Herrschaft, Regierungszeit
rule adjudication - Regelentscheidung,
Gesetzesentscheidung
rule application - Regelanwendung,
Gesetzesanwendung
rule-breaking - Regelverletzung,
Normverletzung
rule by the people - Volksherrschaft
rule making - Regelgebung,
Gesetzgebung
rule of conduct - Verhaltensregel,
Betragensregel
rule of law - Rechtsstaatsprinzip,
rechtsstaatliches Verfahren, Rechtsstaat
rule of the game - Spielregel
rule of thumb - Faustregel
rules of interpretation -
Auslegungsregeln
rules of procedure - Geschäftsordnung
rule violation - Regelverstoß
ruling caste - herrschende Kaste
ruling class - herrschende Klasse
ruling party - Staatspartei
rumor - Gerücht, Gerede
rumor-mill - Gerüchteküche
run - Iteration
run a campaign - einen Wahlkampf
durchführen
run-down - abgewirtschaftet
run down - herunterwirtschaften
run for an office am. - sich um ein Amt
bewerben

run-off election *am.* - Stichwahl *am.*
run the country - das Land regieren
rural - ländlich, Landwirtschafts-
rural area - ländliches Gebiet
rural depopulation - Landflucht
rural development - ländliche
Entwicklung
rural district - Landkreis
rural environment - ländliche
Umgebung
rural exodus - Landflucht
rural industry - ländliche Industrie

ruralism - ländlicher Charakter,
Ländlichkeit
ruralization - Ruralisierung,
Verländlichung
rural population - Landbevölkerung
rural society - ländliche Gesellschaft
rural sociology - Agrarsoziologie
rural structure - Agrarstruktur
rural-urban - städtisch-ländlich
rural-urban differences -
Stadt-Land-Gegensatz
rural-urban migration - Stadtflucht

S

sabotage - Sabotage
sacred - heilig, Heiliges
sacredness - Heiligkeit
sacred society - sakrale Gesellschaft
sacrifice - Opfer
saddle-point - Sattelpunkt
sadism - Sadismus
safeguard - Sicherung,
Vorsichtsmaßnahme
safeguard clause - Schutzklausel
safeguard democracy - Demokratie
sichern
safeguarding peace - Friedenssicherung
safeness - Unbedenklichkeit
safety need - Sicherheitsbedürfnis
salary - Gehalt
sales psychology - Verkaufspsychologie
saliense - Stellenwert, Relevanz
salvation - Heil, Erlösung
sameness - Identität
sample - Stichprobe, Muster
sample census - Mikrozensus,
Teilerhebung
sampled population - Grundgesamtheit
für die Ziehung
sample mean - Stichprobenmittel
sample median - Stichprobenmedian
sample of one's work - Arbeitsprobe
sample size - Stichprobenumfang
sample space - Stichprobenraum
sample statistic - Stichprobenmaßzahl
sample survey - Stichprobenerhebung,
Mikrozensus
sample variable - Stichprobenvariable
sampling - Auswahl, Stichprobenbildung
sampling distribution -
Stichprobenverteilung
sampling error - Stichprobenfehler
sampling faction - Auswahlsatz
sampling fraction - Auswahlsatz,
Auswahlgruppe
sampling loss - Ausfälle (bei
Auswahlverfahren)
sampling method - Auswahlverfahren
sampling population - Population
sampling theory - Stichprobentheorie
sampling unit - Auswahleinheit

sampling variability -
Stichprobenvariabilität
sanctification - Sanktifizierung
(Heiligung)
sanction - Sanktion
sanctioning norm -
Sanktionierungsnorm
sanctuary - Sanktuarium (Heiligtum),
heilige Stätte
satellite - Satellit
satellite city - Satellitenstadt,
Trabantenstadt
satellite state - Satellitenstaat,
Vasallenstaat
satellite technology - Satellitentechnik
satellite TV - Satellitenfernsehen
satiation - Sättigung
satisfaction - Zufriedenheit
satisfaction maximization -
Nutzenmaximierung
satisfy - zufriedenstellen
satrap - Statthalter, Despot
satrapy - Satrapie, Statthalterschaft
saturation - Sättigung
saturation curve - Sättigungseffekt
saturation effect - Sättigung
saturation of the market - Sättigung
des Marktes
saving method - Ersparnismethode
saving of energy - Energieeinsparung
savings measure - Sparmaßnahme
scab - Streikbrecher
scabbing - Streikbrechen
scalability - Skalierbarkeit
scale - skalieren, Skala, Maßstab, Tarif,
Umfang
scale analysis - Skalenanalyse
scale of values - Werteskala
scale score - Skalenwert,
Skalenpunktwert
scaling - Skalierung,
Skalierungsverfahren, Skalenbildung
scaling technique - Skalierungsmethode
scandal - Skandal, Eklat
scanning - Abtasten, Durchmustern
scapegoat - Sündenbock
scapegoat theory - Sündenbocktheorie
des Vorurteils
scarcity - Knappheit
scarcity of energy - Energieknappheit
scarcity of resources -
Ressourcenknappheit
scaremongering - Panikmache

scatter - Streuung
scatter diagram - Streuungsdiagramm
scatterplot - zweiwertiger Graph eines
Items
scenario - Szenarium, Szenario
scenic play - szenisches Spiel
schedule - festlegen, planen,
Stundenplan, Fragebogen, - Tabelle,
Verzeichnis
scheduled - geplant, vorgesehen
schedule interview -
Fragebogeninterview
schedule of reinforcement -
Verstärkungsplan
schema(ta) - Schema(ta)
scheme - Schema, Plan, Programm,
Projekt, Lehrgebäude, System
schism - Kirchenspaltung, Schisma
schizoid personality - schizoide
Persönlichkeit
schizophrenia - Schizophrenie
scholarliness - Wissenschaftlichkeit
scholastic aptitude test - schulischer
Eignungstest
school - Schule, Schulunterricht,
Richtung, Lehrmeinung
school beginner - ABC-Schütze
school choice - Schulauswahl
school class - Schulklasse
school climate - Schulklima
school complex - Schulzentrum
school council - Schülermitverwaltung
school culture - Schulkultur
school edition - Schulausgabe (von
Texten)
school education - Schulbildung,
Schulausbildung
school entrance age -
Schuleintrittsalter
school for the blind - Blindenschule
schooling - Schulausbildung, Unterricht
school law - Schulrecht
school-leaver - Absolvent,
Schulabgänger
school leavers - Schulabgänger
school-leaving age - Abgangsalter von
der Schule
school-leaving certificate -
Abgangszeugnis
school magazine - Schülerzeitung
school management - Schulleitung
school of the deaf - Gehörlosenschule
school organization - Schulorganisation

school psychology - pädagogische
Psychologie, Schulpsychologie
school rules - Schulordnung
schools broadcasting - Schulfunk
school sports - Schulsport
school statutes - Schulverfassung
school stress - Schulstress
school system - Schulsystem
school television - Schulfernsehen
school test - Schultest
schoolyear - Schuljahr
science - Wissenschaft
science of dreams - Traumdeutung
science policy - Wissenschaftspolitik
science subjects -
naturwissenschaftliche Fächer
scientific communication -
wissenschaftliche Kommunikation
scientific explanation -
wissenschaftliche Erklärung
scientific law - wissenschaftliches Gesetz
scientific literacy - wissenschaftliche
Bildung
scientific management -
wissenschaftliche Betriebsführung
scientific method - wissenschaftliche
Methode
scientific nature - Wissenschaftlichkeit
scientific revolution - wissenschaftliche
Revolution
scientific theory - wissenschaftliche
Theorie
scientism - Szientismus
scoop - Exklusivmeldung
scope - Bereich, Gesichtskreis, Horizont,
Reichweite, Einflußbereich, - Feld,
Wirkungskreis, Spielraum, Aktionsradius
scope for action - Handlungsspielraum
scope for income redistribution -
Verteilungsschlüssel
scope of a law - Geltungsbereich eines
Gesetzes
scope of choice -
Entscheidungsspielraum
scope of duties - Aufgabenbereich
scorched-earth policy - Politik der
verbrannten Erde
scoring - Punktbewertung
screen - Bildschirm
screening - Aussieben, Ausleseverfahren
screening device - Selektionsmethode
screening question - Filterfrage
script - Skript, Gedächtniseintragung

scrutinize - hinterfragen
scrutiny - Kontrolle, Überprüfung
scrutiny of votes - Wahlprüfung
sculpture - Skulptur
search *ps.* - Absuche
search for knowledge - Erkenntnisstreben
searchlight theory - Scheinwerfertheorie
seasonal adjustment - Saisonbereinigung, saisonale Anpassung
seasonal component - Saisonkomponente
seasonal index - Saisonindex
seasonally adjusted - saisonbereinigt
seasonal trend - saisonbedingter Trend
seasonal unemployment - saisonale Arbeitslosigkeit
seasonal variation - saisonale Schwankung
seating order - Sitzordnung
seat of government - Regierungssitz
secession - Sezession, Abspaltung
secondary - sekundär
secondary analysis - Sekundäranalyse
secondary data - Sekundärdaten
secondary data survey - Sekundärerhebung
secondary gratification - sekundäre Gratifikation
secondary literature - Sekundärliteratur
secondary modern school - Hauptschule
secondary reinforcement - sekundäre Verstärkung
secondary research - Sekundärforschung, Schreibtischforschung
secondary sampling - Sekundäreinheit
secondary school - Sekundarbereich
secondary sex characteristics - sekundäre Geschlechtsmerkmale
secondary stage - Sekundarstufe
secondary strike - Sympathiestreik
secondary study - Sekundärstudie, Schreibtischstudie
second ballot - Stichwahl, zweiter Wahlgang
second chance education - zweiter Bildungsweg
second language learning - Fremdsprachenunterricht
second strike capacity (capability) - Zweitschlagskapazität

second vote - Zweitstimme
secrecy - Geheimhaltung
secretary *am.* - Minister
secretary general - Generalsekretär
secret ballot - geheime Abstimmung
secret diplomacy - Geheimdiplomatie
secret service - Geheimdienst
secret society - Geheimbund
sect - Sekte
sectarian - Sektenanhänger, Sektierer
sectarianism - Sektierertum
section - Abschnitt, Abteilung, Sektion, Paragraph (eines Gesetzes)
sector - Sektor, Bereich
sectoral unemployment - sektorale Arbeitslosigkeit
secular - säkular
secularization - Säkularisierung
secular trend - säkularer Trend
secundary process - Sekundärvorgang
secure - sicherstellen
secure the peace - Frieden sichern
securing of peace - Friedenssicherung
security - Sicherheit, Geheimhaltung
Security Council (UN) - Sicherheitsrat (UN)
security dilemma - Sicherheitsdilemma
sedentarism - Seßhaftigkeit
sedentarization - Seßhaftmachung
sedentary - seßhaft
sedition - aufrührerische Agitation, Aufwiegelung
seditious - aufrührerisch
seditious conspiracy - aufrührerische Verschwörung
seduction - Verführung, Versuchung
segment - Segment
segmentary - segmentär
segmentation - Segmentation
segmentation theory - Segmentationstheorie
segregate - absondern, getrennt, isoliert
segregated area - abgesondertes Gebiet
segregation - Segregation, Rassentrennung
seignorialism - Feudalherrschaft, Gutsherrschaft
seignorial society - Feudalgesellschaft
seize - einnehmen, die Macht an sich reißen, Gelegenheit wahrnehmen
seize power - Macht ergreifen
seizure - Konfiskation, Inbesitznahme (gewaltsame)

seizure of power - Machtergreifung
selected - ausgewählt
selection - Selektion, Auslese, Auswahl
selection bias - Auswahlfehler,
Stichprobenfehler
selection criterion - Auswahlkriterien
selection principle - Auswahlprinzip
selective - Wehrpflicht, Wehrdienst
selective attention - selektive
Aufmerksamkeit
selective perception - selektive
Wahrnehmung
selectivity - Selektivität
self - Selbst, Selbstbegriff
self-abasement - Selbsterniedrigung
self-acceptance - Selbstakzeptanz
self-actualization - Selbstaktualisierung
self-actualizing person - sich selbst
verwirklichender Mensch
self-affirmation - Selbstbejahung
self-aggression - Aggression gegen sich
selbst
self-analysis - Selbstanalyse
self-appraisal - Selbsteinschätzung,
Selbstbewertung
self assertation - Selbstbehauptung
self-assurancy - Selbstsicherheit
self-attribution - Selbstzuschreibung
self-awareness - Selbstbewußtsein
self-certainty - Selbstgewißheit
self command - Selbstbeherrschung
self-concept - Selbstkonzept
self-confidence - Selbstvertrauen,
Selbstsicherheit
self-consciousness - Selbsterkenntnis,
Befangenheit
self-containment - Eigenständigkeit,
Autarkie
self-contemplation - Selbstbesinnung
self-contradiction - Selbstwiderspruch
self-control - Selbstkontrolle
self-correlation - Autokorrelation,
Reihenkorrelation
self-criticism - Selbstkritik
self-defending prophecy - sich selbst
widerlegende Prophezeiung
self-destruction - Selbstzerstörung
self-determination - Selbstbestimmung
self-discipline - Selbstdisziplin
self educated person - Autodidakt
self-efficacy - Erfolgserwartung,
Selbstwirksamkeit
self-employed person - Selbständiger

self-enumeration - Selbstzählung
self-esteem - Selbstachtung
self-evident - einleuchtend
self-experiment - Selbsterfahrung
self-exploration - Selbsterkundung
self-feeling - Selbstgefühl
self-formation - Entwicklung des Selbst
self-fulfilling prophecy - sich selbst
erfüllende Prophezeiung
self-fulfillment - Selbstverwirklichung
self-glorification - Selbstverherrlichung
self-governed - selbstverwaltet
self-government - Selbstverwaltung
self-hatred - Selbsthaß
self-help - Selbsthilfe
self-help group - Selbsthilfegruppe
self-help organization -
Selbsthilfeorganisation
selfhood - individuelle Eigenart,
Individualität
self-image - Selbstbild, Eigenbild
self-inflation - Überhöhung
self-instruction - Selbststudium
self-interpretation - Selbstinterpretation
self-monitoring - Introspektion
self-motivation - Selbstmotivierung
self-observation - Selbstbeobachtung
self-organization - Selbstorganisation
self-organizing system -
selbstorganisierendes System
self-overcoming - Selbstüberwindung
self-perception theory -
Selbstwahrnehmungstheorie
self-pity - Selbstmitleid
self-presentation - Selbstdarstellung
self-preservation - Selbsterhaltung
self-preservative instinct -
Selbsterhaltungstrieb
self-rating - Selbsteinschätzung
self-realization - Selbstverwirklichung,
Selbstbewußtsein
self-recruitment - Selbstrekrutierung
self-reference - Selbstreferenz
self-referential system -
selbstreferentielles System
self-reflexion - selbst-reflexiv
self-regulating forces of the market -
Selbstheilungskräfte des Marktes
self-report - Selbstbericht
self-respect - Selbstachtung
self-rightousness - Selbstgerechtigkeit
self-sameness - Selbstidentität
self-schema - Selbst-Schema

self-starting qualities - Eigeninitiative
self-steering network - selbststeuerndes
Netzwerk
self-sufficiency - Autarkie, Autonomie,
Selbstgenügsamkeit
self-taught person - Autodidakt
semantic change - Bedeutungswandel
semantic conditioning - semantische
Konditionierung
semantic differential - Polaritätsprofil
semantic generalization - semantische
Generalisierung
semantic memory - semantisches
Gedächtnis
semantic relation - semantische
Beziehung
semantics - Semantik
semantic shift -
Bedeutungsverschiebung
semantic structure - semantische
Struktur
semasiology - Semasiologie
(Bedeutungslehre)
semblance - Anschein
semi-literacy - Halbbildung
seminar - Seminar
semi-patriarchal family -
semipatriarchalische Familie
semi-presidential government -
semipräsidentielles Regierungssystem
semi-skilled job - Anlernberuf
semi-skilled occupation - Anlernberuf
semi-sovereign state - halbsouveräner
Staat
semi-sovereignty - Semisouveränität
semi-structured interview -
teilstrukturiertes Interview
Senate - Senat
senator - Senator
senior - Vorgesetzter, Rangälterer, -
Schüler im letzten Schuljahr
seniority - Seniorität (höheres Alter)
seniority principle - Ancinennitätsprinzip,
Senioritätsprinzip
seniority rule - Senioritätsprinzip
senior official - leitender Beamter
sensation - Sinnesempfindung,
Sinneswahrnehmung, Sensation
sensational - sensationell
sensationalism - Sensationalismus
sense - Sinn, - Bedeutung, klarer
Verstand, Gefühl, Meinung
sense datum - Sinnesgegebenheit

senselessness - Sinnlosigkeit
sense modality - Sinnesmodalität
sense of achievement - Erfolgserlebnis
sense of justice - Gerechtigkeitssinn
sense of mission - Sendungsbewußtsein
sense of political efficacy - politische
Wirksamkeit
sense of reality - Realitätssinn
sense of responsibility -
Verantwortungsbewußtsein
sense of togetherness -
Zusammengehörigkeitsgefühl
sense organ - Sinnesorgan
sense perception - Sinneswahrnehmung,
sinnliche Wahrnehmung
senses of direction - Richtungssinne
sensibility - Empfindlichkeit, Sensibilität
sensitivity - Sensibilität, Sensitivität
sensitivity group -
Selbsterfahrungsgruppe
sensitivity training -
Sensitivitätstraining
sensitization - Sensibilisierung
sensomotor process - Sensomotorik
sensory deprivation - sensorische
Deprivation
sensory disorders - Sinnesstörungen
sensory idea - Anschauung
sensory impression - Sinneseindruck
sensory memory - sensorisches
Gedächtnis
sensory perception - sinnliche
Wahrnehmung
sensory physiology - Sinnesphysiologie
sensual - Sinnliche (das)
sentiment - Gesinnung, Gedanken,
Gefühl, Sentiment
separate - absondern, isoliert
separate peace - Separatfriede
separate provision - Sonderregelung
separation - Trennung
separation of church and state -
Trennung von Staat und Kirche
separation of powers -
Gewaltenteilungsprinzip
separatism - Separatismus
sequence - Folge, - Reihe, Serie,
Reihenfolge, Sequenz
sequential - sequentiell
sequential analysis - Sequenzanalyse
sequential sampling - sequentielle
Stichprobe
sequestration - Sequestration

serf - Leibeigener
serfage - Leibeigenschaft
serial correlation - Reihenkorrelation,
Autokorrelation
serialized novel - Fortsetzungsroman
serial learning - serielles Lernen
series - Serie, Reihe, Anordnung
serious - ernstzunehmend
seriousness - Ernsthaftigkeit
servant - Diener, Bediensteter
service - Dienst, Dienstleistung
service center - Dienstleistungszentrum
service economy -
Dienstleistungsgesellschaft
service occupation -
Dienstleistungsberuf, Beruf im tertiären
Sektor
service-oriented society -
Dienstleistungsgesellschaft
services - Dienstleistungen
service sector - Dienstleistungssektor
services for the public -
Daseinsvorsorge
service society -
Dienstleistungsgesellschaft
servile spirit - Untertanengeist
servility - Dienstbarkeit
servitude - Knechtschaft,
Sklavenhalterei
session - Legislaturperiode,
Sitzungsperiode
set - Einstellung
set aside a decision - Entscheidung
aufheben
set aside an order - Beschluß aufheben
setback in economic activity -
Konjunktureinbruch
set forth - auseinandersetzen
set Menge - Kartenspiel
set off - aufrechnen
set theory - Mengenlehre
set the pace - Tempo angeben
setting - Umwelt, Umfeld,
Sitzanordnung,
Fachleistungsdifferenzierung
settle - ansiedeln, einen Streit beilegen,
übereinstimmen
settle a dispute - Konflikt beilegen
settled - seßhaft
settlement - Ansiedlung, Schlichtung,
Vereinbarung
settlement structure -
Siedlungsstruktur

settler - Ansiedler
set up a committee - Ausschuß bilden
sewage disposal - Abwasserbeseitigung
sewage levy - Abwasserabgabe
sex - Geschlecht, Geschlechtsverkehr
sex difference - Geschlechtsunterschied
sex discrimination - geschlechtliche
Diskriminierung
sex education - Geschlechtserziehung
sexism - Sexismus
sexology - Sexualforschung,
Sexualwissenschaft
sex proportion - Sexualproportion
sex ratio - Sexualproportion
sex role - Geschlechterrolle
sexual abuse - sexueller Mißbrauch
sexual activity - Sex, Geschlechtsverkehr
sexual behavior - Sexualverhalten
sexual communism - freie Liebe
sexual development - sexuelle
Entwicklung
sexual drive - Geschlechtstrieb
sexual dysfunctions - Sexualstörungen
sexual education - Sexualerziehung
sexual ethics - Sexualethik
sexuality - Sexualität, Geschlechtsleben
sexual morality - Sexualmoral
shadow - Schatten
shadow cabinet - Schattenkabinett
shadowy interstice - Grauzone
shallow processing - oberflächliche
Informationsverarbeitung
shaman - Schamane
shamanism - Schamanismus
shame - Scham, Schamgefühl, Schande
sham patient - Simulant
shape policy - Politik gestalten
shaping of behavior -
Verhaltensformung,
Reaktionsdifferenzierung,
Antwortdifferenzierung
share - Teilnahme, Anteil
share in - teilnehmen an
shedding of labour - Abbau von
Arbeitsplätzen
sheltered workshop -
Behindertenwerkstatt
shift in emphasis - Akzentverschiebung
shifting cultivation -
Fruchtwechselwirtschaft
shift in meaning -
Bedeutungsverschiebung
shift in thinking - Umdenken

shift to the left - Linksrutsch
shock - Schock, Betroffenheit
shock model - Modell mit
Zufallsstörungen
shop production - Fabriksystem,
Fabrikproduktion
shop steward - Vertrauensmann
shortage - Knappheit
short distance traffic - Nahverkehr
shortened version - Kurzfassung
short-run - kurzfristig
short-run effect - kurzfristiger Effekt
short-sighted policy - kurzsichtige
Politik
short story - Kurzgeschichte
short term - kurzfristig
short-term memory -
Kurzzeitgedächtnis
short-term psychotherapy -
Kurztherapie
show - ausweisen
show a deficit - Defizit aufweisen
show of force - Machtdemonstration
show of strength - Demonstration der
Stärke
show trial - Schauprozeß
sib - Sippe
sibling - Geschwister
sib-mate - Sippenmitglied
sickness benefits - Krankengeld
sick pay - Krankengeld
side effect - Nebenwirkung
side issue - Randproblem
sideline - Nebenberuf
sidenote - Randbemerkung
sign - Zeichen
signal - Signal
signal detection - Signalentdeckung
signal system - Signalsystem
signatory - Vertragspartner
signature - Unterschrift
significance - Signifikanz, Wert
significance level - Signifikanzniveau
significance test - Signifikanztest
significant - signifikant
significant difference - signifikanter
Unterschied
signing of a law - Ausfertigung eines
Gesetzes
sign language - Zeichensprache
sign learning - Signallernen,
Zeichenlernen
sign of decay - Zerfallserscheinung

signs of disintegration -
Auflösungserscheinungen
sign system - Zeichensystem
sign test - Zeichentest
silence - Ruhe
silent majority - schweigende Mehrheit
silent march - Schweigemarsch
simple average - Mittelwert, Mittel
simple bar chart - einfaches
Stabdiagramm
simple correlation - Einfachkorrelation
simple random sample - einfache
Zufallsauswahl
simple regression - einfache Regression
simple structure - Einfachstruktur
simplification - Vereinfachung
simplification of administration -
Verwaltungsvereinfachung
simplistic - undifferenziert
simulation - Simulation, Planspiel
simulation analysis - Simulationsanalyse
simulation experiment -
Simulationsexperiment
simulation model - Simulationsmodell
simulation of international relations -
Simulation internationaler Beziehungen
simultaneous - simultan
simultaneous survey -
Simultanbefragung
single - ledig, Alleinlebender
single-blind experiment -
Einfachblindexperiment
single case analysis - Einzelfallstudie
single case method - Einzelfallmethode
Single European Act - Einheitliche
Europäische Akte
Single European Market - Europäischer
Binnenmarkt
single-factor theory -
Ein-Faktor-Theorie
single-issue party - Einthemenpartei
single list - Einheitsliste
single majority - einfache Mehrheit
Single Market - Binnenmarkt (EU)
single-member constituency -
Direktwahlkreis
single parent - Alleinerziehender
single purpose movement -
Einpunktbewegung *pol.*
single-subject research -
Individualforschung
singular - singulär
sit-in - Sitzstreik, Sit-in

sit in a conference - tagen
sit in closed session - unter Ausschluß
der Öffentlichkeit verhandeln
sit in secret session - unter Ausschluß
der Öffentlichkeit verhandeln
sit something out - eine Krise
aussitzen, einen Skandal aussitzen
sitting in on a class - Hospitation
sitting of parliament -
Parlamentssitzung
situation - Situation, Lage, Stellung
situational analysis - Situationsanalyse
situational approach - Situationsansatz
situational factors - Umweltfaktoren
situation(al) ethics - Situationsethik
situation stereotypy -
Situationsstereotypie
size - Umfang, Größe, Ausdehnungsmaß
size measure - Umfangsmaß
skeleton agreement -
Rahmenabkommen
skeleton legislation -
Rahmengesetzgebung
skeleton wage agreement -
Manteltarifvertrag
skew correlation - schiefe Korrelation
skew distribution - schiefe Verteilung
skew frequency distribution - schiefe
Häufigkeitsverteilung
skewness - Schiefe, Asymmetrie
skill - Geschick, Fertigkeit, berufliche
Qualifikation, Fähigkeit, Sachkenntnis
skilled worker - gelernter Arbeiter
skin sense - Tastsinn
skulduggery - Mauschelei
slander - Verleumdung
slang - Slang, Jargon
slash funds - Gelder zusammenstreichen
slashing criticism - vernichtende Kritik
slavery - Sklaverei
sleep - Schlaf
sleeper question - irreführende Frage
slight - Zurücksetzung
slogan - Slogan
slope - Gefälle, Neigung (einer Kurve)
slum - Slum
slum clearance - Slumsanierung
slump-proof - krisenfest
small- and medium sized enterprises -
Klein- und Mittelbetriebe
small classes - kleine Klassen
small group - Kleingruppe

small group sociology -
Kleingruppensoziologie
smallholding - Kleinlandbesitz
small-range theory - Mikrotheorie
small scale industry - Gewerbe
small state - Kleinstaat
small village - kleines Dorf, Flecken
smear campaign - Rufmordkampagne
smooth functioning - reibungsloses
Funktionieren
smoothing - Glättung
snobbery - Snobismus
snow-ball sample - Schneeballmethode
snowball sampling -
Schneeballauswahlverfahren
sociability - Soziabilität, Geselligkeit
sociable - gesellig
social - gesellschaftlich, Gesellschafts-,
sozial, Sozial-
social accounting - Sozialstatistik,
Sozialberichterstattung
social act - soziale Handlung
social action - soziales Handeln
social action theory - Theorie des
sozialen Handelns
social adaption - soziale Adaption
social administration - Sozialverwaltung
social advancement - gesellschaftlicher
Aufstieg
social age - soziales Alter
social aging - Altern, Überalterung
social alienation - gesellschaftliche
Entfremdung
social analysis - Gesellschaftsanalyse
social anthropology -
Sozialanthropologie
social ascendancy - sozialer Aufstieg
social assimilation - gesellschaftliche
Assimilierung
social atom - soziales Atom
social bandit - sozialer Bandit
social behavior - Sozialverhalten
social being - soziales Wesen
social category - gesellschaftliche
Kategorie
social causation - soziale Verursachung,
social cause - soziale Ursache
social change - sozialer Wandel
social character - Sozialcharakter
social choice - soziales
Entscheidungsverhalten, kollektive
Entscheidung

social circulation - gesellschaftliche Zirkulation

social cleavage - soziale Spaltung

social climate - soziales Klima

social climber - sozialer Aufsteiger

social closure - soziale Geschlossenheit

social code - gesellschaftlicher Kodex

social cognition - soziale Kognition

social cohesion - soziale Kohäsion

social communication - soziale Kommunikation

social composition - gesellschaftliche Zusammensetzung, demographische Struktur, Sozialstruktur

social conflict - sozialer Konflikt

social consensus - gesellschaftlicher Konsens

social constraint - soziale Beschränkung

social construction of reality - soziale Konstruktion der Wirklichkeit

social contact - gesellschaftlicher Kontakt

social contagion - soziale Ansteckung

social contract - Sozialvertrag

social contradiction - gesellschaftlicher Widerspruch

social control - soziale Kontrolle

social convention - Konvention

social cost - soziale Kosten, Sozialkosten

social crisis - soziale Krise

social criticism - Zeitkritik, Sozialkritik

social Darwinism - Sozialdarwinismus

social decline - sozialer Abstieg

social democracy - soziale Demokratie, Sozialdemokratie

social democrat - Sozialdemokrat

social desirability - soziale Erwünschtheit

social determinism - gesellschaftlicher Determinismus

social development - Sozialentwicklung

social deviance - abweichendes Verhalten, Devianz

social differentation - soziale Differenzierung

social dimension - soziale Dimension

social dissociation - gesellschaftliche Dissoziation, sozialer Zerfall

social distance - soziale Distanz

social-distance scale - Sozialdistanz-Skala

social dumping - Abbau von Sozialleistungen

social dynamics - gesellschaftliche Dynamik

social ecology - Sozialökologie, Humanökologie

social education - Sozialpädagogik

social engineering - Sozialtechnologie

social environment - soziales Umfeld

social equilibrium - soziales Gleichgewicht

social faciliation - soziale Bahnung, gesellschaftliche Aktivierung

social fact - sozialer Tatbestand, soziologischer Tatbestand

social factor - sozialer Faktor

social force - gesellschaftliche Kraft

social forms of teaching - Sozialformen des Unterrichts

social function - gesellschaftliche Funktion

social geography - Sozialgeographie

social gradation - soziales Gefälle

social group - soziale Gruppe

social group work - Gruppenpädagogik, soziale Gruppenarbeit

social heritage - soziales Erbe

social history - Sozialgeschichte, Gesellschaftsgeschichte

social hygiene - Sozialhygiene

social indicator - sozialer Indikator

social inequality - soziale Ungleichheit

social influence - gesellschaftlicher Einfluß

social infrastructure - soziale Infrastruktur

social instinct - Sozialtrieb, Gemeinschaftsgefühl

social institution - soziale Einrichtung, gesellschaftliche Institution

social insurance - Sozialversicherung

social integration - Sozialintegration

social interaction - soziale Interaktion

socialism - Sozialismus

social isolation - soziale Isolierung

socialization - Sozialisation, Sozialisierung

socialization process - Sozialisierungsprozeß

social justice - soziale Gerechtigkeit

social law - soziale Gesetzmäßigkeit

social learning - soziales Lernen, Sozialerziehung

social learning approach - Ansatz des sozialen Lernens
social legislation - Sozialgesetzgebung, Sozialgesetze
social level - gesellschaftliches Niveau
social life - Sozialleben
social loafing - soziales Faulenzen, gesellschaftliche Deaktivierung
socially acceptable - sozialverträglich
socially unjustified - sozial ungerechtfertigt
social market economy - soziale Marktwirtschaft
social maturity - gesellschaftliche Reife
social medicine - Sozialmedizin
social milieu - gesellschaftliches Milieu
social misfit - gesellschaftlicher Außenseiter
social mobility - gesellschaftliche Mobilität
social mobilization - gesellschaftliche Mobilisierung
social motives - soziale Motive
social movement - soziale Bewegung
social necessity - gesellschaftliche Notwendigkeit
social need - soziales Bedürfnis, gesellschaftliches Bedürfnis
social networks - soziale Netzwerke
social norms - soziale Normen
social order - gesellschaftliche Ordnung
social organization - gesellschaftliche Organisation
social origin - soziale Herkunft
social ossification - gesellschaftliche Versteinerung
social pattern - gesellschaftliches Verhaltensmuster, Muster des Sozialverhaltens
social peace - sozialer Friede
social perception - soziale Wahrnehmung
social philosophy - Sozialphilosophie
social physics - soziale Physik
social plan - Sozialplan
social policy - Sozialpolitik
social position - gesellschaftliche Stellung, soziale Stellung
social poverty - gesellschaftliche Armut
social prejudice - gesellschaftliches Vorurteil
social pressure - gesellschaftlicher Druck

social prestige - gesellschaftliches Prestige
social problem - soziales Problem, gesellschaftliches Problem
social process - sozialer Prozeß
social program - Sozialprogramm
social protest - sozialer Protest
social psychiatry - Sozialpsychiatrie
social psychology - Sozialpsychologie
social rank - gesellschaftlicher Rang
social rank order - gesellschaftliche Rangordnung
social reality - gesellschaftliche Realität, soziale Wirklichkeit
social recognition - soziale Anerkennung
social reform - gesellschaftliche Reform, soziale Reform
social rejection - soziale Abstoßung
social relation - soziale Beziehung
social repression - gesellschaftliche Repression
social research - Sozialforschung
social role - soziale Rolle
social sciences - Sozialwissenschaften
social security - Sozialversicherung, soziale Sicherheit
social security contributions - Sozialabgaben
social security insurance - Sozialversicherung
social service - Fürsorge
social services - Sozialleistungen
social setting - gesellschaftlicher Kontext
social situation - gesellschaftliche Situation
social skills - soziale Fertigkeiten
social standards - sozialer Standard
social state - Sozialstaat
social statistics - Sozialstatistik
social status - sozialer Status, gesellschaftlicher Status
social stereotype - gesellschaftliches Stereotyp
social stimulation - soziale Stimulation
social stratification - soziale Schichtung
social stratum - soziale Schicht
social structure - Sozialstruktur
social studies - Gemeinschaftskunde, Sozialkunde
social survey - Sozialenquete
social system - soziales System
social taboo - gesellschaftliches Tabu

social technology - Sozialtechnologie
social theory - Gesellschaftstheorie,
Sozialtheorie
social theory of learning - soziale
Lerntheorie
social upward mobility - sozialer
Aufstieg
social value - gesellschaftlicher Wert
social welfare - Sozialfürsorge,
Wohlfahrt
social welfare expenditures -
Soziallasten
social welfare housing - sozialer
Wohnungsbau
social work - Sozialarbeit
social worker - Sozialarbeiter
sociation - Vergesellschaftung
societal - gesellschaftlich, Gesellschafts-
societal context - gesellschaftlicher
Kontext
societal development - gesellschaftliche
Entwicklung, soziale Entwicklung
societal phenomenon -
gesellschaftliches Phänomen
societal process - gesellschaftlicher
Prozeß, sozialer Prozeß
societal structure -
Gesellschaftsstruktur
societal subsystem - gesellschaftliches
Subsystem
societies and associations -
Vereinswesen
society - Gesellschaft
sociobiology - Soziobiologie
sociocultural - sozikulturell
sociocultural change - soziokultureller
Wandel
sociocultural integration -
soziokulturelle Integration
sociocultural value - soziokultureller
Wert
sociodrama - Soziodrama
sociodynamics - Soziodynamik
socioeconomic development -
sozioökonomische Entwicklung
socioeconomics - Sozialökonomie
sociogenic drive - erworbener Trieb
sociogram - Soziogramm
sociolect - Soziolekt
sociolinguistics - Soziolinguistik
sociological - soziologisch
sociological concept - soziologischer
Begriff

sociological determinism -
soziologischer Determinismus
sociological imagination - soziologische
Phantasie
sociological jurisprudence -
soziologische Jurisprudenz
sociological law - soziologisches Gesetz
sociological method - soziologische
Methode
sociological phenomenon -
soziologisches Phänomen
sociological prediction - soziologische
Prognose
sociological theory - soziologische
Theorie
sociology - Soziologie
sociology of art - Kunstsoziologie
sociology of domination -
Herrschaftssoziologie
sociology of economics -
Wirtschaftssoziologie
sociology of education -
Bildungssoziologie
sociology of history -
Geschichtssoziologie
sociology of medicine -
Medizinsoziologie
sociology of occupations -
Berufssoziologie
sociology of religion -
Religionssoziologie, Soziologie der
Religion
sociology of science -
Wissenschaftssoziologie
sociology of small groups -
Kleingruppensoziologie
sociometric method - soziometrische
Methode
sociometry - Soziometrie
soil pollution - Bodenverseuchung
sole power of representation -
Alleinvertretungsanspruch
solicitor - Anwalt
solidarity - Solidarität
soliloquy - Selbstgespräch
solipsism - Solipsismus
solo work - Alleinarbeit
solution - Lösung
somatic - somatisch, körperlich
somatology - Somatologie
somatotypology -
Konstitutionstypologie
sophistry - Sophistik, Spitzfindigkeit

sorcerer - Schamane, Medizinmann
sorcery - Hexerei, Magie
sore spot - neuralgischer Punkt
sort out - in Ordnung bringen, klären
soul - Seele
sound bite - Worthülse
source - Quelle, Herkunft, Ursprung
sourcebook - Quellensammlung
source material - Quellenmaterial
source of disturbance - Störfaktor
source of error - Fehlerquelle
source of information -
Informationsquelle, Nachrichtenquelle
source of interference - Störfaktor
source of unrest - Unruheherd
sources of funds - Mittelherkunft
sovereign emblem - Hoheitszeichen
sovereign power - Hoheitsgewalt
sovereignty - Souveränität,
Hoheitsgewalt
sovereignty in cultural affairs -
Kulturhoheit
soviet-communism -
Sowjetkommunismus
soviet republic - Räterepublik
soviet system - Sowjetsystem
spaced learning - fraktioniertes Lernen,
verteiltes Lernen
space orientation - Raumorientierung
space perception - Raumwahrnehmung
span of control - Kontrollspanne
span of life - Lebenslauf
sparsely populated - dünn bevölkert
spatial mobility - räumliche Mobilität
speaking time - Redezeit
special expenditure - Sonderausgabe
special field - Fachgebiet
specialist publisher - Fachverlag
specialization - Spezialisierung
specialized literature - Fachliteratur
special representative -
Sonderbeauftragter
special school - Sonderschule
special school teacher -
Sonderschullehrer
species - Gattung, Spezies
species-specific behavior -
artspezifisches Verhalten
specification - Spezifikation, statistische
Interaktion
specificity - Spezifität
specify reasons - begründen
specimen - Muster

speculate - spekulieren
speculation - Spekulation
speech - Rede, - Sprechvermögen
speech act - Sprechakt
speech act theory - Sprechakttheorie
speech and language therapy -
Sprachtherapie
speech anxiety - Sprechangst
speech community -
Sprachgemeinschaft
speech from the throne - Thronrede
speech impediment - Sprachstörung
speech mode - Sprechweise, Aussprache
speech play - sprachliches Spiel,
Sprachspiel
speech therapy - Logopädie
speech training - Sprecherziehung
speed up - beschleunigen
spending - Ausgabe
spending cut - Ausgabenkürzung
sphere of action - Aufgabenbereich,
Wirkungsbereich
sphere of influence - Einflußbereich,
Machtbereich
sphere of interest - Interessenssphäre
sphere of responsibility -
Verantwortungsbereich
spillover effect - Nebenwirkung,
unbeabsichtigte Wirkung
spin control - Kontrolle der Medien
spin-off effect - Nebeneffekt
spiral of silence - Schweigespirale
spiral of violence - Spirale der Gewalt
spiritism - Spiritismus, Spiritualismus
spirit of capitalism - Geist des
Kapitalismus
spirit of the age - Zeitgeist
spirit of the time - Zeitgeist
spiritualization - Spiritualisierung,
Vergeistigung
spiritual values - geistige Werte
splinter party - Splitterpartei
split - teilen, spalten
split ballot - gegabelte Befragung
split one's vote - panaschieren
split-ticket voting -
Stimmenaufspaltung
splitting - Stimmensplitting
spoils system am. - Beutesystem
(Vergabe von Regierungsämtern nach
Parteibuch), Ämterpatronage,
Parteiwirtschaft
spokesman - Sprecher, Wortführer

sponsor - fördern, sponsern, - Sponsor
spontaneity - Spontaneität
spontaneous behavior - Spontaneität
spontaneous recovery - spontane
Erholung
sport - Ausreißer
sports - Sport
sports lessons - Sportunterricht
spot - kurze Fernsehwerbung
spread - verbreiten, streuen, -
Verbreitung, Streuung
spread a rumor - Gerücht verbreiten
spread city - urbane Wucherung
spurious argument - Scheinargument
spurious correlation - Scheinkorrelation
spurious relationship -
Scheinzusammenhang
square - übereinstimmen
square about the means -
Abweichungsquadrate
square root - Quadratwurzel
squire - Landjunker, Landadelmann,
Gutsherr, Großgrundbesitzer
squirearchy - Landjunkertum
stability - Stabilität
stability policy - Stabilitätspolitik
stabilization policy -
Stabilisierungspolitik
stab-in-the-back legend -
Dolchstoßlegende
stable currency - stabile Währung
stable equilibrium - stabiles
Gleichgewicht
stable process - stabiler Prozeß
staff - Personal, Mitarbeiterstab,
Belegschaft, - Stab, Kommando
staff function - Stabsfunktion,
Leitungsfunktion
staff of represention -
Personalvertretung
staff position - Stabstelle
staff representation -
Personalvertretung
staff the ballot box - Wahlfälschung
begehen
stage - inszenieren, aufziehen, Stadium,
Stufe, Phase
stage of moral realism - Stadium des
moralischen Realismus
stages of appeal - Instanzenweg
stagflation - Stagflation
stagnancy - Stillstand
stagnation - Stagnation

stalemate - Patt
Stalinism - Stalinismus
stance - Haltung, Standpunkt
standard - Maßstab, Norm, Regel
standard deviation -
Standardabweichung, Streuung
standard error - mittlerer Fehler
standard error of an estimate -
Standardfehler eines Schätzwertes
standardization - Standardisierung
standardize - standardisieren,
normieren, typisieren
standardized distribution -
standardisierte Verteilung
standardized interview - standardisierte
Befragung
standardized mean - standardisiertes
Mittel
standardized observation -
standardisierte Beobachtung
standardized random variable -
standardisierte Zufallsgröße
standardized regression -
standardisierte Regression
standard measure - Standardmaß
standard measurement unit -
Maßeinheit
standard normal distribution -
Standardnormalverteilung
standard of comparison -
Vergleichsmaßstab
standard of living - Lebensstandard
standard of value - Wertmaßstab
standard period of study -
Regelstudienzeit
standard score - Standardwert
standards of controversy - Streitkultur
standard wage - Tariflohn
stand for an office brit. - für ein Amt
bewerben
standing - Ansehen, Rang, Stellung
standing army - stehendes Heer
standing committee - Ständiger
Ausschuß
standing voter - Stammwähler
standstill agreement -
Stillhalteabkommen
start - anfangen
starting point - Ausgangspunkt
starting school - Einschulung
startle reflex - Schreckreflex
startle response - Schreckreaktion

start out on the wrong premise - von falschen Prämissen ausgehen
state - behaupten, festsetzen, stellen (ein Problem)
state - staatlich, Staat, Einzelstaat *am.*, Bundesland *dt.*, Zustand
state action - staatliches Eingreifen
state administration - Staatsverwaltung
state affairs - Sachverhalt
state aid - staatliche Beihilfe
state bodies - staatliche Organe
state border - Staatsgrenze
state bound by the rule of law - Rechtsstaat
state capitalism - Staatskapitalismus
state church - Staatskirche
state constitution - Landesverfassung
state craft - Staatskunst
stated - festgesetzt
state description - Zustandsbeschreibung
stated objective - erklärtes Ziel
state economy - Staatswirtschaft
state examination - Staatsexamen
state financed - staatlich finanziert
state functions - Staatsfunktionen
state governed by the rule of law - Rechtsstaat
state government - Landesregierung
state intervention - Staatsintervention
state law - Landesrecht
stateless persons - Staatenlose
state liability - Staatshaftung
state machinery - Staatsapparat
statemanship - Staatskunst, Staatsklugheit
statement - Darstellung, Befund, Behauptung, Feststellung
statement of account - Rechenschaftsbericht
state model - Zustandsmodell
state of affairs - Dauerzustand, Sachverhalt
state of civil war - bürgerkriegsähnlicher Zustand
state of destitution - Verwahrlosung
state of emergency - Ausnahmezustand
state officially - amtlich berichten
state of legislative emergency - Gesetzgebungsnotstand
state of neglect - Verwahrlosung
state of origin - Heimatstaat
state of research - Forschungsstand

state of tension - Spannungsfall
state-of-the-art - neuester Stand
state of the nature - Naturzustand
state of war - Kriegszustand
state-owned enterprise - Staatsunternehmen
state-ownership - Staatsbesitz
state planning - staatliche Planung
state power - Staatsmacht
state reasons - begründen
state religion - Staatsreligion
state-run - staatlich
state secret - Staatsgeheimnis
state security police - Staatssicherheitsdienst
statesman - Staatsmann
state socialism - Staatssozialismus
state succession - staatliche Rechtsnachfolge
state supervision - staatliche Aufsicht
state taxes - Landessteuern
state visit - Staatsbesuch
state-worship - Staatsvergötzung
static - statisch
static civilization - statische Kultur, statische Zivilisation
static equilibrium - statisches Gleichgewicht
static model - statisches Modell
statics - Statik
static society - statische Gesellschaft
statistic - statistische Maßzahl
statistical aggregate - statistisches Aggregat
statistical analysis - statistische Analyse
statistical decision function - statistische Entscheidungsfunktion
statistical description - statistische Beschreibung
statistical disperson - statistische Streuung
statistical distribution - statistische Verteilung
statistical error - statistischer Fehler, statistische Verzerrung
statistical explanation - statistische Erklärung
statistical fallacy - statistischer Fehlschluß
statistical hypothesis testing - statistische Hypothesenprüfung
statistical induction - statistische Induktion

statistical inference - statistische Inferenz, statistisches Schließen
statistical law - statistisches Gesetz
statistically recorded - statistisch erfaßt
statistical methods - statistische Methoden
statistical population - statistische Grundgesamtheit
statistical probability - statistische Wahrscheinlichkeit
statistical reliability - statistische Reliabilität
statistical significance - statistische Signifikanz
statistical tests - statistische Testverfahren
statistics - Statistik
status - Status, Stand, Zustand
status anxiety - Statusangst
status ascription - Statuszuschreibung
status characteristic - Statusmerkmal
status consistency - Statuskonsistenz
status distribution - Statusdistribution
status group - Statusgruppe
status incongruence - Statusinkongruenz
status inconsistency - Statusinkonsistenz
status insecurity - Statusunsicherheit
status report - Lagebericht
status security - Statussicherheit
status stratification - Statussicherung
status symbol - Statussymbol
statute - Gesetz, Statut, Satzung
statute law - positives Recht, Gesetzesrecht
statute of limitations - Verjährung
statutory - satzungsgemäß, gesetzlich vorgeschrieben
statutory basis - gesetzliche Grundlage
statutory body - Anstalt des öffentlichen Rechts
statutory corporation - Körperschaft des öffentlichen Rechts
statutory features - gesetzliche Bestandteile
statutory law - Gesetzesrecht
statutory referendum - gesetzlich vorgeschriebenes Referendum
statutory term - Amtszeit
stay down a year - Sitzenbleiben
steady state - stabiler Zustand
steering - Steuerung

steering capacity - Steuerungskapazität
step function - Stufenfunktion
stereotype - Stereotyp
sterilization - Sterilisierung
stigma - Stigma
stigmatization - Stigmatisierung
stimulation - Stimulation, Reizung
stimulus - Reiz, Stimulus
stimulus attitude - Reiz-Einstellung
stimulus equivalence - Stimulusäquivalenz
stimulus error - Reizfehler
stimulus flooding - Reizüberflutung
stimulus-response law - Reiz-Reaktions-Gesetz
stimulus trace - Reizspur
stimulus word - Reizwort
stipulate - vereinbaren, festsetzen, ausbedingen
stipulate the conditions - Bedingungen festlegen (in einem Vertrag)
stipulation - Übereinkunft, Vereinbarung
stochastic proposition - stochastische Aussage
stock exchange - Börse
stock of money - Geldmenge
stonewall pol. - abblocken
stooge - Jasager, Handlanger
stopgap measure - Überbrückungsmaßnahme
storage - Speicher
store data - Daten speichern
storm center - Unruheherd
strain - Beanspruchung, Überanstrengung, Anspannung
strategic - strategisch
strategic planning - strategische Planung
strategy - Strategie, Entscheidungsregel
strategy of immunization - Immunisierungsstrategie
stratification - Schichtung, Stratifikation
stratified sample - Schichtenauswahl
stratified sampling - geschichtetes Auswahlverfahren
stratum - Schicht
straw poll - Probeabstimmung
streamline - modernisieren, rationalisieren
street-corner sample - Gelegenheitsstichprobe
strength - Macht, Stärke, Kraft

strength of a test - Strenge eines Tests
strength of character -
Charakterfestigkeit
stress - hervorheben, betonen, Gewicht
legen auf, Stress, Druck, Beanspruchung,
Spannung
stress management - Streßbewältigung
stressor - Streß, Reiz
strictly confidential - streng vertraulich
strictly scientific - streng
wissenschaftlich
strike - Streik
strike ballot - Urabstimmung
strikebreaking - Streikbrechen
strike settlement - Streikschlichtung
strike vote - Urabstimmung
striking - auffallend, plakativ
string-puller - Drahtzieher
striving for political union -
Einheitsbestrebungen
striving for superiority -
Überlegenheitsstreben
structural - strukturell, Struktur
structural adaptation - strukturelle
Anpassung
structural adjustment - strukturelle
Anpassung
structural analysis - Strukturanalyse
structural anthropology - strukturale
Anthropologie
structural change - Strukturwandel
structural comparison -
Strukturvergleich
structural constraints - Systemzwänge
structural differentiation - strukturelle
Differenzierung
structural equation - Strukturgleichung
structural equivalence - strukturale
Äquivalenz
structural function - Strukturfunktion
structural-functional analysis -
strukturell-funktionale Analyse
structural functionalism -
Strukturfunktionalismus
structural-functional theory -
strukturell-funktionale Theorie
structural imperative - struktureller
Imperativ
structuralism - Strukturalismus
structurally weak - strukturschwach
structurally weak area -
strukturschwache Region
structural policy - Strukturpolitik

structural unemployment - strukturelle
Arbeitslosigkeit
structural variable - Strukturvariable
structuration - Strukturierung
structure - Struktur
structured interview - strukturierte
Befragung
structured questionnaire -
strukturierter Fragebogen
structure of judicature -
Gerichtsverfassung
structure of social action - Struktur
des sozialen Handelns
structures of meaning - Sinnstrukturen
structurization - Strukturierung
struggle - Kampf, Ringen, Streit
struggle between church and state -
Kirchenkampf
struggle for power - Machtkampf
stubbornness - Verbohrtheit
student - Schüler, Student
student attitudes - Schülerhaltung
student characteristics -
Schülerausprägungen
student counseling - Studienberatung
student experience - Schülererfahrung
student motivation - Schülermotivation
student movement -
Studentenbewegung
student riots - Studentenunruhen
study - studieren, erforschen,
untersuchen, Studie, Untersuchung,
Studienfach
study group - Arbeitsgemeinschaft
study guidance - Studienberatung
study regulations - Studienordnung
stultification - Verdummung
stump speech - Wahlrede
stupidity - Dummheit
style - Stil, Lebensart, Art und Weise
style of education - Erziehungsstil,
Unterrichtsstil
style of leadership - Führungsstil
style of life - Lebensstil
style of thinking - Denkstil
stylistic device - Stilmittel
stylize - stilisieren
subcommittee - Unterausschuß
subconsciousness - Unterbewußtsein
subcultural - subkulturell
subculture - Subkultur
subdivision - Untergliederung
subject brit. - Bürger

subject - untergeben, abhängig, Staatsangehöriger, Staatsbürger, Fach, Studienfach, Subjekt, Grundbegriff, Testperson, Gegenstand, Thema, Stoff
subject area - Themenbereich
subject-centered approach - personenorientiertes Messen
subjectification - Subjektivierung, Subjektivation
subjection - Unterwerfung
subjective - subjektiv
subjective probability - subjektive Wahrscheinlichkeit
subjective utility - individueller Nutzen
subjectivism - Subjektivismus
subjectivity - Subjektivität
subjectivization - Subjektivierung
subject matter - Thema, Gegenstand, Stoff
subject of controversy - Streitgegenstand
subject of history - Subjekt der Geschichte
subject of international law - Völkerrechtssubjekt
subject of study - Studienobjekt
subject teacher - Fachlehrer
subject to - vorbehaltlich
sublimation - Sublimierung
subliminal learning - subliminales Lernen
subliminal perception - unterschwellige Wahrnehmung
subliminal stimulus - unterschwelliger Reiz
submission - Unterwürfigkeit
submit - einreichen
submit a report - Bericht vorlegen
subordinate - unterordnen, untergeordnet
subordinate authority - nachgeordnete Behörde
subordinate legislation - delegierte Gesetzgebung
subordination - Unterordnung
suborganization - Unterorganisation
subscriber - Unterzeichner
subscription - Abonnement
subservience - Unterwürfigkeit
subsidiarity - Subsidiarität
subsidiarity principle - Subsidiaritätsprinzip

subsidize - mit öffentlichen Mitteln unterstützen
subsidy - Subvention, Subsidie, Zuschuß, Beihilfe, Unterstützungszahlung
subsistence - Auskommen, Unterhalt, Existenz, Dasein
subsistence anxiety - Existenzangst
subsistence economy - Subsistenzwirtschaft
substance - Substanz, Wesen
substantiation - Bekräftigung
substantive justice - materielle Gerechtigkeit
substantive law - materielles Recht
substitute - ersetzen, Substitut, Ersatz
substitution - Substitution, Ersetzung
substructure - Substruktur, Unterbau
subsume - subsumieren
subsystem - Subsystem
subtext - Subtext (Botschaft eines Textes)
subtitle - Untertitel
suburb - Vorort
suburbanization - Suburbanisierung
suburbia - Lebensstil der Vorstädte, Vorstadtleben, Stadtrand
subvention - Subvention
subversion - Subversion, Umsturz, Unterwanderung
succeed - Erfolg haben, gelingen
success - Erfolg
succession - Nachfolge, Sukzession, Amtsnachfolge
succession of office - Amtsnachfolge
succession of state - Nachfolgestaat
succession of states - Staatensukzession
successive - aufeinanderfolgend
successor - Nachfolger
success orientation - Erfolgsorientierung
success-oriented - erfolgsorientiert
success rate - Reaktionsrate, Reaktionshäufigkeit, Antwortquote
sudden - unvermittelt
suffer an election defeat - Wahlniederlage erleiden
sufficient - genügend, hinreichend
sufficient condition - hinreichende Bedingung
suffrage - Wahlrecht, Stimmrecht
suffragette - Suffragette (Frauenwahlrechtlerin)
suggest - vorschlagen
suggested solution - Lösungsvorschlag

suggestibility - Suggestibilität, Empfänglichkeit für Suggestion
suggestion - Suggestion, Vorschlag, Antrag, Anregung, Andeutung, Annahme, Vermutung
suggestion for improvement - Verbesserungsvorschlag
suggestive advertising - Suggestivwerbung
suggestive question - Suggestivfrage
suicidal prophecy - sich selbst widerlegende Prophezeiung
suicide - Suizid, Selbstmord
suicide attempt - Suizidversuch
suitability - Zweckmäßigkeit
suitable - geeignet
suitable for humans - menschengerecht
summarize - zusammenfassen
summary - Überblick, Zusammenfassung, Inhaltsübersicht
summation - Summierung
summit - Gipfelkonferenz
summit conference - Gipfelkonferenz
summit meeting - Gipfeltreffen
summit talks - Gipfelgespräche
sum total - Gesamtergebnis, Gesamtzahl, Spaltensumme
Sunday paper - Sonntagszeitung
superannuation - Überalterung
superego - Über-Ich
superficial - vordergründig
superficial knowledge - Halbbildung
superfluity - Überfluß
superior - überlegen, Vorgesetzter
superiority - Überlegenheit
superiority feeling - Überlegenheitsgefühl
supernatural - übernatürlich, Übernatürliche (das)
superordinate - übergeordnet, Vorgesetzter
superordination - Überordnung, Übergeordnetheit
superposition - Überlagerung
supersede - ablösen
superstition - Aberglaube
superstitious behavior - abergläubisches Verhalten
superstructure - Überbau
supervise - überwachen
supervising authority - Aufsichtsbehörde

supervision - Supervision, Beaufsichtigung, Überwachung
supervision limited to the question of legality of administrative acti - on - Rechtsaufsicht
supervision of interviewers - Interviewerkontrolle
supplement - Zusatz
supplemental question - Zusatzfrage
supplementary budget - Nachtragshaushalt
supplementary declaration - Zusatzerklärung
supplementary education - zusätzliche Erziehung
supplementary information - Zusatzinformation
supplementary motion - Zusatzantrag
supply - Versorgung
supply bottleneck - Versorgungsengpaß
supply problems - Versorgungsschwierigkeiten
supply-side economics - angebotsorientierte Wirtschaftspolitik
supply situation - Versorgungslage
support - unterstützen, stärken jmd., beistehen, ernähren, Rückendeckung, Unterstützung, Begünstigung, Förderung
support a motion - Antrag befürworten
supporter - Befürworter
supporting documents - Unterlagen
suppose - annehmen, vermuten
suppress - unterdrücken
suppression - Unterdrückung
supranational - überstaatlich
supranationalism - Supranationalismus
supranationality - Supranationalität
supranational organization - supranationale Organisation
supra-regional - überregional
suprasystem - Suprasystem, übergreifendes System
supremacy - Vormachtstellung, höchste Gewalt, Suprematie, Vorherrschaft, Übergewicht, Überlegenheit
supreme command - Oberbefehl
surface structure - Oberflächenstruktur
surface-to-surface missile - Boden-Boden-Rakete
surmount - überwinden
surplus - Überschuß
surplus value - Mehrwert
surrender - aushändigen, Kapitulation

surrogate - Surrogat, Ersatzobjekt
surrogate mother - Leihmutter
surrounding circumstances -
Begleitumstände
surveillance - Überwachung, Kontrolle
survey - überblicken, abschätzen,
begutachten, vermessen, Erhebung,
Überblick, Umfrage
survey among readers - Leserumfrage
survey area - Erhebungsgebiet
survey design - Erhebungsdesign
surveying - Messung, Messen
survey population -
Erhebungsgrundgesamtheit
survey research - Umfrageforschung,
Demoskopie
survey situation - Erhebungssituation
survival - Überleben, Überrest
survival of the fittest - Überleben der
Stärksten
survive - überleben
survivor function - Überlebensrate
susceptible (to) - anfällig (für)
suspend - vorübergehend ausschließen,
suspendieren
suspension - Suspension,
Außerkraftsetzung, Amtsenthebung
suspensive veto - suspensives Veto
sustained - anhaltend, nachhaltig,
andauernd
sustenance - Versorgung,
Lebensunterhalt, Auskommen,
Erhaltung, Ernährung
sway - beeinflussen, Einfluß
sweeping - undifferenziert
sweeping reform - durchgreifende
Reform
sweeping statement - Pauschalurteil
swing to the left - Linksruck
swing to the right - Rechtsruck
syllabus - Lehrplan
syllogism - Syllogismus
symbiosis - Symbiose
symbol - Symbol, Symbolzeichen,
Emblem
symbolic behavior - symbolisches
Verhalten
symbolic expression - symbolischer
Ausdruck
symbolic interactionism - symbolischer
Interaktionismus
symbolic policy - symbolische Politik
symbolism - Symbolismus, Symbolik

symbolization - Symbolisierung
symbolize - symbolisieren
symmetric distribution - symmetrische
Verteilung
symmetry - Symmetrie
sympathy - Einklang, Sympathie,
Zuneigung
symposion - Konferenz
symptom - Symptom, Krankheitsbild
symptom of discontent - Anzeichen
von Unzufriedenheit
synchronic comparison - synchronischer
Vergleich
synchronization - Synchronisation
syncritism - Synkretismus
syndicalism - Syndikalismus,
revolutionärer Anarchismus
syndrome - Syndrom
synergetics - Synergetik
synergy/synergetic effect -
Synergieeffekt
synonymity - Synonymität
synonymous - synonym,
gleichbedeutend
syntactical rule - syntaktische Regel
syntactics - Syntaktik, logische Syntax
synthesis - Synthese
synthesize - zusammenfügen
system - System
system analysis - Systemanalyse
system approach - Systemdenken
systematic - systematisch
systematic method - systematische
Methode
systematic sample - systematische
Auswahl
systematic sampling - systematisches
Auswahlverfahren
systematic theory - systematische
Theorie
systematic thought - systematisches
Denken
systematization - Systematisierung
system complexity - Systemkomplexität
system dependent - systembedingt
system design - Systementwurf
system differentiation -
Systemdifferenzierung
system goal - Systemziel
systemic - systemisch
systemic integration -
Systemintegration
systemic property - Systemeigenschaft

system immanence - Systemimmanenz
systemlessness - Systemlosigkeit
system limits - Systemgrenzen
system maintenance -
Systemerhaltung, Erhaltung des Systems
system of action - Handlungssystem
system of collective security - System
kollektiver Sicherheit
system of employment -
Beschäftigungssystem
system of estates - Ständeordnung
system of government -
Regierungsform, Regierungssystem
system of preferences -
Präferenzsystem
system of values - Wertesystem

systems analysis - Systemanalyse
systems engineering - Systemplanung
systems of negotiation -
Verhandlungssysteme
systems planning - Systemplanung,
systemanalytische Planung
systems requirements -
Systemerfordernisse
systems research - Systemforschung
systems theory - Systemtheorie,
allgemeine Systemtheorie,
Systemforschung, systemtheoretische
Soziologie, Systemsoziologie
systems thinking - Systemdenken
system variable - Systemvariable

T

table - Tabelle, statistische Tabelle
tabloid press - Boulevardpresse
taboo - tabuisieren, Tabu
tabular - tabellarisch, tabularisch
tabulation - Tabellierung, Tabulierung
tacit - stillschweigend
tacit agreement - stillschweigende
Übereinkunft
tacit knowledge - implizites Wissen
tacit presupposition - stillschweigende
Voraussetzung
tackle - angehen
tackle a problem - Problem in Angriff
nehmen
tact - Takt
tactics - Taktik
tactless - taktlos, geschmacklos
tailored - klassisch
take action - veranlassen, vorgehen
take a decision - Beschluß fassen
take an oath - Eid ablegen
take countermeasures - gegensteuern
take into account - berücksichtigen
take into consideration -
berücksichtigen
take measures - Maßnahmen ergreifen
take office - das Amt antreten
take on - engagieren
take over power - Macht übernehmen
take part - teilnehmen
take the initiative - Initiative ergreifen
take up - ein Thema aufgreifen
taking diplomatic relations - Aufnahme
diplomatischer Beziehungen
taking into consideration -
Berücksichtigung
taking into effect - Inkrafttreten
taking of hostages - Geiselnahme
taking the role of the other -
Rollenübernahme
talent - Talent
talent development - Talententwicklung
talented - hochbegabt
talent identification -
Talentidentifizierung
talk - Gespräch
talking cure - Gesprächstherapie
talk out - ausdiskutieren

talk over - besprechen
tally - übereinstimmen
taming - Zähmung
tamper - beeinflussen
tandem measure - Junktim
tangible - materiell, real, greifbar
tangible result - greifbares Ergebnis
target - Ziel, Zielsetzung
target analysis - Zielanalyse
target audience - Zielgruppe
target-based budgeting -
Ziel-Mittel-orientierte Haushaltsplanung
target figures - Zielgrößen
target group - Zielgruppe
target population - Zielbevölkerung,
Zielgruppe
tariff - Zoll, Tarif
tariff barriers - tariffäre
Handelshemmnisse
task - Aufgabe
task analysis - Aufgabenanalyse
task design - Aufgabengestaltung
task force - Eingreiftruppe
task orientation - Aufgabenorientierung
taste cultures - Geschmackskulturen
tautological proposition - tautologische
Aussage
tautology - Tautologie
tax - Steuer
tax agreement - Steuerabkommen
tax allowance - Steuervergünstigung
taxation - Besteuerung, Steuern
taxation law - Steuergesetz
tax base - Steuerbemessungsgrundlage
tax burden - Steuerbelastung
tax cut - Steuersenkung
tax favored - steuerbegünstigt
tax incentive - Steueranreiz
tax increase - Steuererhöhung
tax measure - steuerpolitische
Maßnahme
taxonomic system - taxonomisches
System
taxonomy - Taxonomie
taxonomy of educational objectives -
Lernzieltaxonomie
tax receipts - Steuereinnahmen
tax revenue - Steueraufkommen
tax revolt - Steuerprotest
teachability - Lehrbarkeit
teach at a school - an einer Schule
unterrichten
teacher - Erzieher, Lehrer

teacher at a trade - Gewerbelehrer
teacher beliefs - subjektive
Überzeugungen des Lehrerhandelns
teacher burnout - Lehrer-Burnout
teacher characteristics -
Lehrermerkmale
teacher education - Lehrerbildung
teacher effectiveness - Lehrerfolg
teacher expertise - Lehrerexpertise
teacher influence - Lehrereinfluß
teacher orientation - Lehrerorientierung
teacher-oriented - Lehrer-orientiert
teacher planning - Planungsverhalten
von Lehrern
teacher qualification -
Lehrerqualifikation
teacher recruitment -
Lehrerrekrutierung
teacher role - Lehrerrolle
teachers' advanced training -
Lehrerfortbildung
teacher student relationship -
Lehrer-Schüler-Beziehung
teacher training - Lehrerbildung
teaching - Lehren
teaching aids - Lehrmittel
teaching analysis - Unterrichtsanalyse
teaching blind children -
Blindenunterricht
teaching large groups -
Großgruppenunterricht
teaching literary skills -
Alphabetisierung
teaching load - Lehrerdeputat
teaching media - Unterrichtsmedien
teaching methods - Lehrmethoden
teaching objective - Unterrichtsziel
teaching of German -
Deutschunterricht
teaching of groups - Gruppenunterricht
teaching of the vernacular -
muttersprachlicher Unterricht
teaching profession - Lehramt
teaching research -
Unterrichtsforschung
teachings - Lehre, Lehren, Unterricht
teaching styles - Lehrtypen
teaching unit - Unterrichtseinheit
team - Team, Mannschaft,
Arbeitsgruppe
team spirit - Mannschaftsgeist,
Korpsgeist, Gruppengeist
team teaching - Gruppenunterricht

team work - Gruppenarbeit
tear into - abkanzeln
technical academy - Fachakademie
technical college - Fachoberschule
technical education - technischer
Unterricht
technical instruction - Fachkunde
technical jargon - Fachjargon
technical progress - technischer
Fortschritt
technical schools - Fachschulen
technical term - Fachausdruck
technical university - Technische
Universität
technique - Technik, Verfahren,
Methode
technique of presentation -
Darstellungsmethode
techniques of working and learning -
Arbeits- und Lerntechniken
technocracy - Technokratie
technocratic thinking -
technokratisches Denken
technological change - technologischer
Wandel
technological innovation -
technologische Innovation
technological leap - Technologieschub
technological progress -
technologischer Fortschritt
technology - Technologie
technology assessment -
Technologiefolgenabschätzung
tedium of life - Lebensüberdruß
teenager magazine - Jugendzeitschrift
telecast - Fernsehsendung
teleological - teleologisch
teleology - Teleologie
telephone interview - Telefonbefragung
telephone subscriber -
Fernsprechteilnehmer
television broadcast -
Fernsehübertragung
television commentary -
Fernsehkommentar
television company - Fernsehanstalt
television guide - Fernsehzeitschrift
television news - Fernsehnachrichten
television play - Fernsehspiel
television program - Fernsehprogramm
television series - Fernsehserie
temper - Laune, Gemüt, Temperament,
Gereiztheit

temperament - Temperament, Naturell
temperance - Besonnenheit, Mäßigkeit
temporary - vorübergehend
temporary arrangement -
Übergangsregelung
temporary government -
Interimsregierung
Ten Commandments - Zehn Gebote
tendencious literature -
Tendenzliteratur
tendency - Richtung, Tendenz,
Strömung
tendentious - tendenziös
tendentious paper - Tendenzblatt
tendentious report - tendenziöser
Bericht
tenet - Lehrsatz
tenor - Wortlaut
tension - Spannung, Anspannung
tension management -
Spannungsbewältigung,
Spannungsmanagement
tension-reduction - Spannungsreduktion
tentation - Tentieren, Probieren
tentative - vorläufig
tenure - Amtszeit, Grundbesitz,
Landbesitz
term - Amtszeit, Frist, Term, Quartal,
Semester, Terminus
terminology - Terminologie,
Fachsprache
term length - Amtsdauer
term of office - Amtsperiode
terms of peace - Friedensbedingungen
territorial claim - Gebietsanspruch
territorial domain - Staatsgebiet,
Hoheitsgebiet
territoriality - Territorialität, territorialer
Instinkt, Territorialverhalten
territory - Territorium, Gebiet, Region,
Zone, Gegend
terror - Terror
terrorism - Terrorismus
terrorist - Terrorist
tertiary - tertiär
tertiary sector - tertiärer Sektor,
Dienstleistungssektor
test - Test, Versuch
testability - Prüfbarkeit, Testbarkeit,
Überprüfbarkeit
testability criterion -
Prüfbarkeitskriterium
test analysis - Testkonstruktion

test anxiety - Prüfungsangst
test battery - Testbatterie
test construction - Testentwicklung
test group - Testgruppe
test hypothesis - Arbeitshypothese
testify - beurkunden
testing hypotheses -
Hypothesenprüfung
test items - Testaufgaben
test of aptitude - Eignungstest
test of association - Assoziationstest
test of homogeneity - Homogenitätstest
test of outliers - Ausreißertest
test of significance -
Hypothesenprüfung, Signifikanztest
test person - Proband, Befragter
test question - Testfrage
test result - Versuchsergebnis
test score - Prüfwert
test situation - Testsituation
test statistic - Prüfgröße
test theory - Testtheorie
tetrachoric correlation - tetrachorische
Korrelation
text - Text
text analysis - Textanalyse
text-based interpretation -
werkimmanente Interpretation
text comprehension - Textverstehen
text(ual) criticism - Textkritik
text edition - Textausgabe
text(ual) interpretation -
Textinterpretation
text module - Textbaustein
text processing - Textverarbeitung
text program - Textprogramm
textual - inhaltlich (den Text betreffend)
thanatology - Thanatologie
(Wissenschaft vom Tod)
thankfulness - Dankbarkeit
thaw - politisches Tauwetter
theater - Theater, Laboratorium, Studio
theater of war - Kriegsschauplatz
thematize - thematisieren
theme - Leitmotiv, Thema, Stoff
theme-centered interaction -
themenzentrierte Interaktion
theocracy - Theokratie,
Priesterherrschaft
theodicy - Theodizee
theology - Theologie
theorem - Theorem, Lehrsatz

theoretical - theoretisch,
praxisfern(-fremd)
theoretical construct - theoretisches
Konstrukt
theoretical sampling - theoretische
Auswahl
theoretical term - theoretischer Begriff
theoretician - Theoretiker
theories of development -
Entwicklungstheorien
theories of emotion - Emotionstheorien
theories of exchange -
Austauschtheorien
theorize - theoretisieren
theory - Theorie
theory-bound - theoriegebunden
theory formation - Theorienbildung
theory of action - Handlungstheorie
theory of attribution -
Attributionstheorie
theory of choice - Theorie der Wahlakte
theory of communicative action -
Theorie des kommunikativen Handelns
theory of convergence -
Konvergenztheorie
theory of corroboration -
Bewährungstheorie, Bestätigungstheorie
theory of descent - Deszendenztheorie
theory of functional dominants -
Dominantentheorie
theory of history - Geschichtstheorie
theory of imperialism -
Imperialismustheorie
theory of information processing -
Theorie der Informationsverarbeitung
theory of institution -
Institutionentheorie
theory of interlocked federalism -
Theorie der Politikverflechtung
theory of justice - Theorie der
Gerechtigkeit
theory of just war - Theorie des
gerechten Krieges
theory of knowledge - Erkenntnistheorie
theory of learning - Lerntheorie,
Verhaltenstheorie
theory of measurement - Theorie des
Messens
theory of middle range - Theorie
mittlerer Reichweite
theory of minimal effects - Theorie der
schwachen Medienwirkung

theory of modernity - Theorie der
Moderne
theory of motivation -
Motivationstheorie
theory of probability -
Wahrscheinlichkeitstheorie
theory of research programs - Theorie
der Forschungsprogramme
theory of school - Schultheorie
theory of science - Wissenschaftstheorie
theory of signs - Zeichentheorie
theory of society - Gesellschaftstheorie
theory of the ideal observer - Theorie
des idealen Beobachters
theory of the state - Staatslehre,
Staatstheorie
theory of the two cultures - Theorie
der zwei Kulturen
theory of unconscious inferences -
Theorie der unbewußten Schlüsse
theory of understanding - Theorie des
Verstehens
theory pluralism - Theorienpluralismus
theory reduction - Theorienreduktion
therapeutic dialogue -
Gesprächstherapie
therapy - Therapie, Behandlung
therapy group - Therapiegruppe
there and then - an Ort und Stelle
thesis - These, Annahme, Hypothese,
Vermutung
the two sides of industry -
Sozialpartnerschaft
thick description - dichte Beschreibung
thing in itself - Ding an sich
thinking - Denken
Third Reich - Drittes Reich
third sector - Dritter Sektor
Third World - Dritte Welt
thirst for glory - Ruhmsucht
thirst for knowledge - Wissensdurst,
Erkenntnisdrang
thorough - tiefgehend, gründlich
thought control - Gehirnwäsche,
Gedankenkontrolle
thoughtfulness - Fürsorglichkeit
thought possibility - Denkmöglichkeit
thought style - Denkstil
thrash out - ausdiskutieren
threat - Drohung, Gedankenstopp
threaten - drohen
threatened peoples - bedrohte Völker
threat gesture - Drohgebärde

threat signal - Kriegsdrohung
threat to resign - Rücktrittsdrohung
three-quarter majority -
Dreiviertelmehrheit
three-term contingency -
dreifachbedingte Kontingenz
threshold - Schwelle, Sperrklausel im
Wahlrecht, Reizschwelle
threshold country - Schwellenland
thriftlessness - Verschwendung
thrifty - wirtschaftlich
through diplomatic channels - auf
diplomatischem Wege
throughness - Gründlichkeit
throw-away society -
Wegwerfgesellschaft
thumb rule - Faustregel
thwart - durchkreuzen
ticket - Stimmzettel, Kandidatenliste
ticket election am. - Listenwahl
ticket splitting - Stimmensplitting
tide of events - Zeitströmung
tie - Stimmengleichheit
tie-breaking vote - ausschlaggebende
Stimme
ties - Verknüpfung
tie-up - Stillstand
tighten - verschärfen
tightening - Verschärfung
tighten purse strings - Ausgaben kürzen
tightrope act - Drahtseilakt
tightrope walk - Gratwanderung
time budget - Zeitbudget
time frame - Zeitrahmen
time lag - zeitliche Verzögerung,
zeitliche Verschiebung
time of upheaval - Umbruchszeit
time pattern - Zeitablauf
time perspective - Zeitperspektive
time series - Zeitreihen
time series analysis - Zeitreihenanalyse
time series design - Zeitreihenanlage
timetable - Stundenplan
tip - Hinweis
title - Titel, Überschrift, Amtstitel,
Ehrentitel, Rechtstitel, Anspruch,
Rechtsanspruch
titular - nominell
to a high standard - anspruchsvoll
token - Token, Tauschwertsymbol,
Münze
token strike - Warnstreik
tolerance - Toleranz

tolerance limit - Toleranzgrenze
tolerant - tolerant, nachgiebig, duldsam
top-down processing -
Informationsverarbeitung von oben nach
unten
topic - Thema, Topik
topos - Topos
torch theory - Scheinwerfertheorie
tortious act - rechtswidrige Handlung
total circulation - Gesamtauflage
totalitarian - totalitär
totalitarian dictatorship - totalitäre
Diktatur
totalitarianism - Totalitarismus
totality of services for the public -
Daseinsvorsorge
total population - Gesamtbevölkerung
total surveillance - Lauschangriff
total war - totaler Krieg
totemism - Totemismus
to the best of one's knowledge - nach
bestem Wissen und Gewissen
touchy topic - Reizthema
tourism - Fremdenverkehr, Tourismus
town meeting - Stadtversammlung
town planning - Stadtplanung
townscape - Stadtbild
township - Distrikt, Verwaltungsbezirk,
Kommune, Gemeinde
town which does not belong to a Land
- kreisfreie Stadt
toy - Spielzeug
trace - verfolgen
trace back - zurückverfolgen,
zurückverweisen
trace line - Reaktionskurve
track - Leistungsgruppe
trade - Handel, Handelsverkehr,
Gewerbe
trade barrier - Handelsblockade
trade blocks - Handelsblöcke
trade cycle - Konjunkturzyklus,
Konjunkturschwankung
trade embargo - Handelsembargo
tradeoff - Kompromiß
trade press - Fachpresse
trade regulation act - Gewerbeordnung
trade sanctions - Wirtschaftssanktionen
trade school - Gewerbeschule
trade tax - Gewerbesteuer
trade union - Gewerkschaft
trade unionism -
Gewerkschaftsbewegung

trade unionist - Gewerkschafter
trading - Handel
trading nation - Handelsnation
trading state - Handelsstaat
tradition - Tradition, Überlieferung
traditional - traditionell, traditional,
überliefert, klassisch
traditional action - traditionales
Handeln
traditionalism - Traditionalismus
traditional society - traditionale
Gesellschaft
tradition-bound - traditionsgebunden
tradition-directedness -
Traditionslenkung
traffic - Verkehr
tragedy - Tragödie
trail behind - hinterherhinken
train - ausbilden, schulen
trainee - Anlernling
traineeship - Praktikum
training - Ausbildung, Übung, Training,
Schulung
training allowance -
Ausbildungsvergütung
training center - Ausbildungsstätte
training course - Ausbildungsplan
training group - Encountergruppe,
Begegnungsgruppe
training period - Ausbildungsdauer,
Ausbildungszeit
training workshop - Lehrwerkstatt
trait - Persönlichkeitsmerkmal,
Charakterzug
trait profile - Persönlichkeitsprofil
transact - durchführen
transaction - Transaktion
transaction(al) analysis -
Transaktionsanalyse
transaction costs - Transaktionskosten
transcend - übertreffen
transcendence - Transzendenz
transcendent - transzendent
transcendentalism -
Transzendentalismus
transcience - Vergänglichkeit
transcribe - übertragen
transcript - Protokoll
transculturation - Transkulturation,
Kulturübertragung
transduction - Überführung
transfer - übertragen, Transfer,
Überführung, Übertragung

transferability - Übertragbarkeit
transference - Übertragung
transference neurosis -
Übertragungsneurose
transfer of powers -
Kompetenzübertragung
transfer of technology -
Technologietransfer
transfer payments - Transferzahlung
transfer to knowledge -
Wissensvermittlung
transform - umgestalten
transformation - Transformation,
Umwandlung, Umformung,
Umgestaltung
transformational grammar -
Transformationsgrammatik
transformational theory -
Transformationstheorie
transformation analysis -
Transformationsanalyse
transformation stage -
Transformationsstadium
transition - Transition
transitional period - Übergangszeit
transitional provision -
Übergangsbestimmung
transitional rate - Kulturschock
transitional society -
Übergangsgeselleschaft
transitional stage - Übergangszustand,
Durchgangsstadium
transitivity - Transitivität
transitoriness - Vergänglichkeit
transitory - vorübergehend
transmigration - Übersiedlung
transmigration of souls - Reinkarnation
transmission - Übermittlung,
Übertragung
transmission of culture -
Kulturübertragung
transmission theory of communication
- Übertragungstheorie der
Kommunikation
transmitter - Übermittler, Sender
transnational - transnational
transnational policy - transnationale
Politik
transparency - Transparenz
transparent - transparent
transport - befördern, - Verkehr
transportation - Transport,
Transportwesen

transport policy - Verkehrspolitik
transposition - Transposition
transsexuality - Transsexualität
transvaluation - Umwertung
trash - Kitsch
trash art - Trivialkunst
trashy - minderwertig
trauma - Trauma
traumatic - traumatisch
traumatic neurosis - traumatische
Neurose
traumatic psychosis - traumatische
Psychose
treason - Verrat
treasury - Fiskus, Schatzamt
treat - behandeln
treatise - Traktat, Abhandlung
treatment - Behandlung
treatment effect - Therapieerfolg
treatment mean-square - mittleres
Abweichungsquadrat
treatment of aliens -
Ausländerbehandlung
treatment organization -
Behandlungsorganisation
treaty - Vertrag, Staatsvertrag,
völkerrechtlicher Vertrag
treaty draft - Vertragsentwurf
Treaty of Germany -
Deutschlandvertrag
treaty of guarantee - Garantievertrag
tree analysis - Kontrastgruppenanalyse,
Segmentationsanalyse
tree diagram -
Kontrastgruppendiagramm
trench warfare - Grabenkrieg
trend - Richtung, Trend
trend analysis - Trendanalyse
trend extrapolation -
Trendextrapolation
trend fitting - Trendanpassung,
Kurvenanpassung für den Trend
trend reversal - Trendwende
trespass - Übergriff
triad - Trias, Triade
trial - Test, Versuch
trial and error - Versuch und Irrtum
trial of strength - Kräftemessen
triangulation - Triangulation
tribal area - Stammesgebiet
tribal customs - Stammesgebräuche
tribalism - Tribalismus
(Stammessystem)

tribal society - Stammesgesellschaft
tribe - Stamm, Familie
trichotomization - Trichotomisierung
trickle down - durchsickern
triple - Tripel, dreifach
troops - Truppen, Streitkräfte
Trotzkyism - Trotzkismus
trouble-shooter - Krisenmanager
trouble spot - Konfliktherd,
neuralgischer Punkt
truant - Schulschwänzer, Faulenzer
truce - Waffenstillstand, Waffenruhe
true - wahr
true believer - gläubiger Parteigänger
true proposition - wahrer Satz
true score - fehlerfreie Regression
true story - Tatsachenbericht
truism - Binsenweisheit
trumpery - Kitsch
trust - Treuhand, Treuhandschaft,
Vertrauen, Zuversicht
trustee - Treuhänder
trust institution - Treuhandgesellschaft
trust territory - Treuhandgebiet
trustworthy - zuverlässig
trustworthyness - Glaubwürdigkeit
truth - Wahrheit
truth claim - Wahrheitsanspruch
truth content - Wahrheitsgehalt
truth definition - Wahrheitsdefinition
truthful - wahrheitsgetreu
truthfully - wahrheitsgemäß
truthfulness - Wahrhaftigkeit
truth-table - Wahrheitstabelle
truth theory - Wahrheitstheorie
truth value - Wahrheitswert
tug-of-war - politisches Tauziehen
tuition - Unterricht
turmoil - Aufruhr, Tumult, Unruhe
turn - Wende
turnaround in economic activity -
Konjunkturumschwung
turning point - Wendepunkt
turnout - Wahlbeteiligung
turnout intention - Wahlabsicht
turnover - Rate der Neu- und
Wiedereinstellungen (von
Arbeitsplätzen), Umschwung (der
öffentlichen Meinung), Fluktuation,
Umgruppierung, Umorganisation
tutelary democracy -
Enklavendemokratie
tutor - Erzieher, Lehrer, Ratgeber, Tutor

tutoring - Privatunterricht, Repetitorium
TV panel discussion - Fernsehdiskussion
TV satellite station - Satellitensender
twilight area - Grauzone
twin research - Zwillingsforschung
twins - Zwillinge
twin studies - Zwillingsstudien
two-ballot system - Wahlsystem mit zweitem Wahlgang
two factor theory of learning - Zwei-Faktoren-Theorie des Lernens
two-party system - Zweiparteiensystem
two-thirds-majority - Zweidrittelmehrheit
type - Typus, Sorte, Klasse

type of reader - Leserschicht
types of constitution - Verfassungstypen
types of government - Herrschaftsformen
types of scale - Skalentypen
typify - typisieren
typing - Typisieren, Typisierung
typological classification - typologische Klassifizierung
typological method - typologische Methode
typology - Typologie, Typenlehre
tyranny - Tyrannis, Tyrannei

U

ubiquitous - weltweit
ubiquity - Ubiquität, Allgegenwärtigkeit
ultimate authority - höchste Autorität
ultimate value - höchster Wert
ultimatum - Ultimatum
ultra-conservative - erzkonservativ
umbrella organization - Dachverband
umpire - Schlichter, Schiedsrichter
unanimity - Einstimmigkeit
unanimous decision - einstimmiger
Beschluß
unanimous vote - Einstimmigkeit
unanticipated consequences -
unvorhergesehene Folgen
unattended - unbeaufsichtigt
unauthorized - unbefugt
unauthorized act - Eigenmächtigkeit
unauthorized strike - wilder Streik
unbalanced - unausgeglichen
unbalanced budget - unausgeglichener
Haushalt
unbelief - Unglaube
unbiased - unbeeinflußt,
unvoreingenommen
unbiased estimator - erwartungstreue
Schätzfunktion
unblock - freigeben
unbridled competition -
uneingeschränkter Wettbewerb
unbureaucratic - unbürokratisch
uncertainty - Unsicherheit, Unklarheit
uncommercial - unwirtschaftlich
uncommitted - neutral, ungebunden
unconditionability -
Unkonditionierbarkeit
unconditional response - bedingte
Reaktion
unconditional stimulus -
nichtkonditioneller Reiz
unconditioned - unkonditioniert
unconditioned reflex - unbedingter
Reflex
unconfirmed - unbestätigt
unconscious - unbewußt, Unbewußtes
unconscious inference - unbewußtes
Schließen
unconstitutional - verfassungswidrig

unconstitutionality -
Verfassungswidrigkeit
unconstricted observation -
unbefangene Beobachtung
uncontested - unumstritten
uncontested election - Wahl ohne
Gegenkandidaten
uncontrolled spread - Überhandnehmen
uncontroversial - unumstritten
uncritical - unkritisch
undemocratic - undemokratisch
under age - Minderjährigkeit
underclass - soziale Unterschicht
underdeveloped country -
unterentwickeltes Land
underdevelopment - Unterentwicklung
underemployment - Unterbeschäftigung
under-enumeration - Ausfälle bei der
Zählung
underestimate - unterschätzen
underground economy -
Schattenwirtschaft
underlog effect - Mitleidseffekt,
Bumerangeffekt
undermine - untergraben
undernutrition - Unterernährung
underpopulation - Unterbevölkerung
under pressure - unter Druck
underprivileged - unterprivilegiert
underprivilegedness -
Unterprivilegierung
under public law - öffentlich-rechtlich
underrate - unterschätzen
underrepresentation -
Unterrepräsentation
underrepresented - unterrepräsentiert
undersecretary of state - Staatssekretär
understanding - Absprache, Urteilskraft,
Erkenntnisfähigkeit, Übereinkommen
understanding of meaning -
Bedeutungsverstehen
understanding of reality -
Wirklichkeitsverständnis
undertaking - Zusage, bindendes
Versprechen
under the authority of - mit
Genehmigung von
undeveloped - unerschlossen
undo - rückgängig machen
undue influence - unzulässige
Beeinflussung
unease - Unbehagen
unemployed - arbeitslos

unemployed person - Arbeitsloser
unemployment - Arbeitslosigkeit,
Erwerbslosigkeit
unemployment insurance -
Arbeitslosenversicherung
unenforceable - nicht durchsetzbar
unequal - ungleich
unequal distribution of wealth -
Wohlstandsgefälle
unfairness - Ungerechtigkeit
unfolding - Entfaltung
unforeseen - unerwartet,
unvorhergesehen
unfounded - unbegründet
unfranked - nicht besteuert
unfriendly act - unfreundlicher Akt
ungovernability - Unregierbarkeit
unhampered competition - freier
Wettbewerb
unhampered trade - uneingeschränkter
Handel
unhistoric - unhistorisch
unicameralism - Einkammersystem
unidimensionality - Eindimensionalität
unification - Vereinigung, Einigung
unification efforts -
Einigungsbemühungen
unification movement -
Einigungsbestrebungen
unification process - Einigungsprozeß
unified community -
Solidargemeinschaft
unified labor union am. -
Einheitsgewerkschaft
unified trade union brit. -
Einheitsgewerkschaft
uniform distribution - gleichmäßige
Verteilung
uniformity - Monotonie, Uniformität,
Einförmigkeit, Gleichmäßigkeit
uniformity pressure - Uniformitätsdruck
unify - vereinheitlichen
unilateral - unilateral, einseitig, einlinig
unilateralism - Unilateralismus
unimodal - unimodal, eingipflig
unimodal distribution function -
eingipflige Verteilungsfunktion
unimodal frequency distribution -
eingipflige Häufigkeitsverteilung
unintended effects - unbeabsichtigte
Wirkungen

union - Verbindung, Konföderation,
Gewerkschaft, Anschluß, Union,
Vereinigung, Zusammenschluß
unionism - Unionismus,
Gewerkschaftsbewegung
unionized - gewerkschaftlich organisiert
union of states - Staatenverbindung
union wage - Tariflohn
uniqueness - Einzigartigkeit
unit - Maßeinheit, Einheit, Standard,
Grundmaßstab
unitary state - Einheitsstaat,
zentralistischer Staat
unite - vereinigen
united front - Einheitsfront
United Nations Assembly -
Vollversammlung der Vereinten Nationen
United Nations Children's Fund
(UNICEF) - Kinderhilfswerk der
Vereinten Nationen
United Nations Conference on Trade
and Development (UNCTAD) -
Welthandels- und Entwicklungskonferenz
United Nations Educational, Scientific
and Cultural Organization (UNESCO)
- UN-Organisation für Erziehung,
Wissenschaft und Kultur
United Nations High Commissioner
for Refugees (UNHCR) - Hoher
Flüchtlingskommissar der Vereinten
Nationen
United Nations Industrial
Development Organization (UNIDO) -
Organisation der Vereinten Nationen für
industrielle Entwicklung
United Nations Organization (UNO) -
Vereinte Nationen
united party - Einheitspartei
unit of analysis - Analyseeinheit,
Untersuchungseinheit
unity - Einigkeit, Einmütigkeit, Eintracht
unity of action - Aktionseinheit
univariate - univariat, eindimensional
univariate data - univariate Daten
univariate distribution - univariate
Verteilung
univariate frequency - univariate
Häufigkeit
universal - allgemein, Universal(ien)
universal, equal, secret and direct
suffrage - allgemeines, gleiches,
geheimes und direktes Wahlrecht

universal assent - allgemeine
Zustimmung
universal compulsary military service -
allgemeine Wehrpflicht
universal concept - Universalbegriff
Universal Declaration of Human
Rights - Allgemeine Erklärung der
Menschenrechte
universalism - Universalismus
universality - Allgemeingültigkeit,
Universalität
universal law - universales Gesetz
universe - Grundgesamtheit
university - Universität, Hochschule
university didactics - Hochschuldidaktik
university entrance qualifications -
Hochschulreife
unjust - ungerecht
unjustice - Ungerechtigkeit
unlawful - ungesetzlich
unlawfulness - Unrechtmäßigkeit
unlimited - unbefristet, unbegrenzt,
unbeschränkt
unlimited power - unbeschränkte
Herrschaft
unlimited war - unbegrenzter Krieg
unnerve - verunsichert
unofficial - nicht genehmigt, inoffiziell
unofficial strike - wilder Streik
unpaid traineeship - Volontariat
unpleasure - Unlust
unprecedented - beispiellos
unprejudiced - unvoreingenommen
unpublished - unveröffentlicht
unqualified - ungeeignet
unreasonable - unverhältnismäßig,
unvernünftig, unzumutbar
unreliable - unzuverlässig
unrest - Ruhelosigkeit, Unrast
unrestricted domination -
unbeschränkte Herrschaft
unrivalled - beispiellos
unsatisfactory - unbefriedigend
unscholarly - unwissenschaftlich
unscientific - unwissenschaftlich
unscrupulousness - Skrupellosigkeit,
Gewissenlosigkeit
unskilled - ungelernt
unsociability - Ungeselligkeit,
Zurückgezogenheit
unsolvable - unlösbar
unsolved - ungeklärt
unstability - Labilität

unstable - instabil
unstable equilibrium - labiles
Gleichgewicht
unstated assumption - implizierte
Annahme
unsteadiness - Haltlosigkeit
unstructured - unstrukturiert
unstructured interview -
nicht-strukturierte Befragung
unstructured question - unstrukturierte
Frage
unstructured questionnaire -
unstrukturierter Fragebogen
unsuitable - ungeeignet
unsure - verunsichert
unswerving - unverbrüchlich
unsystematic - unsystematisch
untapped educational potential -
Begabungsreserve
untaxed - nicht besteuert
untenable conditions - unhaltbare
Zustände
untenebility - Unhaltbarkeit
untouchable - Unberührbarer
untrustworthy - unglaubwürdig
unusual situation - Ausnahmesituation
unwilling - unwillig
unworthy of man - menschenunwürdig
unwritten constitution -
ungeschriebene Verfassung
unwritten law - ungeschriebenes Recht,
ungeschriebenes Gesetz
update - aktualisieren
updating - Aktualisierung
updating courses -
Anpassungsfortbildung
upgrading - Heranbildung von
Gewohnheiten, Heraufstufung
upheaval - Umbruch
uphold a decision - eine Entscheidung
bestätigen
uphold authority - Befugnisse wahren
upper class - Oberschicht,
Führungsschicht
upper limit - Obergrenze, Höchstgrenze
upper secondary leaving certificate -
allgemeine Hochschulreife
upper-tail test - Test des rechtsseitigen
Segments
uprising - Aufstand, Erhebung
uprootedness - Entwurzelung
uprooting - Entwurzelung

up to date - aktuell, auf dem neuesten Stand
upward bias - Verzerrung nach oben
upward mobile - Aufsteiger, sozialer Aufsteiger
upward social mobility - sozialer Aufstieg
urban - städtisch, Stadt-, urban
urban administration - Stadtverwaltung
urban agglomeration - Agglomeration
urban area - städtisches Gebiet
urban community - städtische Gemeinde
urban culture - städtische Kultur, urbane Kultur
urban development policy - Städtebaupolitik
urbanization - Urbanisierung, Verstädterung
urban population - städtische Bevölkerung
urban renewal - Stadtsanierung
urban-rural migration - Stadtflucht
urban sociology - Stadtsoziologie
urban way of life - städtischer Lebensstil
urbiculture - Stadtplanung
urge - Drang
urgency - Dringlichkeit
urgent - vordringlich

usage - Sitte, Gepflogenheit
use - Verwendung, Nutzen
usefulness - Nützlichkeit, Zweckmäßigkeit
user acceptance research - Akzeptanzforschung
uses-and-gratifications approach - Bedürfnis-Befriedigungs-Ansatz
usurp - usurpieren
usurpation - Usurpation
usurpation of power - Machtanmaßung
utilitarian - utilitaristisch
utilitarian compliance - utilitaristische Folgsamkeit
utilitarianism - Utilitarismus
utilitarian principle - Nützlichkeitsprinzip
utilitarian thinking - Nützlichkeitsdenken
utility - Nützlichkeit, Utilität, Nutzen
utility maximization - Nutzenmaximierung
utilization - Ausnutzung, Verwendung, Inanspruchnahme, Verwertung
utilization of appropriations - Mittelverwendung
utmost - möglichst
utopia - Idealstaat, Utopie
utopianism - Utopismus
utterance - Äußerung, Ausdruck

V

vacancy - Vakanz
vacation - Ferien
vacation course - Ferienkurs
vacuum - Vakuum
vague concepts - verschwommene
Begriffe
valence - Valenz
valid - rechtsgültig
validation - Validierung,
Gültigkeitsüberprüfung
valid hypothesis - gültige Hypothese,
valide Hypothese
validity - Validität, Gültigkeit,
Stichhaltigkeit
validity of content - Inhaltsvalidität
valuation - Wertbestimmung,
Taxierung, Einschätzung, Bewertung
valuation basis - Bewertungsgrundlage
valuation technique -
Bewertungstechnik
value - Wert
value added tax - Mehrwertsteuer
value change - Wertewandel
value conflict - Wertekonflikt
value controversy - Werturteilsstreit
value-free - wertfrei
value-freedom - Wertfreiheit
value-freedom postulate -
Wertfreiheitspostulat
value judgment - Werturteil
value-neutral - wertneutral
value neutrality - Werteneutralität
value orientation - Wertorientierung
value rationality - Wertrationalität
value relativism - Wertrelativismus
value system - Wertesystem
variability - Variabilität
variable - variabel, - Variable
variable error - Zufallsfehler,
Stichprobenfehler
variable interval schedule - variabler
Intervallverstärkungsplan
variable ratio schedule - variabler
Quotenverstärkungsplan
variables inspection - Variablenprüfung
variance - Varianz, Streuung, Dispersion
variance analysis - Varianzanalyse,
Streuungsanalyse

variate - Zufallsgröße, Zufallsvariable,
stochastische Variable
variation - Variation, Schwankung
variety - Vielfalt
vassal - Vasall
vassalage - Vassallentum
Vatican City - Vatikanstadt
vehemence - Vehemenz
vehicle currency - Leitwährung
velvet revolution - sanfte Revolution
venal - korrupt
venality - Bestechlichkeit, Käuflichkeit
venture - riskieren
venturesomeness - Risikobereitschaft
veracity - Wahrhaftigkeit
verbal - mündlich
verbal ability - Sprachfähigkeit
verbal behavior - verbales Verhalten
verbal communication - verbale
Kommunikation
verbal conditioning - verbale
Konditionierung
verbalization - Verbalisierung
verbal statement - mündliche Erklärung
verdicality - Übereinstimmung von
Vision und Wirklichkeit, Wahrheitsliebe
verifiability - Verifizierbarkeit
verification - Bewährung, Bestätigung,
Verifikation, Nachprüfung, Verifizierung
verify - verifizieren, nachprüfen
verisimilitude - Wahrheitsähnlichkeit
versatility - Vielfalt
version - Version
vertical division of power - vertikale
Gewaltenteilung
vertical mobility - vertikale Mobilität
very close result - sehr knappes
Ergebnis
very gifted - hochbegabt
vested - Sonderprivileg, rechtmäßiges
Interesse
veto - Veto, Einspruch
veto group - Vetogruppe
vetoing stock - Sperrminorität
veto power - Vetorecht
viability - Lebensfähigkeit
via satellite - über Satellit
vicarious experience - Erfahrung aus
zweiter Hand
vicarious learning - stellvertretendes
Lernen
vice - stellvertretend, Tugendlosigkeit,
Laster

vice-chancellor - Vizekanzler
vice versa - umgekehrt
vicious - unmoralisch
vicious circle - Circulus vitiosus
victim - Opfer
victimology - Viktimologie
(opferorientierte Kriminologie)
video - Video
view - beurteilen
viewership - Fernsehpublikum
view of humanity - Menschenbild
view of mankind - Menschenbild
view of the state - Staatsauffassung
viewpoint - Standpunkt
vigilance - Vigilanz, Wachheit
vilify - verleumden, verunglimpfen
village - Dorf, Dorfgemeinde
village research - Soziologie des Dorfs
violate neutrality - Neutralität verletzen
violation of a treaty - Vertragsbruch
violation of professional ethics -
Pflichtverletzung
violation of the public peace -
Landfriedensbruch
violence - Gewalt
violent measures - Gewaltmaßnahme
virtual reality - virtuelle Realität
virtue - Tugend
virtues - Arbeitstugenden
virtuous - tugendhaft
visibility - Transparenz, Visibilität
vision - Vision
vis major - höhere Gewalt
visual aids - Anschauungsmittel
visual arts - bildende Künste
visual communication - visuelle
Kommunikation
visual equipment - Medien
visual field - Wahrnehmungsfeld,
Gesichtsfeld
visual instruction -
Anschauungsunterricht
visualization - Visualisierung,
Veranschaulichung
visual perception - visuelle
Wahrnehmung
vitalism - Vitalismus
vocation - Berufung, Begabung
vocational - beruflich
vocational academy - Fachakademie
vocational counseling - Berufsberatung
vocational education - Berufspädagogik

vocational further training - berufliche
Fortbildung
vocational guidance - Berufsberatung
vocational instruction - Berufskunde
vocational orientation -
Berufswahlvorbereitung
vocational practical studies -
Betriebspraktikum
vocational prospects - Berufsaussichten
vocational qualification -
Berufsqualifizierung
vocational retraining - berufliche
Umschulung
vocational schooling - berufliches
Schulwesen
vocation(al) training - Berufsausbildung
voctional training - Berufsausbildung
vogue word - Modewort
voice - Stimme, Stimmrecht
voiceless - nicht stimmberechtigt
voice of conscience - Stimme des
Gewissens
voice of reason - Stimme der Vernunft
voice-to-voice interview - telefonische
Befragung
void - nichtig
void a bill - Gesetzesvorlage für nichtig
erklären
voidance petition -
Normenkontrollklage
voidness - Ungültigkeit, Nichtigkeit
volatile - unbeständig
volatility - Volatilität, Unbeständigkeit
volition - Wille, Willenskraft,
Willensäußerung, Willensentscheidung
volitional - volitiv (vom Willen
bestimmt)
volitional act - Willensakt
volume - Menge, Volumen
voluntarism - freiwillige Vereinigung,
freiwilliger Verband, Verein
voluntary - ehrenamtlich
voluntary jurisdiction - freiwillige
Gerichtsbarkeit
voluntary restraint -
Selbstbeschränkung
voluntary self-control - freiwillige
Selbstkontrolle
voluntary welfare work - freie
Wohlfahrtspflege
voluntary youth leader - Jugendleiter
vote - Abstimmung, Wahl,
Wahlergebnis, Stimmergebnis, Votum

vote by division - Hammelsprung
vote by roll-call - namentliche
Abstimmung
vote-catcher - Wahllokomotive
vote catching - Stimmenfang
vote for candidates of different parties
- panaschieren
vote intention - Wahlabsicht
vote of confidence - Vertrauensfrage
vote of no confidence -
Mißtrauensvotum
voter - Wähler, Stimmberechtigter
vote-rigging - Wahlfälschung
voter participation - Wahlbeteiligung
voter poll - Wahlbefragung,
Wählerumfrage, Meinungsumfrage am
Wahltag
voter reaction - Wählerreaktion
voter registration - Wählerregistrierung
voter resistance - Widerstand der
Wähler
voter turnout - Wahlbeteiligung
vote somebody out of office -
abwählen *jmd.*

vote switcher - Wechselwähler,
Parteiwechsler
vote switching - wechselndes
Wahlverhalten
vote using members' ballot papers -
namentliche Abstimmung
voting - Abstimmung, Wählen, Wahl
voting age - Wahlalter
voting behavior - Wahlverhalten
voting booth - Wahlkabine
voting defeat - Abstimmungsniederlage
voting intention - Wahlabsicht
voting out - Abwahl
voting paradox -
Abstimmungsparadoxon
voting patterns - Wählerverhalten
voting power - Abstimmungsmacht
voting procedure -
Abstimmungsverfahren
voting system - Wahlsystem,
Abstimmungsverfahren
vulnerability - Verwundbarkeit

W

wage - Lohn
wage adjustment - Lohnanpassung
wage agreement - Tarifvertrag
wage bargain - Lohnabschluß
wage freeze - Lohnstopp
wage increase - Lohnerhöhung
wage-related pension - dynamische
Rente
wages and salaries - Löhne und
Gehälter
wage taxes - Lohnsteuer
waiting line - Warteschlange
waiting-line theory - Theorie der
Warteschlangen
waiting period - Sperrfrist
want - Bedürfnis, Bedürftigkeit, Armut,
Erfordernis, Bedarf
want of jurisdiction - fehlende
Zuständigkeit
war - Krieg
war correspondent -
Kriegsberichterstatter
war crime - Kriegsverbrechen
warfare - Kriegsführung, Kriegsdienst,
Krieg
war game - Kriegsspiel
war losses - Kriegsverluste
warning strike - Warnstreik
war of aggression - Angriffskrieg
war of conquest - Eroberungskrieg
war of every man against every man -
Krieg aller gegen alle
war of liberation - Befreiungskrieg
war of nerves - Nervenkrieg
war powers *am.* - Befugnis zur
Kriegserklärung (durch den
US-Kongress)
warrant - zusichern, garantieren
warranty - Zusicherung, Gewährleistung
wartime economy - Kriegswirtschaft
war victim - Kriegsopfer
war-weary - kriegsmüde
waste - verschwenden, Verschwendung
waste disposal - Abfallbeseitigung
waste of energy -
Energieverschwendung
water pollution - Wasserverschmutzung
wavelength - Wellenlänge

wave of protest - Protestwelle
waverer - unentschiedener Wähler,
Schwankender
way of speaking - Ausdrucksweise
weaken - abschwächen
weakness - Charakterschwäche
weakness of economic activity -
Konjunkturschwäche
wealth - Wohlstand, Reichtum
wealth of ideas - Ideenreichtum
weaning - Entwöhnung
weapon - Waffe
weapons of attack - Angriffswaffen
wedlock - Ehe, Matrimonium
weekly newspaper - Wochenzeitung
we-feeling - Wir-Gefühl
weighing of interests -
Interessenabwägung
weight - gewichten, Gewicht,
gewichtender Faktor
weighted average - gewichtetes Mittel,
gewogenes Mittel
weigh the pros and cons - Für und
Wider abwägen
weighting - Gewichtung
weight up - abwägen
welfare - Sozialhilfe, Wohlfahrt,
Wohltätigkeit, Barmherzigkeit, Fürsorge,
Sozialfürsorge
welfare association -
Wohlfahrtsorganisation
welfare benefits - Sozialhilfe
welfare economics -
Wohlfahrtsökonomie,
Wohlfahrtsökonomik, Allokationstheorie
welfare recipient - Fürsorgeempfänger
welfare state - Wohlfahrtsstaat,
Sozialstaat
welfare work - Fürsorge
well-balanced nature - Ausgewogenheit
well-being - Glück, Wohlbefinden, Wohl
well-informed - gut informiert
well-read - belesen
weltanschauung - Weltanschauung
we-sentiment - Wir-Gefühl
Western European Union (WEU) -
Westeuropäische Union
Westernization - Verwestlichung
Western Powers - Westmächte
when due - fristgerecht
Whiggism *brit.* - Whiggismus
(klassischer Liberalismus)
whip - Einpeitscher *pol.*

whispering campaign - Flüsterpropaganda
white-collar crime - Wirtschaftsverbrechen
white-collar work - Büroarbeit, Bürotätigkeit
white-collar worker - Angestellter
white paper - Gesetzentwurf
whitewashing - Beschönigung
whole - Ganzheit
whole language approach - Ganzheitsmethode
wholesale - massenweise
whole word method - Ganzwortmethode
whole-word reading - Lesen in ganzen Wörtern
who protract their studies - Langzeitstudenten
who want to discontinue their studies - Studienabbrecher
wide circulation - hohe Auflage
widely reached - weitverbreitet (Zeitung)
wide-range theory - Theorie großer Reichweite, universale Theorie
widespread - weitverbreitet
wild-cat strike - wilder Streik
Wilders law - Ausgangswertgesetz
wild shot - Ausreißer
will - Wille
will for peace - Friedenswille
willing - gewillt
willingness to achieve - Leistungsbereitschaft
willingness to compromise - Kompromißbereitschaft
willingness to cooperate - Kooperationsbereitschaft
willingness to negotiate - Dialogbereitschaft
willingness to take risks - Risikobereitschaft
will of the electorate - Wählerwille
window dressing - Etikettenschwindel
wing of a party - Parteiflügel
wipe out - vernichten
wire service am. - Nachrichtenagentur
wiretapping action - Abhöraktion
wish-fulfilling fantasy - Wunschtraum
wish-fulfillment - Wunscherfüllung
wishful thinking - Wunschdenken
witch - Hexe

withdraw - zurückziehen, zurücknehmen
withdrawal - Zurückziehung, Rückzug
withdrawal treatment - Entziehungskur
withdraw a motion - Antrag zurückziehen
withdraw an application - Antrag zurückziehen
within the party - innerparteilich
without charge - gebührenfrei
without reasons - ohne Begründung
without restrictions - uneingeschränkt
without right to vote - nicht stimmberechtigt
with-presence group - Primärgruppe
witness psychology - Aussage-Psychologie
women's liberation - Frauenbewegung
women's magazine - Frauenzeitschrift
women's movement - Frauenbewegung
women's representative - Frauenbeauftragte
women's suffrage - Frauenwahlrecht
word association - Wortassoziation
word cluster - Wortfeld
word field - Wortfeld
word fluency - Wortflüssigkeit
word frequency - Worthäufigkeit
wording - Wortlaut
word of honor - Ehrenwort
word of imagination - Vorstellungswelt
word processing - Textverarbeitung, Wortverständnis
word processing (text)program - Textverarbeitungsprogramm
work - Arbeit
workable - funktionsfähig
worker - Arbeiter
workers education - Arbeiterbildung
worker self management - Arbeiterselbstverwaltung
worker's party - Arbeiterpartei
worker's revolt - Arbeiteraufstand
work ethic - Arbeitsmoral
work ethics - Arbeitsethik
work from door to door - Klinken putzen
work humanization - Humanisierung der Arbeit
working - handlungsfähig
working class - Arbeiterklasse, Arbeiterschicht
working conditions - Arbeitsbedingungen

working group - Arbeitsgemeinschaft
working hypothesis - Arbeitshypothese
working memory - Arbeitsgedächtnis
working model - Denkmodell
working paper - Arbeitsblatt
working population - arbeitende
Bevölkerung
working structures -
Arbeitsstrukturierung
working style - Arbeitsstil, Arbeitsweise
work of reference - Nachschlagewerk
work on the knocker - Klinken putzen
workplace morale - Arbeitsmoral
work-providing measure -
Arbeitsbeschaffungsmaßnahme
work psychology - Arbeitspsychologie
work requirements -
Arbeitsanforderungen
works committee - Betriebsrat
works constitution - Betriebsverfassung
works council - Betriebsrat
work therapy - Arbeitstherapie,
Ergotherapie
work-to-rule - Dienst nach Vorschrift
world commodity market - Weltmarkt
world economic summit -
Weltwirtschaftsgipfel
world economy - Weltwirtschaft
World Health Organization (WHO) -
Weltgesundheitsorganisation
world market price - Weltmarktpreis
world of men - Männerwelt
world order - Weltordnung
world peace order -
Weltfriedensordnung
world society - Weltgesellschaft
world system - Weltsystem

world system approach -
Weltsystemansatz
World Trade Organization (WTO) -
Welthandelsorganisation
world trading system -
Welthandelssystem
World War - Weltkrieg
world-wide - weltweit
world-wide depression -
Weltwirtschaftskrise
world-wide reputation - Weltruf
worsening of the relations -
Verschlechterung der Beziehungen
worth - Wert
worthy of sponsorship -
förderungswürdig
would-be politician -
Stammtischpolitiker
wrath of the people - Volkszorn
write up - abfassen
writing - Schreiben, Abfassung
writing difficulties -
Schreibschwierigkeiten
written class test - Klassenarbeit
written constitution - geschriebene
Verfassung
written examen - Klausur
written language - geschriebene
Sprache
written law - geschriebenes Recht,
geschriebenes Gesetz
written question - kleine Anfrage
written warning - Abmahnung
wrong - rechtswidrige Handlung
wrong act - rechtswidrige Handlung
wrong decision - Fehlentscheidung
wrong prediction - Fehlprognose

xenophobic - fremdenfeindlich

X

x-axis - Abszisse

Y

yardstick - Maßstab
year - Jahrgang
year of publication - Erscheinungsjahr
yea-sayer - Ja-Sager, zustimmender
Befragter
yellow press - Hetzpresse
yeoman - freier Bauer, kleiner
Grundbesitzer
yeomanry - freie Bauern, kleine

Grundbesitzer
yield - einbringen
young voter - Jungwähler
youth - Jugend, Jugendalter
youth culture - Jugendkultur,
Teenagerkultur
youth legislation - Jugendrecht
youth movement - Jugendbewegung
youth organizations - Jugendverbände
youth unemployment -
Jugendarbeitslosigkeit
youth welfare office - Jugendamt
youth work - Jugendarbeit

Z

zeal - Diensteifer, Glaubenseifer
zealot - Enthusiast, Fanatiker
zealotry - Fanatismus, Zelotismus
zeitgeist - Zeitgeist
zero - Nullpunkt
zero growth - Nullwachstum
zero hypothesis - Nullhypothese

zero sum game - Nullsummenspiel
zigzag (path) - Zickzackkurs
zionism - Zionismus
zonation - Zonenbildung,
Zoneneinteilung
zone - Zone, Gebiet
zone in transition - Übergangszone,
Übergangsbereich
zone of influence - Einflußgebiet
zoning - Flächeneinteilung (einer
Gemeinde)

Deutsch-Englisch

German-English

A

abändern - alter, modify
Abänderung - modification
Abänderungsantrag - motion for
advancement, motion for amendment
Abänderungsantrag einbringen - move
an amendment
Abbau - deterioration
Abbau von Arbeitsplätzen - shedding
of labour
Abbau von Handelshemmnissen -
reduction of barriers to trade
Abbau von Sozialleistungen - social
dumping
abberufen - remove
Abberufung - dismissal, removal
Abbildtheorie - reflex theory
Abbildung - depiction, illustration,
mapping, picture
abblocken - stonewall *pol.*
abbrechen - break off, exit
Abbrecher - dropout
Abbringen (von) - dissuasion
Abbruch - breaking off, cutoff
ABC - basics
ABC-Schütze - school beginner
ABC-Waffen - ABC-weapons
abdanken - abdicate
Abdankung - abdication
Abduktion - abducation
Abendausgabe - evening paper
Abendland - Occident
Abendnachrichten - evening news
Abendschule - evening classes, night
school
Aberglaube - superstition
abergläubisches Verhalten -
superstitious behavior
Abfallbeseitigung - waste disposal
abfassen - write up
Abfassung (eines Entwurfes) - drafting
Abfassung - writing
Abgabe - duty, imposition, levy
Abgangsalter von der Schule -
school-leaving age
Abgangszeugnis - leaving certificate,
school-leaving certificate
abgekartete Sache - put-up job

abgeleitete Maßzahl - derivated
statistic
Abgeordnetenversammlung - diet
Abgeordneter - delegate, deputy,
representative
Abgesandter - emissary, envoy
Abgesang einer Epoche - end of an era
abgeschlossenes Verfahren - closed
procedure
abgesondertes Gebiet - segregated area
abgewirtschaftet - rotten, run-down
abgewirtschaftet haben - have failed
Abhaltung von Wahlen - holding
elections
Abhandlung - discourse, dissertation,
essay, treatise
abhängig - addicted, dependent, subject
abhängige Bevölkerungsschicht -
dependent class
abhängiger Staat - dependent state
abhängiges Ereignis - dependent event
abhängige Variable - dependent variable
Abhängigkeit - dependence
Abhängigkeitsbedürfnis - affiliation
want, dependency need
Abholzung - deforestation
Abhöraktion - wiretapping action
abkanzeln - tear into
Abkommen - accord, agreement
Ablauf der Amtszeit - expiration of the
term of office
Ablauf eines Waffenstillstandes -
expiration of a truce
ablehnen - reject
Ablehnung - refusal, rejection,
renunciation
Ablehnungsbereich - region of
rejection, rejection region
Ablehnungszahl - rejection number
Ableitbarkeit - derivability
ableiten - derive
Ableitung - deduction
Ablenkung - distraction
Ablenkungsmanöver - diversionary
maneuver
ablösen - supersede
Ablösung - detachment
Ablösungskonflikt - detachment conflict
Abmahnung - written warning
Abnahme - decrement
Abnahme in der Häufigkeit einer
Reaktion - response cost
Abnahmekontrollkarte - control chart

199

Abnahmezahl - acceptance number
abnehmen - pass
Abneigung - dislike
abnorm - abnormal
Abnormalität - abnormality
abnorme Erlebnisreaktionen - reactive states
Abnormität - abnormity
Abonnement - subscription
Abonnement-Fernsehen - pay TV
Abordnung - delegation
Abraten - dissuasion
abreagieren - abreact
Abreaktion - abreaction
Abriß - outline
Abruf (von Informationen) - retrieval
Abrufreize - retrieval cues
Abrüstung - disarmament
Abrüstungsabkommen - disarmament agreement
abschaffen - abolish
Abschaffung - abolition, abrogation
abschätzen - survey
Abschätzung - assessment
abschieben - deport
Abschiebung von Ausländern - deportation of aliens, removal of aliens
Abschlußklasse - final-year class
Abschlußkommuniqué - final communiqué
Abschlußprüfung - final examination
Abschlußzeugnis - diploma
Abschnitt - section
Abschöpfung - absorption, adjustment levy
Abschreckung - deterrence
Abschreckungspotential - deterrent capability
abschwächen - mitigate, weaken
Absentismus - absenteeism
Absicht - intention, purpose
Absichtserklärung - declaration of intention
absolut - absolute
Absolute (das) - absolute
absolute Deprivation - absolute deprivation
absolute Häufigkeit - absolute frequency
Absoluteindruck - absolute judgment
absolute Konzentration - absolute concentration
absolute Macht - absolute power

absolute Mehrheit - absolute majority
absolute Monarchie - absolute monarchy
absolute Reizschwelle - absolute threshold
absoluter Fehler - absolute error
absoluter Herrscher - absolute ruler
absolutes Mehrheitswahlsystem - absolute majority system
absolutes Veto - absolute veto
Absolutheitsanspruch - claim to absoluteness
Absolutismus - absolutism
Absolutskala - absolute scale
Absolvent - school-leaver
absondern - segregate, separate
Abspaltung - secession
Absprache - arrangement, understanding
Abstammung - ancestry, cognation, descent
Abstammung in der mütterlichen Linie - matrilineage
Abstammungsfamilie - parental family
Abstammungslinie - line of descent, lineage
Abstammungslücke - lineage gap
Abstammungssystem - descent system
Abstammungstheorie - descent theory
Abstand - distance, interval
absteigende Herkunftslinie - descending line
Abstimmen - polling
Abstimmung - ballot, poll, vote, voting
Abstimmung nach dem Mehrstimmenwahlrecht - plural voting
Abstimmung ohne Fraktionszwang - free vote
abstimmungsberechtigt - entitled to vote
Abstimmungsmacht - voting power
Abstimmungsniederlage - voting defeat
Abstimmungsparadoxon - voting paradox
Abstimmungssieg - election victory
Abstimmungsverfahren - ballot system, electoral system, polling procedure, procedure on voting, voting procedure, voting system
Abstinenz - abstinence
abstrahieren von - abstract from
abstrakt - abstract
Abstrakte (das) - abstract

abstrakte Gesamtheit - abstract collectivity
abstrakte Kunst - abstract art
abstrakte Normenkontrolle - abstract judicial review
abstrakter Begriff - abstract concept
abstraktes Denken - abstract reasoning, abstract thinking
abstrakte Sozialkategorie - abstract social class
abstraktes System - abstract system
Abstraktion - abstraction
Abstraktionismus - abstractionism
Abstraktionsebene - level of abstraction
Abstraktionsgrad - degree of abstraction
Abstraktionsvermögen - capacity for abstract thinking
Absuche - search ps.
absurd - absurd
Absurdität - absurdity
Abszisse - abscissa, x-axis
Abtasten - scanning
Abteilung - department, division, section
Abtreibung - abortion
Abtreibungsgegner - anti-abortionist
abtreten - reassign
Abtrünniger - renegade
Abtrünnigkeit vom Glauben - apostasy
Abusus - abuse
abwägen - weight up
Abwahl - voting out
abwählen jmd. - vote somebody out of office
Abwanderung - departure
Abwandlung - modification
Abwärtsmobilität - downward mobility
Abwärtstrend - downtrend
Abwasserabgabe - sewage levy
Abwasserbeseitigung - sewage disposal
abwechselnder Unterricht - alternation education
Abwehrhaltung - defensiveness
Abwehrmaßnahme - insulting measure, preventive measure
Abwehrmechanismus - defence
Abwehrmechanismus ps. - defense mechanism
Abwehrreflex - defense reflex
Abwehrsystem gegen ballistische Raketen - Anti-Ballistic-Missile (ABM)
abweichend - aberrant, deviant, out-of-line

abweichende Meinung - dissenting opinion
abweichende Norm - deviant norm
abweichender Fall - deviant case
abweichendes Dekodieren - aberrant decoding
abweichendes Verhalten - aberrant behavior, deviance, deviant behavior, social deviance
Abweichen von der Parteilinie - deviation from the party line
Abweichler - deviationist
Abweichlertum - deviationism
Abweichung - anomaly, deviation, difference, discrepancy
Abweichungsquadrate - square about the means
Abweichung vom Mittelwert - deviation from the mean
Abwertung - currency devaluation, depreciation
abwickeln - handle
abwiegeln - appease
abzielen auf - aim at
Abzug von Intelligenz (aus Entwicklungsländern) - brain drain
Achse - axis
Achtstundentag - eight-hour day, eight-hour working day
Achtung - esteem
Ächtung - outlawing
Achtungsbedürfnis - esteem need
Ackerbau - cultivation
Ackerbau und Viehzucht - farming
Adaptions-Niveau-Theorie - adaptation-level-theory
Adäquanz - adequacy
Addition - addition
Additionstheorem - addition theorem
additives Modell - additive model
Adel - aristocracy, nobility
Ad-hoc-Befragung - ad hoc survey
Ad-hoc-Gruppe - ad hoc group
Ad-hoc-Hypothese - ad hoc hypothesis
Adhokratie (begrenzte Organisation) - adhocracy
administrative Kontrolle - regimentation
Adoleszenz - adolescence
Adoption - adoption
Adressant - communicator
adversative Politik - adversary politics
Affekt - affect, conotion

affektbesetzt - affectladen
Affektfixierung - fixation of affect
Affekthandlung - affective act
Affektiertheit - affectation
Affektion - affection
affektiv - affective
affektive Hemmung - affective
inhibition
affektive Lernziele - affective objectives
affektive Neutralität - affective
neutrality
affektive Nichtrationalität - affective
nonrationality
affektiver Wert - affective value
affektive Störung - mood disorder
affektives Verhalten - affective behavior
Affektivität - affectivity
Affektsperre - affective block
Affektstau - affective accumulation
Affektverflachung - anhedonism
afferent - afferent
Afferenz - afference
Affiliation - affiliation
Affiliationsbedürfnis - affiliation need
affin - affine
Affinität - affinity
Affirmation - affirmation
affluenter Arbeiter - affluent worker
Afrika-Karibik-Pazifik-Staaten
(AKP-Staaten) -
Africa-Caribbean-Pacific-states
(ACP-states)
Afrikanistik - African studies
Agamie - agamy
Agenda - agenda
Agent - agency
Agenten des Handelns - change agents
Agglomerat - agglomerate
Agglomeration - congested area,
conurbation, urban agglomeration
Aggregat - aggregate, aggregation
Aggregatanalyse - aggregate analysis
Aggregatbildung - aggregation
Aggregatdaten - aggregate data
Aggregateigenschaften - emergent
properties
Aggregatgruppe - aggregate group
Aggression - aggression
Aggression gegen sich selbst -
self-aggression
Aggressionspolitik - policy of aggression
Aggressionstrieb - aggression drive,
aggressive drive

aggressiv - aggressive
aggressives Verhalten - aggressive
behavior
Aggressivität - aggressivity
Aggressor - aggressor
AGIL-Schema (Talcott Parsons) -
adaption-goal attainment-integration-
latency-scheme (AGIL-scheme)
Agitation - agitation
Agitator - agitator
agitierte Depression - agitated
depression
Agnation - agnation, patrilineage
agnostisches Verhalten - agnostic
behavior
Agnostizismus - agnosticism
agonistisches Verhalten - agonistic
behavior
Agrammatismus - agrammatism
Agrarbewegung - agrarianism
Agrardemokratie - agrarian democracy
Agrargesellschaft - agrarian society
agrarisch - agrarian
Agrarkapitalismus - agrarian capitalism
Agrarkrise - farm crisis
Agrarkultur - agrarian culture
Agrarmarkt - agricultural commodities
market
Agrarmarktordnung - agricultural
market organization
Agrarpolitik - agricultural policy
Agrarsozialismus - agrarian movement
Agrarsoziologie - rural sociology
Agrarstaat - agrarian state, agricultural
state
Agrarstruktur - agrarian structure, rural
structure
Agrarsubvention - agricultural aid
Agrarwissenschaft - agronomy
Agrostadt - agrocity
Aha-Erlebnis - aha experience
ahistorisch - ahistorical
Ahn - ancestor
Ahnen - ancestry
Ahnenkult - ancestor worship
Ahnentafel - pedigree
ähnlich - affine
Ähnlichkeit - affinity, proximity
Akademiker - academic, professional
Akademikerarbeitslosigkeit - graduate
unemployment
akademisch - professional

akademische Freiheit - academic freedom
akademische Grade - academic degrees
akademischer Beruf - academic profession, profession
akademischer Mittelbau - non-professorial staff
akademische Selbstverwaltung - academic self government
akephal - acephalous
akephale Gesellschaft - acephalous society
Akephalie - acephaly
Akklamation - acclamation
Akklimatisierung - acclimatization
Akkommodation - accommodation
Akkordarbeit - piecework
akkreditieren - accredit
Akkreditierung - opening of a credit
Akkulturation - acculturation
Akkulturationsprozeß - acculturative process
Akkumulation - accumulation
Akt des Führens - leading
Akte - record
Akteneinsicht - inspection of records
Akten führen - keep records
Aktenzeichen - file number, reference number
Akteur - actor
Akteur-Beobachter-Effekt - actor-observer effect
akteurzentriert - actor-centered
Aktionismus - doing things for the sake of doing things
Aktionsansatz - action approach
Aktionseinheit - unity of action
Aktionsforschung - action research
Aktionskomitee - action committee
Aktionsmenge - action-set
Aktionsprogramm - action program, program of action
Aktionsradius - scope
Aktivbürger - active population
aktiver Widerstand - active resistance
Aktivierung - activation
Aktivinterview - active interview
Aktivismus - activism
Aktivist - activist
Aktivität - activity
Aktivitätsperiodik - activity cycles
Aktor - actor
Aktpsychologie - act psychology

Aktualgenese - actual genesis, microgenesis, percept genesis
aktualisieren - update
Aktualisierung - actualization, re-activation, updating
aktuell - current, up to date
Akzelerationsprinzip - acceleration principle
Akzelerator - accelerator
Akzentsetzung - emphasis
Akzentuierung - accentuation
Akzentverschiebung - shift in emphasis
Akzeptanz - acceptance
Akzeptanzbereich - range of acceptance
Akzeptanzforschung - user acceptance research
Akzeptanz in Sozialbeziehungen - acceptance in social relations
Akzeptanzkrise - acceptance crisis, crisis of acceptance
akzidentiell - accidental
algebraische Matrix - algebraic matrix
Algorithmus - algorithm
Aliment - maintenance
Alkoholabhängigkeit - alcohol dependence
Alkoholismus - alcoholism
Alkoholmißbrauch - alcohol abuse
Alleinarbeit - solo work
Alleinerziehender - lone parent, single parent
Alleinherrschaft - autocracy, monocracy
Alleinlebender - single
Alleinvertretungsanspruch - claim to sole representation, sole power of representation
Alles-oder-nichts-Lernen - all-or-none learning
Alles-oder-nichts-Reaktion - all-or-none-reaction
allgegenwärtig - pervasive
Allgegenwärtigkeit - ubiquity
allgemein - universal
allgemein anerkannt - accepted
Allgemeinbegriffe - common notions
Allgemeinbildung - general education
Allgemeine Erklärung der Menschenrechte - Universal Declaration of Human Rights
allgemeine Hochschulreife - upper secondary leaving certificate
allgemeine Norm - general norm

allgemeine Psychologie - general psychology
allgemeiner Charakterzug - common trait
allgemeines, gleiches, geheimes und direktes Wahlrecht - universal, equal, secret, and direct suffrage
allgemeine Schulpflicht - general schooling
allgemeine Soziologie - general sociology
allgemeine Systemtheorie - general systems theory, systems theory
Allgemeines Zoll- und Handelsabkommen - General Agreement on Tariffs and Trade (GATT)
allgemeine Theorie - general theory
allgemeine Theorie des Handelns - general theory of action
allgemeine Wahl - general election
allgemeine Wehrpflicht - compulsary military service, universal compulsary military service
allgemeine Zustimmung - universal assent
Allgemeingültigkeit - universality
Allgemeinheit - generality
Allgemeinplatz - commonplace
Allgemeinverbindlichkeit - general application
allgemeinverständlich - generally comprehensable
Allgemeinwissen - general knowledge, public knowledge
Allheilmittel - panacea
Allmachtsgefühl - feeling of omnipotence
Allokation - allocation
Allokationstheorie - welfare economics
Allparteien- - all-party
Allparteienregierung - multiparty government
Alltagserfahrung - everyday experience
Alltagskommunikation - everyday communication
Alltagskultur - popular culture
Alltagspraxis - everyday practice
Alphabet - alphabet, basics, literate
Alphabetisierung - teaching literary skills
Alphabetismus - alphabetism, literacy
Alte Geschichte - ancient history
Altenhilfe - assistance for the aged

Alte Politik - old politics
Alter - age
Altern - aging, social aging
Alternative - alternative
Alternativfrage - alternative question
Alternativhypothese - alternative hypothesis
Alternativkultur - alternative culture, counterculture
Alternativpresse - alternative press
Alternativschulen - alternative schools
Alternativszene - alternative society
Alternieren - alternation
alternierende Generationen - alternate generations
Alternsforschung - psychology of aging
Altersforschung - gerontology
Altersgenosse - age-mate
Altersgliederung - age distribution
Altersgrenze - age limit, retirement age
Altersgruppe - age group
Alterskategorie - age category
Altersklasse - age class, age norm
altersmäßige Einstufung - age-grade placement
Altersmedian - age median
Altersnorm - age norm
Alterspräsident - president by seniority
Altersrolle - age role
Altersruhegeld - old-age pension
Alterssicherung - old-age protection
Altersstatus - age status
Altersstruktur - age structure
Altersstufe - age grade
Altertum - antiquity
Ältestenrat - Council of Elders
Altlast - polluted size
Altlasten - burdens of the past, residual pollution
altmodisch - dated, old-fashioned
Altphilologie - classics (the)
Altruismus - altruism
Amalgamierung - amalgamation
Ambiguität - ambiguity
Ambiguitätstoleranz - ambiguity tolerance
Ambivalenz - ambivalence
Ameisenstaat - insect society
Amerikanisierung - americanization
amitalokal - amitalocal
Amnestie - amnesty, general pardon
amoralisch - amoral
Amoralität - amorality

Amplitude - amplitude
Amt - bureau, office, post
Amt antreten - enter into office
Amt aufgeben - relinquish an office
Amt ausschlagen - decline an office,
reject an office
Amt bekleiden - hold an office, occupy
office
Ämterhäufung - plurality of offices
Ämterpatronage - patronage, political
patronage, spoils system *am.*
Ämterpatronage in der Bürokratie -
patronage bureaucracy
Ämterpatronagesystem - patronage
system
amtieren - officiate
amtierend - acting
amtierender Minister - acting minister
amtlich - ministerial, official
amtlich berichten - state officially
amtliche Untersuchung - public inquiry
amtliche Verlautbarung - official
statement
Amt niederlegen - resign from office
Amtsanklage - impeachment
Amtsanmaßung - assumption of
authority
Amtsautorität - executive authority
Amtsblatt - official journal
Amtsbonus - incumbency advantage
Amtsdauer - period of appointment,
term length
Amtseid - oath of office, official oath
Amtseinführung - inauguration
Amtsenthebung - dismissal from office,
impeachment, ouster *am.*, suspension
Amtsgeheimnis - official secrecy
Amtsgeschäfte - official business
Amtshandlung - official act
Amtshilfe - administrative assistance
Amtsinhaber (jetziger) - incumbent
Amtsinhaber - office-bearer
Amtsmißbrauch - abuse of authority
Amtsnachfolge - succession of office,
succession
Amtsniederlegung - resignation
Amtsperiode - term of office
Amtsschimmel - red tape
Amtssprache - official language
Amtstitel - title
Amtsvormundschaft - authority
guardianship
Amtszeit - statutory term, tenure, term

Anachronismus - anachronism
anal - anal
anale Phase - anal stage
analer Charakter - anal type
analog - analogue
analoges Schließen - analogical
reasoning
Analogie - analogy
Analogiegesetz - law of analogy
Analogientest - analogies test
Analogieschluß - analogical inference,
analogue reasoning
Analogon - analogue
Analphabet - illiterate
Analphabetentum - illiteracy
Analphabetismus - illiteracy
Analysand - analysand
Analyse - analysis
Analyseebene - level of analysis
Analyseeinheit - analysis unit, unit of
analysis
Analyse gleichläufigen Wandels -
concurrent change analysis
analysieren - analyze
Analytiker - analyst
analytisch - analytic
analytische Befragung - analytic survey
analytische Definition - analytical
definition
analytische Philosophie - analytic(al)
philosophy
analytische Psychologie - analytic
psychology
analytisches Denken - analytical
thinking
analytisches Modell - analytic model
analytische Struktur - analytic structure
analytische Wissenschaftstheorie -
analytic theory of science
Anamnesis - anamnesis
Anankasmus - anancastia
Anarchie - anarchy
anarchisch - anarchic
Anarchismus - anarchism
Anarchist - anarchist
anarchistische Erkenntnistheorie -
anarchistic epistemology
Anarchosyndikalismus -
anarcho-syndicalism
Anciennitätsprinzip - seniority principle
andauernd - sustained
an der Macht bleiben - remain in power

205

an der Macht sein - be in office, be in power
ändern - amend, rearrange
Andersgläubigkeit - heterodoxy
Änderungsantrag - amendment
Andeutung - suggestion
an die Macht gelangen - come to power
an die Regierung kommen - come to power
aneignen - acquire
an einen Ausschuß überweisen - refer to a committee
an einer Schule unterrichten - teach at a school
anerkannt - accepted
anerkannte Tatsache - established fact
anerkennen - acknowledge, recognize
Anerkennung - acknowledgement, admission, allowance, recognition
Anerkennung eines Staates - recognition of a state
Anfall - attack
anfällig (für) - susceptible (to)
anfangen - start
Anfänger - beginner
anfänglich - initially
Anfangsmoment - initial moment
Anfangsunterricht - elementary instruction, first years of teaching
anfechten - contest
Anfechtung - avoidance
Anforderung - requirement
Anforderungsprofil - requirements specification
Anfrage im Parlament - question
Anführer - chieftain
angeben - indicate
angeblich - ostensible
angeboren - connate, inherent, innate
angeborene Beeinträchtigungen - congenital impairments
angeborene Begabung - inherent endowment, innate endowment, native endowment
angeborene Ideen - innate ideas
angeborenes Talent - inherent endowment, innate endowment, native endowment
angeborenes Verhalten - innate behavior
angebotsorientierte Wirtschaftspolitik - supply-side economics

angeeignet - achieved, acquired, assumed
angeeigneter Trieb - psychogenic drive
angehen - tackle
Angehöriger - member
Angehöriger der eigenen Volksgruppe - ethnic peer
Angelegenheit - affair, issue, matter
angemessener Ausgleich - reasonable compensation
Angemessenheit - adequacy
Angemessenheit der Mittel - appropriateness of means
angepaßtes Verhalten - adaptive behavior
Angestellter - employee, white-collar worker
angewandt - applied
angewandte Anthropologie - applied anthropology
angewandte Forschung - applied research
angewandte Psychologie - applied psychology
angewandte Sozialforschung - applied social research
angewandte Soziologie - applied sociology
angewandte Wissenschaft - applied science
angleichen - adjust, align
Angleichung - adjustment, alignment, assimilation
angliedern - affiliate with, annex
Anglizismus - Anglicism
angrenzend - neighboring
Angriff - assault, attack
Angriffsfläche - point of attack
Angriffshandlung - act of aggression
Angriffskrieg - war of aggression
Angriffswaffen - weapons of attack
Angst - anxiety
Angstanfälle - anxiety attacks
Angstbewältigung - anxiety coping
Angstbewältigungstraining - anxiety management training
Angsthierarchie - anxiety hierarchy
Angstneurose - anxiety neurosis
Angstreaktion - anxiety response
Angststörung - anxiety disorder
Angsttrieb - anxiety drive
anhaltend - sustained
Anhaltspunkt - indication

Anhänger - follower
Anhängerschaft - followers
anhängig - pending
Anhäufung - aggregate, aggregation, cluster
Anhörung - hearing
Anhörungsinterview - board interviews
Animation - animation
Animismus - animism
Ankerreiz - anchor
Anklage - accusation, charge
anklagen - charge
Ankündigung - announcement
Ankunft - arrival
Ankurbelung - pump priming
Anlage - disposition, genetic heredity
Anlagen - hereditary
Anlage-Umwelt-Kontroverse - hereditary-nurture controversy
Anlaß - inducement
Anleihe - bond, loan
Anleitung - guidance
Anlernberuf - semi-skilled job, semi-skilled occupation
Anlernen - induction
Anlernling - trainee
Anmaßung - arrogance, presumption
Anmerkung - annotation, notation, remark
Anmut - gracefulness
Anmutung - impression
Annäherung (wechselseitige) - accommodation
Annahme - assumption, presumption, proposition, suggestion, thesis
Annahmezahl - acceptance number
Annehmbarkeit - eligibility
annehmen - assume, presume, suppose
annektieren - annex
Annektierung - annexation
Annexion - annexation
Annotierung - annotation
annullieren - annul, cancel, nullify
Annullierung - annulment, cancellation, invalidation, nullification
Anokratie pol. (Mischung aus Autokratie und Demokratie) - anocracy
Anomalie - anomaly
Anomie - anomie
anomisch - anomic
anomische Arbeitsteilung - anomic division

anomische Gruppe - anomic group
anomische Personalität - anomic personality
anomischer Selbstmord - anomic suicide
anonym - anonymous
anonymer Autor - ghostwriter
anonymer Fragebogen - anonymous questionnaire
Anonymität - anonymity
anordnen - direct, order
Anordnung - array, classification, decree, direction, order, series
Anorgasmie - anorgasmy
anormale Häufigkeitskurve - abnormal frequency curve
an Ort und Stelle - on the premises, on the spot, there and then
anpassen - adjust
Anpassung - adaptation, adjustment
Anpassungsdruck - adaptation pressure, pressure to adapt
Anpassungselite - elite of adaptation
Anpassungsfähigkeit - adaptability, flexibility
Anpassungsfortbildung - updating courses
Anpassungsideologie - ideology of adaptation
Anpassungsprozess - adjustment process
Anpassungstest - adaptive test
Anrainerstaat - littoral state
Anrecht - entitlement
Anregung - suggestion
Anreiz - impulse, incentive
Ansammlung - aggregation, assemblage, congestion, mass
Ansatz - approach
Ansatz des sozialen Lernens - social learning approach
Anschaulichkeit - clarity, descriptiveness
Anschauung - idea, notion, sensory idea
Anschauungsmaterial - illustrative material
Anschauungsmittel - visual aids
Anschauungssache - matter of opinion
Anschauungsunterricht - visual instruction
Anschein - appearance, semblance
Anschluß - union
Anschlußstudie - follow-up study

Anschubfinanzierung - knock-on financing
Ansehen - standing
ansiedeln - settle
Ansiedler - settler
Ansiedlung - settlement
Anspannung - strain, tension
Anspielung - allusion
Ansprechbarkeit - receptivity
Anspruch - claim, entitlement, pretension, title
anspruchsberechtigt - entitled to claim
anspruchsberechtigt sein - be eligible for benefits
Anspruchsdenken - dependency culture
Anspruchsniveau - aspiration level, aspiration, level of aspiration
anspruchsvoll - to a high standard
Anstalt - institution
Anstalt des öffentlichen Rechts - statutory body
Ansteckung - contagion, contamination
Ansteckungsfehler - contagious bias
Anstellung - employment
Anstieg - increase, rise
Anstrengung - effort
Antagonismus - antagonism
Anteil - allotment, proportion, quota, share
Anteilnahme - involvement
Antezedens - antecedent
Anthologie - anthology
Anthropogeographie - anthropogeography
Anthropologie - anthropology
Anthropologie der Erziehung - anthropology of education
anthropologische Linguistik - anthropological linguistics
Anthropomorphismus - anthropomorphism
Anthropozentrismus - anthropocentrism
Anti-Atom-Bewegung - anti atomic movement
Antiatomkraftbewegung - anti-nuclear power movement
antiautoritär - antiauthoritarian
antiautoritäre Erziehung - anti-authoritarian upbringing
Antifaschismus - anti-Fascism
antik - ancient, classical
Antike - antiquity

Antiklerikalismus - anticlericalism
Antikolonialismus - anti-colonialism
Antikommunismus - anti-Communism
Antikommunist - anti-Communist
Antinomie - antinomy
Anti-Pädagogik - anti-pedagogics
Antipathie - antipathy
Antisemitismus - anti-Semitism
antisozial - antisocial
antisoziale Persönlichkeitsstörung - antisocial personality disorder
Antithese - antithesis
antithetisch - antithetic
Antitrustgesetzgebung - antitrust legislation
antiziaptorische Sozialisation - anticipatory socialization
Antizipation - anticipation
Antizipationsgruppe - anticipatory group
antizipatorisch - anticipatory
antizipatorische Reaktion - antedating reaction
antizipieren - anticipate
antizipierend - anticipatory
antizyklisch - countercyclical
antizyklische Haushaltspolitik - anticyclical budgetary policy
antizyklische Wirtschaftspolitik - anticyclical economic policy
Antrag - motion, petition, suggestion
Antrag ablehnen - defeat a motion
Antrag befürworten - support a motion
Antrag einreichen - make an application
antragsberechtigt - entitled to apply
Antrag stattgeben - grant an application
Antrag zurückziehen - abandon a motion, withdraw a motion, withdraw an application
Antrieb - drive, impulse, instinctual drive
Antriebserregung - drive arousal
Antwort - answer, response
Antwortdifferenzierung - shaping of behavior
Antwortfehler - answer error
Antwortquote - rate of response, success rate
Antwortverweigerer - nonrespondent
Anwalt - lawyer, solicitor
Anwaltsplanung - advocacy planning
Anweisung - briefing, directive

anwendbar - applicable
Anwendbarkeit - applicability
Anwendung gesetzlicher Vorschriften -
application of statutory provisions
Anwendungsgebiet - field of application
anwendungsorientierte
Erziehungsforschung -
application-oriented pedagogical research
anwerben - recruit
Anzeichen - indicant, indication
Anzeichen von Unzufriedenheit -
symptom of discontent
anzeigen - indicate, notice, notify
Anzeigenblatt - free paper
Anzeigenschluß - deadline
Anziehung - attraction
Apartheid-Politik - Apartheid
Apathie - apathy
apathische Mehrheit - apathetic
majority
Aphasie - aphasia
Aphorismus - aphorism
apolitisch - apolitical
apolitische Haltung - apolitical attitude
Apologet - apologist
Apologetik - apologetics
Aporie - aporia
Apostasie - apostasy
Apparat - machinery
Apparatschick - apparatchik
Appendix - appendix
Apperzeption - apperception
Appetenz-Aversions-Konflikt -
approach-avoidance conflict
Appetenz-Konflikt - approach-approach
conflict
Appetenzverhalten - appetence
behavior
appetitives Verhalten - appetitive
behavior
Approbation - licence to practice
Approximation - approximation
Apriorismus - apriorism
äquivalente Abweichung - equivalent
deviate
äquivalentes Maß - equivalent measure
Äquivalenz - equivalence
Äquivokation - equivocation
Arbeit - job, labor, work
arbeitende Bevölkerung - working
population
Arbeiter - worker
Arbeiteraufstand - worker's revolt

Arbeiterbewegung - labor movement
Arbeiterbildung - workers education
Arbeiterfrage - labor question
Arbeiterführer - labor leader
Arbeiterklasse - working class
Arbeiterpartei - worker's party
Arbeiterschaft - labor
Arbeiterschicht - working class
Arbeiterselbstverwaltung - worker self
management
Arbeitgeber - employer
Arbeitgeber-Arbeitnehmer-
Beziehungen - industrial
relations
Arbeitgeberverband - employer's
association
Arbeitnehmer - employed person,
employee
Arbeitnehmerschaft - labor
Arbeitsamt - labor office
Arbeitsanforderungen - work
requirements
Arbeitsangebot - labor supply
Arbeitsanreicherung - job enrichment
Arbeitsbedingungen - labor standards,
working conditions
Arbeitsbeschaffungsmaßnahme - job
creation measure, work-providing
measure
Arbeitsbeschaffungsprogramm - job
creation scheme, job fostering scheme
Arbeitsblatt - working paper
Arbeitsethik - work ethics
Arbeitsfrieden - industrial peace
Arbeitsgebiet - domain
Arbeitsgedächtnis - working memory
Arbeitsgemeinschaft - study group,
working group
Arbeitsgesetzgebung - labor legislation
Arbeitsgruppe - team
Arbeitshypothese - research hypothesis,
test hypothesis, working hypothesis
Arbeitskampf - industrial conflict
Arbeitskampfmaßnahme - industrial
action, job action
Arbeitskonflikt zwischen Arbeitern
und Betriebsleitung - industrial conflict
Arbeitskräfteabbau - cut down on
manpower
Arbeitskräfteangebot - labor supply
Arbeitskräftebedarfsansatz - manpower
approach
Arbeitslehre - economics

arbeitslos - jobless, unemployed
Arbeitslosenquote - jobless rate *am.*,
rate of unemployment
Arbeitslosenversicherung -
unemployment insurance
Arbeitsloser - jobless person,
unemployed person
Arbeitslosigkeit - joblessness,
unemployment
Arbeitsmarkt - employment market,
labor market
Arbeitsmarktlage - job situation, labor
market situation
Arbeitsmarktpolitik - labor policy
Arbeitsmoral - work ethic, workplace
morale
Arbeitsökonomie - labor economics
Arbeitsplatz - job
Arbeitsplatzbeschreibung - job
description
Arbeitsplätze schaffen - create jobs,
generate jobs
Arbeitsprobe - sample of one's work
Arbeitspsychologie - human
engineering, work psychology
Arbeitsrecht - industrial law, labor law
Arbeitsschutz - employment protection
Arbeitsspeicher - mental space
Arbeitsstil - working style
Arbeitsstrukturierung - working
structures
Arbeitssuche - job hunting, job search
Arbeitssuchender - job seeker
Arbeitsteilung - division of labor
Arbeitstherapie - ergotherapy, work
therapy
Arbeitstugenden - virtues
Arbeits- und Lerntechniken -
techniques of working and learning
Arbeitsunfähigkeit - disability, invalidity
Arbeitsverhältnis - employment
Arbeitsvermittlung - employment
exchange
Arbeitsverwaltung - labor market
authorities
Arbeitsweise - working style
Arbeitszufriedenheit - job satisfaction
Archaismus - archaism
Archäologie - archaeology
Archetyp - archetype
archetypisches Bild - archetypal image
Architektur - architecture
Archiv - archives

Archivmaterial - archive material
Arena - arena
Argument - argument
Argumentation - argumentation, line of
argument, line of reasoning, reasoning
argumentieren - argue
Aristokratie - aristocracy
Arithmetik - arithmetic
arithmetisches Mittel - arithmetic mean
arithmetische Verteilung - arithmetic
distribution
Arkanumpolitik - arcanum policy
Armenfürsorge - home relief
Armengesetzgebung - poor law
Armenrecht - poor law
Armut - poverty, want
Armutsfalle - poverty trap
Armutsgrenze - poverty line
Arrest - detention
Arroganz - arrogance
Artbewußtsein - consciousness of kind
Artefakt - artifact
Arterhaltung - conserving the species
Artikel - article, item, paragraph
Artikulation - articulation
Artikulationsstörungen - articulation
disturbances
Artikulationsvermögen - powers of
articulation
artspezifisches Verhalten -
species-specific behavior
Art und Weise - style
Ärzteverbände - medical associations
Arzt-Patient-Verhältnis -
doctor-patient-relationship
Asebie - impiety
Asketismus - ascetism
Asozialität - asociality
Aspekttheorie - facet theory
assimilation - assimilation
Assimilationsdruck - assimilation
pressure
Assimilations-Kontrast-Theorie -
assimilation-contrast theory
Assoziation - association
Assoziationsindex - index of association
Assoziationsmaß - measure of
association
Assoziationsmodell - association model
Assoziationspsychologie -
associationism
Assoziationsschema - association
scheme

Assoziationstest - test of association
assoziative Konditionierung - associative conditioning
assoziatives Denken - associative thinking
assoziatives Lernen - rote learning
assoziieren - associate
assoziiert - associated
Ästhetik - aesthetics
ästhetische Erziehung - aesthetic education
Ästhetizismus - aestheticism
Asyl - asylum, refuge
Asylbewerber - asylum seeker
Asylrecht - right of asylum, right to seek asylum
Asymmetrie - skewness
asymptotisch erwartungstreu - asymptotically unbiased
asymptotisch normalverteilt - asymptotically normal distribution
Atavismus - atavism, reversion
Atemtherapie - breath therapy
Atheismus - atheism
Ätiologie - aetiology, etiology
Atomangriff - nuclear attack
atomare Abrüstung - nuclear disarmament
atomares Patt - atomic stalemate
Atomenergie - atomic energy
atomisierte Gesellschaft - atomised society
Atomismus - atomism
atomistische Familie - atomistic family
atomistische Gesellschaft - atomistic society
atomistischer Fehlschluß - individually fallacy
Atomkraftgegner - opponents of nuclear power stations
Atomkrieg - nuclear war
Atommacht - nuclear power
Atomversuch - atomic test
Atomwaffen - nuclear weapons
atomwaffenfreie Zone - nuclear-free zone
Atomwaffensperrvertrag - Nonproliferation Treaty
Atomzeitalter - atomic age
Attentat - assassination
Attentismus - attentism
Attribuierung - attribution

Attributionstheorie - attribution theory, theory of attribution
Attributvariable - qualitative variable
audiovisuelle Medien - audio-visual media
aufarbeiten - consolidate
Aufbauarbeit - reconstruction work
Aufbaustudium - post-graduate studies
aufbereiten - edit, process
Aufbereitung - processing
Aufdeckung - disclosure
auf dem neuesten Stand - up to date
auf diplomatischem Wege - through diplomatic channels
auf diplomatischer Ebene - at diplomatic level
aufeinander abgestimmte Politik - coordinated policy
aufeinanderfolgend - successive
auf eine Sache zurückkommen - revert to a matter
auf Erfahrung gestütztes Wissen - experiential intelligence
auferlegte Norm - imposed norm
auferlegte Politik - imposed policy
auferlegte Vorgehensweise - imposed policy
auffallend - striking
Auffassung - apprehension, approach, concept
Aufforderungscharakter - appeal, demand-characteristic
Aufgabe - assignment, task
Aufgabenanalyse - item analysis, task analysis
Aufgabenbereich - scope of duties, sphere of action
Aufgabengestaltung - task design
Aufgabenorientierung - task orientation
Aufgaben übertragen - delegate functions
Aufgabenverteilung - distribution of functions
Aufgaben wahrnehmen - exercise duties
Aufgabenzuweisung - assignment of duties
aufgeben - abandon
auf Gegenseitigkeit beruhend - be based upon reciprocity
aufgeschobene Belohnung - deferred gratification
aufgeschobene Nachahmung - deferred imitation

211

Aufgliederung - breakdown
Aufhebung - avoidance, repeal
Aufhebung eines Gesetzes - abrogation of a law, expiration of a law, repeal of a law
Aufhebung von Beschränkungen - abolition of restriction
Aufhellung - clarification
aufhetzen - incite, instigate
Aufhetzung - incitement
Aufklärung - Age of Enlightenment
Aufklärung der Teilnehmer über den Forschungszweck - debriefing
Aufklärungskampagne - education campaign
Aufklärungspflicht des Arztes - doctor's duty for information
Aufklärungsquote - rate of clear-up
Auflage - circulation, edition
Auflagenziffer (eines Buches) - print run
Auflauf - riot
Auflösung (in seine Bestandteile) - disaggregation
Auflösung - disintegration, dissolving
Auflösung einer Koalition - break-up of a coalition
Auflösungserscheinungen - signs of disintegration
Aufmachung - layout
Aufmerksamkeit - allocation of resources, attention
Aufmerksamkeitskontrolle - attention control
Aufmerksamkeitsschulung - attentional training
Aufmerksamkeitsschwankungen - attention fluctuations
Aufmerksamkeitsstörungen - attention deficit disorders
Aufmerksamkeitsumfang - attention span
Aufnahme - initiation
Aufnahme diplomatischer Beziehungen - establishing diplomatic relations, taking diplomatic relations
aufnahmefähig - receptive
Aufnahmetechnik - recording method
aufrechnen - offset, set off
aufrechterhalten - maintain
Aufrechterhaltung der Grundstrukturen - pattern maintenance

Aufrechterhaltung der öffentlichen Ordnung - maintenance of law and order, preservation of public order
Aufrechterhaltung einer Grundstruktur verinnerlichter Kulturelemente - latent pattern maintenance
Aufrechterhaltungsfunktion - maintenance function
Aufrechterhaltung von Grenzen - boundary maintenance
auf Regierungsebene - at government level
Aufreihung - array
Aufruhr - insurrection, rebellion, revolt, turmoil
aufrührerisch - seditious
aufrührerische Agitation - sedition
aufrührerische Verschwörung - seditious conspiracy
Aufrüstung - armament
Aufsatz - composition
aufschieben - postpone, respite
Aufschiebung - postponement
aufschlußreich - informative, revealing
Aufsichtsbehörde - supervising authority
Aufsichtspflicht - legal responsibility to care
Aufspaltung - fission
Aufstand - insurrection, uprising
Aufstand niederschlagen - put down an insurrection
aufsteigende Linie (bei Verwandtschaften) - ascending line
Aufsteiger - upward mobile
Aufstellung - deployment
Aufstiegschancen - promotion prospects
Aufstieg und Niedergang - rise and fall
auftauchen (eine Frage) - come up
Auftauchen - emergence
Aufteilung von Abteilungen - departmentalization
Auftrag - mission, order
Auftraggeber - client
Auftragsforschung - commissioned research
Auftragsverwaltung - execution of Federal Laws by Laender or Gemeinden
Auftreten - incidence, occurrence
aufwachsen - grow up
Aufwand und Ertrag - income and expense
Aufwärtstrend - rising tendency

Aufwiegelung - sedition
Aufwiegler - agitator
Aufwieglertum - factionalism
Aufzeichnung - record
aufziehen - bring up, stage
augenscheinliche Validität - face
validity
Augenzeugenbericht - eye-witness
report
Ausagieren - acting out
ausarbeiten - draw up, elaborate,
prepare
Ausarbeitung - elaboration
**Ausbau der Beziehungen (zu einem
Land)** - development of relations (with a
country)
ausbedingen - stipulate
Ausbeutung - exploitation
ausbilden - train
Ausbilder - instructor
Ausbildung - education, level of school
education, training
Ausbildung abschließen - complete
one's training
Ausbildungsdauer - training period
Ausbildungsförderung - education
grants, promotion of education,
promotion of training
Ausbildungsinstitution - educational
institution
Ausbildungskosten - cost of studying
Ausbildungsordnung - qualification
requirement
Ausbildungsplan - training course
Ausbildungsstätte - training center
Ausbildungsstätten - place of training
Ausbildungsvergütung - training
allowance
Ausbildungszeit - training period
ausbooten *jmd.* - get rid of, oust
Ausbruch - outbreak
Ausbruch der Feindseligkeiten -
outbreak of hostilities
Ausbruch eines Krieges - outbreak of
war
Ausbürgerung - denaturalization,
deprivation, expatriation
Ausdauer - perseverance
Ausdehnungsmaß - size
aus dem Amt entfernen - remove from
office
aus der Schule entlassen werden -
leave school

Ausdifferenzierung der Gesellschaft -
differentiation of society
ausdiskutieren - talk out, thrash out
Ausdruck - expression, utterance
Ausdruckskontrolle - expression control
Ausdruckstherapie - expression therapy
Ausdrucksverhalten - expressive
behavior
Ausdrucksweise - mode of expression,
way of speaking
Ausdruckszeichen - performance codes
auseinandersetzen - set forth
aus einer Partei austreten - leave a
party
auserwählen - choose
Ausfälle (bei Auswahlverfahren) -
sampling loss
Ausfälle bei der Zählung -
under-enumeration
Ausfallrate - nonresponse rate
Ausfertigung - office copy, official copy
Ausfertigung eines Gesetzes - signing
of a law
Ausführbarkeit - feasibility
ausführen - implement
Ausführung - performance
Ausführung eines Gesetzes -
implementation of a law
Ausführungsgesetz - implementing
statute
Ausgabe - spending
Ausgaben - expenditure, expenditures,
expenses
Ausgabenansätze - expenditure
appropriation
Ausgabenbewilligung - authorization of
expenditures
Ausgaben kürzen - tighten purse strings
Ausgabenkürzung - expenditure cut,
spending cut
Ausgabenpolitik - expenditure policy
Ausgangsabstrakta - initial abstractions
Ausgangspunkt - starting point
Ausgangswert - baseline
Ausgangswertgesetz - Wilders law, law
of initial value
Ausgebranntsein - burn-out
ausgeglichen - balanced
ausgeglichener Haushalt - balanced
budget
Ausgeglichenheit - balance
ausgelöste Reaktion - elicited response
ausgesetztes Kind - abandoned child

ausgewählt - selected
ausgewogen - balanced
ausgewogene Stichprobe - balanced sample
Ausgewogenheit - balance, well-balanced nature
ausgezählte Daten - counted data
ausgleichende Gerechtigkeit - commutative justice, corrective justice, remedial justice
ausgleichende Gewalt - countervailing power
ausgleichende Maßnahmen - compensatory measures
Ausgleichsabgabe - equalization levy, equalization tax
ausgrenzen (von Personen) - ostracize
Aushandeln - bargain, bargaining
aushändigen - surrender
ausklammern - ignore, leave aside
Auskommen - subsistence, sustenance
Ausländer - alien
Ausländerbehandlung - treatment of aliens
Ausländerkinder - foreign children
Ausländerwahlrecht - foreigner's right to vote
Auslandsbeziehungen - foreign connection
Auslandshilfe - foreign aid
Auslandskorrespondent - foreign correspondent
Auslandsnachrichten - foreign news
Auslandspresse - foreign press
auslegen - interpret
Auslegung - interpretation
Auslegungsbestimmung - interpretation clause
Auslegungsfrage - question of interpretation
Auslegungsregeln - rules of interpretation
auslernen - finish one's training
Auslese - selection
Ausleseverfahren - screening
Auslieferung (von Personen) - extradition
Auslösemechanismus - releaser, releasing mechanism
Auslöser - releaser
Ausmaß - extent, magnitude, proportion
Ausnahmeregelung - exemption
Ausnahmesituation - unusual situation

Ausnahmezustand - state of emergency
Ausnahmezustand verhängen - declare a state of emergency, proclaim a state of emergency
Ausnutzung - utilization
Ausreißer - discordant value, maverick, outlier, sport, wild shot
Ausreißertest - test of outliers
Ausrichtung - alignment
Aussage - proposition
Aussagekraft - expressiveness
Aussagelogik - propositional logic
Aussagenanalyse - assertions analysis, designation analysis
Aussage-Psychologie - witness psychology
ausschalten - eliminate
Ausschaltung - elimination
ausscheiden - retire
Ausscheiden aus der Regierung - resign from the cabinet, resign from the government
ausschlaggebend - paramount
ausschlaggebende Interessen - overriding interests
ausschlaggebende Stimme - tie-breaking vote
Ausschlagsweite - amplitude
ausschließen - exclude, preclude
ausschließliche Gesetzgebung - exclusive legislative power
Ausschließlichkeitsprinzip - principle of exclusion
Ausschluß - exclusion
Ausschöpfung - exhaustion
Ausschöpfungsquote - coverage rate
Ausschuß - board, committee
Ausschußbericht - committee report
Ausschuß bilden - establish a committee, form a committee, set up a committee
Ausschußsitzung - committee meeting
Ausschußvorsitzender - chairman of a committee
Außenbeziehungen - external relations
außengeleite Persönlichkeit - other-directed man
Außengruppe - out-group
Außenhandel - foreign trade
Außenhandelspolitik - foreign trade policy
Außenlenkung - other-directedness

Außenpolitik - foreign affairs, foreign policy
außenpolitische Beziehungen - international relations
außenpolitische Verwicklungen - external entanglements
Außenseiter - marginal man, outsider
Außenwelt - environment
Außenwirtschaftspolitik - foreign economic policy
außer Acht lassen - ignore, pay no attention
außerbetriebliche Ausbildung - external training
äußere Bedingung - external condition
außerehelich - extramarital, illegitimate
äußerer Einfluß - extraneous influence
äußere Umwelt - external environment
Außerkraftsetzung - suspension
Außerkrafttreten eines Gesetzes - repeal of a statute
außerordentlicher Haushalt - extraordinary budget
außerparlamentarische Opposition - extraparliamentary opposition
außerschulische Erziehung - nonformal education
außerschulischer Bereich - extra-scholastic field
außersinnliche Wahrnehmung - extrasensory perception
Äußerung - utterance
aussichtsreicher Kandidat - candidate with good prospects of success
Aussieben - screening
Aussiedler - evacuee, resettler
Aussiedlerkinder - ethnic German children
Aussöhnung - propitation, reconciliation
Aussperrung - lockout
Aussprache - speech mode
ausstatten - outfit
Aussteiger - dropout
Ausstrahlungseffekt (Beurteilung einer Person durch den ersten Gesamteindruck) - halo effect
Austausch - exchange, interchange
Austauschbarkeit - interchangeability
Austauschtheorie - exchange theory
Austauschtheorien - theories of exchange
Austerität - austerity
ausüben - exercise

Ausübung - praxis
Ausübung öffentlicher Gewalt - exercise of official authority
Auswahl - choice, sampling, selection
Auswahl-Antwort-System - multiple-choice-response-system
Auswahl aus der Masse - bulk sampling
Auswahleinheit - sampling unit
Auswahlfehler - selection bias
Auswahlfrage - multiple-choice question
Auswahlgruppe - sampling fraction
Auswahlkriterien - selection criterion
Auswählmethode - choice reaction
Auswahlprinzip - selection principle
Auswahlsatz - sampling faction, sampling fraction
Auswahlverfahren - sampling method
Auswahlverhalten - choice behavior
auswärtige Angelegenheiten - foreign relations
auswärtige Kulturpolitik - foreign cultural and educational policy
auswechselbar - replaceable
Auswechselbarkeit - interchangeability
Ausweglosigkeit - aporia
ausweisen - show
Ausweisung - deportation, expatriation, expulsion
Ausweitung - expansion
Ausweitung eines Konflikts - extension of a conflict
Auswendiglernen - memorization
Auswertung - appraisal, evaluation
Auswirkung - effect, impact
Auszubildender - apprentice
Autarkie - autarchy, self-containment, self-sufficiency
authentisch - authentic
Authentizität - authenticity
Autismus - autism
autistisches Denken - autistic thinking
Autobiographie - autobiography
autochthones Verhalten - autochthonous behavior
Autodidakt - self educated person, self-taught person
autodidaktisch - autodidactically
Autoerotik - auto-eroticism
autogenes Training - autogenic training
Autokephalie - autocephaly
Autokinese - autokinetic effect
Autokorrelation - autocorrelation, self-correlation, serial correlation

autokorreliert - autocorrelated
Autokovarianz - autocovariance
Autokratie - autocracy
Automation - automation
automatische
Informationsverarbeitung - automatic
processing
Automatisierung - automatization
autonom - autonomous
autonomer Wandel - autonomous
change
Autonomie - autonomy, self-sufficiency
Autonomie der Wissenschaft -
autonomy of science
Autonomie des Gewissens - autonomy
of conscience
Autopoiesis - autopoiesis
autopoietisches Gesetz - autopoetic
law
autopoietische Theorie - autopoiesis
theory
Autor - author
Autoregression - autoregression
autoregressiver gleitender
Durchschnitt - autoregressive moving
average (ARMA)
autoregressiver integrierter gleitender
Durchschnitt - Autoregressive
Integrated Moving Average (ARIMA)
autoregressives Modell - autoregressive
model
Autorenrechte - author's right
autorisieren - authorize
Autorisierung - authorization

autoritär - authoritarian
autoritäre Führung - authoritarian
leadership
autoritäre Persönlichkeit -
authoritarian personality
autoritärer Führer - authoritarian leader
autoritärer Führungsstil - authoritative
style of leadership
autoritäres Regime - authoritarian
regime
Autoritarismus - authoritarianism
Autorität - authority, power
autoritativ - authoritative
Autoritätsgläubigkeit - belief in
authority
Autoritätsstruktur - authority structure
Autorschaft - authorship
Autosuggestion - autosuggestion
autozentrierte Entwicklung -
autocentered development
Avantgarde - avantgarde
Aversion - aversion
Aversionstherapie - aversion therapy
aversiver Reiz - aversive stimulus
aversives Verhalten - aversive behavior
Avunkulat - avunculate
Axiologie - axiology
Axiom - axiom
axiomatisches System - axiomatic
system
axiomatische Theorie - axiomatic
theory
Axiomatisierung - axiomatization

B

bagatellisieren - minimize, play down
bahnbrechend - pathfinding
Balanceakt - balancing act
balancierte Identität - balancing identity
Balancierung - balancing
Ballung - conglomeration
Ballungsgebiet - congested urban area
Ballungsraum - agglomeration, congested area, conurbation
Banditentum - banditry
Barbar - barbarian
barbarisch - barbarian
Barmherzigkeit - welfare
Barriere-Druck-Situation - barrier-pressure-situation
Basis - base, basis, foundation, grassroots
Basisdemokratie - grassroots democracy
Basislinienmodell - baseline model
Basisvariablen - basic variables
Basiswert - base value
Basiswissen - basic knowledge, basics
Basiszeitraum - base period
Bauer - peasant
bäuerliche Gesellschaft - peasant society
Bauernbewegung - peasant movement
Bauernpartei - agrarian party
Bauernschaft - peasantry
Bauerntum - peasantry
Baukastensystem - modular system
Baumdiagramm - branch diagram
beabsichtigen - intend
beachten - regard
beachtlich - remarkable
Beachtung eines Gesetzes - compliance with a law
Beamtentum - officialdom
Beamter - civil servant, officer, public servant
beanspruchen - claim
Beanspruchung - strain, stress
beantragen - move for
Beantragung von Mitteln - application for funds
bearbeiten - edit

bearbeitete Auflage - revised edition
Beaufsichtigung - supervision
Beauftragter - representative
Beauftragter einer Regierung - agent of a government
Bebauungsdichte - building density
Bedarf - demand, want
bedenken - consider
Bedenken - reservation
bedeuten - imply
bedeutende Persönlichkeit - notability
Bedeutsamkeit - meaningfulness
Bedeutung - consequence, importance, meaning, sense
Bedeutungsanalyse - analysis of meaning, assertions analysis, content analysis
bedeutungsleer - empty of meaning
Bedeutungslosigkeit - insignificance, ninsensicality
Bedeutungsverengung - narrowing of meaning
Bedeutungsverschiebung - semantic shift, shift in meaning
Bedeutungsverstehen - understanding of meaning
bedeutungsvoll - meaningful
Bedeutungswandel - change of meaning, semantic change
Bedeutungszusammenhang - complex of meaning
Bediensteter - servant
Bedientätigkeit - operating
bedingen - necessitate
bedingt - conditional, conditioned
bedingte Erwartung - conditional expectation
bedingte Reaktion - unconditional response
bedingter Reflex - conditioned response
bedingter Verstärker - conditioned reinforcer
bedingter Zusammenhang - conditional relationship
bedingtes Abneigungslernen aufgrund des Geschmacks einer Substanz - conditioned flavor-aversion learning
bedingte Verteilung - conditional distribution
bedingte Wahrscheinlichkeit - conditional probability
bedingte Wahrscheinlichkeitsfunktion - conditional probability function

bedingte Wahrscheinlichkeits-
verteilung - conditional probability
distribution
Bedingtheit - conditionality
Bedingung - condition
Bedingungen festlegen (in einem
Vertrag) - stipulate the conditions
bedrohte Völker - threatened peoples
Bedürfnis - need, want
Bedürfnisabschätzung - needs
assessment
Bedürfnis-Befriedigungs-Ansatz -
uses-and-gratifications approach
Bedürfnisdispositionen - needs
dispositions
Bedürfnishierarchie - hierarchy of needs
Bedürfnis nach Macht - power need
Bedürfnis nach Wertschätzung -
esteem need
Bedürftigkeit - need, neediness, poverty,
want
beeindrucken - impress
beeinflussen - influence, lobby, sway,
tamper
Beeinflussung - persuasion
Beeinflussung mit immunisierender
Wirkung - inoculation
beeinträchtigen - impair
Befangenheit - self-consciousness
Befehl - command, regulation
Befehlsgewalt - command authority
Befehlshierarchie - line of command
Befehlsnotstand - acting under binding
orders
Befinden - feeling state, mood state
Befindlichkeit - feeling state, mood
state
befördern - promote, transport
Befragen - interviewing
Befragter - respondent, test person
Befragung - interview
Befragungstechnik - interview
technique
Befreiung - exemption
Befreiungsbewegung - liberation
movement
Befreiungskrieg - war of liberation
Befreiungstheologie - liberation
theology
befreundete Nation - friendly nation
Befriedigung - pacification
Befriedungsverhalten - appeasement
behavior

Befugnis - power
Befugnisse erhalten - obtain authority
Befugnisse wahren - uphold authority
Befugnis zur Kriegserklärung (durch
den US-Kongress) - war powers am.
befugt sein - be authorized
Befund - statement
Befürworter - supporter
begabt - gifted
Begabung - endowment, gift,
giftedness, vocation
Begabungsidentifikation - ability
identification
Begabungsnachweis - aptitude
measurement
Begabungsreserve - untapped
educational potential
Begegnung - encounter
Begegnungsgruppe - training group
Begehren - conation, desire
Beggar-my-neighbor-Politik ök. -
Beggar-my-neighbor-Policy
Begleiterscheinung - concomitant
symptom
Begleitumstände - attendant
circumstances, surrounding
circumstances
Begnadigung - pardon
Begreifen - apprehension
begreifen - grasp
begrenzen - limit, restrict
begrenzte Rationalität - bounded
rationality
begrenzter Krieg - limited war
Begrenzung der Redezeit - restriction
of speaking time
Begriff - concept, notion
Begriffs- - explication
Begriffsanalyse - conceptual analysis
Begriffsansatz - conceptual approach
Begriffsbedeutung - denotation
Begriffsbestimmung - determination
Begriffsbildung - concept formation
Begriffsbildungsmodelle - models of
concept formation
Begriffsdefinition - conceptual definition
Begriffsgeschichte - history of concepts
Begriffsjurisprudenz - jurisprudence of
concepts
Begriffslosigkeit - lack of concepts
Begriffsmodell - conceptual model
Begriffsmuster - conceptual pattern
Begriffsrealismus - conceptual realism

Begriffsumfang - denotation
Begriffsvermengung - blending of concepts
Begriffsverwirrung - conceptual confusion
begründen - constitute, establish, give reasons, justify, predict, specify reasons, state reasons
begründetes Wissen - justified knowledge
Begründung - justification, reasoning, reasons
Begründungszusammenhang - context of justification
begünstigen - benefit, favor
Begünstigung - favouring, support
begutachten - deliver an expert, deliver an opinion, give an expert, give an opinion, inspect, survey
Begutachtung - opinion
behalten - retain
Behalten - retention
Behaltensprüfung - retention method
behandeln - treat
Behandlung - therapy, treatment
Behandlungsorganisation - treatment organization
Beharrlichkeit - constancy, perseverance, persistence
behaupten - affirm, allege, state
Behauptung - affirmation, allegation, argument, assertion, claim, contention, statement
Behaviorismus - behaviorism
behavioristisch - behavioristic
beheimatet in - domiciled in
beherrschen - dominate
Beherrschung - domination
behindern - impede
Behindertenwerkstatt - sheltered workshop
Behinderung - disability, handicap
Behörde - agency, authority, bureau, office
Beibehaltung mechanischer Wiederholung - maintenance rehearsal
Beihilfe - subsidy
Beihilfe gewähren - grant aid
Beiklang - connotation
beiläufige (inzidentelle) Bildung - incidental education
Beirat - advisory board
Beispiel - paradigm, pattern

Beispielhaftigkeit - exemplarity
beispiellos - unprecedented, unrivalled
Beispielsammlung - praxis
Beistandspakt - mutual assistance pact
beistehen - support
Beitrag - contribution
Beitrag leisten - contribute to
Beitragsbemessungsgrenze - income limit for the assessment of contributions, income threshold
beitreten - accede
Beitritt (zu einem Vertrag) - accession
Beitritt - adhesion
Beitrittsland - acceding country
Beitrittsländer - acceding countries
Beitrittsverhandlungen - accession talks, entry negotiations, negotiations for accession
Bejahung - affirmation
bekämpfen - fight against, oppose
Bekämpfung von Rebellen - counterinsurgency
Bekanntgabe - public announcement
bekanntgeben - make public, release
Bekanntheitsgrad - awareness rating
Bekanntheitsgrad von Kandidaten - candidate awareness
Bekanntmachung (öffentliche) - publication
Bekehrung - conversion
Bekehrungseifer - evangelism
Bekehrungsfeier - proselytism
Bekenntnisfreiheit - freedom of belief, freedom of worship
Bekenntnisschule - denominational school
bekräftigen - affirm, corroborate
Bekräftigung - affirmation, corroboration, reinforcement, substantiation
Belang - concern
Belastbarkeit - load capacity
Belastungsfähigkeit - loading capacity
Belastungsgrenze - limit of load
Belegschaft - employees, personnel, staff
belehren - instruct
Belehrung - instruction
beleidigen - insult
Beleidigung - insult, offense
belesen - well-read
Belesenheit - literacy
beleuchten - examine

beliebt

beliebt - popular
Belohnung - gratification, reward
Belohnung-Bestrafungs-Mechanismus
- reward-punishment-mechanisms
Belohnungserwartung - reward
expectancy
Belohnungsmacht - reward power
Bemessungsgrundlage - basis for
assessment
Bemühung - effort
Bemutterung - mothering
benachrichtigen - inform, notify
benachteiligt - disadvantaged
Benachteiligung - disadvantage,
handicap
Benehmen - conduct
Beneluxländer - Benelux countries
benennen - designate
Benennung - label
benötigen - require
beobachtbare Tatsachen - observable
facts
Beobachtbarkeit - observability
Beobachter - observer
beobachtete Häufigkeit - observed
frequency
Beobachtung - observation
Beobachtungseinheit - observational
unit
Beobachtungsfehler - error of
observation
Beobachtungslernen - modeling,
observational learning
Beobachtungsmerkmal - observable
characteristic
Beobachtungsmethode - method of
observation
Beobachtungsprotokoll - observation
protokoll
Beobachtungswert - observed value
beraten - advise, debate, deliberate
beratende Funktion - deliberative
function
beratende Psychologie - consulting
psychology
beratendes Gremium - advisory board
beratende Tätigkeit - counseling
beratende Versammlung - consultative
assembly, deliberative assembly
Berater - adviser, consultant, aid
Beraterkommission - advisory
committee

Beratung - advice, consultation, debate,
deliberation
Beratungsausschuß - advisory
committee
Beraubung - privation
berechtigen - empower, entitle
berechtigt - legitimate
berechtigter Zweifel - legitimate doubt
berechtigtes Interesse - legitimate
interest
Berechtigung - allowance, entitlement
Berechtigungsnachweis - accreditation
Beredsamkeit - eloquence
Bereich - area, domain, region, scope,
sector
Bereich der Indifferenz - latitude of
noncommitment
Bereichs des Akzeptierens - latitude of
acceptance
Bereinigung - adjustment
Bereinigung (von Daten) - editing
Bereitstellung - appropriation
Bergbau - mining
Bericht - commentary, communiqué,
report
berichten - give an account, report
Berichterstatter - rapporteur, reporter
Berichterstattung - reporting
Bericht erstellen - make a report, make
a statement
Berichtszeitraum - given period
Bericht vorlegen - submit a report
berücksichtigen - consider, regard, take
into account, take into consideration
Berücksichtigung - consideration,
taking into consideration
Beruf - job
berufen - appoint, nominate
Beruf im tertiären Sektor - service
occupation
beruflich - professional, vocational
berufliche Erwachsenenbildung - adult
vocational education
berufliche Fortbildung - continuing
education, vocational further training
berufliche Mobilität - occupational
mobility
berufliche Qualifikation - skill
berufliches Schulwesen - vocational
schooling
berufliche Umschulung - vocational
retraining
Berufs- - professional

Berufsanalyse - job analysis
Berufsausbildung - vocation(al) training, voctional training
Berufsausbildung am Arbeitsplatz - on-the-job-training
Berufsausbildung außerhalb des Arbeitsplatzes - off-the-job-training
Berufsaussichten - professional prospects, vocational prospects
Berufsbeamtentum - civil service
Berufsberatung - vocational counseling, vocational guidance
Berufsethos - professional ethics
Berufsfeld - occupational area
Berufskunde - vocational instruction
Berufspädagogik - vocational education
Berufspolitiker - career politician, professional politician
Berufspraxis - professional practice
Berufsprestige - occupational prestige
Berufspsychologie - occupational psychology
Berufsqualifizierung - vocational qualification
Berufsschicht - occupational stratum
Berufsschule - part-time vocational school
Berufssoziologie - occupational sociology, sociology of occupations
Berufsstruktur - occupational structure
Berufssystematik - occupational classification
Berufsverbot - disqualification from public service, prohibition of exercising a profession
Berufswahl - career decision making
Berufswahlvorbereitung - vocational orientation
Berufung - appointment, mission, nomination, vocation
Berufung einlegen - appeal
beruhen auf - rest on
beruhigen - appease
Beruhigung - reassurance
Berührungsangst - contact anxiety
Berührungsempfindung - contact sensation
Besatzung - occupation
Besatzungsgebiet - occupation area
Besatzungsmacht - occupying power
Besatzungsstatut - occupation statute
Besatzungszone - occupation zone

Beschäftigung - employment, job, occupation
Beschäftigungsentwicklung - employment trend
Beschäftigungslage - employment situation
Beschäftigungspolitik - employment policy, manpower policy
Beschäftigungsprogramm - job creation program
Beschäftigungsstruktur - occupational structure
Beschäftigungssystem - system of employment
Beschäftigungstherapie - occupational therapy
Beschäftigungsverhältnis - employment
Bescheidenheit - humility, modesty
Bescheinigung - certification
Beschlagnahme - confiscation
beschleunigen - accelerate, speed up
Beschleunigung - acceleration
beschließen - decide
Beschluß - decision, resolution
Beschluß aufheben - revoke an order, set aside an order
beschlußfähig - be a quorum, competent to pass a resolution, quorate
Beschlußfähigkeit - presence of a quorum, quorum
beschlußfähig sein - constitute a quorum
Beschluß fassen - make a decision, pass a resolution, reach a decision, take a decision
Beschlußunfähigkeit - absence of quorum, lack of quorum
beschönigen - palliate
beschönigend - palliative
Beschönigung - whitewashing
beschränken - restrict
Beschränktheit - dullness
Beschränkung - limitation
Beschreibung - description
Beschwerde - complaint
beschwichtigen - appease
Beschwichtigung - appeasement
Beschwichtigungsgebärde - appeasement gesture
beseitigen - abolish, eliminate
Beseitigung - abolition, disposal
Beseitigungstechniken - removal technics

Besessenheit - obsession
besetztes Gebiet - occupied territory
Besetzung *ps.* - cathexis
Besichtigung - inspection
Besiedelung - colonization
Besitz - holding, occupation, possession, property
Besitzer - holder, proprietor
Besitznahme - occupation
Besonnenheit - prudence, temperance
besprechen - talk over
Besserung - recovery
Besserung eines Erkrankungszustands - remission
Beständigkeit - consistency, constancy, persistence
Bestandsmasse - population of point data
Bestandteil - component
Bestandteil eines Abkommens - component of a convention, component of an agreement
bestätigen - confirm, ratify
Bestätigung - acknowledgement, confirmation, corroboration, verification
Bestätigungstheorie - theory of corroboration
Bestattungsritus - mortuary rite
bestechen - bribe
Bestechlichkeit - corruptibility, venality
Bestechung - bribery
Bestechungsaffäre - corruption scandal
Bestechungsgeld - graft
Bestechungsversuch - attempt at a bribery
bestehen auf - insist
Bestellung - appointment
Besteuerung - fiscalization, taxation
Bestimmbarkeit - determinability
bestimmen - determine
bestimmen (im Gesetz) - provide
bestimmt - definite
Bestimmtheit - definiteness
Bestimmtheitskoeffizient - determination coefficient
Bestimmtheitsmaß - coefficient of determination
Bestimmung - designation, provision, rule
Bestimmungsfaktor - determining factor
bestrafen - penalize, punish
Bestrafung - penalty, punishment

Bestrahlungsgebiet eines Satelliten - coverage area
besuchen - attend
betagt - aged
Beta-Koeffizient - beta-coefficient
Betätigungsfeld - field of activity
Beta-Verteilung - beta-distribution
beteiligen - participate
Beteiligung - involvement
betonen - emphasize, stress
Betrag - amount
Betragen - conduct
Betragensregel - rule of conduct
betreffen - pertain
Betrieb - company
betriebliche Fortbildung - inservice education
betriebliche Mitbestimmung - codetermination, employee participation
betrieblicher Unterricht - in-house training
Betriebsführung - management
Betriebsgewerkschaft - company union
Betriebspraktikum - vocational practical studies
Betriebspsychologie - industrial psychology
Betriebsrat - factory committee works council, works committee, works council
Betriebssoziologie - plant sociology
Betriebsverfassung - works constitution
Betroffenheit - dismay, involvement, shock
Betrug - deception, fraud
Bettler - beggar
beurkunden - record, testify
beurteilen - assess, judge, view
Beurteilung - evaluation, judgment
Beurteilungskriterium - appraisal factor
Beurteilungsmethode - judgment method
Beutesystem (Vergabe von Regierungsämtern nach Parteibuch) - spoils system *am.*
Bevölkerung - people, population
Bevölkerungsabnahme - decline in population
Bevölkerungsabwanderung - exodus
Bevölkerungsaggregat - population aggregate
Bevölkerungsbewegung - population movement

Bevölkerungsdichte - density of population, population density
Bevölkerungsdruck - population pressure, real population density
Bevölkerungsdynamik - population dynamics
Bevölkerungsentwicklung - population development
Bevölkerungsexplosion - population explosion
Bevölkerungshochrechnung - population projection
Bevölkerungslehre - larithmics
Bevölkerungsmobilität - population mobility
Bevölkerungspolitik - demographic policy, population policy
Bevölkerungsprognose - population forecast
Bevölkerungspyramide - age pyramid
Bevölkerungsregister - population register
Bevölkerungsschicht - demographic stratum, population stratum
Bevölkerungsstatistik - demographic statistics, larithmics
bevölkerungsstatistisch - larithmic
Bevölkerungsstruktur - age-sex structure, population structure
Bevölkerungsüberschuß - overspill, population surplus
Bevölkerungsverteilung - population distribution
Bevölkerungswachstum - population growth
Bevölkerungswandel - population change
Bevölkerungszunahme - increase in population
Bevölkerungszyklus - population cycle
bevollmächtigen - authorize, empower
Bevollmächtigung - authorization
bevorrechtigt - privileged
bevorzugen - prefer
Bevorzugung - preference
bewaffnete Auseinandersetzung - armed conflict
bewaffneter Überfall - armed raid
bewaffneter Widerstand - armed resistance
bewahren - preserve
Bewährung - probation, verification
Bewährungshelfer - probation officer

Bewährungshilfe - help for probation, probation service
Bewährungstheorie - theory of corroboration
Bewältigungsverhalten - coping behavior
bewegen - induce
Beweggrund - inducement, motive
Bewegungsreiz - movement-produced stimulus
Beweis - evidence, proof
Beweisbarkeit - derivability
Beweise - findings
beweisen - prove
Beweisführung - argumentation, line of argument, reasoning
Beweiskraft - cogency, conclusive force, conclusiveness, power of demonstration
beweiskräftig - conclusive
Bewerbung - application
Bewerkstelligung - performance
bewerten - evaluate
Bewertung - appraisal, assessment, evaluation, valuation
Bewertungsanalyse - evaluative assertion analysis
Bewertungsgrundlage - valuation basis
Bewertungsinterview - apraisal interview
Bewertungskriterium - evaluation criterion
Bewertungsmodus - part of evaluation
Bewertungsmuster - evaluation pattern
Bewertungsskala - rating scale
Bewertungstechnik - valuation technique
bewilligen - grant
Bewilligung - allocation, appropriation, approval, grant, granting
Bewohnbarkeit - habitability
bewußt - aware, conscious
bewußt ausgewählte Stichprobe - purposive sample
bewußte Auswahl - purposive sample
bewußtes Auswahlverfahren - judgment sampling
bewußte Verheimlichung (von Krankheiten) - dissimulation
Bewußtheit - awareness
Bewußtseinsbildung - consciousness-raising
Bewußtseinsfeld - consciousness field

Bewußtseinsindustrie - consciousness industry
Bewußtseinsinhalt - mental content
Bewußtseinskontext - awareness context
Bewußtseinslage - conscious attitude
Bewußtseinsveränderung - change of the state of mind
Bewußtseinswandel - change of consciousness
Bewußtwerdung - awareness, becoming aware
bezeichnen - denote, designate, identify, indicate
Bezeichnung - designation, label
Beziehung - connection, relation
Beziehungen - relations
Beziehungen abbrechen - break off relations
Beziehungen ausbauen - develop relations
Beziehungen verbessern - improve relations
Beziehungsgefüge - pattern
Beziehungslehre - relationism
Beziehungszahl - rate
Beziehung von Mitteln und Zwecken - means-end relation
Bezirk - county, district
Bezugsgröße - reference figure
Bezugsgruppe - reference group
Bezugsmacht - referent power
Bezugsperson - psychological parent, reference individual, reference person, role model
Bezugspunkt - frame of reference, point of reference
Bezugsrahmen - action scheme, frame of reference
Bezugsrahmen des Handelns - action frame of reference
Bezugssystem - frame of reference
Bezugswert - base, basis
Bibliographie - bibliography
Bibliothek - library
Bifurkation - bifurcation
Bigamie - bigamy
Bikulturismus - biculturalism, biculturism
bilateral - bilateral
bilaterale Familie - bilineal family
bilateraler Verwandter - bilateral kin

bilaterales Abkommen - bilateral agreement
bilaterales Machtverhältnis - bilateral power relationship
bilaterale Verwandtschaft - bilateral kinship
Bild - image, picture
Bildbericht - picture story
Bilddokumentation - picture documentary
bilden - educate, instruct
bildende Künste - visual arts
Bilderbuch - picture book
bildhafte Darstellung - imagery
Bildhaftigkeit - rich imagery
Bildjournalismus - photo journalism
Bildschirm - screen
Bildschirmgerät - monitor
Bildung - concept of formation, education, learning, literacy
Bildungsanstalt - educational establishment
Bildungsbürgertum - educated classes
Bildungschancen - educational opportunities
Bildungsdrang - desire for education
Bildungseinrichtungen - educational facilities
Bildungsexpansion - expansion in education
Bildungsfähigkeit - educability, receptive to teaching
bildungsfeindlich - educationally retrogressive
Bildungsfeindlichkeit - obscurantism
Bildungsgang - educational career
Bildungsgeschichte - history of education
Bildungsinstitution - educational institution
Bildungsmonopol - monopoly on education
Bildungsniveau - education level, level of education
Bildungsnotstand - education crisis, educational wasteland, education misery
Bildungsökonomie - economics of education
Bildungsplanung - educational planning
Bildungspolitik - educational policy
Bildungsprinzipien - educational principles
Bildungsreform - educational reform

Bildungssoziologie - educational sociology, sociology of education
Bildungsstrategien - educational strategies
Bildungssytem - educational system
Bildungstechnologie - educational technology
Bildungsurlaub - education leave
Bildungsverantwortlichkeit - educational responsibility
Bildunstendenzen - educational trends
Bildunterschrift - caption
Bilinealität - bilaterality
billigen - approve
Billigkeit - equity
Billigung - approval
Billigung (einer Meinung) - endorsement
bimodal - bimodal
binär - binary
binäre Folge - binary sequence
Binärsystem - binary system
bindendes Versprechen - undertaking
Bindestrichsoziologie - hyphenated sociology
Bindung - attachment, commitment
Bindungsfähigkeit - bonding ability
Binnenhandel - internal trade
Binnenkonflikt - internal conflict
Binnenland - interior
Binnenmarkt (EU) - Single Market
Binnenmarkt - domestic market, home market
Binnenstaat - inland state, landlocked state
Binnenwährung - domestic currency
Binnenwanderung - internal migration
binomiale Variable - binomial variable
binomiale Wahrscheinlichkeitsverteilung - binomial probability distribution
Binomialkoeffizient - binomial coefficient
Binomialverteilung - binomial distribution
Binsenweisheit - truism
Bioethik - bioethics
biogenes Motiv - biogenic motive
biogenetisches Grundgesetz - biogenetic law
Biograph - biographer
Biographie - biography
biographisch - biographical

biographische Methode - biographical method
Biologie - biology
Biologie des sozialen Verhaltens - bionomics
biologisch - biological
biologisch abbaubar - biodegradable
biologische Abstammung - genetic heritage
biologische Anthropologie - biological anthropology
biologische Kriegsführung - biological warfare
biologischer Anbau - organic farming, organic gardening
biologischer Determinismus - biological determinism
biologischer Reduktionismus - biological reductionism
biologisches Erbgut - biological heritage
biologische Waffen - biological weapons
Biologismus - biologism
Biometrie - biometrics
Biometrik - biometrics
Biopsychologie - biopsychology
Biorhythmus - biorhythm
Biosoziologie - biosociology
Biotechnologie - biotechnology
bipolar - bipolar
bipolare Skalafrage - bipolar scale question
bipolares System - bipolar system
bipolare Störung - bipolar disorder
Bipolarität - bipolarity
Bischof - bishop
biseriell - biserial
biserielle Korrelation - biserial correlation
Bisexualität - bipolar sexuality, bisexuality
Bittschrift - petition
bivariat - bivariate
bivariate Daten - bivariate data
bivariate Häufigkeitsverteilung - bivariate frequency distribution
bivariate Polynomialverteilung - bivariate multinomial distribution
bivariate Tabelle - bivariate table
bivariate Verteilung - bivariate distribution
Black-Box-Methode - black box method
Blauhelme - blue berets

bleibende Werte - enduring values
Blindenschrift - braille
Blindenschule - school for the blind
Blindenunterricht - teaching blind
children
Blinder Fleck - blind spot
blinder Gehorsam - blind obedience
Blindtest - blind test
Blindversuch - blind analysis, blind test
Blitzbefragung - flash survey
Blitzumfrage - quickie poll
Block - bloc
Blockade - blockade
Blockbildung - alignment, formation of
blocs, forming a bloc
Blockdiagramm - block diagram,
histogram
blockfrei - nonaligned
Blockfreie - non-alignment countries
Blockfreiheit - nonalignment
Blockierung - blocking, obstruction
Blockparteien - party bloc
Blockstichprobe - block sample
Blockstichprobenverfahren - block
sampling
Blockwahlsystem - block electoral
system
Blockwahlzettel - office group ballot
Blutopfer - blood sacrifice
Blutrache - blood vengeance
Blutsbrüderschaft - blood brotherhood
Blutschande - incest
blutsverwandt - consanguine
Blutsverwandter - blood relative
Blutsverwandtschaft - consanguinity
Blut- und Bodenideologie - blood and
soil ideology
Boden - land
Boden-Boden-Rakete -
surface-to-surface missile
Bodenreform - land reform
Bodenverseuchung - soil pollution
Boheme - bohemia
Bolschewismus - Bolshevism
Bolschewist - Bolshevik
Bonapartismus - bonapartism
Borderline-Persönlichkeitsstörung -
borderline personality disorder
Borderline-Syndrom - borderline
syndrome
Börse - stock exchange
Böswilligkeit - ill-will
Botschaft - embassy, message, mission

Botschafter - ambassador
Boulevardpresse - tabloid press
Boulevardzeitung - popular newspaper
Bourgeois - bourgeois
bourgeois - bourgeois
Bourgeoisie - bourgeoisie
Boycott aufheben - call off a boycott
Boykott - boycott
Brainstorming - brainstorming
Branche - line
Brauch - custom, folkways
Brauchtum - customs, folklore, folkways
Brennpunkt - focus
briefliche Befragung - mail interview
briefliches Interview - postal interview
Briefwahl - absentee voting am., postal
vote
Briefwähler - absentee voter
Brigantentum - brigandage
Brisanz - explosiveness
Brüderlichkeit - fraternity
Bruttosozialprodukt - gross national
product
Buchdruck - printing
Bücherei - library
Buddhismus - Buddhism
Budget - budget
Budgetbeschränkung - budget
constraint
Budgetierung - budgeting
Bumerangeffekt - boomerang effect,
underlog effect
Bummelstreik - go-slow
Bund - consociation
Bundesamt - Federal Office
Bundesaufsicht - Federal government
supervision
Bundesbehörden - Federal authorities
Bundesebene - federal level
Bundesfinanzhof - Federal Fiscal Court
Bundesgebiet - Federal territory
Bundesgerichte - Federal supreme
courts
Bundesgerichtshof - Federal Court of
Justice
Bundesgesetzblatt - Federal Law
Gazette
Bundesgesetze - federal laws
Bundeshaushalt - federal budget
Bundeskanzler - Federal Chancellor
Bundeskanzleramt - office of the
Federal Chancellor
Bundesland dt. - state

Bundesminister - Federal Minister
Bundesministerium - Federal Ministry
Bundesnachrichtendienst - Federal
Information Service
Bundespräsident - Federal President
Bundesrat - Federal Council
Bundesrechnungshof - Federal Audit
Office
Bundesrecht - federal law
Bundesregierung - Federal Government
Bundesstaat - federal state
Bundessteuer - federal tax
Bundestag - Federal Parliament
Bundesverfassungsgericht - Federal
Constitutional Court
Bundesversammlung - Federal
Assembly, Federal Convention
Bundesverwaltung - federal
administration
Bundeswehr - Federal Armed Forces
bundesweit - nationwide
Bundeszuschuß - federal grant
Bundeszwang - Federal enforcement
Bündnis - alliance, coalition
Bündnisfreiheit - nonalignment
Bündnispolitik - policy of alliance
Bündnistheorie - alliance theory
Bündnistreue - allegiance
Bündnisverpflichtung - alliance
commitment
Bürger - bourgeois, citizen, subject *brit.*
Bürgerbegehren - petition for a
referendum
bürgerfern - distanced from the
grass-roots
Bürgerfreiheiten - civil liberties
Bürgerinitiative - action committee,
citizen's initiative, public interest group
Bürgerinitiativen - citizen action groups
Bürgerkrieg - civil war
bürgerkriegsähnlicher Zustand - state
of civil war
Bürgerkultur - civic culture, political
culture

bürgerlich - bourgeois
bürgerliche Ehrenrechte - civil rights
bürgerliche Freiheiten - civil liberties
bürgerliches Recht - civil law, code law,
private law
bürgerliche Tugend - civic virtue
Bürgermeister - mayor
Bürgerrecht - citizenship
Bürgerrechte - civil rights
Bürgerrechtsbewegung - civic rights
movement, civil rights movement
Bürgerschaft - citizenry, citizens
Bürgerschaftlichkeit - civility
Bürgersinn - public spirit
Bürgertum - bourgeoisie
Büroangestellter - black-collar worker
Büroarbeit - white-collar work
Bürokraft - black-collar worker
Bürokrat - bureaucrat
Bürokratie - bureaucracy
bürokratisch - bureaucratic
bürokratische Familie - bureaucratic
family
bürokratische Nachfolge - bureaucratic
succession
bürokratische Persönlichkeit -
bureaucratic personality
bürokratischer Autoritarismus -
bureaucratic authoritarianism
bürokratischer Führer - bureaucratic
leader
bürokratischer Persönlichkeitstyp -
bureaucratic type
bürokratisches Laufbahnmuster -
bureaucratic career
Bürokratisierung - bureaucratization
Bürokratismus - bureaucratism
Bürotätigkeit - white-collar work
Burschenschaft - fraternity
**Butskellismus (Übereinstimmung
konservativer und linker
Wirtschaftspolitik)** *brit. pol.* -
butskellism

C

Calvinismus - Calvinism
Cargokult - cargo cult
Carpenter-Effekt - Carpenter Effect
Caudillismus - caudillismo
Chancengleichheit - equal opportunities
Chaostheorie - chaos theory
Charakterbildung - character development
Charakterfestigkeit - strength of character
charakterisieren - mark
charakterisiert durch - be marked by
Charakterisierung - characterization
Charakteristikum - characteristic
charakteristisch - characteristic
Charakterkunde - psychology of personality
Charakterlosigkeit - lack of character
Charakter mit Persönlichkeitsstruktur - personalism
Charakterologie - characterology
Charakterschwäche - weakness
Charakterstruktur - character structure
Charakterzug - trait
Charisma - charisma
charismatisch - charismatic
charismatische Autorität - charismatic authority
charismatische Führerschaft - ideal leadership
charismatische Führung - charismatic leadership, ideal leadership
charismatische Persönlichkeit - charismatic personality
charismatisches Handeln - charismatic action
Charta - charter
Charta der Vereinten Nationen - Charter of the United Nations
Chauvinismus - chauvinism, jingoism
chauvinistisch - chauvinistic
Chefberater - chief adviser
Chefredakteur - editor in chief
Chefunterhändler - head of the delegation
Chiliasmus - chiliasm, millennarianism
chiliastisch - chiliastic
Chi-Quadrat - chi-squared

Chi-Quadrat-Test - chi-squared test
Chi-Quadrat-Verteilung - chi-squared distribution
cholerisch - choleric
Christdemokrat - Christian Democrat
Christenheit - Christendom
Christentum - Christianity
Christianisierung - christianization
christliche Erziehung - Christian education
Christlichkeit - Christianism
Chronik - chronicle
Chronologie - chronology
chronologisch - chronological
Circulus vitiosus - circle of virtuosity, vicious circle
Clique - clique
Clusteranalyse - cluster analysis
Code - code
Code-Schlüssel - coding key
Comics - comics
Computer - computer
Computerfreak - computaholic
Computergeneration - computer generation
computergestützt - computer aided, computer-assisted
computergestützte Datenanalyse - computerized data analysis
computergestützte Telefonbefragung - computer-assisted telephone interviewing
Computerkriminalität - computer crime, computer criminality
Computerlinguistik - computer linguistics
Computerprogramm - computer program
Computersimulation - computer simulation, machine simulation
computerunterstützter Unterricht - computer-assisted instruction
Computerwissenschaft - computer science
Computerzeitalter - age of computers
Copy-test - copy test
Corollar - corollary
Coup - coup
curriculare Validität - curricular validity
Curriculum - curriculum
Curriculumforschung - curriculum research
Curriculumplanung - curriculum planning

D

Dachverband - umbrella organization
Dämpfen - calming
Dämpfungstheorie - attentuation theory
Dankbarkeit - thankfulness
Darstellung - account, statement
Darstellungseffekt - presentational
effects
Darstellungsformat - presentational
format
Darstellungsmethode - technique of
presentation
das Amt antreten - take office
Dasein - subsistence
Daseinsanalyse - existential analysis
Daseinsberechtigung - right to exist
Daseinsvorsorge - services for the
public, totality of services for the public
das Land regieren - run the country
Datei - data file, file
Daten - data
Datenabfrage - data recall
Daten abfragen - retrieve data
Datenabruf - data retrieval
Datenanalyse - data analysis
Datenarchiv - data archive
Datenaufbereitung - data editing,
editing of data
Datenautobahn - information highway
Datenbank - data archive, data bank
Datenbasis - data base
Datenbereinigung - cleaning of data,
data cleaning
Dateneingabe - data input
Daten eingeben - enter data
Daten erfassen - collect data
Datenerfassung - data acquisition, date
capture
Datenfluß - data flow
Datenmenge - data set
Datenmißbrauch - data abuse
Datenprüfung - data check, record
check
Datensammlung - pooling
Datenschutz - data privacy protection,
data protection
Datenschutzbeauftragter -
commissioner am., data protection
registrar

Datensicherung - data protection
Daten speichern - store data
Datenspeicherung - data storage
Datenstraffung - condensation of data,
data condensation
Datentechnik - data systems technology
Datenträger - data medium
Datenübermittlungselement - data set
Datenübertragung - communication of
data, data collection, data
communication, data transfer, data
transmission
Daten verarbeiten - process data
Datenverarbeitung - data processing
Datenverwaltung - data management
Datenverwaltungsprogramm - data
mangement program
Datieren - dating
Datum - date, datum
Datumszeile - date-line
Dauerzustand - permanent condition,
state of affairs
Debatte - debate
Debatte eröffnen - opening of the
debate
Debilität - debility
Deckeneffekt - ceiling effect
Deduktion - deduction
Deduktionssystem - deductive system
deduktive Erklärung - deductive
explanation
deduktive Logik - deductive logic
deduktive Methode - deductive method
deduktiver Schluß - deductive inference
deduktiv-nomologische Erklärung -
deductive-nomological explanation
deduzieren - deduce
Defekt - defect
defekte Demokratie - defective
democracy
Defensive - defensive
defensives Verhalten - defensive
behavior
Definierbarkeit - definability
definieren - define
Definität - closure
Definition - definition
Definitionsbereich - domain of
definition
Definitionsschema - definitional schema
Defizit - deficit
Defizit aufweisen - show a deficit

Defizitmotivation - deficiency motivation
Deflation - deflation
Degeneration - degeneracy
degeneriert - degenerate
Degenerierung - degeneration
Degradationsgesetz - degradation law
Degradierung - degradation, downgrading
dehnbarer Begriff - elastic term
deiktisch - deictic
Deindividuierung - deindividuation
Deismus - deism
Dekade - decade
Dekadenz - decadence
deklaratives Wissen - declarative knowledge
Dekodierung - decoding
Dekommodifizierung - decommodification
dekonstruieren - deconstruct
Dekonstruktion - deconstruction
Dekonstruktivismus - deconstructionism
Dekrement - decrement
Dekret - decree
Dekulturation - deculturation
Dekulturierung - deculturation
Delegation - delegation
Delegationsleiter - head of delegation, head of the delegation
delegieren - delegate
delegierte Autorität - delegated authority
delegierte Gesetzgebung - delegated legislation, subordinate legislation
Delegiertenliste - list of delegates
Delegiertenversammlung - assembly of delegates
Delegierung von Entscheidungsbefugnissen - delegation of power
Delikt - delict
delinquentes Verhalten - delinquent behavior
Delinquenz - delinquency
Delphibefragung - Delphi survey
Demagoge - demagog
Demagogie - demagogy
Demarkationslinie - line of demarcation
Dementi - dementi, denial, formal denial, official denial
dementieren - deny officially, deny
Demenz - dementia

Demilitarisierung - demilitarization
Demission - resignation
demissionieren - resign
demobilisieren - demobilize
Demographie - demography
demographische Analyse - demographic analysis
demographische Lücke - demographic gap
demographische Revolution - demographic revolution
demographische Struktur - demographic structure, social composition
demographische Transition - demographic transition
Demokratie - democracy
Demokratiedefizit - democracy deficit
Demokratie einführen - introduce democracy
Demokratie sichern - safeguard democracy
Demokratie verteidigen - defend democracy
Demokratie wiederherstellen - restore democracy
demokratische Führung - democratic leadership
demokratischer Führer - democratic leader
demokratischer Gedanke - democratic mind
demokratisches Denken - democratic mind
demokratisieren - democratize
Demokratisierung - democratization
Demokratisierungsprozeß - democratic process, process of democratization
Demologie - demology
Demonstration - demonstration
Demonstration der Stärke - show of strength
Demonstrationsinterview - demonstration interview
Demonstrationsrecht - right to demonstrate
Demoralisierung - demoralization
Demoskop - pollster
Demoskopie - opinion research, polling, public opinion research, survey research
demotivieren - demotivate, put off
Demutsgebärde - appeasement behavior

Denaturalisierung - denaturalization
Dendrogramm - dendrogram
den Haushalt ausgleichen - balance the budget
Denken - cogitation, thinking
Denkfähigkeit - capacity to think
Denkfehler - error in thought
Denkinhalt - mental content
Denkmal - memorial, monument
Denkmalschutz - protection of monuments
Denkmalspflege - preservation of monuments
Denkmodell - working model
Denkmöglichkeit - thought possibility
Denkpause - pause for reflection
Denkpsychologie - psychology of thinking
Denkrichtung - mind
Denkschrift - memorial
Denkstil - style of thinking, thought style
Denomination - denomination
Denotation - denotation
denotative - denotative
denotative Bedeutung - denotative meaning
Dependenzanalyse - path analysis
Depersonalisation - depersonalization
Depolarisation - depolarisation
Deportation - deportation
Depravation - depravation
Depression - depression
depressive Störung - depressive disorder
deprimiert - depressed
Deprivation (Entzug an Liebe, Mangel an Umweltreizen) - deprivation
Deputation - deputation
Deputierter - delegate, deputy, representative
Deregulierung - deregulation
Derivat - derivation
Derivation - derivation
der Zustimmung bedürfen - require the approval
Desaster - disaster
Desegregation - desegregation
Desensibilisierung - desensitization
Desensitivierung - desensitization
Desiderat - desideratum
Designation - designation
Desinformation - disinformation
Desintegration - disintegration

Desinteresse - disinterestedness, indifference
Deskription - description
deskriptive Hypothese - descriptive hypothesis
deskriptiver Begriff - descriptive concept, descriptive term
deskriptiver Satz - descriptive sentence
deskriptive Statistik - descriptive statistics
deskriptive Theorie - descriptive theory
deskriptive Umfrage - descriptive survey
Deskriptivität - descriptiveness
Desorganisation - disorganization
Despot - satrap
Despotismus - despotism
destruktive Prüfung - destructive inspection
Deszendenztheorie - theory of descent
Detail - detail
Detailkenntnis(se) - detailed knowledge
Determinante - determinant
Determiniertheit - determinacy, determinateness
Determinierung - determination
Determinismus - determinism
deterministisches Gesetz - deterministic law
deterministisches Modell - deterministic model
Deutschlandvertrag - Treaty of Germany
Deutschunterricht - teaching of German
Deutung - interpretation
Deutungsmethode - method of interpretation
Deutungstest - projective test
Deutungsversuch - attempt at interpretation
Deviant - deviant
Devianz - social deviance
Devisen - foreign currency, foreign exchange
Devisenbewirtschaftung - foreign exchange control
Devolution - devolution
dezentralisierter Bundesstaat (mehr Mitsprache der Einzelstaaten) - new federalism am.
Dezentralisierung - decentralization
Dezerebration - decerebration
Dezile - decile

Dezimalzahl - decimal numeric
Dezisionismus - decisionism
d'Hondtsches Verfahren der Mandatsberechnung - method of largest average
diachrone Analyse - diachronic analysis
diachroner Prozeß - diachronic process
Diagnose - diagnosis
Diagnosemodelle - models of diagnosis
Diagnostik - diagnostics
Diagramm - chart, diagram, figure, plan
Dialekt - dialect
Dialektik - dialectics
dialektische Logik - dialectical logic
dialektische Methode - dialectical method
Dialektischer Materialismus - dialectical materialism
dialektisches Denken - dialectic thinking
Dialog - dialog
Dialogbereitschaft - willingness to negotiate
dialogbereit sein - be willing to negotiate
Dialogfrage - dialog question
dialogisches Prinzip - dialog principle
Diarchie - diarchy
Diaspora - diaspora
Diäten - daily allowance, emoluments, parliamentary pay
dichotom - dichotomous
Dichotomie - dichotomy
Dichotomisierung - dichotomization
dicht bevölkert - densely populated
Dichte - density
dichte Beschreibung - thick description
Dichtefunktion - density function
Dichtkunst - poetry
didaktische Analyse - didactical analysis
didaktische Reduktion - didactical reduction
didaktisches Dreieck - didactical triangle
didaktisches Handeln - didactic activity, didactic behavior
didaktisches Verhalten - didactic behavior
die Macht an sich reißen - seize
Diener - servant
Dienst - service
Dienstbarkeit - servility
Diensteifer - zeal

Dienstherr - employer
Dienstleistung - service
Dienstleistungen - services
Dienstleistungsberuf - service occupation
Dienstleistungsgesellschaft - service economy, service-oriented society, service society
Dienstleistungssektor - service sector, tertiary sector
Dienstleistungszentrum - service center
Dienst nach Vorschrift - work-to-rule
Dienstpflichten - official duties
Dienststelle - division
Dienstunfähigkeit - invalidity
die schönen Künste - fine arts
die Verfassung ändern - amend the constitution
die Verfassung ergänzen - amend the constitution
diffamierend - defamatory
Diffamierung - defamation
Differentialansatz - differential approach
differentielle Psychologie - differential psychology
differentielle Validität - differential validity
Differenz - difference
differenzierende Hemmung - differential inhibition
differenzierte Betrachtung - differentiated view
Differenzierung - differentiation
Differenzmethode - difference method
diffuse Solidarität - diffuse solidarity
diffuse Sozialisation - diffuse socialization
Diffusion - diffusion
Diffusion der Verantwortlichkeit - diffusion of responsibility
Diffusität - diffuseness
digitale Kommunikation - digital communication
digitale Technik - digital technology
Digitalisierung - digitalization, digitization
Diktatur - dictatorship
Diktatur des Proletariats - dictatorship of the proletariat
Diktatur einer Klasse - class dictatorship
Dimension - dimension

Ding an sich - thing in itself
Diplom - diploma
Diplomat - diplomat
Diplomatie - diplomacy
diplomatisch - diplomatic
diplomatische Beziehungen -
diplomatic relations
diplomatische Beziehungen
aufnehmen - enter into diplomatic
relations, establish diplomatic relations
diplomatischer Dienst - diplomatic
service
diplomatisches Korps - diplomatic body
direkt - direct
direkt beweisend - deictic
direkte Abstammung - direct lineage
direkte Aktion - direct action
direkte Demokratie - direct democracy,
plebiscitarian democracy
direkte Frage - direct question
direkte Linie - direct line
direkte persönliche Interaktion -
immediate interaction
direkter Konflikt - direct conflict
direkter persönlicher Kontakt -
face-to-face contact
direktes Schließen - immediate
inference
Direktive - directive
direktives Interview - directive interview
Direktmandat - constituency seat,
direct seat
Direktorialregierung - directorial
government
Direktorium - directorate
Direktwahlkreis - single-member
constituency
Direktzugriff - random access
Dirigismus - controlled economy
Disaggregation - disaggregation
Disengagement - disengagement
Disengagementtheorie - disengagement
theory
disjunkte Ereignisse - disjunct events
Disjunktion - disjunction
Diskontinuität - discontinuity
Diskontpolitik - bank rate policy,
discount rate policy
Diskordanz - discordance
Diskrepanz - discrepancy
diskrete Wahrscheinlichkeitsverteilung
- discrete probability distribution

diskretionäre Wirtschaftspolitik -
descretionary economic policy
diskriminante Validierung -
discriminate validation
Diskriminanzanalyse - discriminant
anaylsis
diskriminierender Reiz - discriminative
stimulus
Diskriminierung - discrimination
Diskriminierung am Arbeitsplatz -
discrimination at work
Diskurs - discourse
Diskursanalyse - discourse analysis
Diskurs der Moderne - discourse of
modernity
Diskursethik - discourse ethics
diskursiv - discursive
diskursive Reflexion - discursive
reflection
diskursives Denken - discursive thinking
Diskursivität - discursivity
Diskussion - discussion
Diskussionsgrundlage - basis for
discussion
Diskussionsgruppen - discussion groups
Dismembration - dismemberment
Disparität - disparity
Dispersion - dispersion, variance
Dispersionsanalyse - analysis of
dispersion
Dispersionsmaß - measure of dispersion
Disposition - disposition
disproportional geschichtetes
Auswahlverfahren - disproportionate
stratified sample
Dissemination - dissemination
Dissens - dissension, dissent, lack of
agreement
Dissertation - dissertation
Dissident - dissenter
Dissimulation - dissimulation
Dissonanz - dissonance
Dissonanztheorie - dissonance theory
dissoziative Störung - dissociative
disorder
Dissoziierung - dissociation
Distanz - distance
Distanz-Cluster-Analyse -
distance-cluster analysis
Distanz des Urteils - nonpartisanship
distanziert - aloof
Distanziertheit - aloofness
Distanzmodell - distance model

Distrikt - township
Distriktverwaltung - field
administration
Disziplin - discipline
disziplinäre Matrix - disciplinary matrix
divergentes Denken - divergent
thinking
Divergenz - divergence
Divergenztheorem - divergence theorem
Diversifikation - diversification
Diversifizierung - diversification
Dogma - dogma
dogmatische Persönlichkeitsstruktur -
closed mind
dogmatische Wissenschaft - dogmatic
science
Dogmatismus - dogmatism
Dogmengeschichte - history of doctrine
Doktrin - doctrine
Dokument - document, record
Dokumentation - documentation
Dokumentenanalyse - content analysis
Dokumentierung - documentation
Dokument übergeben - release a
document
Dolchstoßlegende - stab-in-the-back
legend
Domäne - domain
Dominantentheorie - theory of
functional dominants
Dominanz - dominance
Dominanzparteisystem - dominant
party system
Doppelbindung - double bind
Doppelblindkontrolle - double blind
control
Doppeldeutigkeit - ambivalence
doppelinige Familie - bilineal family
Doppelmoral - double standard
Doppelstaat - dual state
doppelter
Appetenz-Aversions-Konflikt - double
approach-avoidance conflict
doppelte Staatsbürgerschaft - dual
citizenship
Doppelwahl - multiple election
Dorf - village
Dorfgemeinde - village
Dorfgemeinschaft - commune
Dotation - endowment
Drahtseilakt - tightrope act
Drahtzieher - string-puller
Dramatisierung - dramatization

Drang - urge
dreifach - triple
dreifachbedingte Kontingenz -
three-term contingency
Dreistadiengesetz - law of three stages
Dreiviertelmehrheit - three-quarter
majority
Dringlichkeit - urgency
Dringlichkeitsantrag - privileged motion
Dritter Sektor - third sector
Dritter Weg pol. - Middle Way
Drittes Reich - Third Reich
Dritte Welt - Third World
Drogenabhängiger - drug addict
Drogenabhängigkeit - drug dependence
Drogenhandel - drug traffic
Drogenmißbrauchserziehung - drug
abuse education
Drogensucht - drug addiction
drohen - impend, threaten
Drohgebärde - threat gesture
Drohung - threat
Druck - compulsion, press, pressure,
stress
Druck ausüben - exercise pressure,
exert pressure
Drückebergerei - goldbricking
Druckerlaubnis - imprimatur,
permission to print
Druckfahne - galley
Druckfehler - misprint, printing error
druckfertiges Manuskript - fair copy
Druckkosten - printing costs
Drucklegung - printing
Druckmittel - means to put pressure
druckreif - printable
Drucksache - printed matter
Druckverfahren - printing process
duale Gesellschaft - dual society
duales System - dual system
Dualismus - dualism
Dualwirtschaft - dual economy
duldsam - tolerant
Dummheit - ignorance, stupidity
Dunkelziffer - dark figure
dünn bevölkert - sparsely populated
durchdringen - penetrate, prevail
Durchdringung - penetration
durchfallen - fail
durchführbar - performable
Durchführbarkeit - practicality
Durchführbarkeitsanalyse - feasibility
analysis

Durchführbarkeitsstudie - feasibility study
durchführen - transact
Durchführung - carrying out, execution, implementation, performance
Durchführung (einer Politik) - enforcement
Durchführung einer Entscheidung - decision implementation
Durchführungsbestimmungen - implementation clauses, implementing provisions, implementing regulations
Durchgangsstadium - transitional stage
durchgreifende Reform - sweeping reform
durchkreuzen - thwart
Durchlässigkeit - free interchange, permeability
Durchmustern - scanning
Durchschnitt - average
durchschnittliche Bevölkerungsdichte - average density
Durchschnittsbürger - man in the street
Durchschnittsfamilie - average family
Durchschnittsmensch - common man

Durchschnittswert - mean
durchsetzen - enforce
Durchsetzung - accomplishment, assertiveness
Durchsetzung (eines Gesetzes) - enforcement
durchsickern - leak out, trickle down
Dyade - dyad
dyadische Gruppe - dyadic group
Dynamik - dynamic
dynamische Rente - dynamic pension, wage-related pension
dynamisches Modell - dynamic model
dynamisches System - dynamic system
dynamische Struktur - dynamic structure
dynamische Zivilisation - dynamic civilization
Dynastie - dynasty
Dysfunktion - dysfunction
dysfunktional - dysfunctional
dysfunktionales System - dysfunctional system
Dysphorie - dysphoria
Dysstruktur - dysstructure

E

Ebenbürtiger - peer
Ebene - level
eben merklicher Unterschied - just noticable difference
Effekt - effect
Effektgesetz - law of effect
effektive Schätzfunktion - efficient estimator
Effektivität - effectiveness, efficacy
Effizienz - efficiency
Egalitarismus - egalitarianism
egalitaristische Familie - egalitarian family
Ego - ego
Ego-Identität - ego identity
Egoismus - egoism, egotism
Ego-Struktur - ego structure
Egozentrismus - egocentricity, egocentrism
Ehe - marriage, wedlock
eheähnliches Zusammenleben - cohabitation
Eheauflösung - marital dissolution
Eheberatung - marriage counseling
Ehebruch - adultery
Ehegefährte - mate
eheliche Enthaltsamkeit - marital continence
eheliche Fruchtbarkeit - marital fertility
eheliche Fruchtbarkeitsrate - marital fertility rate
eheliche Geburtenzahl - nuptial birth rate
eheliche Lebensgemeinschaft - conjugal community am., matrimonial consortium
Ehelosigkeit - agamy
Ehepaar - couple
Ehepartnertrennung - marital disruption
ehernes Gesetz der Oligarchie - iron law of oligarchy
Ehescheidung - divorce
Ehestand - matrimony
Ehevertrag - marriage contract
Ehrenamt - honorary post
ehrenamtlich - honorary, voluntary
Ehrentitel - title
Ehrenwort - word of honor

Eid - oath
Eid ablegen - take an oath
Eidesformel - oath formula
Eidetik - eidetic imagery
Eidetiker - eidetic
Eidgenossenschaft - confederation
Eidos - eidos
Eigenbild - self-image
Eigengesetzlichkeit - determination by inherent laws
Eigengruppe - in-group
Eigeninitiative - self-starting qualities
Eigenmächtigkeit - unauthorized act
Eigenmittel - own resources
Eigenschaftsraum - property-space
eigenständiges Denken - autonomous thinking
Eigenständigkeit - self-containment
eigentlich - actually
Eigentum - ownership, property
Eigentumsrecht - ownership, property rights
Eigentumswohnung - owner-occupied flat
Eigenwert - eigenvalue
Eignung - applicability, aptitude
Eignungstest - ability test, aptitude measurement, aptitude test, prognostic test, test of aptitude
ein Amt annehmen - assume office
ein Amt antreten - accede to an office
ein Amt innehaben - hold office
ein Amt verlassen - leave office
Einberufung - calling, conscription, convocation
einbeziehen - incorporate
Einbildung - imagination
Einbildungskraft - fantasy, power of imagination
einbringen - yield
einbürgern - naturalize
Einbürgerung - enfranchisement, naturalization
Eindämmung - containment
eindeutig - definite
Eindeutigkeit - definiteness
eindimensional - one-dimensional, univariate
Eindimensionalität - unidimensionality
Eindringen - invasion
Eindringling - intruder, invader
Eindruck - impression
Eindrucksbildung - impression formation

Eindrucksmanipulation - impression-management
Eindrucksmethode - impression method
eine Entscheidung beschleunigen - accelerate a decision
eine Entscheidung bestätigen - uphold a decision
Einehe - monogamy
eine Krise aussitzen - sit something out
einem Abkommen beitreten - accede to an agreement
einen Antrag annehmen - agree upon a motion
einen Antrag durchbringen - carry a motion
einen Beschluß abändern - amend a decision
einen Beschluß durchführen - carry out a decision
einen Experten zuziehen - call in an expert
einen Skandal aussitzen - sit something out
einen Streit beilegen - settle
einen Wahlkampf durchführen - run a campaign
einer Aufgabe gewachsen sein - be equal to a task
einer Partei beitreten - joining a party
eine Schule besuchen - attend
eine Sitzung einberufen - call a meeting
eine Sitzung vertagen - adjourn a meeting
eine Theorie aufstellen - advance a theory
Einfachblindexperiment - single-blind experiment
einfache Mehrheit - single majority
einfacher Dienst - ordinary service
einfache Regression - simple regression
einfaches Stabdiagramm - simple bar chart
einfache Zufallsauswahl - simple random sample
Einfachheit - indivisibility
Einfachkorrelation - simple correlation
Einfachstruktur - simple structure
Ein-Faktor-Theorie - single-factor theory
Einfallsreichtum - fantasy, imaginativeness
Einfluß - authority, impact, influence, power, sway

Einflußbereich - scope, sphere of influence
Einflußfaktor - qualifier
Einflußfeld - power field
Einflußgebiet - zone of influence
Einfluß-Panel - impact panel
einflußreich - influential
einflußreiches Amt - post of authority
Einförmigkeit - uniformity
einfühlendes Verstehen - empathetic learning, empathetic understanding
einfühlsames Verhalten - empathetic behavior
Einfühlung - empathy
Einfühlungsvermögen - empathy, feeling-into
einführen - import, introduce
Eingabe - input
Eingebettetsein - embeddedness
eingehend - detailed
eingehend begründen - give full reasons
eingehende Aussprache - in-depth discussion
eingehende Untersuchung - close investigation
Eingemeindung - incorporation
eingeräumter Status - accorded status
eingeschränkte Zufallsauswahl - restricted random sampling
ein Gesetz abändern - amend a law
ein Gesetz kippen - overturn a statute
eingipflig - unimodal
eingipflige Häufigkeitsverteilung - unimodal frequency distribution
eingipflige Verteilungsfunktion - unimodal distribution function
eingliedern - integrate
eingreifen - interfere, intervene
Eingreiftruppe - task force
Einhalten der Regeln - compliance with rules
Einhalten der Vorschriften - compliance with rules
Einhaltung - adherence
Einhaltung eines Abkommens - adherence to an agreement
Einhegung - enclosure
Einheit - unit
Einheitliche Europäische Akte - Single European Act
Einheitsbestrebungen - efforts towards political union, striving for political union
Einheitsfront - united front

Einheitsgewerkschaft - catchall union, unified labor union *am.*, unified trade union *brit.*
Einheitsliste - single list
Einheitspartei - united party
Einheitsschule - comprehensive school
Einheitsskala - interval scale
Einheitsstaat - centralized state, unitary state
Einigkeit - unity
Einigung - unification
Einigungsbemühungen - unification efforts
Einigungsbestrebungen - unification movement
Einigungsprozeß - unification process
Einkammersystem - unicameralism
Einklang - sympathy
Einkommen - income, receipts
Einkommensteuer - income tax
Einkreisungspolitik - policy of encirclement
Einkünfte - income
einleiten - initiate
Einleitung von Maßnahmen - introduction of measures
einleuchtend - self-evident
einlinig - unilateral
Einmischung - involvement
Einmütigkeit - unity
einnehmen - seize
Einparteiensystem - one-party-system
Einpeitscher *pol.* - whip
Einprägungsprozesse - consolidation processes
Einpunktbewegung *pol.* - single purpose movement
einräumen - admit
einreichen - submit
Einrichtung - institution
einsame Masse - lonely crowd
Einsamkeit - loneliness
einschätzen - assess
Einschätzung - assessment, valuation
Einschätzungsinterview - apraisal interview
einschlägige Literatur - appropriate literature, pertinent literature
Einschmeichelung - ingratiation
einschneidende Maßnahme - drastic measure
Einschränkung - confinement, constraint, restriction

Einschüchterung - intimidation
Einschulung - starting school
einseitig - unilateral
Einsetzung - appointment
Einsicht - insight, realization
Einsichtnahme durch die Öffentlichkeit - public inspection
Einspruch - veto
Einspruch erheben - appeal
Einstellung - attitude, mental set, set
Einstellung (eines Arbeitnehmers) - placement
Einstellung der Feindseligkeiten - cessation of hostilities
Einstellung gegenüber ethnischen Minderheiten - ethnic attitude
Einstellungsänderung - attitude change, change of attitude
Einstellungsbildung - attitude formation
Einstellungsdissonanz - attitude dissonance
Einstellungsdynamik - attitude dynamics
Einstellungsforschung - attitude research
Einstellungskonditionierung - attitude conditioning
Einstellungskonstellation - attitude constellation
Einstellungsmessung - attitude measurement
Einstellungsskala - attitude scale
Einstellungsuntersuchung - attitude investigation
Einstellungswahrnehmung - attitude perception
Einstellungswandel - attitude change
einstimmig beschließen - decide unanimously
einstimmiger Beschluß - unanimous decision
Einstimmigkeit - unanimity, unanimous vote
Einteilung in Wahlbezirke - districting
ein Thema aufgreifen - take up
Einthemenpartei - single-issue party
Eintracht - unity
Eintragung (in einer Liste) - listing
einverleiben - incorporate
Einverleibung - incorporation
einvernehmlich - by mutual agreement
Einverständnis - consent
Einwand - objection

Einwände erheben - object
Einwanderer - immigrant
Einwandererquotensystem - quota system
Einwanderung - immigration
Einwanderungsbehörden - immigration authorities
einwirken auf - have an effect on
Einwohner - inhabitant, resident
Einzelarbeit - individual work
Einzelaufgabe - item
Einzelaussage (im Fragebogen) - item
Einzelerscheinung - isolated instance
Einzelfall - case
Einzelfallmethode - clinical method, single case method
Einzelfallstudie - case study, single case analysis
Einzelheiten - details, particulars
Einzelindividuum - individual
Einzelkind - only child
einzeln - individual
einzelner Punkt auf einer Skala - item
Einzelstaat *am.* - state
einzelstaatlich (EU) - national (EC)
einzelstaatliches Recht (EU) - national law (EC)
Einzelunterricht - private lessons
Einzelwert - datum
Einzigartigkeit - uniqueness
Eiserner Vorhang - Iron Curtain
Ekel - disgust, revulsion
Eklat - confrontation, scandal
Eklektizismus - eclecticism
Ekstase - ecstasy
Elaboration - elaboration
elaborierter Code - elaborated code
elaborierte Wiederholung - elaborative rehearsal
Elastizität - elasticity
elektronisch - electronic
elektronische Datenverarbeitung - electronic data processing
elektronische Medien - electronic media
elektronisches Veröffentlichen - electronic publishing
Element - element, entity
Elementarbegriff - elementary form
Elementarbereich - pre-school level
Elementareinheit - elementary element
Elementarereignis - elementary event

elementarer Satz der Erneuerungstheorie - elementary sentence of renewal theory
elementares Lesen - basal reading
Elementargruppe - elementary group
Elementarismus - elementarism
Elementarkenntnisse - rudiments
Elementarstufe - elementary grade
eliminieren - eliminate
Eliminierung - elimination
Elite - elite
Elitedenken - elitism
Elitenbildung - elite formation
Elitenkartell - elite cartel
Elitenrekrutierung - elite recruitment
Elitenzirkulation - circulation of élites
Eloquenz - eloquence
elterliche Erwartung - parent aspiration
elterliche Erziehung - parent education
elterliche Fixierung - parental fixation
elterliche Haltung - parent attitudes
elterlicher Einfluß - parent influence
elterlicher Erziehungsstil - parental style of upbringing
elterliche Sorge - parentage
Eltern - parents
Elternabend - parent-teacher meeting
Elternbeirat - parents' council
Elternhaus - home
Elterninitiative - parent's action group
Eltern-Kind-Beziehung - parent child relationship
Elternrecht - parental right
Elternschaft - parenthood
Emanzipation - emancipation
emanzipatorisches Interesse - emancipatory interest
Embargo - embargo
Embargo aufheben - lift the embargo
Emblem - symbol
Emergenz - emergence
Emergenzlehre - emergentism
Emigrant - emigrant
Emigration - emigration
emittiertes Verhalten - operant behavior
Emotion - emotion
emotional - affective, emotive
emotionale Ansteckung - emotional contagion
emotionale Erregung - emotionality
emotionale Erschöpfung - emotional exhaustion

emotionale Intelligenz - emotional intelligence
emotionale Stabilität - emotional stability
emotionales Verhalten - emotional behavior
Emotionstheorien - theories of emotion
emotiv - emotive
Empathie - empathy, feeling-into
empathisches Lernen - empathetic learning
Empfänger - communicand, recipient
Empfänglichkeit - responsiveness, responsivity
Empfänglichkeit für Suggestion - suggestibility
Empfängnis - conception
Empfängnisverhütung - conception control, contraception
Empfinden - feeling
Empfindlichkeit - irritability, responsiveness, sensibility
Empfindung - feeling
Empfindungslosigkeit - insensitivity
emphatisch - emphatic
Empiriokritizismus - empiriocriticism
empirisch - empirical
empirische Auswahl - empirical sampling
empirische Beobachtung - empirical observation
empirische Bestätigung - empirical corroboration, evidential support
empirische Daten - empirical data
empirische Erkenntnis - empirical knowledge
empirische Erziehungswissenschaft - empirical educational science
empirische Kovarianz - empirical covariance
empirische Methode - empirical method
empirischer Begriff - empirical concept
empirischer Gehalt - empirical content
empirischer Korrelationskoeffizient - empirical correlation coefficient
empirischer Test - empirical test
empirisches Gesetz - empirical law
empirische Sozialforschung - empirical social research
empirische Streuung - empirical dispersion
empirische Theorie - empirical theory

empirische Untersuchung - empirical investigation
empirische Verteilung - empirical distribution
empirische Wissenschaft - empirical science
Empirismus - empiricism
Empörung - rebellion
Encountergruppe - encounter group, training group
Ende einer Ära - end of an era
Endeffekt - final result
Endergebnis - final result
endgültiges Veto - permanent veto
Endlagerung - final disposal
endlich - finite
endliche Grundgesamtheit - finite population
Endlichkeitskorrektur - finite population correction
Endlosigkeit - boundlessness
Endogamie - consanguine endogamy, endogamy
endogen - endogenous
endogener Wandel - autonomous change, endogenous change
endomorph - endomorphic
Endzeitstimmung - apocalyptic mood, doomsday atmosphere
Endzustand - final state
Energie - energy
Energiebedarf - energy demand, energy requirement
Energieeinsparung - saving of energy
Energieerzeugung - production of energy
Energieknappheit - scarcity of energy
Energiekrise - energy crisis, energy crunch
Energiepolitik - energy policy
Energieverschwendung - waste of energy
Energieversorgung - energy supply
Energiewirtschaft - power-supply industry
engagieren - take on
eng auslegen - give a narrow interpretation
Engramm - engram, memory trace
engstirnig - narrow-minded
Engstirnigkeit - closed-mindedness, parochialism
Enklave - enclave

Enklavendemokratie - tutelary democracy
Enkulturation - culturalization, enculturation
Enquete - enquiry
Enquetekommission - commission of inquiry
entartete Verteilung - degenerate distribution
Entäußerung - alienation, estrangement
Entbürokratisierung - debureaucratization
entdeckendes Lernen - learning by discovery
Entdeckung - discovery, revelation
Entdeckungslernen - discovery learning
Entdeckungszusammenhang - context of discovery
Entdifferenzierung - de-differentiation
Enteignung - dispossession, expropriation, recapture
Entelechie - entelechy
Entfaltung - unfolding
entfremdete Arbeit - alienated labor
entfremdete Jugend - alienated youth
Entfremdung - alienation, estrangement
entführen - hijack
Entführung - hijack
Entgruppierung pol. (Schwächung oder Auflösung stabiler Parteipräferenzen) - dealignment
Entgruppung - degrouping
Enthaltsamkeit - abstinence
Enthemmung - disinhibition
enthüllen - reveal
Enthüllung - disclosure, revelation
Enthüllungsjournalismus - investigative journalism
Enthüllungsjournalist - muckraker
Enthusiasmus - enthusiasm
Enthusiast - zealot
Entideologisierung - deideologization
Entität - entity
Entkolonisation - decolonization
Entkrampfung - relaxation of tension
Entlassung - layoff
Entlastung - relief of the strain
entmachten - deprive of power
Entmachtung (eines Monarchen) - dethronement
Entmachtung - loss of power
Entmenschlichung - dehumanization
Entmystifizierung - demystification

Entnazifizierung - denazification
Entparlamentarisierung - deparliamentization
Entpolitisierung - depoliticization
entrechtete Minderheit - deprived minority
Entropie - entropy
Entsagung - frustration
Entsäulung pol. - depillarisation
entschädigen - indemnify, remunerate
Entschädigung - reparation, restitution
Entscheidbarkeit - determinability
entscheiden - decide
Entscheiden - decision making
entscheidende Niederlage - decisive defeat
entscheidende Position - key position
entscheidender Faktor - crucial factor
entscheidender Grund - decisive reason
entscheidendes Experiment - crucial experiment, experimentum crucis
entscheidendes Merkmal - defining characteristic
Entscheidung - award, decision
Entscheidung aufheben - overrule, set aside a decision
Entscheidung aufschieben - defer making a decision
Entscheidung durch Konsens - consensual decision-making
Entscheidung für ungültig erklären - override
Entscheidungsbaum - decision tree
Entscheidungsbefugnis - competence
Entscheidungsbefugnisse - decision making powers
Entscheidungsdruck - decision pressure
Entscheidungsebene - decision level
Entscheidungsexperiment - critical experiment
Entscheidungsfreiheit - freedom of choice
Entscheidungsgrund - decisive factor
Entscheidungshilfe - decision-aid
Entscheidungslücke - decision gap
Entscheidungsmodell - decision model
entscheidungsorientierter Unterricht - decision oriented education
Entscheidungsphase - decision phase
Entscheidungsproblem - decision problem
Entscheidungsprozeß - decision making process

Entscheidungsregel - decision rule, strategy
Entscheidungsspielraum - scope of choice
Entscheidungstheorie - decision theory
Entscheidungsträger - decider, decision maker
Entscheidungsverhalten - decision behavior
Entscheidungswissenschaften - policy sciences
Entscheidung unter Sicherheit - deterministic decision-making
Entschluß - purpose
Entschlüsselung - decoding
Entschlußkraft - determination
Entschulung - deschooling
Entsorgung - disposal
Entsorgungswirtschaft - reverse logistics
Entspannung - détente, relaxation
Entspannungspolitik - policy of détente
Entspannungsprozeß - process of détente
Entsprechung - correlate
Entstalinisierung - destalinization
Entvölkerung - depopulation
Entweihung - desecration
Entwicklung - development
Entwicklung des Selbst - self-formation
Entwicklungsabschnitt - level of development
Entwicklungsabschnitte - levels of development
Entwicklungsalter - developmental age
Entwicklungsansatz - developmental approach
Entwicklungsantrieb - emergent evolution
Entwicklungsaufgaben - developmental tasks
Entwicklungsdiktatur - modern authoritarian regime
Entwicklungsgemäßheit - principle of conformity with development
Entwicklungshilfe - development aid, development assistance
Entwicklungsland - developing country, developing nation
entwicklungslogische Erziehungsforschung - education research on the basis of developmental logic

Entwicklungsphase - phase
Entwicklungspolitik - development politics
Entwicklungsprojekt - development project
Entwicklungspsychologie - developmental psychology, genetic psychology
Entwicklungsreihe - developmental sequence
Entwicklungsrückstand - cultural lag
Entwicklungsschub - emergent evolution
Entwicklungssoziogramm - developmental sociogram
Entwicklungssoziologie - genetic sociology
Entwicklungsstadien - developmental stages
Entwicklungsstörungen - developmental disorders
Entwicklungsstufe - level of development
Entwicklungstheorien - developmental theories, theories of development
Entwöhnung - dishabituation, weaning
Entwurf - draft
Entwurzelung - uprootedness, uprooting
Entzauberung - disenchantment
Entziehungskur - withdrawal treatment
Entzifferung - decipherment
Environmentalismus - environmentalism
Enzyklika - encyclical
Enzyklopädie - encyclopedia
ephemerer Status - ephemeral status
Epidemiologie - epidemiology
Epigenesis (Entwicklung eines Organismus durch aufeinanderfolgende Neubildungen) - epigenesis
Epiphänomen - epiphenomenon
Episkopalkirche (Kirche mit bischöflicher Verfassung) - episcopal church
episodisches Erinnern - episodic memory
Epistemologie - epistemology
epochal - epoch-making
epochemachend - epoch-making
erarbeiten - acquire
erarbeiten (Wissen) - gather
Erbanlagen - genetic predispositions
Erbe - heir

Erbfolge in der männlichen Linie - patrilineal inheritance
Erbfolge in der weiblichen Erbfolge - matrilineal inheritance
erblich - connate, inherent
erbliche Elite - hereditary elite
erblicher Besitztitel - hereditary tenure
erblicher Grundbesitz - hereditary tenure
erbliches Verhalten - innate behavior
Erblichkeit - hereditary, inheritance
Erbmasse - hereditary
Erbmonarchie - hereditary monarchy
Erbschaft - heritage, legacy
Erdöl - petroleum
erdrutschartiger Sieg - landslide victory
Ereignis - event
Ereignisanalyse - event analysis
ereignisbezogene Potentiale - event-related potentials
Ereignisdaten - event data
ereigniskorrelierte Potentiale - event-correlated potentials
Ereignisraum - event space
ererbt - connate, inherent, innate
Erfahrung - experience
Erfahrung aus zweiter Hand - vicarious experience
Erfahrungs- - empirical, experience
Erfahrungsaustausch - exchange of experience
Erfahrungsseelenkunde - experience psychology
Erfahrungstatsache - fact of experience
Erfahrungswissen - empirical knowledge, know-how
Erfahrungswissenschaft - factual science
Erfassungseinheit - recording unit
Erfindung - invention
Erfolg - result, success
Erfolggesetz - law of effect
Erfolg haben - succeed
erfolglose Verhandlung - ill-fated talks
Erfolgserleben - emotional experience of success
Erfolgserlebnis - sense of achievement
Erfolgserwartung - self-efficacy
Erfolgskontrolle - follow-up control
Erfolgsmodell - effectiveness model
erfolgsorientiert - success-oriented
Erfolgsorientierung - success orientation
Erfolgszwang - pressure to succeed

erfordern - require
Erfordernis - imperative, requirement, requisite, want
erforschen - study
Erforschung langfristiger Wirkungen - long-range research
ergänzen - amend, replenish
Ergänzungstest - combination test
Ergonomie - ergonomics
Ergotherapie - work therapy
Erhaltung - maintenance, sustenance
Erhaltung des Systems - system maintenance
Erhärtung - corroboration
Erheblichkeit - importance, relevance
Erhebung - census, data collection, inquiry, survey, uprising
Erhebungsdesign - survey design
Erhebungsfehler - ascertainment error, error in survey, frame bias
Erhebungsgebiet - census area, survey area
Erhebungsgrundgesamtheit - survey population
Erhebungsinstrument - research tool
Erhebungssituation - survey situation
Erhebungstechnik - method of data acquisition
Erholung - recreation
Erholungszentrum - recreation center
Erinnerung - retrospection
Erinnerung mit Gedächtnisstütze - aided recall
Erinnerungsinterview - recall interview
Erinnerungsstütze - recall
Erkennbarkeit - knowability
Erkennen - cognition
erkennen - recognize
Erkenntnis - cognition, intelligence, knowledge
Erkenntnis- - cognitive
Erkenntnisakt - act of cognition, cognitive act
Erkenntnisanthropologie - cognitive anthropology
Erkenntnisdrang - thirst for knowledge
Erkenntnisfähigkeit - cognitive ability, cognitive faculty, understanding
Erkenntnisinteresse - cognitive interest
Erkenntnisproblem - problem of knowledge
Erkenntnisprogramm - epistemological program

Erkenntnisstreben - search for knowledge
Erkenntnistheorie - theory of knowledge
Erkenntnisvermögen - cognitive ability
Erkenntnisverwertung - knowledge utilization
erklärend - explanatory
erklärende Psychologie - explanatory psychology
erklärtes Ziel - stated objective
erklärte Zielsetzung - declared aim
Erklärungsansatz - attempt at explanation
erklärungsbedürftig - in need of explanation
Erklärungskraft - explanatory power
Erkundung - exploration, exploratory trip
erlangen - obtain
Erlaß - decree, official decision, ordinance, regulation
Erlaubnis - allowance, permission
erläutern - illustrate
erläuternd - explanatory
Erlebnis - experience
Erlebnisbeobachtung - introspection
Erlebnisgesellschaft - adventure society
Erlebnisinhalt - mental content
Erlebnisverarbeitung - assimilation of emotional experience
Erlernungsmethode - complete learning method
Erlöser - messiah
Erlösung - salvation
Erlösungsbewegung - messianic movement
ermächtigen - empower
Ermächtigung - authority
Ermächtigungsgesetz - enabling act
ermessen - assess, consider
Ermessen - discretion
Ermessensentscheidung - discretionary decision
Ermessensfreiheit - powers of discretion
Ermessensspielraum - area of discretion, discretionary powers, latitude
Ermessensspielraum der Verwaltung - administrative discretion
Ermittlung - ascertainment, investigation
Ermittlungsausschuß - fact-finding committee
Ermittlungsfehler - ascertainment error

Ermüdung - fatigue
ermutigen - encourage
ermutigendes Ergebnis - encouraging result
ernähren - support
Ernährung - nutrition, sustenance
Ernährungsproblem - problem of nutrition
Ernährungs- und Landwirtschaftsorganisation der UNO - Food and Agriculture Organization of the UN (FAO)
ernennen - appoint, nominate
Ernennung - appointment, call, nomination
erneuern - renew
Erneuerung - renewal
Erniedrigung - debasement
Ernstfall - emergency
Ernsthaftigkeit - seriousness
ernstzunehmend - serious
Ernüchterung - disenchantment
erobern - conquer
Eroberung - conquest
Eroberungskrieg - war of conquest
Erörterung - essay
erproben - prove
erprobt - reliable
erratische Bewegungen - erratic movements
Erregbarkeit - excitability
Erregung - arousal, emotion, excitation
Erregungsfunktion - arousal function
Erregungsmuster - arousal pattern
Erregungsphase - excitement phase
erreichen - accomplish, achieve
errichten - establish
Errichtung - foundation
Ersatz - substitute
Ersatzhandlung - redirection activity
Ersatzobjekt - surrogate
erscheinende Struktur - apparent structure
Erscheinungsjahr - year of publication
Erscheinungsort - place of publication
Erschöpfung - exhaustion
ersetzen - replace, substitute
Ersetzung - substitution
Ersparnismethode - saving method
Erstausbildung - initial vocational training
Erstausstrahlung (TV) - first broadcast
erster Eindruck - first impression

Erstfassung - draft
Erstschlag - first strike
Erstschlagkapazität - first strike capability
Erstspracherwerb - first language acquisition
Erststimme - first vote
Erstveröffentlichung - first publication
Ertragsratenansatz - rate-of-return-approach
Erwachsenenalter - adulthood
Erwachsenenbildung - adult education, adult learning
Erwachsenenpsychologie - adult psychology
Erwachsenensozialisation - adult socialization
Erwachsener - adult
erwachsen werden - grow up
Erwägung - deliberation
Erwartung - expectancy, expectation
Erwartungsdiskrepanz - discrepancy of expectations
erwartungsgemäß - as expected
Erwartungshäufigkeit - expected frequency
Erwartungshorizont - horizon of expectation
erwartungstreue Schätzfunktion - unbiased estimator
Erwartungswert - expected value
Erweckung - awakening
Erwerbslosigkeit - unemployment
Erwerbspersonen - labor force
Erwerbstätige - gainfully employed
erworben - achieved, acquired, assumed
erworbene Position - achieved position
erworbene Rolle - achieved role
erworbener Status - achieved status
erworbener Trieb - acquired drive, psychogenic drive, sociogenic drive
erworbenes Bedürfnis - acquired need
Erwünschtheit - desirability
erzählend - narrative
Erzählung - narration, narrative
Erzeugnis - manufacture
erziehbar - educable
Erziehbarkeit - educability
erziehen - bring up
Erzieher - educationalist, educator, teacher, tutor
erzieherische Wirksamkeit - educational effectiveness

Erziehung - education
Erziehungsanstalt - approved school, reform(atory) school am.
Erziehungsarbeit - educational work
Erziehungsberatung - educational consultation, educational guidance
Erziehungsberechtigter - parent guardian
Erziehungsgeld - child benefit
Erziehungsmittel - corrective measures, educational methods
Erziehungspraxis - practical education
Erziehungsstil - style of education
Erziehungsstilforschung - research into educational styles
Erziehungsurlaub - paid leave for new parent
Erziehungswissenschaft - educational theory
erzkonservativ - ultra-conservative
erzwungene Einwilligung - forced compliance
Es - id
es aufnehmen mit - coping with
Eschatologie - eschatology
Eskalierung - escalation
Eskapismus - escapism
Essay - essay
Essentialismus - essentialism
Essenz - essence
Eßstörungen - eating disorders
Establishment - establishment
Etat aufstellen - fix the budget
Etatismus - etatism
Etatkontrolle - budgetary control
Etatkürzung - budget slash
Eternalismus - eternalism
Ethik - ethics
Ethikkommission - ethics commission
ethisch - ethical
ethische Pflicht - ethical duty
ethischer Grundsatz - ethos
ethischer Relativismus - ethical relativism
ethnisch - ethnic
ethnische Diskriminierung - ethnic discrimination
ethnische Identität - ethnicity
ethnische Kultur - ethnic culture
ethnische Minderheit - ethnic minority
ethnische Säuberung - ethnic cleansing, ethnical purge

ethnische Segregation - ethnic segregation
ethnisches Vorurteil - ethnic prejudice
Ethnizität - ethnicity
Ethnogenesis (Lehre von der Entstehung der Völker) - ethnogeny
Ethnogeographie - ethnogeography
Ethnographie - ethnography
Ethnographie des Sprechens - ethnography of speaking
Ethnokratie - ethnocracy
Ethnolinguistik - ethnolinguistics
Ethnologie - ethnology
Ethnomethodologie - ethnomethodology
Ethnopsychiatrie - ethnopsychiatry
Ethnosoziologie - ethosociology
Ethnozentrismus - ethnocentrism
Ethologie - ethology
Ethos - ethos
Etikett - label
Etikette - etiquette
Etikettenschwindel - fraudulent labeling, window dressing
etwas unterlassen - refrain
EU-Beihilfe - EC subsidy
Eudämonie - eudaemonics
Eugenik - eugenics, race hygiene
eugenisch - eugenic
eugenische Politik - eugenic policy
EU-Gipfel - EC summit
euklidische Distanz - Euclidian distance
EU-Kommission - common market commission
Eunomie - eunomia
EU-Norm - EC standard
Euphemismus - euphemism
Euphorie - euphoria
EU-Richtlinie - EC-directive
Eurokommunismus - Eurocommunism
Eurokrat - Eurocrat
Europa der Regionen - Europe of the regions
europäische Einheit - European unity
Europäische Freihandelszone - European Free Trade Association (EFTA)
Europäische Gemeinschaft - European Community
Europäische Kommission - European Commission

Europäische Menschenrechtskommission - European Commission on Human Rights
Europäische Politische Zusammenarbeit - European Political Co-operation
Europäischer Binnenmarkt - Single European Market
Europäischer Gerichtshof - Court of Justice of the European Community, European Court of Justice
Europäischer Kommissar - European Commissioner
Europäischer Rat - European Council
Europäischer Regionalfond - European Regional Development Fund
Europäische Sozialcharta - European Social Charter
Europäisches Parlament - European Parliament
Europäisches Währungssystem - European Monetary System
Europäische Währungseinheit - European Currency Unit
Europäische Wirtschaftsgemeinschaft - European Economic Community
Europäische Zentralbank - European Central Bank
Europäisierung - Europeanization
Europapolitik - Europolitics
Europarat - Council of Europe
europaweit - Europe-wide, cross-Europe
Euroskeptiker - Eurosceptic
Eurozentrismus - Eurocentrism
Euthanasie - euthanasia
Evakuierung - evacuation
Evaluationsforschung - evaluation research
evaluieren - evaluate
Evaluierung - evaluation
evangelisch - Protestant
evangelische Kirche - Protestant church
Evangelismus - evangelism
Eventualentscheidung - contingent decision
Eventualität - eventuality
evident - obvious
Evidenz - obviousness
Evolution - evolution
evolutionär - evolutionary
evolutionärer Wandel - evolutionary change
Evolutionismus - evolutionism

Evolutionstheorie - evolutionary theory
ewig - eternal
ewiger Friede - perpetual peace
Ewigkeit - eternity
exakte Wissenschaften - exact sciences
Exaktheit - accuracy, precision
exekutiv - executive
Exekutive - executive power, executive
Exekutivorgan - executive body
Exemtion - exemption
Exil - exile
Exilant - exile
Exilregierung - government in exile
Existentialismus - existentialism
Existenz - subsistence
Existenzangst - subsistence anxiety
Existenzgrundlage - basis of existence
Existenzpsychologie - existential
psychology
Exklave - exclave
Exklusivbericht - exclusive scoop
exklusive Demokratie - exclusive
democracy
Exklusivinterview - exclusive interview
Exklusivmeldung - scoop
Exkommunizierung - excommunication
Exodus - exodus
Exogamie - exogamy
exogen - exogeneous
exogener Wandel - exogeneous change
Expansion - expansion
Expansionspolitik - policy of expansion
Expatriierung - expatriation
Experiment - experiment
Experimentaleinheit - experimental unit
Experimentalgruppe - experimental
group
Experiment der Übertretung -
breaching experiment
experimentelle Bedingung -
experimental condition
experimentelle Forschung - causal
research
experimentelle Kontrolle -
experimental control
experimentelle Methode - experimental
method
experimentelle Mortalität -
experimental mortality
experimentelle Psychologie -
experimental psychology
Experimentieren - experimentation

Experimentierphase - experimental
phase
experimentum crucis - crucial
experiment, experimentum crucis
Experte - expert
Expertenbefragung - Delphi survey,
expert's survey, expert knowledge
Expertenmethode - judgment method
Explanandum - explanandum
Explanans - explanans
Explikation - explication
explizites Gedächtnis - explicit memory
Exploration - exploration
exploratorische Studie - exploratory
study
Exponentialfunktion - exponential
function
Exponentialkurve - exponential curve
Exponentialverteilung - exponential
distribution
exponentielle Dichtefunktion -
exponential density function
exponentielle Glättung - exponential
smoothing
exponentieller Trend - exponential
trend
Export - export
exportabhängige Beschäftigung - base
employment
Exportbeschränkungen - export
restrictions
Exportförderung - boost to exports,
export promotions
Ex-post-facto-Erklärung - ex post facto
explanation
expressive Kommunikation - expressive
communication
expressives Verhalten - expressive
behavior
extensiv auslegen - construe broadly
Externalisierung - exteriorization,
externalization
externe Effekte - external effects
externe Kontrolle - external control
Exterritorialität - exterritoriality
Extrablatt (einer Zeitung) - extra
Extrapolation - extrapolation
extrapolieren - extrapolate
Extraversion - extraversion
extra(o)vertiert - extravert
Extra(o)vertierter - extravert
extremer Mittelwert - extreme mean
Extremfall - extreme case

Extremismus - extremism
Extremwert - extreme value
extrinsische Gratifikation - extrinsic gratification
extrinsische Kontrolle - extrinsic control
extrinsische Motivation - extrinsic motivation
extrovertierte Persönlichkeit - extrovert personality
exzerpieren - excerpt
Exzerpt - extract
Exzeß - excess

F

Fabianismus - fabianism
Fabrikant - manufacturer
Fabrikarbeiter - blue collar worker
Fabrikproduktion - shop production
Fabriksystem - shop production
Fach - subject
Fachakademie - technical academy, vocational academy
Facharbeiterbrief - craft certificate
Fachausdruck - technical term
Fachausschuß - committee of experts
Fachautorität - expert power
Fachberatung - professional guidance
Fachbereich - department
Fächerkombination - combination of studies
Fachgebiet - discipline, special field
Fachgelehrter - expert
Fachhochschule - advanced technical college
Fachjargon - technical jargon
Fachkompetenz - professional competence
Fachkunde - technical instruction
Fachkundigkeit - expertness
Fachlehrer - subject teacher
Fachleistungsdifferenzierung - setting
Fachliteratur - specialized literature
fachmännisch - expert
Fachoberschule - technical college
Fachpresse - trade press
Fachrichtung - field of study
Fachschulen - technical schools
Fachsprache - terminology
fachübergreifend - interdisciplinary
Fachverlag - specialist publisher
Fachwelt - professional circles
Fachwissen - professional knowledge, professionalism
Fachzeitschrift - journal, periodical
Fähigkeit - ability, capability, capacity, faculty, skill
Fahrlässigkeit - negliense
Faktizität - facticity, factuality
Faktor - factor
Faktorenanalyse - factor analysis
Faktorenladung - factor loading
Faktorentheorie - factor theory

Falangismus - falangism
Falke - hard-liner
Fall - case
fallende Tendenz - downward tendency
Fallgeschichte - case history
Fallibilismus - fallibilism
falsch erziehen - miseducate
falsches Bewußtsein - false consciousness
falsche Übereinstimmung - false consensus
Falschmeldung - false report
falsch orientiert - misinformed
Fälschung - falsification
Falsifikation - falsification
Falsifizierbarkeit - falsibiability
Falsifizierung - falsification
Faltung *stat.* - convolution
Faltung - folding
Familialisation - familialization
Familialismus - familialism
Familie - family, kinfolk, line of descent, tribe
Familienauflösung - family dissolution
Familienberatung - family counseling
Familiendesorganisation - family desorganization
Familiengründung - family formation
Familienhaushalt - family household, household
Familienkonstellation - family constellation
Familienmuster - family pattern
Familiennähe - closeness of the family
Familienoberhaupt - family head, head of family
Familienorganisation - family organization
Familienplanung - family planning
Familienpolitik - family policy
Familienrecht - family law
Familienstand - marital status
Familienstruktur - familistic structure
Familientherapie - family therapy
Familienverhalten - family behavior
Familienverhältnisse - family conditions
Familienzusammenführung - family reunification
Familienzyklus - family cycle, life cycle
Famlienbeihilfe - family allowance
Fanatiker - fanatic, zealot
fanatisch - fanatic
Fanatismus - fanaticism, zealotry

Fangfrage - catch question
farbig - colored
Farbiger - colored person
Farmer - farmer, peasant
Faschismus - fascism
Faschismus-Skala (F-Skala) - F scale
Fatalismus - fatalism
Faulenzer - truant
Faustregel - rule of thumb, thumb rule
federführend - responsible
Feedback - feedback
Fehde - feud
Fehlanpassung - maladaption, maladjustment
Fehlbetrag - deficit
Fehleinschätzung - miscalculation
fehlender Wert - missing data, missing value
fehlende Zuständigkeit - want of jurisdiction
Fehlen schriftlicher Überlieferung - preliteracy
Fehlentscheidung - wrong decision
Fehlentwicklung - maldevelopment
Fehler - defect, error
Fehlerbereich - error band
fehlerfreie Regression - true score
Fehlerquelle - source of error
Fehlerrate - error rate, failure rate
Fehlertabelle - accuracy table
Fehlervarianz - error variance
Fehler zu verringern - error reducing power
Fehlfunktion - malfunction
Fehlinformation - misleading information
Fehlintegration - malintegration
Fehlinterpretation - misinterpretation
Fehlkodierung - field coding
Fehlprognose - wrong prediction
Fehlschlag - failure
Fehlschluß - erronous inference, fallacy
Fehltritt - lapse
Fehlverhalten - maladjustment, misconduct
Fehlverschlüsselung - field coding
Fehlwahrnehmung - misperception
feierliches Versprechen - pledge
Feind - enemy
Feindbild - concept of the enemy
Feindeinwirkung - enemy action
feindlich - hostile
Feindschaft - hostility

feindselige Handlung - hostile act
Feindseligkeit - hostility
Feindstaatenklausel - enemy state clause
Fekundidät - fecundity
Feld - field, scope
Feldbefragung - field survey
Feldbeobachtung - field observation
Felderhebung - field survey
Feldexperiment - field experiment
Feldforschung - field research
Feldzug - campaign
Feminismus - feminism
Ferien - holidays, vacation
Ferienkurs - vacation course
Ferndiagnose - absentee diagnosis
Ferner Osten - Far East
Fernsehanstalt - television company
Fernsehdiskussion - TV panel discussion
Fernsehgebühr - licence fee
Fernsehkommentar - television commentary
Fernsehnachrichten - television news
Fernsehprogramm - television program
Fernsehpublikum - viewership
Fernsehsendung - telecast
Fernsehserie - television series
Fernsehspiel - television play
Fernsehübertragung - television broadcast
Fernsehzeitschrift - television guide
Fernsprechteilnehmer - telephone subscriber
Fernstudium - distance learning
Fernunterricht - correspondence courses
Fernziel - distant goal
Fertigkeiten - skills
Fertigprodukt - manufacture
fertig werden mit - coping with, handle
fester Quotenverstärkungsplan - fixed-ratio schedule
festes Intervallschema - fixed-interval schedule
festgesetzt - stated
festlegen - schedule
Festlegung - commitment
Festlegung der Tagesordnung - agenda setting
festsetzen - determine, state, stipulate
feststellen - ascertain, note
Feststellung - ascertainment, statement
Fetisch - fetish
Fetischisierung - fetishization

Fetischismus - fetishism
Feudalgesellschaft - feudal society, seignorial society
Feudalherrschaft - seignorialism
Feudalisierung - feudalization
Feudalismus - feudalism
Feuilleton - feature
Feuilletonteil - feature section
Fibel - primer
Figur - figure
Figuration - figuration
Fiktion - fiction
Filiation - filiation
Filmausschnitt - film clip
Filmbericht - film report
Filmbewertungsstelle - film assessment board
Filmkritik - film review
Filmkritiker - film critic
Filmkunsttheater - repertory cinema
Filmmusik - film music
Filmproduktion - film production
Filmprüfstelle - film censorship board
Filmtheater - cinema
Filmtheorie - film theory
Filmverleih - film distribution
Filmvorschau (für Kritiker) - preview
Filmwelt - movieland
Filmwirtschaft - motion picture industry
Filterfrage - screening question
Filtertheorie - filter theory
Finalität - finality
Finanzaufkommen - budgetary receipt
Finanzausgleich - financial equalization, revenue equalization
Finanzbehörde - fiscal authority
Finanzen - finances
Finanzhilfe - financial aid, financial support
Finanzhoheit - fiscal sovereignty
finanzieller Engpaß - financial squeeze
Finanzierung - financing, funding
Finanzierungsgrundlage - financial basis
Finanzierungsinstrument - financing instrument
Finanzierungsplan - financing plan
Finanzierungsprogramm - financing program
Finanzimperium - financial empire
Finanzkontrolle - budgetary control, financial control
Finanzkrise - fiscal crisis
Finanzmonopol - fiscal monopoly

Finanzplan - budget, financial program
Finanzplanung - budgetary accounting, budgetary planning, fiscal planning
Finanzpolitik - financial policy, fiscal policy
Finanzreform - financial reform
Finanzverfassung - financial system
Finanzverwaltung - administration of the finances, fiscal administration
Finanzwesen - finance, financial affairs
Finanzwirtschaft - business finance
finit - finite
Finnlandisierung - Finlandization
Fiskalismus - fiscalism
Fiskus - exchequer, treasury
fixe Idee - complex
Fixierung - fixation
Flächendiagramm - area diagram
Flächeneinteilung (einer Gemeinde) - zoning
Flächenhistogramm - area histogram
Flächen-Stichprobe - area sample
Flächenstichprobenverfahren - area sampling
flache Verteilung - rectangular distribution
Flagellation (Geißelung) - flagellation
flankierende Maßnahme - accompanying measure
Flecken - small village
Flexibilität - flexibility
flexible Arbeitszeit - flexible working hours
flexible Reaktion - flexible response
flexibler Wechselkurs - floating exchange rate
Fließgleichgewicht - moving equilibrium
Flotte - navy
Flottenabkommen - naval agreement
Fluchtlernen - escape learning
Flüchtling - fugitive, refugee
Flüchtlings- - refugee
Fluchtmechanismus - escape mechanism
Fluchtreaktion - escape response
Fluchtverhalten - escape behavior
Flugblatt - broadsheet, leaflet
Flügelkämpfe - factional fighting
Fluktuation - employee turnover, fluctuation, labor turnover, turnover
Fluß - flow
Flüsterpropaganda - whispering campaign

Föderalismus - federalism
Föderation - federation
Fokus - focus
Fokusgruppe - focus group
Folge - consequence, sequence
Folgerichtigkeit - congruity, consistency, logic
folgern - conclude, implicate, infer
Folgerung - conclusion
Folgesatz - corollary
Folgsamkeit - compliance
Folklore - folklore
Fond - funding
Förderlichkeit - instrumentality
fördern - patronize, promote, sponsor
förderorientierte Diagnostik - diagnostics for advancement
Förderung - advancement, assistance, promotion, support
Forderung - claim
Förderungslehrgänge - pre-apprenticeship courses
Förderungspolitik - assistance policy
förderungswürdig - deserving promotion, qualified to be promoted, worthy of sponsorship
Förderungswürdigkeit - eligibility for aid
Fordismus - fordism
forensische Psychologie - forensic psychology
Form - form
formal - formal
formaldemokratisch - formally democratic
formale Bedingung - formal condition
formale Beziehung - formal relationship
formale Gruppe - formal group
formale Kommunikation - formal communication
formale Kontrolle - formal control
formale Logik - formal logic
formale Organisation - formal organization
formaler Status - formal status
formale Soziologie - formal sociology, pure sociology
formale Sprache - formal language, formal mode of speech
formales System - formal system
formale Struktur - formal structure
formale Theorie - formal theory
formalisierte Theorie - formalized theory

Formalisierung - formalization
Formalisierungsgrad - degree of formalization
Formalismus - formalism
Form der Vergesellschaftung - form of sociation
Formel - formula
formelle Bildung - formal education
formeller Führer - formal leader
Formkonstanz - form constancy
Förmlichkeit - formality
Formsache - formality
Formulierung von politischen Grundsätzen - policy formation
Forschung - inquiry, research
Forschungsarbeit - research work, research
Forschungsdesign der am meisten ähnlichen Fälle - most similar cases design
Forschungsdesign der unähnlichsten Fälle - most dissimilar cases design
Forschungsförderung - research promotion
Forschungsförderungspolitik - research finding policy
Forschungsgegenstand - research subject
Forschungshypothese - research hypothesis
Forschungsmittel - research funds
Forschungspersonal - research personal
Forschungspolitik - research policy
Forschungspraxis - research practice
Forschungsprojekt - research project
Forschungsstand - state of research
Forschungsstrategie - research strategy
Forschungsziel - research objective
Fortbildung - advanced training, further education, further training
Fortbildungsschüler - continuation students
fortgeschritten - advanced
fortschreiten - proceed
Fortschritt - advance, improvement, progress
fortschrittlich - progressive
Fortsetzung - continuation
Fortsetzungsroman - serialized novel
Fragebogen - questionnaire, schedule
Fragebogendaten - questionnaire data
Fragebogenentwicklung - questionnaire construction

Fragebogeninterview - schedule interview
Fragesteller - asker
Fragestunde - question time
fraglich - questionable
Fragmentierung - fragmentation
fraktil - fractile
Fraktion - fraction, parliamentary group, political group
Fraktionalisierung - fractionalization
fraktioniertes Lernen - spaced learning
Fraktionierung - fractionation
Fraktionsbildung - formation of a fraction, formation of a political group
Fraktionsdisziplin - party discipline
Fraktionsführer - leader of the parliamentary group
Fraktionszwang - mandatory party vote
Fraternisierung - fraternization
Fraternität - fraternity
Frauenbeauftragte - women's representative
Frauenbewegung - women's liberation, women's movement
Frauenbildung - female education
Frauenquote - quota of women
Frauenrolle - female role
Frauenwahlrecht - women's suffrage
Frauenzeitschrift - women's magazine
Fraulichkeit - femininity
freibewegliche Aggression - free-floating aggression
freibeweglicher Affekt - free floating affect
freie Erinnerung - free recall
freie Liebe - sexual communism
freie Marktwirtschaft - free enterprise economy, free market economy
freie Presse - free press
freier Bauer - yeoman
freier Bauernstand - yeomanry
freier Beruf - academic profession, profession
freier Informationsfluß - free flow of information
freier Markt - open market
freier Mitarbeiter - freelancer
freier Wettbewerb - free competition, unhampered competition
freier Wille - free will
freies Assoziieren - chance test, free association
freies Mandat - free mandate

freies Unternehmertum - free enterprise
freie Wohlfahrtspflege - voluntary welfare work
freigeben - pass, release, unblock
Freihandel - free trade
Freihandelsabkommen - free trade treaty
Freihandelspolitik - liberal trade policy
Freiheit - freedom, liberty
freiheitlich-demokratische Grundordnung - free democratic basic order
Freiheitsgrad - degree of freedom
Freiheit von Wissenschaft und Kunst - freedom of science and art
Freimaurer - freemasons
Freimütigkeit - frankness
freischaffend - freelance
Freistaat - Free State
freiwillige Gerichtsbarkeit - voluntary jurisdiction
Freiwilligenarmee - all-volunteer army
freiwilliger Verband - voluntarism
freiwillige Selbstkontrolle - voluntary self-control
freiwillige Vereinigung - voluntarism
Freizeit - leisure time, leisure
Freizeitforschung - leisure research
Freizeitpädagogik - education of leisure
Freizügigkeit - freedom of movement, permissiveness
fremdbestimmte Bindung - alienative involvement
fremdenfeindlich - xenophobic
Fremdenverkehr - tourism
Fremder - alien
Fremdgruppe - out-group
Fremdherrschaft - foreign rule
Fremdkontrolle - extrinsic control
Fremdsprachenerziehung - foreign language education
Fremdsprachenunterricht - foreign language teaching, second language learning
Fremdsteuerung - externally regulation
Frequenz - frequency
Freudsche Fehlleistung - Freudian slip
Freundschaft - friendship
Frieden - peace
Frieden aufrechterhalten - maintain peace
Frieden brechen - break the peace
Friedensangebot - peace bid

Friedensaussichten - prospects of peace
Friedensbedingungen - conditions of peace, terms of peace
Friedensbemühungen - peace efforts
Friedensbewegung - peace movement
Friedensbruch - peace breaking
Friedensdialog - peace dialog
friedenserhaltend - peacekeeping
Friedenserziehung - peace education
Friedensforschung - peace research, peace studies
Friedensgespräche - peace talks
Frieden sichern - secure the peace
Friedenskonferenz - peace conference
Friedensmarsch - peace march
Friedensschaffung - peace making
Friedensschluß - peace settlement
Friedenssicherung - preservation of peace, safeguarding peace, securing of peace
Friedensstärke - peace establishment
Friedensstifter - peacemaker
Friedensstörer - disturber of the peace
Friedensstreitmacht - peace-keeping force
Friedensvertrag - peace treaty
Friedenswahrung - peacekeeping
Friedenswille - will for peace
Friedfertigkeit - peaceableness
friedlich - peaceful
friedliche Nutzung der Atomenergie - peaceful use of atomic energy
friedlicher Wandel - peaceful change
friedliebend - peace-loving
Frist - deadline, term
fristgemäß - in due course, in time
fristgerecht - on schedule, when due
Frontalunterricht - class teaching, frontal teaching
Frontstaaten - front-line-states
Fruchtbarkeit (einer Frau) - fertility
Fruchtbarkeitserwartung - fertility expectation
Fruchtbarkeitsziffer - fertility rate
Fruchtwechselwirtschaft - shifting cultivation
frühe Kindheit - early childhood
Frühförderung - early childhood special education
Frühkapitalismus - early capitalism
frühkindliche Erziehung - early childhood education
Frühschriften - early writings

Frühwarnsystem - early warning-system
Frustration - frustration
Frustrationstoleranz - frustration tolerance
Führen - leading
führende Vertreter des politischen Lebens - political figures
Führer - guide, leader
Führerpersönlichkeit - born leader, natural leader
Führerschaft - leadership
Führerstaat - leader state
Führung - leadership, leading
Führungsanspruch - claim to leadership
Führungseffektivität - leadership effectiveness
Führungsfunktionen - leadership functions
Führungskrise - crisis of leadership
Führungsmacht - leading power
Führungsrolle - leading role
Führungsschicht - upper class
Führungsstil - leadership style, pattern of leadership, style of leadership
Führungsstruktur - leadership structure
Führungtraining - coaching
Führungsverhalten - leadership behavior
Führungswechsel - change in leadership
Führung von Verhandlungen - conduct of negotiations
Fülle - affluence
Fundament - foundation
Fundamentalismus - fundamentalism
Funktion - function, office, responsibility
funktional - functional
funktionaläquivalent - functional equivalent
funktionale Analyse - functional analysis
funktionale Äquivalenz - functional equivalence
funktionale Bedeutung - functional salience, functional significance
funktionale Beziehung - functional relation
funktionale Gruppe - functional group
funktionale Integration - functional integration
funktionales Subsystem - functional subsystem
funktionale Theorie der sozialen Schichtung - functional theory of social stratification

Funktionalismus - functionalism
Funktionär - functionary
funktionelle Erziehung - functional education
Funktionselite - functional elite
funktionsfähig - workable
Funktionskreis-Modell - functional circuit model
Funktionsstörung - functional disturbance, malfunction
Funktionswort - function word
Furcht - fear

für ein Amt bewerben - stand for an office *brit.*
Fürsorge - assistance, care, relief, social service, welfare, welfare work
Fürsorgeempfänger - welfare recipient
Fürsorgepflicht - duty to give assistance
Fürsorglichkeit - considerateness, thoughtfulness
Für und Wider abwägen - weigh the pros and cons
Fusion - fusion, merger
Fusionskontrolle - merger control
Fuzzy-Logik - fuzzy logic

G

Gabelung - bifurcation
Ganzfeld - homogeneous field
Ganzheit - whole
ganzheitliche Betrachtung - organic view
Ganzheitsmethode - integrated curriculum, whole language approach
Ganzheitspädagogik - holistic pedagogics
Ganzheitspsychologie - holistic psychology
Ganztagsarbeit - full-time work
Ganztagsschule - all-day school
Ganzwortmethode - whole word method
Garantie - guarantee
Garantieerklärung - indemnity bond
Garantiemacht - guarantor power
garantieren - guarantee, warrant
Garantieverpflichtung - cause obligation
Garantievertrag - treaty of guarantee
Garnisonsstaat - garrison state
Gastarbeiter - foreign worker, immigrant worker
Gastgeberland - host society
Gatte - marital partner
Gattenwahl - mate selection
Gattin - marital partner
Gattung - genre, species
Gattungsbegriff - generic term
Gattungsbewußtsein - consciousness of kind
Gattungsmerkmal - generic characteristic
Gattungstyp - genotype
Gaullismus - Gaullism
Gebärde - gesture
Geberland - donor country
Gebiet - area, district, field, line, region, territory, zone
Gebietsanspruch - territorial claim
Gebietserwerb - acquisition of territory
Gebietskörperschaft - political subdivision
Gebietskörperschaften - local authorities, regional authorities
Gebietsreform - regional reorganization

Gebietsvergrößerung - expansion
Gebietsverwaltung - field administration
Gebilde - entity
gebildet - educated
Geborgenheit - belongingness
Gebühr - charge, fee, rate
gebührenfrei - free of charge, without charge
Gebührenordnung - fee scale
Geburt - birth
Geburtenfolge - birth order
Geburtenkohorte - birth cohorte
Geburtenkontrolle - birth control
Geburtenrate - central birth rate
Geburtenziffer - birth rate
Geburtselite - birth élite
Geburtsritus - birth rite
Geburtstrauma - birth trauma
Gedächtnis - memory, retention
Gedächtniseintragung - script
Gedächtnishilfe - recall
Gedächtnismaße - learning scores
Gedächtnisprotokoll - memory protocol
Gedächtnisspur - engram, memory trace
Gedächtnisstörungen - dysmnesia
Gedanken - sentiment
Gedankenaustausch - exchange of views
Gedankenblitz - flashbulb memory
Gedankenexperiment - mental experiment
Gedankenfigur - figure of thought
Gedankenfreiheit - freedom of thought
Gedankenkontrolle - thought control
Gedankenstopp - threat
Gedenkstätte - memorial
geeignet - suitable
geeigneter Befragter - eligible respondent
Gefahr abwenden - avert a danger
gefährden - jeopardize
Gefährtenfamilie - companionship family
Gefälle - gradient, slope
Gefälligkeitsantwort - courtesy reply
Gefälligkeitsverzerrung - courtesy bias
Gefangendilemma - prisoner's dilemma
Gefangennahme - capture
Gefolgschaft - followers
Gefolgsmann - follower
Gefühl - emotion, feeling, sense, sentiment
Gefühlsausbruch - affective discharge

gefühlsbetonte Erziehung - affective education
Gefühlsbewegung - emotion
Gefühlseindruck - emotional impression
gefühlsmäßig - emotive
gefühlsorientiert - feeling-oriented
gegabelte Befragung - split ballot
Gegebenheit - givenness
Gegenaktion - counteraction
Gegenantrag - counter-motion, cross-motion
Gegenbeweis - counter evidence, counterproof, proof to the contrary
Gegend - region, territory
Gegendarstellung - correction, counter-statement, remonstrance
Gegendemonstration - counterdemonstration
Gegenelite - counter-elite
Gegenentwurf - alternative concept
Gegenkandidat - opponent, rival candidate
Gegenkandidatur - rival candidacy
Gegenkonditionierung - counterconditioning
Gegenkultur - counterculture
gegenläufige Entwicklung - contra movement, contra trend
Gegenmaßnahme - counter-measure, retaliatory action
Gegenmobilisierung - counter mobilization
Gegenprobe - check test
Gegenpropaganda - counterpropaganda
Gegenprozeß - opponent process
Gegenreaktion - backlash
gegenseitig - mutual, reciprocal
gegenseitig bedingend - dependent on each other
gegenseitige Abhängigkeit - interdependence
gegenseitige Durchdringung - interpenetration
gegenseitige Hilfe - mutual aid, reciprocal aid
gegenseitiger Altruismus - reciprocal altruism
gegenseitige Verbundenheit - interconnectedness
gegenseitige Verpflichtung - mutual obligation
gegenseitige Verständigung - intercommunication

Gegenseitigkeit - mutuality
Gegenstand - matter, object, subject, subject matter
gegensteuern - take countermeasures
Gegenstimme - adverse vote
Gegenstück - counterpart
Gegenüberstellung - confrontation
Gegenwart - presence, present
gegenwärtig - present
gegenwärtiges Verhalten - actual behavior
Gegenwärtigkeit - presence
Gegenzeichnung - countersignature
Gehalt - content, salary
Geheimbund - secret society
Geheimdienst - secret service
Geheimdiplomatie - secret diplomacy
geheime Abstimmung - secret ballot
Geheimhaltung - concealment, secrecy, security
Geheimlehre - cabal
Geheimsache - classified information
Gehirn - brain
Gehirnwäsche - brainwashing, thought control
Gehörlosenpädagogik - education of the deaf
Gehörlosenschule - school of the deaf
Gehorsam - compliance, obedience
Gehorsamkeit - obedience
Geiselnahme - taking of hostages
Geist - mind, psyche
Geist des Kapitalismus - spirit of capitalism
Geistesabwesenheit - absentmindedness
Geistesgeschichte - history of ideas
Geisteskrankheit - insanity, mental disease
Geistesschwäche - mental devectiveness
Geistesstörung - mental disorder
Geistestätigkeit - mentation
Geisteswissenschaften - humanities
geisteswissenschaftliche Pädagogik - humane educational science, pedagogical theory bewed on human studies, pedagogics in humanities
geisteswissenschaftliche Psychologie - cultural science psychology
Geisteszustand - mentation
geistige Arbeit - intellectual work
geistige Behinderung - mental disability
geistiger Horizont - mental horizon

geistiges Eigentum - intellectual property
geistiges Vermächtnis - intellectual heritage
geistige Tätigkeit - mental activity
geistige Verfassung - morale
geistige Werte - spiritual values
geistige Zurückgebliebenheit - mental retardation
Geistlichkeit - clergy, priesthood
geistreich - ingenious
gekürzte Auflage - abridged edition
Gelassenheit - impertability
Geldentwertung - inflation
Gelder - funds
Gelder zusammenstreichen - slash funds
Geldherrschaft - plutocracy
Geldmenge - stock of money
Geldpolitik - monetary policy
Gelegenheitsarbeit - piecework
Gelegenheitsstichprobe - convenience sample, haphazard sample, street-corner sample
Gelegenheitsstruktur - opportunity structure
Gelegenheit wahrnehmen - seize
gelegentliche Verstärkung - intermittent reinforcement
Gelehrsamkeit - erudition
Geleit - convoy
gelenkte Wirtschaft - controlled economy
gelernte Hilflosigkeit - learned helplessness
gelernter Arbeiter - skilled worker
gelingen - succeed
geltendes Recht - applicable law, law in force, prevailing law
Geltendmachung - assertiveness
Geltungsbedürfnis - craving for recognition
Geltungsbereich - ambit, reach
Geltungsbereich eines Gesetzes - reach of a law, scope of a law
Geltungsstreben - craving for admiration
Geltungstrieb - craving for admiration
Gemeinde - community, township
Gemeindearbeit - community action
Gemeindedemokratie - community democracy, communocracy

Gemeindefinanzen - local government finances
Gemeindeintegration - community integration
Gemeindeordnung - local law
Gemeindepsychiatrie - community psychiatry
Gemeinderat - local council
Gemeinderatswahlen - local council elections
Gemeindesteuer - local rate, poll tax
Gemeindestruktur - community structure
Gemeindestudie - community study
Gemeindeverband - association of local government
Gemeindeverfassung - municipal constitution
Gemeindeverwaltung - local authority
Gemeineigentum - communalism, public ownership
gemeinnützig - charitable
gemeinnützige Organisation - non-profit organization
gemeinnütziger Verein - non-profit-making society
Gemeinnützigkeit - non-profit status
gemeinsam - joint
gemeinsame Befugnisse - concurrent powers
gemeinsame Wahrscheinlichkeit - joint probability
gemeinsame Wahrscheinlichkeitsverteilung - joint probability distribution
Gemeinschaft - community, fellowship
gemeinschaftlicher Grundbesitz - communal tenure
gemeinschaftliches Handeln - corporate action
Gemeinschaftsaktion - corporate action
Gemeinschaftsaufgaben - joint tasks
Gemeinschaftserziehung (von Mädchen und Jungen) - coeducation
Gemeinschaftsgefühl - social instinct
Gemeinschaftshaltung - collective attitude
Gemeinschaftshandeln - collective action
Gemeinschaftskonflikt - communal conflict
Gemeinschaftskunde - civic education, social studies

Gemeinschaftsschule - interdenominational school, non-denominational school
Gemeinschaftssteuern - combined Federal and Laender taxes
Gemeinschaftsziel - collective goal
Gemeinschaft unabhängiger Staaten (GUS) - Commonwealth of Independent States
Gemeinwesen - polity
Gemeinwesenarbeit - community work
Gemeinwille - general will
Gemeinwohl - common good, commonweal
gemischte Verfassung - mixed constitution
gemischtwirtschaftliches System - mixed economy
Gemüt - mind, temper
Gemütserregung - agitation
Gen - gene
genau dann und nur dann - if and only if
genau dann wenn - if
Genauigkeit - accuracy
Genealogie - genealogy
genealogische Distanz - kinship distance
genealogische Methode - genealogical method
genehmigen - approve, permit
Genehmigung - authorization, licence, permission, permit
Genehmigung von Schulbüchern - permit of text books
Generalisierbarkeit - generalizability
generalisierte Angststörung - generalized anxiety disorder
Generalisierung - generalization
Generalklausel - general clause
Generalsekretär - secretary general
Generalstabschef - chief of staff
Generalstreik - general strike
Generalversammlung - general assembly
Generation - generation
Generation der Verwandten in aufsteigender Linie - ascending generation
Generationenmobilität - generational mobility
Generationenvertrag - contract between the generations

Generationskonflikt - generation gap
Generations-Sterbetafel - generation life table
genereller Faktor - general factor
Genese - genesis
Genetik - genetics
genetische Erkenntnistheorie - genetic epistemology
genetische Methode - genetic method
Genfer Konventionen - Geneva Conventions
Genie - genius
genitale Phase - genital phase
genitaler Charakter - genital character
Genitalphase - genital stage
Genosse - member of a cooperative
Genossenschaft - cooperative
genossenschaftlich - cooperative
Genossenschaftsbewegung - cooperative movement
Genotyp - genotype
Genozid - genocide
Genre - genre
Gentry - gentry
genügend - sufficient
Geographie - geography
Geometrie des Sozialen - geometry of social relations
geometrisches Mittel - geometric mean
Geopolitik - geopolitics
geopolitisch - politico-geographical
Gepflogenheit - usage
geplant - planned, scheduled
geplante Investition - intended investment
gepoolte Quer- und Längsschnittanalyse - pooled cross-section-cross-time-analysis
gerade noch bemerkbarer Unterschied - difference threshold
geradlinige Nachfolge - lineal succession
Geradlinigkeit der Verwandtschaft - lineality
geräuschbezogenes Gedächtnis - echoic memory
gerechte Sache - just cause
Gerechtigkeit - equity, fairness, justice
Gerechtigkeitsprinzip - principle of justice
Gerechtigkeitssinn - sense of justice
Gerede - rumor
Gereiztheit - temper

Gericht - court
gerichtlich - judiciary
Gerichtsbarkeit - jurisdiction
Gerichtsentscheidung - judicial decision
Gerichtshof - court of justice, court
Gerichtspsychiatrie - forensic psychiatry
Gerichtspsychologie - forensic
psychology
Gerichtsverfassung - constitution of the
court, judicial organization, structure of
judicature
Gerichtsverwaltung - judical
administration
Gerichtswesen - judiciary
geringe Leistung - low achievement
geringfügig - insignificant, marginal
geringschätzen - despise
Geringschätzung - contempt
Gerontokratie - gerontocracy
Gerontologie - gerontology
Geruchssinn - olfaction
Gerücht - rumor
Gerüchteküche - rumor-mill
Gerücht verbreiten - spread a rumor
Gesamtauflage - total circulation
Gesamtbevölkerung - total population
Gesamtergebnis - sum total
Gesamtheit - complex
Gesamthochschule - comprehensive
university
Gesamtmittelwert - grand mean
Gesamtschule - comprehensive school
Gesamtunterricht - interdisciplinary
teaching
gesamtwirtschaftliche Entwicklung -
aggregate development
Gesamtzahl - sum total
Gesandtschaft - mission
Geschäft - business
geschäftsführende Regierung -
caretaker government, commissionary
government, interim government,
provisional government
Geschäftsordnung - rules of procedure
Geschäftstätigkeit - business
Geschenk - gift
Geschenkaustausch - gift exchange
Geschichte - history
geschichtetes Auswahlverfahren -
stratified sampling
geschichtliches Verstehen - historical
understanding

Geschichtlichkeit - historicality,
historicity
Geschichtsauffassung - concept of
history
Geschichtsdeutung - interpretation of
history
Geschichtsfälschung - distortion of
history
Geschichtsoptimismus - historical
optimism
Geschichtsphilosophie - metahistory
Geschichtsschreibung - historiography
Geschichtssoziologie - sociology of
history
Geschichtstheorie - theory of history
Geschichtsunterricht - history classes
Geschick - skill
Geschlecht - gender, sex
Geschlechterkrieg - battle of the sexes
Geschlechterrolle - gender role, sex role
geschlechtliche Diskriminierung - sex
discrimination
Geschlechtserziehung - sex education
Geschlechtsidentität - gender identity
Geschlechtsleben - sexuality
Geschlechtstrieb - sexual drive
Geschlechtsunterschied - sex difference
Geschlechtsverkehr - sex, sexual activity
geschlossen - bounded, closed-ended
geschlossene Erfassungsgruppe -
cluster
geschlossene Frage - closed question,
closed-ended question, restricted
question
geschlossene Gesellschaft - closed
society
geschlossene Gruppe - closed group
geschlossene Klasse - closed class
geschlossene Persönlichkeit - closed
mind
geschlossenes Heiratssystem - closed
marriage system
geschlossenes Klassensystem -
closed-class system
geschlossenes System - closed system,
energy-tight system, isolated system
Geschlossenheit - closure
geschmacklos - tactless
Geschmackskulturen - taste cultures
Geschmackssinn - gustation
geschriebenes Gesetz - written law
geschriebene Sprache - written
language

geschriebenes Recht - written law
geschriebene Verfassung - written
constitution
Geschwister - sibling
gesellig - sociable
gesellige Einstellung - associative
attitude
gesellige Haltung - associative attitude
Geselligkeit - sociability
Gesellschaft - society
gesellschaftlich - social, societal
gesellschaftliche Aktivierung - social
faciliation
gesellschaftliche Armut - social poverty
gesellschaftliche Assimilierung - social
assimilation
gesellschaftliche Deaktivierung - social
loafing
gesellschaftliche Dissoziation - social
dissociation
gesellschaftliche Dynamik - social
dynamics
gesellschaftliche Entfremdung - social
alienation
gesellschaftliche Entwicklung - societal
development
gesellschaftliche Funktion - social
function
gesellschaftliche Institution - social
institution
gesellschaftliche Kategorie - social
category
gesellschaftliche Kraft - social force
gesellschaftliche Mobilisierung - social
mobilization
gesellschaftliche Mobilität - social
mobility
gesellschaftliche Notwendigkeit -
social necessity
gesellschaftliche Ordnung - social order
gesellschaftliche Organisation - social
organization
gesellschaftliche Rangordnung - social
rank order
gesellschaftlicher Aufstieg - social
advancement
gesellschaftlicher Außenseiter - fringes
of society, social misfit
gesellschaftlicher Determinismus -
social determinism
gesellschaftlicher Druck - social
pressure
gesellschaftliche Realität - social reality

gesellschaftliche Reform - social reform
gesellschaftliche Reife - social maturity
gesellschaftlicher Einfluß - social
influence
gesellschaftliche Repression - social
repression
gesellschaftlicher Kodex - social code
gesellschaftlicher Konsens - social
consensus
gesellschaftlicher Kontakt - social
contact
gesellschaftlicher Kontext - social
setting, societal context
gesellschaftlicher Prozeß - societal
process
gesellschaftlicher Rang - social rank
gesellschaftlicher Status - social status
gesellschaftlicher Wert - social value
gesellschaftlicher Widerspruch - social
contradiction
gesellschaftliches Bedürfnis - social
need
gesellschaftliche Situation - social
situation
gesellschaftliches Milieu - social milieu
gesellschaftliches Niveau - social level
gesellschaftliches Phänomen - societal
phenomenon
gesellschaftliches Prestige - social
prestige
gesellschaftliches Problem - social
problem
gesellschaftliches Stereotyp - social
stereotype
gesellschaftliches Subsystem - societal
subsystem
gesellschaftliches Tabu - social taboo
gesellschaftliche Stellung - social
position
gesellschaftliches Verhaltensmuster -
social pattern
gesellschaftliches Vorurteil - social
prejudice
gesellschaftliche Versteinerung - social
ossification
gesellschaftliche Zirkulation - social
circulation
gesellschaftliche Zusammensetzung -
social composition
Gesellschafts- - social, societal
Gesellschaftsanalyse - social analysis
Gesellschaftsbegriff - concept of society
gesellschaftsfeindlich - antisocial

gesellschaftsfeindliches Verhalten - antisocial behavior
Gesellschaftsgeschichte - social history
Gesellschaftsstruktur - societal structure
Gesellschaftstheorie - social theory, theory of society
gesellschaftsverändernd - causing social change
Gesetz - act, law, statute
Gesetz anwenden - apply a law
Gesetz aufheben - abrogate a statute
Gesetz außer Kraft setzen - repeal a law
Gesetz der Ähnlichkeit - law of similarity
Gesetz der Geschlossenheit - law of closure
Gesetz der großen Zahlen - law of large numbers
Gesetz der kleinen Zahlen - law of small numbers
Gesetz der logistischen Wellen - law of logistic surges
Gesetz der Nähe - law of proximity
Gesetz des gemeinsamen Schicksals - law of common fate
Gesetz des kategorialen Urteils - law of categorical judgment
Gesetze beachten - comply with the laws
Gesetz einbringen - initiate legislation
Gesetzentwurf - bill, draft, model act, white paper
Gesetzentwurf ablehnen - defeat a bill, reject a bill
Gesetz erlassen - legislate
Gesetzesänderung - amendment of a law
Gesetzesannahme - adoption of a bill (law)
Gesetzesanwendung - rule application
Gesetzesauslegung - interpretation of a law
Gesetzesbruch - break the law
Gesetzesentscheidung - rule adjudication
Gesetzesherrschaft - due process
Gesetzesinitiativrecht - right to initiate legislation
Gesetzeskraft - legal force
Gesetzeslücke - gap in the law

Gesetzesrecht - statute law, statutory law
Gesetzesreform - law reform
Gesetzesvorbehalt - proviso of legality
Gesetzesvorlage - bill, piece of legislation
Gesetzesvorlage ausarbeiten - draft a bill
Gesetzesvorlage beraten - debate a bill
Gesetzesvorlage einbringen - introduce a bill
Gesetzesvorlage für nichtig erklären - void a bill
Gesetzesvorlage verabschieden - pass a bill
gesetzgebend - legislative
gesetzgebende Körperschaft - legislature
gesetzgebende Versammlung - legislature
Gesetzgeber - lawmaker, legislator
Gesetzgebung - legislation, rule making
Gesetzgebungsarbeit - legislative work
Gesetzgebungskompetenz - power to legislate
Gesetzgebungsnotstand - state of legislative emergency
Gesetzgebungsprozeß - legislative process
Gesetzgebungssouveränität - legislative sovereignty
Gesetzgebungswerk - piece of legislation
gesetzlich - by law
gesetzliche Bestandteile - statutory features
gesetzliche Bestimmung - provision of the statute
gesetzliche Grundlage - statutory basis
gesetzliches Rentenalter - compulsary retirement age
Gesetzlichkeit - lawfulness
gesetzlich regeln - lay down by law, regulate by law
gesetzlich vorgeschrieben - required by law, statutory
gesetzlich vorgeschriebenes Referendum - statutory referendum
Gesetzmäßigkeit - law, lawfulness, legality
Gesetz verabschieden - pass a law
Gesetz verkünden - promulgate a law
gesetzwidrig - illegal

Gesetzwidrigkeit - illegality, lawlessness
Gesichtsausdruck - facial expression
Gesichtsfeld - visual field
Gesichtskreis - scope
Gesichtspunkt - angle
Gesinnung - sentiment
Gesinnungsethik - ethics of attitude, ethics of conviction
Gespräch - talk
Gesprächstherapie - client-centered therapy, talking cure, therapeutic dialogue
Gestalt - configuration, form, gestalt
gestaltender Unterricht - formative education
Gestaltgesetz - gestalt laws
Gestaltgleichheit - isomorphism
Gestaltpsychologie - configurational psychology, gestalt psychology
Gestaltung - design
Geste - gesture
gesunder Menschenverstand - common sense
Gesundheitsbildung - health education
Gesundheitspolitik - health policy
Gesundheitspsychologie - health psychology
Gesundheitsstatistik - health statistic
Gesundheitswesen - health care
gesundschrumpfen - pare down
getarnter emotionaler Ausdruck - leakage
geteiltes Zuhören - dichotic listening
getrennt - segregate
gewachsene Gebiete - natural areas
Gewährleistung - warranty
Gewalt - coercion, force, power, violence
Gewaltenteilung - checks and balances
Gewaltenteilungsprinzip - separation of powers
Gewaltentrennung - checks and balances
gewaltlos - nonviolent
gewaltlose Revolution - peaceful revolution
gewaltloser Widerstand - nonviolent action
Gewaltlosigkeit - absence of violence
Gewaltmaßnahme - violent measures
Gewaltmonopol - power monopoly
Gewaltverherrlichung - glorification of violence

Gewaltverzicht - renunciation of violence
Gewaltverzichtserklärung - declaration of renunciation of force
Gewässerschutz - prevention of water pollution
Gewerbe - business, industry, small scale industry, trade
Gewerbefreiheit - freedom of trade, liberty of trade
Gewerbelehrer - teacher at a trade
Gewerbeordnung - trade regulation act
Gewerbeschule - trade school
Gewerbestandort - industrial location
Gewerbesteuer - trade tax
Gewerbezweig - branch of industry
gewerblich - commercial, industrial
gewerbliche Berufsbildung - commercial vocational training
Gewerkschaft - labor union, trade union, union
Gewerkschafter - trade unionist
gewerkschaftlich geschlossener Betrieb - closed shop
gewerkschaftlich organisiert - unionized
Gewerkschaftsbewegung - trade unionism, unionism
gewerkschaftsfeindlich - anti-union
Gewicht - weight
gewichten - weight
gewichtender Faktor - weight
gewichtetes Mittel - weighted average
Gewicht legen auf - stress
Gewichtung - weighting
Gewichtung der nichterreichten Personen - nonresponse weighting
gewillt - willing
Gewissen - conscience
Gewissenlosigkeit - unscrupulousness
Gewissensangst - moral anxiety
Gewissensentscheidung - decision on a matter of conscience
Gewissensfreiheit - freedom of conscience
gewogenes Mittel - weighted average
Gewohnheit - habit
Gewohnheitsrecht - common law, customary law
Gewohnheitsstärke - effective habit strength, habit strength
gewöhnliches Moment - initial moment
Gewöhnung - familialization, habituation

gewölbte Kurve - kurtic curve
Ghetto - ghetto
Gilde - corporation, guild
Gildensozialismus - guild socialism
Gipfelgespräche - summit talks
Gipfelkonferenz - summit conference,
summit
Gipfeltreffen - summit meeting
Gitter - grid
Gitterauswahlverfahren -
configurational sampling
Gitternetz - grid
Gitter-Technik - grid technique
Glättung - smoothing
Glaube - belief, faith
Glaube in eine gerechte Welt - belief
in a just world
glauben - believe
Glaubensbekenntnis - creed
Glaubenseifer - zeal
Glaubensfreiheit - freedom of faith,
freedom of religion
Glaubensgemeinschaft - community of
fellow believers, religious community
Glaubenssystem - belief system
gläubiger Parteigänger - true believer
Glaubwürdigkeit - credibility,
trustworthyness
Glaubwürdigkeitsverlust - loss of
credibility
Gleichartigkeit - proximity
gleichbedeutend - synonymous
Gleichbehandlung - equal treatment,
non-discrimination
gleichberechtigt - equally entitled,
equally privileged
Gleichberechtigung - equality of rights,
equality
Gleichberechtigungsgrundsatz - parity
norm
Gleichberechtigung von Mann und
Frau - equal rights of men and women
gleichgesinnt - like-minded
Gleichgesinntheit - like mindedness
Gleichgewicht - balance, equilibrium
Gleichgewicht der Kräfte - balance of
power
Gleichgewichtsfähigkeit - homeostasis
Gleichgewichtsmodelle - models of
equilibrium
Gleichgültigkeit - apathy,
disinterestedness, indifference
Gleichheit - equality, identify

Gleichheit der Bildungschancen -
equality of educational opportunity
Gleichheitsgrundsatz - principle of
equality
Gleichheitsprinzip - principle of equality
gleichläufiger Wandel - concurrent
change
Gleichmacherei - leveling
gleichmäßige Verteilung -
apportoinment, uniform distribution
Gleichmäßigkeit - uniformity
Gleichrangigengruppe - peer group
Gleichrangigenkultur - peer culture
Gleichrangiger - peer
gleichrangiger Föderalismus -
coordinate federalism, dual federalism
Gleichsetzung - matching
Gleichstellung - equalization
Gleichung - equation
gleichzeitiger Wandel - concurrent
change
gleitender Durchschnitt - moving
average
Gliederungszahl - numeral
Gliedstaat - constituent state
Gliedziffer - link relative
global - global
globale Interdependenz - global
interdependence
Globalisierung - globalization
Globalsteuerung - demand management
Glück - happiness, well-being
Gnostizismus - gnosticism
Goldene Regel - Golden Rule
Goldener Schnitt - golden section
Goldreserve - bullion reserve
Gottesdienst - divine service
Gottesgnadentum - doctrine of divine
right
Gottheit - deity
Gottkönigtum - divine kingship
göttliche Offenbarung - divine
revelation
Gottlosigkeit - impiety
Götzenbild - Idol
Gouvernementalität (Mentalität und
Praxis des Regierens) - governmentality
Gouverneur - governor
Grabenkrieg - trench warfare
Grad - grade
Gradient - gradient
Gradualismus - gradualism,
incrementialism

Grammatik - grammar
Graph - graph
Graphik - graph, graphics
graphische Darstellung - graphic
presentation, graphic representation
Graphologie - graphology
Gratifikation - gratification
Gratwanderung - tightrope walk
Grausamkeit - cruelty
Grauzone - gray area, shadowy
interstice, twilight area
greifbar - tangible
greifbares Ergebnis - tangible result
Greisenherrschaft - gerontocracy
Grenzbegriff - boundary concept
Grenze - border, boundary, frontier
Grenzen der Erfahrung - limits of
experience
Grenzen der Erkenntnis - bounds of
knowledge
Grenzen des Wachstums - limits to
growth
Grenzenlosigkeit - boundlessness
Grenzerfahrung - boundary experience
Grenzlinie - boundary
Grenzmethode - method of limits
Grenzsituation - boundary situation
grenzüberschreitend - across the
national borders
Greuelpropaganda - atrocity
propaganda
grobe Skizze - rough sketch
Groschenzeitung - penny press
Großbürgertum - grand bourgeoisie
Größe - quantity, size
große bzw. kleine Anfrage -
interpellation (major resp. minor)
Große Koalition - Grand Coalition
große Mehrheit - large majority
große Menge - chunk
Größenordnung - magnitude
Größenwahn - delusion de grandeur,
megalomania
großes Geschworenengericht - grand
jury
Großfamilie - grand family
Großgrundbesitzer - squire
Großgruppenunterricht - teaching large
groups
Großmacht - great power
Großstadt - city
Großstadtentwicklung - metropolitan
development

Großtheorie - macrotheory
Grund - cause
Grundangst - basic anxiety
Grundausbildungslehrgänge - basic
training courses
Grundbedingung - postulate
Grundbedürfnisse - bare necessities,
basic needs
Grundbegriff - subject
Grundbesitz - land tenure, tenure
Grundeigentum - landed estate
Grundeigentümer - landlord
Grundelement - elementary element
Gründerväter - founding fathers
Grundfähigkeiten - basic skills
Grundfreiheiten - basic liberties,
fundamental freedoms
Grundgedanke - key note, root idea
Grundgesamtheit - population, universe
Grundgesamtheit für die Ziehung -
sampled population
Grundgesetz - Basic Law, constitution
Grundherrschaft - landlordship
Grundidee - basic idea
Grundlage - foundation, groundwork
Grundlagenforschung - basic research
Grundlagenkrise - foundational crisis
gründlich - thorough
Gründlichkeit - throughness
Grundmaßstab - unit
Grundordnung - constitution
Grundorientierungen - basic
orientations
Grundproblem - basic problem,
fundamental issue
Grundrechte - basic rights, fundamental
rights
Grundsatz der Verhältnismäßigkeit -
principle of reasonableness
Grundsatzdiskussion - discussion of
general principles
Grundsatzentscheidung - fundamental
decision
Grundsatzerklärung - platform
grundsätzlicher Zuweisungsfehler -
fundamental attribution error
Grundschulausbildung - elementary
education
Grundschulbildung - primary education
Grundschule - primary school
Grundsteuer - land tax
Grundstimmung - basic mood
Grundstoffindustrie - basic industry

Grundstruktur - constitution
Grundüberzeugung - basic belief
Grund- und Leistungskurse - basic and
extension courses
Gründung - foundation
Grundversorgung - basic supply
Grundvoraussetzung - basic
requirement
Grundwert - base value
Grundwiderspruch - fundamental
contradiction
Grüne *pol.* - Greens
Grüne Revolution - green revolution
Gruppe - group
Gruppe mit direktem Kontakt - direct
contact group
Gruppenabsolutismus - group
absolutism
Gruppenarbeit - group centred
instruction, group work, team work
Gruppenautorität - collective authority
Gruppenbefragung - group interviewing
Gruppenbildung - group formation
Gruppendenken - groupthink
Gruppendiskussion - group interview
Gruppendruck - group pressure
Gruppendynamik - group dynamics
Gruppeneffekt - group effect
Gruppeneinstellung - group attitude
Gruppenentscheidung - group decision,
group density
Gruppenerwartung - group expectation
Gruppenexperiment - group experiment
Gruppengefühl - group feeling
Gruppengeist - group mind, team spirit
Gruppengröße - group size
Gruppenheirat - group marriage
Gruppenhomogenität - group
homogenity
Gruppenidentität - group identity
Gruppenideologie - group ideology
Gruppenintegration - group integration
Gruppeninteraktion - group interaction
Gruppenkohäsion - group cohesiveness
Gruppenkonflikt - group conflict
Gruppenkultur - group culture
Gruppenmoral - group morale
Gruppennorm - group norm

Gruppenpädagogik - social group work
Gruppenpolarisierung - group
polarization
Gruppenprofil - group profile
Gruppenprozeß - group process
Gruppenprozeßanalyse - interaction
analysis
Gruppenpsychologie - group psychology
Gruppensolidarität - group solidarity
Gruppenstruktur - group structure
Gruppensynergie - group synergy
Gruppentest - group test
Gruppentheorie - group theory
Gruppentherapie - group therapy
Gruppenunterricht - group teaching,
teaching of groups, team teaching
Gruppenverhalten - group behavior
Gruppenziel - group goal
Gruppenzusammenhalt - group
cohesiveness
Gruppenzwang - group pressure
Gruppieren - grouping
Gruppierung - alignment, grouping
Guerilla - guerilla
Guerillakrieg - guerilla warfare
gültige Hypothese - valid hypothesis
Gültigkeit - validity
Gültigkeitsüberprüfung - validation
Günstlingswirtschaft - favoritism,
nepotism
Gut - estate
Gutachter - judge
Güte einer Schätzung - closeness in
estimation
Gütergemeinschaft - community of
property, community property
gut informiert - well-informed
Gutsherr - squire
Gutsherrensystem - manorial economy
Gutsherrenwirtschaft - estate economy
Gutsherrschaft - manoralism,
seignorialism
Gutswirtschaft - estate economy
Gymnasialbildung - grammar school
education *brit.*, high school education
am.
Gymnasium - high school

H

Haager Landkriegsordnung - Hague Convention on the Laws and Customs of War on Land
Habilitation - habilitation
Habituation - habituation
Habitus - habit
Halbbildung - semi-literacy, superficial knowledge
halbsouveräner Staat - semi-sovereign state
Halbtagsschule - half-day school
Halbwahrheit - half-truth
Halluzination - hallucination
Halo-Effekt - halo effect
Haltlosigkeit - unsteadiness
Haltung - attitude, stance
Haltungskonditionierung - attitude conditioning
Hammelsprung - vote by division
Handarbeiten - needle work
Handbuch - handbook
Handel - commerce, trade, trading
Handeln - practice, praxis
Handelsabkommen - commercial treaty
Handelsblockade - trade barrier
Handelsblöcke - trade blocks
Handelsembargo - trade embargo
Handelsnation - trading nation
Handelspolitik - commercial policy
Handelsstaat - trading state
Handelsverkehr - trade
Handelszentrum - commercial city
Handlanger - rubber stamp, stooge
Handlung - action
Handlungsablauf - plot
Handlungsbedarf - call for action
Handlungsbedeutung - action meaning
Handlungsbereitschaft - action readiness
handlungsfähig - functioning, working
Handlungsfähigkeit - action ability
Handlungsgrundlage - foundation of action
handlungsleitend - action guiding
Handlungsmenge - action-set
Handlungsmuster - action pattern
Handlungsorientierung - action orientation

Handlungsperspektive - action perspective
Handlungsspielraum - action space, autonomy, room for maneuver, scope for action
Handlungssystem - action system, system of action
handlungstheoretischer Bezugsrahmen - frame of reference of the theory of action
Handlungstheorie - action theory, theory of action
Handlungsweise - mode of acting, procedure
Handlungszusammenhang - action context, co-related activity, context of action
Handwerk - craft, handicraft
Handwerker - artisan
Handwerkerinnung - craft guild
Hang - propensity
harmonisches Mittel - harmonic mean
harmonische Verteilung - harmonic distribution
harte Daten - hard data
hartnäckig - relentless
Haufen - chunk
Häufigkeit - frequency
Häufigkeitsauszählung - frequency count
Häufigkeitsfunktion - frequency function
Häufigkeitspolygon - frequency polygon
Häufigkeitsstudie - quantile
Häufigkeitstabelle - frequency table
Häufigkeitsvergleich - frequency comparison
Häufigkeitsverteilung - frequency distribution
häufigste Klasse - modal class
Haupt - head
hauptberuflich - regular occupation
Haupteffekt - main effect
Häuptling - chieftain
Hauptlinie - major lineage
Hauptpunkt - main consideration
Hauptschule - secondary modern school
Hauptstadt - capital
Hauptstudie - main study
Hauptziel - key goal
Hausaufgaben - homework
Hauseigentümer - landlord
Haushalt - household

Haushaltsbefragung - household survey
Haushaltsdefizit - budget deficit
Haushaltseinsparungen - budgetary economies
Haushaltsentwurf - budget proposal, draft budget
Haushaltskonsolidierung - budget consolidation
Haushaltskürzung - budget cut
Haushaltsmittel - budget funds, budgetary funds, budgetary means, budgetary resources
Haushaltsplan - budget
Haushaltspolitik - budgetary policy
Haushaltsrecht - budgetary law
Haushaltsreform - budget reform
Haushaltstitel - budget item
Haushalt vorlegen - present the budget
Hauswirtschaftslehre - domestic science
Hauswirtschaftsschule - home economics
Hedonismus - hedonism
hedonistisch - hedonistic
Hegemonie - hegemony
heidnisch - pagan
Heil - salvation
heilen - cure
heile Welt - intact world
heilig - sacred
heiliger Ort - holy
Heiliges - sacred
heilige Stätte - sanctuary
Heiligkeit - sacredness
Heiligtum - holy
Heilpädagogik - remedial education
Heim - home
Heimatkunde - local studies
Heimatlosigkeit - homelessness
Heimatstaat - home country, state of origin
Heimatvertriebener - displaced person
Heimerziehung - residential care
heimische Industrie - domestic industry
heimische Wirtschaft - domestic economy
Heimkehrer - repatriate
Heimkinder - institution children
heimlicher Lehrplan - hidden curriculum
Heimschulen - boarding schools
Heimwerken - do-it-your-self
Heiratsalter - age at marriage
Heiratsmarkt - marriage market
Heiratsverbot - marriage prohibition

heißer Draht - hot line
Heldenkult - hero cult
Heldenverehrung - hero cult
Helotentum - helotism
Hemmnisse - barriers
Hemmung - inhibition
Hemmungslosigkeit - abandon
Heraldik - heraldry
Heranbildung von Gewohnheiten - upgrading
Heranwachsende - rising generation
Heraufstufung - upgrading
Herausforderer - challenger
Herausforderung - challenge
Herausführen aus Sackgassen - impasse procedures
herausgeben - publish
Herde - herd
Herdenhaltung - cattle herding
Herdeninstinkt - gregariousness, herd instinct
Heredität - inheritance
herkömmliche Ausbildung - conventional instruction
Herkunft - source
herleiten - derive
Hermeneutik - hermeneutics
hermeneutischer Zirkel - hermeneutic circle
Heroismus - heroism
Herrenrasse - master race
Herrschaft - control, domination, dominion, rule
Herrschaft einer Volksgruppe - ethnocracy
Herrschaftsanspruch - claim to power
Herrschaftsbedürfnis - desire to dominate
Herrschaftsformen - types of government
Herrschaftskultur - control culture
Herrschaftssoziologie - sociology of domination
Herrschaftssystem - control system
Herrschaftswissen - domination knowledge
herrschende Ideologie - dominant ideology
herrschende Kaste - ruling caste
herrschende Klasse - political class, ruling class

herrschende Meinung - according to
the prevailing view, by the weight of
authority
herrühren - originate
Herstellungsmethode - adjustment
method
Herunterstufung - downgrading
herunterwirtschaften - mismanage, run
down
hervorheben - emphasize, pinpoint,
stress
Heterodoxie - heterodoxy
Heterogamie - heterogamy
Heterogenität - heterogeneity
Heterosexualität - heterosexuality
Heteroskedastizität - heteroscedasticity
Hetzpresse - yellow press
heuchlerisch - hypocritical
Heuristik - heuristics
heuristisch - heuristic
heuristische Annahme - construct,
heuristic assumption
heuristische Hypothese - heuristic
hypothesis
heuristische Repräsentativität -
representativeness heuristic
heuristischer Wert - heuristic value
heuristisches Modell - heuristic model
Hexe - witch
Hexerei - sorcery
Hierarchie - hierarchy
Hierarchiebildung - hierarchization
Hierarchie der
Entscheidungsbefugnisse - line of
command
Hierarchie der Mittel und Ziele -
hierarchy of means and ends
hierarchisches System - hierarchical
system
Hierarchisierung - hierarchization
Hierokratie - hierocracy
Hilfe - aid, assistance
Hilfeleistungs-Motiv - altruistic
motivation, helping behavior
Hilfsleistung - relief
Hilfsmaßnahmen - measures
Hilfsmittel - resource
Hilfsquelle - resource
Hilfswissenschaft - auxiliary science
hinauslaufen - result in
hinausschieben - postpone
Hindernis - hindrance, obstacle
Hinduismus - Hinduism

hinführend - afferent
hinneigen zu - incline to
hinreichend - sufficient
hinreichende Bedingung - sufficient
condition
Hinterbänkler - backbencher
Hinterbliebenenversorgung - provision
for surviving dependants
hinterfragen - question, scrutinize
Hintergrund - background
Hintergrundannahme - background
assumption
Hintergrundvariable - background
variable
Hintergrundwissen - background
knowledge
hinterherhinken - trail behind
Hinterland - hinterland
Hinweis - indication, tip
Hirtenwirtschaft - pastoralism
Histogramm - histogram
Historiographie - historiography
historische Erkenntnis - historical
knowledge
historische Methode - historical method
Historischer Materialismus - historical
materialism
Historische Schule - historical school
Historische Soziologie - historical
sociology
historisch-kritische Ausgabe -
old-spelling critical edition
Historismus - historism
Historizismus - historicism
Historizität - historicity
hochbegabt - highly gifted, talented,
very gifted
Hochkonjunktur - boom, prosperity
hochleistungsmotivierter Mensch -
high achievement motive subject
Hochrechnung - computer forecast,
computer projection, projection
Hochschulabsolvent - graduate am.
Hochschulausbildung - higher education
Hochschulautonomie - academic
autonomy
Hochschuldidaktik - higher educational
didactics, university didactics
Hochschule - university
Hochschulpolitik - policy regarding
university education
Hochschulprüfung - academic
examination

Hochschulreife - university entrance qualifications
Hochschulzugang - access to higher education
höchste Autorität - ultimate authority
höchste Gewalt - supremacy
höchster Wert - ultimate value
Höchstgrenze - upper limit
höchstrichterliche Entscheidung - decision by the supreme court
Höchstwert - maximum
Hochtechnologie - high technology
Hochverrat - high treason
Hochzeit - marriage
hohe Auflage - wide circulation
hoheitliche Gewalt ausüben - exercise jurisdiction
Hoheitsakt - act of state
Hoheitsgebiet - territorial domain
Hoheitsgewalt - sovereign power, sovereignty
Hoheitszeichen - national emblem, sovereign emblem
Höhepunkt - climax
höhere Ausbildung - higher education
höhere Gewalt - act of God, vis major
höherer Dienst - higher service
Hoher Flüchtlingskommissar der Vereinten Nationen - United Nations High Commissioner for Refugees (UNHCR)
Holismus - holism
holistisches Denken - holistic thinking
Homogamie - homogamy
Homogenität - homogeneity
Homogenitätstest - homogeneity test, test of homogeneity
homolog - homologous
Homologie - homology
homologische Aussage - homological proposition
Homöostase - homeostasis
homöostatisches Modell - homeostatic model
Homosexualität - homosexuality
Homoskadistizität - homoscadasticy
Honoratioren - local dignitaries, persons of standing
Honoratiorenpartei - party of notables
Horde - band
Hörerschaft - audience
Hörfunk - radio
Hörfunktechnik - radio engineering

Horizont - horizon, scope
horizontal - lateral
horizontale Gewaltenteilung - horizontal division of power
Hörspiel - play
Hort - day care center
Hospitalismus - hospitalism
Hospitation - sitting in on a class
Humanentwicklungs-Index - Human Development Index
Humangenetik - human genetics
Humanisierung der Arbeit - humanization of work, work humanization
Humanismus - humanism
humanistische Bildung - humanistic education, humanities
humanitäre Hilfe - humanitarian aid
Humanität - humanity
Humankapital - human capital
Humanökologie - human ecology, social ecology
Hurrapatriotismus - jingoism
hybrid - hybrid
Hybride - hybrid
hydraulischer Despotismus - hydraulic despotism
hydraulische Zivilisation - hydraulic civilization
Hygiene - hygiene
Hyperaktivität - hyper activity
hypergeometrische Verteilung - hypergeometric distribution
Hypermoral - hypermorality
Hypnose - hypnosis
hypnotische Suggestion - hypnosuggestion
Hypostase - hypostasis
Hypostasierung - hypostatization
Hypothese - hypothesis, proposition, thesis
Hypothese der konzentrischen Kreise - concentric circle hypothesis
Hypothesenbildung - hypothesize
Hypothesenprüfung - hypothesis testing, testing hypotheses, test of significance
hypothetisch-deduktive Methode - hypothetic-deductive method
hypothetisch-deduktive Theorie - hypothetic-deductive theory
hypothetisches Konstrukt - construct
Hysterie - hysteria

I

Ich-Beteiligung - ego-involvement
ichbezogen - egotic
Ich-Ideal - ego-ideal
Ichkontrolle - ego control
Ich-Psychologie - ego psychology
Ichverhaftetheit - attachment to the ego
Ideal - ideal
Idealbild - ideal ego
ideale Beobachter - ideal observer
ideale Kommunikationsgemeinschaft - ideal communication community
ideale Sprechsituation - ideal speech situation
Idealfaktor - ideal factor
Idealisierung - idealization
Idealismus - idealism
Ideallösung - ideal solution
Idealstaat - utopia
Idealstruktur - ideal structure
idealtypisch - ideal-typical, ideally
Idealtypus - ideal type
Idealzustand - ideal state of affairs
Ideation - ideation
Ideationalismus - ideationalism
Idee - idea
Ideenarmut - lack of ideas
Ideenassoziation - association of ideas
Ideengebäude - edifice of ideas
Ideengeschichte - history of ideas
ideengeschichtlich - concerning the history of ideas
Ideenlehre - doctrine of forms
Ideenreichtum - fantasy, inventiveness, wealth of ideas
ideierende Abstraktion - ideation
Identifikation - identification
Identifizierbarkeit - identifiability
identifizieren - identify
Identifizierung - identification
Identität - identify, proprium, sameness
Identitätsbildung - formation of identity
Identitätsdiffussion - identity diffusion
Identitätskrise - identity crisis
Identitätsverlust - less of identity, loss of identity
ideographisch - ideographical
Ideologie - ideology

Ideologiekritik - critique of ideology
ideologiekritisch - ideologically critical
ideologische Distanz - ideological distance
Ideomotorik - Carpenter Effect
idiographisch - idiographic
idiographische Methode - idiographic method
Idiosynkrasie - idiosyncrasy
Idol - Idol
ignorieren - ignore
Ikonographie - iconography
illegal - illegal
illegitim - illegitimate
Illegitimität - illegitimacy
illiberale Demokratie - illiberal democracy
Illiberalität - illiberality
Illusion - illusion
Illustration - illustration
illustriert - illustrated
Illustrierte - magazine
Image - image
Imageforschung - image research
Imagegewinn - image gain
Imagepflege - image building
Imagination - fantasy, imagination
Imago - imago
im Amt verbleiben - continue in office
Imitationsfähigkeit - imitativeness
Imitationslernen - imitative learning, modeling
imitieren - imitate
immanent - immanent
immanente Interpretation - immanent interpretation
immateriell - intangible
Immatrikulation - enrolment
Immigrant - immigrant
Immigration - immigration
Immobilismus - immobility
Immunisierung - immunization
Immunisierungsstrategie - strategy of immunization
Immunität - immunity
Immunität genießen - enjoy immunity
Immunitätsrecht - right of immunity
Imperativ - imperative
imperatives Mandat - binding mandate, imperative mandate
imperiale Präsidentschaft - imperial presidency
Imperialismus - imperialism

Imperialismustheorie - theory of
imperialism
Implementation - implementation
Implementationsforschung -
implementation research
Implikation - implication
implizierte Annahme - implicit
assumption, unstated assumption
implizierte Persönlichkeitstheorie -
implicit personality theory
implizit - implicit
implizite Befugnisse - implied powers
am.
implizites Gedächtnis - implicit memory
implizites Wissen - tacit knowledge
Implosion - implosion
Imponiergehabe - display behavior,
display pattern
Import - import
Impressum - masthead
Improvisation - improvisation
Impuls - impulse
Impulshandlung - impulsive act
Impulskontrolle - impulse control
im Ruhestand - retired
im Selbstverlag - published by the
author
Im-Vordergrundsein - foregrounding
im Zweifelsfall - in case of doubt
Inanspruchnahme - demands, utilization
Inbesitznahme (gewaltsame) - seizure
Indemnität - indemnity
in den Ruhestand treten - retire
Indeterminismus - indeterminism
Index - index
Indexbildung - formation of indexes
(indices), indexing
Indexfunktion - index function
Indexierung - indexing
Indexlohn - index-linked wage
Indexziffer - index number
Indifferenz - indifference
Indikation - indication
Indikator - indicator index, indicator
Indikatorfunktion - indicator function
indirekte Beeinflussung - black
propaganda
indirekte Frage - indirect question
indirekte Skalierung - indirect scaling
indirekte Steuer - indirect tax
indirekte Steuern - excise
indirekte Wahl - indirect election,
indirect voting

indiskutabel - not worth considering,
out of court
Individualforschung - single-subject
research
Individualisierung - individualization
Individualismus - individualism
individualistischer Fehlschluß -
individualistic fallacy, individually fallacy
Individualität - individuality, selfhood
Individualpsychologie - individual
psychology
Individualrechte - individual rights
Individualtherapie - individual therapy
Individuation - individuation
individuell - individual
individuell bestimmte Faktoren -
dispositional factors
individuelle Bedürfnisse - private wants
individuelle Eigenart - selfhood
individuelle Einstellung - individual
attitude
individuelle Haltung - individual
attitude
individueller Nutzen - subjective utility
individuelles Verhalten - individual
behavior
indoktrinieren - indoctrinate
Indoktrinierung - indoctrination
Induktion - induction
Induktion auf der Grundlage einer
Stichprobe - incomplete induction
Induktionsprinzip - principle of
induction
induktive Erklärung - inductive
explanation
induktive Methode - inductive method
induktives Modell - inductive model
induktives Schlußfolgern - inductive
inferencing
induktive Statistik - inferential statistics
induktivistisch - inductivistic
induktiv statistische Beweisführung -
inductive-statistical explanation
industrialisieren - industrialize
Industrialisierung - industrialization
Industrie - industry
Industriearbeiter - blue collar worker
Industriegesellschaft - industrial society
Industriegewerkschaft - industrial trade
union
industriell - industrial
industrielle Beziehungen - industrial
relations

industrielle Demokratie - industrial democracy
industrielle Entwicklung - industrial development
Industrieller - manufacturer
industrielle Revolution - industrial revolution
Industriepolitik - industrial policy
Industriesoziologie - industrial sociology, plant sociology
Industriestaat - industrial state, industrialized country
Industriestandort - industrial location
Industrie- und Handelskammer - Chamber of Industry and Commerce
induzierte Bewegung - induced movement
ineffizient - inefficient
Ineffizienz - inefficiency
Infantilismus - infantilism
Inferenz - inference
Inferenzstatistik - inferential statistics
Inferiorität - inferiority
Infiltration - infiltration
infinit - infinite
Infinitesimalrechnung - calculus
Inflation - inflation
inflationär - inflationary
Inflationsausgleich - inflation relief
Inflationsbekämpfung - combat inflation
inflationsbereinigt - inflation adjusted
informale Bildung - informal education
informale Gruppe - informal group
informale Kommunikation - informal communication
informale Organisation - informal organization
Informant - respondent
Information - information
Informationsaustausch - exchange of information
Informationsbeschaffung - information procurement
Informationsdienst - informational service
Informationsfluß - flow of information, information flow
Informationsflut - informational explosion
Informationsfreiheit - freedom of information

Informationsgehalt - informational content
Informationsgesellschaft - informed society
Informationskanal - information channel
Informationslücke - information gap
Informationsmaterial - informative material
Informationsnetz - information network
Informationspolitik - information policy
Informationsprogramm - informational program
Informationsprozeß - information process
Informationspsychologie - information psychology
Informationsquelle - information source, source of information
Informationsrecht - right to obtain information
Informationsselekteur - gatekeeper
Informationsspeicherung - information storage
Informationssystem - information system
Informationstechnik - information technology
Informationstheorie - information theory
Informationsträger - data medium
Informationsübermittlung - information transmission
Informationsübertragung - information transfer
Informationsveranstaltung - information meeting
Informationsverarbeitung - information processing
Informationsverarbeitungs-Ansatz - information-processing approach
Informationsverarbeitung von oben nach unten - top-down processing
Informationsverarbeitung von unten nach oben - bottom-up processing
Informationsverbreitung - information dissemination
Informationswert - information value
Informationswissenschaft - information science
Informationszeitalter - information age
informelle Beziehungen - informal relations
informelle Gruppe - informal group

273

informelle Macht - informal power
informeller Führer - informal leader
informelles Gespräch - informal
conversation
Informtionsgesellschaft - information
society
Infrastruktur - infrastructure
Infrastrukturpolitik - infrastructure
policy
Ingratiation - ingratiation
In-Gruppe - in-group
Inhalt - content
inhaltlich - in content
inhaltlich (den Text betreffend) -
textual
Inhaltsanalyse - assertions analysis,
content analysis, designation analysis
Inhaltslosigkeit - lack of content
Inhaltsübersicht - summary
Inhaltsvalidität - content validity,
validity of content
Inhaltsvektor - concept vector
inhärenter Konflikt - inherent conflict
inhomogene Streuung -
heteroscedasticity
Initiation - initiation
Initiationsritual - initiation ritual
Initiationsritus - initiation rite, rite of
initiation
Initiative - initiative, popular initiative
Initiative ergreifen - take the initiative
Initiator - initiator
Inklusion - inclusion
Inkohärenz - incoherence
inkommensurabel - incommensurable
Inkompatibilität - incompatibility
Inkompetenz - incompetence
Inkongruenz - incongruity
Inkongruität - incongruity
inkonsistent - inconsistent
Inkonsistenz - inconsistency
Inkrafttreten - coming into effect,
taking into effect
Inkrement - increment
inkrementelles Lernen - incremental
learning
Inkrementialismus - incrementialism
Inlandspresse - domestic press
innengeleitete Gesellschaft -
inner-direct society
innengeleitete Persönlichkeit -
inner-directed man

innengelenkte Gesellschaft -
inner-direct society
innengelenkte Persönlichkeit -
inner-directed man
Innenleitung - inner-directedness
Innenlenkung - inner-directedness
Innenpolitik - domestic policy, internal
policy
innere Angelegenheiten - domestic
affairs
innere Bedingung - internal condition
innere Hemmung - internal inhibition
innere Ordnung - internal order
innerer Kontrolle - internal control
innerer Widerspruch - inconsistency
inneres Handeln - deep acting
innere Sicherheit - internal security
innereuropäischer Handel -
intra-European trade
innergesellschaftlicher Konflikt -
intrasocietal conflict
innerlich - intrinsic
innerparteilich - inner-party, intraparty,
within the party
innerparteiliche Demokratie - inner
party democracy
inner Rollenkonflikt - intrarole
innerschulische Lehrerbildung -
in-service teacher education
innerstaatlich - internal
innerstaatliche Gerichtsbarkeit -
national jurisdiction
innewohnend - inherent
innewohnende Verzerrung - inherent
bias
Innovation - innovation
Innovationsdruck - pressure to innovate
Innovationspotential - innovation
capability
Innovationsprozeß - innovation process
Innung - corporation, guild
inoffiziell - off the record, unofficial
Inokulation - inoculation
in Ordnung bringen - sort out
Input - input
Input-Output-Analyse - input-output
analysis
Input-Output-Modell -
input-output-model
Insassenkultur - inmate culture
Insinuation - insinuation
instabil - unstable
Instabilität - instability

installieren - install
Instanz - agency, authority, instance
Instanzenweg - stages of appeal
Instanz sozialer Kontrolle - agency of social control
Instinkt - instinct
Instinkthandlung - instinctive act
Instinkttheorie - instinct theory, instinctual drive theory
Instinktverhalten - instinctive behavior
Institution - institution, organ
institutionalisierter Konflikt - institutionalized conflict
institutionalisiertes Verhaltensmuster - institutional pattern
Institutionalisierung - institutionalization
Institutionalismus - institutionalism
institutionelle Familie - institutional family
institutionelle Macht - institutional power
institutionelle Norm - institutional norm
institutionelles Verhalten - institutional behavior
institutionelles Verhaltensmuster - institutional pattern
institutionelle Voraussetzungen - institutional prerequisites
Institutionentheorie - theory of institution
Instruktion - briefing
Instrument - instrument
Instrumentalismus - instrumentalism
Instrumentalität - instrumentality
instrumentelle Aktualisierung - instrumental adapting
instrumentelle Führung - instrumental leadership
instrumentelle Handlung - instrumental action
instrumentelles Verhalten - instrumental behavior
instrumentelle Vernunft - instrumental reason
Instrumentierung - instrumentation
Insuffizienz - insufficience
Insurrektion - insurrection
inszenieren - stage
integraler Nationalismus - integral nationalism
Integralismus - integralism

Integration - integration
Integration der Persönlichkeit - integration of personality
Integration durch Konsens - consensual integration
Integrationselite - integrative elite
Integrationsfähigkeit - integration ability
Integrationsfunktion - integrative function
Integrationshandeln - integrative action
Integrationsprozeß - integration process, process of integration
Integration zusammengesetzter Gruppen - compound-group integration
integrative Funktion - integrative function
integratives Handeln - integrative action
Integrität - integrity
Intellektualisierung - intellectualization
Intellektualismus - intellectualism
intellektuell - intellectual
intellektuelle Entwicklung - intellectual development
Intellektueller - intellectual
Intelligenz - intelligence, mind
Intelligenz (als soziale Schicht) - intelligentsia
Intelligenzalter - mental age
Intelligenzmessung - intelligence measurement
Intelligenzquotient - intelligence quotient
Intelligenztest - intelligence test, mental test
Intendant - director
Intensität - intensity
Intensivbefragung - intensive interview
intensive Auswahl - intensive sampling
Intensivierung - intensification
Intensivinterview - free-response interview
Intensivkurs - crash course
intentionales Lernen - intentional learning
interagieren - interact
Interaktiogramm - interactiogram
Interaktion - interaction
Interaktionalismus - interactionism
Interaktionismus - interactionism
Interaktionsanalyse - interaction analysis

Interaktionseffekt - effect of interaction
Interaktionsritual - interaction ritual
Interaktionszusammenhänge -
interaction relationships
Interdependenz - interdependence
interdisziplinär - cross-disciplinary
Interesse - interest
Interessenabwägung - weighing of
interests
Interessenaggregation - interest
aggregation
Interessenartikulation - interest
articulation
Interessenausgleich - accommodation
of conflicting interests, balancing of
interests, reconciliation of interests
Interessengegensatz - divergence of
interest
Interessengemeinschaft - community of
interest, corporation
Interessengruppe - interest group,
lobby, pressure group
Interessenjurisprudenz - jurisprudence
of interests
Interessenkreis - communality
Interessenpartei - interest party
Interessenpolitik - interest politics,
pressure politics
Interessensgebiet - field of interest
Interessenskonflikt - clash of interest,
conflict of interest, interference
Interessensmessung - interests
measurement
Interessenssphäre - sphere of interest
Interessentests - interest inventories
Interessenverband - interest group,
pressure group
Interessenvermittlung - interest
mediation
Interessenvertretung - executive branch
lobbying
Interferenz - interference
Interfunktionalität - interfunctionality
intergouvernementale Beziehungen -
intergovernmental relations
Interimslösung - interim solution
Interimsregierung - temporary
government
Interiorisation - internalization
interkonfessionell - interdenominational
interkontinental - intercontinental
Interkontinentalrakete -
Intercontinental ballistic missile

Interkorrelation - intercorrelation
interkulturell - cross-cultural
intermediäre Gruppe - intermediary
group
intermittierender Einflußfaktor -
intermittent qualifier
intermittierende Variable - intermittent
qualifier
intermittierende Verstärkung -
intermittent reinforcement
intermodale Interferenz - intermodale
interference
internalisierte Rolle - internalized role
Internalisierung - internalization
Internat - boarding school, public school
international - cross-national,
international
internationale Anerkennung -
international acclaim
Internationale Arbeitsorganisation -
International Labor Organization (ILO)
internationale Beziehungen -
international relations
**Internationale
Nichtregierungsorganisationen** -
International Non-Governmental
Organizations (INGO)
internationale Organisation -
international organization
internationale Politik - international
politics
**Internationale
Regierungsorganisationen** -
International Governmental
Organizations (IGO)
internationale Regime - international
regimes
Internationaler Gerichtshof -
International Court of Justice
internationales Ansehen - international
standing
internationales Ansehen genießen -
enjoy an international reputation
Internationales Arbeitsamt -
International Labour Office
internationale Schiedsgerichtsbarkeit -
international arbitration
internationales Recht - international
law
internationales Regime - international
regime
internationales System - international
system

Internationalisierung - internationalization
Internationalismus - internationalism
international vergleichende Forschung - cross-cultural research
interne Konsistenz - internal consistency
interner Konflikt - communal conflict, internal conflict
interparlamentarisch - interparliamentary
Interpellation - interpellation (major resp. minor)
Interpenetration - interpenetration
interpersonaler Einfluß - interpersonal influence
interpersonelle Kompetenz - interpersonal competence
Interpolation - interpolation
interpolieren - interpolate
Interpretation - interpretation
Interpretationsschema - interpretative scheme
interpretative Hermeneutik - interpretative hermeneutics
interpretative Sozialwissenschaft - interpretative social science
interpretatives Paradigma - interpretative paradigm
interpretieren - interpret
interpretierende Soziologie - interpretive sociology
intersubjektive Anerkennung von Geltungsansprüchen - intersubjective recognition of validity claims
intersubjektive Überprüfbarkeit - intersubjective testability
Intersubjektivität - intersubjectivity
Intertextualität - intertextuality
Intervall - interval
Intervallschätzung - interval estimation
Intervallskala - interval scale
intervenieren - interfere, intervene
intervenierende Variable - intervening factor, intervening variable
intervenierende Zufallsgröße - intervening variable
Intervention - intervention
interventionistische Wirtschaftspolitik - hands-on economic policy, interventiomnist economic policy
interventorische Erziehungsforschung - interventive educational research

Interview - interview
Interviewer-Befragten-Interaktion - interviewer-respondent interaction
Interviewer-Effekt - interviewer bias
Interviewereinfluß - interviewer effect
Interviewerfragebogen - interview schedule
Interviewerkontrolle - interviewer supervision, supervision of interviewers
Interviewgruppe - focus group
Interview mit Gedächtnisstütze - aided recall interview
Intimgruppe - intimate group
Intimität - intimacy
Intimsphäre - intimate sphere, privacy
Intoleranz - intolerance
Intoleranz gegen Mehrdeutigkeit - intolerance of ambiguity
Intrakultur - intracultural
intrakulturell - intracultural
Intransparenz - intransparency
Intra-Rollenkonflikt - intrarole
intraspezifische Aggression - intraspecific aggression
Intraversion - introversion
Intrigen - intrigues
intrinsische Gratifikation - intrinsic gratification
intrinsische Motivation - intrinsic motivation
Introjektion - introjection
Introspektion - introspection, self-monitoring
introvertiert - introvert
introvertierte Persönlichkeit - introvert
Introvertiertheit - introversion
Intuition - intuition
Intuitionismus - intuitionism
in Übereinstimmung mit - in accordance with, in line with
Invalidität - invalidity
invariant - invariant
invariantes Maß - invariant measure
Invarianz - invariance
Invasion - invasion
in Verbindung mit - in conjunction with
in Verhandlungen eintreten - enter into negotiations
invers - inverse
inverse Funktion - inverse function
Inversion - inversion
investieren - invest

Investition - capital expenditure, investment
Investitionsanreiz - incentive to invest
Investitionsbelebung - investment upturn, pickup in capital spending
Investitionsgüter - investment goods
Investitionsklima - investment climate
Investitionslenkung - investment steering
Investor - investor
Involution - involution
Inzest - incest
Inzest-Tabu - incest taboo
inzidentelles Lernen - incidental learning
Inzucht - inbreeding
irrationales Verhalten - irrational behavior
Irrationalität - irrationality
Irredentismus - irredentism
irreführen - deceive, mislead
irreführende Angaben - misleading statements
irreführende Frage - sleeper question
irreführende Praktiken - deceptive practices
Irreführung - deception
Irresein - insanity

Irritabilität - irritability
Irrtum - error
Irrtumsbeseitigung - error elimination
islamisch - Islamic
Isolation - isolation
Isolationismus - isolationism
isolieren - insulate
isoliert - segregate, separate
isolierte Person - isolate
Isolierung - isolation
Isomorphie - isomorphism
Issue-Kompetenz - issue competence
Issue-Orientierung - issue orientation
Issue-Wahlverhalten - issue voting
Istwert - actual figure
Istzeit - real time
Item - item
Itemanalyse - item analysis
Item-Charakteristik - item characteristic
Itemgewichtung - item weighting
Itemgültigkeit - item validity
Itemparameter - item parameter
Itemschwierigkeit - item difficulty
Itemselektion - item selection
Itemvalidität - item validity
Iteration - iteration, run

J

Jagen und Sammeln - hunting and gathering
Jäger- und Sammlergesellschaft - hunting and gathering society
Jahreswirtschaftsbericht - annual economic report
Jahrgang - year
Ja-Nein-Frage - alternative question
Jargon - jargon, slang
Ja-Sager - yea-sayer
Jingoismus - jingoism
Job - job
Journalismus - journalism
Journalist - journalist, publicist
Judaismus - Judaism
Judentum - Jewish people, Jewry
Judikative - judicial branch of government
jüdisch - Jewish
Jugend - adolescence, youth
Jugendalter - youth
Jugendamt - youth welfare office
Jugendarbeit - youth work
Jugendarbeitslosigkeit - entry unemployment, youth unemployment
Jugendbewegung - youth movement

jugendgefährdend - harmful (to youth)
Jugendgericht - juvenile court
Jugendhilfe - child and youth welfare, public assistance to young people
Jugendkriminalität - juvenile delinquency
Jugendkultur - youth culture
Jugendleiter - voluntary youth leader
Jugendpsychologie - adolescent psychology, psychology of adolescence
Jugendrecht - youth legislation
Jugendstrafe - committal order
Jugendsubkultur - adolescent subculture
Jugendverbände - youth organizations
Jugendzeitschrift - teenager magazine
Jungfernrede - maiden speech
Jungwähler - young voter
Junktim - linking, nexus, package deal, tandem measure
Junta - junta
Jurisdiktion - jurisdiction
Jurisprudenz - jurisprudence
Jurist - lawyer
juristische Person - body politic
Jury - jury
Justizapparat - machinery of justice
Justizgewalt - judiciary
Justizminister - justice minister
Justizverwaltung - judical administration

K

Kabbala - cabal
Kabel - cable
Kabelanschluß - cable connection
Kabelfernsehen - cable TV
Kabel-TV-Kanal - cable TV channel
Kabinett - cabinet
Kabinettsbildung - formation of the cabinet
Kabinettsdiktatur - cabinet dictatorship
Kabinettsmitglied - cabinet member
Kabinettsregierung - cabinet government
Kabinettssitzung - cabinet meeting
Kabinettsumbildung - cabinet reshuffle
Kabinettsvorlage - cabinet bill
Kabinett tritt zusammen - cabinet meets
Kader - cadre, political cadre
Kadereinheit - cadre
Kaderorganisation - cadre
Kalender - calendar
Kalter Krieg - cold war
Kamarilla - camarilla
Kammer - chamber
Kampf - battle, struggle
Kanal - channel
Kanalisation - canalization
Kanalkapazität - channel capacity
Kandidat - candidate, nominee
Kandidatenliste - list of candidates, ticket
Kandidatur - candidature
Kann-Bestimmung - optional provision
Kannibalismus - cannibalism
Kannvorschrift - discretion clause
Kanon - canon
kanonische Korrelation - canonical correlation
kanonisches Recht - canon law
Kanonisierung - canonization
Kanton - canton
Kanzler - chancellor
Kanzlerbonus - advantage enjoyed by the chancellor in office
Kanzlerdemokratie - chancellor democracy
Kanzlerkandidat - candidate for the chancellorship

Kapazität - capability, capacity
Kapital - capital
Kapitalismus - capitalism
Kapitalist - capitalist
kapitalistisch - capitalist, capitalistic
kapitalistische Gesellschaft - capitalist society
kapitalistisches Wirtschaftssystem - capitalist economy
Kapitalverbrechen - capital crime
Kapitulation - capitulation, surrender
Kardinalskala - interval scale
Karikatur - caricature, cartoon
karitativ - charitable
Karriere - career
Karrierebeamter - career executive
Karriereberatung - career counseling
Karriereentwicklung - career development
Karriereknick - career-limiter
Karriereleiter - career ladder, promotion ladder
Karriere machen - make a career, make one's career
Karrieremuster - career pattern
Karriereplanung - career planning
Karrieresystem - career system
Karrierewahl - career choice
Karte - map
Kartell - cartel, pool
Kartellamt - Federal Cartel Office
Kartellpolitik - cartelising policy
Kartellrecht - antitrust law
Kartenspiel - set Menge
Kartogramm - cartogram
Kaschierung - masking
Kaste - caste
Kastengesellschaft - caste society
Kastenhierarchie - caste hierarchy
Kastenkultur - caste culture
Kastensystem - caste system
Kastrationsangst - castration anxiety
Kastrismus - Castroism
Kasuistik - casuistry
Katalysator - catalytic convertor
Katastrophe - catastrophe, disaster
Katastrophentheorie - catastrophe theory
Katathymie - catathymia
katatoner Typ - catatonic type
katatones Verhalten - catatonic behavior
Kategorie - category

Kategorienschema - category system
Kategorienurteil - categorical judgment
kategorisch - categoric
kategorischer Imperativ - categorical
imperative
Kategorisierung - categorization
Katharsis - catharsis, purification
kathartische Methode - cathartic
method
Kathedersozialismus - professorial
socialism
Katholische Soziallehre - Roman
Catholic social doctrine
Katholizismus - Catholicism, Roman
Catholicism
Katholizität - catholicity
Kauderwelsch - jargon, pidgin
Kaufkraft - buying power, purchasing
power
Käuflichkeit - venality
kausal - causal
Kausalanalyse - causal analysis
Kausalbeziehung - causal relationship
Kausalerklärung - causal explanation
kausaler Trugschluß - causal fallacy
kausale Schlußfolgerung - causal
inference
Kausalfaktor - causal factor
Kausalhypothese - causal hypothesis
Kausalität - causality
Kausalkette - causal chain
Kausalmodell - causal model
Kausalnexus - causal connection,
causation
Kausalsystem - causal system
Kausalzusammenhang - causation,
chain of causation
Kenntnis - acquaintance, acquirement,
attainments
Kenntnisse - knowledge
Kennzeichen - earmark, feature
Kennzeichnung - denotation
Kern - core
Kernbereich - core area
Kernenergie - nuclear energy
Kernfamilie - elementary family
Kerngebiet - core area
Kernkraftbefürworter - pro-nuclear
power activist
Kernkultur - core culture
Kernlehrplan - core curriculum
Kernproblem - focal problem
Kette - chain

Kettenreflex - chain reflex
Kettenziffer - chain relative, link relative
ketzerisch - heretical
Keynesianismus - Keynesianism
Kibbuz - kibbutz
Kinästhesie - kinaesthesis
Kind - child, infant
kindbezogene Rede - child-directed
speech
Kinderablehnung - child neglect
Kinderarbeit - child labor
Kinderdörfer - children's villages
kinderfeindlich sein - hate children
Kinderfürsorge - child care
Kinderfürsprache - child advocacy
Kindergarten - nursery school
Kindergeld - child benefit, children's
allowance
Kinderhilfswerk der Vereinten
Nationen - United Nations Children's
Fund (UNICEF)
Kinderkrippe - day nursery
Kinderladen - antiauthoritarian
play-group
Kinderlied - children's song
Kinderlosigkeit - childlessness, infertility
Kinderpsychiatrie - child psychiatry
Kinderpsychologie - child psychology
Kinderschutz - protection of children
Kindersozialisation - child socialization
Kinderspielplätze - children's play
ground
Kindersterblichkeit - infant mortality
Kindertagesstätte - day care
Kinder- und Jugendpsychotherapie -
child and adolescent psychotherapy
Kindesalter - infancy
Kindesmißhandlung - child abuse,
cruelty to children
Kindgemäßheit - child-oriented
Kindheit - childhood, infancy
Kindheitserlebnisse - childhood
experience
kindisch - immature
Kindschaft - filiation
Kindstötung - infanticide
Kirche - church, ecclesia
Kirchenbesuch - church attendance
kirchenfeindlich - anticlerical
Kirchengemeinde - church, parish
Kirchengeschichte - church history
Kirchenkampf - struggle between
church and state

Kirchenlehre - church doctrine
Kirchenpolitik - church policy
Kirchenrecht - canon law, ecclesiastical law
Kirchensoziologie - church sociology
Kirchenspaltung - schism
Kirchensteuer - church tax
Kirchenvertrag - agreement between the (Protestant) church and the State
Kirchgänger - churchgoer
Kirchturmspolitik - parish-pump politics
Kitsch - trash, trumpery
Klan - clan
Klangemeinde - kin community
klären - sort out
klarer Verstand - sense
Klarheit - clarity
Klasse - class, type
Klassenangehöriger - class peer
Klassenantagonismus - class antagonism
Klassenarbeit - written class test
Klassenbewegung - class movement
klassenbewußt - class conscious
Klassenbewußtsein - class consciousness
Klassendiktatur - class dictatorship
Klasseneinteilung - grouping
Klassengesellschaft - class society
Klassenhäufigkeit - class frequency
Klassenidentifizierung - class identification
Klasseninteraktion - class interaction
Klasseninteresse - class interest
Klassen-Intervall - class interval
Klassenjustiz - class justice
Klassenkampf - class struggle, class war
Klassenkonflikt - class conflict
Klassenlehrer - class teacher, form teacher
klassenlos - classless
klassenlose Gesellschaft - classless society
Klassenlosigkeit - classlessness
Klassenmitte - class mid-point
Klassenmoral - class morality
Klassenpartei - class party
Klassenschranke - class barrier
klassenspezifisches Ziel - class-specific goal
Klassenstruktur - class structure
Klassenstrukturhypothese - class-structure hypothesis

Klassensystem - class system
Klassentrennung - class segregation
Klassenunterricht - class teaching
Klassenvorurteil - class bias, class prejudice
Klassifikation - classification
Klassifikationskonzept - classificatory concept
Klassifizierung - classification
Klassifizierungsprinzip - principle of classification
Klassiker (die) - classics (the)
klassisch - tailored, traditional
klassische Konditionierung - classical conditioning
klassische Philologie - classical philology
Klassizismus - classicism
Klatsch - gossip
Klatschspalte - gossip column
Klausel - clause
Klausur - written examen
Klausurtagung - closed conference
Kleidung - clothing
Kleinanzeige - classified advertising
Kleinbürger - petty bourgeois
Kleinbürgertum - petty bourgeoisie
kleine Anfrage - written question
kleine Grundbesitzer - yeomanry
kleine Klassen - small classes
kleine Oppositionsgruppe - faction
kleineres Übel - lesser evil
kleiner Grundbesitzer - yeoman
kleines Dorf - hamlet, small village
Kleingruppe - small group
Kleingruppensoziologie - small group sociology, sociology of small groups
Kleinhändler - petty dealer
Kleinkind - infant
Kleinkindalter - babyhood, infancy
Kleinlandbesitz - smallholding
Kleinstaat - small state
Kleinstaaterei - particularism
kleinster gemeinsamer Nenner - lowest common denominator
Kleinstkindpädagogik - infant pedagogics
Kleinstruktur - microstructure
Klein- und Mittelbetriebe - small- and medium sized enterprises
klerikal - clerical
Klerikalismus - clericalism
Klerus - clergy

Klient - client
Klientel - clientele
Klientelismus - clientelism
Klimakonvention - climate convention
Klimatheorie - climatic determinism
klinisch - clinical
klinische Diagnostik - clinical diagnostics
klinische Methode - clinical method
klinische Psychologie - abnormal psychology, clinical psychology, psychopathology
Klinken putzen - work from door to door, work on the knocker
Kliometrie - cliometrics
Klub - club
Klugheit - cleverness, prudence
Klumpen - cluster
Klumpenauswahl - cluster sample
Klumpenauswahlverfahren - cluster sampling
Klumpenbildung - clustering
Klumpenstichprobe - cluster sample
Klüngel - clique
Klüngelei - refinement
Klustereffekt - cluster effect
knappe Mehrheit - narrow majority
Knappheit - brevity, scarcity, shortage
Knappschaftsverband - miner's union
Knechtschaft - servitude
Koalition - coalition
Koalitionsbildung - formation of a coalition
Koalitionsfreiheit - freedom of association
Koalitionsparteien - coalition parties
Koalitionsrecht - right of association, right of combination
Koalitionsregierung - coalition government
Koalitionstheorie - coalition theory
Ko-Archie - co-archy
Kodierung - coding
Kodifikation - codification
Koedukation - coeducation
Koeffizient - coefficient
Koexistenz - coexistence
Kognition - cognition
Kognitionswissenschaft - cognitive science
kognitiv - cognitive
kognitiv-behaviorale Therapie - cognitive behavior therapy

kognitive Dissonanz - cognitive dissonance
kognitive Einheit - cognitive unit
kognitive Elemente - cognitive elements
kognitive Komplexität - cognitive complexity
kognitive Kontrolle - cognitive control
kognitive Landkarte - cognitive map
kognitive Lernmethode - cognitive theory of learning
kognitive Lernziele - cognitive objectives
kognitive Operationen - cognitive operations
kognitive Prozesse - cognitive processes
kognitiver Modus - cognitive mode
kognitiver Stil - cognitive style
kognitive Sozialisation - cognitive socialization
kognitives Schema - cognitive schemes
kognitives System - cognitive system
kognitive Struktur - cognitive structure
kognitives Urteil - cognitive judgment
kognitives Verhalten - cognitive behavior
kognitive Therapie - cognitive therapy
Kognitivismus - cognitivism
Kohärenz - coherence
Kohärenzfaktoren - coherence factors
Kohärenzkriterium - coherence criterion
Kohärenzprinzip - principle of coherence
Kohäsion - cohesion, cohesiveness
Kohorte - cohort
Kohortenanalyse - cohort analysis
Kohorteneffekt - cohort effect
Koinzidenz - coincidence
Koinzidenzinterview - coincidental interview
Koinzidenzumfrage - coincidental survey technique
Kolchose - kolkhozy
Kollaboration - collaboration
Kolleg - college
Kollege - colleague
Kollegialität - collegiality
Kollegialsystem - collegial system
Kollektiv - collective
Kollektivbewußtsein - collective consciousness
kollektive Agitation - collective agitation
kollektive Entscheidung - public choice, social choice

Kollektiveinstellung - collective attitude
kollektive Mentalität - collective conscience
Kollektivempfinden - collective sentiment
Kollektiventscheidung - collective decision
kollektives Bewußtsein - collective conscience, collective conscious
kollektives Handeln - collective action
kollektive Sicherheit - collective security
kollektives Unbewußtes - collective unconsciousness
Kollektivgedächtnis - collective memory
Kollektivgeist - collective spirit
Kollektivgüter - collective goods
Kollektivierung - collectivization
Kollektivinterview - collective interview
Kollektivismus - collectivism
Kollektivität - collectivity
Kollektivmeinung - collective opinion
Kollektivschuld - collective guilt
Kollektivverhalten - collective behavior
Kollektivverhandlungen - collective bargaining
Kollinearität - collinearity
Kollision - clash, collision
Kolonialismus - colonialism
Kolonie - colony
Kolonisierung - colonization
Kombination - combination
Kombinatorik - combinatorics
Komitee - committee
Kommando - command, staff
Kommandogruppe - command group
Kommandohierarchie - command hierarchy, line of command
Kommentar - commentary
kommentierte Ausgabe - annotated edition
Kommerzialisierung - commercialization
Kommilitone - fellow student
Kommission - board, commission
kommunal - communal
Kommunalabgaben - local taxes, rates
kommunale Aktivitäten - community action
kommunale Dienstleistungen - community service
kommunale Einrichtung - community facility

kommunale Machtstruktur - community power
kommunale Ökologie - community ecology
kommunale Organisation - community organization
kommunaler Grundbesitz - communal tenure
kommunale Selbstverwaltung - local government
Kommunalismus - communalism
Kommunalität - communality
Kommunalpolitik - community politics, local politics
Kommunalverwaltung - community government, local government
Kommune - community, township
Kommunikand - communicand
Kommunikation - communication
Kommunikation durch Schlüsselreiz - cueing
Kommunikationsakt - communication act
Kommunikationsbarriere - communication barrier
Kommunikationsbedürfnis - communication need
Kommunikationsdichte - communication density, density of communication
Kommunikationserfolg - communications effectiveness
Kommunikationsfähigkeit - ability to communicate
Kommunikationsfluß - communication flow, flow of communication
Kommunikationsforschung - communication research
Kommunikationsgenauigkeit - accuracy of communication, communication accuracy
Kommunikationsinhalt - content of communication(s)
Kommunikationsinstrument - instrument of communication
Kommunikationskanal - channel of communication
Kommunikationskette - chain of communication
Kommunikationsmatrix - communication matrix

Kommunikationsmittel - communication medium, means of communication
Kommunikationsmodell - communication model, model of communication
Kommunikationsmuster - communication pattern
Kommunikationsnetz - communication grid, communication network, communications network
Kommunikationsprozeß - communication process
Kommunikationsstörung - communication disturbance, disturbance of communication
Kommunikationsstruktur - communication structure
Kommunikationssystem - communication system, communications system
Kommunikationstheorie - communication theory
Kommunikationswille - desire to communicate
Kommunikationswirkung - communication effect
Kommunikationswissenschaft - communication studies
kommunikativ - communicative
kommunikative Bildungsforschung - communicative educational research
kommunikative Integration - communicative integration
kommunikative Kompetenz - communicative competence
kommunikativer Sprechakt - communicative speech act
kommunikatives Handeln - communicative action
kommunikative Vergesellschaftung - communicative sociation
Kommunikator - communicator
Kommunikatorforschung - communicator research
Kommuniqué - communiqué
Kommunismus - communism
Kommunist - communist
kommunistisch - communist
kommunistischer Mitläufer - fellow traveler
Kommunistisches Manifest - Communist Manifesto

Kommunitarismus - communitarianism
kommunitaristische Philosophie - communitarian philosophy
Kommunizierbarkeit - communicability
Komödie - comedy
Komorbidität - comorbidity
komparative Bezugsgruppe - comparative reference group
komparativer Vorteil - comparative advantage
Kompatibilität - compatibility
Kompensationsabkommen - offsetting agreement
Kompensationsgeschäft - barter transaction
kompensatorisch - compensatory
kompensatorische Erziehung - compensatory education
Kompensierung - compensation
Kompetenz - competence
Kompetenzabgrenzung - delineation of power
kompetenzbezogene Bildung - competency-based education
Kompetenzkompetenz - competence competence
Kompetenzkonflikt - competence conflict, conflict of competence, conflict of jurisdiction, conflict of powers
Kompetenzmindestmaß - minimum competence
Kompetenzstreitigkeiten - clash of power
Kompetenztest - competency testing
Kompetenzüberschreitung - exceeding one's power
Kompetenzübertragung - delegation of authority, transfer of powers
komplementär (ergänzend) - complementary
komplementäre Bildung - complementary education
komplementäres Bedürfnis - complementary need
komplementäres Ereignis - complementary event
Komplementarität - complementarity
Komplex - complex
komplex - complex
komplexe Aussage - complex proposition, complex statement
komplexe Gesellschaft - complex society

komplexe Interdependenz - complex interdependence
komplexe Organisation - complex organization
komplexe Psychologie - complex psychology
komplexer Indikator - complex indicator
komplexes System - complex system
komplexe Theorie - complex theory
Komplexität - complexity
Komplikationsexperiment - complication experiment
Komplott - conspiracy, plot
Komponente - component
Kompromiß - compromise, tradeoff
Kompromißbereitschaft - willingness to compromise
Kompromißformel - compromise formula
Kompromißlosigkeit - intransigance
Kompromißlösung - compromise solution
Kompromißstrategie - compromise strategy
Kompromißvorschlag - compromise proposal
Konditionalität - conditionality
konditioneller Reiz - conditional stimulus
Konditionierbarkeit - conditionability
konditioniert - conditional, conditioned
konditionierte emotionale Reaktion - conditioned emotional response
konditionierte Reaktion - conditional response, conditioned response
konditionierte reaktive Hemmung - conditioned reactive inhibition
konditionierter Reiz - conditioned stimulus
konditionierter Verstärker - conditioned reinforcer
konditionierte Unterdrückung - conditioned suppression
Konditionierung - conditioning
Konditionierungsverzerrung - conditioning bias
Konditionierung von Einstellungen - conditioning of attitudes
Kondominium - condominium
Konferenz - conference, symposion
Konferenzteilnehmer - conference participant

Konferenz über Sicherheit und Zusammenarbeit in Europa (KSZE) - Conference on Security and Cooperation in Europe
konfessionslos - non-denominational
Konfessionspartei - confessional party
Konfessionsschule - confessional school, denominational school
Konfidenz - confidence
Konfidenzbereich - confidence region
Konfidenzgrenze - confidence limit
Konfidenzintervall - confidence interval
Konfidenzkoeffizient - confidence coefficient
Konfiguration - configuration, constellation
konfigurative Analyse - configurative analysis
Konfiskation - confiscation, seizure
Konflikt - conflict, dispute
Konflikt beilegen - settle a dispute
Konfliktforschung - conflict studies
Konfliktgruppe - conflict group
Konfliktherd - focus of conflict, trouble spot
Konfliktlinie - cleavage
Konfliktlösung - conflict resolution
Konfliktmanagement - conflict management, crisis intervention
Konfliktmodell - conflict model
Konfliktpotential - conflict potential
Konfliktsituation - conflict situation
Konfliktsystem - conflict system
Konflikttheorie - conflict theory
Konfliktvermeidung - conflict avoidance
Konfliktverschärfung - escalation of a conflict
Konföderation - confederation, union
konformes Verhalten - conformity behavior
Konformismus - conformism
Konformität - conformity
Konfrontation - confrontation
Konfrontationsstrategie - confrontation strategy
Konglomeration - conglomeration
Kongregationalismus (Lehre von der Selbstverwaltung der Kirche) - congregationalism
Kongreß - congress
Kongruenz - congruity
Kongruität - congruity
Königreich - kingdom

Königswürde - kingship
Königtum - kingship
Konjunkturabschwung - downswing
Konjunkturaufschwung - economic
upswing
Konjunkturaussichten - economic
outlook
Konjunkturberuhigung - easing of
cyclical strains
Konjunktureinbruch - setback in
economic activity
Konjunkturlage - business cycle
situation
Konjunkturprognose - business forecast
Konjunkturrückgang - downward
business trend
Konjunkturschwäche - weakness of
economic activity
Konjunkturschwankung - cyclical
fluctuation, trade cycle
Konjunkturumschwung - turnaround in
economic activity
Konjunkturzyklus - business cycle,
trade cycle
konkludent - conclusive
Konkomitanz (Zusammenvorkommen
von Elementen verschiedener Klassen)
- concomitance
Konkordanz - concordance
Konkordat - concordat
konkret - concrete, definite
konkrete operationale Periode -
concrete operational stage
konkreter Zustand - concreteness
Konkretheit - concreteness
konkretisieren - make concrete
Konkretisierung - concretization
Konkubinat - concubinage
Konkurrent - competitor
Konkurrenz - competition
Konkurrenzdruck - pressure of
competition
Konkurrenzkampf - business struggle
konkurrierende Gesetzgebung -
concurrent legislative powers
konkurrierender Föderalismus -
competitive federalism
Konnektivität - connectivity
Konnotation - connotation
konnotative Bedeutung - connotative
meaning
Konnubium - connubium
Konsens - consensus

Konsensbildungsprozeß - process of
consensus building
Konsensdemokratie - consensus
democracy
Konsensentscheidung - consensual
decision
konsensorientiertes Verhalten -
consensual behavior
Konsensustheorie - consensus theory
Konsequenz - consequence, implication
Konservatismus - conservatism
konservativ - conservative
Konservativer - conservative
konsistent - consistent
konsistente Schätzfunktion - consistent
estimator
Konsistenz - consistency
Konsistenzeffekt - consistency effect
Konsistenzforschung - consistency
research
Konsistenzindex - consistency index
Konsistenzkoeffizient - coefficient of
consistency, consistency coefficient
Konsistenzmodell - fixed-target policy
model
Konsistenzprüfung - consistency
checking
konsolidieren - consolidate
Konsolidierung - consolidation
Konsonanz - consonance
Konstante - constant
konstanter Einflußfaktor - constant
qualifier
konstanter Fehler - constant error
Konstanz - constancy
Konstanzhypothese - constancy
hypothesis
Konstanzmethode - constant method
Konstellation - combination of
circumstances, constellation
Konstituante - constituent assembly
konstituieren - constitute
Konstitution - constitution
Konstitutionalismus - constitutionalism
konstitutionelle Diktatur -
constitutional dictatorship
konstitutionelle Monarchie -
constitutional monarchy
Konstitutionsanalyse - constitution
analysis
Konstitutionstypologie -
somatotypology

konstitutive Bedeutung - constitutive meaning
konstitutiver Prozeß - constitutive process
Konstruktion - construction, design
konstruktives Mißtrauensvotum - constructive vote of no-confidence
Konstruktivismus - constructivism
Konstruktvalidität - construct validity
Konsultation - consultation
Konsum - consumption
Konsument - consumer
Konsumerismus - consumerism, naderism
Konsumforschung - consumer research, consumption research
Konsumgenossenschaft - consumer cooperative
Kontakt - contact, exposure
Kontaktfähigkeit - contact ability
Kontaktperson - contact person
kontaminieren - contaminate
Kontaminierung - contamination
Konterrevolution - counterrevolution
Kontext - context
Kontextanalyse - contextual analysis
kontextbezogenes Wissen - contextual intelligence
Kontextgruppe - contextual group
Kontiguität (zeitliches Zusammentreffen von Reiz und Reaktion) - contiguity
Kontiguitätstheorie - contiguity theory
Kontinenz - continence
Kontingent - allocation, quota
Kontingenz - contingency
Kontingenztabelle - contingency table
kontinuierlicher Prozeß - continuous process
kontinuierliche Zufallsvariable - continuous random variable
Kontinuität - continuity
Kontinuitätsanpassung - correction for continuity
Kontinuitätsmaß - continuity measure
Kontrakt - contract
Kontraktion - contraction
Kontraktualismus - contractualism
Kontrast - contrast
Kontrastgruppenanalyse - tree analysis
Kontrastgruppendiagramm - branch diagram, tree diagram
kontrastieren mit - contrast with

Kontrazeption - conception control
Kontroll-Analyse - control analysis
Kontrollbedürfnis - need of control
Kontrolle - control, inspection, scrutiny, surveillance
Kontrolle der Medien - spin control
Kontrollfrage - control question
Kontrollfunktion - control function
Kontrollgruppe - control group
Kontrollhandlung - control action
Kontrollhierarchie - hierarchy of control
Kontrollinterview - check interview, control interview
Kontrollinterviewer - check interviewer
Kontrollkanal - channel of control
Kontrollmotivation - control motivation
Kontrollspanne - span of control
Kontrollüberzeugung - control belief, control of reinforcement
Kontroverse - controversy
kontroverse Frage - contentious issue
Konvention - convention, social convention
Konventionalismus - conventionalism
konventionelle Ebene - conventional level
konventionelle Maske - conventionalized crowd
konventionelle Nachahmung - conventional imitation
konventioneller Konflikt - conventional conflict
konventionelles Verhalten - conventional behavior
konventionelle Waffen - conventional weapons
konvergentes Denken - convergent thinking
Konvergenz - convergence
Konvergenztheorie - convergence theory, theory of convergence
Konvergenzvalidität - convergent validity
Konversation - conversation
Konversationsanalyse - conversation analysis
Konversion - conversion
Konversionsneurose - conversion neurosis
konvertibel - convertible
Konvertierbarkeit - convertibility
Konvertit - convert
Konvulsion - convulsion

Konzentration (von wirtschaftlicher Macht) - concentration
Konzentration - density
Konzentrationslager - concentration camp
Konzentrationsstörungen - disturbances of concentration
Konzentrationstests - attention tests
Konzentrationsvermögen - concentration
Konzept - concept
konzeptionelles Muster - conceptual pattern
Konzeptualismus - conceptualism
Konzertierung - concertation
Kooperation - cooperation
Kooperationsbereitschaft - willingness to cooperate
kooperativ - cooperative
Kooperative - cooperative
kooperative Führung - cooperative leadership
kooperative Phase - cooperative stage
kooperativer Bundesstaat - cooperative federal state
kooperativer Föderalismus - cooperative federalism
kooperativer Unterricht - cooperative education
kooperatives Lernen - cooperative learning
kooperative Therapie - co-operative therapy
Kooptation - cooptation
Koordinatenachse - coordinate axis
Koordinierung - coordination
Koordinierungsentscheidung - coordination decision
Koorientierung - coorientation
Kopfsteuer - poll tax
Kopie - copy, flimsy
kopieren - imitate
Koppelung - linkage
Körper - body
körperlich - somatic
körperliche Erziehung - physical education
Körperlichkeit - concreteness
Körperschaft - assembly, body politic, corporate body
Körperschaft des öffentlichen Rechts - body corporate under public law,

corporation under public law, public corporation, statutory corporation
Körperschema - body image, body scheme
Körpersprache - body language
Körperstellung - posture
Korporatismus - corporatism
korporatistischer Staat - corporatist state
korporativer Staat - corporate state
Korpsgeist - esprit de corps, group mind, team spirit
Korrektiv - corrective
Korrektur - retification
Korrelat - correlate
Korrelation - correlation
Korrelationsanalyse - correlation analysis
Korrelationskoeffizient - coefficient of correlation, correlation coefficient
Korrelationsmaß - correlation measure, measure of correlation
Korrelationsmatrix - correlation matrix
Korrelationstabelle - correlation table
Korrelationsverhältnis - correlation ratio
Korrespondent - correspondent
korrupt - rotten, venal
korruptes Verhalten - malversation
Korruptheit - rottenness
Korruption - corruption, jobbery
Kosmologie - cosmology
Kosmopolit - cosmopolitan
kosmopolitisch - cosmopolitan
kosmopolitischer Führer - cosmopolitan influential
Kosmopolitismus - cosmopolitism
Kosten - charges, cost, expenses, outlay
Kostenanalyse - cost analysis
Kosten-Nutzen-Analyse - cost-benefit-analysis
Kosten-Wirksamkeitsanalyse - cost effectiveness analysis
Kovarianz - covariance
Kovarianzmatrix - covariance matrix
Kraft - power, strength
Kraftakt - great feat
Kräftemessen - trial of strength
Kräfteverhältnis - relation of forces
Krankengeld - sick pay, sickness benefits
Krankenquote - morbidity ratio
Krankenstatistik - health statistic
Krankenversicherung - health insurance

Krankfeiern - malingering
krankhafte Eigenart - idiosyncrasy
Krankheitsbild - pathology, symptom
Krankheitsmodell - model of illness
Krankheitsrate - morbidity rate
krasser Individualismus - rugged
individualism
Krawall - riot
kreatives Lernen - creative learning
kreative Vorstellungen - creative
imagination
Kreativität - creativity
Kreativitätsdiagnostik - diagnosis of
creativity
Kreativitätstest - creativity test
Kredit - advance, credit, loan
Kredit aufnehmen - raise a credit
Kreditbedarf - credit requirement
Kreditpolitik - borrowing policy, credit
policy
Kredo - creed
Kreisdiagramm - circular chart
kreisfreie Stadt - town which does not
belong to a Land
Kreisgespräch - circular discussions
Kreislauf - cycle
Kretinismus - cretinism
Kreuzklassifizierung -
cross-classification
Kreuzkorrelation - cross-correlation
Kreuzkorrelationsfunktion - cross
correlation function
Kreuzprodukt - cross product
Kreuztabulierung - cross tabulation
Kreuzvalidierung - cross validation
kreuzverzögerte Korrelation -
cross-lagged correlation
Krieg - war, warfare
Krieg aller gegen alle - war of every
man against every man
kriegerischer Konflikt - armed conflict
Kriegführung - conduct of war
Kriegsächtung - outlawing of war
kriegsbedingt - due to the war
Kriegsberichterstatter - war
correspondent
Kriegsdienst - warfare
Kriegsdienstverweigerer - conscientious
objector
Kriegsdrohung - threat signal
Kriegserklärung - declaration of war
Kriegsführung - warfare
kriegsmüde - war-weary

Kriegsopfer - war victim
Kriegsopferversorgung - pensions for
war victims
Kriegsrecht - martial law
Kriegsrecht verhängen - declare martial
law
Kriegsschauplatz - theater of war
Kriegsspiel - war game
Kriegsteilnehmer - combatant
Kriegsverbrechen - war crime
Kriegsverhütung - prevention of war
Kriegsverluste - war losses
Kriegswirtschaft - wartime economy
Kriegszustand - belligerency, state of
war
Kriminal- - criminal
Kriminalistik - criminalistics
Kriminalität - delinquency
Kriminalitätsrate - delinquency rate
Kriminaljustiz - criminal justice
Kriminalpsychologie - criminal
psychology
Kriminalsoziologie - criminal sociology
Kriminalstatistik - criminal statistics,
police statistics
kriminell - criminal
kriminelle Handlung - criminal act
Krimineller - criminal
kriminelle Vereinigung - criminal
association
Krise - crisis
Krisenbekämpfung - crisis intervention
Krisenbewußtsein - awareness of crisis
krisenfest - slump-proof
Krisengebiet - conflict area, crisis area
krisengeschüttelt - crisis-ridden
Krisenmanagement - crisis government,
crisis management
Krisenmanager - trouble-shooter
Krisenstab - crisis management group
Krisentendenzen - crisis tendencies
Krisenzyklus - crisis cycle
Kristallisation - crystallization
Kriterium - canon, criterion
Kriteriumsanalyse - criterion analysis
Kriteriumsvalidität - criterion oriented
validity
Kritik - criticism, critique, review
Kritikfähigkeit - ability of criticism,
ability to think critically, faculty of
critical thought
kritischer Apparat - critical apparatus
kritischer Bereich - critical region

Kritischer Rationalismus - critical rationalism
kritischer Wert - critical value, cutting score
kritisches Denken - critical thinking
Kritische Theorie - critical theory
kritische Wahl - critical election
Küchenkabinett - kitchen cabinet
Kuhhandel - horse trading
Kult - cult
Kultgemeinschaft - cultic community
kultiviert - cultured
Kultivierung - cultivation
Kultivierungstheorie - cultivation theory
Kultur- - cultural
Kultur - culture
Kulturanpassung - acculturation
Kulturanthropologie - cultural anthropology
kulturbedingt - culture-bounded
Kultur der Naturvölker - primitive culture
Kulturdiffusion - cultural diffusion
Kultur einer ethnischen Gruppe - ethnic culture
kulturell - cultural
kulturell determinierter Wert - cultural value
kulturelle Assimilation - cultural assimilation
kulturelle Bedingtheit - cultural relativity
kulturelle Mobilität - cultural mobility
kultureller Wandel - cultural change
kulturelle Segregation - cultural segregation
kulturelles System - cultural system
kulturelle Verarmung - cultural impoverishment
Kulturentwicklung - cultural development
Kulturepoche - culture epoch
Kulturerbe - cultural heritage
Kulturethos - cultural ethos
kulturfeindlich - anti-cultural
Kulturgeographie - cultural geography
Kulturgeschichte - cultural history, culture history
Kulturhoheit - sovereignty in cultural affairs
Kulturimperialismus - cultural imperialism
Kulturindustrie - culture industry

Kulturkonflikt - culture conflict
Kulturkontakt - culture contact
Kulturkreis - culture circle, culture complex
Kulturkreise - culture areas
Kulturkreislehre - culture-historical method
Kulturkrise - cultural crisis
Kulturkritik - critique of civilization
Kulturlandschaft - cultural landscape, humanized landscape
Kulturniveau - cultural level
Kulturparallelismus - cultural parallelism
Kulturpolitik - cultural and educational policy
Kulturräume - culture areas
Kulturrelativismus - cultural relativism
Kulturrevolution - cultural revolution
Kulturschock - culture shock, transitional rate
Kultursegregation - cultural segregation
Kultursoziologie - cultural sociology
Kulturspezifikum - cultural speciality
Kultursprache - culture language
Kulturtheorie - cultural theory
Kulturträgergruppe - culture-bearing group
Kulturüberbleibsel - cultural residue
Kulturübertragung - acculturation, transculturation, transmission of culture
Kulturvergleich - cross-cultural method
kulturvergleichend - cross-cultural
Kulturverlust - cultural lost
Kulturvolk - culture people
Kulturwissenschaft - cultural studies
Kultus - cult
Kultusverwaltung - educational administration
Kumulation - cumulation
Kumulativaufzeichnung - cumulative record
kumulativer Prozeß - cumulative process
kumulative Verteilung - cumulative distribution
kumulative Verteilungsfunktion - cumulative distribution function
kumulieren - cumulate
Kundgebung - demonstration
Kunst - art
Kunst- - handicraft
Kunsterziehung - art education

Kunstfälschung - art forgery
Kunsthandwerker - artisan
Kunsthochschulen - art academy
Kunstlehrer - art teacher
künstlerischer Ausdruck - art expression
künstliche Intelligenz - artificial intelligence
künstlich hergestellte Mehrheit - manufactured majority
Kunstpsychologie - art psychology, psychology of the arts
Kunstsoziologie - sociology of art
Kunsttherapie - art therapy
Kurs - course, price, quotation, rate
Kurs festlegen - chart a course
kursiv - italic(s)
Kurskorrektur - change of policy, course correction
Kurs verfolgen - follow a course
Kurve - curve
Kurvenanpassung für den Trend - trend fitting
Kurvendiagramm - line graph, rectangular graph
kurvilineares Programm - curvilinear program

Kürwille - rational will
kurze Abhandlung - outline
kurze Fernsehwerbung - spot
Kurzfassung - shortened version
kurzfristig - short term, short-run
kurzfristiger Effekt - short-run effect
Kurzgeschichte - short story
Kurznachrichten - newsflash
Kurzschlußhandlung - panic act
kurzsichtige Politik - short-sighted policy
Kurztherapie - short-term psychotherapy
Kürzung - cutback, diminution
Kürzungen - cuts
Kurzzeitgedächtnis - short-term memory
Kybernetik - cybernetics
kybernetische Pädagogik - cybernetic pedagogics
kybernetische Psychologie - information psychology
kybernetisches Modell - cybernetic model
kybernetisches System - cybernetic system

L

labiles Gleichgewicht - unstable equilibrium
Labilität - lability, unstability
Laboratorium - theater
Laborexperiment - laboratory experiment, pure experiment
Laborschulen - laboratory schools
Ladung - loading
Lage - position, situation
Lage auf dem Wohnungsmarkt - housing situation
Lagebefindlichkeit - emotional state
Lagebericht - status report
Lagebeurteilung - assessment of the situation
Lageparameter - location parameter
Lagermentalität - laager mentality
Laie - layman
Laienpädagoge - non-professional educator
Laienspiel - amateur performance
Laissez-faire - laissez faire
Land - country
Landadelmann - squire
Landarbeiter - agricultural worker
Landbebauung - cultivation
Landbesitz - land tenure, tenure
Landbevölkerung - rural population
Länderfamilie - family of nations
Länderkammer - Lower Chamber of Parliament
Landesgesetzgebung - Land legislation
Landeskirche - regional church
Landesliste - Land party list
Landesminister - Minister of a Land
Landesplanung - regional planning
Landespolitik - regional politics
Landesrecht (EU) - national law (EC)
Landesrecht - state law
Landesregierung - state government
Landessteuern - state taxes
Landesverfassung - state constitution
Landesvertretung - permanent representation of Land
Landeswährung - national currency
landesweit - nationwide
Landflucht - cityward migration, rural depopulation, rural exodus

Landfriedensbruch - breach of the public peace, violation of the public peace
Landjunker - squire
Landjunkertum - squirearchy
Landkarte - map
Landkreis - county, rural district
ländlich - rural
ländliche Entwicklung - rural development
ländliche Gesellschaft - rural society
ländliche Industrie - rural industry
ländlicher Charakter - ruralism
ländliches Gebiet - rural area
ländliche Umgebung - rural environment
Ländlichkeit - ruralism
Landpacht - landholding
Landpächter - cash tenant
Landreform - land reform
Landreformbewegung - agrarian movement
Landschaftspflege - landscape conservation
Landsitz - estate
Landtag - Land Parliament
Landwirt - agriculturalist, farmer, peasant
Landwirtschaft - agriculture, farming
landwirtschaftliche Entwicklung - agricultural development
landwirtschaftliche Pacht - landholding
landwirtschaftlicher Betrieb - farm
landwirtschaftliches Gut - farm
Landwirtschafts- - agrarian, rural
Landzuteilung - land grant
langfristig - in the long run, long-period, over the long term
langfristige Forschung - long-range research
langfristige Politik - long-term policy
Langlebigkeit - longevity
Längsschnitt - longitudinal section
Längsschnittanalyse - longitudinal analysis
Längsschnittuntersuchung - longitudinal study
langwierig - protracted
langwierige Verhandlungen - lengthy negotiations
Langzeitgedächtnis - long-term memory
Langzeitmethode - longitudinal method

Langzeitstudenten - who protract their studies
Langzeitstudie - longitudinal analysis
Langzeitwirkung - long-term effect
Last - burden
Last der Staatsschuld - burden of the debt
Last der Vergangenheit - burden of the past
Lastenaufteilung - burden-sharing
Lastenausgleich - equalization of burdens
Laster - vice
latente Distanzanalyse - latent distance analysis
latente Eigenschaft - latent trait
latente Funktion - latent function
latente Klassenanalyse - latent class analysis
latente Profilanalyse - latent profile analysis
latenter Begriff - imagery
latentes Lernen - latent learning
latente Struktur - latent structure
latente Struktur von Einstellungen - latent structures of attitude
Latenzfunktion - latency function
Latenzperiode - latency period
Latenzzeit - latency, latent time
lateral - lateral
laterale Hemmung - lateral inhibition
laterale Organisation - lateral organization
Lateralität - laterality
Laufbahn - career
Laune - temper
Lauschangriff - total surveillance
lebendige Verfassung - living constitution
Lebensalter - age, chronological age, life age
Lebensart - style
Lebensaufgabe - life task
Lebensbedingungen - living conditions
lebensbedrohend - life-threatening
Lebensberatung - life counseling
Lebensbereich - domain of life
Lebensbezug - affinity to life
Lebenschance - life career
Lebensdauer - life
Lebenserfahrung - experience of life, knowledge of life
Lebenserwartung - life expectancy

Lebensfähigkeit - viability
Lebensformen - life forms
Lebensführung - level of living
Lebensgemeinschaft - community of life
Lebensgeschichte - life history
Lebensgrundsatz - principle of life
Lebenshaltung - level of living
Lebenshaltungsindex - cost of living index
Lebenshaltungskosten - cost of living
Lebenshaltungsniveau - level of living
Lebenshilfe - life counseling
Lebensinhalt - life content
Lebenskrise - life crisis
lebenslange Entwicklung - life-span development
lebenslanges Lernen - lifelong learning
Lebenslauf - span of life
Lebenslaufanalyse - life-cycle analysis
Lebenslüge - life lie
Lebensmitte - midlife
Lebenspartner - mate
Lebensplan - life plan
Lebensqualität - quality of life
Lebensraum - cognitive map, habitat, place to live
Lebenssituation - life situation
Lebensstandard - standard of living
Lebensstil - life style, style of life
Lebensstil der Vorstädte - suburbia
Lebenstrieb - life instinct
Lebensüberdruß - tedium of life
Lebensunterhalt - sustenance
Lebenswelt - life-world, lived world
Lebenswerk - life('s) work
Lebensziel - life goal
Lebenszyklus - life cycle
Lebewesen - being
lebhafte Diskussion - animated discussion
lebhaftes Interesse - keen interest
ledig - single
leerer Raum - blank
Leerformel - empty formula, empty phrase
legal - legal
legale Autorität - legal authority
legalisieren - legalize
Legalisierung - legalization
Legalität - legality
Legalitätsprinzip - principle of legality
Legasthenie - dyslexia
legislativ - legislative

Legislative - legislative branch, legislative, legislature
legislative Regierung - convention government
Legislaturperiode - legislative period, session
Legitimation - legitimation
Legitimationsdefizit - legitimation deficit
Legitimationskrise - legitimation crisis
Legitimationsproblem - problem of legitimation
legitimer Herrscher - legitimate ruler
Legitimierung - legitimation, legitimizing
Legitimität - legitimacy
Legitimitätsbasis der Gesellschaft - legitimate basis for society
Legitimitätsprinzip - legitimacy principle
Lehnsgesellschaft - feudal society
Lehnssystem - feudalism
Lehramt - teaching profession
Lehrbarkeit - teachability
Lehrbeauftragter - part-time lecturer
Lehre - doctrine, teachings
Lehren - teaching, teachings
Lehrer - teacher, tutor
Lehrerbildung - teacher education, teacher training
Lehrer-Burnout - teacher burnout
Lehrerdeputat - teaching load
Lehrereinfluß - teacher influence
Lehrerexpertise - teacher expertise
Lehrerfolg - teacher effectiveness
Lehrerforschung - research on teaching
Lehrerfortbildung - teachers' advanced training
Lehrermerkmale - teacher characteristics
Lehrer-orientiert - teacher-oriented
Lehrerorientierung - teacher orientation
Lehrerqualifikation - teacher qualification
Lehrerrekrutierung - teacher recruitment
Lehrerrolle - teacher role
Lehrer-Schüler-Beziehung - teacher student relationship
Lehrfreiheit - freedom of instruction, freedom of teaching
Lehrgebäude - scheme

Lehr-Lern-Forschung - research into didactics and learning
Lehrmeinung - doctrine, school
Lehrmethoden - teaching methods
Lehrmittel - teaching aids
Lehrplan - syllabus
Lehrplanangleichung - curriculum alignment
Lehrplananpassung - curriculum adaptation
Lehrplananwendung - curriculum adaptation
Lehrplanbewertung - curriculum evaluation
Lehrplaneinführung - curriculum implementation
Lehrplangestaltung - curriculum design
Lehrprogramme - learning programs
Lehrsatz - proposition, tenet, theorem
Lehrstellenangebote - apprenticeship proposals
Lehrstück - dialectic play
Lehrstuhl - chair
Lehrstuhl besetzen - fill a chair
Lehrtypen - teaching styles
Lehrwerkstatt - training workshop
Lehrziel - learning objective
lehrzielorientierter Test - criterion referenced test
Lehrzielvalidität - instructional validity
Leibeigener - serf
Leibeigenschaft - serfage
leibliche Mutter - genetrix
leiblicher Vater - genitor
leibliche Vaterschaft - biological paternity
Leib-Seele-Problem - mind-body problem
Leib und Seele - body and mind
leichte Geisteskrankheit - mental disorder
Leidenschaft - passion
Leidensdruck - desire to change
Leihmutter - surrogate mother
leisten - perform
Leistung - accomplishment, achievement, efficiency, output, performance, result
Leistungen - benefits
Leistungen erbringen - pay benefits
Leistungen gewähren - grant benefits
Leistungsbedürfnis - achievement need

Leistungsbereitschaft - achievement readiness, performability, willingness to achieve
Leistungsbeurteilung - achievement report
Leistungsdruck - achievement pressure
Leistungsfähigkeit - capability, efficiency
Leistungsfähigkeit (einer Institution) - operating effectiveness
Leistungsgesellschaft - achievement-oriented society, meritocracy, performance-oriented society
Leistungsgrenze - limit of performance
Leistungsgruppe - track
Leistungskontrolle - aptitude control
Leistungsmotivation - achievement motivation
Leistungsnorm - merit norm
Leistungspotential - performance capability
Leistungsprinzip - achievement principle, merit principle, performance principle
Leistungsquotient - accomplishment quotient
Leistungstest - achievement test(ing)
Leistungsversagen - failure in academic achievement
Leistungsverwaltung - merit bureaucracy
Leistung über dem Niveau - overachievement
Leitartikel - leading article
Leitbegriff - key concept
Leitbild - Idol, model
leitender Beamter - senior official
Leiter - director, head
Leitfaden - guide, handbook, manual
Leitfigur - Idol
Leitlinien - guidelines
Leitmotiv - key note of a policy, theme
Leitung - directorship, leadership
Leitungsfunktion - staff function
Leitungsgrundsätze - executive policy
Leitungspolitik - executive policy
Leitwährung - key currency, vehicle currency
Leitzins - key interest rate
Leninismus - Leninism
Lernaktivitäten - learning activities
Lernanforderungen - learning demands

Lernbehinderung - educationally handicap
Lerneffekt - learning effect
Lerneinstellung - learning set
Lernen - learning
Lernen durch Einsicht - insightful learning, learning by insight
Lernen durch Versuch und Irrtum - learning by trial and error
Lernen nach einem Versuchsdurchgang - one-trial learning
Lernerfahrung - learning experience
Lernerfolg - learning effect
Lernerfolgsmessung - measurement of learning achievement
Lernfähigkeit - ability to learn, educability, learning ability
Lerngesetz - law of learning
Lerngruppen - learning groups
Lernkriterium - learning criterion
Lernkurve - learning curve
Lernmaße - learning scores
Lernmerkmale - learning characteristics
Lernmethoden - learning methods
Lernmittel - learning aids
Lernmittelfreiheit - free provision of teaching materials
Lernmodell - learning model
Lernmodule - learning moduls
Lernmotivation - learning motivation
Lernprobleme - learning problems
Lernprozeß - learning process, process of learning
Lernpsychologie - learning psychology, psychology of learning
Lernschwierigkeiten - difficulties with learning, learning difficulties
Lernsituation - learning situation
Lernspiele - learning games
Lernstrategien - learning strategies
Lerntheorie - theory of learning
Lerntheorien - learning theories
Lernunvermögen - learning disabilities
Lernverbesserung - educational improvement
Lernziel - learning objective
Lernzieltaxonomie - taxonomy of educational objectives
Lesbarkeit - readability
Lesebuch - reader, reading book
Lesefertigkeiten - reading skills
Lesehäufigkeit - reader frequency
Lesehilfen - reading aids

Leseinteressen - reading interests
Lesekundiger - literate
Lesen in ganzen Wörtern - whole-word reading
Leseranalyse - readership analysis
Leserbrief - letter to the editor
Leserecho - reader's expouse
Leserinteresse - reader-interest
Leserkreis - circle of readers
Leserschaft - audience, readership
Leserschicht - type of reader
Leserstamm - regular readers
Leserumfrage - survey among readers
Leseschwierigkeiten - reading difficulties
Lesestörung - reading disorder
Leseverständnis - reading comprehension
Lesezirkel - magazine circle
Lesung pol. - reading
Lethargie - lethargy
Leugnung der Realität - denial
Leumundszeugnis - credentials
Leute - people
liberal brit. - liberal
liberale Demokratie - liberal democracy
liberale Partei - liberal party
Liberaler am. - liberal
liberalisieren - liberalize
Liberalisierung - liberalization
Liberalismus - liberalism
Libertarianismus - libertarianism
Libido - libido
Libidoablösung - detachment of libido
Libido-Entzug - libido withdrawal
Libido-Objekt - libido object
Liebe - love
linear - linear
lineare Funktion - linear function
lineare Planungsrechnung - linear programming
lineare Programmierung - linear programming, linear regression
lineare Regressionsfunktion - linear regression function
linearer Trend - linear trend
lineare Transformation - linear transformation
Linguistik - linguistics
Linie - line of descent, line
linienförmig - linear
Linker - leftist
Linker am. - liberal

linker Flügel - left wing
links - left, left-wing, links
links am. - liberal
Linksextremismus - left-wing extremism
linksgerichtet - left-wing
Linkshändigkeit - left-handedness
linksliberal - left, left-wing
linksorientiert - left
linksorientiert am. - liberal
Linksorientierung - left orientation
Linkspartei - left-wing party
linksradikal - extreme left-wing
Linksradikaler - leftist
Links-Rechts-Skala - left-right scale
Linksruck - swing to the left
Linksrutsch - shift to the left
linksschiefe Verteilung - negatively skewed distribution
liquidieren - liquidate, put into liquidation
Liste - register
Listenauswahl - list sample
Listenwahl - list election, ticket election am.
Listenwahlsystem - list system
literarische Kultur - literary culture
Literatur - literature
Literaturangabe - bibliographical reference
Literaturhinweise - further reading
Literaturkritik - literary criticism
Literaturverzeichnis - bibliography
Live-Übertragung - live transmission
Lizenz - licence
Lizenzausgabe - edition published under licence
Lob - good mark, praise
Lobby - lobby
Lobbyismus - executive branch lobbying, lobbyism
logarithmische Normalverteilung - logarithmic normal distribution
logarithmischer Normalwert - lognormed distribution
Logik - logic
logischer Empirismus - logical empirism, neopositivism
logischer Fehler - logical error
logischer Gehalt - logical content
logischer Positivismus - logical positivism
logische Syntax - syntactics

297

logische Verknüpfung - logical connective
logische Wahrscheinlichkeit - logical probability
Logistik - logistics
Logitmodelle - logit models
loglineare Analyse - loglinear analysis
Logopädie - speech therapy
Logotherapie - logotherapy
Logozentrismus - logocentrism
Lohn - earnings, remuneration, wage
Lohnabschluß - pay deal, wage bargain
Lohnanpassung - wage adjustment
Lohnerhöhung - wage increase
Löhne und Gehälter - wages and salaries
Lohnfortzahlung - continued payment of wages
Lohnpolitik - pay policy
Lohnsteuer - wage taxes
Lohnstopp - wage freeze
lokal - local
lokaler Führer - local leader
Lokalgruppe - local
Lokalisierung - localization

Lokalnachrichten - local news
Lokalpatriotismus - localism
Lokalpresse - local press, regional press
Lokalredakteur - local news editor
Lokalteil - local news pages
Lokalzeitung - local paper
Löschung - extinction
Löschungswiderstand - resistance to extinction
Lösung - solution
Lösungsvorschlag - suggested solution
Lotterieauswahlverfahren - lottery sampling
Loyalität - loyalty
Lücke - blank, gap, loophole
Lücke im Gesetz - loophole in the law
Lücke schließen - plug a gap
Luftreinhaltepolitik - clean air policy
Luftverschmutzung - air pollution
Lust - lust, pleasure
Lustlosigkeit - blunted affect
Lustprinzip - pleasure principle
Luxus - luxury
Lynchen - lynching
Lynchjustiz - lynch law

M

Machbarkeitsglaube - belief in feasibility
Machenschaften - intrigues, machinations
Macher - performer
Machiavellismus - Machiavellism
Machismo - machismo
Macht - force, influence, power, strength
Machtanmaßung - usurpation of power
Machtanspruch - claim to power, power basis, power claim
Macht ausüben - exercise power
Machtbefugnis - power authority, power need
Machtbereich - sphere of influence
Macht besitzen - have power
Machtbeziehung - power relationship
Machtbeziehungen - power relations
Machtdelegierung - delegation of power
Machtdemonstration - show of force
Machtelite - power elite
Machtentfaltung - display of power
Macht ergreifen - seize power
Machtergreifung - seizure of power
Machtgruppe - power group
Machthierarchie - power hierarchy
Machtinstrument - instrument of power
Machtkampf - power war, struggle for power
Machtkonflikt - power conflict
Machtkonzentration - concentration of power
Machtlosigkeit - powerlessness
Machtmißbrauch - abuse of power
Machtorgan - organ of power
Machtpolitik - power politics
Machtressourcen - power resources
Machtstellung - power position
Machtstruktur - power structure
Machtteilung - power-sharing
Machtübernahme - accession of power, assumption of power
Macht übernehmen - take over power
Machtverlust - loss of power
machtversessene Partei - office seeking party
Machtverteilung - distribution of power, power distribution

Machtwechsel - changeover of power
Machtzentrum - center of power, power center
Machtzuwachs - increase of power
Magazin - magazine
Magie - magic, sorcery
magische Phase - magic thinking
magisches Denken - magic thinking
Magistrat - city government, municipal authorities, municipal corporation
Magistratsverfassung - constitution of the Magistrat
Makroanalyse - macro analysis
Makroebene - macro level
Makropolitik - macro-politics
makropolitische Analyse - macro-politics
Makrostruktur - macrostructure
Makrotheorie - macrotheory
Management - management
Manager - manager
Managerklasse - managerial class
Managerrevolution - managerial revolution
Managerschicht - managerial class
Managertum - managerialism
Mandat - mandate
Mandatsniederlegung - resignation of one's mandate
Mandatstheorie - mandate theory
Mandatsverteilung - allocation of seats, distribution of seats
Mangel an historischem Wissen - lack of historical sense
Mängel beseitigen - remedy defects
Mangelerscheinung - deficiency symptom
mangelnde Eignung - ineligibility
Manie - mania
Manieriertheit - mannerism
Manifest - manifesto
manifeste Funktion - manifest function
Manipulation - manipulation
manipulative Politik - manipulative politics
manipulative Wahlkreiseinteilung - gerrymandering
manisch-depressive Psychose - manic-depressive psychosis
Männerwelt - world of men
männliche Fruchtbarkeitsziffer - male fertility rate

männliche Reproduktionsziffer - male reproduction rate
männlich geprägt - male oriented
Männlichkeit - masculinity
Männlichkeitskult - machismo
Mannschaft - team
Mannschaftsgeist - team spirit
Manpower-Ansatz - manpower approach
Manteltarifabkommen - master agreement
Manteltarifvertrag - basic agreement am., outline collective agreement, skeleton wage agreement
manuelle Auszählung - hand counting
Manufakturbetrieb - manufacture
Maoismus - Maoism
Marathonredner - filibuster
marginal - marginal
Marginal- - marginal
marginale Gruppe - marginal group
marginale Persönlichkeit - marginality
Marginalisierung - marginalization
Marginalität - marginality
Marginalkultur - marginal culture
Marionettenregierung - puppet government
Marionettenregime - puppet regime
Markov-Prozeß - Marcov process
Markt - market
Marktbeherrschung - domination of a market, market control
Marktflecken - hamlet
Marktmacht - market power
Marktsoziologie - market sociology
Marktverhalten - market behavior
Marktversagen - market failure
Marktwirtschaft - market economy
marktwirtschaftliche Ordnung - free market system
marktwirtschaftliches Gleichgewicht - free market equilibrium
Marxismus - Marxism
Marxismus-Leninismus - Marxism-Leninism
Maschinenpartei - machine party, political machine
Maske - mask
Maskierung - masking
Maskulinität - masculinity
Masochismus - masochism
Maß - measure

Maß der Lage - measure of central tendency
Maß der zentralen Tendenz - measure of central tendency
Masse - crowd, mass
Maßeinheit - standard measurement unit, unit
Massenarbeitslosigkeit - mass unemployment
Massenbekehrung - mass conversion
Massenbewegung - mass movement
Massenblatt - mass-circulation paper
Massendemokratie - mass democracy
Massengesellschaft - mass society
Massenkommunikation - mass communication
Massenkommunikationsforschung - mass communication research
Massenkultur - mass culture
Massenmedien - mass media
Massenorganisation - mass organization
Massenpartei - mass membership party, mass-based party
Massenphänomen - mass phenomenon
Massenpropaganda - mass propaganda
Massenpsychologie - mass psychology
Massensuggestion - crowd suggestion, mass hypnosis
Massenverhalten - crowd behavior, mass behavior
Massenvernichtung - mass extermination
massenweise - wholesale
maßgebliche Persönlichkeit - influential person
mäßigen - moderate
Mäßigkeit - temperance
Mäßigung - moderation
massive Vergeltung - massive retaliation
Maßlosigkeit - immoderacy, insobriety
Maßnahme - activity, provision
Maßnahmen ergreifen - take measures
Maßskala - measurement scale
Maßstab - measure, quota, scale, standard, yardstick
Matching - matched groups design
Materialismus - materialism
materialistisch - materialistic
materiell - tangible
materielle Gerechtigkeit - substantive justice
materielle Politik - policy

materielle Politikbereiche - policies
materielles Recht - substantive law
Mathematik - mathematics
mathematische Logik - mathematical
logic
mathematische Psychologie -
mathematical psychology
mathematischer Wert - numeral value
mathematisches Modell -
mathematical model
Matriarch - matriarch
matriarchalisch - matriarchal
matriarchalisches System - matriarchy
Matriarchat - matriarchate
Matrifokalität (Familienausrichtung) -
matrifocality
Matrilateralität (Verwandtschaft
mütterlicherseits) - matrilaterality
matrilineale (weibliche) Nachfolge -
matrilineal succession
matrilineales System - matrilineal
system
Matrilinealität - matrilineality
Matrimonium - wedlock
Matthäus-Effekt - Matthew-effect
Mauschelei - skulduggery
Maximin-Entscheidung - maximin
decision
Maximum - maximum
maximum-likelihood-Schätzfunktion -
maximum likelihood estimator
Mäzen - patron
McDonaldisierung - McDonaldization
mechanisches Lernen - rote learning
Mechanisierung - mechanization
Mechanismus - mechanism
Median - median
Medien - media, visual equipment
Medieneinfluß - media influence
Medienkultur - media culture
Medienlandschaft - media landscape
medienorientiert - media-oriented
Medienpolitik - media politics
Medienrummel - media circus
Medienverbundsystem - multimedia
system
medienwirksam - effective in the media
Medienwirkungen - mass media effects
Mediokrität - mediocrity
Mediothek - audio-visual library
Meditation - meditation
Medizinmann - sorcerer

Medizinsoziologie - medical sociology,
sociology of medicine
Megalomanie - delusion de grandeur,
megalomania
mehrdeutige Frage - ambiguous
question
Mehrdeutigkeit - ambiguity
mehrdimensional - multivariate
mehrdimensionale Analyse -
multivariate analysis
Mehrebenenanalyse - multilevel
analysis
Mehrebenensystem - multi-layered
system
Mehrfachauswahl - option task
Mehrfachbehinderung - multihandicap,
multiple handicap
Mehrfachentdeckungen - multiple
discoveries
Mehrfachklassifikation - manifold
classification
Mehrfachtrennungen - multiple
responses
Mehrfachwahl - multiple election
Mehrfaktorenansatz -
multi-factor-approach
Mehrheit - majority, plurality
Mehrheitsbeschluß - majority vote
Mehrheitsdemokratie - majoritarian
democracy
Mehrheitsentscheidung - majority
decision
mehrheitsfähig - capable of gaining
majority support
Mehrheitsfraktion - majority party
Mehrheitsgruppe - majority group
Mehrheitsherrschaft - majority rule
Mehrheitspartei - party with a majority
bent
Mehrheitsprinzip - principle of majority
rule
Mehrheitsregierung - majority rule
Mehrheitssystem - majority system
Mehrheitswahl - majority vote
Mehrheitswahlsystem - majority
system, majority vote system
Mehrparteiensystem - multiparty
system, multiple party system
Mehrstimmenwahlrecht - plural vote
Mehrstufenauswahl - multi-stage
sample, multiple-choice-method
Mehrstufenauswahlverfahren -
multi-stage sampling

Mehrstufenfluß der Kommunikation - multi-step flow
mehrstufig - multi-stage
mehrstufige Auswahl - multiple-stage sample
Mehrthemenfragebogen - omnibus questionnaire
Mehrthemenumfrage - omnibus survey
Mehrvariablen- - multivariate
Mehrvariablenmethode - method of multivariate data analysis
Mehrwert - surplus value
Mehrwertsteuer - value added tax
Meineid leisten - perjure
meinen - believe
Meinung - opinion, sense
Meinungsäußerung - expression of opinion
Meinungsbildung - opinion-forming
Meinungsbildungsprozeß - opinion-forming process
Meinungsforscher - opinion pollster, pollster
Meinungsforschung - opinion research, polling
Meinungsfrage - opinion question
Meinungsfreiheit - freedom of expression, freedom of opinion, freedom of speech
Meinungsführer - opinion leader
Meinungsklima - climate of opinion
Meinungsmache - manipulation of public opinion
Meinungsmacher - opinion former
Meinungsumfrage - census of opinion, opinion poll, opinion survey, poll, public opinion poll
Meinungsumfrage am Wahltag - election day poll, voter poll
Meinungsumfrage mit Wahlurne - ballot box technique
Meinungsverschiedenheit - disagreement
Meinungsvielfalt - diversity of opinions
Meistbegünstigung - most-favored nation treatment, most-favored nation
meistern - cope with
Meisterprüfung - examination for the title of the master
melancholischer Typ - melancholic features
Meldung - notification, report
Memorandum - memorandum

Memorierung - memorization
Menge - amount, crowd, mass, quantity, volume
Mengenindex - quantitative index
Mengenlehre - set theory
Menschen - people
Menschenbild - concept of man, image of men, picture of humanity, picture of mankind, view of humanity, view of mankind
menschengerecht - suitable for humans
Menschenrechte - human rights, natural rights
menschenunwürdig - beneath human dignity, unworthy of man
Menschenwürde - human dignity
Menschheitsgeschichte - history of mankind
menschliche Arbeitskraft - manpower
menschliche Natur - human nature
menschlicher Faktor - human factor
menschliches Verhalten - human behavior
menschliches Versagen - human error
menschliches Wesen - human being
mentale Rotation - mental rotation
mentales Modell - mental model
Mentalismus - mentalism
Mentalität - mentality
Mentor - mentor
Meritokratie - meritocracy
meritorische Güter - merit goods
Merkantilismus - mercantilism
Merkblatt - leaflet
Merkfähigkeit - retentiveness
Merkmalsausprägung - attribute, property
meßbar - mensurable
Meßdaten - measurement data
messen - measure
Messen - measurement, surveying
Messen mit zweierlei Maßstäben - double standard
Meßfehler - error in measurement, measurement error
Meßgenauigkeit - reliability
messianische Bewegung - messianic movement
Messias - messiah
Meßmethodenausstattung - instrumentation
Meßniveau - level of measurement
Meßtheorie - measuring theory

Messung - measurement, surveying
Meßvorgang - measurement process
Metageschichte - metahistory
Metakognition (Wissen über Steuerung kognitiver Prozesse) - metacognition
Metapher - metaphor
Metaphysik - metaphysics
Metapolitik - metapolitics
Metasprache - metalanguage
Metatheorie - metatheory
Metawissenschaft - metascience
Methode - method, technique
Methode der behaltenen Glieder - retained members method
Methode der Induktion - inductive method
Methode der kleinsten Quadrate - least-squares method
Methode der Koinzidenzbefragung - coincidental survey technique
Methode der systematischen Hilfen - prompting method
Methode der Übereinstimmung - method of agreement
Methode der Vergleichsantwort - comparative response method
Methode der verschwindenden Unterschiede - disappearing differences method
Methode des kritischen Pfades - critical path method
Methode des Unterschieds - method of difference
Methodenanalyse - method analysis
Methodeneichung - calibration of methods
Methodenexperiment - methodological experiment
Methodenfehler - error of methods
Methodenlehre - doctrine of methods
Methodenpluralismus - methodological pluralism
Methodenstreit - dispute over methodology
Methodik - methodic
methodischer Einwand - methodological objection
Methodologie - methodology
methodologisch - methodological
methodologischer Individualismus - methodological individualism

methodologischer Kollektivismus - methodological collectivism
Metonymie - metonymy
metropolitanes Gebiet - metropolitan area
metropolitane Stadtverwaltung - metropolitan government
Mich - me
Midlife-Krise - midlife crisis
Miete - rent
Mietwohnung - rented flat
Migrant - migrant
Migration - migration
Mikroanalyse - microanalysis
Mikropolitik - micropolitics
Mikrosoziologie - microsociology
Mikrostruktur - microstructure
Mikrotheorie - small-range theory
Mikrozensus - sample census, sample survey
mildern - mitigate, moderate
Milieu - environment, milieu
milieugeschädigt - environmentally deprived
Milieuschilderung - background description
Militanz - militancy
Militär - armed forces, military
Militär- - military
Militärbündnis - military alliance
Militärdiktatur - military dictatorship
Militärgerichtsbarkeit - military jurisdiction
militärisch - military
militärisch-industrieller Komplex - military-industrial complex
Militarisierung - militarization
Militarismus - militarism
Militärpolitik - military policy
Militärpsychologie - military psychology
Militärputsch - military putsch
Militärregierung - military government
Miliz - militia
Mimesis - mimesis
Mimikry - mimicry
Minderheit - minority
Minderheitenrechte - minority rights
Minderheitsfraktion - minority party
Minderheitsgruppe - minority group
Minderheitsregierung - minority(-party)government
Minderheitsvotum - dissenting opinion
Minderjährige - person under age

Minderjährigkeit - under age
Minderung - decrease, reduction
minderwertig - inferior, trashy
Minderwertigkeitsgefühl - feeling of inferiority
Minderwertigkeitskomplex - inferiority complex
Mindestlohn - minimum wage
Mindestreservepolitik - minim reserve policy, minimum reserve policy, reserve ratio policy
Minimal-winning-Koalition - minimal-winning-coalition
Minimax-Strategie - minimax strategy
Minimum-winning-Koalition - minimum-winning-coalition
Minister - minister, secretary *am.*
Ministeranklage - impeachment of a minister
Ministerialbürokratie - departmental red tape
Ministerium *am.* - department
Ministerium - ministry
Ministerpräsident - prime minister
Ministerrat - council of ministers
Ministerverantwortlichkeit - ministerial responsibility
Minorität - minority
Mischehe - intermarriage
Mischfinanzierung - mixed financing
Mischling - hybrid
Mischverteilung - mixed distribution
Misperzeption - misperception
Mißachtung - contempt
Mißachtung des Gerichts - contempt of court
Mißbilligung - disapproval
mißdeuten - misinterpret, misread
Mißerfolg - failure
Mission - mission
Mißtrauensantrag - motion of censure, motion of no confidence
Mißtrauensvotum - vote of no confidence
Mißverhältnis - disproportion
Mißverständnis - misconception, misunderstanding
Mißwirtschaft - mismanagement
Mitarbeiter - personnel
Mitarbeiterstab - staff
Mitbesitz - condominium
Mitbestimmung - co-determination

Mitbestimmungsgesetz - law on codetermination
Mitbestimmungsrecht - right of participation in decisions
mit Genehmigung von - under the authority of
Mitglied - member
Mitgliedschaft - membership
Mitgliedstaat (EU) - member state
Mitläufereffekt - bandwagon effect
Mitleid - compassion
Mitleidseffekt - underlog effect
mit öffentlichen Mitteln unterstützen - subsidize
Mitspracherecht - right of say, right to be heard
mit Stimmenmehrheit beschließen - decide by a majority of votes
mit systematischen Fehlern behaftet - biased
Mitte - center
Mitteilbarkeit - communicability
Mitteilung - communication, notice
Mittel - aid, funds, instrument, mean, means, simple average
Mittelabfluß - outflow of funds
mittelbare Wahl - indirect election
Mittel bereitstellen - appropriate funds
Mittelbeschaffung - borrowing, fund raising, resource acquisition
mittelfristig - medium-term
mittelfristige Finanzierung - intermediate financing
mittelfristige Finanzplanung - medium-term fiscal planning
Mittelherkunft - sources of funds
Mitte-Links- - center-left
Mittelkürzung - reduction in appropriations
Mittellosigkeit - destitution, lack of funds, poverty
Mittelmäßigkeit - mediocrity, mediocrity
Mittelpunkt - center, midpoint
Mittelpunktperson - central person
Mittelsmann - go-between, middleman
Mittelstand - middle class
Mittelstandsgesellschaft - middle class society
Mittelstandspolitik - middle-class policy
Mittelverwendung - allocation of funds, utilization of appropriations

Mittelwert - average, mean, simple average
Mittelwert von Meßziffern - average of relatives
Mittel-Ziel-Schema - means-end schema
Mittelzufluß - inflow of funds
Mittel zum Zweck - means to an end
Mittelzuweisung - apportionment of funds
Mittel Zweck-Beziehung - means-end relation
Mitte-Partei - center-party
Mitte-Rechts- - center-right
mittlere Abweichung - average deviation
mittlere Lebensdauer - mean life
mittlerer Dienst - intermediate service
mittlere Reichweite - middle range
mittlerer Fehler - standard error
Mittlerer Osten - Middle East
mittleres Abweichungsquadrat - mean square, treatment mean-square
mittleres Fehlerquadrat - mean square error
Mitwirkung - cooperation, participation
Mitwirkungsrecht - right to participate
Mnemotechnik - mnemotechnics
Mob - horde, mob
Mobilisierung - mobilization
Mobilisierungsstrategie - mobilization strategy
Mobilität - mobility
Mobilitätsrate - mobility rate
Mobilitätstabelle - mobility table
Mobilmachung - mobilization
modal - modal
Modal- - modal
Modalität - modality
Modalwert - mode
Mode - fashion
Modell - imitates, model, pattern
Modellbildung - model building
Modelleinrichtung - model establishment
Modellernen - learning from model
Modellieren - modeling
Modell mit Zufallsstörungen - shock model
Modell-Platonismus - model platonism
Modelltest - model test
Modelltraining - modeling
Modellversuch - pilot project

Moderation - moderation
Moderator - moderator
Moderne - modernity
modernisieren - modernize, streamline
Modernisierung - modernization
Modernität - modernity
Modewort - vogue word
Modezeitschrift - fashion magazine
Modifikation - modification
Modifizierung - modification
Modulation - modulation
Modus - mode
Möglichkeit - means, opportunity, possibility, potentiality
möglichst - utmost
Monarch - monarch
Monarchie - monarchy
Monatsbericht - monthly report
Mönchtum - monasticism
monetär - monetary
Monetarismus - monetarism
Mongolismus - Down syndrome
Monismus - monism
Monitor - monitor
Monogamie - monogamy
Monographie - monograph, monography
monokausal - monocausal
Monokausalität - monocausality
Monokratie - monocracy
Monokultur - monoculture, one-corp culture
Monopol - monopoly
monopolisieren - monopolize
Monopolisierung - monopolization
Monopolist - monopolist
Monopolkapitalismus - monopoly capitalism
Monopolmacht - monopoly power
Monotheismus - monotheism
Monotonie - monotony, uniformity
Montage (Film-) - montage
Moral - morale
Moralempfinden - moral sentiment
Moralentwicklung - development of moral, moral development
Moralerziehung - moral education
moralische Beeinflussung - moral persuasion
moralische Bindung - moral involvement
moralische Indifferenz - amorality

moralische Lebensführung - moral conduct
moralische Mehrheit - moral majority *am.*
moralischer Druck - moral pressure
moralischer Realismus - moral realism
moralisches Verhalten - moral behavior
moralische Urteilsfähigkeit - moral reasoning
moralische Verantwortung - moral responsibility
moralische Verpflichtung - moral obligation
moralisch indifferent - amoral
Moralität - morality, morals
Moralkodex - moral code
Moralordnung - moral order
Moralphilosophie - moral philosophy
Moralstandard - moral standard
Moralstatistik - moral statistics
moral suasion (gütliches Zureden) - moral suasion
Moratorium - moratorium
Morbidität - morbidity
Morgenzeitung - morning paper
Morphologie - morphology
Mortalität - mortality
Motiv - motive
Motivation - motivation
Motivationserschöpfung - burn-out
Motivationstest - motivation test
Motivationstheorie - theory of motivation
Motivforschung - motivation(al) research
motivieren - motivate
Motivorientierung - motivational orientation
Motorik - motor behavior, motor functions
motorisches Lernen - motor learning
motorisches Verhalten - motor behavior
motorische Unruhe - psychomotor excitement
Mühe - effort
Multidimensionalität - multidimensionality
multifunktional - multifunctional
multikausal - multicausal
Multikausalität - multicausality
Multikollinearität - multicollinearity
Multikulturalismus - multiculturalism
Multikulturalität - multiculturality

multikulturell - multicultural
multikulturelle Erziehung - multicultural education
multikulturelle Gesellschaft - multicultural society
multilateral - multilateral
Multilateralismus - multilateralism
multinationales Unternehmen - multinational enterprise
multiple Faktorenanalyse - multiple factor analysis
multiple Korrelation - multiple correlation
multiple Regression - multiple regression
multiple Regressionsanalyse - multiple regression analysis
Multiplikationstheorem - multiplication theorem
Multiplikator - multiplier
Multiplikatorwirkung - multiplier effect
Multitrait-Multimethod-Validierung - multitrait-multimethod validation
multivariat - multivariate
multivariate Analyse - multivariate analysis
multivariate Daten - multivariate data
multivariate Methode - method of multivariate data analysis
multivariate Statistik - multivariate statistics
multivariate Wahrscheinlichkeitsverteilung - multivariate probability distribution
mündig - mature, of age
Mündigkeit - age of majority
Mündigkeitsalter - age of consent
mündlich - verbal
mündliche Befragung - oral interview, oral questioning
mündliche Erklärung - verbal statement
mündliche Prüfung - oral examination
mündliche Überlieferung - oral tradition
Munizipalverwaltung - city government
Münze - token
Museklasse - leisure class
Museum - museum
Musikkritik - music critics
Musikunterricht - musical education
musische Fächer - fine arts
Mußezeit - leisure time

Muster - model, paradigm, pattern, prototype, sample, specimen
Muster des Sozialverhaltens - social pattern
Mutation - mutation
mutmaßlich - presumptive
Mutmaßlichkeit - likelihood
Mutterrecht - matriarchate, mother-right
mutterrechtlich - matriarchal
Mutterschaft - maternity
Mutterschutz - maternity question, protective legislation for working mothers

Muttersprache - mother tongue, native language
muttersprachlicher Unterricht - teaching of the vernacular
Müttersterblichkeit - maternal mortality
Mystifikation - mystification
Mystifizierung - mystification
Mythenbildung - creation of myths
Mythenforschung - mythology
mythisch - mythical
Mythizismus - mythicism
Mythologie - mythology
Mythos - myth

N

Nachahmung - imitation, mimesis, mimicry
Nachahmungsobjekt - imitates
Nachauflage - reimpression
Nachbardisziplinen - neighboring disciplines
Nachbarschaft - neighborhood
Nachbemerkung - afterthought
nach bestem Wissen und Gewissen - to the best of one's knowledge
nachdenken - reflect
Nachdruck - emphasis, reprint
Nacheifern - emulation
Nachempfindung - aftersensation
Nachfassen bei Nichtbeantwortung - follow-up
Nachfaßinterview - callback
Nachfolge - succession
Nachfolger - successor
Nachfolgestaat - succession of state
Nachfrage - demand, need
Nachfragen (bei Umfrageerhebungen) - probing
nachgeordnete Behörde - subordinate authority
nachgiebig - tolerant
nachhaltig - sustained
Nachhilfeunterricht - private lessons
Nachkommenschaft väterlicherseits - paternal sib
Nachkriegszeit - post-war period
Nachlässigkeit - perfunctoriness
nachprüfen - verify
Nachprüfung - verification
Nachricht - message
Nachrichten - news
Nachrichtenagentur - news agency, wire service *am.*
Nachrichtenbeitrag - news item
Nachrichtendienst - intelligence service, news service
nachrichtendienstliche Erkenntnisse - intelligence
Nachrichtenfluß - flow of news
Nachrichtenindustrie - communications industry
Nachrichtenkanal - information channel
Nachrichtenmagazin - news magazine

Nachrichtenquelle - information source, news source, source of information
Nachrichtenredakteur - news editor
Nachrichtenredaktion - newsroom
Nachrichtensatellit - communications satellite
Nachrichtensendung - news broadcast, newscast *am.*
Nachrichtensperre - black-out on information, news ban, news blackout
Nachrichtensystem - information system
Nachrichtenübermittlung - news transmission
Nachrichtenwert - news values
Nachrichtenzentrale - news center
Nachrüstung (des atomaren Mittelstreckenarsenals) - Intermediate Nuclear Forces modernization (INF modernization)
Nachrüstung - force modernization
Nachschlagewerk - reference work, work of reference
Nachsitzen - be kept in
Nachstehen - hysteresis
Nachtragshaushalt - supplementary budget
Nachtwächterstaat - nightwatchman state
Nachuntersuchung - follow-up
Nachwahl - by-election
Nachweis - evidence, proof
Nachwelt - posterity
Nachwirkung - aftereffect
Nachwirkung der Experimentalhandlung - carryover effect
Nachwort (eines Autors) - epilogue
Nähe - propinquity
Naher Osten - Near East
Näherung - approximation
Näherungsfehler - approximation errors
Näherungshypothese - approximate hypothesis
Näherungsmethode - approximation method
Näherungswert - approximation value
nahe Verwandtschaft - propinquity
Nahverkehr - short distance traffic
namentliche Abstimmung (Hammelsprung) - division

namentliche Abstimmung - roll call, roll-call vote, vote by roll-call, vote using members' ballot papers
Narkotisierung - narcotization
Narzissmus - narcissism
narzißtische Fixierung - narcissistic fixation
Nation - nation
Nationalbewußtsein - national consciousness, national identity, national sentiment
Nationalcharakter - national character
nationale Befreiungsfront - national liberation front
nationale Einheit - national unity
nationale Front - national front
nationale Partei - extensive party
nationale Sicherheit - national security
Nationalfarben - national colours
Nationalfeiertag - national holiday
Nationalflagge - national flag
Nationalgefühl - national sentiment
Nationalhymne - national anthem
Nationalinteresse - national interest
nationalisieren - nationalize
Nationalisierung - nationalization
Nationalismus - nationalism
Nationalität - nationality
Nationalitätenfrage - nationalities problem, problem of national minorities
Nationalitätenkonflikt - ethnic conflict
Nationalitätenstaat - multinational state
Nationalitätsprinzip - nationality principle
Nationalökonom - economist
Nationalsozialismus - National Socialism
Nationalstaat - nation(al) state
Nationalversammlung - national assembly
Nationenbildung - nation building
Nativismus - nativism
nativistische Bewegung - contra-acculturative movement
Naturalisierung - enfranchisement
Naturalismus - naturalism
naturalistischer Fehlschluß - naturalistic fallacy
Naturalwirtschaft - barter economy
Naturbeherrschung - mastery of nature
Naturell - temperament
Naturgesetz - law of nature

Naturkatastrophe - natural disaster
natürliche Auswahl - natural selection
natürlicher Begriff - natural concept
natürliches Experiment - natural experiment
Naturrecht - natural law
Naturrechtslehre - doctrine of natural law
Naturreligion - natural religion
Naturschutz - conservation, nature conversation, protection of nature
Naturschutzbewegung - conservation movement
Naturschutzgebiet - conservation area
Naturvolk - primitive people
naturwissenschaftliche Fächer - science subjects
Naturwüchsigkeit - naturalness
Naturzustand - state of the nature
Nebenbedeutung - connotation
Nebenbedingung - constraint
Nebenberuf - sideline
Nebenbeschäftigung - avocation
Nebeneffekt - spin-off effect
Nebeneinanderstellung - juxtaposition
Nebensächlichkeit - irrelevant matter
Nebenwirkung - side effect, spillover effect
Neckbeziehung - joking relationship
Negation - negation, privation
Negativbeispiel - negative example
negative Bezugsgruppe - negative reference group
negative Einstellungsänderung - boomerang effect
negative Konditionierung - counterconditioning
negative Korrelation - inverse correlation
negative Sanktion - punishment
negatives Feedback - negative feedback
negative Verstärkung - escape conditioning
Negativsteuer - negative tax
Negativwerbung - negative advertising
Neid - envy
neidischer Vergleich - envious comparison
Neigung - gradient, inclination, leaning, propensity
Neigung (einer Kurve) - slope
Neinsager - nay-sayer
Neinstimme - nay vote

Neofaschismus - neofascism
Neofunktionalismus - neofunctionalism
Neoinstitutionalismus -
neoinstitutionalism
neoklassisch - neo-classical
Neokolonialismus - neocolonialism
Neokonservatismus - neoconservatism
Neokorporatismus - neocorporatism
Neoliberalismus - neoliberalism
Neonazismus - neonacism
Neopluralismus - neopluralism
Neopositivismus - neopositivism
Neorealismus - neorealism
Nepotismus - nepotism
Nervenkrieg - war of nerves
Nervenprobe - ordeal
Nervensache - question of nerves
Nervensystem - nervous system
Nervenzentrum - nerve center
netto - net
Nettoauslandsverschuldung - net external indebtedness
Nettoeinkommen - disposable income
Nettoneuverschuldung - net credit intake
Netto-Reproduktionsrate - net reproduction rate
Nettoverschuldung - net national debt
Netz - net, network
Netzplan - network planning
Netzwerk - network
Netzwerkanalyse - network analysis
Neuauflage - new edition
Neubekehrter - proselyte
Neubewertung - reassessment
Neue Internationale Wirtschaftsordnung - New International Economic Order
Neue Linke - New Left
Neuerer - innovator
Neuerung - innovation, novelty
neuester Stand - state-of-the-art
neue Weltordnung - new world order
Neufassung (eines Gesetzes) - amended version, revised version
Neugier - curiosity
Neuheit - novelty
Neukodierung - recoding
Neuland betreten - enter unknown territory
neumodisch - newfangled
Neuordnung - rearrangement
Neuorientierung - realignment

Neuorientierung der Politik - realignment of policy
Neuphilologie - modern languages
neuralgischer Punkt - sore spot, trouble spot
Neurose - neurosis, psychoneurosis
neurotische Angst - neurotic anxiety
neurotische Tendenz - neuroticism
Neurotizismus - neuroticism
Neurowissenschaften - neurosciences
neusprachlicher Unterricht - modern language teaching
neutral - neutral, uncommitted
neutrale Haltung einnehmen - maintain a neutral attitude
neutraler Staat - neutral state
neutrales Ausland - neutral countries
Neutralisierung - neutralization
Neutralismus - neutralism
Neutralität - neutrality
Neutralitätsabkommen - neutrality agreement
Neutralitätsbruch - breach of neutrality
Neutralitätserklärung - declaration of neutrality
Neutralitätspolitik - policy of neutrality
Neutralität verletzen - infract neutrality, violate neutrality
neu verhandeln - renegotiate
Neuverschuldung - new borrowing
Neuwahl - new election
Nichtanerkennung - non-recognition, repudiation
Nichtangriffspakt - non-aggression pact
Nichtbeachtung - non-compliance
Nichtbeantwortung - nonresponse
nicht bestehen - fail
nicht besteuert - unfranked, untaxed
nichtdirektive Therapie - nondirective therapy
nicht durchsetzbar - unenforceable
nichteheliche Abstammung - illigitimate descent
nichteheliches Kind - illigitimate child
Nichteinmischung - non-interference, non-intervention
Nichteinmischungspolitik - non-intervention policy, policy of non-intervention
Nicht-Entscheidung - non-decision
Nichterfüllung - nonperformance
Nichtfachmann - layman
nicht genehmigt - unofficial

nichtgewinn-orientiertes
Unternehmertum - nonprofit
entrepreneurship
nichtidentisch - non-identical
Nichtidentität - nin-identity
nichtig - void
Nichtigkeit - voidness
Nichtigkeitserklärung - nullification
nichtkausal - acausal
nichtkonditioneller Reiz - unconditional
stimulus
nichtkriegführend - non-belligerent
nichtlineare Korrelation - curvilinear
correlation
nichtlineare Regression - nonlinear
regression
Nicht-Mitgliedschaftsgruppe -
non-membership group
Nicht-Mitgliedsstaat - non-member
state
Nicht-Normalität - abnormality
Nicht-Nullsummenspiel - non-zero-sum
game
nicht-öffentlich - closed, private
nicht organisiert - nonunionized
nichtparametrisch - nonparametric
nichtparteiliche Wahl - nonpartisan
election
nichtperiodische Verstärkung -
intermittent reinforcement
nichtpolitisch - nonpolitical
nichtstandardisiertes Interview -
non-standardized interview
nicht stimmberechtigt - voiceless,
without right to vote
nicht-strukturierte Befragung -
unstructured interview
nichttariffäre Handelshemmnisse -
non-tariff barriers to trade
nichtteilnehmende Beobachtung -
nonparticipant observation
nichtteilnehmender Beobachter -
external observer, non-participating
observer
nicht überall wirksamer Test - biased
test
nichtverbale Erziehung - nonverbal
education
Nichtwählen - nonvoting
Nichtwähler - nonvoter
Nichtweiterverbreitung von
Atomwaffen - nuclear non-proliferation
niederer Adel - gentry

Niederlage - defeat
Niederlage eingestehen - concede
defeat
Niederschrift - record
niedriger Status - low status
Niemandsland - no man's land
Nihilismus - nihilism
Nische - niche
Niveau - level
Niveaulosigkeit - lack of culture
Nivellierung - leveling
Nomadentum - nomadism
Nominaldefinition - nominal definition
Nominaleinkommen - nominal income
nominaler Fehlschluß - nominal fallacy
Nominalismus - nominalism
Nominalskala - nominal scale
nominell - titular
Nominierung - nomination
nomologische Begründung -
nomological explanation
nomologische Erklärung - nomological
explanation
nomologische Hypothese - nomological
hypothesis
nomothetisch - nomothetic
nomothetische Methode - nomothetic
method
nomothetische Orientierung -
nomothetic method
Nonkonformismus - nonconformism,
nonconformity
Nonkonformist - nonconformist
Nonkonformität - counterformity,
nonconformity
nonverbale Kommunikation -
nonverbal communication
Nordamerikanische Freihandelszone -
North American Free Trade Area
(NAFTA)
Nordatlantikpakt - North Atlantic
Treaty Organization (NATO)
Nordischer Rat - Nordic Council
Nord-Süd-Konflikt -
North-South-conflict
Norm - norm, standard
Normabweichung - abnormity
normal - ordinary
normale Wissenschaft - normal science
normalisieren - normalize
Normalisierung - normalization
Normalisierung der Beziehungen -
normalization of relations

Normalität - normality
Normalsprache - ordinary language
Normalverbrechen - normal crime
Normalverteilung - normal distribution
Normalverteilungskurve - normal curve
Normalwahl - normal vote
normative Aussage - normative proposition
normative Kraft des Faktischen - normative power of the factual
normative Ordnung - normative order
normative Pädagogik - normative pedagogics
normativer Wert - normative value
normatives Denken - normative thinking
normatives Muster - normative pattern
normativ-soziale Folgsamkeit - normative compliance
Normbewußtsein - awareness of norms
Norm einer Institution - institutional norm
Normenkonflikt - norm conflict
normenkonforme Einstellung - norm-conforming attitude
Normenkontrolle - judicial review
Normenkontrollklage - voidance petition
Normenordnung - normative order
Normensystem - normative system
normieren - standardize
Normverletzung - rule-breaking
Nosologie - nosology
Note - mark, note
Notfall-Reaktion - emergency reaction
Nothilfe - measures
Notifikation - notification
Notlage - calamity, distress, emergency
Notmaßnahme - austerity measure
Notstandsarbeiten - public relief work

Notstandsgebiet - depressed region
Notstandsgesetzgebung - emergency decree legislation, emergency legislation
Notstandsmaßnahmen - emergency measures
Notstandsregierung - emergency government
Notstandsverfassung - emergency constitution
Notverordnung - emergency decree
notwendige Bedingung - necessary condition
Notwendigkeit - imperative, requisite
Novelle - amendment
novellieren - amend
nuklearer Sprengkopf - nuclear warhead
Nullhypothese - null hypothesis, zero hypothesis
Nullpunkt - zero
Nullsummenspiel - zero sum game
null und nichtig - null and void
Nullwachstum - zero growth
numerisch - numerical
Numerus clausus - limited admission, restrictive admission
Nutzanwendung - application
Nutzen - benefit, gain, use, utility
Nutzenmaximierung - satisfaction maximization, utility maximization
Nutzfläche - agricultural area
Nützlichkeit - usefulness, utility
Nützlichkeitsdenken - utilitarian thinking
Nützlichkeitsprinzip - utilitarian principle
Nutzlosigkeit - disutility
Nutznießung - enjoyment
Nutzungszusammenhang (der Medien) - context of use

O

Obdachlose - homeless persons, homeless
obdachlose Kinder - homeless children
Oberbefehl - supreme command
Oberflächenstruktur - surface structure
oberflächliche
Informationsverarbeitung - shallow processing
Obergrenze - upper limit
Oberhaupt - head
Oberhaus - House of Lords
Oberkommandierender - commander-in-chief
Oberschicht - upper class
Objekt - object
Objektbeziehung - object relation
objektiv - dispassionate, objective
Objektivation - externalization, objectivation
objektive Persönlichkeitstests - objective personality tests
objektive Psychologie - objective psychology
Objektivierung - externalization, objectification
Objektivismus - objectivism
Objektivität - dispassion, impartiality, objectivity
Objektivitätsanspruch - claim of objectivity
Objektmodalitäten - modalities of objects
Objektsprache - object language
Objektverlust - object loss
Objektwahrnehmung - object perception
Obrigkeit - powers that be
Obrigkeitsstaat - authoritarian state
Obsession - obsession
obskur - obscure
Obskurantismus - obscurantism
Obstruktion - obstruction
Obstruktionist - filibuster
Obstruktionspolitik - filibustering
Obszönität - obscenity
Ochlokratie (Pöbelherrschaft) - ochlocracy
Ödipuskomplex - Oedipus complex

offen - overt
offenbaren - reveal
Offenbarung - revelation
Offenbarungsglaube - revealed faith
offene Befragung - open-ended interview
offene Gesellschaft - open society
offene Gruppe - open class, open group
offene Jugendarbeit - open activities for young people
offene Kategorie - open class
offene Kultur - overt culture
offener Konflikt - overt conflict
offener Unterricht - informal teaching, open education
offenes Curriculum - open curriculum
offene Stimmabgabe - open voting
offenes Verhalten - overt behavior
offene Wahl - open ballot
Offenheit - frankness, permeability
Offenmarktpolitik - open market policy
Offensivbündnis - offensive alliance
Offensivwaffen - offensive weapons
öffentlich - public
öffentlich bekanntgeben - publicize
öffentliche Angelegenheiten - public affairs
öffentliche Anhörung - public hearing
öffentliche Anlagen - public works
öffentliche Ausgaben - public expenditure
öffentliche Bauten - public works
öffentliche Bekanntmachung - official notification
öffentliche Einnahmen - revenue
öffentliche Erklärung - manifesto
öffentliche Finanzen - public finance
öffentliche Finanzwissenschaft - public finance
öffentliche Hand - public administration, public fisc, public purse
öffentliche Meinung - public opinion
öffentliche Meinung beeinflussen - bias public opinion
öffentliche Ordnung - public order
öffentlicher Dienst - civil service
öffentliche Rede - public address
öffentlicher Nahverkehr - public transportation
öffentlicher Sektor - public sector
öffentliches Amt - public office
öffentliches Bewußtsein - public collective

313

öffentliche Schule *am.* - public school
öffentliches Gesundheitswesen - public health service
öffentliches Gut - collective goods, public good
öffentliches Interesse - public interest
öffentliche Sitzung - public session
öffentliches Recht - public law
öffentliches Unternehmen - public enterprise
öffentliches Wohl - public interest, public welfare
öffentliche Verkehrsmittel - public transportation
öffentliche Verschuldung - public debt
öffentliche Verwaltung - public administration, public service
öffentliche Wohlfahrt - public interest, public welfare
Öffentlichkeit - general public, public, publicness, public world
Öffentlichkeitsarbeit - public relations
öffentlich-rechtlich - under public law
öffentlich rechtliche Körperschaft - public body
öffentlich-rechtlicher Rundfunk - broadcasting under public law
Offizierskorps - officer corps
Offsetdruck - offset printing
ohne Begründung - without reasons
ohne Zentrum - acephalous
Okkasionalismus - occasionalism
Okkultismus - occultism
Ökobauer - organic farmer
ökobewußt - green-conscious
Ökologie - ecology
ökologische Dominanz - ecological dominance
ökologische Korrelation - ecological correlation
ökologischer Faktor - ecological factor
ökologischer Fehlschluß - ecological fallacy
ökologisches System - ecological system
ökologische Steuerreform - ecological tax reform
ökologische Struktur - ecological structure
ökologische Theorie - ecological theory
Ökopolitik - ecopolitics
Ökosteuer - green tax
Ökosystem - ecosystem
Ökumene - ecumene, ecumenicalism

Ölförderländer - oil producing countries
Oligarchie - oligarchy
Ölpreisschock - oil price shock
Ombudsmann - ombudsman
on - supervision limited to the question of legality of administrative acti
Ontologie - ontology
Operant - operant
operant - operant
operante Konditionierung - operant conditioning
operanter Apparat - operant chamber
operantes Verhalten - emitted behavior, operant behavior
operationale Definition - operational definition
Operationalisierung - operationalization
Operationalismus - operationalism
Operations Research - operations research
operatives Abbildsystem - mental model
Opfer - sacrifice, victim
Opportunismus - opportunism
Opportunität - expendiency
Opportunitätskosten - opportunity costs
Opportunitätsprinzip - opportunity principle, principle of discretionary
Opposition - opposition
Oppositionsführer - leader of the opposition, minority leader
Oppositionspartei - minority party, opposition party
Optimalität - optimality
optimieren - optimize
Optimierung - optimization
Optimismus - optimism
Optimum - optimum
Option - option, right of choice
orale Kultur - oral culture
orale Phase - oral stage
oral History - oral history
ordentliches Gericht - circuit court
ordentliches Gerichtsverfahren - due process of law
Ordinalmaß - ordinal measure
Ordinalskala - ordinal scale
Ordinarius - professor holding a chair
Ordinate - ordinate
Ordnung aufrechterhalten - maintain order

Ordnungspolitik - policy of economic systems
Ordnungsruf - call to order
Ordnungssystem - classification system
Ordoliberalismus - ordoliberalism
Organ - organ
Organentnahme - organ explantation
Organhandel - organ trade
Organigramm - organizational chart
Organisation - organization
Organisation Amerikanischer Staaten - Organization of American States (OAS)
Organisation der Afrikanischen Einheit - Organization of African Unity (OAU)
Organisation der erdölexportierenden Länder - Organization of the Petroleum Exporting Countries (OPEC)
Organisation der Vereinten Nationen für industrielle Entwicklung - United Nations Industrial Development Organization (UNIDO)
Organisation für Zusammenarbeit und Entwicklung in Europa - Organization for Economic Cooperation and Development (OECD)
Organisationsanalyse - organization analysis
Organisationsform - organizational form
Organisationsforschung - organizational research
Organisationsmodell - organizational model
Organisationspsychologie - industrial psychology, organizational psychology
Organisationsstruktur - organizational structure
Organisationstheorie - organizational theory
organisatorische Leitung - management
organisch - organic
organische Staatstheorie - organic theory of state
organisierter Kapitalismus - corporate capitalism

organisiertes Machtaggregat - power group
organisiertes Verbrechen - racket
Organismus - organism
Organizismus - organicism
Organspende - organ donation
Orgnisationssoziologie - organizational sociology
orientalischer Despotismus - oriental despotism
orientierende Feststellungen - orienting statements
Orientierung - alignment, orientation
Orientierung an politischen Sachfragen - issue orientation
Orientierungsfamlie - parental family
Orientierungskarte - cognitive map
Orientierungslosigkeit - disorientation
Orientierungsreaktion - orientation reflex, orienting reaction, orienting response
Orthodoxie - orthodoxy
Orthogenese - orthogenesis
Orthogenesis - orthogenesis
orthogenetisches Gesetz - law of orthogeny
Orthographie - orthography
örtlich - local
örtliche Eigenart - localism
örtliche Elite - local elite
örtliche Lage - locality
örtlicher Konflikt - local dispute
Örtlichkeit - locality
ortsansässig - resident
Ostblock - Eastern Block
Ostrazismus - ostracism
Ostrogorski-Paradox - Ostrogorski-paradox
Ost-West-Konflikt - East-West conflict
Outcome (Ergebnisse politischer Entscheidungen) - outcome
Output - output

P

Paarassoziation - paired associates
Paarassoziationen - pair associate learning
Paarungsverhalten - mating behavior
Paarvergleich - paired comparison
Pädagogik - educational theory, pedagogy
Pädagogik vom Kinde aus - child centered education
pädagogische Diagnostik - educational diagnostics
Pädagogische Hochschule - college of education
pädagogische Prinzipien - pedagogical principles
pädagogische Psychologie - educational psychology, school psychology
pädagogischer Code - pedagogical code
Pakt - pact
palästinensisch - Palestinian
Pamphlet - pamphlet
panaschieren - cross-vote, split one's vote, vote for candidates of different parties
Panaschieren - panachage
Pan-Bewegung - pan movement
Panel - panel
Panelanalyse - panel analysis
Panelbefragung - panel questioning, panel survey
Panelerhebung - panel
Panelinterview - panel interview
Panelmethode - panel method
Panelsterblichkeit - panel mortality
Panel-Untersuchung - panel investigation
Panik - panic
Panikmache - panicmongering, scaremongering
Panikstörung - panic disorder
Pan-Nationalismus - pan nationalism
Papst - pope
päpstlich - papal
Papsttum - papacy
Paradigma - paradigm
Paradigmenwechsel - paradigm shift
paradoxe Intention - paradoxical intention

Paragraph (eines Gesetzes) - section
Parallelentwicklung - parallel evolution
Parallelisierung - matched groups design, matching
Parallelismus - parallelism
Paralleltest - equivalent form of tests, equivalent forms test, parallel test
Parallelversuch - replication
Paralysierung - paralysation
Parameter - parameter
Parameter einer Verteilung - parameter of a distribution
parameterfrei - nonparametric
Parametertest - parametric test
paramilitärisch - paramilitary
Paraphierung - initializing
Parapsychologie - parapsychology, psychic research
Parasitentum - parasitism
Pareto-Kriterium - Pareto criterion
Pareto-Optimum - Pareto optimum
Paretoverteilung - Pareto distribution
Parität - parity
Paritätsnorm - parity norm
Parlament - diet parliament, parliament
parlamentarische Demokratie - parliamentary democracy
parlamentarische Monarchie - parliamentary monarchy
parlamentarischer Ausschuß - parliamentary committee
parlamentarische Regierung - parliamentary government
parlamentarische Republik - parliamentary republic
Parlamentarischer Staatssekretär - parliamentary secretary
parlamentarisches System - parliamentary system
parlamentarisches Verfahren - parliamentary procedure
parlamentarische Untersuchung - parliamentary inquiry
Parlamentarisierung - parliamentarization
Parlamentarismus - parliamentarianism, parliamentary system
Parlament auflösen - dissolve parliament
Parlament einberufen - convene parliament, convoke parliament
Parlamentsauflösung - dissolution of parliament

Parlamentsdebatte - parliamentary debate
Parlamentsdrucksache - official publication of the parliament
Parlamentsmitglied - member of parliament
Parlamentssitzung - sitting of parliament
Parlamentswahlen - parliamentary election
Parochialismus - parochialism
Parsimonieprinzip - parsimony principle
Partei - faction, party
Parteianhänger - party follower
Parteiapparat - party machinery
Parteidifferenzhypothese - hypothesis of party difference
Parteidisziplin - party discipline
Parteieliten - party élites
Parteiendemokratie - party democracy
Parteiendifferential - party differential
Parteienfinanzierung - funding of political parties
Parteienlandschaft - party scene
Parteienprivileg - party privilege
Parteienstaat - party state
Parteiensystem - party system
Parteienverdrossenheit - party weariness
Parteienwettbewerb - party competition
Parteifamilien - party families
Parteiflügel - wing of a party
Parteiführer - party leader
Parteifunktionär - party official
Parteigenosse - party member
Parteiherrschaft - party hierarchy
Parteiidentifizierung - party identification
parteiinterner Konflikt - internal party conflict
parteiisch - partisan
parteilich - partisan
Parteilichkeit - partisanship
Parteilinie - party line
parteilos - independent
parteiloser Wähler - nonpartisan voter
Parteimaschine - machine party, party machine, political machine
Parteimitglied - party member
Parteiorganisation - party organization
Parteipolitik - party politics
parteipolitisch - party political

parteipolitische Orientierung - party preference
Parteipräferenz - party preference
Parteiprogramm - party platform, party program
Parteispaltung - party split
Parteispende - party donation
Parteitag am. - convention
Parteitag - party conference
parteiübergreifend - across party lines
parteiübergreifend adj. - cross-party
Parteiung - faction
Parteiverbot - ban of a party
Parteiversammlung - caucus
Parteivorsitzender - party chairman
Parteiwechsler - converter, vote switcher
Parteiwirtschaft - spoils system am.
Parteizeitung - party newspaper
Partialtrieb - component drive
Partie - lot
partielle Korrelation - partial correlation
partieller Korrelationskoeffizient - partial correlation coefficient
partielle Verstärkung - partial reinforcement
Partikularismus - particularism
Partisan - partisan
Partizipation - participation
partizipative Arbeitsgestaltung - participative work design
partizipatorische Revolution - participatory revolution
partizipierend - participant
Partnerarbeit - partner work
Partnerbindung - partnerbond
Partnerschaft - partnership
Partnertherapie - couple therapy
Partnerwahl - mate selection
Parzellierung - compartementalization, departmentalization
passive Aggression - covert aggression
passiver Bekanntheitsgrad - recognition
passiver Widerstand - passive resistance
passives Wahlrecht - eligibility for office
Passivität - passiveness
Patentlösung - patent solution
Paternalismus - paternalism
paternalistische Fürsorge - paternalism
Pathologie - pathology
Pathos - pathos
Patient - client

patientenorientierte Psychotherapie - client-centered psychotherapy
Patriarch - patriarch
patriarchalisch - patriarchal
patriarchalische Familie - patriarchal family
patriarchalische Führung - patriarchal leadership
patriarchalische Gesellschaft - patriarchal society
patriarchalisches System - patriarchy
Patriarchalismus - patriarchalism
Patriarchat - patriarchate
Patrilateralität (Verwandtschaft väterlicherseits) - patrilaterality
Patrilinealität - patrilineality
Patrimonialgesellschaft - patrimonial society
Patriot - patriot
Patriotismus - patriotism
Patronage - patronage
Patronagebürokratie - patronage bureaucracy
Patronagepartei - party patronage
Patronagesystem - patronage system
Patt - stalemate
Pattsituation - deadlock
Pauperisierung - pauperization
Pauperismus - pauperism
Pauschalurteil - sweeping statement
Pazifismus - pacifism
Peergruppe - peer group
Peergruppe-Einfluß - peer influence
Peergruppenkultur - peer culture
Penetration - penetration
Penisneid - penis envy
Pensionierung - retirement
Perfektibilität - perfectibility
Perfektion - perfection
Perfektionismus - perfectionism
perinatale Sterblichkeitsrate - perinatal mortality rate
Periode - cycle, period
Periodeneffekt - period effect
Periodisierung - division into periods, periodicity
peripher - peripheral
Peripheralismus - peripheralism
Peripherie - periphery
permanente Revolution - permanent revolution
Permissivität - permissiveness
Peronismus - peronism

Perseveration - perseveration
Persistenz - persistence
Personal - employees, human resources, personnel, staff
Personalbestand - manpower
Personalisation - personalization
Personalisierung - personalization
Personalismus - personalism
Personalunion - personal union
Personalvertretung - staff of represention, staff representation
Personalwesen - personnel management
personenbezogene Daten - personal data
Personenkult - cult of personality, personality cult
personenorientiertes Messen - subject-centered approach
Personenwahrnehmung - connaissance d'autrui
Personifizierung - personification
persönliche Autonomie - personal autonomy
persönliche Befragung - door-to-door-survey
persönliche Befragung zu Hause - interviewing at home
persönliche Bewunderung - personal admiration
persönliche Geschichten - personal narratives
persönliche Gleichung - personal equation
persönliche Integrität - personal integrity
persönliche Kommunikation - face-to-face communication
persönlicher Kontakt - encounter, personal contact
persönlicher Ort der Kontrolle - locus of control
persönlicher Referent - personal assistant
persönliches Interview - face-to-face interviewing, in-person interview, personal interview
Persönlichkeit - personality
Persönlichkeitsabbau - personality disorganization
Persönlichkeitsauflösung - personality disorganization
Persönlichkeitsbildung - character formation

Persönlichkeitscharakter - character
Persönlichkeitseigenschaften - personality traits
Persönlichkeitseinschätzung - personality assessment
Persönlichkeitsentwicklung - development of personality, personality development
Persönlichkeitsfragebogen - personality inventory
Persönlichkeitsintegration - integration of personality
Persönlichkeitsmerkmal - trait
Persönlichkeitsprofil - psychic profile, trait profile
Persönlichkeitspsychologie - psychology of personality
Persönlichkeitsstruktur - personality structure, personality
Persönlichkeitssystem - personality system
Persönlichkeitstyp - personality type
Perspektive - perspective
perspektivische Wahrnehmung - depth perception
persuasiver Diskurs - persuasive discourse
Perversion - perversion
Perzentile - centile
Perzeption - perception
perzeptives Lernen - perceptual learning
Pessimismus - pessimism
Petition - petition
Petitionsausschuß - committee on petitions
Pfadabhängigkeit - path-dependency
Pfadaktivierung - path activation
Pfadanalyse - path analysis
Pflegeeltern - foster-parents
Pflegekind - foster-child
Pflegeversicherung - nursing care insurance
Pflegschaft - guardianship
Pflicht - duty, obligation
Pflichtenethik - ethics of duty
Pflichterfüllung - fulfillment of duty, performance of duty
Pflichtfächer - compulsory subjects
Pflichtlektüre - required reading
Pflichtverletzung - violation of professional ethics
Pflichtversäumnis - default

phallische Phase - phallic stage
Phänomen - phenomenon
Phänomenalismus - phenomenalism
Phänomenologie - phenomenology
phänomenologische Psychologie - phenomenological psychology
Phänotyp - phenotype
Phantasie - fantasy, imagination, inventiveness
Phantomglied - phantom limb
Pharmakopsychologie - pharmacopsychology
Phase - phase, stage
Philosemitismus - philosemitism
Philosophie der Erziehung - philosophy of education
Philosophie der Sprache - language philosophy
philosophische Anthropologie - philosophical anthropology
philosophischer Zweifel - philosophical doubt
Phobie - phobia
Phonem - phoneme
Phonetik - phonetics
Phrase - platitude
Phrasendrescherei - phrasemongering
Phylogenese - phylogenesis
Physikalismus - physicalism
physiologische Psychologie - physiological psychology
physischer Zwang - physical coercion
physische Umwelt - physical environment
Pidgin - pidgin
Pietismus - pietism
Piktogramm - icon
Pilotprojekt - pilot project
Pilotstudie - pilot study
Pionier - pioneer
Pioniergeist - pioneering spirit
Pionierleistung - pioneering feat
Placebo-Effekt - placebo-effect
Plädoyer - plea
Plagiat - piracy, plagiarism
plakativ - striking
Plan - plan, project, scheme
Plandurchführung - plan implementation
Planen - planning
planen - schedule
Planerfüllung - plan fulfillment
planmäßiges Handeln - planned action

Planspiel - simulation
Plantage - plantation
Plantagenwirtschaft - plantation agriculture
Planung - planning
Planungskosten - planning costs
Planungsperiode - planning period
Planungs-Programmierungs-Budgetierungs-System - planning-programming-budgeting system am. pol.
Planungsverhalten von Lehrern - teacher planning
Planungswiderstand - antiplanning biases
Planungsziel - planned target, planning goal
Planwirtschaft - planned economy
Plastizität - plasticity
Platitüde - platitude
platonische Liebe - Platonic love
Plattform - platform
Plattformpartei - platform party
Plausibilität - plausibility
Plazierung - placement
Plebiszit - plebiscite
plebiszitäre Demokratie - plebiscitarian democracy
Plenum - full session, plenary session
Pluralismus - pluralism
pluralistische Gesellschaft - pluralist society, pluralistic society
Plutokratie - plutocracy
Pöbel - horde, mob
Podiumsgespräch - panel-discussion
poietisches Wissen - poietic knowledge
Poisson-Verteilung - Poisson distribution
Polarisation - polarization
Polarisierung - polarization
Polarität - polarity
Polaritätsprofil - semantic differential
Polemik - polemic
Policy-Funktionen - policy functions
Policy-Mix - policy-mix
Policy-Netzwerk - policy network
Polikratie - polycracy
Polis - polis
Politik (im Sinne von Entscheidungs- und Einflußzusammenhängen) - politics
Politikankündigung - policy pronouncement

Politik betreiben - pursue a policy
Politik der Eindämmung (des Kommunismus) - containment policy
Politik der kleinen Schritte - policy of small steps
Politik der Mitte - middle-of-the-road policy
Politik der verbrannten Erde - scorched-earth policy
Politik des billigen Geldes - loose money policy
Politik des Durchwurstelns - muddling through
Politik des nationalen Alleingangs - policy of going it alone
Politik des Wettbewerbs - competitive politics, public competition
Politikdilemma - policy dilemma
Politik durchsetzen - operate policy
Politiker - politician
Politik formulieren - formulate policy
Politik gestalten - shape policy
Politikgestaltung - policy-making
Politikinhalt - content of policy
politikorientierte Partei - policy driven party
Politikstil - policy style
Politikum - political issue
Politikverdrossenheit - disenchantment with politics, general disillusionment with politics, political apathy, popular disenchantment with politics
Politikwissenschaft - political science
politisch-administratives System - political-administrative system
politische Anthropologie - political anthropology
politische Apathie - political apathy
politische Arithmetik - political arithmetic
politische Ausrichtung - political orientation
politische Aussichten - political outlook
politische Belastung - political liability
politische Betätigung - political activity
politische Beteiligung - political participation
politische Bildung - political education
politische Einigung Europas - political unification of Europe
politische Elite - governing elite
politische Entscheidung - policy decision

politische Entwicklung - political development
politische Führung - political leadership
politische Gemeinde - community, political community
politische Geographie - political geography
politische Güter - political goods
politische Herrschaft - political domination
politische Hochburg - party stronghold
Politische Ideengeschichte - history of political ideas
politische Justiz - political justice
politische Kenntnis - politcal awareness
politische Klasse - political class
politische Kommunikation - political communication
politische Korrektheit - political correctness
politische Krise - political crisis
politische Kultur - political culture
politische Kybernetik - political cybernetics
politische Macht - political power
politische Meinung - political opinion
politische Mitwirkung - citizen participation
politische Mobilisierung - political mobilization
politischen Handeln - political action
P(p)olitische Ökonomie - political economy
politische Ordnung - polity
politische Orientierung - leaning
politische Partei - political party
politische Patronage - political patronage
politische Performanz - political performance
politische Persönlichkeit - political personality
politische Philosophie - political philosophy
politische Planung - political planning
politische Psychologie - political psychology
politischer Auftrag - mandate, political issue
politischer Berater - political consultant
politischer Charakter - political character
politischer Druck - political pressure

politische Rekrutierung - political recruitment
politischer Gefangener - political prisoner
politischer Institutionalismus - political institutionalism
politischer Katholizismus - political catholicism
politischer Konjunkturzyklus - political business cycle
politischer Kuhhandel (im Abstimmungsverhalten) - logrolling
politischer Prozeß - political process
politischer Stil - political culture
politischer Zielkonflikt - policy dilemma
politischer Zugang - political access
politischer Zwang - political coercion
politisches Asyl - political asylum
politisches Bewußtsein - awareness of politics, politcal awareness
politisches Bündnis - political alliance
politisches Lager - political camp
politisches Mandat - political issue
politische Sozialisation - political socialization
politische Soziologie - political sociology
politisches Programm - political agenda
politisches Sachprogramm - political issue
politisches Sachthema - issue, political issue
politisches System - political system
politische Staatsbürgerrechte - political citizenship
politisches Tauwetter - thaw
politisches Tauziehen - tug-of-war
politische Struktur - political structure
politisches Verhalten - political behavior
politische Tendenz - political color
politische Theorie - political theory
politische Unruhen - political disturbances, political unrest
politische Unstimmigkeiten - policy disagreement
politische Verantwortlichkeit - political responsibility
politische Verfolgung - political persecution
politische Wirksamkeit - sense of political efficacy

politische Zielsetzungen - political objectives
politisch unbelastet - politically clear
politisierte Wissenschaft - politicized academic studies
Politisierung - politicization
Politologie - political science
Politometrie - politometrics
Polizei - police
Polizeibehörde - police
Polizeistaat - police state
Polyandrie - polyandry
Polyarchie - polyarchy
Polygynie (Vielweiberei) - polygyny
polytechnische Bildung - polytechnic education
Polytheismus - polytheism
Polyzentrismus - polycentrism
Popper-Kriterium - Popper criterion
populär - popular
populäre Kultur - popular culture
Popularität - popularity
Population - sampling population
Populismus - populism
Pork-Barrel-Politik (finanzielle Begünstigung durch die Regierung aus politischen Gründen) - pork barrel am.
Portraitkunst - portraiture
Porträt - portrait
Pose - posture
Position - position
Positionspapier - position paper
Positionsproblem - position issue
Positionssachthema - position issue
Positionszentralität - position centrality
Position vertreten - maintain a point of view, maintain a standpoint
positives Differential - increment
positives Gesetz - positive law
positives Recht - statute law
positive Verstärkung - positive reinforcement
positive Wissenschaft - positive science
Positivismus - positivism
Positivismusstreit - positivist dispute
Positivsummenspiel - positive sum game
Posten - item, post
Posthistoire - posthistoire
postindustrielle Gesellschaft - post-industrial society
Postkolonialismus - post-colonialism

postkonventionelle Ebene - postconventional level
Postmaterialismus - post-materialism
postmaterialistische Werte - postmaterial values, postmaterialist values
postmodernes Zeitalter - postmodern era
postmoderne Welt - postmodern world
Postmodernismus - postmodernism
Postulat - postulate
Potential - potential
potentiell - potential, prospective
Potenz - potency
Präambel - preamble
Prädestination - predestination
Prädiktor - predictor
Prädisposition - predisposition
Präferenz - preference
Präferenzbildung - preference formation
Präferenzordnung - hierarchy of needs, preference order
Präferenzstruktur - preference structure
Präferenzsystem - system of preferences
Präfiguration - prefiguration
Pragmatik - pragmatics
Pragmatiker - practitioner
pragmatisch - pragmatic
Pragmatismus - pragmatism
Prägung - fixation, imprinting
Prägungslernen - imprinting
Prägung von Verhaltensmustern - behavior patterning
präjudizieren - prejudge
praktikabel - practicable
Praktikabilität - practicability
Praktiker - practical person
Praktikum - practical studies, practical training, traineeship
Praktikum in der Industrie - industrial placement
praktische Anthropologie - practical anthropology
praktische Anwendbarkeit - practicability
praktische Erfahrung - practical experience
praktische Erklärung - account
praktische Ethik - practical ethics
praktische Philosophie - practical philosophy
praktischer Diskurs - practical discourse
praktische Vernunft - practical reason

Präliminarfriede - peace preliminaries
Präliminarien - preliminaries
Prämisse - antecedent condition, antecedent, premise
Prärogative - prerogative
Präsentation - presentation
Präsident - president
Präsidentialismus - presidentialism
präsidentielles Regierungssystem - presidential government, presidentialism
Präsidentschaft - presidency
Präsidentschaftskandidat - presidential candidate
Präsidentschaftswahl - presidential race
Präsidentschaftswahlkampf - presidential campaign
Präsidialdemokratie - presidential democracy
Präsidialdiktatur - presidential dictatorship
präsidiale Republik - presidential republic
Präsidialkabinett - presidential cabinet
Präsidialregierung - presidential government
Präsidialsystem - presidential system
Präskription - prescription
präskriptiv - prescriptive
präskriptiver Ausdruck - prescriptive expression
Präsumption - presumption
Prätention - pretension
Prätorianerstaat (Herrschaft einer Militärkaste) - Praetorian state
Prävention - deterrence, prevention
präventiv - preventive
Präventiv- - preventive
Präventivkrieg - preventive war
Praxeologie - praxiology
Praxis - practice, praxis
praxisbezogen - practically oriented
praxisfern(-fremd) - theoretical
praxisorientiert - practice-oriented
Präzedenzfall - precedent
Präzision - precision
Preis - price, rate
Preisindex - price index
Preisstabilität - price stability
Premierminister - prime minister
Presse - press
Presseagentur - press agency
Presseamt - press office
Presseankündigung - press notice

Pressearchiv - press archives
Pressebericht - press report
Presseberichterstattung - coverage
Pressechef - public relations officer
Presseerklärung - press statement
Pressefehde - paper-war
Pressefreiheit - freedom of the press
Pressegeschichte - history of the press
Pressegespräch - press interview
Pressekampagne - press campaign
Presseknebelung - gagging of the press
Pressekonferenz - press conference
Pressekonzentration - concentration of the press
Pressekorrespondent - newspaper correspondent
Pressemitteilung - press release
Presseorgan - organ
Presserecht - press law
Pressereferent - press officer
Pressesprecher - press spokesman
Pressestimmen - extracts from the press, press commentary, press comments
Pressezensur - press censorship
Prestige - prestige
Prestigefrage - matter of prestige
Prestigeobjekt - prestige object
Prestigeskala - occupational prestige scale
Pretest - pretest
Priesteramt - priesthood
Priesterherrschaft - hierocracy, theocracy
Primärabweichung - primary deviation
Primarbereich - primary stage of education
Primärdaten - first-hand data, primary data
primäre Gratifikation - primary gratification
Primärerfahrung - primary experience
Primärerhebung - field investigation
primärer Verband - face-to-face association
primäre Stichprobeneinheit - primary sampling unit
primäre Verstärkung - primary reinforcement
Primärgruppe - face-to-face association, face-to-face group, primary group, with-presence group
Primärkonflikt - primary conflict
Primarstufe - primary stage of education

Primärverstärker - primary reinforcer
Primärvorgang - primary process
Primärziel - primary goal
Primat - primacy
primitiv - primitive
primitive Gesellschaft - primitive society
primitive Kultur - primitive culture
Primitivismus - primitivism
Primitivität - primitiveness
Primogenitur (Erstgeburtsrecht) - primogeniture
Prinzip - canon, principle
Prinzipal-Agent-Beziehung pol. - principal-agent-relation
Prinzip der aufgeschobenen Belohnung - deferred gratification pattern
Prinzip der gegenseitigen Rücksichtnahme - courtesy
Prinzip der Nichteinmischung - principle of non-intervention
Prinzip des geringsten Widerstands - least-action principle
Prinzipienfrage - question of principle
Prinzipienstreit - fight over fundamental issues, fight over principles
Prinzip von der Einheit der Gemütslage - principle of unity in feeling states
Priorität - priority
Prioritätenliste - list of priorities
privat - private
Privateigentum - private property
Private-Interessen-Regierung - private interest government
Privatfernsehen - private television
Privathaushalt - private household
Privatheit - privacy
Privatisierung - privatization
Privatrecht - civil law, private law
privatrechtlicher Vertrag - contract
Privatschule brit. - public school
Privatschulen - private schools
Privatsektor - private sector
Privatsphäre - privacy
Privatunterricht - tutoring
Privatwirtschaft - private sector of the economy
Privileg - privilege
privilegieren - privilege
privilegierter Zugang - privileged access

proaktive Hemmung - proactive inhibition, proactive interference
Probabilismus - probabilism
probabilistische Erklärung - probabilistic explanation
probabilistische Hypothese - probabilistic hypothesis
probabilistisches Modell - probabilistic model
probabilistische Testtheorie - latent trait theory
Proband - test person
Probeabstimmung - straw poll
Probezeit - probation
Probieren - tentation
Problem - issue, problem
problematisch - problematic, questionable
problematisieren - make a problem out of, problematize
Problemauswahl - problem selection
Problem behandeln - deal with a problem
Problembereich - problem area
Problembewußtsein - problem consciousness
Problemdefinition - definition of the problem
Problemgeschichte - history of a problem
Problemgruppe - problem group
Problem in Angriff nehmen - tackle a problem
Problemkomplex - complex of problems
Problemkreis - problem cluster
problemlos - problem-free
Problemlösen - problem solving
Problemlösungskapazität - problem-solving capacity
Problemlösungswissenschaften - policy sciences
problemorientiert - problem-oriented
Problemperzeption - problem perception
Problemstellung - presentation of a problem, problem formulation
Problemtypen - problem types
Produkt - product
Produktion - production
Produktionsmittel - means of production
Produktivität - productivity
Produktivkräfte - productive resources

profan - profane
Professionalisierung - professionalization
Professionalität - professionalism
professionell - professional
professionelle Anerkennung - professional recognition
Profil - profile
Profilneurose - obsession with one's image
Profit - gain, profit
Prognose - forecast, prediction, predictive statement, prognosis
Prognosefehler - forecasting error, prediction error, prognostic error
Prognosetechnik - prediction technique
Prognoseverfahren - prediction method
Prognostizierbarkeit - predictability
Programm - platform, program, scheme
Programmbewertung - program evaluation
Programmieren - programming
Programmiersprache - program language
programmierter Unterricht - programmed instruction
programmiertes Lernen - programmed learning
Programmimplementation - program implementation
Programmplanung - program planning
progressiv - progressive
Progressivismus - progressivism
Progressivität - progressivism
Projekt - project, scheme
Projektbewertung - project evaluation
Projekt der Moderne - project of modernism
Projektion - projection
projektiver Test - projective test
Projektkontrolle - project control
Projektmanagement - project management
Proklamation - proclamation
Pro-Kopf-Einkommen - per capita income
Proletariat - proletariat
Proletarier - proletarian
proletarisch - proletarian
Proliferation - proliferation
Promiskuität - promiscuity
Promotion - doctorate
promovieren - do one's doctorate

Propaganda - boomlet, propaganda, publicity
Propagandaapparat - propaganda machine
Propagandafeldzug - propaganda campaign
Propagandainstrument - instrument of propaganda
Propagandakrieg - propaganda war
Propagandalüge - propagandist lie
Propagandist - propagandist
propagandistisch - propagandist
Prophet - prophet
Prophetie - prophecy
Prophezeiung - divination, prevision, prognostignation, prophecy
Proportion - proportion
proportional geschichtete Stichprobe - proportional stratified sample
Proportionalwahl - proportional representation election
Proporzdemokratie - consociational democracy
Proprium - proprium
Proselyt - proselyte
Proselytentum - proselytism
Prosodie - prosody
prospektiv - prospective
Prosperität - prosperity
Prostitution - prostitution
Protektionismus - protectionism
Protektorat - protectorate
Protest - protest
Protestant - Protestant
protestantische Ethik - Protestant ethic
Protestantismus - protestantism
Protestbewegung - protest movement
Protest einlegen - lodge a protest
Proteststreik - protest strike
Protestwähler - protest voter
Protestwelle - wave of protest
Protokoll - protocol, record, transcript
Protokollierung - recording
Protokollsatz - basic sentence, protocol sentence
Prototyp - prototype
Provinz - province
Provinzialismus - localism, parochialism, provincialism
Prozentpunkt - percentage point
Prozentverteilung - percentage distribution
Prozeß - litigation, process

Prozeßanalyse sozialer Beziehungen -
interaction analysis
Prozeßcharakter - process character
Prozeß der leichteren
Informationsverarbeitung - chunking
Prozeßfunktionen *pol.* - process
functions
Prozeßrecht - procedural law
Prozeß-Studie - process study
Prüfbarkeit - testability
Prüfbarkeitskriterium - testability
criterion
prüfen - examine, prove
Prüfgröße - test statistic
Prüflos - lot
Prüfmenge - amount of inspection
Prüfung - examination, inspection
Prüfung der logischen
Widerspruchsfreiheit - consistency
checking
Prüfungsangst - examination anxiety,
examination phobia, test anxiety
Prüfungsordnung - examination
regulation
Prüfungssituation - examination
situation
Prüfwert - test score
Pseudokonditionierung - pseudo
conditioning
pseudowissenschaftlich -
pseudoscientific
Psyche - psyche
Psychiatry - psychiatry
psychisch - psychic
psychische Anspannung - psychic strain
psychische Beanspruchung -
psychological stress
psychische Energie - psychic energy
psychische Entlastung - psychic relief
psychische Funktion - psychic function
psychische Krankheit - mental illness
psychische Repression - psychological
repression
psychischer Zwang - psychological
coercion
psychisches Wohlbefinden -
psychological well-being
Psychoanalyse - psychoanalysis
psychoanalytische Theorie -
psychoanalytical theory
Psychobiologie - psychobiology
Psychodiagnostik - psychodiagnostics
Psychodrama - psychodrama

Psychodynamik - dynamic psychology,
psychodynamics
psychodynamisch - psychodynamic
Psychogenese - psychogenesis
psychogene Störungen - psychogenic
disturbances
Psychogenetik - psychogenetics
Psychogramm - psychograph
Psycholinguistik - psycholinguistics
Psychologie - psychology
Psychologie der Wahrnehmung -
cognitive psychology
Psychologie des Kollektivverhaltens -
collective psychology, psychology of
collective behavior
psychologisch - psychological
psychologische Altersforschung -
psychological aging research
psychologische Intervention -
psychological intervention
psychologische Kriegsführung -
psychological warfare
psychologischer Funktionalismus -
psychological functionalism
psychologischer Reduktionismus -
psychological reductionism
psychologisches Klima - psychological
climate
psychologische Testtheorie -
psychological test theory
Psychologismus - psychologism
Psychometrie - psychometrics
Psychomotorik - Carpenter Effect,
psychomotoric
psychomotorische Lernziele -
psychomotor learning objectives
psychomotorische Tests - psychomotor
test
Psychoneurose - psychoneurosis
Psychopath - psychopath
Psychopathie - psychopathy
psychopathische Persönlichkeit -
psychopathic personality
Psychopathologie - abnormal
psychology, psychopathology
Psychopharmakologie -
psychopharmacology
Psychophysik - psychophysics
Psychophysiology - psychophysiology
Psychose - psychosis
Psychosomatik - psychosomatics
psychosomatisch - psychosomatic

psychosomatische Krankheit - psychosomatic illness
psychosomatische Medizin - psychosomatic medicine
Psychotechnik - psychotechnology
Psychoterror - psycho-terror, psychological blackmail
Psychotherapie - psychotherapy
Psychotiker - psychotic
psychotisch - psychotic
psychotische Depression - psychotic depression
psychotische Persönlichkeit - psychotic personality
Psychotizismus - psychoticism
Pubertät - puberty
Public Relations - public relations
Publikationsverbot - ban on publication
Publikationsweise - publications dates
Publikum - audience, public, public world

Publikumsforschung - recipient research
Publikumsgeschmack - popular taste
Publizist - publicist
Publizistik - journalism
Publizistikforschung - journalism
Publizistikwissenschaft - journalism
Publizität - publicity
Pufferstaat - buffer state
Pufferzone - buffer zone
Punktauswahl - point sample
Punktbewertung - scoring
punktbiserielle Korrelation - point biserial correlation
Punkt des Produzentenrisikos - producer's risk point
Punktdiagramm - dot diagram, dot frequency diagram
Punktschätzung - point estimation
Puppenspiel - puppet theater
Puritanismus - Puritanism
Putsch - putsch

Q

Quadrant - quadrant
Quadratwurzel - square root
Qualifikation - eligibility, qualification
qualifizieren - qualify
qualifizierte Mehrheit - qualified majority
qualifizierte Minderheit - qualified minority
qualifiziertes Veto - qualified veto
Qualität - quality
qualitative Analyse - qualitative analysis
qualitative Daten - qualitative data
qualitative Forschung - qualitative research
qualitative Methode - qualitative method
qualitatives Interview - detailed interview, qualitative interview
qualitatives Merkmal - qualitative characteristic
qualitative Umfrage - qualitative survey
qualitative Variable - qualitative variable
Qualitätskontrolle - quality control
Qualitätsleistung - quality of achievement
Quantifizierung - quantification
Quantil - quantile
Quantität - quantity
quantitativ - quantitative
quantitative Analyse - quantitative analysis
quantitative Befragung - quantitative survey
quantitative Daten - quantitative data
quantitative Forschung - quantitative research
quantitative Methode - quantitative method

quantitatives Merkmal - quantitative characteristic
quantitative Variable - quantitative variable
Quartal - term
Quartil - quartile
Quartilabstand - interquartile range
Quasiexperiment - quasi-experiment
Quasigesetz - quasi-law
quasi-gouvernementale Organisation (Quago) - Quasi-governmental organization (Quago)
quasi-nichtgouvernementale Organisation (Quango) - Quasi-non-governmental organization (Quango)
Quasitheorie - quasi theory
Quelle - source
Quellenangabe - reference
Quellenforschung - basic research
Quellenkritik - criticism of sources
Quellenmaterial - source material
Quellennachweis - list of sources
Quellensammlung - sourcebook
Quellenverzeichnis - list of sources
Querschnittanalyse - cross-section(al) analysis
Querschnittbefragung - cross-sectional survey
Querschnitts- - cross-sectional
Querschnittstudie - cross-sectional study
Querschnittsvergleich - cross-sectional comparison
Quintil - quintile
Quorum - quorum
Quote - numeral, quota, rate
Quotenauswahl - judgment sample, quota sample
Quotenregelung - quota arrangement, quota rule
Quotensystem - affirmative action, quota system
Quotient - ratio

R

Rache - revenge
radikal - radical
Radikalismus - radicalism
Radiowerbung - broadcasting avertising
Rahmen - frame
Rahmenabkommen - outline
agreement, skeleton agreement
Rahmenanalyse - frame analysis
Rahmenbedingungen - outline
conditions, general settings
Rahmengesetzgebung - skeleton
legislation
Rahmenpartei - cadre party
Rahmenrichtlinie - outline directive
Rampenlicht - limelight
Ranch - ranch
Randbedingung - boundary condition
Randbemerkung - sidenote
Randbevölkerung - fringe population
Randgebiet - border region, marginal
area
Randgebiet (einer Stadt) - outskirts
Randgruppe - fringe group, marginal
group
Randgruppen - minorities
Randkategorie - marginal category
Randomisierung - randomization
Randproblem - side issue
Randverteilung - marginal distribution
Randwahrscheinlichkeit - marginal
probability
Randzone - marginal area
Rang - degree, echelon, rank, standing
Rangälterer - senior
Rang einer Matrix - rank of a matrix
Rangkorrelation - rank correlation
Rangkorrelationsanalyse - rank
correlation analysis
Rangkorrelationskoeffizient - rank
correlation coefficient
Rangordnung - order of rank, ranking,
rank order, rank structure
Rangordnungsgrad - grade
Rangordnungskorrelation - rank
correlation
Rangordnungsskala - ordinal scale, rank
order scale

Rangordnungssystem - rank order
system
Rangstufe - echelon
Rangsystem - rank order system
Rasse - race
Rassenbewußtsein - race awareness,
race consciousness
Rassendesegregation - race
desegregation
Rassendiskriminierung - race
discrimination
Rassenfrage - race issue
Rassenhygiene - race hygiene
Rassenintegration - racial integration
Rassenkonflikt - race conflict
Rassenlehre - raciology
Rassenmischung - miscegenation, race
mixture
Rassenpolitik - racial policy, racism
Rassentrennung - racial segregation,
segregation
Rassenunruhe - race riot
Rassenunterschied - race difference
Rassenvorurteil - race prejudice
rassische Minderheit - racial minority
Rassismus - racism
Raster - grid
Rat - council
Rate der Neu- und
Wiedereinstellungen (von
Arbeitsplätzen) - turnover
Räterepublik - soviet republic
Ratgeber - adviser, tutor
Rathaus - city hall
Ratifikation - ratification
ratifizieren - ratify
Ratifizierung - ratification
Ratingskala - rating scale
rational - rational
Rational Choice - rational choice
rationale Entscheidung -
rational-choice behavior
rationale Erwartungen - rational
expectations
rationales Wahlverhalten -
rational-choice behavior
rationale Wahl - rational choice
rationale Wissenschaft - rational
science
Rationalisation - rationalization
rationalisieren - modernize, rationalize,
streamline
Rationalisierung - rationalization

Rationalismus - rationalism
Rationalität - rationality
Rationalitätsfalle - rationality trap
Raubbau - predatory exploitation
Räuberunwesen - brigandage
Raumfahrt - astronautics
räumliche Mobilität - spatial mobility
Raumordnungspolitik - regional policy
Raumorientierung - space orientation
Raumplanung - regional development,
regional planning
Raumwahrnehmung - space perception
Reafferenzprinzip - reafference principle
reagierende Person - reactor
Reaktanz - reactance
Reaktion - reaction, response
Reaktionär - reactionary
reaktionär - reactionary
reaktionäre Bewegung - reactionary
movement
reaktionsauslösender Reiz - releasing
stimulus
Reaktionsbildung - reaction formation
Reaktionsblockierung - blocking of
response, response blocking
Reaktionsdifferenzierung - shaping of
behavior
Reaktionseinstellung - response set
Reaktionsfunktion - response function
Reaktionsgeneralisierung - response
generalization
Reaktionshäufigkeit - rate of response,
success rate
Reaktionskurve - trace line
reaktionsorientiertes Messen -
response-centered approach
Reaktionspotential - effective excitatory
potential, excitatory potential, reaction
potential
Reaktionsrate - response rate, success
rate
Reaktionsschwankung - response
variance
Reaktionsstereotypie - reaction
stereotypy
Reaktionszeit - reaction time
reaktive Aggression - reactive
aggression
reaktive Hemmung - reactive inhibition
reaktiver Effekt - reactive effect
reaktive Zustände - reactive states
Reaktivität - reactivity
real - real, tangible

Realangst - reality anxiety
Realdefinition - real definition
reale Grundgesamtheit - real
population
Realeinkommen - real earning, real
income
real existierender Sozialismus -
actually existing socialism
Realisierung - implementation,
realization
Realismus - realism
realistisch - realistic
realistische Einstellung - realistic
attitude
realistische Haltung - realistic attitude
Realität - reality
Realitätsbegriff - concept of reality
Realitätsbezug - relation to reality
Realitätsprinzip - reality principle
Realitätsprüfung - reality testing
Realitätssinn - sense of reality
Reallohn - actual wage, real wage
Realpolitik - realpolitik
Realwissenschaft - real science
Rebellion - insurrection, rebellion
rechenhafte Bindung - calculative
involvement
Rechenschaftsbericht - statement of
account
Rechentabelle - computational table
Rechnen - calculus
rechnerischer Wert - numeral value
Rechnungshof - Audit Office
Recht - justice, law
Recht auf Arbeit - right to work
Recht auf Freiheit - right to liberty
Recht auf Leben - right to exist, right
to live
Recht begründen - constitute a right
Rechte (die) pol. - Right
Rechte - rights
rechteckig - rectangular
rechteckige Verteilung - rectangular
distribution
Rechte einer Frau als Hausfrau -
domestic rights
Recht einschränken - limit a law,
restrict a law
Rechter - rightist
rechter Flügel (einer Partei) - right
wing
rechtfertigen - justify

rechtfertigender Grund - justifying reason
Rechtfertigung - justification, legitimation
Rechtfertigungsversuch - attempt at justification
Rechtgläubigkeit - orthodoxy
rechtlich zulässig - legal
Rechtlosigkeit - lack of rights, rightlessness
rechtmäßig - lawful
rechtmäßiger Gebrauch - rightful use
rechtmäßiges Interesse - vested
Rechtmäßigkeit - legitimacy
Rechtsangleichung (EU) - harmonization of legislation
Rechtsanspruch - legal claim, title
Rechtsanthropologie - legal anthropology
Rechtsanwendung - application of the law
Rechtsauffassung - legal opinion
Rechtsaufsicht - supervision limited to the question of legality of administrative action
Rechtsbasis - legal basis
Rechtsbegriff - concept of law
Rechtsbehelf - appeal, legal remedy
Rechtsbewußtsein - legal consciousness
Rechtsbruch - breach of law
Rechtschöpfung - law-making
Rechtschreibung - orthography
Rechtsdurchsetzung - law enforcement
Rechtsentwicklung - legal development
Rechtsethik - legal ethics
Rechtsetzung - law-making, legal enactment
Rechtsextremismus - right-wing extremism
Rechtsfolgen - legal consequences
Rechtsform - legal form
Rechtsfrieden - public peace
Rechtsgemeinschaft - community bound by law
Rechtsgeschichte - history of law
Rechtsgrundsatz - principle of law
rechtsgültig - lawful, valid
Rechtskunde - jurisprudence
Rechtslage - legal status
Rechtsmißbrauch - abuse of right
Rechtsmittel - appeal, legal remedy
Rechtsnorm - legal norm

Rechtsordnung - legal framework, legal order, legal system
Rechtsorientierung - right orientation
Rechtsphilosophie - legal philosophy, philosophy of law
Rechtspolitik - legal policy
Rechtsposition - legal position
Rechtspositivismus - legal positivism
Rechtsprechen - jurisdiction
rechtsprechende Gewalt - judicial power
Rechtsprechung - adjudication, jurisdiction
Rechtsprinzip - legal principle
Rechtsradikaler - extreme right-winger, rightist
Rechtsradikalismus - right-wing radicalism
Rechtsruck - swing to the right
Rechtssanktion - legal sanction
Rechtsschutz - legal protection
Rechtssicherheit - certainty of the law, legal certainty, legal guaranty, legal security
Rechtssoziologie - juridical sociology
Rechtsstaat - constitutional state, rule of law, state bound by the rule of law, state governed by the rule of law
rechtsstaatliches Verfahren - rule of law
Rechtsstaatlichkeit - due process
Rechtsstaatsprinzip - rule of law
Rechtsstatus - legal status
Rechtsstreit - litigation
Rechtssystem - legal system
Rechtstheorie - legal theory
Rechtstitel - legal title, title
Rechtstradition - legal tradition
Rechtsübertragung - cession
rechtsunwirksam - legally inoperative
rechtsverbindlich - legally binding
rechtsverbindliche Fassung - legally binding formula
Rechtsweg - legal recourse, recourse to the courts
rechtswidrig - illegal
rechtswidrige Handlung - tortious act, wrong, wrong act
Rechtswirksamkeit - legal validity
Rechtswissenschaft - jurisprudence, law
Recht und Ordnung - law and order
Recht verletzen - infringe upon a right
Recht verlieren - lose a right

rechtwinklig - rectangular
Redakteur - editor
Redaktion - editorial department
Redaktionsschluß - copy deadline
Rede - address, speech
Redefreiheit - freedom of speech
Redezeit - speaking time
redistributive Politik - redistributive policy
Redressment - nonresponse weighting
Reduktion - reduction
Reduktionismus - reductionism
reduktionistische Theorie - reductionism
Reduktion von Komplexität - complexity reduction
Redundanz - redundancy
Reduzierung - reduction
Referat - report
Referendum - referendum
reflektierendes Lehren - reflective teaching
Reflektionstheorie - reflection theory
Reflex - reflex
Reflexbewegung - reflex action
Reflexion - reflection
reflexive Konditionierung - classical conditioning
Reflexivität - reflexivity
Reform - reform
Reform an Haupt und Gliedern - root and branch reform
Reformation - reformation
reformbedürftig - in need of reform
Reformbestrebungen - reformatory efforts
Reformbewegung - reform movement
reformfeindlich - hostile to reform
Reformierung - reformation
Reform in die Wege leiten - embark on a reform
Reformismus - reformism
Reformpädagogik - progressive education
Reformstau - deadlock
Reformvorhaben - proposed reforms
Refraktärzeit - refractory period
Regel - canon, rule, standard
Regelanwendung - rule application
Regelentscheidung - rule adjudication
Regelgebung - rule making
Regelgröße - controlled variable

Regelkreis - feedback control circuit, feedback system
regeln - regulate
Regelstudienzeit - average period of study, maximum period of study, standard period of study
Regelung - regulation
Regelverletzung - rule-breaking
Regelverstoß - rule violation
Regentschaft - regency, reign
Regierbarkeit - governability
Regieren (Form, Art und Weise) - governance
Regierung am. - administration
Regierung - government
Regierung bilden - form a government
Regierung nicht anerkennen - refuse to recognize a government
Regierungsabkommen - executive agreement, intergovernmental agreement
Regierungsangestellter - government employee
Regierungsapparat - machine of government
Regierungsbeamter - civil servant
Regierungsbehörde - government institution
Regierungsbezirk - administrative district
Regierungsbildung - formation of a government
Regierungsbürokratie - public bureaucracy
Regierungschef - head of government, head of the government
Regierungserklärung - government declaration
Regierungsform - form of government, government form, system of government
Regierungsjob - public office
Regierungskrise - cabinet crisis, government crisis
Regierungsmacht - governmental power
Regierungsmaschine - machinery of government
Regierungsorgan - government body
Regierungspartei - majority party, party in power
Regierungspolitik - national policy, public policy
Regierungssitz - seat of government
Regierungssystem - government, system of government

Regierung stürzen - overthrow a
government
Regierungswechsel - change of
government
Regierungszeit - rule
Regime - regime
Regimegegner - opponent to the regime
Region - area, region, territory
regional begrenzter Krieg - local war
regionale Entwicklung - regional
development
Regionalisierung - regionalization
Regionalismus - regionalism
Regionalpolitik - regional policy
Regionalstudie - area study
Regisseur - director
Register - register
registrieren - register
Registrierung - registration
Reglement - regimentation
Reglementierung - regimentation
Regreß - regress
Regression - regression
Regressionsanalyse - regression analysis
Regressionsfunktion - regression
function
Regressionsgerade - regression line
Regressionsgleichung - regression
equation
Regressionskoeffizient - regression
coefficient
Regressionskonstante - regression
constant
regressiv - regressive
regulative Idee - regulatory idea
regulieren - regulate
Regulierungsbedarf - need for
regulation
Rehabilitation - rehabilitation
Rehabilitationspsychologie -
correctional psychology
Rehabilitationsunterricht - correctional
education
reibungsloses Funktionieren - smooth
functioning
Reichtum - affluence, wealth
Reichtümer - resource
Reichweite - reach, scope
reif - mature
Reife - maturity
Reifikation (Vergegenständlichung) -
reification
reifizieren - reify

Reifung - maturation
Reihe - sequence, series
Reihenfolge - sequence
Reihenfolge der Items - item order
Reihenkorrelation - self-correlation,
serial correlation
Reihung - grading, rank order
reine Liebe - pure love
reines Gewissen - clear conscience
reine Soziologie - pure sociology
reine Wissenschaft - pure science
Reinigung - purification
Reinkarnation - reincarnation
Reinkarnation - transmigration of souls
Reiz - stimulus, stressor
Reizbarkeit - affectivity, irritability
Reiz-Einstellung - stimulus attitude
Reizfehler - stimulus error
Reiz-Reaktions-Gesetz -
stimulus-response law
Reizschwelle - threshold
Reizspur - stimulus trace
Reizthema - gut issue, touchy topic
Reizüberflutung - flooding, media
saturation, stimulus flooding
Reizung - stimulation
Reizwort - stimulus word
Rekapitulation - recapitulation
rekrutieren - recruit
Rekrutierung - recruitment
Relation - ratio, relation
relationale Kommunikation - relational
communication
relationale Theorie - relational
communication
Relationismus - relationism
Relationsbefragung - relational survey
Relationsbegriff - relational concept
Relationscharakteristikum - relational
characteristic
Relationshypothese - relational
hypothesis
Relationsmerkmal - relational
characteristic
Relationsmuster - relational pattern
Relationsmustermaß - relational
pattern measure
Relationsumfrage - relational survey
relative Abweichung - relative deviation
relative Effizienz - relative efficiency
relative Häufigkeit - relative frequency
relative Konzentration - relative
concentration

relative Mehrheit - relative majority
relative Mehrheitswahl - plurality
election, relative majority election
relatives Mehrheitswahlsystem -
relative majority system
relative Varianz - relative variance
relativieren - relativize
Relativismus - relativism
Relativität - relativity
Relevanz - relevance, saliense
Reliabilität - reliability
Reliabilitätsfunktion - reliability
function
Religion - religion
Religionsfreiheit - religious liberty
Religionskrieg - religious war
Religionslehre - religious education
Religionssoziologie - religious sociology,
sociology of religion
Religionsunterricht - religious
instruction
religiöse Minderheit - religious minority
religiöser Glaube - religious belief
religiöses Empfinden - religious
sentiment
religiöse Überzeugung - belief
Religiosität - religiosity
Reminiszenz - reminiscence
Remission - remission
Renegat - renegade
Rente - old-age pension, pension, rent
Rentenanspruch - pension claim
Rentenempfänger - annuitant,
pensioner
Rentenversicherung - pension scheme,
retirement insurance
Reorganisation - reorganization
Reparation - reparation
Repatriierung - repatriation
Repetitorium - tutoring
Replikation - replication
Reporter - reporter
Repräsentant - representative
Repräsentantenhaus - House of
Representative
Repräsentanz - representation,
representativeness
Repräsentation - representation
repräsentativ - representative
repräsentative Auswahl - representative
sample
repräsentative Bürokratie -
representative bureaucracy

repräsentative Demokratie -
representative democracy
repräsentativer Querschnitt -
representative cross-section
repräsentatives Regierungssystem -
representative government
repräsentative Stichprobe -
representative sample
Repräsentativität - representativeness,
representativity
repräsentieren - represent
Repressalien - reprisals
Repression - repression
repressive Toleranz - repressive
tolerance
Reprivatisierung - denationalization
Reproduktion - recall, reproduction
reproduktionsfähig - fecond
Reproduktionsfähigkeit - fecundity
Reproduktionsmedizin - reproductive
medicine
reproduktionsunfähig - infecund
reproduktive Hemmung - reproductive
inhibition
reproduktives Denken - reproductive
thinking
reproduktive Strategien - reproductive
strategies
Reproduzierbarkeit - reproducibility
Reproduzierbarkeitskoeffizient -
reproducibility coefficient
Republik - republic
Republikanismus - republicanism
Reputation - reputation
Requisition - requisition
Reservat - reservation
Residualkategorie - residual category
Residuum - residual, residue
Resignation - resignation
Resolution - resolution
Resozialisierung - rehabilitation,
reintegration, resocialization
Responsivität - responsivity
Ressentiment - resentment,
ressentiment
Ressort - department, portfolio
Ressortleiter - head of department
Ressource - resource
Ressourcenallokation - allocating
resources
Ressourcenknappheit - scarcity of
resources

Ressourcenmobilisierungstheorie - resource mobilization theory
Ressourcenplanung - resource planning
Ressourcenzuweisung - allocation of resources, resource allocation
Restauration - restauration, restoration
Restgröße - residual
Restitution - restitution
Restkategorie - catchall category, residual category
Restriktion - restriction
restriktiv - restrictive
restringierter Kode - restricted code
Resultat - consequence, end, result
Resultate - findings
resultieren - result
Retardation - retardation
Retention - retention
Retortenstadt - new town
retroaktive (rückwirkende) Hemmung - retroactive interference, inhibition
Retrospektion - retrospection
Revanchismus - revanchism
Reverberation (Widerhall, Zurückstrahlen) - reverbaration
Reversibilität - reversibility
Revision - revision
Revisionismus - revisionism
Revolte - revolt
Revolution - revolution
revolutionäre Bewegung - revolutionary movement
revolutionärer Anarchismus - syndicalism
revolutionärer Konflikt - revolutionary conflict
revolutionäres Potential - revolutionary potential
Revolution von oben - revolution from above
Rezension - critique, review
Rezenzeffekt (Wirkung der letzten frischen Information) - recency effect
Rezeption - reception
Rezeptionsanalyse - reception analysis
Rezeptionsgeschichte - reception history
Rezeptivität - receptivity
Rezession - recession
Rezipient - recipient
Rezipientenforschung - recipient research
rezipieren - receive

reziproker Determinismus - reciprocal determinism
reziproker Wert - reciprocal value, reciprocal
reziprokes Verhalten - reciprocal behavior
Reziprozität - reciprocity
Reziprozitätsprinzip - reciprocity principle
Rhetorik - rhetoric
Rhythmus - rhythm
Richter - judge
Richteramt - judgeship
Richteranklage - impeachment of a judge
richterliche Gewalt - judiciary
richterliches Prüfungsrecht - judicial review
richtig - right
Richtigstellung - rectification
Richtlinie - directive
Richtlinien - guidelines
Richtlinien der Politik - policy guidelines
Richtlinienkompetenz - policy-making power
Richtung - direction, school, tendency, trend
Richtungssinne - senses of direction
Richtungswechsel - change of course
Rigidität - rigidity
Ringen - struggle
Risiko - jeopardy, risk
Risikobereitschaft - venturesomeness, willingness to take risks
Risikofaktoren - risk factors
Risikogesellschaft - risk society
Risikogruppe - high-risk group
Risikoschätzung - risk assessment
Risikoschub - risk shift, risky shift
riskieren - venture
Ritual - ritual
Ritualisierung - ritualization
rituelle Handlung - ritual
rituelle Heirat - ritual marriage
rituelle Sprache - ritual language
rituelle Verdichtung - ritual condensation
rituelle Verunreinigung - ritual pollution
rituelle Verwandtschaft - ritual kinship
Ritus - rite
Rivalität - rivalry

Robustheit - robustness
rohe Geburtsrate - crude birth rate
Rohentwurf - foul copy, rough copy
Roll back (Zurückdrängen des politischen Gegners) - roll back *pol.*
Rolle - role
Rollenadäquanz - role adequacy
Rollenaustausch - role bargain
Rollenbegriff - role concept
Rollenbeziehung - role relationship
Rollenbild - role image
Rollendifferenzierung - role differentiation
Rollendisposition - role disposition
Rollendistanz - role-distance
Rollendruck - role strain
Rollenerwartung - role expectation
Rollenhandeln - role acting, role behavior
Rolleninhaber - focal person, role actor
Rolleninkompatibilität - role incompatibility
Rolleninkonsistenz - role inconsistency
Rollenkonflikt - role conflict
Rollenpartner - role partner
Rollenspiel - role playing
Rollenstruktur - role structure
Rollentheorie - role theory
Rollenträger - role actor
Rollenübernahme - taking the role of the other
Rollenverhalten - role behavior
Rollenzuschreibung - role ascription
Rollenzuwachs - role accretion
Rollenzuweisung - role allocation
Rollenzwang - role coercion
Romantik - romanticism
römisches Recht - Roman law
Rotation - rotation
Routine - routine
Routineangelegenheit - routine matter
Routineentscheidung - routine decision
Routinisierung - routinization
Rubrik - column
rückblickend - retrospective
Rückendeckung - backing, support
Rückentwicklung - involution, retrogression

Rückfall - relapse
Rückfälligkeit - recidivism
Rückfallrate - rate of recidivism
Rückfrage - query
rückgängig machen - rescind, undo
Rückgewinnung (von Rohstoffen) - recycling
Rückgriff - regress
Rückkopplung - feedback
Rücklaufquote - rate of response
Rückschritt - regress, reversion
Rücksicht - consideration, respect
Rücksichtnahme - considerateness
Rücksprache - consultation
rückständige Gesellschaft - backward society
Rückständigkeit - backwardness
Rücktritt - resignation
Rücktritt der Regierung - resignation of the government
Rücktrittsdrohung - threat to resign
rückwirkende Konditionierung - backward conditioning
Rückwirkung - repercussion
Rückzug - withdrawal
Rückzug ins Private - family-home location
Rückzugsverhalten - retreatism
Rudel - herd
Rufmord - character assassination
Rufmordkampagne - smear campaign
Ruhe - silence
Ruhelosigkeit - unrest
Ruhestand - retirement
Ruhm - fame
Ruhmsucht - thirst for glory
Rundfunk - broadcasting
Rundfunkanstalt - broadcasting company
Rundfunkgebühr - licence fee
Rundfunkhörer - listener
Rundgespräch - round-table discussion
Rundschreiben - circular
Ruralisierung - ruralization
Rüstungsbegrenzung - arms limitation
Rüstungskontrolle - arms control
Rüstungswettlauf - arms race

S

Sabotage - sabotage
Sachbücher - non-fiction
Sachdienlichkeit - relevance
Sache - matter
Sachkenntnis - skill
Sachkompetenz - issue competence
sachlich - factual
Sachlichkeit - matter-of-factness,
objectivity
Sachorientierung - issue orientation
Sachverhalt - circumstance, fact, issue,
state affairs, state of affairs
Sachverständigenausschuß - jury
Sachverständigengutachten - expert
opinion
Sachverständiger - expert, judge
Sachzwang - inherent necessity,
practical constraint
Sachzwängen unterliegen - be
constrained by circumstances
Sackgasse - deadlock
Sadismus - sadism
saisonale Anpassung - seasonal
adjustment
saisonale Arbeitslosigkeit - seasonal
unemployment
saisonale Schwankung - seasonal
variation
saisonbedingter Trend - seasonal trend
saisonbereinigt - deseasonalized,
seasonally adjusted
Saisonbereinigung - seasonal
adjustment
Saisonindex - seasonal index
Saisonkomponente - seasonal
component
sakrale Gesellschaft - sacred society
säkular - secular
säkularer Trend - secular trend
Säkularisierung - secularization
Sammelband (wissenschaftliche
Prosa) - collection of essays
Sammelbecken - rallying point
Sammeln - collecting, gathering
Sammeltätigkeit - collecting, gathering
Sammelwerk - compilation
Sammler - collector

Sammlergesellschaft - collecting
society, food-gathering society, gathering
society
Sammlerkultur - collection culture,
food-gathering culture, gathering culture
Sammlung - collection
sämtliche Werke - complete works
sanfte Revolution - velvet revolution
sanieren - clean up, refloat, reforge
Sanierung - redevelopment
Sanierungsmaßnahme - recovery
measure
Sanktifizierung (Heiligung) -
sanctification
Sanktion - sanction
Sanktionierungsnorm - sanctioning
norm
Sanktuarium (Heiligtum) - sanctuary
Satellit - satellite
Satellitenfernsehen - satellite TV
Satellitensender - TV satellite station
Satellitenstaat - satellite state
Satellitenstadt - satellite city
Satellitentechnik - satellite technology
Satrapie - satrapy
Sattelpunkt - saddle-point
Sättigung - satiation, saturation,
saturation effect
Sättigung des Marktes - saturation of
the market
Sättigungseffekt - saturation curve
Satzung - charter, statute
satzungsgemäß - statutory
Säuberung - purge
Säugling - infant
Säuglingsalter - early infancy, infancy
Säuglingssterblichkeit - infant mortality
Säulendiagramm - block diagram,
column chart
saurer Regen - acid rain
Schädelindex - cranial index
Schädelmessung - craniometry
Schadenverhütung - prevention of harm
schaffen - accomplish
Schaffung von Arbeitsplätzen - job
creation
Scham - shame
Schamane - shaman, sorcerer
Schamanismus - shamanism
Schamgefühl - shame
Schande - shame
Schar - herd
Schatten - shadow

Schattenkabinett - shadow cabinet
Schattenwirtschaft - black economy, hidden economy, informal economy, underground economy
Schatzamt - treasury
schätzen - estimate
Schätzen - estimation
Schätzfehler - error of estimation
Schätzfunktion nach der Methode der kleinsten Quadrate - least-squares estimator
Schätztheorie - estimation theory
Schätzung - appraisal, estimate, estimation
Schätzverfahren - estimation method, estimation technique, method of estimation
Schätzwert - estimate
Schaubild - chart
Schauplatz - locality
Schauprozeß - show trial
Scheidungsrate - divorce rate
Scheinargument - spurious argument
Scheinbewegung - apparant motion
Scheinbeziehung - illusory relationship
Scheinkorrelation - spurious correlation
Scheinproblem - pseudo problem
Scheinvariable - dummy variable
Scheinwerfertheorie - searchlight theory, torch theory
Scheinzusammenhang - illusory relationship, spurious relationship
Scheitern der Politik - failure of a policy
Scheitern der Verhandlungen - breakdown of negotiations
Schema - array, formula, pattern, scheme
Schema(ta) - schema(ta)
Scheuklappendenken - blinkered thinking
Schicht - layer, stratum
Schichtenauswahl - stratified sample
Schichtenlehre der Persönlichkeit - layer theory
Schichttheorie - layer theory
Schichtung - stratification
Schickeria - leisure class
Schicksal - fate
Schicksalsfrage - fateful issue
Schicksalsgemeinschaft - community of fate

Schiedsgerichtsbarkeit - arbitral jurisdiction
Schiedsgerichtshof - court of arbitration
Schiedskommission - arbitral commission
Schiedsrichter - adjudicator, arbiter, arbitrator, umpire
Schiedsspruch - arbitrament, arbitration, award, judgment
Schiefe - skewness
schiefe Häufigkeitsverteilung - skew frequency distribution
schiefe Korrelation - skew correlation
schiefe Verteilung - skew distribution
schiefwinklig - oblique
Schirmherrschaft - auspices
Schisma - schism
schizoide Persönlichkeit - schizoid personality
Schizophrenie - schizophrenia
Schlacht - battle
Schlaf - sleep
Schlagwort - catchphrase
Schlagzeile - headline
schlechtes Gewissen - bad conscience
Schlechtigkeit - badness, depravity
schlichten - reconcile
Schlichter - arbiter, mediator, umpire
Schlichtung - arbitration, conciliation, reconciliation, settlement
Schlichtung bei Arbeitskonflikten - industrial arbitration
schließende Statistik - inferential statistics
Schlußakte von Helsinki - Helsinki Final Act
Schlüssel - code
Schlüsselbegriff - key concept
Schlüsselfigur - key figure
Schlüsselfrage - key question
Schlüsselfunktion - key function
Schlüsselindustrie - basic industry, key industry
Schlüsselqualifikationen - key qualifications
Schlüsselreiz - cue
Schlüsselrolle - key role
Schlüsselstatus - key status
schlußfolgern - argue
Schlußfolgern - reasoning
Schlußfolgerung - deduction, inference
Schlüssigkeit - conclusiveness

Schmelztiegel (Völkergemisch) -
melting pot *am.*
Schmerz - pain
Schmiergeld - graft
Schneeballauswahlverfahren - snowball
sampling
Schneeballmethode - snow-ball sample
Schnittfläche - intersection
Schnittlinie - intersection
Schnittpunkt - intersection
Schock - shock
Schöffen - jury
schöpferisches Denken - creative
thinking
Schöpfung - creation
schräg - oblique
Schreckensherrschaft - reign of terror
Schreckreaktion - startle response
Schreckreflex - startle reflex
Schreiben - writing
Schreibfähigkeit - alphabetism
Schreibkundiger - literate
Schreibschwierigkeiten - writing
difficulties
Schreibtischforschung - secondary
research
Schreibtischstudie - secondary study
Schreibtischtäter - armchair culprit
schriftlos - nonliterate, primitive
schriftlose Kultur - nonliterate culture,
preliterate culture
schriftsprachliche Kultur - literary
culture
Schulabgänger - school leavers,
school-leaver
Schulabschluß - formal education, level
of school education
Schulausbildung - level of school
education, school education, schooling
Schulausgabe (von Texten) - school
edition
Schulauswahl - school choice
Schulbildung - formal education, level
of school education, school education
Schulbuchverlag - educational
publisher(s)
Schuld - guilt
Schulden - arrears, debts
Schuldendienst - debt service
Schuldenpolitik - debts management
Schuldfrage - question of guilt
Schuldgefühl - guilt
Schule - school

Schuleingangsphase - elementary
instruction
Schuleintrittsalter - school entrance age
schulen - indoctrinate, train
Schüler - pupil, student
Schülerausprägungen - student
characteristics
Schülererfahrung - student experience
Schülerhaltung - student attitudes
Schüler im letzten Schuljahr - senior
Schülermitverwaltung - school council
Schülermotivation - student motivation
Schülerzeitung - school magazine
Schulfernsehen - school television
Schulfunk - schools broadcasting
Schulgelehrsamkeit - bool learning
Schulgesetz - education act
Schulheft - exercise book
schulische Erziehung ersetzende
Bildung - replacement education
schulischer Eignungstest - scholastic
aptitude test
Schuljahr - schoolyear
Schulklasse - school class
Schulklima - school climate
Schulkultur - school culture
Schullandheim - country hostel
Schulleitung - school management
Schulordnung - school rules
Schulorganisation - school organization
Schulpflicht - compulsary education
schulpflichtiges Alter - compulsary
school age
Schulpsychologie - school psychology
Schulrecht - school law
Schulreife - readiness for school
Schulschwänzer - truant
Schulsport - school sports
Schulstress - school stress
Schulsystem - educational system,
school system
Schultafel - blackboard
Schultest - school test
Schultheorie - theory of school
Schulträger - body responsible for
schools
Schulung - training
Schulungskurs - course of training
Schulunterricht - school
Schulverfassung - school statutes
Schulversuch - educational experiment
Schulverwaltung - educational
administration

Schulzentrum - school complex
Schutz - custody, protection, refuge
Schutzbehauptung - exculpatory
statement
Schutzklausel - safeguard clause
Schutzreaktion - protective response
Schutzzoll - protective duty, protective
tariff
Schutzzollpolitik - protectionism
Schwachsinn - debility, mental
devectiveness
Schwachstelle - potential trouble shot
Schwangerschaft - pregnancy
Schwangerschaftsrate - pregnancy rate
Schwangerschaftstest - pregnancy test
Schwankender - waverer
Schwankung - variation
Schwankungsmaß - measure of
variability
Schwarzarbeit - illicit work
Schwarzmarkt - black market
Schwarz-Weiß-Denken -
black-and-white-thinking
Schweigegeld - hush money
Schweigemarsch - silent march
schweigende Mehrheit - silent majority
Schweigepflicht - duty to maintain
confidentiality
Schweigespirale - spiral of silence
Schwelle - differential threshold,
threshold
Schwellenland - newly industrialized
country, threshold country
Schwerindustrie - heavy industry
Schwerpunktstreik - key strike
Schwesternsohnsrecht - avunculate
Schwierigkeit - difficulty
Schwierigkeitsgrad - degree of difficulty,
difficulty level
Schwur - oath
Seele - psyche, soul
Seelenverwandtschaft - affinity of souls
Seelenwanderung - reincarnation
seelisches Wohlbefinden - happiness
Segment - segment
segmentär - segmentary
Segmentation - segmentation
Segmentationsanalyse - tree analysis
Segmentationstheorie - segmentation
theory
Segregation - segregation
sehr knappes Ergebnis - very close
result

Sein - being
Seinsverbundenheit - existential
determination
Sekte - sect
Sektenanhänger - sectarian
Sektierer - sectarian
Sektierertum - sectarianism
Sektion - department, section
Sektor - division, sector
sektorale Arbeitslosigkeit - sectoral
unemployment
sekundär - secondary
Sekundäranalyse - secondary analysis
Sekundarbereich - secondary school
Sekundärdaten - secondary data
sekundäre Autorität - intermediate
authority
sekundäre Geschlechtsmerkmale -
secondary sex characteristics
sekundäre Gratifikation - secondary
gratification
sekundäre Gruppe - intermediate group
Sekundäreinheit - secondary sampling
Sekundärerhebung - secondary data
survey
sekundäre Verstärkung - secondary
reinforcement
Sekundärforschung - desk research,
secondary research
Sekundärgruppe - intermediate group
Sekundärliteratur - secondary literature
Sekundärstudie - desk study, secondary
study
Sekundarstufe - secondary stage
Sekundärvorgang - secundary process
Selbst - self
Selbstachtung - self-esteem, self-respect
Selbstaktualisierung - self-actualization
Selbstakzeptanz - self-acceptance
Selbstanalyse - self-analysis
Selbständiger - self-employed person
Selbständigkeit - independence
Selbstbeanspruchung - aspiration
Selbstbegriff - self
Selbstbehauptung - self assertation
Selbstbeherrschung - self command
Selbstbejahung - self-affirmation
Selbstbeobachtung - introspection,
self-observation
Selbstbericht - self-report
Selbstbeschränkung - voluntary
restraint
Selbstbesinnung - self-contemplation

Selbstbestimmung - self-determination
Selbstbestimmungsrecht - right of self-determination
Selbstbeteiligung - retention
Selbstbewertung - self-appraisal
Selbstbewußtsein - self-awareness, self-realization
Selbstbild - self-image
Selbstdarstellung - self-presentation
Selbstdisziplin - self-discipline
Selbsteinschätzung - self-appraisal, self-rating
Selbsterfahrung - experience of oneself, self-experiment
Selbsterfahrungsgruppe - sensitivity group
Selbstergänzung - cooptation
Selbsterhaltung - self-preservation
Selbsterhaltungstrieb - instinct of self-preservation, self-preservative instinct
Selbsterkenntnis - self-consciousness
Selbsterkundung - self-exploration
Selbsterniedrigung - self-abasement
Selbstformung - autoshaping
Selbstgefälligkeit - complacency
Selbstgefühl - proprium, self-feeling
Selbstgenügsamkeit - self-sufficiency
Selbstgerechtigkeit - self-rightousness
Selbstgespräch - soliloquy
Selbstgewißheit - self-certainty
Selbsthaß - self-hatred
Selbstheilungskräfte des Marktes - self-regulating forces of the market
Selbsthilfe - self-help
Selbsthilfegruppe - non-professional helping group, self-help group
Selbsthilfeorganisation - self-help organization
Selbsthypnose - autohypnosis
Selbstidentität - self-sameness
Selbstinterpretation - self-interpretation
Selbstkontrolle - self-control
Selbstkonzept - self-concept
Selbstkritik - self-criticism
Selbstmitleid - self-pity
Selbstmord - suicide
Selbstmotivierung - self-motivation
Selbstorganisation - self-organization
selbstorganisierendes System - self-organizing system
selbstreferentielles System - self-referential system

Selbstreferenz - self-reference
selbst-reflexiv - self-reflexion
Selbstregierung - home rule
Selbstreizung - auto-stimulation
Selbstrekrutierung - self-recruitment
Selbst-Schema - self-schema
Selbstsicherheit - self-assurancy, self-confidence
selbststeuerndes Netzwerk - self-steering network
Selbststudium - self-instruction
Selbstsucht - egotism
Selbstüberwindung - self-overcoming
selbstunsichere Persönlichkeitsstörung - avoidant personality disorder
Selbstverherrlichung - self-glorification
Selbstverteidigungsrecht - right of self-defense
Selbstvertrauen - self-confidence
selbstverwaltet - self-governed
Selbstverwaltung - self-government
Selbstverwirklichung - self-fulfillment, self-realization
Selbstwahrnehmungstheorie - self-perception theory
Selbstwertgefühl - feeling of self-value
Selbstwiderspruch - self-contradiction
Selbstwirksamkeit - self-efficacy
Selbstzählung - self-enumeration
Selbstzerstörung - self-destruction
Selbstzuschreibung - self-attribution
Selbstzweck - end in itself
Selektion - selection
Selektionsmethode - screening device
selektive Aufmerksamkeit - selective attention
selektive Wahrnehmung - selective perception
Selektivität - selectivity
Semantik - semantics
semantische Beziehung - semantic relation
semantische Generalisierung - semantic generalization
semantische Konditionierung - semantic conditioning
semantisches Gedächtnis - semantic memory
semantische Struktur - semantic structure
Semasiologie (Bedeutungslehre) - semasiology
Semester - term

Seminar - seminar
semipatriarchalische Familie - semi-patriarchal family
semipräsidentielles Regierungssystem - semi-presidential government
Semisouveränität - semi-sovereignty
Senat - Senate
Senator - senator
Sender - transmitter
Sendung - mission
Sendungsbewußtsein - sense of mission
Seniorität (höheres Alter) - seniority
Senioritätsprinzip - seniority principle, seniority rule
Senkung - cutback, reduction
Sensation - sensation
Sensationalismus - sensationalism
sensationell - sensational
Sensationshascherei - muckraking
Sensationsjournalist - muckraker
Sensationspresse - gutter press
Sensibilisierung - sensitization
Sensibilität - sensibility, sensitivity
Sensitisierung - pseudo conditioning
Sensitivität - sensitivity
Sensitivitätstraining - sensitivity training
Sensomotorik - sensomotor process
sensorische Deprivation - sensory deprivation
sensorisches Gedächtnis - sensory memory
Sentiment - sentiment
Separatfriede - separate peace
Separatismus - separatism
sequentiell - sequential
sequentielle Stichprobe - sequential sampling
Sequenz - sequence
Sequenzanalyse - sequential analysis
Sequestration - sequestration
Serie - sequence, series
serielles Lernen - serial learning
seßhaft - sedentary, settled
Seßhaftigkeit - sedentarism
Seßhaftmachung - sedentarization
Sex - sexual activity
Sexismus - sexism
Sexualerziehung - sexual education
Sexualethik - sexual ethics
Sexualforschung - sexology
Sexualität - sexuality
Sexualmoral - sexual morality

Sexualproportion - sex proportion, sex ratio
Sexualstörungen - sexual dysfunctions
Sexualverhalten - sexual behavior
Sexualwissenschaft - sexology
sexuelle Entwicklung - sexual development
sexuelle Reife - age of consent
sexueller Mißbrauch - sexual abuse
Sezession - secession
sich anpassen - adapt, adjust
sich auf eine Gesetzesbestimmung berufen - invoke the provisions of a statute
sich beschweren - complain
sich bewußt werden - realize
sich der Stimme enthalten - abstain from voting
sich distanzieren - dissociate oneself
sich durchsetzen - assert oneself
sich einer Sache widmen - devote
sich einer Sache zuwenden - devote
sich ein Urteil bilden - form a judgment
Sicherheit - pledge, security
Sicherheitsbedürfnis - safety need
Sicherheitsdilemma - security dilemma
Sicherheitsrat (UN) - Security Council (UN)
sicherstellen - secure
Sicherung - safeguard
sich fortpflanzen - reproduce
sich klar werden - realize
sich profilieren - make a name for oneself
sich sammeln - rally
sich selbst erfüllende Prophezeiung - self-fulfilling prophecy
sich selbst verwirklichender Mensch - self-actualizing person
sich selbst widerlegende Prophezeiung - self-defending prophecy, suicidal prophecy
sich um ein Amt bewerben - run for an office am.
sich unterscheiden von - differ from
sich verbünden - ally
sich zusammensetzen - be composed
Siedlungsdichte - density of settlement
Siedlungsform - form of settlement, residential pattern
Siedlungspolitik - policy of settlement
Siedlungsstruktur - settlement structure
Signal - signal

Signalentdeckung - signal detection
Signallernen - sign learning
Signalsystem - signal system
signifikant - significant
signifikanter Unterschied - significant difference
Signifikanz - significance
Signifikanzniveau - level of significance, significance level
Signifikanztest - significance test, test of significance
Silbenmessungslehre - prosody
Simulant - sham patient
Simulation - simulation
Simulation internationaler Beziehungen - simulation of international relations
Simulationsanalyse - simulation analysis
Simulationsexperiment - simulation experiment
Simulationsmodell - simulation model
simultan - simultaneous
Simultanbefragung - simultaneous survey
singulär - singular
Sinn - sense
Sinnesänderung - change of mind
Sinneseindruck - sensory impression
Sinnesempfindung - sensation
Sinnesgegebenheit - sense datum
Sinnesmodalität - sense modality
Sinnesorgan - sense organ
Sinnesphysiologie - sensory physiology
Sinnesstörungen - sensory disorders
Sinnestäuschung - illusion
Sinneswahrnehmung - sensation, sense perception
Sinneswandel - change of mind
Sinngebung - giving meaning, imparting meaning
sinngemäß auslegen - interpret by analogy
Sinnliche (das) - sensual
sinnliche Wahrnehmung - sense perception, sensory perception
Sinnlichkeit - pleasure
Sinnlosigkeit - pointlessness, senselessness
Sinnstiftung - giving meaning
Sinnstrukturen - structures of meaning
Sinnzusammenhang - context of meaning, meaningful relationship
Sippe - sib

Sippe mit Vaterfolge - gens
Sippengemeinde - clan community
Sippengemeinschaft - clan, kin community
Sippenmitglied - sib-mate
Sippenrecht - clan law
Sit-in - sit-in
Sitte - custom, mores, usage
Sittenordnung - normative order
Sittenverfall - moral decline
sittenwidrig - immoral
sittlicher Gehalt - ethos
Situation - situation
situationaler Rahmen - frame
Situationsanalyse - situational analysis
Situationsansatz - situational approach
Situationsethik - situation(al) ethics
Situationsstereotypie - situation stereotypy
Sitzanordnung - setting
Sitzenbleiben - have to repeat a year, stay down a year
Sitzordnung - seating order
Sitzstreik - sit-in
Sitzung - meeting, proceedings
Sitzungsbericht - minutes, protocol
Sitzungsperiode - session
Skala - scale
Skalenanalyse - scale analysis
Skalenbildung - scaling
Skalenerträge - returns to scale
Skalenpunktwert - scale score
Skalentypen - types of scale
Skalenwert - scale score
Skalierbarkeit - scalability
skalieren - scale
Skalierung - scaling
Skalierungsmethode - scaling technique
Skalierungsverfahren - scaling
Skandal - scandal
Skizze - plan
Sklavenhalterei - servitude
Sklaverei - slavery
Skript - script
Skrupellosigkeit - unscrupulousness
Skulptur - sculpture
Slang - slang
Slogan - slogan
Slum - slum
Slumsanierung - slum clearance
Slum- und Kneipenviertel - hobohemia
Snobismus - snobbery

Sofortbefragung - exit polling, intercept interview
Soldaten - military
Solidargemeinschaft - community bound by solidarity, unified community
Solidarität - solidarity
Solipsismus - solipsism
somatisch - somatic
Somatologie - somatology
Sonderausgabe - special expenditure
Sonderbeauftragter - special representative
Sonderbotschafter - ambassador-at-large
Sonderkindergärten - kindergarten for handicapped children
Sondermüll - hazardous waste
Sonderprivileg - vested
Sonderregelung - separate provision
Sonderschule - special school
Sonderschullehrer - special school teacher
Sonderschulunterricht - remedial education
Sondervotum - dissenting vote
sondieren - explore
Sondierungsgespräch - exploratory talk
Sonntagszeitung - Sunday paper
Sophistik - sophistry
Sorte - type
Souveränität - sovereignty
Sowjetkommunismus - soviet-communism
Sowjetsystem - soviet system
Soziabilität - sociability
sozial - social
Sozial- - social
Sozialabbau - cutback in the social welfare system
Sozialabgaben - social security contributions
Sozialanthropologie - social anthropology
Sozialarbeit - social work
Sozialarbeiter - social worker
Sozialberichterstattung - social accounting
Sozialcharakter - social character
Sozialdarwinismus - social Darwinism
Sozialdemokrat - social democrat
Sozialdemokratie - social democracy
Sozialdistanz-Skala - social-distance scale

soziale Abstoßung - social rejection
soziale Adaption - social adaption
soziale Anerkennung - social recognition
soziale Ansteckung - social contagion
soziale Bahnung - social faciliation
soziale Beschränkung - social constraint
soziale Bewegung - social movement
soziale Beziehung - social relation
soziale Demokratie - social democracy
soziale Differenzierung - social differentation
soziale Dimension - social dimension
soziale Distanz - social distance
soziale Einrichtung - enacted social institution, social institution
soziale Entwicklung - societal development
soziale Erwünschtheit - social desirability
soziale Fertigkeiten - social skills
soziale Gerechtigkeit - social justice
soziale Geschlossenheit - social closure
soziale Gesetzmäßigkeit - social law
soziale Gruppe - social group
soziale Gruppenarbeit - social group work
soziale Handlung - social act
soziale Herkunft - social origin
soziale Infrastruktur - social infrastructure
soziale Interaktion - social interaction
soziale Isolierung - social isolation
soziale Kognition - social cognition
soziale Kohäsion - social cohesion
soziale Kommunikation - social communication
soziale Konstruktion der Wirklichkeit - social construction of reality
soziale Kontrolle - social control
soziale Kosten - social cost
soziale Krise - social crisis
soziale Lerntheorie - social theory of learning
soziale Marktwirtschaft - social market economy
soziale Motive - social motives
soziale Netzwerke - social networks
soziale Normen - social norms
Sozialenquete - social survey
Sozialentwicklung - social development
soziale Physik - social physics

sozialer **Abstieg** - downward social mobility, social decline
sozialer **Aufsteiger** - social climber, upward mobile
sozialer **Aufstieg** - ascent, social ascendancy, social upward mobility, upward social mobility
sozialer **Bandit** - social bandit
soziale **Reform** - social reform
sozialer **Faktor** - social factor
sozialer **Friede** - social peace
sozialer **Indikator** - social indicator
sozialer **Konflikt** - social conflict
sozialer **Kontakt** - exposure
soziale **Rolle** - social role
sozialer **Protest** - social protest
sozialer **Prozeß** - social process, societal process
sozialer **Status** - social status
sozialer **Tatbestand** - social fact
sozialer **Wandel** - social change
sozialer **Wohnungsbau** - social welfare housing
sozialer **Zerfall** - social dissociation
Sozialerziehung - social learning
soziales **Alter** - social age
soziales **Atom** - social atom
soziales **Bedürfnis** - social need
soziale **Schicht** - social stratum
soziale **Schichtung** - social stratification
soziales **Entscheidungsverhalten** - public choice, social choice
soziales **Erbe** - social heritage
soziales **Faulenzen** - social loafing
soziales **Gefälle** - social gradation
soziales **Gleichgewicht** - social equilibrium
soziales **Handeln** - social action
soziale **Sicherheit** - social security
soziales **Klima** - social climate
soziales **Lernen** - social learning
soziale **Spaltung** - social cleavage
soziales **Problem** - social problem
soziales **System** - social system
soziale **Standards** - social standards
soziale **Stellung** - social position
soziale **Stimulation** - social stimulation
soziales **Umfeld** - social environment
soziales **Wesen** - social being
soziale **Ungleichheit** - social inequality
soziale **Unterschicht** - underclass
soziale **Ursache** - social cause
soziale **Verursachung** - social causation

soziale **Wahrnehmung** - social perception
soziale **Wirklichkeit** - social reality
Sozialformen des Unterrichts - social forms of teaching
Sozialforschung - social research
Sozialfürsorge - social welfare, welfare
Sozialgeographie - social geography
Sozialgeschichte - social history
Sozialgesetze - social legislation
Sozialgesetzgebung - social legislation
Sozialhilfe - relief, welfare, welfare benefits
Sozialhygiene - social hygiene
Sozialintegration - social integration
Sozialisation - socialization
Sozialisationsagentur - agency of socialization
Sozialisationsagenturen - agencies of socialization
Sozialisationsträger - agency of socialization
Sozialisierung - socialization
Sozialisierungsprozeß - socialization process
Sozialismus - socialism
Sozialkosten - social cost
Sozialkritik - social criticism
Sozialkunde - social studies
Soziallasten - social welfare expenditures
Sozialleben - social life
Sozialleistungen - fringe benefits, social services
Sozialmedizin - social medicine
Sozialökologie - social ecology
Sozialökonomie - socioeconomics
Sozialpädagogik - social education
Sozialpartner - management and labor
Sozialpartnerschaft - industrial relations, the two sides of industry
Sozialphilosophie - social philosophy
Sozialplan - social plan
Sozialpolitik - social policy
Sozialprodukt - national product
Sozialprogramm - social program
Sozialpsychiatrie - social psychiatry
Sozialpsychologie - social psychology
Sozialstaat - social state, welfare state
Sozialstatistik - social accounting, social statistics
Sozialstruktur - social composition, social structure

Sozialtechnologie - social engineering, social technology
Sozialtechnologie der kleinen Schritte - piecemeal social engineering
Sozialtheorie - social theory
Sozialtrieb - social instinct
sozial ungerechtfertigt - socially unjustified
Sozialverhalten - social behavior
Sozialversicherung - social insurance, social security, social security insurance
sozialversicherungspflichtig - liable for social insurance
Sozialvertrag - social contract
sozialverträglich - socially acceptable
Sozialverwaltung - social administration
Sozialwissenschaften - social sciences
Sozialwohnung - council flat
Soziobiologie - sociobiology
Soziodrama - sociodrama
Soziodynamik - sociodynamics
Soziogramm - sociogram
soziokulturell - sociocultural
soziokulturelle Integration - sociocultural integration
soziokultureller Wandel - sociocultural change
soziokultureller Wert - sociocultural value
Soziolekt - sociolect
Soziolinguistik - sociolinguistics
Soziologie - sociology
Soziologie der Religion - sociology of religion
Soziologie des Dorfs - village research
soziologisch - sociological
soziologische Jurisprudenz - sociological jurisprudence
soziologische Methode - sociological method
soziologische Phantasie - sociological imagination
soziologische Prognose - sociological prediction
soziologischer Begriff - sociological concept
soziologischer Determinismus - sociological determinism
soziologischer Tatbestand - social fact
soziologisches Gesetz - sociological law
soziologisches Phänomen - sociological phenomenon

soziologische Theorie - sociological theory
Soziometrie - sociometry
soziometrische Methode - sociometric method
sozioökonomische Entwicklung - socioeconomic development
Spalte - column
spalten - split
Spaltensumme - column totals, sum total
Spaltentitel - column title
Spaltenüberschrift - column caption, column heading
spalterische Haltung - factionalism
Spaltung - disruption, dissociation, fragmentation
Spannkraft - resilience
Spannung - stress, tension
Spannungsbewältigung - tension management
Spannungsfall - state of tension
Spannungsgebiet - area of tension
Spannungsmanagement - tension management
Spannungsreduktion - tension-reduction
Sparmaßnahme - savings measure
Sparpolitik - belt-tightening policies
Spätkapitalismus - late capitalism
Speicher - storage
Spekulation - speculation
spekulieren - speculate
Spende - contribution, donation
Sperre - barrier
Sperrfrist - blocking period, waiting period
Sperrgebiet - forbidden zone, prohibited area
Sperrklausel - restrictive clause
Sperrklausel im Wahlrecht - threshold
Sperrminorität - vetoing stock
Spezialisierung - specialization
Spezies - species
Spezifikation - specification
Spezifität - specificity
Sphäre - domain
Spiegelmetapher - mirror metaphor
Spiel - game, play
Spielplatz - playground
Spielraum - scope
Spielregel - rule of the game
Spieltheorie - game theory
Spieltherapie - play therapy

Spieltrieb - play drive
Spielzeug - plaything, toy
Spionage - espionage
Spirale der Gewalt - spiral of violence
Spiritismus - spiritism
Spiritualisierung - spiritualization
Spiritualismus - spiritism
Spitzfindigkeit - sophistry
Splitterpartei - splinter party
sponsern - sponsor
Sponsor - sponsor
spontane Erholung - spontaneous
recovery
Spontaneität - spontaneity,
spontaneous behavior
Sport - sports
Sportunterricht - sports lessons
Spott - ridicule
Sprachbarriere - language barrier
Sprachbewußtsein - language
consciousness
Sprache - language
Sprachenpolitik - glottopolitics
Sprachentwicklung - language
development
Spracherwerb - acquisition of language,
language acquisition
Sprachfähigkeit - verbal ability
Sprachfamilie - language family
Sprachfehler - language handicaps
Sprachfertigkeit - language proficiency
Sprachfunktionen - linguistic functions
Sprachgemeinschaft - language
community, speech community
Sprachkompetenz - language
competence
Sprachlabor - language laboratory
sprachliches Spiel - speech play
Sprachminderheit - language minority,
linguistic minority
Sprachphilosophie - language
philosophy
Sprachrohr - organ
Sprachspiel - speech play
Sprachstörung - aphasia, speech
impediment
Sprachtherapie - speech and language
therapy
Sprachunterricht - language teaching
Sprachverhalten - language behavior
Sprachvermögen - language skills,
language

Sprachverständnis - language
understanding
Sprachwissenschaft(en) - linguistics
Sprechakt - speech act
Sprechakttheorie - speech act theory
Sprechangst - speech anxiety
Sprecher - spokesman
Sprecherziehung - speech training
Sprechvermögen - language, speech
Sprechweise - speech mode
Staat - body politic, state
Staatenbund - confederation, federation
Staatengemeinschaft - community of
nations
Staatenlose - stateless persons
Staatensukzession - succession of states
Staatenverbindung - union of states
staatlich - public, state, state-run
staatliche Aufsicht - state supervision
staatliche Aufsichtsbehörde -
government regulatory commission
staatliche Beihilfe - state aid
staatliche Beteiligungen - government
interests
staatliche Garantie - government
guarantee
staatliche Kontrolle - government
control
staatliche Organe - state bodies
staatliche Planung - government
planning, state planning
staatlicher Betrieb - public enterprise
staatliche Rechtsnachfolge - state
succession
staatlicher Eingriff - government
interference
staatlicher Interventionismus -
government interventionism
staatliches Eingreifen - state action
staatliches Enteignungsrecht - eminent
domain
staatliches Monopol - public monopoly
staatlich finanziert - state financed
staatlich gefördert - government
sponsored
Staatsakt - act of state
Staatsangehöriger - subject
Staatsangehörigkeit - citizenship,
nationality
Staatsangelegenheit - affair of state
Staatsanleihe - government loan
Staatsanwalt - public prosecutor
Staatsapparat - state machinery

Staatsauffassung - view of the state
Staatsaufsicht - government supervision
Staatsausgaben - government expenditures, government spending
Staatsbankrott - national bankruptcy
Staatsbesitz - state-ownership
Staatsbesuch - state visit
Staatsbürger - citizen, subject
Staatsbürgerkunde - civic education
staatsbürgerliche Assimilation - civic assimilation
Staatsbürgerpflicht - civic duty
Staatsbürgerrecht - citizenship
Staatsbürokratie - public bureaucracy
Staatseinkünfte - revenue
Staatsexamen - state examination
Staatsfeind - public enemy
Staatsform - form of government
Staatsfunktionen - state functions
Staatsgebiet - national territory, territorial domain
Staatsgeheimnis - state secret
Staatsgewalt - public authority
Staatsgrenze - state border
Staatshaftung - state liability
Staatsintervention - government intervention, state intervention
Staatskapitalismus - state capitalism
Staatskirche - state church
Staatsklugheit - statemanship
Staatskunst - state craft, statemanship
Staatslehre - general theory of the state, theory of the state
Staatsmacht - state power
Staatsmann - statesman
Staatsminister - minister of state
Staatsmonopol - government monopoly
Staatsoberhaupt - chief of state, head of state, head of the state
Staatspartei - ruling party
Staatspräsident - president of the state
Staatsräson - reason of state
Staatsreligion - state religion
Staatsschulden - national debts
Staatssekretär - undersecretary of state
Staatssicherheitsdienst - state security police
Staatssozialismus - state socialism
Staatsstreich - coup d'état
Staatstheorie - theory of the state
Staatsunternehmen - state-owned enterprise
Staatsvergötzung - state-worship

Staatsversagen - failure of the state
Staatsverschuldung - deficit financing, public debt
Staatsvertrag - treaty
Staatsverwaltung - state administration
Staatswesen - polity
Staatswirtschaft - public economy, state economy
Stab - staff
Stabdiagramm - bar chart, bar diagram
stabiler Prozeß - stable process
stabiler Zustand - steady state
stabiles Gleichgewicht - stable equilibrium
stabile Währung - stable currency
Stabilisierungsfunktion - maintenance function
Stabilisierungspolitik - stabilization policy
Stabilität - stability
Stabilitätspolitik - stability policy
Stabsfunktion - staff function
Stabstelle - staff position
Stadium - stage
Stadium des moralischen Realismus - stage of moral realism
Stadt - city
Stadt (mit Selbstverwaltung) - municipality
Stadt- - urban
Stadtbewohner - city-dweller
Stadtbild - townscape
Städtebaupolitik - urban development policy
Stadtflucht - rural-urban migration, urban-rural migration
städtisch - municipal, urban
städtische Bevölkerung - urban population
städtische Gemeinde - urban community
städtische Kultur - urban culture
städtischer Lebensstil - urban way of life
städtisches Gebiet - urban area
städtisch-ländlich - rural-urban
Stadt-Land-Gegensatz - rural-urban differences
Stadtplanung - town planning, urbiculture
Stadtrand - suburbia
Stadtsanierung - urban renewal
Stadtsoziologie - urban sociology

Stadtstaat - city-state, citystate
Stadtversammlung - town meeting
Stadtverwaltung - city government, urban administration
Stagflation - stagflation
Stagnation - stagnation
Stalinismus - Stalinism
Stamm - line of descent, tribe
Stammbaum - lineage, pedigree
Stammesentfremdung - detribalization
Stammesgebiet - tribal area
Stammesgebräuche - tribal customs
Stammesgesellschaft - tribal society
Stammesvater - patriarch
Stammtischpolitiker - would-be politician
Stammwähler - standing voter
Stand - degree, estate, level, status
Standard - unit
Standardabweichung - mean square deviation, standard deviation
Standardfehler eines Schätzwertes - standard error of an estimate
standardisieren - standardize
standardisierte Befragung - standardized interview
standardisierte Beobachtung - standardized observation
standardisierte Regression - standardized regression
standardisiertes Mittel - standardized mean
standardisierte Verteilung - standardized distribution
standardisierte Zufallsgröße - standardized random variable
Standardisierung - standardization
Standardmaß - standard measure
Standardnormalverteilung - standard normal distribution
Standardwert - standard score
Ständegesellschaft - corporate society, estate society
Ständeordnung - corporative system, system of estates
standesamtliche Erfassung - civil registration
Ständestaat - corporate state, estate system
Ständesystem - estate system
Ständiger Ausschuß - standing committee

ständiger Beirat - permanent advisory board
ständige Vertretung - mission
Standort - location, position
Standortbestimmung - determination of a position
Standortfaktoren - location factors
Standortgebundenheit des Denkens - existential determination
Standpunkt - point of view, stance, viewpoint
Standrecht - martial law
Stärke - power, strength
stärken jmd. - support
Statik - statics
Stationierung - deployment
statisch - static
statische Gesellschaft - static society
statische Kultur - static civilization
statisches Gleichgewicht - static equilibrium
statisches Modell - static model
statische Zivilisation - static civilization
Statistik - statistics
statistische Analyse - statistical analysis
statistische Beschreibung - statistical description
statistische Entscheidungsfunktion - statistical decision function
statistische Erklärung - statistical explanation
statistische Grundgesamtheit - statistical population
statistische Hypothesenprüfung - statistical hypothesis testing
statistische Induktion - statistical induction
statistische Inferenz - statistical inference
statistische Interaktion - specification
statistische Karte - cartogram
statistische Maßzahl - statistic
statistische Methoden - statistical methods
statistische Reliabilität - statistical reliability
statistisch erfaßt - statistically recorded
statistischer Fehler - statistical error
statistischer Fehlschluß - statistical fallacy
statistisches Aggregat - statistical aggregate
statistisches Gesetz - statistical law

statistische Signifikanz - statistical significance
statistisches Schließen - statistical inference
statistische Streuung - statistical disperson
statistische Tabelle - table
statistische Testverfahren - statistical tests
statistische Verteilung - statistical distribution
statistische Verzerrung - statistical error
statistische Wahrscheinlichkeit - statistical probability
statistische Zufälligkeit - randomness
Statthalter - satrap
Statthalterschaft - satrapy
Status - status
Statusangst - status anxiety
Statusdistribution - status distribution
Statusgruppe - status group
Statusinkongruenz - status incongruence
Statusinkonsistenz - status inconsistency
Statuskonsistenz - status consistency
Statusmerkmal - status characteristic
Statussicherheit - status security
Statussicherung - status stratification
Statussymbol - status symbol
Statusunsicherheit - status insecurity
Statusverlust - degradation
Statuszuschreibung - status ascription
Statut - charter, statute
stehendes Heer - standing army
steigern - enhance
Steigerung - enhancement, progression
Steilheit - excess
stellen (ein Problem) - state
Stellenmarkt - employment market
Stellenvermittlung - employment service
Stellenwert - saliense
Stellung - position, situation, standing
Stellungnahme - comment
stellvertretend - vice
stellvertretendes Lernen - vicarious learning
Stellvertreter - deputy
Stellvertretung - deputizing, proxy
Sterbetafel - life table, mortality table

Sterbeziffer - central death rate, death rate, mortality rate
Sterblichkeit - mortality
Stereotyp - stereotype
Sterilisierung - sterilization
Stetigkeit - continuity
Steuer - rate, tax
Steuerabkommen - tax agreement
Steueranreiz - tax incentive
Steueraufkommen - tax revenue
steuerbegünstigt - tax favored
Steuerbelastung - tax burden
Steuerbemessungsgrundlage - tax base
Steuereinnahmen - inland revenue, tax receipts
Steuererhöhung - tax increase
Steuergesetz - taxation law
steuerlich - fiscal
Steuern - taxation
steuerpflichtig sein - be liable for tax
Steuerpolitik - fiscal policy
steuerpolitische Maßnahme - tax measure
Steuerprotest - tax revolt
Steuersatz - rate of taxation
Steuersenkung - tax cut
Steuersystem - fiscal system
Steuerung - control, monitoring, steering
Steuerungskapazität - steering capacity
Steuervergünstigung - tax allowance
Stichhaltigkeit - validity
Stichprobe - sample
Stichprobe mit bewußter Auswahl - purposive sample
Stichprobenauswahl - random digit sampling
Stichprobenbildung - sampling
Stichprobenerhebung - sample survey
Stichprobenfehler - random sampling error, sampling error, selection bias, variable error
Stichprobenmaßzahl - sample statistic
Stichprobenmedian - sample median
Stichprobenmittel - sample mean
Stichprobenraum - sample space
Stichprobentheorie - sampling theory
Stichprobenumfang - sample size
Stichprobenvariabilität - sampling variability
Stichprobenvariable - sample variable
Stichprobenverfahren aus der Masse - bulk sample

Stichprobenverfahren im Gittermuster - configurational sampling
Stichprobenverteilung - sampling distribution
Stichwahl - ballotage, final ballot, second ballot
Stichwahl *am.* - run-off election *am.*
Stichwort-Methode - peg-word method
Stiftung - foundation
Stigma - stigma
Stigmatisierung - stigmatization
Stil - style
stilisieren - stylize
Stillhalteabkommen - standstill agreement
stillschweigend - tacit
stillschweigende Übereinkunft - implicit understanding, tacit agreement
stillschweigende Voraussetzung - tacit presupposition
Stillstand - stagnancy, tie-up
Stillstand in der Politik - political gridlock
Stilmittel - stylistic device
Stimmberechtigter - voter
Stimme - voice
Stimme der Vernunft - voice of reason
Stimme des Gewissens - voice of conscience
Stimmenaufspaltung - split-ticket voting
Stimmenauszählung - counting of votes
Stimmenfang - vote catching
Stimmengleichheit - equality in vote, tie
Stimmenkauf - buying of votes
Stimmenmehrheit - majority
Stimmensplitting - splitting, ticket splitting
Stimmenthaltung - abstention from voting
Stimmergebnis - vote
Stimmigkeit - consistency
Stimmrecht - franchise, right to vote, suffrage, voice
Stimmung - mood
Stimmvieh - herd of voters
Stimmzettel - ballot, ticket
Stimulation - stimulation
Stimulus - stimulus
Stimulusäquivalenz - stimulus equivalence
stochastische Aussage - stochastic proposition

stochastische Variable - variate
Stoff - subject matter, subject, theme
Störfaktor - source of disturbance, source of interference
Störung - interference
Störungen - disturbances
Störvariable - nuisance variable
Strafe - penalty
Straferlaß - remission
Strafjustiz - criminal justice
Strafrecht - criminal law
Strafsanktion - penal sanction
Straftat - offense
Strategie - strategy
Strategie entwickeln - lay out a strategy
strategisch - strategic
strategische Planung - strategic planning
Stratifikation - stratification
Streik - strike
Streikbrechen - scabbing, strikebreaking
Streikbrecher - scab
Streikposten - picket
Streikrecht - right to strike
Streikschlichtung - strike settlement
Streit - quarrel, struggle
streiten - quarrel
Streitfrage - disputed question, issue
Streitgegenstand - subject of controversy
Streitkräfte - armed forces, forces, troops
Streitkultur - standards of controversy
Streitschrift - pamphlet
Strenge - austerity, rigidity
Strenge eines Tests - strength of a test
streng vertraulich - strictly confidential
streng wissenschaftlich - strictly scientific
Stress - stress
Streß - stressor
Streßbewältigung - coping with stress, stress management
streuen - spread
Streuung - dispersion, scatter, spread, standard deviation, variance
Streuungsanalyse - variance analysis
Streuungsbreite - range
Streuungsdiagramm - scatter diagram
Streuungsmaß - measure of dispersion, measure of variability
strichlinienförmig - linear

strittig - controversial, debatable
strittige Frage - matter in dispute
strittiger Punkt - point at issue
Strohmann - rubber stamp
Strömung - flow, tendency
Struktur - configuration, structural, structure
strukturale Anthropologie - structural anthropology
strukturale Äquivalenz - structural equivalence
Strukturalismus - structuralism
Strukturanalyse - structural analysis
Struktur des sozialen Handelns - structure of social action
strukturell - structural
strukturelle Anpassung - structural adaptation, structural adjustment
strukturelle Arbeitslosigkeit - structural unemployment
strukturelle Differenzierung - structural differentiation
struktureller Imperativ - structural imperative
strukturell-funktionale Analyse - structural-functional analysis
strukturell-funktionale Theorie - structural-functional theory
Strukturfunktion - structural function
Strukturfunktionalismus - structural functionalism
Strukturgleichung - structural equation
Strukturhilfe - restructuring aid
strukturierte Befragung - structured interview
strukturierte Frage - restricted question
strukturierter Fragebogen - structured questionnaire
Strukturierung - structuration, structurization
Strukturpolitik - adjustment policy, development policy, structural policy
strukturschwach - structurally weak
strukturschwache Region - structurally weak area
Strukturvariable - structural variable
Strukturveränderung - changing pattern
Strukturvergleich - structural comparison
Strukturwandel - structural change
Student - student

Studentenbewegung - student movement
Studentenunruhen - student riots
Studie - investigation, study
Studienabbrecher - dropout, who want to discontinue their studies
Studienberatung - student counseling, study guidance
Studienfach - study, subject
Studiengang - course of study
Studienobjekt - subject of study
Studienordnung - study regulations
Studienreform - reform of courses of study
Studienvorbereitung - preparation for further study
studieren - study
Studierfähigkeit - ability to study
Studierfreiheit - freedom of opportunity to study
Studio - theater
Studium abbrechen - drop out of university
Stufe - stage
Stufenfunktion - step function
Stufung - grading
Stumpfheit - blunted affect
Stundenplan - schedule, timetable
Subjekt - subject
Subjekt der Geschichte - subject of history
subjektiv - subjective
Subjektivation - subjectification
subjektive Überzeugungen des Lehrerhandelns - teacher beliefs
subjektive Wahrscheinlichkeit - subjective probability
Subjektivierung - subjectification, subjectivization
Subjektivismus - subjectivism
Subjektivität - subjectivity
Subkultur - subculture
subkulturell - subcultural
Sublimierung - sublimation
subliminales Lernen - subliminal learning
Subsidiarität - subsidiarity
Subsidiaritätsprinzip - principle of subsidiarity, subsidiarity principle
Subsidie - subsidy
Subsistenzwirtschaft - subsistence economy
Substanz - content, essence, substance

Substitut - substitute
Substitution - substitution
Substruktur - substructure
subsumieren - subsume
Subsystem - subsystem
Subtext (Botschaft eines Textes) - subtext
Suburbanisierung - suburbanization
Subvention - bounty, grant-in-aid, subsidy, subvention
Subversion - subversion
Sucht - addiction
süchtig - addicted
Suffragette (Frauenwahlrechtlerin) - suffragette
Suggestibilität - suggestibility
Suggestion - black propaganda, suggestion
Suggestivfrage - desired goal question, leading question, loaded question, suggestive question
Suggestivwerbung - suggestive advertising
Sühne - propitation
Sühneopfer - propitation
Suizid - suicide
Suizidversuch - suicide attempt
Sukzession - succession
sukzessive Annäherung - approximation conditioning
Summenhäufigkeit - cumulative frequency
Summierung - summation
Sündenbock - scapegoat
Sündenbocktheorie des Vorurteils - scapegoat theory
Supervision - supervision
supranationale Organisation - supranational organization
Supranationalismus - supranationalism
Supranationalität - supranationality
Suprasystem - suprasystem
Suprematie - supremacy
Surrogat - surrogate
suspendieren - suspend
Suspension - suspension
suspensives Veto - suspensive veto
Syllogismus - syllogism
Symbiose - symbiosis
Symbol - symbol
Symbolik - symbolism
symbolische Politik - symbolic policy

symbolischer Ausdruck - symbolic expression
symbolischer Interaktionismus - symbolic interactionism
symbolisches Verhalten - symbolic behavior
symbolisieren - symbolize
Symbolisierung - symbolization
Symbolismus - symbolism
Symbolzeichen - symbol
Symmetrie - symmetry
symmetrische Verteilung - symmetric distribution
Sympathie - sympathy
Sympathiestreik - secondary strike
Symptom - indicant, symptom
Symptombildung - reaction formation
Synchronisation - dubbing, synchronization
synchronischer Vergleich - synchronic comparison
Syndikalismus - syndicalism
Syndrom - syndrome
Synergetik - synergetics
Synergieeffekt - synergy/synergetic effect
Synkretismus - syncritism
synonym - synonymous
Synonymität - synonymity
Syntaktik - syntactics
syntaktische Regel - syntactical rule
Synthese - synthesis
System - framework, scheme, system
Systemanalyse - system analysis, systems analysis
systemanalytische Planung - systems planning
systematisch - systematic
systematische Auswahl - systematic sample
systematische Methode - systematic method
systematisches Auswahlverfahren - systematic sampling
systematisches Denken - systematic thought
systematische Theorie - systematic theory
Systematisierung - systematization
systembedingt - determined by the system, system dependent
Systemdenken - system approach, systems thinking

System der sozialen Kontrolle - control system
Systemdifferenzierung - system differentiation
Systemeigenschaft - systemic property
Systementwurf - system design
Systemerfordernisse - systems requirements
Systemerhaltung - system maintenance
Systemforschung - systems research, systems theory
Systemgrenzen - system limits
systemimmanent - intrasystemic
Systemimmanenz - system immanence
Systemintegration - systemic integration
systemisch - systemic
System kollektiver Sicherheit - system of collective security
Systemkomplexität - system complexity
Systemlosigkeit - systemlessness
Systemplanung - systems engineering, systems planning
Systemsoziologie - systems theory
systemtheoretische Soziologie - systems theory
Systemtheorie - systems theory
Systemvariable - system variable
System von Institutionen - institutional system
Systemziel - system goal
Systemzwänge - structural constraints
Szenario - scenario
Szenarium - scenario
szenisches Spiel - scenic play
Szientismus - scientism

T

tabellarisch - tabular
Tabelle - chart, index, schedule, table
Tabellenpunkt - item
Tabellierung - tabulation
Tabu - taboo
tabuisieren - taboo
tabularisch - tabular
Tabulierung - tabulation
Tadel - bad mark
Tafel - chart
Tagebuch - diary
tagen - sit in a conference
Tagesmutter - child-minder
Tagesordnung - agenda
Tagespolitik - day-to-day politics, politics of the day
Tagespresse - daily press
Tageszeitung - daily newspaper
Tagtraum - daydream
Tagung - conference, meeting
Tagungsbericht - conference paper
Takt - tact
taktieren - maneuver, proceed practically
Taktik - tactics
taktlos - tactless
Talent - natural gift, talent
Talententwicklung - talent development
Talentidentifizierung - talent identification
Tanz - dance
Tarif - rate, scale, tariff
Tarifabschluß - labor settlement
Tarifautonomie - collective bargaining, free collective
tariffäre Handelshemmnisse - tariff barriers
Tariflohn - standard wage, union wage
Tarifverhandlungen - collective bargaining
Tarifvertrag - labor agreement, wage agreement
Tastsinn - skin sense
Tat - action
Tätigkeit - activity
Tatsache - fact, matter of fact, reality
Tatsachenaussage - factual judgment
Tatsachenbericht - true story

Tatsachenermittlung - fact finding
tatsachenorientiert - fact-oriented
Tatsachenurteil - factual judgment
tatsächlich - actually
tatsächliches Selbst - actual self
tatsächliches Verhalten - actual behavior
Tausch - exchange
täuschen - deceive
Tauschgesellschaft - barter society
Täuschung - deception
Tauschwertsymbol - token
Tautologie - tautology
tautologische Aussage - tautological proposition
Taxierung - valuation
Taxonomie - taxonomy
taxonomisches System - taxonomic system
Team - team
Technik - engineering, technique
technischer Fortschritt - technical progress
technischer Unterricht - technical education
Technische Universität - technical university
Technokratie - technocracy
technokratisches Denken - technocratic thinking
Technologie - technology
Technologiefolgenabschätzung - technology assessment
Technologieschub - technological leap
Technologietransfer - transfer of technology
technologische Innovation - technological innovation
technologischer Fortschritt - technological progress
technologischer Wandel - technological change
Teenagerkultur - youth culture
Teilaspekt - part
teilen - split
Teilerfolg - partial success
Teilerhebung - incomplete census, sample census
teilhaben - participate
Teilnahme - attendance, participation, share
Teilnahmslosigkeit - apathy
teilnehmen - take part

teilnehmen an - attend, share in
teilnehmende Beobachtung -
participant observation
Teilnehmer - participant
Teilnehmerkreis - range of participants
teilstrukturiertes Interview -
semi-structured interview
Teilstück - allotment
Teilstudie - partial study
Teilung - division
Teilzeitarbeit - part-time job, part-time
work
Teilzeitschule - part-time school
Telefonbefragung - telephone interview
telefonische Befragung - voice-to-voice
interview
telefonisches Koinzidenzinterview -
coincidental telephone interview
Teleologie - teleology
teleologisch - teleological
Temperament - temper, temperament
Tempo angeben - set the pace
Tendenz - tendency
Tendenzblatt - tendentious paper
tendenziös - tendentious
tendenziöser Bericht - tendentious
report
Tendenzliteratur - tendencious
literature
Tendenzwende - change in trend
Tentieren - tentation
Term - term
Terminologie - terminology
Terminus - expression, term
territorialer Instinkt - territoriality
Territorialität - territoriality
Territorialitätsprinzip - principle of
territoriality
Territorialverhalten - territoriality
Territorium - territory
Terror - terror
Terrorismus - terrorism
Terrorist - terrorist
Terrorregime - regime of terror
tertiär - tertiary
tertiärer Sektor - tertiary sector
Test - education, test, trial
Testaufgaben - test items
Testbarkeit - testability
Testbatterie - test battery
Test des linksseitigen Segments -
lower-tail test

Test des rechtsseitigen Segments -
upper-tail test
Testentwicklung - test construction
Testfrage - test question
Testgruppe - test group
Testkonstruktion - test analysis
Testperson - subject
Testsituation - test situation
Testtheorie - test theory
tetrachorische Korrelation - tetrachoric
correlation
Text - text
Textanalyse - content analysis, text
analysis
Textausgabe - text edition
Textbaustein - text module
Textinterpretation - text(ual)
interpretation
Textkritik - text(ual) criticism
Textprogramm - text program
Textverarbeitung - text processing,
word processing
Textverarbeitungsprogramm - word
processing (text)program
Textvergleich - comparison of texts
Textverstehen - text comprehension
Thanatologie (Wissenschaft vom Tod)
- thanatology
Theater - theater
Theaterkritik - drama critics
Thema - issue, subject, subject matter,
theme, topic
thematisieren - make something a
subject of discussion, thematize
Thema zur Debatte stellen - raise an
issue
Themenbereich - subject area
themenzentrierte Interaktion -
theme-centered interaction
Theodizee - theodicy
Theokratie - theocracy
Theologie - theology
Theorem - theorem
Theoretiker - theoretician
theoretisch - theoretical
theoretische Auswahl - theoretical
sampling
theoretischer Begriff - theoretical term
theoretisches Konstrukt - construct,
theoretical construct
theoretisieren - theorize
Theorie - theory

Theorie aufstellen - put forward a theory

Theorie der ausgehandelten Ordnung - negotiated order approach

Theorie der Forschungsprogramme - theory of research programs

Theorie der Gerechtigkeit - theory of justice

Theorie der Informationsverarbeitung - theory of information processing

Theorie der kognitiven Dissonanz - cognitive dissonance hypothesis

Theorie der Moderne - theory of modernity

Theorie der Phasenfolge - phase of sequence theory

Theorie der Politik - political theory

Theorie der Politikverflechtung - theory of interlocked federalism

Theorie der schwachen Medienwirkung - theory of minimal effects

Theorie der unbewußten Schlüsse - theory of unconscious inferences

Theorie der Verallgemeinerungsfähigkeit - generalizability theory

Theorie der Vermittlung - mediation theory

Theorie der Wahlakte - theory of choice

Theorie der Warteschlangen - waiting-line theory

Theorie der zentralen Orte - central place theory

Theorie der zwei Kulturen - theory of the two cultures

Theorie des Einstellungwandels - attitude-changes theory

Theorie des freien Willens - free will theory

Theorie des gerechten Krieges - theory of just war

Theorie des idealen Beobachters - theory of the ideal observer

Theorie des kommunikativen Handelns - theory of communicative action

Theorie des Messens - theory of measurement

Theorie des sozialen Handelns - social action theory

Theorie des Verstehens - theory of understanding

theoriegebunden - theory-bound

Theorie großer Reichweite - broad theory, grand theory, wide-range theory

Theorie kürzerer Reichweite - narrow-range theory

Theorie mittlerer Reichweite - middle range theory, theory of middle range

Theorienbildung - theory formation

Theoriendynamik - dynamics of theories

Theorienimmunisierung - immunization of theory

Theorienpluralismus - pluralism of theories, theory pluralism

Theorienreduktion - theory reduction

Theorienstreit - dispute between theories

Theorieverdrängung - displacement of a theory

Therapie - therapy

Therapieerfolg - treatment effect

Therapiegruppe - therapy group

These - thesis

Thronrede - speech from the throne

Tiefenbefragung - depth interview

Tiefeninterview - depth interview, free-response interview

Tiefenpsychologie - deep psychology, depth psychology

Tiefenstruktur - deep structure

Tiefenwahrnehmung - depth perception

tiefergehende Informationsverarbeitung - deep processing

tiefgehend - thorough

tiefschürfend - profound

Tierschutz - animal protection

Titel - caption, title

Todesfeststellung - diagnosis of death

Todessehnsucht - death wish

Todesstrafe - capital punishment, death penalty

Todestrieb - death instinct

Todesursache - cause of death

Token - token

tolerant - tolerant

Toleranz - tolerance

Toleranzgrenze - margin of tolerance, tolerance limit

Topik - topic

Topos - topos

Tortendiagramm - circular chart

totaler Krieg - total war

totalitär - totalitarian

totalitäre Diktatur - totalitarian
dictatorship
Totalitarismus - totalitarianism
Totalität - entirety
Totemismus - totemism
Totenkult - cult of the dead
Tourismus - tourism
Trabantenstadt - satellite city
Tradition - tradition
traditional - traditional
traditionale Gesellschaft - traditional
society
traditionales Handeln - traditional
action
Traditionalismus - traditionalism
traditionell - traditional
traditionsgebunden - tradition-bound
Traditionslenkung -
tradition-directedness
Trägheit - inertia
Tragödie - tragedy
Tragweite - purport
Trainer - coach
Training - training
Traktat - treatise
Transaktion - transaction
Transaktionsanalyse - transaction(al)
analysis
Transaktionskosten - transaction costs
Transfer - transfer
Transferzahlung - transfer payments
Transformation - transformation
Transformationsanalyse -
transformation analysis
Transformationsgrammatik - generative
grammar, transformational grammar
Transformationsstadium -
transformation stage
Transformationstheorie -
transformational theory
Transition - transition
Transitivität - transitivity
Transkulturation - transculturation
transnational - transnational
transnationale Politik - transnational
policy
transparent - transparent
Transparenz - transparency, visibility
Transport - transportation
Transportwesen - transportation
Transposition - transposition
Transsexualität - transsexuality
transzendent - transcendent

Transzendentalismus -
transcendentalism
Transzendenz - transcendence
Trauer - mourning
Trauerarbeit - grief work, grieving
Traum - dream
Trauma - trauma
Traumarbeit - dreamwork
traumatisch - traumatic
traumatische Neurose - traumatic
neurosis
traumatische Psychose - traumatic
psychosis
Traumdeutung - dream interpretation,
interpretation of dreams, science of
dreams
Traum-Ego - dream ego
Träumen - dreaming
Trauminhalt - manifest content
Traumsymbolik - dream symbolism
Treffen von Entscheidungen - decision
making
Treffermethode - right associates
procedure
treibende Kraft - driving force
Treibgas - aerosol propellant
Treibhauseffekt - greenhouse effect
Trend - mainstream, trend
Trendanalyse - trend analysis
Trendanpassung - trend fitting
Trendextrapolation - trend
extrapolation
Trendwende - trend reversal
Trennanalyse - discriminant anaylsis
trennscharf stat. - powerful
Trennung - separation
Trennung von Staat und Kirche -
separation of church and state
Treuhand - trust
Treuhänder - trustee
Treuhandgebiet - trust territory
Treuhandgesellschaft - trust institution
Treuhandschaft - trust
Triade - triad
Triangulation - triangulation
Trias - triad
Tribalismus (Stammessystem) -
tribalism
Trichotomisierung - trichotomization
Trichter - funnel
Trichtertechnik - funnel technique
Trieb - drive, instinct, instinctual drive
Triebabkömmling - instinct derivative

Triebbefriedigung - instinctual gratification
Triebentladung - discharge, drive discharge
Triebkräfte - driving impulses
Triebreduktion - drive reduction
Triebreduktionshypothese - drive reduction hypothesis
Triebreiz - drive stimulus
Triebstruktur - drive structure
Triebtheorie - instinctual drive theory
Triebverdrängung - drive displacement
Trinken - drinking
Tripel - triple
Trittbrettfahrer - free rider
Trivialkunst - trash art
Trotz - defiance
Trotzkismus - Trotzkyism
Trugschluß - fallacy
Truppen - military, troops

Truppen bereitstellen - deploy troops
Tugend - virtue
tugendhaft - virtuous
Tugendlosigkeit - vice
Tumult - turmoil
Tun - praxis
Türhüter - gatekeeper
Tutor - tutor
Typenlehre - typology
typisieren - standardize, typify
Typisieren - typing
Typisierung - typing
Typologie - typology
typologische Klassifizierung - typological classification
typologische Methode - typological method
Typus - type
Tyrannei - tyranny
Tyrannis - tyranny

U

Überalterung - aging, obsolescence, social aging, superannuation
Überanpassung - overconformity
Überanstrengung - strain
Überbau - superstructure
überbetriebliche Ausbildungsstätte - joint training center
Überbevölkerung - overpopulation
überbewerten - overstate, overvalue
Überbewertung - overevaluation
Überblick - summary, survey
überblicken - review, survey
Überbrückungsmaßnahme - stopgap measure
Überdehnung - overextension
überdenken - reconsider
Überdetermination - overdetermination
Übereinkommen - convention, understanding
Übereinkunft - agreement, compromise, stipulation
übereinstimmen - settle, square, tally
übereinstimmend - homologous
übereinstimmende Meinung - concurring opinion
Übereinstimmung - acceptance, accordance, conformity, consensus
Übereinstimmungsvalidierung - consensual validation
Übereinstimmungsverfahren - consistent mapping
Übereinstimmung von Vision und Wirklichkeit - verdicality
Überempfindlichkeit (gegenüber Kritik) - defensiveness
Überfluß - abundance, affluence, superfluity
Überflußgesellschaft - affluent society
Überforderung - overcharge, overload
Überfremdung - foreign infiltration
Überführung - transduction, transfer
Überführung vom Kurz- zum Langzeitgedächtnis - consolidation
Übergangsbereich - zone in transition
Übergangsbestimmung - transitional provision
Übergangsgeselleschaft - transitional society

Übergangsperiode - intervening period
Übergangsregelung - temporary arrangement
Übergangsregierung - interim government, provisional government
Übergangszeit - transitional period
Übergangszone - zone in transition
Übergangszustand - transitional stage
übergehen - pass over
übergehen in - pass into
übergeordnet - superordinate
übergeordnete Behörde - higher authority
Übergeordnetheit - superordination
Übergewicht - ascendancy, supremacy
übergreifendes System - suprasystem
übergreifende Theorie - over-arching theory
Übergriff - encroachment, trespass
Überhandnehmen - uncontrolled spread
Überhangmandat - excess mandate
Überhöhung - self-inflation
Über-Ich - superego
überinterpretieren - overinterpret
Überkompensation - overcompensation
Überlagerung - overlapping, superposition
Überlastung - overload
Überleben - survival
überleben - survive
Überleben der Stärksten - survival of the fittest
Überlebensrate - survivor function
überlegen - reflect, superior
Überlegenheit - advantage, ascendancy, superiority, supremacy
Überlegenheitsgefühl - feeling of superiority, superiority feeling
Überlegenheitsstreben - striving for superiority
Überlegung - consideration, deliberation, reflection
Überlernen - over-learning
überliefert - traditional
Überlieferung - tradition
Übermittler - transmitter
Übermittlung - transmission
übernational - cross-national
übernatürlich - supernatural
Übernatürliche (das) - supernatural
Überordnung - superordination
überparteilich - all-party, nonpartisan

Überparteilichkeit - nonpartisanship
Überproduktion - overproduction
Überprüfbarkeit - testability
Überprüfung - check, review, revision, scrutiny
überqualifiziert - overqualified
überreden - persuade
Überredung - persuasion
überregional - supra-regional
überrepräsentiert - overrepresented
Überrest - survival
über Satellit - by satellite, via satellite
überschätzen - overrate
Überschneidung - overlapping
Überschrift - title
Überschuß - excess, overflow, surplus
Überseehandel - overseas trade
übersehen - overlook
Übersiedlung - transmigration
Übersprunghandlung - displacement activity
überstaatlich - supranational
überstimmen - override a vote
Überstunden - overtime
Übertragbarkeit - transferability
übertragen - transcribe, transfer
Übertragung - transfer, transference, transmission
Übertragungseffekt - carryover effect
Übertragungsneurose - transference neurosis
Übertragungstheorie der Kommunikation - transmission theory of communication
Übertragung von Befugnissen der Zentralgewalt auf regionale Gewalten - devolution
übertreffen - transcend
übertreiben - exaggerate, overdo
Übertreibung - exaggeration
übervölkertes Gebiet - congested district, crowded area
Übervölkerung - crowding
überwachen - supervise
Überwachung - supervision, surveillance
überwältigende Mehrheit - overwhelming majority
überwältigender Wahlsieg - landslide victory
überwinden - surmount
überwölbende Theorie - over-arching theory

überwundener Standpunkt - discarded standpoint
überzeugen - persuade
Überzeugung - conviction, persuasion
Überzeugung durch Zwang - coercive persuasion
Überzeugungskraft - persuasiveness
Ubiquität - ubiquity
üble Nachrede - libel
übrigbleibend - residual
Übung - exercise, practice, training
Ultimatum - ultimatum
Umbenennung - renaming
Umbruch - upheaval
Umbruchszeit - time of upheaval
Umdenken - rethink, shift in thinking
umdeuten - reinterprete
Umdeutung - reinterpretation
umerziehen - re-educate
Umerziehung - re-education
Umfang - dimension, scale, size
Umfangsmaß - size measure
umfassen - comprise, contain
umfassend - comprehensive
Umfeld - setting
Umfinanzierung - refunding
Umformung - reshaping, transformation
Umfrage - survey
Umfrageforschung - opinion research, polling, survey research
Umfunktionierung - conversion
Umgang - intercourse
Umgangsformen - conduct, manners
Umgangssprache - colloquial language, colloquial speech
umgangssprachlich - colloquial
umgangssprachlicher Ausdruck - ordinary language expression
Umgebung - environment
umgehen - handle
umgekehrt - vice versa
umgekehrte Proportion - inverse proportion
umgekehrtes Kulturgefälle - inverse cultural lag
umgestalten - transform
Umgestaltung - transformation
Umgruppierung - regrouping, turnover
Umkehrbarkeit - reversibility
Umkehrfunktion - inverse function
Umkehrpunkt - inflection
Umkehrung - inversion
Umkodierung - recoding

Umland - hinterland
Umorganisation - turnover
Umorientierung - realignment
Umschichtung - regrouping
Umschulung - rehabilitation, retraining
Umschwung - reversal
Umschwung (der öffentlichen Meinung) - turnover
Umsiedler - repatriate
umstrukturieren - reorganize, restructure
Umstrukturierung - reorganization, reshuffle, restructuring
Umsturz - overthrow, subversion
Umtausch - exchange
Umverteilung - redistribution
Umwandlung - conversion, modification, transformation
Umwegproblem - detour problem
Umwegverhalten - detour behavior
Umwelt - environment, setting
Umweltbedingungen - environmental conditions
umweltbewußt - eco-sensitive, ecology-minded, environment-conscious
umweltbewußtes Denken - environmental thinking
Umwelteinflüsse - environmental influences
Umwelterhaltung - environmental sustainability
Umwelterziehung - environmental education
Umweltfaktor - environmental factor
umweltfeindlich - ecologically harmful
Umweltfolgenschätzung - environmental assessment
umweltfreundlich - beneficial to the environment, environmentally friendly, non-polluting
Umweltgestaltung - environmental design
Umweltökonomie - environmental economics
Umweltpolitik - environmental policy
Umweltpsychologie - ecological psychology, environmental psychology, psychological ecology
Umweltschaden - environmental damage
umweltschädigend - causing pollution
Umweltschutz - environmental protection, protection of the environment

Umweltschutzbewegung - environmental protection movement
Umweltschutzgesetz - Environmental Criminal Act
Umweltsoziologie - environmental sociology
umweltverschmutzend - pollution-prone
umweltverträglich - environmentally sound, non-polluting
Umweltverträglichkeit - environmental impact, environmental soundness
Umweltverträglichkeitsprüfung - assessment of environmental effects
Umweltzerstörung - destruction of the environment, environmental destruction
umwerten - reassess, revalue
Umwertung - revaluation, transvaluation
unabhängig - independent
unabhängiges Ereignis - independent event
unabhängige Variable - explanatary variable, independent variable
Unabhängigkeit - independence
Unabhängigkeit erlangen - become independent
Unabhängigkeitsbewegung - independence movement
Unähnlichkeit - dissimilarity
Unanfechtbarkeit - incontestability
unangemessen - inappropriate
Unangemessenheit - inadequacy, inappropriateness
Unannehmlichkeit - inconvenience
unaufschiebbares Veto - permanent veto
unausgeglichen - unbalanced
unausgeglichener Haushalt - unbalanced budget
Unausgeglichenheit - imbalance
unausweichlich - inevitable
unbeabsichtigt - accidental
unbeabsichtigtes Lernen - incidental learning
unbeabsichtigte Wirkung - spillover effect
unbeaufsichtigt - unattended
Unbedenklichkeit - safeness
unbedingter Reflex - unconditioned reflex
unbeeinflußt - unbiased
unbefangene Beobachtung - unconstricted observation

Unbefangenheit - impartiality
unbefriedigend - unsatisfactory
unbefristet - perpetual, unlimited
unbefugt - unauthorized
unbegrenzt - indefinite, unlimited
unbegrenzter Krieg - unlimited war
unbegründet - unfounded
Unbehagen - unease
unbelastet - clean
Unbelehrbarkeit - closed-mindedness
Unberührbarer - untouchable
Unbescholtenheit - integrity
unbeschränkt - unlimited
unbeschränkte Herrschaft - unlimited
power, unrestricted domination
unbeständig - volatile
Unbeständigkeit - volatility
unbestätigt - unconfirmed
Unbestimmbarkeit - indeterminability
unbewußt - unconscious
Unbewußtes - unconscious
unbewußtes Schließen - unconscious
inference
unbürokratisch - unbureaucratic
Undefinierbarkeit - indefinability
undemokratisch - undemocratic
Undenkbarkeit - inconceivability
undifferenziert - indiscriminate,
primitive, simplistic, sweeping
Unehelichkeit - illegitimacy
Uneigennützigkeit - desinterestedness
uneingeschränkt - without restrictions
uneingeschränkter Handel -
unhampered trade
uneingeschränkter Wettbewerb -
unbridled competition
Uneinigkeit - dissension
Unempfänglichkeit - infertility
unempfindlich - insensitive
unendlich - infinite
unendliche Grundgesamtheit - infinite
population
unentschiedener Wähler - waverer
Unergründlichkeit - inscrutability
unerlaubt - illegal
Unerreichbarkeit - inaccessibility
unerschlossen - undeveloped
unerwartet - unforeseen
Unfähigkeit - disability, incapability,
incapacity, incompetence
Unfallversicherung - accident insurance
unfaßbar - intangible
Unfaßbarkeit - inconceivability

unfreundlicher Akt - unfriendly act
unfruchtbar - infecund
Unfruchtbarkeit - infecundity
ungebildet - illiterate
ungebunden - non-committed,
nonaligned, uncommitted
ungeeignet - unqualified, unsuitable
Ungehorsam - insubordination
ungeklärt - unsolved
ungelernt - unskilled
Ungenauigkeit - inaccuracy
ungerecht - unjust
Ungerechtigkeit - injustice, unfairness,
unjustice
ungeschriebenes Gesetz - unwritten law
ungeschriebenes Recht - common law,
customary law, unwritten law
ungeschriebene Verfassung - unwritten
constitution
ungesellig - asocial
Ungeselligkeit - unsociability
ungesetzlich - illicit, unlawful
Ungewißheitsgrad - degree of ignorance
Unglaube - unbelief
unglaubwürdig - implausible,
untrustworthy
ungleich - unequal
Ungleichgewicht - disequilibrium
Ungleichheit - disparity, diversity,
inequality
Ungleichung - inequality
Unglück - accident, calamity
ungültig - invalid
ungültiger Stimmzettel - invalid ballot
ungültige Stimmen - invalid votes
Ungültigkeit - illegitimacy, invalidity,
nullity, voidness
unhaltbare Zustände - untenable
conditions
Unhaltbarkeit - untenebility
unhistorisch - unhistoric
Uniformität - uniformity
Uniformitätsdruck - uniformity pressure
unilateral - unilateral
Unilateralismus - unilateralism
unimodal - unimodal
Union - union
Unionismus - unionism
univariat - univariate
univariate Daten - univariate data
univariate Häufigkeit - univariate
frequency

363

univariate Verteilung - univariate distribution
Universal(ien) - universal
Universalbegriff - universal concept
universales Gesetz - general law, universal law
universale Theorie - grand theory, wide-range theory
Universalismus - universalism
Universalität - universality
Universalsprache - language universal
Universität - university
Unkenntnis - ignorance, lack of knowledge
Unklarheit - ambiguity, uncertainty
Unkonditionierbarkeit - unconditionability
unkonditioniert - unconditioned
unkritisch - uncritical
Unlogik - illogicality
unlogisch - illogical, incoherent
unlösbar - unsolvable
Unlust - unpleasure
Unmäßigkeit - insobriety, intemperance
unmittelbar - direct, immediate, instant
unmittelbare Erkenntnis - immediate knowledge
unmittelbare Wahl - direct election
Unmittelbarkeit - immediacy
unmoralisch - vicious
unnachgiebige Politik - intransigent policy
Unnachgiebigkeit - rigor
Unnahbarkeit - inaccessibility
UN-Organisation für Erziehung, Wissenschaft und Kultur - United Nations Educational, Scientific and Cultural Organization (UNESCO)
Unparteilichkeit - detachment, equity, nonpartisanship
unpersönlich - impersonal
unpersönliche Kommunikation - impersonal communication
Unrast - unrest
Unrechtmäßigkeit - unlawfulness
Unrechtsbewußtsein - awareness of injustice
Unregelmäßigkeit - irregularity
Unregierbarkeit - ungovernability
unreif - immature
Unruhe - restlessness, turmoil
Unruheherd - source of unrest, storm center

unscharfe Logik - fuzzy logic
Unsicherheit - insecurity, uncertainty
unsichtbare Hand - invisible Hand
unsoziales Verhalten - anti-social conduct
Unsterblichkeit - immortality
unstetige Zufallsvariable - discrete random variable
Unstetigkeit - discontinuity
Unstimmigkeit - disagreement, discrepancy
unstrukturiert - unstructured
unstrukturierte Frage - unstructured question
unstrukturierter Fragebogen - unstructured questionnaire
unsystematisch - unsystematic
Untauglichkeit - ineligibility
unteilbar - indivisible
Unteilbarkeit - indivisibility
unter Ausschluß der Öffentlichkeit verhandeln - sit in closed session, sit in secret session
Unterausschuß - subcommittee
Unterbau - substructure
Unterbeschäftigung - underemployment
unter Beschuß stehen - be under fire
Unterbevölkerung - underpopulation
Unterbewußtsein - subconsciousness
unterbrechen - interrupt
Unterbrechung - interruption
unter Druck - under pressure
unterdrücken - oppress, suppress
Unterdrückung - oppression, repression, suppression
untere Kontrollgrenze - lower control limit
unterentwickeltes Land - underdeveloped country
Unterentwicklung - underdevelopment
Unterernährung - malnutrition, nutritional sufficiency, undernutrition
untere Schicht - lower class
Untergang - fall, ruin
untergeben - subject
untergeordnet - subordinate
Untergliederung - subdivision
untergraben - undermine
Unterhalt - subsistence
Unterhaltung - entertainment
Unterhaltungsindustrie - entertainment industry

Unterhaltungssendung - entertainment program
unterhandeln - mediate
Unterhandeln - negotiating
Unterhändler - negotiator
Unterhandlung - negotiation
Unterhaus - House of Commons
Unterklasse - lower class
Unterkunft - housing
Unterlagen - data, documents, records, supporting documents
unterlassen - forbear
Unterlassung - failure, omission
unterlegen - inferior
Unterlegenheit - inferiority
unterm Strich - below the line
Unternehmen - business, enterprise
Unternehmen der öffentlichen Hand - publicly owned undertakings
Unternehmensforschung - operations research
Unternehmensgeist - entrepreneurship
Unternehmer - entrepreneur
unternehmerische Initiative - entrepreneurship
Unternehmertum - entrepreneurialism
unterordnen - subordinate
Unterordnung - subordination
Unterorganisation - suborganization
unterprivilegiert - underprivileged
Unterprivilegierung - underprivilegedness
Unterrepräsentation - underrepresentation
unterrepräsentiert - underrepresented
Unterricht - instruction, schooling, teachings, tuition
unterrichtete Kreise - informed circles
unterrichtet sein - be well-informed
Unterrichtsanalyse - teaching analysis
unterrichtsbegleitende Aktivitäten - cocurricular activities
Unterrichtsbeihilfe - educational benefits
Unterrichtsberatung - educational counseling
Unterrichtsbewertung - educational assessment
Unterrichtseinheit - teaching unit
Unterrichtsforschung - teaching research
Unterrichtsgestaltung - instructional design

Unterrichtsmaterial - instructional materials
Unterrichtsmedien - teaching media
Unterrichtsqualität - educational quality
Unterrichtsstil - style of education
Unterrichtsstoff - educational content, material
Unterrichtsstrukturierung - lesson structure
Unterrichtsziel - teaching objective
Unterrichtung - briefing
unterschätzen - underestimate, underrate
unterscheidbares Merkmal - distinctive feature
unterscheiden - distinguish
Unterscheidung - differentiation, distinction
Unterscheidungsmerkmal - distinctive mark, distinguishing feature
Unterscheidungsreiz - discriminative stimulus
Unterscheidungsvermögen - discrimination, power of discernment
Unterschicht - lower class
Unterschied - difference, distinction
Unterschiedsempfindlichkeit - differential sensibility
Unterschiedsschwelle - differential threshold, just noticeable difference
unterschlagen - embezzle
Unterschlagung - embezzlement, misapplication
Unterschlagung öffentlicher Gelder - misuse of public funds
Unterschrift - signature
unterschwelliger Reiz - subliminal stimulus
unterschwellige Wahrnehmung - subliminal perception
unterstellen - assume, presume
Unterstellung - assumption
unterstützen - assist, back, support
Unterstützung - assistance, backing, encouragement, relief, support
Unterstützung der Partei - endorsement
unterstützungsberechtigt - entitled to relief
Unterstützungsprogramm - assistance program

Unterstützungszahlung - grant-in-aid, subsidy
untersuchen - examine, inquire, investigate, study
Untersuchung - analysis, examination, hearing, inquiry, inspection, investigation, study
Untersuchungsausschuß - commission of inquiry, inquiry commission, investigation committee
Untersuchungseinheit - unit of analysis
Untersuchungsgegenstand - area under investigation
Untersuchungsplan - research design
Untersuchungsspot - chunk
Untertanengeist - servile spirit
unterteiltes Stab- bzw. Säulendiagramm - component bar chart
Untertitel - subtitle
Unterwanderung - infiltration, subversion
Unterweisung - instruction
Unterwerfung - subjection
unterworfene Nation - deferential nation
Unterwürfigkeit - obsequiousness, submission, subservience
Unterzeichner - subscriber
untypisch - atypical
unumstritten - uncontested, uncontroversial
unverändert - invariant
unveräußerliche Rechte - inalienable rights
unverbrüchlich - unswerving
unvereinbar - incompatible, irreconcilable
Unvereinbarkeit - disparity, incompatibility
Unverfälschtheit - genuineness
unvergleichbar - incommensurable, incomparable
unverhältnismäßig - disproportionate, unreasonable
Unverletzlichkeit der Wohnung - inviolability of the home
Unvermeidlichkeit - inevitability
unvermittelt - abrupt, sudden
Unvermögen - disability, inability
unvernünftig - unreasonable
unveröffentlicht - unpublished
unveröffentlichte Meinungsumfrage - private poll

unverständlich - obscure
unverzichtbar - essential, indispensable
Unvollkommenheit - imperfection
unvollständige Erhebung - incomplete census
unvollständige Induktion - incomplete induction
unvollständiger Beweis - incomplete proof
unvollständige Stichprobe - defective sample
Unvollständigkeit - incompleteness
unvoreingenommen - unbiased, unprejudiced
Unvoreingenommenheit - detachment, nonpartisanship
unvorhergesehen - unforeseen
unvorhergesehene Folgen - unanticipated consequences
Unwahrscheinlichkeit - improbability
unweigerlich - inevitable
Unweltverschmutzung - environmental pollution
unwiderlegbar - irrefutable
unwiderlegbarer Beweis - irrefutable proof
Unwiderlegbarkeit - irrefutability
unwiderruflich - irrevocable
unwillig - reluctant, unwilling
unwirksam - ineffective
unwirtschaftlich - inefficient, uncommercial
Unwirtschaftlichkeit - diseconomies
unwissenschaftlich - unscholarly, unscientific
Unzufriedenheit - discontent
unzulänglich - inadequate, insufficient
Unzulänglichkeit - deficiency, inaccessibility, inadequacy, insufficience, insufficiency
unzulässige Beeinflussung - undue influence
unzumutbar - unreasonable
unzureichend - inadequate
unzureichende Bedingung - non-sufficient condition
Unzuständigkeit - incompetence, lack of jurisdiction
unzuverlässig - unreliable
Urabstimmung - ballot vote, strike ballot, strike vote
urban - urban
urbane Kultur - urban culture

urbane Planung - city planning
urbane Wucherung - spread city
Urbanisierung - urbanization
Urheber - initiator, originator
Urheberrecht - copyright
Urheberschaft - paternity
Urkommunismus - primitive communism
Urkunde - certificate, charter, deed, document
Urproduktion - primary production
Ursache - cause
Ursachenanalyse - analysis of causes
Urschrei - primal scream
Ursprung - origin, source
ursprünglich - original
Ursprungsmythos - emergence myth, origin myth
Urteil - award, judgment
Urteilsdistanz - detachment, nonpartisanship
Urteilsfähigkeit - capacity of judgment
Urteilskraft - power of judgment, understanding
Urvertrauen - fundamental trust
Usurpation - usurpation
usurpieren - usurp
Utilitarismus - utilitarianism
utilitaristisch - utilitarian
utilitaristische Folgsamkeit - utilitarian compliance
Utilität - utility
Utopie - utopia
Utopismus - utopianism

V

Vakanz - vacancy
Vakuum - vacuum
Valenz - valence
valide Hypothese - valid hypothesis
Validierung - validation
Validität - validity
variabel - variable
Variabilität - variability
Variable - variable
Variablenprüfung - variables inspection
variabler Intervallverstärkungsplan -
variable interval schedule
variabler Quotenverstärkungsplan -
variable ratio schedule
Varianz - variance
Varianzanalyse - analysis of variance,
variance analysis
Variation - variation
Variationsbreite - range
Variationskoeffizient - coefficient of
variation
Variationsrechnung - calculus of
variations
Vasall - vassal
Vasallenstaat - satellite state
Vassallentum - vassalage
Vaterland - native country
väterliche Reproduktionsziffer -
paternal reproduction
väterliche Verwandtschaftslinie -
patriline
vaterlose Familie - father-absent family
Vatikanstadt - Vatican City
Vehemenz - vehemence
Verabschiedung eines Gesetzes -
passage of a bill
verabsolutieren - make something an
absolute
Verabsolutierung - absolutization
Verallgemeinerung - generalization
Verallgemeinerungsfähigkeit -
generalizability
Verallgemeinerungskoeffizient -
coefficient of generalizability
veralten - become obsolete
veralteter Begriff - archaic term
verändern - alter

Veränderung - alteration, change,
modification
Veränderungsmessung - measurement
of change
Verankerung von Attitüden - anchoring
of attitudes
veranlassen - bring about, cause, take
action
Veranlassung geben - give rise to
Veranschaulichung - illustration,
visualization
verantwortlich - responsible
Verantwortlichkeit - accountability
Verantwortung - responsibility
Verantwortungsbereich - area of
responsibility, sphere of responsibility
Verantwortungsbewußtsein - sense of
responsibility
Verantwortungsethik - ethics of
responsibility
verantwortungslos - irresponsible
Verantwortungslosigkeit -
irresponsibility
Verantwortung tragen - bear
responsibility
Verantwortung übernehmen - assume
responsibility
Verarbeitung - processing
verarmt - impoverished
Verarmung - impoverishment,
pauperism, pauperization
Veräußerung - alienation
verbale Kommunikation - verbal
communication
verbale Konditionierung - verbal
conditioning
verbales Verhalten - verbal behavior
Verbalisierung - verbalization
Verband - association, corporation,
federation, organization
Verbandsklage - legal action taken by
an association
Verbandspluralismus - corporate
pluralism
Verbannung - ostracism
Verbergen - passing
verbessern - improve
Verbesserung - advance, betterment,
improvement
verbesserungsbedürftig - in need of
improvement
Verbesserungsvorschlag - suggestion
for improvement

verbindlich - obligatory
Verbindlichkeit - commitment
Verbindung - affiliation, attachment, conjunction, connection, contact, corporation, linkage, union
Verbohrtheit - stubbornness
verborgen - covert
verborgenes Motiv - covert motive, hidden motive
Verbot - ban, prohibition
Verbot einer Partei - prohibition of a party
verbrämen - garnish
Verbrauch - consumption
Verbraucher - consumer
Verbraucherbefragung - consumer inquiry, consumer survey
Verbraucherberatung - consumer association, consumer counseling
Verbraucherbewegung - consumerism, naderism
Verbrauchererziehung - consumer economics education
Verbraucherschutz - consumer protection
Verbrechen - crime
Verbrechen gegen die Menschlichkeit - crime against humanity
Verbrechensbekämpfung - crime control
verbreiten - circulate, spread
Verbreitung - circulation, dissemination, spread
Verbreitungsgebiet - broadcasting area, circulation area, covered sector
verbrieftes Recht - chartered right
Verbrüderung - fraternization
verbundene Messung - conjoint measurement
Verbundenheit - colligation, connectivity
verbündet - allied
Verbündete - allies
Verbündeter - ally
Verbundmodell - compound model
verbürgerlicht - gentrified
Verbürgerlichung - embourgoisement
Verderbtheit - depravity
Verdichtung - condensation
Verdienst - merit
Verdienste - deserts
Verdienstnorm - merit norm

Verdrängung - deflection, removal, repression
Verdrängung privatwirtschaftlicher durch staatliche Tätigkeit - crowding-out effect
Verdrängungswettbewerb - crowding out competition, exclusionary conduct
verdrehen - distort
Verdummung - stultification
Verehrung - cult
Verein - association, club, voluntarism
vereinbaren - agree, reconcile, stipulate
Vereinbarkeit - compatibility
Vereinbarung - accordance, agreement, arrangement, settlement, stipulation
Vereinfachung - reduction, simplification
vereinheitlichen - unify
vereinigen - unite
Vereinigung - association, consociation, corporation, federation, merger, unification, union
Vereinsamung - loneliness
Vereinsfreiheit - freedom of association
Vereinsmeier - joiner
Vereinsmeierei - club mania
Vereinswesen - clubs, societies and associations
Vereinte Nationen - United Nations Organization (UNO)
Verelendung - impoverishment
Vererbbarkeit - heritability
Vererbung - inheritance
Verewigung - immortalization
Verfahren - procedure, proceeding, proceedings, technique
Verfahrenslegitimität - legitimacy through procedure
Verfassung - constitution
Verfassung auslegen - interpret the constitution
verfassunggebende Versammlung - constituent assembly
Verfassungsänderung - constitutional amendment
Verfassungsbeschwerde - constitutional complaint
verfassungsfeindlich - anticonstitutional
Verfassungsgerichtsbarkeit - constitutional jurisdiction
Verfassungsklage - constitutional challenge

Verfassungskonflikt - constitutional conflict
verfassungsmäßig - constitutional
Verfassungsorgan - constitutional organ
Verfassungspatriotismus - constitutional patriotism
Verfassungsrecht - constitutional law
verfassungsrechtliche Beschränkungen - constitutional limitations
Verfassungsschutz - protection of the constitution
Verfassungsstaat - constitutional state
Verfassungsstreitigkeiten - constitutional disputes
Verfassungstypen - types of constitution
Verfassungsurkunde - charter
verfassungswidrig - unconstitutional
Verfassungswidrigkeit - breach of the constitution, unconstitutionality
Verfassungswirklichkeit - constitutional reality
Verfassungszusatz - amendment
Verfeinerung - refinement
Verflechtung - interdependence, interlocking, network
Verflechtungsfalle - joint-decision-trap
verfolgen - trace
Verfolgung - persecution
Verfolgungswahn - delusion of persecution
verfügbare Arbeitskräfte - manpower
Verfügbarkeit - availability
Verfügung - decree, disposition, regulation
Verfügungsgewalt - power of disposition
Verführung - seduction
Vergabe von Regierungsämtern nach Verdienst - merit system
Vergangenheitsbewältigung - coping with the past
Vergänglichkeit - transcience, transitoriness
Vergegenständlichung - concretization
Vergehen - offense
Vergeistigung - idealization, spiritualization
Vergeltung - retaliation
Vergeltungsmaßnahme - retaliatory measure
Vergesellschaftung - sociation
Vergessen - forgetting
Vergewaltigung - rape

Vergleich - comparison, conciliation
vergleichbar - comparable
Vergleichbarkeit - comparability
vergleichen - compare
vergleichend - comparative
vergleichende Analyse - comparative analysis
vergleichende Erziehungswissenschaft - comparative education
vergleichende Forschung - comparative research
vergleichende Gegenüberstellung - juxtaposition
vergleichende Gemeindeforschung - comparative community research
vergleichende Methode - comparative method, cross-cultural comparison
vergleichende Politikwissenschaft - comparative politics
vergleichende Psychologie - comparative psychology
vergleichende Rangskala - comparative rating scale
vergleichende Rechtswissenschaft - comparative law
vergleichende Regierungslehre - comparative government
vergleichendes öffentliches Recht - comparative public law
vergleichende Sozialforschung - comparative social research, cross-cultural social research
vergleichende Stadtsoziologie - comparative urban sociology
vergleichende Studie - comparative study
vergleichende Umfrage - cross-cultural survey
vergleichende Umfrageforschung - comparative survey research
vergleichende Verwaltungswissenschaft - comparative administration
Vergleichsmaßstab - standard of comparison
Vergleichsniveau - comparison level, level of comparison
Vergleichsreiz - comparison stimulus
Vergleichstest - comparison test
Vergleichsversuch - repetition
Vergnügungsviertel - hobohemia
vergriffen - out of print
vergriffene Auflage - exhausted edition

Vergrößerung - augmentation, enhancement, enlargement, extension

Vergünstigung - benefit, concession

Verhalten - behavior, conduct

Verhalten gegenüber Verwandten - kinship behavior

Verhaltensanalyse - behavior analysis

Verhaltensänderung - behavior change, change of behavior

Verhaltensansteckung - behavior contagion

Verhaltensbeobachtung - behavior observation

Verhaltensdifferential - behavioral differential

Verhaltensdisposition - behavioral disposition

Verhaltensdynamik - behavior dynamics

Verhaltensformel - behavioral equation

Verhaltensformung - behavior shaping, shaping of behavior

Verhaltensforschung - behavioral research, behavioral science, ethology

Verhaltenshabituation - behavioral habituation

Verhaltens-Hemmungs-System - behavioral inhibition system

Verhaltenskode - code of conduct

Verhaltenskonformität - behavioral conformity

Verhaltenskonstellation - behavior set

Verhaltenskontrolle - behavioral control

Verhaltenskriterium - behavior criterion

Verhaltensmaxime - principle of behavior

Verhaltensmethode - behavior method

Verhaltensmodifikation - behavioral modification

Verhaltensmuster - behavior pattern, pattern of behavior

Verhaltensnorm - conduct norm, norm of conduct

Verhaltensökologie - behavioral ecology

Verhaltensprobleme - behavior problems

Verhaltenspsychologie - behavioral psychology

Verhaltensreaktion - behavioral response

Verhaltensregel - rule of conduct

Verhaltensrepertoire - behavioral repertoire

Verhaltensstörung - behavioral disorder

Verhaltenstheorie - behavior theory, theory of learning

Verhaltenstherapie - behavioral therapy, conditioning therapy

Verhaltensweise - behavior

Verhaltenswissenschaft(en) - behavioral science

Verhaltenszuschreibung - causal attribution of behavior

Verhältnis - proportion, quota, rate, relation, relationship

verhältnismäßig - proportional, relative

Verhältnismäßigkeit - commensurability

Verhältnisskala - ratio scale

Verhältnisskalierung - ratio scaling

Verhältnistest - ratio test

Verhältniswahl - election by proportional representation, proportional representation

Verhältniszahl - relative

verhandelbar - negotiable

Verhandeln - bargain, bargaining, negotiating

verhandeln - negotiate

Verhandlung - bargain, negotiation, parley, proceedings

Verhandlungen einleiten - open negotiations

Verhandlungsangebot - bargaining offer

Verhandlungsauftrag - negotiating mandate

Verhandlungsbasis - basis for negotiations

Verhandlungsbereitschaft - readiness to negotiate

Verhandlungsführung - conduct of negotiation

Verhandlungsgeschick - negotiation skill

Verhandlungsklima - atmosphere of negotiation

Verhandlungsmacht - bargaining power

Verhandlungsmandat - authority to negotiate

Verhandlungspartner (bei Tarifverhandlungen) - bargaining partner

Verhandlungspartner - negotiating partner, negotiating party

Verhandlungsposition - bargaining position, negotiating position

Verhandlungsrunde - round of negotiations

Verhandlungssache - matter of negotiation
Verhandlungsspielraum - bargaining room, margin of negotiations
Verhandlungssysteme - systems of negotiation
Verhandlungstaktik - negotiating tactics
Verhandlungstechnik - negotiation technique
verheerend - disastrous
verhindern - prevent
Verhinderung - impediment, restraint
verhüten - prevent
Verifikation - verification
Verifizierbarkeit - verifiability
verifizieren - verify
Verifizierung - verification
verinnerlichte Rolle - internalized role
Verinnerlichung - internalization
Verjährung - prescription, statute of limitations
Verkaufspsychologie - sales psychology
Verkehr - intercourse, traffic, transport
Verkehrserziehung - road safety training
Verkehrspolitik - transport policy
verkehrtes Bewußtsein - inverted consciousness
Verkettung - chaining, linkage
Verkettungseffekt - chaining effect
Verkleinerung - reduction
verknüpfen - link
Verknüpftheit - connectivity
Verknüpfung - chaining, linkage, links, ties
Verknüpfungsregeln - laws of connection
Verkörperung - embodiment, incorporation
verkrustet - ossified
verkünden - manifest, promulgate
Verlag - publishing house
Verlagsbuchhandel - publishing business, publishing trade
Verlagsprogramm - publisher's list
Verlagswesen - publishing
Verländlichung - ruralization
Verlangen - desire, propensity
Verlängerung - extension
Verläßlichkeit - reliability
Verlauf - process
Verlaufsanalyse - process analysis
Verlautbarung - press release

Verlegenheitslösung - compromise solution
Verleger - publisher
verletzen - injure
Verleugnung - denial
verleumden - vilify
Verleumdung - defamation, libel, slander
verlorene Generation - lost generation
Verlust - departure
vermeiden - avoid
Vermeidung - aversion, avoidance
Vermeidungslernen - avoidance-learning
Vermeidungsreaktion - avoidance response
Vermeidungsverhalten - avoidance behavior
vermengt - confounded
Vermengung - confounding
Vermenschlichung - personification
Vermerk - endorsement, notice
vermessen - survey
Verminderung - diminution
Vermischtes - miscellaneous, miscellanies
vermitteln - mediate
vermittelnd - conciliatory
vermittelndes Verhalten - mediating behavior
Vermittler - intermediary, mediator
Vermittlung - conciliation, exchange, intervention, mediation, placement
Vermittlung (von Wissen) - propagation
Vermittlungsausschuß - Joint Mediation Committee, joint committee, mediation committee
Vermittlungsversuch - mediation attempt
Vermögen - ability, capability, error reducing power, faculty
Vermögenssteuer - capital stock tax
vermuten - suppose
vermutlich - presumable
Vermutung - assumption, presumption, proposition, suggestion, thesis
Vernachlässigung - abandonment, disregard
Verneinung - negation
vernichten - destroy, wipe out
vernichtende Kritik - slashing criticism
vernichtende Niederlage - crushing defeat

Vernichtung - destruction
Vernunft - reason
vernünftig - rational, reasonable
vernünftiges Handeln - rational
behavior
Vernunftwidrigkeit - illogicality
veröffentlichte Meinungsumfrage -
public poll
Veröffentlichung - publication
Veröffentlichung eines Gesetzes -
promulgation
Verordnung - decree, direction,
ordinance, regulation
verpflichtet - obliged
Verpflichtung - commitment, duty,
obligation
Verquickung - mixing-up
Verrat - treason
Verräter - renegade
Verrechtlichung - legal regulation
Verrücktheit - madness
versachlichen - objectivize
Versachlichung - objectification
Versagen - breakdown, failure
Versager - flop, lame duck
Versagung - frustration
Versammlung - assemblage, assembly
Versammlungsfreiheit - freedom of
assembly
Versammlungsrecht - right of assembly
Versammlungsverbot - prohibition of
assembly
Versäulung pol. - pillarization
Verschachteln - interlock
Verschachtelung - interlock
verschärfen - intensify, tighten
Verschärfung - aggravation,
exacerbation, tightening
Verschiebung - deflection
verschiedene Auslegungen zulassen -
admit of different interpretations
Verschiedenes - miscellaneous,
miscellanies
verschlechtern - impair
Verschlechterung - decline,
deterioration
Verschlechterung der Beziehungen -
worsening of the relations
verschleiern - conceal, disguise
Verschleierung - disguising
Verschleierungstaktik - camouflage
tactics
Verschleppung - displacement

Verschlüsselbarkeit - codability
verschlüsselter Text - cipher text
Verschlüsselung - coding, encoding
Verschlüsselungsspezifizität - encoding
specificity
Verschmelzung - amalgamation,
assimilation
Verschmutzung - contamination,
pollution
Verschuldung - debt assumption,
indebtedness
verschüttetes Wissen - buried
knowledge
Verschwägerung - affinal kinship,
connubium
verschwenden - waste
Verschwendung - profusion,
thriftlessness, waste
verschwommene Begriffe - vague
concepts
Verschwörung - conspiracy, plot
Verschwörungstheorie - conspiracy
theory
Versehen - error, mistake, negligence
Versenkung - meditation
Versetzung - moving up
Versicherung - assurance, insurance
Versicherungsspiel - assurance game
Version - version
Versorgung - maintenance, provision,
supply, sustenance
Versorgungsanspruch - claim to
maintenance
versorgungsberechtigt - entitled to
maintenance
Versorgungsengpaß - supply bottleneck
Versorgungslage - supply situation
Versorgungsschwierigkeiten - supply
problems
Versorgungsunternehmen - public
utility
verspätete Nation - delayed nation,
latecomer-nation
Verspätung - delay
Verspottung - ridicule
Versprechen - promise
versprechen - promise
verstaatlichen - nationalize
Verstaatlichung - nationalization
Verstädterung - urbanization
Verstand - mind
verstandesgemäß - reasonable

Verständigungsprozeß - process of understanding
Verständigungsschwierigkeiten - communication problems
Verständlichkeit - readability
Verständnis - grasp
Verständnistest - comprehension test
verstärken - intensify, reinforce
Verstärkung - reinforcement
Verstärkungserwartung - reward expectancy
Verstärkungsmechanismus - reinforcement mechanism
Verstärkungsplan - schedule of reinforcement
Verstärkungsverzögerung - delayed reinforcement
versteckte Andeutung - insinuation
verstehende Psychologie - ideographical psychology
verstehende Soziologie - interpretive sociology
Versteinerung - petrification
Verstellung - affectation
Verstimmung - ill-feeling
Versuch - attempt, essay, experiment, test, trial
Versuchsanordnung - experimental design
Versuchsergebnis - test result
Versuchsfehler - experimental error
Versuchsgruppe - experimental group
Versuchsleiter - director
Versuchsleiter-Effekt - experimenter effect
Versuchsperson - proband
Versuchsstadium - experimental stage
Versuch und Irrtum - trial and error
Versuchung - seduction
vertagen - adjourn
Vertagung - adjournement
Verteidigung - defence
Verteidigungsausgaben - defense expenditure
Verteidigungsbündnis - defense alliance
Verteidigungskrieg - defensive war
Verteidigungspolitik - defense policy
Verteidigungssystem - defensive system
verteilte Nachwirkung - distributed lag
verteiltes Lernen - spaced learning
Verteilung - distribution

Verteilungsgesetz einer Zufallsvariablen - distribution law of a random variable
Verteilungskampf - distribution battle
Verteilungskoalition - distributional coalition
Verteilungskonflikt - distributional conflict
Verteilungskurve - distribution curve, distribution function
Verteilungsschlüssel - allocation base, allocation formula, scope for income redistribution
Verteilungsspielraum - distributive margin
Verteufelung (eines Gegners) - demonization
vertikale Gewaltenteilung - vertical division of power
vertikale Mobilität - vertical mobility
Vertrag - agreement, treaty
Vertragsbruch - breach of contract, violation of a treaty
Vertragsentwurf - treaty draft
Vertragspartei - contracting party
Vertragspartner - signatory
Vertragsstaat - contracting state
Vertragstheorie - contract theory
Vertrauen - confidence, reliance, trust
Vertrauensbruch - breach of confidence, breach of faith
Vertrauensfrage - cabinet question, vote of confidence
Vertrauensmann - shop steward
vertraulich - confidential, off the record
vertrauliche Mitteilung - privileged communication
vertraulicher Bericht - confidential report
Vertreibung - displacement, expulsion
Vertreter - agent
Vertretung - representation
Vertriebene - expelled persons
verunglimpfen - vilify
Verunglimpfung - denigration
verunreinigen - contaminate, pollute
verunsichert - unnerve, unsure
Veruntreuung - embezzlement, peculation
Verursacherprinzip - principle of causation
Verursachung - causation

Vervollkommnungsfähigkeit -
perfectibility
Verwahrlosung - state of destitution,
state of neglect
verwalten - administrate
Verwalter - administrator, manager
Verwaltung - administration
Verwaltungsabkommen - administrative
agreement
Verwaltungsakt - administration action,
administrative act
Verwaltungsangelegenheit -
administrative matter
Verwaltungsapparat - administrative
machinery
Verwaltungsaufgaben - administrative
tasks
Verwaltungsaufwand - administrative
expense
Verwaltungsbehörde - administrative
agency, administrative authority
Verwaltungsbestimmungen -
administrative provisions
Verwaltungsbezirk - civil district,
township
Verwaltungselite - administrative elite
Verwaltungsermessen - administration
discretion
Verwaltungsgebiet - administrative area
Verwaltungsgerichtsbarkeit -
administrative jurisdiction
Verwaltungsgesetzgebung -
administrative legislation
Verwaltungsgrundsätze - administrative
policy
Verwaltungshandeln - administration
work
Verwaltungskultur - administrative
culture
Verwaltungsorgan - administrative
agency
Verwaltungsrecht - administrative law
Verwaltungsstaat - administrative state
Verwaltungssystem - administrative
system
Verwaltungsvereinfachung -
simplification of administration
Verwaltungsverfahren - administrative
procedure, administrative process
Verwaltungsverfahrensgesetze -
administration procedure acts
Verwaltungsverhalten - administrative
behavior

Verwaltungsverordnung -
administrative decree
Verwaltungsweg - recourse to the
administrative courts
Verwaltungswissenschaft -
administrative science
verwandt - kindred, related
Verwandte - kinfolk
Verwandtengruppe - kinship group
Verwandter - relative
verwandt in direkter Linie - ablineal
Verwandtschaft - connubium
Verwandtschaft in der mütterlichen
Linie - cognation
Verwandtschafts- - kindred
Verwandtschaftskategorie - kinship
category
Verwandtschaftslinie - kinship lineage,
lineage
Verwandtschaftsstruktur - kinship
structure
Verwandtschaftssystem - kinship
system
Verwandtschaftsverhältnis - kin
relationship
Verwandtschaftsverhältnis in
indirekter Linie - ablineality
Verwandtschaft väterlicherseits -
agnation, patrilineage
Verwechslung - confusion
Verweigerung - refusal
Verweigerungsrate - nonresponse rate
Verweisungszusammenhang - context
of reference
Verwendung - application, disposal, use,
utilization
verwerfen - reject
Verwertung - exploitation, utilization
Verwestlichung - Westernization
verwickeln - involve, knot
Verwicklung - complication,
entanglement, involvement
Verwirkung von Grundrechten -
forfeiture of fundamental rights
Verwirrung - embarrassment
Verworrenheit - mental confusion
Verwundbarkeit - vulnerability
Verwurzelung - rootedness
Verzeichnis - register, schedule
verzerrende Wirkung des
Standpunktes - biased-viewpoint effect
verzerrt - biased

verzerrtes Stichprobenverfahren -
biased sampling
verzerrte Stichprobe - biased sample
Verzerrung - bias, distortion
Verzerrung durch
Gefälligkeitsantworten - courtesy bias
Verzerrung nach oben - upward bias
Verzicht - renunciation
verzichten - abandon
verzögerte Belohnung - delayed
gratification
verzögertes Verhalten - delayed
behavior
verzögerte Variable - lagged variable
Verzögerung - delay, lag
Verzögerungspolitik - delaying tactics
Verzweiflung - desperation
verzweigtes Programm - branched
program
Veto - negative, veto
Vetogruppe - veto group
Vetorecht - right of veto, veto power
Video - video
Viehwirtschaft - animal husbandry,
cattle herding
Viehzucht - animal herding, herding,
ranch
Vielfalt - complexity, variety, versatility
Vielmännerei - polyandry
Vielschichtigkeit - complex
vielversprechend - promising
Vielvölkerstaat - multinational state
vielzitiert - much-cited
Vierfelder-Tafel - fourfold table
Vigilanz - vigilance
Viktimologie (opferorientierte
Kriminologie) - victimology
virtuelle Realität - virtual reality
Visibilität - visibility
Vision - vision
Visualisierung - visualization
visuelle Kommunikation - visual
communication
visuelles Sinnesgedächtnis - iconic
memory
visuelle Wahrnehmung - visual
perception
Vitalismus - vitalism
Vizekanzler - vice-chancellor
Vogelperspektive - bird's eye view
Volatilität - volatility
volitiv (vom Willen bestimmt) -
volitional

Volk - nation
Völkerbund - League of Nations
Völkerfamilie - family of nations
Völkermord - genocide
Völkerpsychologie - folk psychology
Völkerrecht - international law
völkerrechtlich - relating to
international law
völkerrechtlicher Vertrag - treaty
Völkerrechtssubjekt - subject of
international law
Völkerverständigung - international
understanding
Völkerwanderung - mass migration,
migration of peoples
Volks- - folk
Volksabstimmung - plebiscite
Volksbegehren - initiative referendum,
petition for a referendum
Volksbildung - education for all
Volksdemokratie - people's democracy
Volkseinkommen - aggregate income,
national income
Volksempfinden - public feeling
Volksentscheid - plebiscite, referendum
Volksfront - popular front
Volksgemeinschaft - folk society
Volksgesundheit - public health
Volksherrschaft - popular government,
popular rule, rule by the people
Volkshochschule - adult education
center
Volksinitiative - initiative referendum
Volkskapitalismus - people's capitalism
Volkskultur - folklore, popular culture
Volksmärchen - folktale
Volksmeinung - popular opinion
Volksmund - common parlance
Volksmusik - folk music
Volkspartei - catch-all-party
Volksseele - collective sentiment, public
feeling
Volkssouveränität - popular sovereignty
volkstümlich - demotic, folk
volkstümliche Bildung - folk education
Volkstümlichkeit - demotic quality
Volksverdummung - brainwashing of
the public
Volksvermögen - national wealth
Volksversammlung - popular assembly
Volksvertretung - representation of the
people
Volkswirtschaft - economy

Volkszähler - enumerator
Volkszählung - census of population, census, exhaustive sample
Volkszorn - wrath of the people
Vollbeschäftigung - full employment
Vollendung - completion
Vollerhebung - complete census, exhaustive sample
Volljährigkeit - age of majority
vollkommen randomisierte Versuchsanlage - completely randomized experimental design
Vollmacht - authority, mandate
vollständige Induktion - complete induction
Vollständigkeit - completeness
Vollstreckung - execution
Vollversammlung - general assembly, plenary assembly
Vollversammlung der Vereinten Nationen - United Nations Assembly
vollziehende Gewalt - executive power
Vollzugshandlung - consummatory action
Vollzugsverhalten - consummatory behavior
Volontariat - unpaid traineeship
volonté générale - general will
Volumen - volume
vom Amt zurücktreten - retire from office
von Amts wegen - ex officio
von falschen Prämissen ausgehen - start out on the wrong premise
von untergeordnetem Interesse - of minor interest
Vorabveröffentlichung - prior publication
Vorahnung - divination, presentiment, prevision
vorangehen - precede
Vorausexemplar - advance copy
vorausgesetzt (daß) - provided (that)
Voraussagbarkeit - predictability
voraussagen - predict
Voraussagenindikator - predictor
Vorausschätzung - presupposition, prognosis
Vorausschätzungsfehler - prediction error
Voraussetzung - postulate, prerequisite, presupposition

Voraussetzungslosigkeit - presuppositionlessness
Vorbehalt - reservation
vorbehaltlich - provided (that), subject to
vorbereiten - prepare
vorbereitende Reaktion - preparatory response
Vorbeugung - prevention
vorbewußt - preconscious
Vorbewußtes - preconsciousness
Vorbild - ideal, model
Vorbildung - educational background
Vordenker - intellectual pioneer
vordergründig - superficial
Vordersatz - antecedent condition
vordringlich - urgent
voreingenommen - biased, prejudiced
Voreingenommenheit - bias, biased attitude, partiality, prejudice, prejudiced attitude
Vorerhebung - exploratory study
Vorfahr - ancestor
Vorfahren - ancestry
Vorfall - incidence, occurrence
Vorgang (aktenmäßiger) - files
Vorgang - process
Vorgänger - predecessor
vorgeben - allege, pretend
Vorgeben - passing
vorgefaßte Meinung - preconceived opinion, preconception
Vorgehen - action
vorgehen - proceed, take action
Vorgeschichte - prehistory
vorgeschriebene Norm - imposed norm
vorgesehen - scheduled
Vorgesetzter - senior, superior, superordinate
Vorhaben - plan, purpose
vorherbestimmtes Schicksal - prevalence
Vorherbestimmung - prevalence
vorhergehend - preceding, previous
Vorherrschaft - dominance, domination, supremacy
vorherrschen - prevail
Vorhersage - prediction, predictive statement, presupposition
vorhersagen - forecast, predict
vorhersehbar - foreseeable
Vorhersehbarkeit - predictability
Vorkenntnisse - previous knowledge

Vorkommen - emergence, incidence, occurrence
Vorkommnis - occurrence
vorkonventionelle Ebene - preconventional level
vorläufig - preliminary, provisional, tentative
Vorlesung - lecture
Vorlesungsverzeichnis - catalog *am.*, program of lectures
Vorliebe - preference
Vormachtstellung - supremacy
Vormund - guardian
Vormundschaft - guardianship
Vorort - suburb
Vorrang - eminence, precedence, primacy
Vorrang des Bundesrechts - primacy of federal law
Vorrangeffekt - primacy effect
vorrangig - having priority
Vorrangstellung des Kongresses im amerikanischen Regierungssystem - congressional government
Vorrecht - privilege
Vorrecht der Exekutive - executive privilege *am.*
Vorschlag - nomination, proposal, proposition, suggestion
vorschlagen - propose, suggest
Vorschlagsrecht - right of proposal
vorschreiben - prescribe
Vorschrift - directive, formula, instruction, prescrition, provision, regulation, rule
Vorschule - nursery school, pre-school

Vorschulerziehung - pre-school education
Vorsichtsmaßnahme - precautionary measure, safeguard
Vorsitz - chairmanship, leadership, presidency
Vorsitzender - chairman, chairperson
Vorsorge - foresight, precaution
Vorstadtleben - suburbia
Vorstand - board
Vorstellung - image, imagination
Vorstellungen - imagery
Vorstellungswelt - word of imagination
Vorstudie - exploratory study, pilot study
Vorteil - advantage, edge
Vortrag - presentation
vorübergehend - temporary, transitory
vorübergehend ausschließen - suspend
vorübergehende Arbeitslosigkeit - layoff
Vorüberlegung - preliminary consideration
Voruntersuchung - preliminary investigation, pretest
Vorurteil - preconception, prejudice
Vorurteilslosigkeit - lack of prejudice
Vorwahl - primary election *am.*
Vorwahlen - primaries *am.*
Vorwand - pretext
Vorwissen - preknowledge
Vorzeit - prehistoric times
Vorzug - merit, preference, priority
Vorzugsbehandlung - preferential arrangement, preferential treatment
Votum - opinion, vote

W

Wachheit - vigilance
wachsende Informationslücke - increasing knowledge gap
wachsende Wissenskluft - increasing knowledge gap
Wachstum - advancement, augmentation, growth, increase
Wachstumspolitik - growth policy
Waffe - weapon
Waffen - arms
Waffenembargo - arms embargo
Waffenexport - arms export
Waffenruhe - truce
Waffenstillstand - ceasefire, truce
Wahl - ballot, choice, election, poll, vote, voting
Wahlabsicht - turnout intention, vote intention, voting intention
Wahlalter - voting age
Wahlanfechtung - contesting an election
Wahl auf nationaler Ebene - general election
Wahlaussichten - electoral chances
wählbar - eligible
Wählbarkeit - eligibility for election, eligibility
Wahlbefragung - voter poll
Wahlbefragung durch eine politische Partei - canvas
wahlberechtigt - eligible to vote
Wahlberechtigter - person eligible to vote, person entitled to vote, elector
Wahlbeteiligung - election turnout, turnout, voter participation, voter turnout
Wahlbezirk - election district
Wahlbündnis - electoral coalition
Wählen - voting
Wahlen abhalten - hold an election
Wahlentscheidung (des einzelnen Wählers) - electoral decision
Wähler - constituent, voter, constituency
Wahlergebnis - election results, poll, vote
Wählerreaktion - voter reaction

Wählerregistrierung - registration, voter registration
Wählerschaft - constituency, electorate
Wählerstimme - popular vote
Wählerumfrage - voter poll
Wählerverhalten - choice behavior, voting patterns
Wählerverzeichnis - electoral list, list of electors
Wählerwille - will of the electorate
Wahlfach - elective am., facultative subject, optional subject
Wahlfälschung - electoral fraud, vote-rigging
Wahlfälschung begehen - staff the ballot box
Wahlforschung - election research
Wahlfreiheit - free voting, option
Wahlgang - ballot
Wahlgeschenk - campaign goodie
Wahlgesetz - electoral law
Wahlhandlung - choice
Wahlkabine - voting booth
Wahlkampagne - election campaign
Wahlkampf - campaign, election campaign
Wahlkampfkosten - campaign expenses
Wahlkampfthema - campaign issue
Wahlkandidatenliste - candidate ticket
Wahlkreis - constituency, polling district
Wahlkreisabgeordneter - direct candidate
Wahlleute - electors
Wahllokale - polls
Wahllokomotive - vote-catcher
Wahlmann - delegate, elector
Wahlniederlage - defeat at the election, election defeat
Wahlniederlage erleiden - meet with an election defeat, suffer an election defeat
Wahl ohne Gegenkandidaten - uncontested election
Wahl ohne Parteikandidaten - nonpartisan election
Wahlparole - campaign slogan, electoral slogan
Wahlperiode - legislative period
Wahlprognose - election forecast
Wahlprogramm - election platform, election program
Wahlpropaganda - election propaganda
Wahlprüfung - canvassing am., scrutiny of votes

Wahlquotient - electoral ratio
Wahlrecht - franchise, right of election, right to vote, suffrage
Wahlrede - stump speech
Wahlsieg - electoral victory
Wahlsieg erringen - gain a victory at the election
Wahlsoziologie - electoral sociology
Wahlstatistik - election statistics, electoral statistics
Wahlstatus - choice status
Wahlsystem - ballot system, electoral system, voting system
Wahlsystem mit einem Wahlgang - one-ballot system
Wahlsystem mit zweitem Wahlgang - two-ballot system
Wahltag - election day
Wahl unter Sicherheit - decision under certainty
Wahlurne - ballot box
Wahlverhalten - voting behavior
Wahlversprechen - campaign pledge, campaign promise, election pledge, election promise
Wahlverwandtschaft - elective affinity
Wahlvorschlag - election proposal
Wahlwürdigkeit - eligibility
Wahl zufälliger Telefonnummern - random dialing
Wahn - delusion
Wahnidee - delusional idea
Wahnsinn - insanity
wahr - true
wahrer Satz - true proposition
Wahrhaftigkeit - truthfulness, veracity
Wahrheit - genuineness, truth
Wahrheitsähnlichkeit - verisimilitude
Wahrheitsanspruch - claim to truth, truth claim
Wahrheitsbegriff - concept of truth
Wahrheitsdefinition - truth definition
Wahrheitsgehalt - truth content
wahrheitsgemäß - truthfully
wahrheitsgetreu - truthful
Wahrheitsliebe - verdicality
Wahrheitstabelle - truth-table
Wahrheitstheorie - truth theory
Wahrheitswert - truth value
Wahrheit verdrehen - prevaricate
wahrnehmen - notice, perceive
Wahrnehmung - perception

Wahrnehmungsabwehr - perceptual defense
Wahrnehmungsfeld - visual field
Wahrnehmungsgegenstand - percept
Wahrnehmungskategorien - categorical perception
Wahrnehmungskonstanz - perceptual constancy
Wahrnehmungspsychologie - psychology of perception
Wahrnehmungstäuschung - illusion
Wahrnehmungstest - perception test
Wahrsagung - divination
Wahrscheinlichkeit - likelihood, probability
Wahrscheinlichkeitsauswahl - probability sampling
Wahrscheinlichkeitsauswahlverfahren - equal probability selection method
Wahrscheinlichkeitsrechnung - calculation of probabilities
Wahrscheinlichkeitsstichprobe - probability sample
Wahrscheinlichkeitstheorie - probability theory, theory of probability
Wahrscheinlichkeitsverteilung - random distribution
Währung - currency
Währungspolitik - monetary policy
Währungsreform - currency reform, monetary reform
Währungssystem - currency regime, monetary system
Währungsunion - currency union, monetary union
Waldsterben - dieback
Wandel - change
Wanderarbeiter - hobo
wandernd - migrant
Wankelmütigkeit - inconstancy
Warenfetischismus - fetishism of commodities
Warnstreik - token strike, warning strike
Warteschlange - queue, waiting line
Warteschlangemodell - congestion model
Wasserverschmutzung - water pollution
Wechsel - change
Wechselbeziehung - mutual relation
Wechselkurs - currency rate, exchange rate
Wechselkursstabilität - exchange rate stability

Wechseln - alternation
wechselndes Wahlverhalten - vote switching
wechselseitige Ablehnung - mutual rejection
wechselseitige Anpassung - co-adaptation
wechselseitige Korrelation - intercorrelation
wechselseitiger Unterricht (Bell-Lancaster-Methode) - mutual instruction
wechselseitige Verbundenheit - interconnectedness
Wechselseitigkeit - interrelation, mutuality, reciprocity
Wechselspiel - interrelation
Wechselwähler - converter, floating voter, vote switcher
Wechselwirkung - interaction, reciprocation
Wegbereiter - pioneer
Wegnahme - privation
Wegwerfgesellschaft - throw-away society
Wehrdienst - military service, selective
Wehrdienstverweigerung - conscientious objection
Wehrpflicht - conscription, liability for military service, selective
weibliche Fruchtbarkeitsziffer - female fertility rate
weibliches Familienoberhaupt - matriarch
Weiblichkeit - femininity
Weidewirtschaft - animal herding, cattle herding, herding, pastoralism
Weiler - hamlet
Weisung - assignment, direction, directive, instruction, order
Weisungsbefugnis - authority
Weiterbildung - further education, further training
Weitergabe von Atomwaffen - proliferation
weitsichtige Politik - far-sighted policy
weitverbreitet (Zeitung) - widely reached
weitverbreitet - widespread
Wellenlänge - wavelength
Weltanschauung - weltanschauung
Weltfriedensordnung - world peace order

Weltgeltung - international acclaim, international standing
Weltgesellschaft - world society
Weltgesundheitsorganisation - World Health Organization (WHO)
Welthandelsorganisation - World Trade Organization (WTO)
Welthandelssystem - world trading system
Welthandels- und Entwicklungskonferenz - United Nations Conference on Trade and Development (UNCTAD)
Weltkrieg - World War
weltlich - profane
Weltmarkt - global market, world commodity market
Weltmarktpreis - world market price
Weltordnung - world order
Weltpresse - international press
Weltruf - world-wide reputation
Weltsystem - world system
Weltsystemansatz - world system approach
Weltwährungsfond - International Monetary Fund (IMF)
Weltwährungssystem - international monetary system
weltweit - ubiquitous, world-wide
Weltwirtschaft - global economy, world economy
Weltwirtschaftsgipfel - world economic summit
Weltwirtschaftskrise - Great Depression, world-wide depression
Weltzugewandtheit - extraversion
Wende - reversal, turn
Wendepunkt - hinge, inflection, turning point
wenn - if
Werbeeinnahmen - advertising revenue
Werbefernsehen - commercial television
Werbekampagne - publicity campaign
Werbesendung - commercial program
Werbespot - commercials
Werbeträger - advertising media
werbewirksam - advertising appeal, commercial appeal
Werbung - advertising, publicity
werkimmanente Interpretation - text-based interpretation
Wert - significance, value, worth
Wertbedingungen - conditions of worth

Wertbestimmung - valuation
Wertekonflikt - value conflict
Wertekonsens - value consensus
Werteneutralität - value neutrality
Wertentscheidung - decisions as to values
Werteskala - scale of values
Wertesystem - system of values, value system
Werteverfall - decline of values, drop in standards
Wertewandel - change in values, value change
wertfrei - value-free
Wertfreiheit - value-freedom
Wertfreiheitspostulat - value-freedom postulate
Wertlehre - axiology
Wertmaßstab - measure of value, standard of value
wertneutral - value-neutral
Wertorientierung - value orientation
Wertrationalität - value rationality
Wertrelativismus - value relativism
Wertschätzung - esteem
Werturteil - value judgment
Werturteilsfreiheit - freedom from value judgment
Werturteilsstreit - value controversy
Wesen - essence, substance
Wesenheit - entity
Westeuropäische Union - Western European Union (WEU)
Westmächte - Western Powers
Wettbewerb - competition, contest, rivalry
wettbewerbsfähig - competitive
Wettbewerbsfreiheit - deregulation
Wettbewerbspolitik - competitive policy
Wettrüsten - arms race
Whiggismus (klassischer Liberalismus) - Whiggism *brit.*
Wichtigkeit - importance
widerlegbar - refutable
widerlegen - disprove, refute
Widerlegung - disproof, refundation, refutation
widersinnig - nonsensical
Widerspiegelungstheorie - reflex theory
Widerspruch - contradiction, discrepancy, objection, protest
widersprüchlich - inconsistent

widerspruchsfrei - non-contradictory
Widerspruchsfreiheit - congruity, non-contradiction
Widerspruchsgeist - nonconformist
Widerstand - resistance
Widerstand der Wähler - voter resistance
Widerstandsbewegung - resistance movement
Widerstandsrecht - right of resistance, right to resist
Wiederaufbau - reconstruction
Wiederaufleben - resurgence
Wiederaufnahme - resumption
Wiederaufstellung - rehabilitation
Wiederauftreten - recurrence
Wiederbeginn - recommence
Wiedereinbürgerung - repatriation
Wiedereingliederung - resettlement
Wiedererkennen - recognition method
Wiedererkennung - recognition
Wiedererlernung - relearning
Wiedergutmachung - compensation, indemnification, reparation, restitution
wiederherstellen - restore
Wiederherstellung - restitution, restoration
Wiederherstellung des Rechts - restitution of law
Wiederholbarkeit - repeatability
wiederholtes Befragen - reinterviewing
Wiederholung - iteration, repetition, replication
Wiederholung gegründet auf Überlegung - elaborative rehearsal
Wiederholungsbesuch - callback
Wiederholungstendenzen - perseveration
Wiederholungszwang - repetition compulsion
Wiederkehr - recurrence
Wiederspiegelung - reflection
Wiedervereinigung - reunification
Wiederwahl - re-election
wilder Streik - unauthorized strike, unofficial strike, wild-cat strike
Wille - intention, propensity, volition, will
Willenlosigkeit - lack of willpower
Willensakt - act of volition, volitional act
Willensantrieb - conation
Willensäußerung - volition

Willensbildung - formation of will
Willensentscheidung - volition
Willenskraft - volition
Willkür - arbitrariness
Willkürakt - arbitrary act
Willkürherrschaft - arbitrary government, arbitrary rule
Wir-Gefühl - we-feeling, we-sentiment
wirklich - actually, real
Wirklichkeitsaussage - assertion of reality, reality statement
Wirklichkeitsverständnis - understanding of reality
Wirkreaktion - operant
wirksam - effective
Wirksamkeit - effectiveness, efficacy, efficiency
Wirkung - effect, impact, result
Wirkungsbereich - sphere of action
Wirkungsfläche - response surface
Wirkungsforschung - effects research
Wirkungsgeschichte eines Werkes - history of a work's effect
Wirkungskreis - scope
Wirkungslosigkeit - inefficiency
wirtschaftlich - thrifty
wirtschaftlicher Aufschwung - economic revival
wirtschaftlicher Stillstand - depression
Wirtschaftlichkeit - economic efficiency, operational efficiency
Wirtschaftsbeziehungen - economic relations
Wirtschaftsdemokratie - industrial democracy
Wirtschaftsethik - business ethics
wirtschaftsfeindlich - antimarket
Wirtschaftsforschung - economic research
Wirtschaftsgesetzgebung - industrial legislation
Wirtschaftsgipfel - economic summit
Wirtschaftsmacht - industrial power
Wirtschaftspolitik - economic policy
Wirtschaftspsychologie - industrial psychology
Wirtschaftssanktionen - trade sanctions
Wirtschaftssoziologie - sociology of economics
Wirtschaftsverbrechen - white-collar crime
Wirtschaftswunder - Economic Miracle
Wissen - intelligence, knowledge

Wissensaneignung - knowledge acquisition
Wissensanspruch - knowledge claim
Wissensbereich - domain of knowledge
Wissenschaft - research, science
wissenschaftliche Betriebsführung - scientific management
wissenschaftliche Bildung - scientific literacy
wissenschaftliche Erklärung - scientific explanation
wissenschaftliche Kommunikation - scientific communication
wissenschaftliche Methode - scientific method
wissenschaftliche Revolution - scientific revolution
wissenschaftliches Gesetz - scientific law
wissenschaftliche Theorie - scientific theory
Wissenschaftlichkeit - scholarliness, scientific nature
Wissenschaftsdidaktik - didactics of science
Wissenschaftsdifferenzierung - differentiation of the sciences
Wissenschaftsfeindlichkeit - hostility to science
Wissenschaftsgeschichte - history of science
Wissenschaftsgläubigkeit - blind faith in science
Wissenschaftskritik - criticism of science
Wissenschaftsorientierung - research orientation
Wissenschaftsphilosophie - philosophy of science
Wissenschaftspolitik - science policy
Wissenschaftspraxis - practice of science
Wissenschaftssoziologie - sociology of science
Wissenschaftstheorie - epistemology, philosophy of science, theory of science
Wissensdurst - thirst for knowledge
Wissensgebiet - domain, field of knowledge
Wissenskluft - knowledge gap
Wissenslücke - gap in one's knowledge
Wissensvermittlung - transfer to knowledge

Wissensvorsprung - advance in knowledge
Wochenzeitung - weekly newspaper
Wohl - well-being
Wohlbefinden - well-being
Wohlfahrt - social welfare, welfare
Wohlfahrtsfond - community chest
Wohlfahrtsökonomie - welfare economics
Wohlfahrtsorganisation - charitable organization, welfare association
Wohlfahrtsstaat - welfare state
Wohlstand - prosperity, wealth
Wohlstandsbürger - affluent citizen
Wohlstandsgefälle - unequal distribution of wealth
Wohltätigkeit - charity, welfare
Wohlwollen - favor, goodwill
wohlwollend - inclined
Wohngebiet - habitat
Wohngemeinde - residential community
Wohngemeinschaft - residence
Wohnort - residence
Wohnsiedlung - housing estate
Wohnsitz - place of residence, residence
Wohnung - flat, home, housing
Wohnungsbauprojekt - housing development scheme
Wohnungsmangel - housing shortage

Wohnungsnot - housing shortage
Wohnungswesen - housing
Wohnviertel - residential district
Wölbung - excess, kurtosis
Wortassoziation - word association
Wortbedeutung - meaning of words
Wörterbuch - dictionary
Wortfeld - word cluster, word field
Wortflüssigkeit - word fluency
Wortführer - spokesman
Worthäufigkeit - word frequency
Worthülse - sound bite
Wortlaut - phraseology, tenor, wording
wörtlich zitieren - quote literally
Wort mit Gehalt - content word
Wort mit Inhalt - content word
Wortverständnis - word processing
Wunsch - desire
Wunschdenken - wishful thinking
Wunscherfüllung - wish-fulfillment
Wunschkandidat - candidate preference
Wunschtraum - wish-fulfilling fantasy
Würde - dignity
Würdenträger - dignitary
würdigen - appreciate
Würdigung - appreciation
Wurzel - root
Wut - rage

Z

Zahl - figure, number
Zahl der Besuche pro Interview - calls
Zahl der Eheschließungen - nuptiality
Zahl der Fälle - relative frequency
Zahlenmaterial - data
Zähler - enumerator
Zählung - enumeration
Zahlung - payment
Zählvorgang - enumeration
Zähmung - taming
Zankapfel - bone of contention
Zehn Gebote - Ten Commandments
Zeichen - sign
Zeichenlernen - sign learning
Zeichensprache - sign language
Zeichensystem - sign system
Zeichentest - sign test
Zeichentheorie - theory of signs
Zeichnung - figure
Zeitablauf - time pattern
Zeitbewußtsein - awareness of time
Zeitbezogenheit - contemporary
relevance
Zeitbudget - time budget
Zeitdiagnose - diagnosis of the time(s)
Zeiterleben - psychological time
Zeitgeist - spirit of the age, spirit of the
time, zeitgeist
zeitgemäß - current
Zeitgenosse - contemporary
zeitgenössisch - contemporary
Zeitgeschichte - contemporary history
Zeitkritik - social criticism
zeitliche Verschiebung - time lag
zeitliche Verzögerung - time lag
Zeitperspektive - time perspective
Zeitpunkt - date
Zeitrahmen - time frame
Zeitraum - period
Zeitraum formaler Operationen -
period of formal operations
Zeitraum konkreter Operationen -
period of concrete operations
Zeitreihen - time series
Zeitreihenanalyse - analysis of time
series, time series analysis
Zeitreihenanlage - time series design

Zeitschrift - journal, magazine,
periodical
Zeitströmung - tide of events
Zeitumstände - prevailing circumstances
Zeitung - newspaper
Zeitungsbeilage - newspaper
supplement
Zeitungsente - canard, hoax
Zeitungsverleger - newspaper publisher
Zeitungswesen - journalism
Zeitungswissenschaft - journalism
Zeitzeuge - contemporary witness
Zellenorganisation - cellular
organization
Zelotismus - zealotry
Zensur - censorship, mark
Zensusverteilung - census distribution
Zentile - centile
Zentilrang - centile rank
Zentralbank - central bank
zentrale Charakterzüge - central traits
zentrale Person - central person
zentrale Planung - central planning
zentraler Grenzwertsatz - central limit
theorem
zentraler Konflikt - central conflict
Zentralfaktor - central factor
Zentralisation - centralization
zentralisierte Kommunikation -
centralized communication
zentralisierte Planung - centralized
planning
Zentralisierung - centralization
Zentralisierungsprozeß - centralization
process
Zentralismus - centralism
zentralistischer Staat - unitary state
Zentralität - centrality
Zentralverwaltungswirtschaft -
centrally administered economy, centrally
planned economy
Zentralwert - median
zentrifugal - centrifugal
Zentrifugalität - centrifugality
zentripetal - centripetal
Zentripetalität - centripetality
Zentrum - center
Zentrum (eines Ballungsgebietes) -
central city
Zeremonie - ceremony
Zeremoniell - rite
Zerfall - decadence, decay, decline,
deterioration, disintegration, disruption

Zerfallserscheinung - sign of decay
Zergliedern - dissecting
Zergliederung - decomposition, partition
Zerlegung - decomposition, partition
zerrüttete Ehe - broken marriage
Zersplitterung - fragmentation
Zerstörung - destruction, devastation
Zerstückelung - dismemberment
Zertifikat - certificate
Zession - cession
Zeugnisverweigerung - refusal to give evidence
Zickzackkurs - zigzag (path)
Ziel - aim, goal, purpose, target
Ziel (von Kommunikation) - destination
Zielanalyse - target analysis
Zielanpassung - goal adjustment
Zielbevölkerung - target population
Zielentscheidungsprozeß - goal formation process
Zielerreichung - goal achievement
Zielfestlegung - goal attainment
Zielfindung - goal finding
zielgerichtetes Verhalten - instrumental behavior
Zielgerichtetheit - directedness, goal directedness, instrumentality
Zielgrößen - target figures
Zielgruppe - intended audience, prospect group, target audience, target group, target population
Zielkonflikt - goal conflict
Ziel-Mittel-orientierte Haushaltsplanung - target-based budgeting
Ziel-Mittel-Verhältnis - goal-means relationship
zielorientiertes Verhalten - goaldirected behavior, purposive behavior
Zielorientierung - goal orientation
Zielrichtung - goal direction
Zielsetzung - aim, goal setting, objective, target
Zielvorgaben - defined goals and objectives
Zielvorstellungen - policy goals
Ziffer - figure, numeral
Zigeuner - gypsy
Zins - interest, rate
Zinsanpassung - rate adjustment
Zinsniveau - level of interest rates
Zinspolitik - interest rate policy

Zinssenkung - reduction of the interest rate
Zionismus - zionism
Zirkelbeweis - circular proof
Zirkeldefinition - circular definition
Zirkelschluß - circular argument
zirkuläres Denken - circular reasoning
zirkuläres Irresein - circular psychosis
Zitat - quotation
zitieren - cite, quote
Zivilbevölkerung - civil population, civilian population, civilians
Zivilcourage - civil courage
Zivildienst - Civil Alternative Service
zivile Gleichgültigkeit - civil inattention
ziviler Staat - civilian state
ziviler Ungehorsam - civil disobedience
Zivilgesellschaft - civil society
Zivilisation - civilization
Zivilisationsprozeß - process of civilization
Zivilisierung - civilization
Zivilliste - civil list
Zivil-Militär-Beziehungen - civil-military relations
Zivilprozeß - civil action
Zivilrecht - civil law, private law
Zivilrechtssystem - code-law system
Zivilreligion - civil religion
Zölibat - celibacy
Zoll - customs, duty, tariff
Zollunion - customs union
Zone - region, territory, zone
Zonenbildung - zonation
Zoneneinteilung - zonation
Zuchtmittel - correctional treatment
zu den Akten nehmen - file
zu der Erkenntnis gelangen - realize
Zudrang - arrival
zuerkannter Status - accorded status
Zufall - accident, chance
zufällig - accidental, random
zufälliges Ereignis - random event
Zufälligkeit - randomness
Zufälligkeitsgrad - degree of randomness
Zufalls- - random
Zufallsauswahl - random dialing, random sampling, random selection
Zufallsbeobachtung - random observation
Zufallsexperiment - random experiment
Zufallsfaktor - chance factor

Zufallsfehler - accidental error, chance error, fortuitous error, random sampling error, variable error
Zufallsgröße - variate
Zufallsmenge - casual crowd
Zufallsprozeß - random process
Zufallsschwankung - random fluctuation
Zufallsstichprobe - haphazard sample, random sample
Zufallsstreuung - randomization
Zufallsvariable - random variable, variate
Zufallsvariation - random fluctuation
Zufallsverteilung - random distribution
Zufallszahl - random digit
Zufallszuweisung - random assignment
Zuflucht - recourse, refuge
Zufriedenheit - satisfaction
zufriedenstellen - satisfy
Zugang - access
zugänglich - accessible
Zugänglichkeit - accessibility
Zugangstest - admission test
Zugang zu Daten haben - have access to data
Zugang zur Politik - access to politics, political access
zugeben - admit, concede
zugeführte Menge - input
Zugehörigkeit - adherence, affiliation, membership
Zugehörigkeitsgefühl - belongingness
Zügellosigkeit - intemperateness
Zugeständnis - admission, concession
zugewiesene Aufgabe - duty
zugewiesene Gruppe - ascribed group
zugewiesene Position - ascribed position
zugewiesene Rolle - ascribed role
zugewiesener Status - ascribed status
Zugreifen - accessing
Zugriff - access
Zuhause - home
Zukunft - future
zukünftig - future, prospective
Zukunftsaussichten - future prospects
zukunftsgerichtet - forward-looking
zukunftsorientiert - future-oriented
Zukunftspessimismus - pessimism about the future
Zukunftstechnologie - future technology

zulassen - admit, licence, permit
zulässige Hypothese - admissible hypothesis
zulässiger Test - admissible test
Zulässigkeit - admissibility
Zulassung - admission, admittance
Zulassungsbeschränkung - restricted admission
Zulassungsbeschränkungen - limit university intakes
Zuleitung - conveyance
Zunahme - accretion, increase, increment
zunehmen - increase
Zuneigung - inclination, sympathy
Zunft - corporation, guild
Zuordnungsproblem - allocation problem, assignment problem
Zuordnungsregel - assignment rule
Zurechenbarkeit - accountability
Zurechnungsfähigkeit - accountability, responsibility
zur Folge haben - entail, result in
zur Geltung bringen - enhance
zur Schule gehen - go to school
zur Sprache bringen - bring up
Zurückbleiben *pol.* - hysteresis
zurückbleiben - lag
zurückbleibend - residual
Zurückerstattung - refunding
Zurückgebliebenheit - retardation
zurückgewiesene Person - rejected person
Zurückgezogenheit - unsociability
zurückgreifen - refer, regress
zurückhalten - retain
zurückhaltende Erziehung - distance education
zurückhaltende Politik - policy of restraint
Zurückhaltung - reserve
zurücknehmen - withdraw
zurückschrauben von Ansprüchen - lower
Zurücksetzung - slight
zurückstufen - downgrade
zurücktreten - reassign, resign
zurückverfolgen - trace back
zurückversetzen (einen Schüler) - move someone down (a class)
zurückverweisen - trace back
zurückweisen - reject

Zurückweisung - rejection, renunciation, repudiation
zurückziehen - withdraw
Zurückziehung - withdrawal
zur Wahl gehen - go to the polls
Zusage - commitment, promise, undertaking
zusagen - promise
Zusammenarbeit - collaboration
Zusammenballung - conglomerate
zusammenbrechen - breakdown, collapse
Zusammenbruch - breakdown, collapse, crash
zusammenfallen - coincide
zusammenfassen - summarize
Zusammenfassung - abstract, summary
Zusammenfassung von Informationen - pooling
zusammenfügen - synthesize
zusammengefügtes Wissen - componential intelligence
Zusammengehörigkeit - belongingness
Zusammengehörigkeitsgefühl - feeling of solidarity, sense of togetherness
zusammengesetzte Entscheidung - composite decision
zusammengesetzte Theorie - composite theory
zusammengewürfelte Anhäufung von Kulturzügen - congeries
Zusammenhalt - bond, cohesion
Zusammenhang (von Ideen) - association
Zusammenhang - connection, connexion, context
Zusammenhang (der Fragenfolge) - continuity
zusammenhanglos - incoherent
Zusammenhanglosigkeit - incoherence
Zusammenhangstheorie des Lernens - connectionism
Zusammenkunft - assembly, meeting
Zusammenleben - companionship
Zusammenlegung - fusion
Zusammenprall - clash
Zusammenrottung - riot
zusammenschließen - associate, incorporate, join
Zusammenschluß - association, incorporation, integration, merger, union
Zusammensetzung - composition
Zusammenstellung - compilation

Zusammenstoß - crash
zusammentreffen - coincide
Zusammentreffen - coincidence, concurrence
Zusatz - appendix, corollary, endorsement, supplement
Zusatzantrag - supplementary motion
Zusatzartikel - amendment
Zusatzerklärung - supplementary declaration
Zusatzfrage - supplemental question
Zusatzinformation - ancillary information, supplementary information
zusätzliche Erziehung - supplementary education
Zuschauerintervention - bystander intervention
Zuschauerumfrage - audience survey
zuschreibbar - assignable
zuschreiben - attribute
Zuschreibung - attribution
Zuschreibung-Leistung - ascription-achievement
Zuschuß - allowance, grant, subsidy
zusichern - assure, warrant
Zusicherung - warranty
zuspitzen - heighten
Zuspitzung der politischen Lage - increasing gravity of the political situation
Zustand - state, status
zuständig - competent
Zuständigkeitsbereich - area of responsibility
Zustandsbeschreibung - description of a situation, state description
Zustandsmodell - state model
zustimmen - agree, assent, consent
zustimmender Befragter - yea-sayer
Zustimmung - approval, consent
Zustimmung des Volkes - popular consent
zustimmungsbedürftiges Gesetz - bill requiring approval
Zustimmungstendenz - acquiescence
Zustrom - arrival
Zuteilung - allocation, appropriation, rationing
Zutritt - access, admission
Zutrittskriterium - admission criteria
zuverlässig - reliable, trustworthy
Zuverlässigkeit - reliability
Zuversicht - trust

Zuwachs - increment
Zuwachsrate - growth rate
Zuwahl - cooptation
zuwählen - co-opt
Zuweisung - assignment
Zuwiderhandlung - contravention, infringement
zuziehen - call in
Zwang - coercion, compulsion, constraint
zwanghafte Entfremdung - compulsive alienation
zwanghafte Persönlichkeitsstörung - compulsive personality disorder
Zwangsarbeit - forced labor
Zwangscharakter - compulsive character
Zwangsdenken - coercive thinking, compulsive thinking, obsessive thinking
Zwangsgewalt - coercive power
Zwangslage - position of constraint
Zwangsmitgliedschaft - compulsary membership
Zwangsneurose - compulsive reaction, obsessional neurosis
zwangsneurotische Störung - obsessive compulsive disorder
Zwangsreaktion - compulsive reaction
Zwangssterilisierung - forced sterilization
Zwangsumsiedlung - displacement
Zwangsvorstellung - compulsive idea, obsession, obsessive idea
Zweck - aim, end, objective, purpose
zweckbestimmt - earmarked
Zweckbestimmung - determination of purpose
Zweckbestimmung von Geldern - appropriation of funds
zweckdienlich - appropriate, expedient
Zweckdienlichkeit - expediency, instrumentality
zweckentfremdet - misappropriate
zweckfreie Forschung - pure research
zweckgerichtetes Verhalten - instrumental behavior, purposive behavior
Zweckmäßigkeit - practicality, suitability, usefulness
Zweck-Mittel-Analyse - means-end(s)-analysis
Zweckoptimismus - calculated optimism
Zweckpessimismus - calculated pessimism

Zweckrationalität - instrumental rationality, means-end rationality
Zwecksetzung - determination of aims
Zweidrittelmehrheit - two-thirds-majority
Zwei-Faktoren-Theorie des Lernens - two factor theory of learning
zweifelsfrei - free of doubt
zweigipflig - bimodal
zweigipflige Häufigkeitsverteilung - bimodal frequency distribution
Zweikammergesetzgebung - bicameral legislature
Zweikammersystem - bicameral system, bicameralism
Zweiparteienpolitik - bipartisan policy
Zweiparteiensystem - two-party system
zweisprachig - bilingual
zweisprachige Erziehung - bilingual education
Zweisprachigkeit - bilingualism
zweiter Bildungsweg - evening classes, second chance education
zweiter Wahlgang - second ballot
Zweitschlagskapazität - second strike capacity (capability)
Zweitstimme - second vote
zweiwertiger Graph eines Items - scatterplot
Zwergstaat - miniature state
Zwillinge - twins
Zwillingsforschung - twin research
Zwillingsstudien - twin studies
zwingen - compel, force
zwingender Grund - compelling reason
Zwischenbericht - interim report
Zwischenergebnis - interim result
zwischengesellschaftlicher Konflikt - intersocietal conflict
zwischenmenschliche Anziehung - interpersonal attraction
zwischenmenschliche Beziehungen - human relations, interhuman relations
zwischenmenschlicher Kontakt - interpersonal contact
Zwischenprüfung - interim examination, intermediate examination
zwischenstaatlich - intergovernmental, international
zwischenstaatlich (innerhalb eines Bundesstaates) - interstate
Zwischenstadium - intermediate stage
Zwischenwahl - midterm election

Zwistigkeiten - discord
zyklisch - cyclical
zyklisches Gleichgewicht - cyclic(al)
equlibrium

Zyklus - cycle
Zyniker - cynic
Zynismus - cynicism